马克昌 主编

犯罪通论

（根据1997年刑法修订）

武汉大学出版社

图书在版编目(CIP)数据

犯罪通论/马克昌主编.—3版(修订本).—武汉:武汉大学出版社,1999.6(2024.1重印)
根据1997年刑法修订
ISBN 978-7-307-02697-1

Ⅰ.犯… Ⅱ.马 Ⅲ.犯罪—刑法—概论—中国 Ⅳ.D924

中国版本图书馆CIP数据核字(98)第38821号

责任编辑:郭园园 责任校对:李桂珍 版式设计:支 笛

出版发行:**武汉大学出版社** (430072 武昌 珞珈山)
(电子邮箱:cbs22@whu.edu.cn 网址:www.wdp.com.cn)
印刷:湖北金海印务有限公司
开本:850×1168 1/32 印张:26.625 字数:690千字 插页:6
版次:1991年8月第1版 1999年6月第3版
2024年1月第3版第13次印刷
ISBN 978-7-307-02697-1/D·393 定价:68.00元

马克昌

1926年8月生，河南省西华县人，1952年中国人民大学法律系刑法研究生班毕业。现任武汉大学法学院教授、博士研究生导师，兼任中国法学会常务理事、中国法学会刑法学研究会副总干事。主要著作有《刑法学》（副主编）、《中华人民共和国刑法论（上）》（副主编）、《论共同犯罪》（与人合著）、《中国刑法学》（副主编）、《犯罪通论》（主编）、《刑罚通论》（主编）、《中国刑事政策学》（主编）、《刑法学全书》（第一主编）、《刑法理论探索》、《近代西方刑法学说史略》（主编）、《经济犯罪新论》（主编）等，发表论文一百余篇。

目 录

2

第三编　排除犯罪性行为

前　言

本书为国家教委博士点基金科研项目之一，是在国家教委大力资助下完成的。

刑法学以犯罪和刑罚为研究对象，而犯罪则是刑法学研究的重点。正像无犯罪则无刑罚一样，没有完整的犯罪理论，也就没有现代意义上的刑法学。

十年来，我国刑法学园地欣欣向荣，硕果累累。不仅发表了数千篇学术论文，而且还出版了数百部教材和专著。尤其是对刑法学总论中各种问题的专题研究，更是引人注目。但是，从总体上对犯罪论进行系统、专门研究的著作，目前尚属少见。为此，我们在总结我国刑事立法和司法实践的经验教训，充分吸取我国刑法学研究最新成果的基础上，撰写了这部《犯罪通论》。

力求体系完备、内容充实和观点新颖，是我们写作本书的指导思想和各位作者的初衷。在体系安排上，本书共分为绪论、犯罪构成、犯罪形态和排除犯罪性行为四编，基本上囊括了犯罪论的有关内容；在资料的运用上，本书立足于我国的立法、司法实践和研究成果，并适当兼顾国外的立法规定和刑法理论，努力对各个问题进行全面深入的探讨；在学术观点上，本书既不人云亦云，亦不一味追求标新立异，而是以马克思列宁主义毛泽东思想为指导，实事求是，评说利弊，比较得失，择善而从，或提出己见，充分说理。我们期望这些能成为本书的特色。

本书由各位作者分工写作，最后由主编马克昌教授和副主编喻伟教授、赵廷光副教授统改定稿。具体分工如下（以撰写章节先后为序）：

马克昌　第一、八章

简　明　第二章

熊选国　第三章、第十二章第一——三节

赵廷光　第四章

王　晨　第五、六章，第十二章第四节

鲍遂献　第七章

喻　伟　第九章

王志军　第十、十一章

最后，需要说明的是，尽管我们在写作过程中，对有争论的问题，进行了认真的讨论。但是，由于分工的不同和诸位作者学术见解的差异，并非对每个问题都取得了一致意见。对此，我们本着求大同存小异的原则，既照顾到整体上的统一性，又保持各部分相对的独立性，以贯彻学术研究中"百花齐放，百家争鸣"的方针。

希望学界同仁及各位读者批评指正。

作　者

1990 年 3 月于武昌珞珈山

第一章　犯罪论序说

第一节　犯罪的本质

一、资产阶级关于犯罪本质的观点述评

犯罪是一种复杂的社会现象。它与国家和法律的存在是紧密相联系的。一种行为是否认为是犯罪，受着该国的国家类型、立法当时的政治经济形势、法律文化传统以及刑法时代思潮的强烈影响；但主要是以国家的法律（成文法或判例法）为标准来判定的，即以法律是否将该种行为规定为犯罪来判定，所以，犯罪又是一种法律现象。法律为什么将某种行为规定为犯罪，亦即犯罪的本质是什么，颇为资产阶级刑法学者所关注。对此，他们有多种主张：

（一）权利侵害说，认为犯罪是对权利的侵害。费尔巴哈（A. V. Feuerbach）是这一主张的代表。它以启蒙主义的人权思想为背景，流行于 18 世纪末和 19 世纪上半期。

（二）法益侵害说，认为犯罪是对法益的侵害。详言之，犯罪不是对权利本身的侵害，而是对作为权利的对象——被国家所保护的人身、财产的侵害或侵害的危险性。最初即 19 世纪初期，由毕尔巴模（Birnbaum）所提出，随后，得到宾丁（K. Binding）、富兰克（Frang）、李斯特（V. Liszt）等著名学者的支持，以致在德国成为通说。

（三）义务违反说，认为犯罪的本质不是对法益的侵害，而在于对义务的违反。在德国纳粹时代，由施卡富斯坦因

3

（Friedrich Schaffstein）所提倡。随着纳粹政权的崩溃，这一见解在德国也就为人们所抛弃。

（四）折衷说，即主张法益侵害说与义务违反说并用。当代资产阶级刑法学者一般采用这一观点。如日本刑法学者大塚仁说："就今日的刑罚法规看，在这里，大体上一样，我们的国家、社会或个人场合的生活利益，都认为是保护的对象，犯罪，首先可以解释为把法益的侵害作为各个核心而构成。可是，根据刑罚法规，也不是没有作为义务的违反而把握的一面，例如，被侵害的法益尽管是同一的，在不真正身份犯中，身份者的行为比非身份者的行为处罚要重（例如保护责任者的遗弃罪，《日本刑法》第218条的场合等），离开身份者的义务违反这一点，我认为就难于彻底理解。所以，犯罪的本质，一方面基本上是对各类法益的侵害，同时，在一定范围，一定义务的违反可以作为本源。"①

我们认为，资产阶级刑法学者提出了犯罪的本质的论题，并对它进行了多方面的论述，把刑法学对犯罪问题的研究引向深入，这是应当肯定的；但是由于他们的局限性，他们不可能真正揭露犯罪的本质。不论权利侵害说、法益侵害说、义务违反说或者折衷说，都不过是用"权利"、"法益"、"义务"等抽象的概念，将犯罪的真正本质加以掩盖。马克思、恩格斯在《德意志意识形态》一书中曾经指出："犯罪——孤立的个人反对统治关系的斗争，和法一样，也不是随心所欲地产生的。相反地，犯罪和现行的统治都产生于相同的条件。同样也是那些把法和法律看作是某些独立自在的一般意志的统治的幻想家才会把犯罪看成单纯是对法和法律的破坏。"② 马克思、恩格斯深刻地揭露了"法律破坏说"的唯心主义性质，明确地揭示了犯罪的本质在于对

---

① ［日］大塚仁：《注释刑法》第一编总则，青林书院，1978 年版，第 122 页。

② 《马克思恩格斯全集》第 3 卷，第 379 页。

统治关系的危害。资产阶级刑法学者关于犯罪本质的各种主张，无不回避这一点，而回避这一点，就不可能将犯罪的本质阐述清楚。

二、我国刑法学者关于如何理解马克思、恩格斯对犯罪本质论述的争论

对于马克思、恩格斯关于"犯罪——孤立的个人反对统治关系的斗争"的论断，我国刑法学者虽然大多认为这是对犯罪本质的深刻揭露，但围绕如何理解这一论断，却存在着很大争论。争论的主要问题是：

（一）如何理解"孤立的个人反对统治关系的斗争"？一种意见认为，孤立的个人反对统治关系的斗争，意思是反对统治关系的犯罪，是以分散的、单个人的身份出现；如果是一个阶级推翻一个阶级的斗争，胜利一方对待失败一方的成员，是以国家对个人的姿态出现，失败一方的成员以个人犯罪身份受处罚。例如有的同志说："作为孤立的个人反对统治关系的斗争的犯罪，同一个国家、一个民族、一个阶级对抗另一个国家、另一个民族和另一个阶级的整个民族斗争、阶级斗争和战争是有区别的。这后者不是违法和犯罪的范畴，而是一个国家打倒另一个国家、一个民族战胜另一个民族、一个阶级推翻另一个阶级的问题，只有当胜利的一方把失败的一方战斗成员俘获以后，按照胜利的一方所规定的刑事法律来判处失败的一方中某个成员是战犯或暴动的罪犯时，被定为战犯或暴动者的个人才是犯罪的问题。犯罪——是以统治者的集中强制力量来对待被统治者的分散孤立的个人侵犯统治关系的总称。统治阶级这样规定犯罪和对待犯罪分子，是以国家对个人、以集中对分散的姿态出现，这就便于保护和巩固他们的统治利益。侵犯统治关系的犯罪行为，是以孤立的、分散的、单个人（包括共同犯罪）的身份出现，来进行犯罪和承担

5

一定刑事责任的。"① 另一种意见认为，孤立的个人反对统治关系的斗争，是指犯罪者的行为本身，不是指国家如何对待这种行为。如何秉松同志说："马克思和恩格斯这句话，强调的是犯罪者的行为本身的性质，指出这种行为是孤立的个人反对统治关系的斗争，而不涉及统治阶级如何对待这种行为。"② 又如栗劲等同志说："我们抓到外国间谍，只把他当成是孤立的个人反对统治关系，怎么可以说得通呢？他既不孤立，也不是单个人。实际上对犯罪者，只是在他被捉到以后，在判罪定刑的处理中，才是一个一个地当作单个人来对待……但这是指的处罚犯罪时国家对个人，而不是犯罪活动本身一定是个人对国家。"③

（二）犯罪是"孤立的个人反对统治关系的斗争"的论断是否适用于一切犯罪？一种意见认为，这一论断适用于一切犯罪，即使政治性的犯罪也同样适用。例如有些同志说："在我国，现阶段存在三种不同性质和类型的犯罪（按，指反革命犯罪、过失犯罪、其他刑事犯罪），就其本质言，毫无例外都是'反对统治关系的斗争'。"④ 还有同志同样主张这一论断也可以适用于政治性犯罪，他指出："那种认为马克思、恩格斯关于犯罪本质含义的理论，没有概括阶级、国家、民族、政党等集团'犯罪'，只就单个人犯罪所下的定义的论断，也是不妥当的。"⑤ 与此相反，另一种意见认为，这一论断只适用于普通刑事犯罪，而不适用于政治性的犯罪。如栗劲等同志说："任何社会、任何时代，通常都存在着两类犯罪，一种是政治性质的犯罪；一种是一般的刑事犯罪。说孤立的个人反对统治关系的斗争，指一般的刑事犯罪是完全正确的。这些犯罪通常是出于个人经济上或精神上

---

① ⑤　《法学》，1983 年第 4 期，第 1~2、2 页。

② 《政法论坛》，1985 年第 4 期，第 67 页。

③ 《社会科学战线》，1979 年第 4 期，第 118 页。

④ 《法学季刊》，1983 年第 2 期，第 23 页。

6

的动因，对社会经济秩序的侵犯或者对他人人身的侵犯。古代的奴隶起义、农民战争和现代的无产阶级革命运动中由统治阶级认定为政治性质的犯罪，不仅有作为阶级、政治集团、政治组织代表的个人，而且有这些阶级组成的政治集团、政治组织、政治派别本身，当然不能说是孤立的个人在反对统治关系。至于现代国家之间互相派出的间谍、特务和收买的叛徒卖国贼这一类犯罪，就更难说他们是孤立的个人在反对统治关系了。"① 何秉松同志也说："它（按，指犯罪是孤立的个人反对统治关系的斗争的论断）当然不包括被剥削阶级反对剥削阶级的有组织的革命斗争，不包括奴隶暴动、农民起义和无产阶级革命运动等等，因为这些都不是孤立的个人反对统治阶级的斗争。"②

（三）"孤立的个人反对统治关系的斗争"是不是关于犯罪本质的完整论断？一种意见认为，这一论断科学地揭示了犯罪的本质。如邓定一等同志说："马克思给犯罪概括的这个科学概念，深刻揭露了犯罪的阶级本质。什么是犯罪？犯罪是一种'反对统治关系'的行为。"③ 栗劲等同志也说："在犯罪是对统治关系的侵犯的论断中，马克思、恩格斯只是讲到了犯罪的本质问题，并未涉及犯罪界限……"④另一种意见认为，马克思、恩格斯这句话并非对犯罪本质的完整的论断。例如有的同志说："这里所讲的'犯罪——孤立的个人反对统治关系的斗争'这句话……并不是关于犯罪本质的完整的论断，因为它并没有涉及统治阶级为何和如何把这一行为规定为犯罪的问题。……在阶级社会里，刑法关于犯罪的规定，只不过是统治阶级根据自己的利益所决定的这种阶级意志的表现。如果忽视了这一点，就不可能对犯罪的本质作出完整的科学的说明。因此，我们论述犯罪的本

①④　《社会科学战线》，1979 年第 4 期，第 117~118、118 页。
②　《政法论坛》，1985 年第 4 期，第 67 页。
③　《法学季刊》，1983 年第 2 期，第 21 页。

质，就不能单纯地以'犯罪——孤立的个人反对统治关系的斗争'这句话为根据，而应当把两个方面结合起来，全面地分析各种不同类型国家的犯罪本质。"①

三、马克思、恩格斯关于犯罪本质的论述应当怎样理解

如前所述，我国刑法学者对马克思、恩格斯在《德意志意识形态》一书中关于犯罪本质的论述，存在很大争论。那末，应当怎样理解这一论述呢？我们认为，它具有如下含义：

（一）犯罪是反对统治关系的斗争。这一论断深刻地揭露了犯罪的本质，与资产阶级刑法学者关于犯罪本质的各科学说划清了界限。所谓统治关系，指在政治上居于统治地位的阶级利用手中掌握的国家权力建立起来的有利于其阶级统治的社会关系，它表现为统治阶级控制、压迫被统治阶级的关系，同时也包括协调社会各阶级以及统治阶级内部之间的关系。反对统治关系的斗争，一般说来，主要来自不甘心服从这种统治关系的被统治者，同时统治阶级内部也有人出于个人的或小集团利益的考虑，起而反对现行的统治关系。掌握政权的统治阶级为了维护自己的统治，就宣布反对其统治关系的行为是犯罪，并给予相应的刑罚制裁。可见某种行为之所以被认为是犯罪，从根本上说，就在于它反对现行的统治关系。

犯罪是反对统治关系的斗争，是否关于犯罪本质的完整论断，如前所述，还存在着争论。我们认为，这一论断深刻揭露了犯罪的本质。因为本质是指事物本身所固有的、决定事物性质、面貌和发展的根本属性。犯罪的本质就是犯罪本身所固有的决定该种行为之所以成为犯罪的根本属性。反对统治关系的斗争，正是犯罪的根本属性。没有反对统治关系的斗争，也就不可能成为犯罪。同时，从资产阶级刑法学者关于犯罪本质的论述考察，他

---

① 《政法论坛》，1985 年第 4 期，第 66~67 页。

们所谓的犯罪本质，都是力图从根本上说明一种行为为何被立法者规定为犯罪，只不过他们没有能够给予科学的说明而已。这也表明犯罪的本质就是解决一种行为从根本上为何被认为是犯罪的问题。犯罪是反对统治关系的斗争这一论断，被誉为"彻底摆脱了旧法学的桎梏，实现了刑法理论的根本变革"① 是有道理的，因为它从根本上回答了统治阶级为什么规定某种行为是犯罪。有的同志认为，它不是犯罪本质的完整论断，理由是它并没有涉及统治阶级为何和如何把这一行为规定为犯罪的问题。这种看法值得商榷。说它没有涉及统治阶级为何把这一行为规定为犯罪，理由不能成立。因为指出犯罪是反对统治关系的斗争，就揭示了正是由于这种行为反对统治关系，统治阶级才把这种行为规定为犯罪。至于统治阶级如何把一种行为规定为犯罪，那是统治阶级把它的意志怎样变成法律的问题，就不属于犯罪本质的范畴了。

（二）犯罪是孤立的个人反对统治关系的斗争。所谓"孤立的个人"，指不是代表阶级、国家、民族的分散的个人，是相对于阶级、国家、民族而言的；不能理解为犯罪只有单个人才能构成，而不能由共同犯罪的形式构成。所谓孤立的个人反对统治关系，指行为人对统治关系的不自觉的原始的反抗形式。即个人出于经济上、生活上或精神上某种原因，而以自己的行为侵犯公共安全、他人人身权利或财产利益、社会管理秩序，甚至侵犯统治阶级的根本利益。据此，我们认为下述观点都难以赞同：

1. 孤立的个人可能是阶级、国家、民族的代表。如有的同志说："阶级、民族、国家不能成为犯罪主体，但是，代表阶级、民族和国家的成员却可能构成犯罪的主体。代表与被代表的本身不能混为一谈。"② 在我们看来，代表阶级、民族和国家的成员不可能是孤立的个人，因为这种人并不孤立，他有自己所属的阶级、民族和国家为他的后盾，他的活动是受所代表的阶级、

---

① ②　《法学季刊》，1983 年第 2 期，第 21、22 页。

民族和国家支持的，因而这种人对统治关系的反抗，就不能说是孤立的个人反对统治关系的斗争。

2. 孤立的个人反对统治关系的斗争包括以个人犯罪的身份受国家的处罚。在我们看来，这一论断是不够确切的。我们认为，孤立的个人反对统治关系，是就个人实施的行为指向统治关系而言。换句话说，所实施的行为本身是个人对国家，而不是指以个人犯罪的身份受国家的刑罚处罚。有的同志列举事例说："纪元前70年代，当领导起义的斯巴达克的伙伴们被钉在数千支十字架上时，他们都是以单个的犯罪者来受刑于罗马帝国王法之前；……这都说明：侵犯统治关系的犯罪行为，是以孤立的个人身份出现，来进行犯罪和承担一定的刑事责任的。"① 这里所列举的例子，虽然都是以个人犯罪的身份受处罚，但他们所实施的行为大都不是孤立的个人反对统治关系的斗争，而是被统治阶级对统治阶级的有组织的反抗。由此可见，以个人犯罪的身份受处罚，并非就是孤立的个人反对统治关系的斗争。

3. 犯罪是孤立的个人反对统治关系的斗争这一论断适用于一切犯罪。我们认为这种看法是不符合马克思、恩格斯的本意的。统治阶级认为的犯罪，虽然包括各种性质和各种形式的犯罪，但马克思、恩格斯所说的"犯罪——孤立的个人反对统治关系的斗争"，是不包括被统治阶级对统治阶级的有组织的反抗的，尽管统治阶级认为这种行为是政治性犯罪。在马克思、恩格斯看来，被统治阶级反对统治阶级的阶级斗争，是革命行动，因而并未把它列入犯罪的范畴。恩格斯在《英国工人阶级状况》一书中关于工人对资产阶级的反抗经历各种不同阶段的论述，清楚地表明了这样的观点。恩格斯在该书中指出："工人对资产阶级的反抗在工业发展开始不久就已经表现出来，并经过了各种不同的阶段。……这种反抗心情的最早、最原始和最没有效果的形

———————————

① 《社会科学战线》，1979年第2期，第133页。

式就是犯罪。"① "这种反抗的形式也是孤立的，它局限于个别地区，并且只是针对着现存制度的一个方面"②，"工厂工人和矿业工人很快就越过了反抗社会秩序的第一个阶段"③，"在这种发展的进程中必将有这样一个时机到来，那时无产阶级将看到，他们要推翻现存的社会秩序是多么容易，于是革命就跟着到来了。"④这里可以明显地看出，恩格斯将孤立的个人反对统治关系斗争的犯罪，与工人阶级的革命运动严格区别开来，因而我们绝不能将两者混为一谈。

（三）犯罪和现行统治都产生于相同的条件。这一论断从犯罪和现行统治的产生上，进一步揭露了犯罪的本质。犯罪和现行统治都不是随心所欲地产生的，而是一定条件的产物，即一定的物质生活方式的产物。在原始社会中，物质生活条件很差，不存在一部分人对另一部分人的统治，当时虽然也有个人对他人的侵害，但并不认为是犯罪，而用同态复仇或赔偿损害的办法来解决。只有一定的物质生活方式，产生出一部分人对另一部分人的统治时，才同时产生犯罪。详言之，只有在社会生产力发展到一定程度，特别是私有制出现以后，社会划分为对立的阶级，从控制阶级对立的需要中同时又是在这些阶级的冲突中产生了国家。在经济上占统治地位的阶级，借助于国家成为政治上的统治阶级，广大劳动者沦为他们剥削和压迫的对象。统治阶级为了保护他们的经济政治利益，需要加强现行统治；而贫困交加的劳动者为了生存，不可避免地要侵犯统治阶级的经济政治利益，反对现行统治；统治阶级内部的成员为了争权夺利，也可能侵犯统治者的经济政治利益，反对现行统治。掌握政权的统治者为了维护自己的统治，就将那些反对统治关系的行为宣布为犯罪，并给以相应的刑罚处罚。总之，一定的物质生活方式，产生了保护它的现

---

① ② ③ ④ 《马克思恩格斯全集》第 2 卷，第 501、502、554、585 页。

行统治，同时也产生了侵犯它的犯罪。可见犯罪和现行统治，虽然产生于相同的条件，却是互相对立的。这也说明犯罪的本质在于它是对现行统治的反抗。

（四）不能把犯罪看成单纯是对法和法律的破坏。法和法律不是独立自在的一般意志，也不是随心所欲地产生的。它是统治阶级维护其统治的必要手段，由国家制定或认可。一个国家为什么制定或认可某一法律，归根结底，是基于一定的物质生活方式，根据维护现行统治的需要所决定的。把犯罪看成单纯是对法和法律的破坏，只不过说明了犯罪的形式特征，而犯罪的本质，即反对统治关系，则在这一形式特征的论断下被掩盖了。所以马克思、恩格斯指出，只有"那些把法和法律看作是某种独立自在的一般意志的统治的幻想家"才会这样看。从这里也不难看出，统治阶级如何把某一行为规定为犯罪的问题，即统治阶级将自己的意志变为法律的问题，并不属于犯罪本质的内容。

最后需要说明，我们认为马克思、恩格斯的上述论断，是对犯罪本质的揭露，而不是对犯罪所下的完整定义；它没有全面论述阶级斗争与犯罪的关系，并且没有也不可能概括工人阶级夺取政权后的情况。所以上述论断，虽然对我们研究犯罪理论具有极大的指导意义，但不能代替我们在刑法学上对犯罪概念的研究。

第二节　犯罪的概念

一、犯罪的定义

犯罪、刑事责任、刑罚是刑法的基本范畴。犯罪是刑事责任的前提，刑罚是实现刑事责任的最主要、最基本的手段。没有犯罪，就谈不到刑事责任，自然也不可能谈到刑罚。所以犯罪论在刑法学中占有重要地位。而研究犯罪论，首先需要阐明犯罪的概念，因为只有了解什么是犯罪，才能进一步研究犯罪构成和犯罪形态等问题。

犯罪是一种社会法律现象，可以从社会学或犯罪学的角度给它下定义，同时可以从刑法学的角度给它下定义。这里研究的是刑法学上的犯罪理论，所以我们只从刑法学的角度探讨犯罪的概念。

从刑法学的观点来看，刑法中犯罪的定义，是刑法上规定的各种具体犯罪特性的高度概括，对划分罪与非罪的界限和研究各种具体犯罪具有极大的指导作用。在刑法学中犯罪的定义有形式定义和实质定义之分。犯罪的形式定义，即仅从犯罪的法律特征上给犯罪下定义，而不揭示为什么将该行为规定为犯罪。资本主义国家刑法典通常只给犯罪下形式的定义，如现行《西班牙刑法典》第 1 条第 1 款规定："依自由意志及过失疏忽之行为而为法律所处罚者谓之犯罪及过失罪。"犯罪的实质定义，即仅从犯罪的实质特征，亦即立法者为何将该行为规定为犯罪上给犯罪下定义，而不列举犯罪的法律特征，如 1922 年《苏俄刑法典》第 6 条规定："威胁苏维埃制度基础及工农政权在向共产主义过渡时期所建立的法律秩序的一切危害社会的作为或不作为，都认为是犯罪。"上述定义都只强调一个方面，而忽视另一个方面，不免失之于片面性。为了克服上述两种立法的缺点，1960 年《苏俄刑法典》第 7 条第 1 款，从犯罪的实质特征和法律特征的统一上给犯罪下了完整的定义："凡本法典分则所规定的侵害苏维埃的社会制度和国家制度，侵害社会主义经济体系和社会主义所有制，侵害公民的人身、政治权、劳动权、财产权以及其他权利的危害社会行为（作为或不作为），以及本法典分则所规定的其他各种侵害社会主义法律秩序的危害社会行为，都认为是犯罪。"这一定义，既公开申明了在苏联犯罪的阶级本质，又揭示了犯罪必须具备的法律特征，表明了苏维埃刑法的阶级性和社会主义法制原则，颇有参考价值。

我国 1979 年刑法第 10 条，以马克思列宁主义、毛泽东思想为指导，从我国的实际情况出发，借鉴外国的立法经验，给犯罪下了一个完整的定义①。1997年修订的刑法即现行刑法第13条基本上承袭了这一定义，只是在文字表述上作了某些修改。该条规定："一切危害国家主权、领土完整和安全，分裂国家、颠覆人民民主专政的政权和推翻社会主义制度，破坏社会秩序和经济秩序，侵犯国有财产或者劳动群众集体所有的财产，侵犯公民私人所有的财产，侵犯公民的人身权利、民主权利和其他权利，以及其他危害社会的行为，依照法律应当受刑罚处罚的，都是犯罪；但是情节显著轻微危害不大的，不认为是犯罪。"这一定义如同原来的定义一样，不仅揭示了在我国犯罪对社会主义国家和公民权利具有严重社会危害性的实质，同时也揭示了其法律特征——依照法律应当受刑罚处罚。所以这一定义是从犯罪的阶级实质和法律形式的统一上给我国刑法上的犯罪所下的一个完整的定义。不过，由于这一定义文字表述不够精炼，因而刑法学者往往根据这一定义所表述的特征，按照自己的理解，在理论上给犯罪另外又下定义。由于理解的不同，刑法学者对犯罪的基本特征还存在着争论，以致对犯罪所下的定义也颇不一致。

二、关于犯罪基本特征的争论

我国刑法中的犯罪定义，揭示了犯罪的实质特征和法律特征，虽为多数同志所承认，但具体分析，犯罪具有几个特征或哪些特征，却存在很大分歧。

---

① 该定义是：一切危害国家主权和领土完整，危害无产阶级专政制度，破坏社会主义革命和社会主义建设，破坏社会秩序，侵犯全民所有的财产或者劳动群众集体所有的财产，侵犯公民私人所有的合法财产，侵犯公民的人身权利、民主权利和其他权利，以及其他危害社会的行为，依照法律应当受刑罚处罚的，都是犯罪；但是情节显著轻微危害不大的，不认为是犯罪。

14

（一）二特征说，即认为犯罪具有两个基本特征（或两个基本属性）。如何秉松教授认为："第一，犯罪是危害社会的行为，即具有危害社会的属性，简称为社会危害性。这是犯罪的社会属性。……第二，犯罪是依照法律应当受刑罚处罚的行为，即具有依法应受刑罚处罚的属性，简称依法应受惩罚性。这是犯罪的法律属性。"① 也有同志认为："犯罪的本质特征是应当追究刑事责任程度的社会危害性，法律特征是刑事违法性。"② 即犯罪具有的两个特征是：1. 应当追究刑事责任程度的社会危害性，2. 刑事违法性。此外，还有一些不同提法。

（二）三特征说，即认为犯罪具有三个基本特征。这是我国刑法理论界的通说。如有的著作写道："根据立法规定及刑法理论的通说，犯罪具有三个基本特征，即犯罪是一种严重危害社会的行为，具有严重社会危害性；犯罪是一种触犯刑事法律规范的行为，具有刑事违法性；犯罪是一种应当受到刑罚处罚的行为，具有刑罚当罚性。"③ 刑法修订后出版的著作或教材，大多仍然持这种观点，只是文字表述略有不同而已④。

（三）四特征说，即认为犯罪具有四个基本特征。如李光灿

---

① 何秉松主编：《刑法教科书》，中国法制出版社，1997年版，第142~143页。

② 张明楷著：《刑法学》（上），法律出版社，1997年版，第78页。

③ 肖扬主编：《中国新刑法学》，中国人民公安大学出版社，1997年版，第46页。

④ 如有的著作认为：犯罪的三个基本特征是（一）犯罪是危害社会的行为，即具有一定的社会危害性；（二）犯罪是触犯刑律的行为，即具有刑事违法性；（三）犯罪是应受刑罚处罚的行为，即具有应受刑罚惩罚性（赵秉志主编《新刑法教程》，中国人民大学出版社，1997年版，第79~81页）。此外，梁华仁、裴广川主编的《新刑法通论》（红旗出版社，1997年版），曹子丹、侯国云主编的《中华人民共和国刑法精解》（中国政法大学出版社，1997年版）等均持大体相同的观点。

等同志认为，在犯罪概念里，包括有下述几个不容忽视而密切结合的特征。这就是：1. 犯罪行为，首先必须是危害无产阶级专政的国家和社会制度，破坏社会秩序和公民的各项权利等对社会有危害性的行为；2. 行为触犯刑事法律，它是犯罪的社会危害性这一本质特征在法律上的集中体现；3. 犯罪是人的故意或者出于严重的过失行为；4. 犯罪行为应当承担法律责任中最重的责任即刑事责任①。以上是一些有代表性的观点，此外，还有其他的提法，不再一一赘述。

四特征说较之三特征说增加了犯罪的主观要件，虽然不能说有什么错误，却是不必要的。因为它已包含在刑事违法性这一基本特征之中，不需要把它单独作为一个基本特征提出来。三特征说与二特征说究以何者为妥，至今仍然存在争论。争论的焦点在于应受刑罚惩罚性是否为犯罪的独立的特征。三特征说持肯定论，二特征说持否定论，各抒己见，辩论不止。我们原是赞成三特征说的，但仔细推敲，认为将应受刑罚惩罚性作为犯罪的一个基本特征，确实值得商榷。理由如下：

第一，应受刑罚惩罚性是犯罪的法律后果，不是犯罪的基本特征。犯罪的基本特征是揭示犯罪行为本身区别于非犯罪行为所必须具备的特征。一个行为只有确定其本身符合犯罪的基本特征时，才能认为构成犯罪，从而才可能谈到应受刑罚处罚。由此可见，应受刑罚处罚，是确定行为构成犯罪之后才发生的问题，不是犯罪行为本身的问题。

第二，将应受刑罚惩罚性列为犯罪的基本特征之一并无必要。众所周知，严重的社会危害性是犯罪的本质特征，刑事违法性是犯罪的法律特征。行为具有上述犯罪的实质特征和法律特征，即表明该行为已构成犯罪。既然如此，有什么必要还将应受

---

① 李光灿主编：《中华人民共和国刑法论》（上），吉林人民出版社，1984年版，第108~113页。

16

刑罚惩罚性列为犯罪的基本特征呢？难道还有刑事法律规定的具有严重社会危害性的行为不构成犯罪，需要加上应受刑罚惩罚性的特征才构成犯罪吗？

第三，不是应受刑罚惩罚性制约犯罪，而是严重的社会危害性决定行为构成犯罪，从而决定行为应受刑罚处罚。持三特征说者通常以下述理由论证应受刑罚惩罚性是犯罪的独立特征，即某种危害社会的行为，只有当统治阶级认为需要动用刑罚加以制裁时，才会在刑法上将其规定为犯罪。这种理由并不充分。因为统治阶级认为需要对某种行为动用刑罚，根本原因还是在于该种行为具有严重的社会危害性。换言之，正是由于行为具有严重的社会危害性，才将其规定为犯罪，从而才规定相应的刑罚。

第四，在犯罪定义中将应受刑罚惩罚性列为犯罪的一个基本特征，在逻辑上犯了循环定义的错误。循环定义的错误有两种：一是定义项直接包括被定义项，如麻醉就是麻醉剂所起的作用；二是定义项间接包括了被定义项，如原因就是引起结果的事件，结果就是原因所引起的事件。在犯罪定义中将应受刑罚惩罚性列为犯罪的一个基本特征，就犯了第二种循环定义的错误。大家知道，我国刑 法理论对刑罚所下的定义通常是："刑罚是掌握国家政权的统治阶级用以惩罚犯罪的一种强制方法。"把犯罪与刑罚的其他特征简化之后，就成为：犯罪是应受刑罚惩罚的行为，刑罚是用以惩罚犯罪的强制方法。这岂不是用犯罪定义刑罚，又用刑罚定义犯罪吗？

第五，从刑法分则对犯罪的规定来看，也不便说应受刑罚惩罚性是犯罪的基本特征。刑法分则规定具体犯罪的条文，都是前半段规定犯罪，后半段规定刑罚。例如刑法第 275 条规定："故意毁坏公私财物，数额较大或者有其他严重情节的，处 3 年以下有期徒刑、拘役或者罚金；……"前半段是对故意毁坏财物罪的界定，后半段是本罪的法定刑。可见分则对犯罪的规定，并未将法定刑列为它的基本特征。学理上对这种具体犯罪的概念，只是从它的构成特征上加以概括，而不涉及它应处的刑罚，如对故意毁坏财物罪，通常概括为："是指故意毁坏公私财物，数额较大或者有其他严重情节的行为。"而从来没有人概括为："是指故意毁坏公私财物，数额较大或者有其他严重情节，应处3年以下有期徒刑、拘役或者罚金的行为。"犯罪的一般概念是各种具体犯罪概念的概括，既然在具体犯罪概念中没有应受什么刑罚处罚的特征，在犯罪的一般概念中加上应受刑罚处罚的特征，显然是没有根据的。

第六，外国不少立法例，并未把应受刑罚惩罚性列为犯罪的特征。如1969年《罗马尼亚社会主义共和国刑法典》第17条规定："犯罪是指刑法规定的、有罪过的社会危险行为。"1977年《南斯拉夫刑法典》第8条规定：犯罪是"经法律确定为犯罪并规定其构成要件的社会危害行为。"此外，1960年《苏俄刑法典》第7条、1961年《蒙古人民共和国刑法典》第4条等条文所下犯罪定义，都没有"应受刑罚惩罚"的规定，说明在这些国家的立法者看来，它并非犯罪不可或缺的特征。

根据上述理由，我们赞同两特征说，并且认为犯罪的两个基本特征应当是：（一）犯罪的本质特征——行为的严重社会危害性；（二）犯罪的法律特征——行为的刑事违法性。行为是犯罪的实体，严重的社会危害性和刑事违法性都是说明行为的。没有行为而只是单纯的思想，即人们头脑里的思维活动，不能构成犯罪。因为单纯的思想还没有与客观世界发生联系，不会对社会造成任何危害。行为是人的思想表现于外部的身体动静，即表现为人的作为与不作为。思想与行为有着密切联系，但二者又不相同。不同之处在于：思想是主观的东西，行为是主观见之于客观的东西。正因为如此，它才能使客观世界发生变化，才能对社会造成危害结果。因此，在实际工作中，我们只能根据行为定罪，不能根据思想定罪。马克思指出："凡是不以行为本身而以当事人的思想方式作为主要标准的法律，无非是对非法行为的公开认

18

可。"① 我们在认定犯罪时，首先要牢牢掌握这一原理。

三、犯罪的本质特征——行为的严重社会危害性

（一）行为的严重社会危害性是犯罪的本质特征提法的根据。本质特征是表明此一事物区别于彼一事物的根本特征。过去大多认为行为的社会危害性是犯罪的本质特征。随后不少同志提出异议，认为一般违法行为也有社会危害性，可以说社会危害性是一般违法行为与犯罪共同具有的特征，它不能将犯罪与一般违法行为区别开来。我们同意这种观点。我们认为，犯罪与一般违法行为的区别在于社会危害性程度不同，即犯罪行为具有严重程度的社会危害性，而一般违法行为的社会危害性尚未达到这样严重的程度。所以，只有行为的严重社会危害性才能说明犯罪的根本特征，才能用以将犯罪与一般违法行为区别开来。同时，认为行为的严重社会危害性是犯罪的本质特征，也是符合我国刑法的规定和马克思主义创始人的犯罪观的。我国刑法第13条规定："……以及其他危害社会的行为，依照法律应当受刑罚处罚的，都是犯罪；但是情节显著轻微危害不大的，不认为是犯罪。"这就说明只有社会危害性严重的行为，才能认为是犯罪。我国刑法分则许多条文用"情节严重"、"情节恶劣"作为构成犯罪的条件。例如，刑法第216条规定："假冒他人专利，情节严重的，处……"第260条规定："虐待家庭成员，情节恶劣的，处……"这说明假冒专利罪，假冒他人专利必须情节严重才能构成；虐待罪，虐待家庭成员必须情节恶劣才能构成。用概括的语言说，就是行为具有严重社会危害性才可能构成犯罪。恩格斯指出："蔑视社会秩序最明显、最极端的表现就是犯罪。"② 这里用"蔑视社会秩序"是否达到"最明显、最极端"的程度，来概括犯罪的根本

---

① 《马克思恩格斯全集》第1卷，第16页。
② 《马克思恩格斯全集》第2卷，第416页。

特征。实际上，所谓"最明显、最极端"，就是指的行为的社会危害性严重。正因为只有行为的严重社会危害性，才能从社会危害性的质与量的统一上，将犯罪与一般违法行为区别开来，因而才认为行为的严重社会危害性是犯罪的本质特征。有的同志用"应当追究刑事责任程度的社会危害性"的表述，代替"严重社会危害性"的表述，我们认为实不足取，因为它没有回答行为为什么应当追究刑事责任。而要回答这个问题，归根到底，还要回到"行为的社会危害性严重"上来。既然如此，那就不如直接表述为"行为的严重社会危害性是犯罪的本质特征"更为明确、恰当。有的同志认为，立法者是否将某种行为规定为犯罪，并不仅取决于行为的社会危害性是否严重，还要综合考虑其他因素，以此来否定行为的严重社会危害性是犯罪的本质特征。我们认为这种说法与我国刑法关于犯罪定义的规定是不相符合的。原刑法第 10 条、现行刑法第 13 条均规定："情节显著轻微危害不大的，不认为是犯罪。"情节显著轻微危害不大，也就是社会危害性不严重，因而不认为是犯罪。"反过来理解的话，就是要求危害'大'即严重才认为是犯罪。不仅如此，刑法还将这一思想贯彻始终，刑法典以及其他特别刑法都只是将危害严重的行为规定为犯罪。"① 由此可见，刑法的规定，清楚地说明了行为的严重社会危害性是犯罪的本质特征。

（二）关于行为的社会危害性的理解及其争论。所谓行为的社会危害性，是指行为对我国的社会主义社会关系实际造成的损害或者可能造成的损害。因之，不仅已经完成的犯罪具有社会危害性，即使没有完成的犯罪，如处于预备阶段的犯罪或未遂状态的犯罪，也同样具有社会危害性。因为在这些情况下，它虽然尚未造成实际危害，但对社会有造成危害的现实可能性。这样理解

---

① 张明楷著：《刑法的基础观念》，中国检察出版社，1995 年版，第146 页。

行为的社会危害性，在我国刑法学界基本上是一致的。但对社会危害性，是仅仅理解为行为的客观属性，还是理解为行为的主客观要素的统一，则存在着争论。客观属性说认为，社会危害性具有客观的性质，如果加入了行为人主观方面的因素，那就把行为的社会危害性程度，同行为人的刑事责任等同起来。主客观要素统一论认为，"根据我国刑法规定，社会危害性首先表现为客观上的危害，这是毫无疑义的。我国刑法分则规定的许多犯罪，都以物质性或非物质性的客观损害结果作为构成犯罪的必备要件之一。但是造成这些客观损害结果的行为是受人的主观意识和意志支配的，是主观恶性的体现，是主观见之于客观的东西。因此，任何犯罪都是主观和客观的统一。在这个意义上说，犯罪的本质特征——社会危害性也必然是主观和客观的统一。……两者的统一，正是刑事责任的基础。"① 我们赞同后一观点。因为社会危害性及其程度，不只是由行为客观上所造成的损害来说明的，还包括行为人的主体要件和主观要件。例如，故意伤害和过失伤害，即使造成的伤害程度相同，两者的社会危害程度也不一样，故意伤害的危害程度要大于过失伤害的社会危害程度，因而故意伤害致人重伤与过失致人重伤，虽然都构成犯罪，但由于前者的社会危害程度大，以致前者的法定刑远远高于后者的法定刑；故意伤害他人身体造成一般伤害，仍然构成犯罪，而过失伤害他人身体造成一般伤害，由于社会危害程度较轻，就不认为是犯罪。由此可见，把社会危害性及其程度，仅仅认为具有客观属性，而否认人的主观因素的作用，不符合我国刑法的规定，因而是不足取的。

（三）关于行为的社会危害性是否达到严重程度的认定。行为的社会危害性严重的，才构成犯罪。是否达到严重程度，需要

---

① 高铭暄等主编：《新中国刑法的理论与实践》，河北人民出版社，1985 年版，第 135 页。

考虑如下因素：

1. 行为所侵犯的是什么样的社会关系。这是决定行为社会危害性程度的首要因素。所侵犯的社会关系如果不具有重要意义，如友谊关系、恋爱关系、婚约关系等等，行为的社会危害性就不大，因而也就不能构成犯罪。如果侵犯的社会关系具有特别重要的意义，如国家主权、人民民主专政制度、社会主义制度等，行为的社会危害性就很严重，自不能不以犯罪论处。如果行为所侵犯的社会关系比较一般，如人的健康权、社会主义经济秩序、社会公共秩序等，行为的社会危害性是否达到严重程度，还需要根据其他因素才能确定。

2. 行为的性质、方法、手段或其他有关情节。行为是否合法或符合职业的正当要求，行为是否采用暴力方法，所实施的行为是否采用禁止使用的工具，或者是否在法律禁止的地点或时间所实施，都直接影响着行为的社会危害性程度。

3. 行为是否造成危害结果、危害结果的大小或者是否可能造成严重危害结果。行为造成较大的危害结果或者可能造成十分严重的危害结果，如放火、决水、投毒等，行为的社会危害性相当严重，自然构成犯罪。如果行为造成的危害结果很小，或者不可能发生严重危害结果，如造成皮肤轻微伤害，打破了汽车门上的玻璃等，行为的社会危害性显著轻微，就不宜认为是犯罪。

4. 行为人本身的情况。行为人是否具有责任能力，或是否具有一定的身份，对行为的社会危害程度也有密切关系。缺乏责任能力者的行为，虽然可能对社会造成某种损害，但由于缺乏主观恶性，因而不能认为其行为具有犯罪的社会危害性。由具有一定身份的人实施某种行为，社会危害性可能达到严重程度，因而构成犯罪；如由不具有一定身份的人实施，社会危害程度可能较小，因而不构成犯罪。

5. 行为人主观方面的情况。任何行为总是在一定的思想支配下实施的，行为是出于故意还是出于过失，或者既无故意也无过失；行为是否出于一定的目的，或者出于什么样的动机，对行为的社会危害程度有很大影响。例如，故意实施的危害行为，社会危害程度大于过失实施的危害行为；出于营利目的的危害行为，可能构成犯罪，不是基于营利目的的行为，则可能不构成犯罪。

6. 情节是否严重、恶劣。在行为侵犯的社会关系比较一般的情况下，情节是否严重、恶劣。例如，是初犯还是累犯，造成的影响是否很坏，动机是否特别卑鄙，危害范围是否很大等等，对确定行为的社会危害程度起着重要作用。

7. 行为实施时的社会形势。社会形势是社会的政治、经济、社会治安以及阶级斗争的综合情况，它对行为的社会危害程度有相当的影响。同样的行为在不同的社会形势下社会危害程度是不同的甚至是大不相同的。同一行为在一定的社会形势下具有社会危害性或社会危害性较大，在另一社会形势下，行为不可能具有社会危害性或社会危害性较小。如堕胎行为，在中华人民共和国成立初期，具有严重的社会危害性，因而被认为是犯罪；而在80年代末现行刑法制定时，由于人口增长过快和医疗条件改善，堕胎行为已不再具有社会危害性，因而我国刑法未将堕胎行为规定为犯罪。所以，在认定行为的社会危害程度时，必须考虑行为实施时的社会形势。

（四）行为的严重社会危害性在犯罪论中的意义。行为的严重社会危害性是犯罪的本质特征，它在犯罪论中具有十分重要的意义：1. 它是犯罪构成的基础。所有犯罪构成要件的总和，说明行为具有严重的社会危害性。如果行为不具有严重社会危害性，那就不可能存在犯罪构成。2. 它是解决是否构成排除社会危害性行为的关键。正当防卫、紧急避险之所以不认为是犯罪，就是因为这些行为不具有任何社会危害性；而防卫过当、避险过当之所以认为是犯罪，就是因为这些行为具有严重的社会危害性。3. 它是确定犯罪过程中各犯罪形态以及各种共同犯罪人不同刑事责任的根据。"罪刑相适应"是我国刑法的基本原则之一，根据这一原则，我国刑法对预备犯、未遂犯、中止犯、主犯、从犯、胁从犯、教唆犯等规定了不同的处罚原则，就是根据各种形态犯罪的社会危害程度大小而确定的。所以研究犯罪论中的各种问题，不能不特别注意这些问题与行为的严重社会危害性的密切联系。

（五）应受刑罚惩罚性是否犯罪的本质特征。在研究犯罪的本质特征时，有的同志提出"应受刑罚惩罚性是犯罪的本质特征"的论点，认为应受刑罚惩罚性体现了犯罪与其他危害行为之间的内部联系，即体现了犯罪是危害统治阶级社会关系的行为这一本质；同时应受刑罚惩罚性也表现了犯罪本身特有的内部联系——社会危害性已达到一定程度；此外，应受刑罚惩罚性能为人们的直觉所把握，而且也是区分犯罪与其他行为的科学标准①。有的同志则反对这一提法，认为上述观点所提出的论据，陷入形式主义犯罪观的泥潭，不符合辩证唯物主义认识论的基本原理，有悖于我国刑法的规定和刑事法制建设的实践，因而得出结论："犯罪的本质特征绝不是应受刑罚惩罚性，而只能是犯罪行为的社会危害性。"②我们认为，应受刑罚惩罚性，只是犯罪的法律后果，而不是犯罪的基本特征，更不是犯罪的本质特征。因为它没有说明某种行为为什么应受刑罚惩罚，而只有以行为的社会危害性达到严重程度，才能说明这一点。如前所述，我国刑法第13条但书明文规定："但是情节显著轻微，危害不大的，不认为是犯罪。"显然刑事立法是以行为的社会危害程度作为区分罪与非罪的标准的，亦即行为的社会危害性严重的，才能认为是犯罪。可见，不是因为行为应受刑罚惩罚，行为才具有严重的社会危害性，而是因为行为具有严重的社会危害性，才被认为是犯罪，才应受刑罚惩罚。因而，"应受刑罚惩罚性是犯罪的本质特

---

① ②　《法学季刊》，1986年第2期，第19、27页。

征"的提法不能成立。

顺便说明，有的同志以提"行为的社会危害性"容易把犯罪与其他违法行为相混淆为理由，主张提"犯罪的社会危害性"。认为："既然已明确是犯罪的社会危害性，那自然就不是一般的违法、违纪、违反道德行为的社会危害性，而且从质量互变规律来看，'犯罪行为的社会危害性'这一概念本身就是个度——质（危害社会）和量（已达到犯罪程度）的统一体。"① 我们认为这一提法不妥。理由是：第一，它没有揭示出犯罪的本质特征。什么是犯罪的社会危害性，仍不能不借助于社会危害性的严重程度来说明。正如作者所指出的："严重危害统治阶级的利益和统治秩序是一切社会的犯罪所共同具有的本质。"② 第二，它没有找出区分犯罪与一般违法行为的标准。所谓"犯罪的社会危害性"、"违法的社会危害性"，二者的区别只是在于一个是"犯罪"，一个是"违法"；而"犯罪"与"违法"又如何区别，这个提法本身并没有解决。第三，"犯罪的本质特征是犯罪的社会危害性"的提法，不符合形式逻辑的要求，犯了同语反复的错误。在定义项与被定义项中都出现"犯罪"，以犯罪说明犯罪，就不可能将犯罪的本质特征解释清楚。因而我们认为，犯罪的本质特征只能是行为的严重社会危害性。

四、犯罪的法律特征——行为的刑事违法性

（一）行为的刑事违法性与行为的严重社会危害性的关系。当某些行为侵犯我们的社会主义国家或公民的利益，具有严重社会危害性时，立法者从维护国家和人民的利益出发，将这些行为在刑事法律中规定为犯罪和相应的刑罚，犯罪也就具有刑事违法的性质。由此可见，首先由于行为具有严重的社会危害性，然后才将这种行为在刑法上规定为犯罪，才有刑事违法性。因而可以说，

———————

① ② 《法学季刊》，1986 年第 2 期，第 26～27、26 页。

行为的严重社会危害性是刑事违法性的前提,刑事违法性是行为的严重社会危害性在刑事法律上的表现。严重社会危害性是第一性的,刑事违法性是第二性的,是由行为的严重社会危害性所决定的。行为不具有社会危害性,或者社会危害性没有达到严重程度,就不会有刑事违法性。所以某种行为如果只是形式上符合某一条文的规定,例如,故意造成他人轻微伤害,形式上似乎符合我国刑法第 234 条规定的伤害罪,但由于行为的社会危害性不大,根据我国刑法第 13 条但书的规定,不认为是犯罪,也就不具有刑事违法性。因此,对刑事违法性,我们必须将它与行为的严重社会危害性结合起来理解,才能避免形式主义理解的错误。

(二) 行为的刑事违法性的含义。行为的刑事违法性,指行为违反刑法规范, 也可以说是, 行为符合刑法规定的犯罪构成。如果行为不违反刑法规范, 而只是违反行政法规范或民法规范, 那就只是一般违法行为, 而不是犯罪。这里所说的违反刑法规范, 不限于刑法分则的规范, 也包括刑法总则的规范, 例如, 犯罪预备、犯罪未遂或者教唆犯罪等, 都具有刑事违法性。还应指出, 这里所说的刑法规范, 是就广义的刑法而言的, 它不仅指系统地、全面地规定犯罪和刑罚的《中华人民共和国刑法》, 而且包括单行刑事法律, 此外, 还包括行政法或经济法中有关刑罚处罚的条款。有的同志认为, 《食品卫生法》 等法律中规定的犯罪, 不具有刑事违法性。说什么 “要正确认定这些犯罪, 用刑事违法性的标准不行, 因为这些法的名称不叫刑法。”[①] 这显然是误解。众所周知, 诸如《食品卫生法》、《商标法》、《专利法》 等法律, 其本身虽然不是刑法, 但其中有关刑罚处罚的规定, 也是刑法规范, 因而这些法律中所规定的犯罪, 同样具有刑事违法性。在西方国家刑法中, 违法性有客观的违法性与主观的违法性之分。“客观的违法性理论将法解释为客观的评价规范,

---

① 《法学季刊》, 1986 年第 2 期, 第 19 页。

违反作为客观的评价规范的法的行为，认为是违法，从而，为了认为行为是违法，行为者是否有理解法的规范意义的能力即责任能力，在所不问。与此相反，主观的违法性理论，将法解释为命令，因为命令只有对有理解命令意义的能力者才有意义，所以，只有有理解命令意义的能力者即责任能力者的行为，违反作为命令的法，才应认为是违法。"① 上述争论，是资产阶级刑法学者将犯罪构成、违法性与有责性分割开来的结果。所谓"违法是客观的，有责是主观的"观念，曾长期在西方刑法理论上居于通说的地位。我国刑法坚持主客观相统一的原则，在刑法中不仅规定犯罪构成的客观要件，而且规定犯罪构成的主观要件，因而我国刑法中犯罪的刑事违法性，是主观与客观的统一。只有行为人的行为客观上是违法的，主观上有责任能力和罪过，才能谈到行为的刑事违法性。如果行为只是客观上违法，行为人不具有责任能力或者没有罪过，那就不发生刑事违法性问题。我们不赞成把有罪过作为犯罪的一个独立的基本特征，理由正在于此。

（三）行为的刑事违法性这一基本特征的意义。将行为的刑事违法性作为犯罪的一个基本特征具有重要的意义。首先它有助于健全社会主义法制，根据这一特征的要求，认定某一行为构成犯罪，必须依照刑法的规定。刑法没有规定的行为，都不能作为犯罪处罚，这便于司法机关依法与犯罪作斗争。只要司法机关严格依法办事，就能做到准确惩治犯罪，有力保护人民。其次它有利于规范人们的行为。我国刑法明文规定某种行为是犯罪，就是表示我国对这种行为的否定评价，实际上是宣示：什么行为是禁止的，什么行为是允许的。这就可以使人们了解：什么行为不能实施，什么行为可以实施，便于人们规范自己的行为，不从事危害社会的犯罪活动。最后它有益于对社会主义国家和公民合法权

---

① ［日］木村龟二：《刑法总论》，有斐阁，1984 年增补版，第 238 页。

益的保护。我国刑法将危害我国人民民主专政和社会主义制度，危害公共安全，破坏社会主义经济秩序，侵犯公民的人身权利、民主权利……等行为，根据情况分别规定为相应的犯罪。这就告诉人们，上述社会主义社会关系受刑法保护，不容侵犯；如果有人不顾刑法的规定，实施上述任何一种危害行为，就会依法按照犯罪追究刑事责任，以保护社会主义国家利益和公民合法权利的不受侵犯性。

第三节　罪与非罪的界限

一、区分罪与非罪的标准

为了准确地打击犯罪，在司法工作中做到不枉不纵，必须严格区分罪与非罪的界限。这是大家所一致承认的，但什么是区分罪与非罪的标准，却存在不同意见。归纳起来，可有以下四种：

（一）社会危害程度标准说，认为社会危害程度是区分犯罪与其他违法行为的标准。因此，正确区分罪与非罪的界限，关键就在于正确认定行为的社会危害程度。

（二）刑事违法性标准说，认为以社会危害性为基础的刑事违法性，是区分罪与非罪的关键。理由是：某种行为是否具有社会危害性，是由统治阶级通过刑事法律予以确认的。只有具有刑事违法性的行为，才是统治阶级认为具有社会危害性并且需要予以刑罚处罚的犯罪行为。因而不具有刑事违法性的行为，就不能认定为犯罪。

（三）不同犯罪不同标准说，认为区分罪与非罪的界限，要根据不同的案件，不同的犯罪，不同的规定，采取不同的标准来解决。理由是：所谓"非罪"是一个很大的范畴，包括不同的情况，各种犯罪的界限，因罪而异，不能笼统地说，根据行为的社会危害程度来区分罪与非罪。

（四）犯罪概念和犯罪构成标准说，认为犯罪概念是区分罪与非罪的总标准，而犯罪构成则是区分罪与非罪的具体标准。理由是：划分罪与非罪的界限，归根结底是由行为的社会危害性及其程度所决定的，而决定社会危害性及其程度的因素主要是犯罪构成的诸要件①。

怎样看待上述几种观点呢？我们认为，第一种观点，抓住了区分罪与非罪的关键，但不够全面。因为所谓"非罪"可以包括两种情况：一是违法行为但不构成犯罪，二是行为既不是犯罪，也不违法。区分犯罪与一般违法行为界限的标准，诚然是行为的社会危害程度，但区分犯罪与不违法行为界限的标准，就不是社会危害程度，而是有无社会危害性。第二种观点，紧紧抓住犯罪的法律特征，比较易于掌握，并且有利于在审判实践中巩固社会主义法制，但也有片面性。因为犯罪毕竟是行为的严重社会危害性与行为的刑事违法性的统一，如果仅从刑事违法性上着眼，有时还难于将罪与非罪区分清楚。例如轻微伤害与伤害罪，如果仅从刑法条文的规定看，就很难将两者区别开来。因为轻微伤害也符合刑法第234条"故意伤害他人身体的"规定，而要将两者区别开来，就不能不借助于社会危害程度这一标准。第三种观点，全面论述了区分罪与非罪的各种方法，便于在司法实践中区分罪与非罪的界限，但归结为"采取不同的标准来解决"，完全否定了区分罪与非罪的统一标准，则是值得商榷的。因为不论刑法总则规定的任何犯罪不可或缺的要件，还是刑法分则规定的各种不同的具体犯罪的构成要件，其总和都是说明某一行为的社会危害性已达到严重程度，因而才被刑事立法规定为犯罪。所以犯罪构成的要件，不过是行为的社会危害性及其程度的法律化。第四种观点，既明确了区分罪与非罪的总标准，又提出了区分罪与

① 高铭暄主编：《新中国刑法学研究综述》，河南人民出版社，1986年版，第105～106页。

非罪的具体标准，这样，既能从总体上把握罪与非罪的区分，又能适应不同的犯罪构成，根据不同的构成要件，区分各种具体犯罪的罪与非罪的界限，因而我们认为是比较可取的。只是我们觉得在犯罪概念这个总标准上，应该特别强调犯罪的本质特征。在我们看来，行为的社会危害性及其程度，是区分罪与非罪的根本标准，任何犯罪都不例外。但行为的社会危害性及其程度，总是通过犯罪构成体现出来，不同的犯罪构成，有不同的构成要件，因而具体区分不同的犯罪时，就会有不同的具体标准。不过，它们不是与行为的社会危害性及其程度相对立的，而是它的具体化、法律化。在区分罪与非罪时，我们应当牢牢记住这一点。

二、如何区分罪与非罪的界限

根据上述标准，我们认为，区分罪与非罪，应从如下三个方面考虑：

（一）根据刑法第 13 条的规定，特别是其中"但书"的规定加以区分。我国刑法第 13 条明文规定了犯罪的定义，但书规定："但是情节显著轻微危害不大的，不认为是犯罪。"这就将罪与非罪的界限明确划分开来。那么，如何理解但书的规定呢？1. 这里所指的是，行为虽有一定的社会危害性，但还不严重，因而尚未构成犯罪的情况。这种行为表面上可能符合刑法分则某一条文的规定，但因情节显著轻微，危害不大，实际上不构成该条文所规定的犯罪。如果行为根本没有社会危害性，并且不存在表面上符合刑法分则条文规定的问题，虽然不构成犯罪，但不应适用刑法第 13 条但书的规定来处理。2. 为了适用刑法第 13 条但书，行为必须同时具备两个条件：（1）情节显著轻微，（2）危害不大。"情节"指影响行为社会危害程度的各种情况，如行为的方法、手段、时间、地点、一贯表现、目的、动机等。"显著轻微"指明显不严重、不恶劣。需要指出，这里说的是"情节显著轻微"，与刑法第 37 条规定的"情节轻微"不同，应当加以区别。刑法第 37 条规定"犯罪情节轻微 不需要判处刑罚",指的是行为仍然构成犯罪,但不需要判刑。而第 13 条但书的规定是"情节显著轻微","不认为是犯罪"。可见"情节显著轻微"较之"情节轻微",在程度上更轻。至于什么情况是"情节显著轻微",什么情况是"情节轻微",则应当根据案件的具体情况,全面考虑,然后加以确定。3. 但书所规定的"不认为是犯罪",意思等于不是犯罪。有的同志理解为不以犯罪论,那就不符合立法原意了。因为不以犯罪论,意思是行为仍然构成犯罪,只是不以犯罪处理而已。这样理解就将但书解释为是用以区分以犯罪论与不以犯罪论的界限,而不是用以区分罪与非罪的界限。实际上刑法第 13 条规定的是犯罪定义,但书从反面规定不是犯罪的情况,以便使犯罪的概念更加明确。解释成是"不以犯罪论",那就失去这一重要意义了。为了进一步理解刑法第 13 条但书的规定,试举一案例说明:吴某、余某、秦某 1982 年某日晚 9 时左右,在一条绿化地带闲逛时,看见一对青年男女在谈情说爱,男的手搭在女的肩上。三人即上前走到他俩背后,吴用手拍拍男的肩膀,该男青年站起来问吴干什么时,吴就叫他行为"规矩点",不要勾肩搭背。余随即对他说:"识相点,拿几支香烟来抽抽!"秦立刻从他口袋里掏出一包牡丹牌香烟,三人随即扬长而去。半小时后,吴某等三人看见路旁有一辆拖车停着,车内装满西瓜。吴乘人不备上前窃取一只西瓜,转给余后,就和秦、余一起逃跑。不久,三人即被治安巡逻队查获。吴、余、秦三人强取香烟和偷窃西瓜的行为,虽然妨碍了社会治安,但从他们使用的手段看,属于情节显著轻微,从所造成的后果看,属于危害不大。按照刑法第 13 条但书的规定,应认为不构成犯罪。至于他们的行为违反了治安管理处罚条例,需要给以适当的治安处罚,那已是另外的问题即行政处罚问题了。对于这种虽有违法行为,但其情节显著轻微,危害不大,不认为是犯罪的被告人,在宣告无罪判决的法律文书中,可以引用刑法第 13 条但书(同时引用刑事诉讼法第 15 条第 1 项的规定）作为法律根据。至于对没有违法行为的被告人，可在判决书中说明事实、理由后，直接宣告无罪，无需再引用上述条文。

（二）根据刑法总则规定的犯罪构成的基本要件或排除犯罪的条件加以区分。我国刑法总则在"犯罪与刑事责任"一节规定了构成任何犯罪都不可缺少的要件，如果缺少其中任何一个要件，行为即不构成犯罪；同时规定了具备一定的条件，即排除行为的犯罪性。所以，我们在区分罪与非罪时，应当对这些规定认真地一一加以考虑。这方面的规定很多，分析起来，可有以下几点：

1. 行为是否具有故意或过失。危害社会的结果，只有出于故意行为或过失行为所造成时，才可能构成犯罪；行为既无故意也无过失而造成损害结果，或者出于不可抗力造成损害结果，都不认为是犯罪。

2. 是否达到刑事责任年龄。根据刑法规定，未满 14 周岁的人的行为，即使造成了危害社会的结果，也不认为是犯罪。已满 14 周岁未满 16 周岁的人的行为，只有符合刑法规定的特别严重的几种犯罪的要件时，才认为是犯罪，此外的行为，都不认为是犯罪。

3. 是否具有责任能力。只有具有刑事责任能力的人实施的危害行为，才可能构成犯罪；没有是非辨别能力的精神病患者实施的危害行为，或者间歇性的精神病患者在精神病发作时期实施的危害行为，都不认为是犯罪。

4. 是否属于排除犯罪性的行为。如果行为符合正当防卫的规定，或者符合紧急避险的规定，都不认为是犯罪；但防卫过当或者避险过当的，则构成犯罪。

上述各点，后面都将详细论述。这里只是提示一下，以便在区分罪与非罪时注意加以考虑。

（三）根据刑法分则规定的各种犯罪的犯罪构成要件加以区

分。刑法分则对所规定的犯罪，大都明确规定了犯罪构成的要件。行为是否构成犯罪，就要看他的行为符合不符合刑法分则上规定的某种犯罪的犯罪构成。符合的就构成犯罪，不符合的就不构成犯罪。同时，刑法分则条文规定，某一要件在一定的犯罪中对于区分罪与非罪的界限具有特别重要的意义。我们在处理案件时，要注意按照不同规定，根据这种要件划分罪与非罪的界限。属于这种情况的，大体上有以下一些：

1. 行为是否违反某种法规或规章制度。根据刑法规定，有些犯罪以行为违反某种法规或规章制度为前提才能构成；否则，就不构成犯罪。例如刑法第228条规定："以牟利为目的，违反土地管理法规，非法转让、倒卖土地使用权，情节严重的"，构成非法转让、倒卖土地使用权罪，即本罪以违反土地管理法规为前提，否则不构成犯罪。又如刑法第325条规定："违反文物保护法规，将收藏的国家禁止出口的珍贵文物私自出售或者私自赠送给外国人的"，构成非法向外国人出售、赠送珍贵文物罪，即本罪以违反文物保护法规为前提，否则不构成本罪。有些经济犯罪，虽然刑法条文中未规定以违反某种法规为犯罪构成要件，实际上该种行为也总是违反某种经济、行政法规的。例如刑法第213条规定的假冒注册商标罪，虽然条文中没有规定以"违反商标管理法规"为要件，实际上本罪当然是违反商标管理法规的，否则也就不可能构成假冒注册商标罪。对于这类案件来说，行为如果是符合有关法规规定的，那就不能作为犯罪处理。在审理这类案件时，要特别注意行为是否违反有关法规，以便准确划分罪与非罪的界限。

2. 情节是否严重，是否恶劣。为了区分犯罪与一般违法行为，我国刑法分则不少条文明文规定，情节严重或情节恶劣才构成犯罪。例如，我国刑法第222条规定的虚假广告罪、第226条规定的强迫交易罪、第230条规定的逃避商检罪等，均以"情节严重"为构成要件；第255条规定的打击报复会计、统计人员罪，第260条规定的虐待罪等，均以"情节恶劣"为构成要件。对于上述一类的犯罪来说，实施的行为如果情节不严重或者不恶劣，就不会构成犯罪。

3. 后果是否严重。我国刑法分则对某些过失犯罪，往往规定以"造成严重后果"为要件。例如刑法第134条第1款的重大责任事故罪，规定以"因而发生重大伤亡事故，或者造成其他严重后果"为要件；第136条的危险物品肇事罪，规定以"发生重大事故，造成严重后果"为要件。对于这类犯罪，如果造成的后果不严重，就只能构成一般违法行为，而不构成犯罪。

4. 数额是否较大。对于某些经济犯罪或者财产犯罪，我国刑法分则条文规定了以"数额较大"为构成要件。例如在破坏社会主义经济秩序罪一章中，刑法第173条规定的变造货币罪，第192~194条规定的集资诈骗罪、贷款诈骗罪、票据诈骗罪等，在侵犯财产罪一章中，第266条规定的诈骗罪，第267条规定的抢夺罪等，均以犯罪标的数额较大为构成要件，数额不是较大，则不构成犯罪。至于怎样才是数额较大，由于犯罪性质、时间、地点等的不同，因而不能一概而论，需要针对不同的犯罪，根据当时的经济发展情况，由最高司法机关作出司法解释。基于地区之间经济发展的不平衡，各地区还需要依据司法解释，结合本地区的情况，再具体加以确定，供司法机关处理案件时掌握。

5. 行为是否出于故意。有些犯罪，我国刑法明文规定以故意为要件。例如，刑法第275条的故意毁坏财物罪，第324条第2款的故意损毁名胜古迹罪等，均以故意为犯罪构成要件。因而过失毁坏公私财物，或者过失损毁名胜古迹的，均不构成犯罪。

6. 是否明知某种犯罪事实。有些犯罪，我国刑法明文规定以明知某种犯罪事实为要件。例如，刑法第312条规定："明知是犯罪所得及其产生的收益而予以窝藏、转移、收购或者代为销售……"，构成掩饰、隐瞒犯罪所得、犯罪所得收益罪。因而不知是犯罪所得及其产生的收益而予以收藏、转移、收购或者代为销售的，就不构成犯罪。如张某的朋友王某，偷了一部彩电，欺骗张某说是买来的，暂时在他家放几天。张信以为真，就让彩电放在家里。后来案发，张才知道彩电是赃物。由于缺乏"明知"的要件，张的行为就不构成犯罪。

7. 是否具有法律规定的特定目的。必须具有特定目的的犯罪，在刑法理论上叫目的犯。我国刑法规定的特定目的，主要是以营利为目的。特定的目的，可能是区分此罪与彼罪的要件，也可能是区分罪与非罪的标志。例如我国刑法第 303 条第 1 款规定："以营利为目的，聚众赌博或者以赌博为业的"，构成赌博罪。如果不是为了营利而是为了娱乐邀集多人一起打牌，就不构成犯罪。对赌博罪来说，是否以营利为目的，是区分罪与非罪界限的一个标准。

8. 是否使用法律所规定的行为方法。对于绝大多数犯罪来说，行为的方法不影响犯罪的成立，但对某些犯罪，我国刑法特别强调行为的方法。例如，刑法第 340 条规定"使用禁用的工具、方法捕捞水产品"是非法捕捞水产品罪的构成要件。因而使用允许使用的工具、方法，则可能不构成犯罪。刑法第 257 条规定，"以暴力干涉他人婚姻自由的"，构成干涉他人婚姻自由罪，以暴力实施，是构成本罪的必要条件。因而虽然干涉了他人婚姻自由，如果不是以暴力干涉的，则不构成犯罪。

9. 行为是否在法律规定的时间、地点实施。如同行为的方法一样，对于绝大多数犯罪来说，行为实施的时间或地点，也不影响犯罪的成立。但对某些犯罪，我国刑法特别提出行为的时间或地点，是犯罪成立的要件。例如，我国刑法第 341 条第 2 款规定"在禁猎区、禁猎期……进行狩猎……"是非法狩猎罪的构成要件。因而在非禁猎区或非禁猎期进行狩猎的，则可能不构成犯罪。

10. 是否首要分子。为了缩小打击面，扩大教育面，有些聚众犯罪，刑法规定只有首要分子才构成犯罪。例如，刑法第 291

条规定的聚众扰乱公共场所秩序、交通秩序罪，首要分子构成犯罪，一般参加者则不构成犯罪。在这类犯罪中，是否首要分子，是区分罪与非罪界限的关键。

此外，在刑法分则条文规定中，还有某些要件对于区分罪与非罪的界限具有重要意义，这里不再一一列举。需要强调指出的是，这些要件在各种犯罪中虽然不同，但它们在如下一点上是一样的，即这些要件与该犯罪构成的其他要件一起，表现了行为危害社会的严重性已经达到犯罪的程度。

第四节　犯罪的分类

犯罪，根据不同的标准，可以分为许多种类。不同种类的犯罪具有各自不同的特点，社会危害性的严重程度往往存在差别。对犯罪进行分类，有助于了解各类犯罪的特点，认识其社会危害性程度，正确地适用刑罚，有效地与各种犯罪作斗争。

最早的犯罪分类，是以罗马法中犯罪侵犯的法益为标准，分为公罪与私罪。1810年《法国刑法典》将犯罪分为重罪、轻罪和违警罪。这种分类为近代很多国家刑法典所仿效；但这种形式划分方法为社会主义国家刑法典所不取。我国刑法中没有明确规定犯罪的分类，但实际上可以看出其中存在若干不同种类的犯罪的区分。此外，在刑法理论上还有一些犯罪的分类。这里，如下几种犯罪的划分，值得重视。

一、危害国家安全罪与普通刑事罪

犯罪以其侵害的客体的性质为标准，可分为危害国家安全罪与普通刑事罪。

（一）危害国家安全罪，指一切危害国家主权、领土完整和安全，分裂国家、颠覆人民民主专政的政权和推翻社会主义制度的犯罪。它危害我国的根本政治制度和社会制度，因而具有最严重的社会危害性，所以我国刑法对危害国家安全罪作了严厉刑罚惩罚的规定。根据我国修订的刑法规定，对危害国家安全的罪犯，可以并处没收财产，应当附加剥夺政治权利，在刑罚执行完毕或者赦免以后，在任何时候再犯危害国家安全罪的，都以累犯论处。绝大多数危害国家安全罪，对国家和人民危害特别严重、情节特别恶劣的，可以判处死刑。危害国家安全罪是由原来的反革命罪修改而成。反革命罪之所以修改成危害国家安全罪，因为"随着国家政治、经济和社会情况的发展，反革命罪的罪名的适用遇到一些新情况、新问题。有些反革命罪，规定'以反革命为目的'，在实践中很难确定。有的犯罪行为，适用危害国家安全罪，比适用反革命罪更为合适。"① 据此，修订的刑法将原来的反革命罪一章改为危害国家安全罪。

（二）普通刑事罪，指除危害国家安全罪之外的刑事犯罪。如危害公共安全罪，破坏社会主义市场经济秩序罪，侵犯公民人身权利、民主权利罪，侵犯财产罪等，都是普通刑事罪。普通刑事罪，有些虽然也很严重，也可能适用死刑，但除了少数严重犯罪外，对一些刑罚制度的适用，一般没有特别的限制；法定刑中死刑所占的比例比危害国家安全罪要小得多。

二、自然犯、刑事犯与法定犯、行政犯

犯罪以行为是否违反社会伦理为标准，可以分为自然犯、刑事犯与法定犯、行政犯。

（一）自然犯，"指无须等待法律的规定，其性质上违反社会伦理而被认为犯罪者，也称刑事犯。"② 这类犯罪不是刑法典中没有规定，而是在各国刑法典中普遍作了规定。例如，杀人

---

① 《法学》，1989 年第 3 期，第 18 页。
② ［日］大谷实著：《刑法讲义总论》，成文堂，1994 年第 4 版，第102 页。

罪、伤害罪、强奸罪、盗窃罪、抢劫罪等刑法典中规定的多数犯罪，都是自然犯（刑事犯）。由于这类犯罪具有违反社会伦理的性质，其危害性易于为人们所认定。

（二）法定犯，"指原来没有违反社会伦理，然而根据法律被认为犯罪者，在由于行政取缔的目的被认为犯罪的意义上，也称行政犯。"① 例如妨害清算罪、非法经营同类营业罪、非法发放贷款罪、非法经营罪、逃避商检罪等，均属法定犯（行政犯）。这类犯罪的特点在于，都以违反一定的经济行政法规为前提，它们原来都没有被认为是犯罪，由于社会情况的变化，在一些经济行政法规中首先作为被禁止的行为或作为犯罪加以规定，随后在修订的刑法中予以吸收而规定为犯罪。

自然犯与法定犯的区别是否必要，日本有些学者持否定意见，认为"刑法典的犯罪之中，也有基于行政上取缔目的的犯罪（例如日本刑法第 192 条即对非正常死亡人的秘密埋葬）；相反地，行政犯之中也有与社会伦理相结合的犯罪（例如税法上的犯罪）。又例如道路交通法上的醉酒运输之罪（道路交通法第 65 条、第 117 条之 2 第 1 号）中，在立法当初，虽然是基于行政取缔目的被认为是犯罪的，但逐渐转化为伦理上也被非难的行为，这种法定犯的自然犯化的例子并不少见。再次，法定犯与自然犯的区别，不仅实际上是困难的，而且刑法解释上的实益也不大……"②我国有的著作持肯定意见："一般认为，从犯罪人的主观恶性程度上看，自然犯较之法定犯要严重得多，但在违法性问题的认定上，由于行政法规错综复杂，所以，对法定犯的判定又比自然犯要困难得多。同时，由于行政法规会因为国家管理目的改变而时常发生变化，因此，法定犯又经常处于变动之中，缺乏像自然犯那样的稳定性。正因为两类犯罪各有其特殊性，所

---

① ②　[日]大谷实著：《刑法讲义总论》，成文堂，1994 年第 4 版，第 102~103 页。

38

以，在认定、处罚及预防方面，均应采取各不相同的对策。"①
我们赞同后一种意见。在我们看来，日本学者的论述虽然是有道
理的，但这种区别的存在毕竟是客观的事实。法定犯均以违反一
定的经济行政法规为前提，认定这类犯罪，需要熟悉相关的法
规，由于这些法规都具有专业性，因而认定这类犯罪难度较大，
而认定自然犯则不存在这方面的问题。所以将两者加以区别，
虽然有时是困难的，但在司法实践中，认识和掌握两者各自的特
点，还是有益的。

三、隔地犯与隔时犯

犯罪以行为实施的地点或时间与犯罪结果发生的地点或时间
不同为标准，可分为隔地犯与隔时犯。二者统称为隔离犯或间隔
犯。

（一）隔地犯，指犯罪的行为与作为犯罪构成要件的结果发
生于不同地点的犯罪。例如，在甲地火车站停车的火车上偷放一
枚定时炸弹，火车开车后行驶到乙地爆炸，炸死车上旅客三人，
重伤七人，即为爆炸罪的隔地犯。

行为与结果，其一发生在国内、另一发生在国外时，即产生
刑事管辖权与刑法适用问题。在这种情况下应当以什么为标准确
定犯罪地和适用哪个国家的刑法，对此，通常有三种学说：1.
行为主义，认为犯罪是人所实施的危害社会的行为，因而应以行
为地为犯罪地。犯罪行为在本国领域内实行的，适用本国刑法；
犯罪行为在外国领域内实行的，适用外国刑法。2. 结果主义，
认为犯罪的本质是对法益的侵害，所以应以作为犯罪构成要件结
果的发生地为犯罪地。犯罪结果发生在本国领域内的，适用本国
刑法；犯罪结果发生在外国领域内的，适用外国刑法。3. 折衷

---

① 苏惠渔主编：《刑法学》，中国政法大学出版社，1994 年版，第 73
页。

主义，或称行为结果主义，认为行为与结果都是犯罪不可缺少的要件，因之不论行为实施地还是结果发生地都是犯罪地。犯罪的行为或结果，只要其中一项发生在本国领域内，都适用本国刑法。我国刑法第6条第3款规定："犯罪的行为或者结果有一项发生在中华人民共和国领域内的，就认为是在中华人民共和国领域内犯罪。"可见我国刑法是根据行为结果主义规定跨国性的隔地犯的。本国内的隔地犯，一般不发生刑法适用问题，但发生法院对案件的管辖问题。在行为地和结果地的法院对案件的管辖发生竞合时，可以根据我国刑事诉讼法第25条的规定解决。该条规定："几个同级人民法院都有权管辖的案件，由最初受理的人民法院审判。在必要的时候，可以移送主要犯罪地的人民法院审判。"

（二）隔时犯，指犯罪的行为与作为犯罪构成要件的结果发生于不同时间的犯罪。例如，甲用投毒的办法杀害乙，乙吃了放毒的食物后，发觉中毒，立即被送往医院救治，经抢救无效，5天后死亡，即为杀人罪的隔时犯。

犯罪的行为与结果不是发生在同一时间时，以什么为标准确定犯罪的时间，在刑法理论上通常也有行为主义、结果主义、折衷主义之争，但我国刑法没有明文规定。我国刑法学者通说认为，一般应以犯罪行为实施的时间为犯罪时间。犯罪时间对刑法的适用、确定行为人的刑事责任与追诉时效均有密切关系：1. 行为实施在旧法有效期间，结果发生在新法生效期间，应以行为时法为准处断；如果新法有溯及力时，则依新法处断。2. 行为实施在未满14周岁之时，结果发生在已满14周岁之后，或者行为实施在精神病发作期间，结果发生在精神障碍消除之后，均应以行为实施之时为准处断，不使行为人负刑事责任。3. 追诉时效的起算，我国刑法第89条第1款规定："追诉期限从犯罪之日起计算；犯罪行为有连续或者继续状态的，从犯罪行为终了之日起计算。"犯罪之日，通常认为系犯罪发生之日或停止之日。虽然有的同志主张，对于以一定结果为犯罪构成要件的犯罪，应以结果发生之日为犯罪之日，但尚属少数意见。

四、亲告罪与非亲告罪

犯罪根据是否以被害人的告诉为处理条件，可分为亲告罪与非亲告罪。

（一）亲告罪，指刑法明文规定需要被害人告诉才处理的犯罪。我国刑法第 246 条规定的侮辱罪、诽谤罪，第 257 条第 1 款规定的暴力干涉婚姻自由罪，第 260 条第 1 款规定的虐待罪，都是被害人"告诉的才处理"。因为这些犯罪所侵害的权利较轻，危害不是很大，法院是否处理，宜尊重被害人的意见；并且有的犯罪，被害人与被告人之间还有亲属关系，被害人只要求被告人停止对其实施危害行为，并不希望被告人因此而受刑事处分，除非万不得已，往往不愿诉之于法院。所以对于这类犯罪，法院应采取不告不理的原则，不必主动追究。但也有例外情况：一是刑法第 98 条后段的规定："如果被害人因受强制、威吓无法告诉的，人民检察院和被害人的近亲属也可以告诉。"二是刑法第 246 条第 2 款但书的规定："但是严重危害社会秩序和国家利益的除外"。本款的立法意图在于，如果有人出于个人的不满，侮辱或诽谤了中央领导人以后，中央领导人不便亲自告诉，以便司法机关主动进行追究，维护其名誉和人格①。

（二）非亲告罪，指刑法规定亲告罪以外的犯罪。这些犯罪在诉讼程序上不需被害人的告诉就能处理；除其他不需要进行侦查的轻微刑事案件，由人民法院直接受理外，均由人民检察院向人民法院提起公诉；对于依照刑法规定不需要判处刑罚或者免除刑罚的，人民检察院也可以不起诉。非亲告罪在刑法分则中占绝

---

① 王作富：《中国刑法研究》，中国人民大学出版社，1988 年版，第 407 页。

大多数。

五、基本犯、加重犯与减轻犯

犯罪以其社会危害程度的轻重为标准，可分为基本犯、加重犯与减轻犯。

（一）基本犯，指刑法分则规定的不具有加重或减轻情节的犯罪。例如，我国刑法第 234 条第 1 款规定："故意伤害他人身体的，处 3 年以下有期徒刑、拘役或者管制。"本款规定的就是故意伤害罪的基本犯。刑法分则就是以基本犯为标本规定各种犯罪的。

（二）加重犯，指刑法分则规定的在基本犯的基础上具有加重情节并加重刑罚的犯罪。例如我国刑法第 234 条第 2 款规定："犯前款罪，致人重伤的，处 3 年以上 10 年以下有期徒刑……"本款规定的就是故意伤害罪的加重犯。我国刑法中的加重犯，条文大多用"情节严重的"、"致人重伤、死亡的"、"引起被害人重伤、死亡的"、"情节特别严重的"、"后果特别严重的"、"数额巨大的"、"致使国家利益遭受特别重大损失的"或者具体列举若干严重情节等文字来表述。在刑法分则中规定加重犯的条款为数不少。

（三）减轻犯，指刑法分则规定的在基本犯的基础上具有减轻情节并减轻刑罚的犯罪。例如我国刑法第 232 条规定："故意杀人的，处死刑、无期徒刑或者 10 年以上有期徒刑；情节较轻的，处 3 年以上 10 年以下有期徒刑。"本条后半段所规定的，就是杀人罪的减轻犯。我国刑法中的减轻犯，条文主要有两种表述方法，即"情节较轻的"和"其他积极参加的"。在刑法分则中规定减轻犯的条款不多。

六、初犯、累犯

犯罪以实施的次数和其他法定条件为依据，可分为初犯、累犯。

（一）初犯，指行为人第一次实施犯罪。有的同志认为，初犯指第一次受有罪判决的罪犯。它可能是第一次犯罪，也可能是数次犯罪，但只要是第一次接受审判，都可称为初犯。这种观点虽为一家之言，但为通说所不取。因为初犯不等于初审。顾名思义，初犯，是第一次犯罪；初审，是第一次审判。第一次犯罪第一次受审判的，当然是初犯；但多次犯罪第一次受审判的，虽可以说是初审，但不宜说是初犯。在一定条件下，初犯可以作为量刑时的酌定从轻情节。详言之，实施严重的犯罪，如背叛祖国、盗窃巨额财产、手段残酷的故意杀人等犯罪，就不能以初犯为理由而予以从轻处罚；如果行为人一贯表现较好，所犯属于轻罪，在量刑时，初犯可以作为酌定情节，适当考虑予以从轻。

（二）累犯，指过去曾因犯罪受过一定的刑罚处罚，在刑罚执行完毕或赦免以后，在法定期限内又实施一定的犯罪。根据我国刑法规定，累犯分为普通累犯与特别累犯两种：

1. 普通累犯，我国刑法第 65 条规定：“被判处有期徒刑以上刑罚的犯罪分子，刑罚执行完毕或者赦免以后，在 5 年以内再犯应当判处有期徒刑以上刑罚之罪的，是累犯，……但是过失犯罪除外。”这就是普通累犯。构成普通累犯必须具备如下条件：（1）前罪和后罪都是故意犯罪；（2）前罪必须是被判处有期徒刑以上的刑罚；（3）后罪是应当判处有期徒刑以上刑罚的犯罪；（4）后罪的发生是在前罪的刑罚执行完毕或赦免以后 5 年之内；（5）前罪和后罪都是普通刑事犯罪或者至少有一个是普通刑事犯罪。

2. 特别累犯，即危害国家安全罪累犯。我国刑法第 66 条规定：“危害国家安全的犯罪分子在刑罚执行完毕或者赦免以后，在任何时候再犯危害国家安全罪的，都以累犯论处。”这就是危害国家安全罪累犯。构成这种特别累犯的条件是：（1）前罪和后罪必须都是危害国家安全罪，不受所判处的刑罚性质和轻重的限制；（2）前罪所判刑罚执行完毕或者赦免以后再犯危害国家安全罪，不受犯罪时间的限制。

我国刑法规定，对累犯应当从重处罚。因为累犯受过刑罚处罚，不知悔改，在不太长的时间里又犯性质比较严重的罪行，表明其主观恶性较大，并且不易改造，因此，应当从重处罚，否则，不足以惩罚和改造这些犯罪分子，有效地预防犯罪。

七、犯罪的其他分类

除了上述犯罪的分类外，还可以根据不同的标准，对犯罪作各种分类。例如：

（一）以行为的表现形式为标准，可分为作为犯与不作为犯。

（二）以危害结果在犯罪构成中的地位为标准，可分为行为犯与结果犯、危险犯与实害犯。

（三）以犯罪主体的情况为标准，可分为身份犯与非身份犯。

（四）以行为人主观上的罪过形式为标准，可分为故意犯与过失犯。

（五）根据犯罪实施阶段上的犯罪形态的不同，可分为预备犯、未遂犯、中止犯与既遂犯。

（六）以共同犯罪人在共同实施犯罪中的作用或分工为标准，可分为主犯、从犯、胁从犯与组织犯、实行犯、帮助犯、教唆犯。

（七）根据一罪与数罪的不同犯罪形态，可分为单纯一罪（继续犯、状态犯），实质一罪（结合犯、结果加重犯、集合犯、吸收犯），裁判上一罪（想象竞合犯、牵连犯、连续犯）。

如此等等。由于这些犯罪，将在以后各章中陆续阐明，兹不赘述。

第五节 犯罪论的体系

一、犯罪论体系建立的理论基础

"体系"，根据《辞海》的解释，指"若干有关事物互相联系互相制约而构成的一个整体"①。如工业体系、思想体系等。犯罪论体系是一种理论体系。理论体系是根据认为正确的原理、原则按照一定的顺序所组织的某种知识的有机整体。犯罪论体系就是依据犯罪成立的条件及其形态按照一定的顺序所组织的关于犯罪一般理论的有机整体。详言之：（一）犯罪论所研究的不是各个具体的犯罪，而是犯罪的一般理论。（二）犯罪论的体系，不是犯罪的各种一般理论观点的单纯集合，而是前后有序的统一整体，其中各个组成部分存在着有机联系的密切关系。（三）犯罪论的各个组成部分之所以能成为一个有机整体，在于它们是根据一定的原理、原则建立起来的。换言之，犯罪论体系总是根据一定的理论基础建立的，据以建立的理论基础不同，犯罪论体系也必然不同。建立犯罪论体系的理论基础，主要是关于犯罪概念的基本观点和犯罪成立条件的理论。

在近代刑法理论中，首先发展起来的是客观主义的刑法理论，但在客观主义刑法理论中，对如何理解犯罪成立的条件仍然存在很大差异。如 17 世纪末 18 世纪初，德国刑法学者葛若尔曼（Grolmann）将犯罪成立的条件分为两种：即客观面与主观面，认为违法性、未遂、既遂及正犯与从犯属于犯罪的客观要件，故意、过失及责任能力则属于犯罪的主观要件。他以此为基础建立了自己的犯罪论体系。随后，黑格尔的弟子，将他在哲学上所论述的行为引入刑法学，行为概念开始在刑法学上逐渐占有重要的

---

① 《辞海》（合订本），上海辞书出版社，1980 年版，第 228 页。

地位，以致后来以行为为中心的犯罪论体系在刑法学界居于统治地位。但刑法学者关于犯罪成立条件的见解，仍然存在很大差别。贝林格（Beling）认为犯罪成立的条件有三：即构成要件符合性、违法性、有责性。贝氏的理论对后世以很大影响，很多刑法学者以其理论为基础建立犯罪论体系。与此不同，麦茨格（Mezger）虽然也持客观主义的立场，但他主张犯罪成立的要件是行为、违法和责任。他的理论也受到一些学者的支持，受他影响的学者以其理论为基础建立起不同于贝林格式的犯罪论体系。19世纪后半期，为了适应资本主义社会抑制日益增长的犯罪的需要，主观主义刑法理论逐渐兴起。这种理论认为犯罪是人的社会危险性的征表，为了加强与犯罪作斗争，应注意研究具有犯罪倾向的人。以此理论为基础，建立了将"行为"与"行为者"并行的犯罪论体系。

苏联刑法学者批判了资产阶级的犯罪构成理论，强调犯罪构成是客观要件与主观要件的统一，认为犯罪构成的要件，包括如下四个方面，即犯罪客体、犯罪客观方面、犯罪主体、犯罪主观方面的要件。他们以此为基础建立了自己的犯罪论体系。我国刑法学者大多借鉴苏联的犯罪构成学说，并以此为基础建立我国的犯罪论体系。

由于犯罪论体系赖以建立的理论基础，在刑法学者之间存在着各种不同的观点，因而出现各种各样犯罪论体系。不过，应当指出，犯罪论体系的不同，除了上述原因外，还受着其他因素的影响，如各个学者的学术修养、思想方法以及对时代思潮的反应如何等。所以，即使对犯罪概念和犯罪成立的条件理解相同，其犯罪论体系也可能不完全一样；甚至同一学者，也可能先后建立起不同的犯罪论体系。

建立严谨、科学的犯罪论体系，使犯罪一般理论的各个部分，依据理论原则和逻辑规则，有次序有系统地组织成一个有机联系的整体，会有助于人们循序渐进地、比较深刻地理解和掌握犯罪的基本理论。

二、西方国家刑法学中的犯罪论体系

西方国家刑法学中的犯罪论体系，可谓五花八门，种类繁多，不可能一一评介。这里拟选择其中有代表性的几种，简单加以论述：

（一）一元的犯罪论体系

一元的犯罪论体系，是以"行为"为中心建立的犯罪论体系，由于对行为的理解不同，复有各种犯罪论体系的建立：

1. 以将犯罪分为客观的构成要件与主观的构成要件为基础建立的犯罪论体系。日本刑法学者牧野英一在其《日本刑法》一书中的犯罪论体系，就是以上述理论为基础建立起来的。其犯罪论体系如下：

第一章　犯罪的意义

第二章　犯罪的主体、客体及行为

第三章　犯罪的主观要件，包括责任、责任能力、故意及过失

第四章　犯罪的客观要件，包括犯罪的构成事实、行为的违法性

第五章　共犯

第六章　并合罪

第七章　累犯

第八章　犯罪的种类、要件、时及场所

这种体系被资产阶级刑法学者认为是过时的体系，现在已很少采用。

2. 以贝林格的犯罪成立要件为基础建立的犯罪论体系。这种体系被认为是最合乎理论的及最切合实际的犯罪论体系。日本刑法学者木村龟二在其《刑法总论》中的犯罪论体系，就是采取的这种体系。其犯罪论体系如下：

总说

第一章 构成要件符合性，包括构成要件的概念、构成要件的种类及要素、犯罪的主体、犯罪的客体与法益、行为、主观的违法要素与故意、构成要件符合性的形态

第二章 违法性，包括违法性的意义、违法阻却事由

第三章 有责性，包括责任、责任能力

第四章 未遂犯及共犯

第五章 犯罪的单复与时及场所

日本刑法学者大谷实虽然也赞同贝林格的犯罪成立要件，但他在其《刑法总则讲义》中建立的犯罪论体系却有自己的特色。其犯罪论体系是：第一章犯罪论（即犯罪概说），第二章犯罪成立的一般要件（构成要件），第三章犯罪成立阻却事由，包括违法性阻却事由与责任阻却事由，第四章构成要件的修正形式，包括未遂犯与共犯，第五章罪数。

上述犯罪论体系虽然有其可取之处，但我们认为它存在着致命的弱点，即它把犯罪构成与违法性、有责性对立起来，行为符合犯罪构成，还不构成犯罪。所以在阐明犯罪构成符合性之后，还要分别论述违法性与有责性，这不便于正确分析犯罪的成立条件，因而为我国刑法学者所不取。

3. 以麦茨格的犯罪成立三要件为基础建立的犯罪论体系。日本刑法学者西原春夫在其《刑法总论》中的犯罪论体系，在日本被认为是这种体系的典型。其犯罪论体系如下：

第一章 犯罪概念的构成

第二章 行为，包括总说、行为的概念、作为与不作为、因果关系

第三章 违法性，包括违法性的概念、构成要件的要素、正当事由的要素

第四章 违法行为的形态，包括总说、作为犯与不作为犯、既遂犯与未遂犯、正犯与共犯、一罪与数罪

48

第五章　有责性。包括责任的概念、责任能力、责任条件

这种体系比较简明，是其优点。但把有责性与违法性对立起来，虽然论述了各种犯罪形态，如既遂犯与未遂犯、正犯与共犯、一罪与数罪，却只能说这是违法行为的形态，而不能说这是犯罪，显然在逻辑上是矛盾的，因而我们也不赞同这种体系。

4. 以折衷贝林格的理论与麦茨格的理论为基础建立的犯罪论体系。这种观点一方面考虑经法律评价以前的存在论的行为概念的重要性，同时承认构成要件具有独立的机能。因而采取行为、构成要件、违法性、责任的体系。这种体系，系德国刑法学者柯拉（Kohler）所提倡；随后，为日本刑法学者泷川幸辰在其《犯罪论序说》中所采用。《序说》的体系如下：

一、犯罪论的概观

二、行为

三、构成要件

四、违法

五、违法阻却

六、责任

七、责任阻却

八、错误

九、未遂

十、共犯

余论　罪数

这种体系由于以折衷贝林格的理论与麦茨格的理论为基础，同样没有避免将构成要件与违法责任对立起来的缺陷；把"错误"列为一章，与"责任"处于同等地位，也显得不够协调。因而这种体系也难以令人满意。

5. 以折衷贝林格的理论与麦茨格的理论为基础，还有采用以行为、违法性、责任、构成要件为顺序的体系。德国刑法学者李斯特在其《德国刑法教科书》中所采用的体系，是这种体系

的代表。其犯罪论体系如下：

犯罪

第一编　犯罪特征

一、作为行为的犯罪

二、作为违法行为的犯罪

三、作为有罪过行为的犯罪

四、所谓可罚性的客观要件

第二编　犯罪形态

一、犯罪的既遂与未遂

二、实行正犯与共犯

三、一罪与数罪

这一体系没有给犯罪构成以应有的地位，甚至缺乏犯罪构成的明确概念，今天看来，显然不足为训。但它将犯罪论分为犯罪特征和犯罪形态两编，概括犯罪论中的许多问题，以简驭繁，便于理解，值得参考。

（二）二元的犯罪论体系

二元的犯罪论体系，是以"行为"和"行为者"并行为基础建立的犯罪论体系。法国刑法学者斯特伐尼（G. Stefani）等在《法国刑事法》（刑法总论）中，就是以"犯罪"与"犯罪者"并行为基础所建立的二元的犯罪论体系。其犯罪论体系如下：

第一章　犯罪的构成要素。包括法定的要素、自然的要素、心理的要素

第二章　犯罪的分类。包括基于法定要素的分类、基于自然要素的分类、基于心理要素的分类

第三章　犯罪者与刑事责任。包括犯罪者的意义、犯罪者的刑事责任

二元的犯罪论体系在刑法学中为数较少。因为犯罪毕竟是一种行为，没有行为就没有犯罪，这一原理为世界各国所承认。行为者本身的特性可能会对犯罪以影响，如惯犯、累犯等，在犯罪

论中对它加以研究是必要的；但与犯罪构成相比，二者并非处于同等的地位。这种体系降低了犯罪行为的意义，不利于对犯罪的研究和在审判实践中坚持法制原则，因而我们认为难以赞同。

三、苏联刑法学中的犯罪论体系

苏维埃刑法学者批判了资产阶级的客观结构的犯罪构成理论，建立了主客观相统一的犯罪构成理论，认为犯罪构成的基本要件为：犯罪客体、犯罪客观方面、犯罪主体、犯罪主观方面的要件，并以此为基础建立起他们的犯罪论体系。1948年出版的孟沙金教授主编的《苏联刑法总论》中的犯罪论体系就是如此。其体系如下：

犯罪概说
犯罪的客体
犯罪构成的客观因素
犯罪的主体
犯罪构成的主观因素
免除行为社会危险性的情况
犯罪发展的阶段
共犯

1977年出版的别利亚耶夫教授等主编的《苏维埃刑法总论》中的犯罪论体系，与此基本相同，但也有一些发展：其一是修改了一些标题，如将"犯罪概念"改为"犯罪和犯罪的概念"，将"免除行为社会危险性的情况"改为"排除行为社会危害性和违法性的情况"，将"犯罪发展的阶段"改为"实施犯罪的阶段"等；其二是个别章的次序作了变动，如将"犯罪主体"置于"犯罪客体"之后，将"犯罪客观方面"置于"犯罪主观方面"之前；其三是增加了两章，即在"犯罪和犯罪的概念"之后增加了"犯罪构成"一章，在"共同犯罪"之后增加了"多罪"一章。这种体系首先阐明了犯罪的概念，接着论述犯罪构成的概念及其四个方面的要件，然后分析排除行为社会危害性和违法性的情况，最后研究犯罪的几种特殊形态，层次清楚，便于读者对犯罪的认识。尽管它并非毫无可议之处，但不失为一个较好的犯罪论体系。

四、我国刑法学中的犯罪论体系

在中华人民共和国成立初期，我国的刑法学刚刚建立，受着苏联刑法学的极大影响。80年代以来，我国刑法学有很大发展，但犯罪论体系受苏联刑法学的影响仍然明显可见；不过，也有摆脱这种影响的实例或设想。

（一）以犯罪构成具有四个方面要件为基础建立的犯罪论体系。这种体系为很多刑法教材所采用，居于通说的地位。司法部教材编辑部组织编写的《刑法学》也是如此。其犯罪论体系是：

犯罪概念

犯罪现象及其原因

犯罪构成

犯罪客体

犯罪客观方面

犯罪主体

犯罪主观方面

排除社会危害性的行为

故意犯罪的阶段

共同犯罪

国家教委组织编写的《中国刑法学》基本上采用了上述犯罪论体系，但作了微小变动，即删去了"犯罪现象及其原因"一章，将"故意犯罪的阶段"改名为"故意犯罪过程中的犯罪形态"，在"共同犯罪"一章之后，增加了一章"一罪与数罪"。这一体系虽然有些同志感到它比较陈旧，试图突破，但一直没有提出可以代替它的更好的体系。修订的刑法通过后，1997年出版了一批刑法学新教材。这些教材的犯罪论体系大多表现出某些新的变化，其中不乏值得参考之处，如增加"定罪"一章，作为犯罪论的终结等；但如何进一步完善，则仍有一些问题值得研讨。

（二）以我国刑法总则"犯罪"一章的规定为基础建立的犯罪论体系。这种体系表现为两种：

1. 完全依据我国刑法总则"犯罪"一章的规定建立的犯罪论体系。如孙膑杰等同志编著的《实用刑法读本》中的犯罪论体系就是如此。其体系是：

第一节　犯罪和刑事责任

第二节　犯罪的预备、未遂和中止

第三节　共同犯罪

这里的分节和标题与我国刑法总则第二章"犯罪"的分节和标题完全相同。

2. 以我国刑法总则"犯罪"一章的规定为基础适当加以变更所建立的犯罪论体系。李光灿同志主编的《中华人民共和国刑法论》的犯罪论体系即属于这种情况。其体系是：

第一节　犯罪的阶级本质和社会根源

第二节　犯罪和刑事责任

第三节　犯罪中的因果关系

第四节　刑事责任年龄

第五节　故意犯罪

第六节　过失犯罪

第七节　刑法中一些不负刑事责任的情况

第八节　犯罪的预备、未遂和中止

第九节　共同犯罪

这个体系放弃了以犯罪构成为中心建立犯罪论体系的传统，被誉为"是值得充分肯定和高度评价的"①。

---

① 《政法论坛》，1989 年第 6 期，第 75 页。

我们认为，上述两种犯罪论体系，都反映了我国刑法在体系上的独创性，这是应当肯定的；但是，在上述两种体系中，犯罪构成都只在三级标题中出现，在犯罪论中所占的地位甚低，这很不利于我们深入研究刑法中的犯罪问题，因而我们感到这种体系还是不够理想。

（三）本书所采用的体系

本书是以我国刑法总则第二章关于犯罪的规定为法律根据，研究犯罪一般原理的专著。我们比较研究了各种犯罪论体系，以我国刑法著作中通常采用的犯罪论体系为基础，借鉴外国刑法著作和外国刑事立法中犯罪论体系的可取之处，采用如下体系：

绪论

第一章 犯罪论序说

第一编 犯罪构成

第二章 犯罪构成理论概述

第三章 犯罪客体

第四章 犯罪的客观方面

第五章 犯罪主体

第六章 犯罪的主观方面

第二编 犯罪形态

第七章 故意犯罪阶段上的犯罪形态

第八章 共同犯罪

第九章 一罪与数罪

第三编 排除犯罪性行为

第十章 正当防卫

第十一章 紧急避险

第十二章 其他排除犯罪性行为

上述犯罪论体系明显表现了两个特点：1. 除序说章外，其余各章分为三编，以简驭繁，层次清楚。2. 将通常所说的"排除社会危害性的行为"改称"排除犯罪性行为"，并作为一编排在犯罪形态编之后，突破了传统的章次安排。

我们认为，犯罪论是研究犯罪的概念、犯罪成立的基本要件、各种犯罪形态等以解决刑事责任的根据或程度问题，因而不能不将犯罪构成的研究放在重要的地位，这有利于我国社会主义法制的稳固和统一。因之，在序说章之后，第一编即研究犯罪构成，亦即研究犯罪构成的基本要件。由于立法上和实践中还存在着修正的犯罪构成问题——预备犯、未遂犯、中止犯、共同犯罪与罪数问题，这些不同的犯罪形态与犯罪构成的基本要件密切相关，因而在犯罪构成编之后，第二编即研究犯罪形态。犯罪形态是犯罪行为的客观表现形式。由于社会生活中犯罪现象的纷繁复杂，刑法上的犯罪形态也是多种多样的。这里所研究的不是所有的犯罪形态（有的已在犯罪构成编中作了研究），而是一些刑法学者所提出的如下三类：一是故意犯罪阶段上的犯罪形态，二是基于犯罪人数的犯罪形态即共同犯罪，三是基于犯罪个数的犯罪形态即一罪与数罪。排除犯罪性行为，我国刑法著作中通常叫"排除社会危害性的行为"。其实这类行为不仅排除社会危害性，而且排除刑事违法性，因而苏联别利亚耶夫教授等主编的《苏维埃刑法总论》中，即称之为"排除行为社会危害性和违法性的情况"。行为既排除社会危害性，又排除刑事违法性，也就是排除犯罪性，因而改称"排除犯罪性行为"。同时考虑到这类行为表面上好像符合犯罪构成，实际上并不符合犯罪构成，且有利于社会，因而在研究犯罪的基本要件之后，即研究这类行为，然后再研究修正的犯罪构成等问题，在逻辑顺序上不太合适；似不如按照犯罪构成、犯罪形态、排除犯罪性行为的顺序排列为宜，因而将"排除犯罪性行为"作为第三编，置于犯罪形态之后。对"排除犯罪性行为"这样安排，在刑法著作中实属罕见；但在一些国家的刑法典中却不乏这样的立法例，如 1971 年修正的《瑞士刑法典》、1976 年修正的德国刑法典等都是如此。此外，我们也曾考虑增加"定罪"一章,作为犯罪论的终结;但由于看法尚不一致,且修改时间紧迫,只好暂停斯议。我们的这种体系只是一种尝试,如何改进,当有待进一步研究。

第 一 编
犯罪构成

第二章　犯罪构成理论概述

第一节　犯罪构成理论的历史发展

　　犯罪构成理论在犯罪论体系以及整个刑法学的理论体系中都占有核心地位。但是，在理论上，由于对"犯罪构成"这一概念的多义性理解，以致刑法学中一直存在着形式多样、内容复杂的各种不同体系、不同流派、不同主张的犯罪构成理论。可以说，犯罪构成的理论，是刑法学中最重要而又最有争议、最系统而又最为繁杂的理论。

　　犯罪构成理论是由资产阶级刑法学建立起来的。它首先产生于属于大陆法系的德国刑法学，后又为日本等其他国家刑法学所接受并加以发展，形成了目前资产阶级国家刑法学中最具特色、最有代表性的系统的犯罪构成理论。这是与大陆法系的制定法或者成文法这一基本特征相联系的。而英美法系由于是以判例法或者不成文法为其基本特征的，所以在英美法系国家刑法学中，不可能形成以犯罪构成为中心的完整的犯罪论体系，从而也就不可能形成系统的、有特色的犯罪构成理论。因此，现在一般所说的资产阶级刑法学中的犯罪构成理论，主要是指以德、日刑法学为代表的犯罪构成理论。另一方面，社会主义刑法学中的犯罪构成理论是产生于苏联刑法学，以后又为其他社会主义国家的刑法学所广为接受，形成了以苏联刑法学为代表的、体现社会主义刑法学的基本性质和特征的另一犯罪构成理论。下面，我们将对这两种不同性质、不同特点、不同内容的犯罪构成理论的发展作一点简要的回顾，并在宏观上对其主要特点进行分析比较。

一、理论发展概况

犯罪构成这一概念，在日本刑法学中通常称为"构成要件"（以下为达到用语上的统一，如无特殊说明，均使用"犯罪构成"这一用语）。它是由德语的 Tatbestand 一词翻译而来，而德语中的这一概念是由诉讼法上的概念演变而为实体法上的概念的。据考证①，Tatbestand 最早又是译自拉丁文的 corpus delicti（罪体）这一概念，在此之前更早使用的是 constare de delicti（犯罪的确证）。constare de delicti 是中世纪意大利的纠问诉讼制度中的一个概念，这种纠问诉讼制度要经过一般纠问和特别纠问两道程序。即首先要在一般纠问中能够确证有某种犯罪事实的存在，在此基础之上，才能对特定的嫌疑人进行特别纠问。近代社会初期，意大利刑法学者法利那丘斯（Farinacics）于 1581 年采用 corpus delicti 这一概念用来表示按照刑事诉讼程序被证明的犯罪事实。后来这一概念又传到德国，在普通法时期被广泛采用。总之，作为诉讼法上的概念，corpus delicti 所表示的只是与特定的行为人没有联系的外部的客观实在（罪体），如果不能根据严格的证据法则对这种客观的犯罪事实的存在进行确证，就不能继续进行特别纠问——包括拷问在内。corpus delicti 这一概念所包含的基本意义，正是以后犯罪构成理论产生的基础。

以后，德国学者克莱因（Klein）把 corpus delicti 译为 Tatbestand（1796 年），这时它还只具有诉讼法上的意义。直到后来被德国刑法学家费尔巴哈（Feuerbach）、施就贝尔（Stübel）等人采用后，它才被赋予实体法上的意义。当时，争论的中心是关于如何确定犯罪构成概念的范围，特别是关于犯罪的结果是否属于犯罪构成的问题。施就贝尔是 19 世纪初期的主观主义、特别预

---

① ［日］小野清一郎：《犯罪构成要件的理论》，有斐阁，1961 年版，第 2、199 页。

防主义论者，他认为犯罪是主观的犯罪意思的表现，因此犯罪的结果不属于 Tatbestand 之中。而费尔巴哈却是从一般预防主义、客观主义的立场出发，主张犯罪的结果也属于犯罪构成。在 19 世纪的刑法学中，Tatbestand 所表示的是犯罪事实或者是在法律上制约犯罪成立的诸条件或诸要素。它被从诉讼法上移到实体法上，就从表示事实本身的概念而变成抽象的法律上的概念。因此，在当时的刑法学中，把犯罪构成分为一般犯罪构成与特别犯罪构成，此外又分为主观的犯罪构成与客观的犯罪构成。所谓一般犯罪构成，是指犯罪成立所必需的一切要素的总体；所谓特别犯罪构成，是指各种犯罪所特有的要素。作为一般犯罪构成，它包括人的一定的态度，它必须是意思支配下的行为，而且应当是有责任的行为。"有责任"则常常被称为主观的犯罪构成，用来与客观的或外部的犯罪构成相对应，这是 19 世纪刑法学中的通说。尽管当时已经有了犯罪构成的概念，1871 年的德国刑法典也规定了这一概念，但是通观 19 世纪刑法学的全部发展，可以说还没有建立起现代意义上的犯罪构成理论。

　　犯罪构成理论是在进入 20 世纪以后才建立起来的。这一理论的研究是由德国刑法学者贝林格（Beling）所开创的。贝林格建立犯罪构成理论的思想基础，是想通过犯罪构成，排除审判过程中的法官的恣意裁断，以从实质上实现罪刑法定主义。对于贝林格来说，在罪刑法定主义原则的基础上，有关犯罪的特别规定是至关重要的，所以，他着眼于研究这种特殊化了的犯罪构成，即所谓"特别"犯罪构成的重要性。他不仅仅把这种特别犯罪构成作为刑法各论上的内容加以理解，还努力以此为基础来建立刑法总论的一般的理论体系。这种理论研究由贝林格所开创，然后由麦耶（M. E. Mayer）基本完成，这就是所谓犯罪构成的理论。这一理论的基本点在于，把握住刑法分则中特殊化了的（特别）犯罪构成。犯罪首先是符合这种意义上的犯罪构成的行为。不仅如此，刑法总论的诸问题，特别是违法性、责任、未遂犯、共犯、一罪数罪等理论问题，都要通过与犯罪构成这一概念的关系来加以解决。这样，就建立起了以犯罪构成理论为中心的犯罪的一般理论体系。以后，贝林格、麦耶的理论又经过麦茨格（Mezger）等人的发展、改造，形成了与贝林格的理论相对的所谓新犯罪构成论。

贝林格认为，罪刑法定主义的内容除过去通常理解的习惯法的排斥、类推适用的禁止、绝对的不定期刑的否定、溯及既往的禁止之外，还应当包括"只有符合某种严格形式化了的犯罪构成的行为，才能成为犯罪"这一命题①。"在今天，在被限定的、不能扩张的数量内，只有与刑法分则所记载的犯罪构成相一致的行为，即只有符合类型化的犯罪构成的行为，才能被称之为犯罪。"②这样，在贝林格看来，犯罪构成是客观的、记述的"犯罪类型的轮廓"，不包含故意或过失这些主观的要素和属于价值判断的规范的要素，它是独立于违法性、责任之外的犯罪成立要件，因此，犯罪构成应当是客观的、记述的、无价值的。据此，贝林格提出了犯罪构成符合性（即所谓"构成要件该当性"，下同）、违法性、有责性这一犯罪论体系。但是，贝林格的上述理论有着自相矛盾的地方，这就是，他既强调客观的犯罪构成，同时又认为犯罪构成是犯罪类型。而既然是犯罪类型，它就必须表明各个犯罪的个别特征，就不仅包括客观行为，还应当包括主观违法要素，否则，作为犯罪类型的犯罪构成就不能实现犯罪的个别化。因为，刑法分则中规定的各个具体犯罪构成，有很多都是根据主观的要素来加以区分的。例如，同样造成他人死亡的结果，故意杀人罪、伤害致死罪、过失致死罪等就属于不同的犯罪构成的行为，它们之间的区别是由主观的要素来决定的。而且，由于立法者是把当罚的行为类型化而设置犯罪构成的，因

---

①② 转引自［日］吉川经夫的《构成要件论》，见［日］木村龟二编：《刑法学入门》，有斐阁，1957年版，第270页。

此，不可能有与违法性、责任完全分离的犯罪构成。由于存在着上述缺陷，贝林格的理论遭到了其他学者的批评。为了弥补贝林格理论的不足，麦耶提出了"认识根据说"。麦耶基本上还是立足于贝林格的严格区分犯罪构成和违法性的立场，但是他注意到了犯罪构成与违法性之间的联系，开创了犯罪构成与违法性（价值判断）相关联的考察方法。他认为，两者的关系如同烟与火的关系，某一行为符合犯罪构成，是违法性存在的征表，因此，犯罪构成是违法性的认识根据。也就是说，某一行为符合犯罪构成，也就能基本上推定它是违法的，但是如果存在否定行为违法的事由（违法阻却事由），这种推定就不能成立。由于犯罪构成与违法性之间的这种关系，犯罪构成的没价值性就自然消失了。尽管如此，对于麦耶来说，其理论还是与贝林格一样，把犯罪构成作为与违法性、责任相并列的独立的犯罪成立要件。以后，麦茨格在麦耶提出的"认识根据"说的基础上更前进了一大步，他认为，犯罪构成是违法行为的类型，犯罪构成与违法性之间的关系不仅仅是"认识根据"，应当是"存在根据"，即行为符合犯罪构成，原则上就成为违法性的根据——违法类型说。这样，关于犯罪的成立要件，他提出了行为、违法性（不法）、责任，从而形成了与贝林格不同的犯罪论体系。另一方面，由于贝林格早期的理论遭到了批评和修正，到了晚年，他又在《犯罪构成的理论》（1930年）的论文中，提出了犯罪构成是犯罪类型的"指导形象"（Leitbild）。在这里，他把犯罪构成与犯罪类型区别开来，认为在各种行为中，只有经过犯罪构成作指导，才能认为是犯罪。即首先要有一般的指导行为，然后才能将犯罪构成与违法类型统一为犯罪类型，仅仅有违法类型和责任类型都不是犯罪。因此，犯罪构成在理论上是先于犯罪类型的指导形象。

以后，犯罪构成理论又被传到日本刑法学中，并得到了很大的发展，尤其是由日本刑法学者小野清一郎提出了独自的违法、责任类型说，即犯罪构成作为犯罪类型，不仅是违法类型，同时也是责任类型。行为符合于犯罪构成，原则上就可以推定为违法、有责的行为，但是，在特殊情况下，即在存在违法性阻却事由或责任阻却事由的场合，才能够排除这种推定。违法、责任类型说成为后来日本刑法学中的通说，它又反过来对德国刑法学产生了影响。

另一方面，社会主义刑法学中的犯罪构成理论是产生于十月革命胜利后的苏联刑法学。尽管在其发展初期，由于受到法律虚无主义和刑事社会学派思想的影响，其理论研究近乎夭折，但是，30年代中期以后，随着刑法学界法律虚无主义和刑事社会学派思想被克服，在吸取肃反斗争扩大化的经验教训的基础上，犯罪构成理论又受到高度重视，从而得以迅速发展。围绕着犯罪构成，虽然苏联刑法学中也曾发生过几次大的理论争论，但是并没有形成德、日刑法学中那样截然对立的不同流派和学说，反而通过各种理论讨论，形成了基本上观点一致的犯罪构成理论。最值得一提的是苏联刑法学者 A. H. 特拉伊宁，他是苏联刑法学中最先努力以犯罪构成理论为核心来建立犯罪论体系乃至整个刑法学理论体系的代表人物，其著作《犯罪构成的一般学说》是全面、系统论述社会主义刑法学中犯罪构成理论的代表作。苏联刑法学中围绕着犯罪构成的几次大的理论争论，主要也是在以特拉伊宁为代表的一派（所谓反教科书派）和以 A. A. 彼昂特科夫斯基为代表的另一派（所谓教科书派）之间展开的。经过几次大的理论争论，苏联刑法学者们之间取得了比较一致的看法，从而形成了与德日刑法学性质、特征、内容有很大差别的犯罪构成理论。这一理论的要点是：（1）刑事责任的唯一基础是犯罪构成；（2）犯罪构成是事实的要件的总和，这些要件分别属于犯罪客体、犯罪的客观方面、犯罪主体、犯罪的主观方面等四个方面，这一总和的本质属性是社会危害性；（3）任何犯罪都是一定的危害社会的行为的客观要件和主观要件的统一；（4）在正当防卫、紧急避险的场合不存在犯罪构成（形式的犯罪构成的否定）。

二、两大不同类型的犯罪构成理论的比较

在罪刑法定主义这一刑法的基本原则的指导下，两种不同类型的刑法学都是旨在以犯罪构成为中心来建立犯罪论体系，在这点上，上述两种不同类型的犯罪构成理论具有共同点。

尽管如此，从犯罪构成的概念、性质、内容以及犯罪构成在犯罪论体系中的地位等方面来看，这两种不同类型的犯罪构成理论又存在着相当大的差异。下面仅就其主要方面作一些分析比较。

（一）关于犯罪构成的基本性质

社会主义刑法学坚持具有实质特征的犯罪构成，而资产阶级刑法学主张形式特征的犯罪构成。这是上述两种犯罪构成理论之间最显著的不同特点。这除了与它们各自产生的社会历史条件、政治背景不同有一定的关系外，也与它们各自刑法学中所采用的犯罪概念的性质的不同具有一定的关系。在德、日刑法学中，尽管也有实质的犯罪概念与形式的犯罪概念之分，但是它们一般都是着眼于形式的犯罪概念，并以此为基点来展开刑法学中的各种理论。例如，按照德、日刑法学中通说的观点，所谓犯罪，就是符合犯罪构成的、违法且有责的行为。这样，在他们的理论中，犯罪构成作为法律上的抽象规定，只不过是与违法性、责任相并列的犯罪概念中的一个要件。这种形式的犯罪概念，不反映犯罪的社会政治特征或者阶级性特征，与此相适应，受其指导和支配的犯罪构成，也就只具有法律形式的特征。而在社会主义刑法学中，坚持犯罪概念的实质特征和形式特征的统一，即首先揭示犯罪的社会政治特征——社会危害性，在此基础之上阐明犯罪的法律形式的特征——刑事违法性。在这种实质性的犯罪概念的指导下，当然就强调具有实质特征的犯罪构成，认为社会危害性既是犯罪概念的本质属性，也是犯罪构成的本质属性。

从上述对比可以看出，资产阶级刑法学中的犯罪概念和犯罪

构成都不能反映犯罪自身所具有的社会政治特征或者阶级性特征，在这点上，社会主义刑法学应当说更具科学性、客观性。尽管如此，我们也不能完全忽视甚至一概否定资产阶级刑法学中的犯罪构成理论的历史意义和作用。作为历史唯物主义者，我们应当在特定的历史条件下来考察资产阶级刑法学中的犯罪构成理论，以区别其精华与糟粕。从资产阶级早期的犯罪构成理论的产生和发展来看，它是针对封建制刑法的罪刑擅断主义，为了排除审判过程中法官的恣意裁断，实现罪刑法定主义而提出来的，这无疑是具有进步意义的。这些基本思想就是对于今天的刑法理论也是具有积极意义的。因为，在确认罪刑法定主义原则的基础上，应当肯定犯罪构成在保障罪刑法定主义的实现方面所具有的功能，这也是我们社会主义刑法学所应当研究的课题。当然，我们也不能以此为理由来接受贝林格早期所主张的纯客观的、记述的、无价值的犯罪构成的理论。我们既要在坚持犯罪的阶级性特征的基础上，主张实质性的犯罪构成，又要在确认罪刑法定主义原则的基础上，研究犯罪构成的法律形式特征所具有的意义，即坚持犯罪的实质特征与形式特征的统一。虽然从总体特征上看，资产阶级的犯罪构成理论是主张形式的犯罪构成或者犯罪构成的形式特征，但是，现代的犯罪构成理论已与早期贝林格的理论有了很大的差别，即在今天的德、日刑法学中，也主张犯罪构成中的主观的犯罪构成要件和规范的犯罪构成要件的存在，在一般情况下，犯罪构成符合性的存在也就意味着违法性、有责性的存在。我们在考察它们的理论时，应当注意到这种发展与变化。

（二）关于犯罪构成在犯罪论体系中的地位

在资产阶级刑法学中，虽然行为符合犯罪构成（即具有犯罪构成符合性）在原则上就可以推定其具有违法性和有责性，从而可以认定其成立犯罪，但是，犯罪构成符合性毕竟只是与违法性、有责性相并列的犯罪成立的一个要件，在特殊情况下，即在存在违法性阻却事由或者责任阻却事由的情况下，还是不能认

66

定具有犯罪构成符合性的行为能够成立犯罪。因此，犯罪构成符合性不能最终决定某一行为是否成立犯罪，从而也就不能最终解决是否应负刑事责任的问题。

但是，在社会主义刑法学中，犯罪构成的本质属性与犯罪概念的本质属性是一致的，具备犯罪构成要件的行为，也就是成立犯罪的行为。因此，这种犯罪构成也就是犯罪成立要件的全体这一意义上的犯罪构成，行为符合犯罪构成能够最终决定行为是否成立犯罪，从而最终解决是否应负刑事责任的问题。在这个意义上，社会主义刑法学认为，行为符合犯罪构成是行为人负刑事责任的唯一根据。

可见，这两种不同类型的犯罪构成之间的区别，也就是三元的犯罪成立要件与一元的犯罪成立要件的区别，前者尽管在犯罪论体系中占有核心的地位，但是它只是犯罪成立的要件之一，而后者作为犯罪论体系的核心，它是与犯罪的成立要件具有同等意义的。

（三）关于犯罪构成与犯罪概念的关系

在资产阶级刑法学中，犯罪构成作为犯罪的形式要件，是与作为犯罪的实质要件的违法性相并列的，二者是各自独立的要件（尽管它们之间也具有推定与被推定的联系）。也就是说，符合刑法分则规定的某一犯罪构成的行为，还不能据此就认定为是违法的，即对社会具有侵害性的行为。

在社会主义刑法学中，犯罪概念是揭示犯罪具有的基本特征的，这包括实质特征——社会危害性和形式特征——刑事违法性，而犯罪构成是以犯罪概念的定性为基础，进一步从犯罪行为的内部结构来分析某种行为是如何成立犯罪的、成立某种犯罪需要具备哪些方面的要件。但是，二者的基本属性是一致的。

这样，在资产阶级刑法学中，犯罪构成作为犯罪成立的一个要件被包涵在犯罪概念之中，这种关系是一种整体与部分的关系。而在社会主义刑法学中，犯罪构成是独立于犯罪概念之外，但是是以犯罪概念为基础的，这种关系是一种抽象与具体的关系。

（四）关于犯罪构成的要件

在资产阶级刑法学中，犯罪构成的要件主要分为主观的要件和客观的要件，客观的要件包括行为以及行为以外的客观方面，即行为的主体、对象、状况、结果等等；主观的要件包括故意、过失等一般的主观要件，以及目的、内心倾向、内心状态等特殊的主观要件。这些要件都被认为是与行为本身的特征有关的，而其他被认为与行为本身的特征无关的要件，则分属于违法性和责任之中。这样，犯罪构成要件的全体并不等于犯罪成立要件的全体，因此，这种犯罪构成只是犯罪成立的要件之一部分。

但是，在社会主义刑法学中，犯罪构成就意味着犯罪成立要件的全体，而由于犯罪是客观要件和主观要件的统一，那么犯罪构成中就包括了成立犯罪所必需的客观要件和主观要件，具体说，也就是传统上被分为犯罪的四个方面要件的犯罪客体、犯罪的客观方面、犯罪主体、犯罪的主观方面等。这四个方面的要件结合在一起，能够表明犯罪行为所具有的基本属性，因此说，社会主义刑法学中的犯罪构成包含了犯罪成立所必需的全部内容。

（五）关于排除犯罪性的行为的法律性质

资产阶级刑法学由于主张形式的犯罪构成，把它与作为实质要件的违法性相分离，而且是先于违法性的独立的判断过程，因此，在对于正当防卫、紧急避险等这类排除犯罪性的行为（他们称之为"违法性阻却事由"）的法律性质的评价上，就认为，在违法性阻却事由存在的场合，可以排除违法性，而并不排除犯罪构成符合性。也就是说，诸如正当防卫、紧急避险这类属于违法性阻却事由的行为，犯罪构成是形式地存在着，它们尽管由于缺乏违法性而不认为是犯罪行为，但是，在观念上它们仍然是具有犯罪构成符合性的行为。

在社会主义刑法学中，强调实质性的犯罪构成，认为犯罪构成是实质要件与形式要件的统一，形式要件是以实质要件为基础，实质要件的排除同时也就意味着形式要件的否定。那么，非犯罪行为之所以不构成犯罪，是因为它首先缺少实质要件——（相当严重程度的）社会危害性；在此基础上也就缺少形式要件——刑事违法性。也就是说，社会主义刑法学认为，在正当防卫、紧急避险等这一类排除犯罪性的行为的场合，没有犯罪构成形式的存在。因为随着社会危害性的被排除，刑事违法性也被排除，犯罪构成也就当然不存在了。这种评价是由社会主义刑法学所强调的犯罪构成的实质特征所决定的。

第二节　我国刑法学中的犯罪构成概念

一、犯罪构成的概念及其特征

在我国刑法学中，对于犯罪构成概念的表述，绝大多数论著和教科书基本上都是沿用了苏联刑法学中的"总和"论这种表述，即认为，犯罪构成是行为构成犯罪所必需的一切客观要件和主观要件的总和。所谓"总和"，其基本语意是"全部加起来的数量或内容"①。那么，从字面来理解，犯罪构成就是其各个要件全部相加起来。这样理解的话，似乎各个要件之间不存在相互联系。因此，犯罪构成概念的传统表述；不能说明犯罪构成中各个要件之间的联系性质和状况。据此，也就难以进一步正确理解和把握犯罪构成的性质及其内部结构。

在我国刑法中，刑事责任的根据，是行为人的行为符合犯罪构成这一事实。那么，犯罪构成也就是刑事责任的根据赖以成立的判断标准或规格。因此，在我国刑法学中，犯罪构成就应当具备说明某种行为是否具有达到成立犯罪程度的社会危害性的功

---

① 《现代汉语辞典》（修订本），商务印书馆，1997年版，第1673页。

能。而犯罪构成要具备这种功能,仅靠其各个要件的简单相加是不够的,必须是各个要件有机地结合在一起相互发生作用,即主客观要件的有机统一。例如,在资产阶级的刑法学中,犯罪主体是被视为客观的犯罪构成要件,而在我国刑法学中,一般是把它与犯罪主观方面一起作为犯罪构成的主观要件。理由就在于,我国刑法学认为,犯罪主体中所研究的刑事责任年龄和刑事责任能力问题,实质上是研究行为人主观上对自己行为的认识或控制能力问题。也就是说,行为人在实施某种危害行为时,主观上是否具有认识或辨别自己行为的意义和性质,从而能否支配或控制自己的行为。在这一点上,犯罪主体与犯罪主观方面中所论及的"认识"或"预见"的问题有机地联系在一起,这两个方面的要件是相互作用、相辅相成的。又例如,在我国刑法中犯罪客体是指被危害行为所侵犯的社会主义的社会关系,它是最直接表明危害行为的社会危害性程度的,它存在于各个具体犯罪之中,有犯罪就有犯罪客体,没有犯罪也就无所谓犯罪客体。尽管犯罪客体是犯罪构成的客观要件之一,但是要说明某种危害行为是否成立犯罪,除了要说明该行为在客观上给社会造成了一定的危害之外,还必须说明行为人在实施行为时,主观上对自己行为所造成的危害事实要有认识或预见,或者要有认识或预见的可能性,否则,行为人的危害行为并不成立犯罪。在这个意义上可以说,犯罪主观方面的存在也决定或制约着犯罪客体的存在。因此,在会"造成危害社会的结果"这点上,犯罪客体与犯罪主观方面也是有机地联系在一起。

因此,我国刑法中的犯罪构成的概念应当表述为:犯罪构成是我国刑法所规定的、决定某一行为成立犯罪所必需的一切客观要件和主观要件的有机统一的整体(有机统一体)。与资产阶级刑法中的犯罪构成相比,我国刑法中的犯罪构成具有以下基本特征:

(一)它包括了表明犯罪成立的一切积极的要件,是犯罪的

70

成立要件意义上的犯罪构成

　　因此，与资产阶级刑法中的犯罪构成相比，这种犯罪构成是一种实质性的犯罪行为的类型，这种"类型"正是我们判断某种行为是否成立犯罪的规格或标准。在我国刑法中，犯罪构成作为判断犯罪是否成立的规格或标准，既是第一的，也是最终的，因此，它是唯一的标准。

　　从刑法的规定来看，分则条文中都明确规定了各种具体犯罪成立的积极的要件；此外，总则的一些条文中也以通则的形式规定了适用于一切犯罪的某些积极的要件，所以，行为是否具备某一犯罪构成的要件，或者说是否符合某一犯罪构成，就成为我们区分罪与非罪界限的标准。具体地说，刑法上规定的每一具体犯罪构成同时包含有两个方面的含义：一方面它积极地表明了某种行为成立犯罪的性质，即符合犯罪构成的行为，就是成立犯罪的行为；同时，另一方面它消极地表明了其他的行为不成立犯罪的性质，即不符合犯罪构成的行为，就是不成立犯罪的行为。在这一意义上，我国刑法把犯罪构成作为贯彻罪刑法定主义的直接体现。

　　总之，在我国刑法中，对于犯罪的是否成立，原则上只能以犯罪构成作为标准进行判断。行为是否具备犯罪构成的要件、是否符合犯罪构成，就充分表明了行为是否包含了犯罪成立的全部要件，能否成立犯罪，除此以外，没有其他决定或制约犯罪成立的要件或者因素。这也就是如前所述的与资产阶级刑法中三元的犯罪成立要件相对的一元的犯罪成立要件。

　　这种犯罪构成由于直接并且最终决定了犯罪的成立，因此可以说，一切成立犯罪的行为都是符合犯罪构成的行为；换言之，一切符合犯罪构成的行为都是成立犯罪的行为。因此，在关于对正当防卫、紧急避险这类排除犯罪性的行为的评价上，我国刑法认为，从实质要件来看，这类行为是不具有社会危害性的合法行为，从形式要件来看，这类行为是缺乏犯罪构成符合性的行为。

71

（二）它是主客观要件相统一的犯罪构成

一切犯罪都是危害行为的客观要件与主观要件的统一体。我国刑法中的犯罪构成既然是犯罪的成立要件意义上的犯罪构成，这就决定了它必然包含成立犯罪所必需的一切客观要件和主观要件，即如前所述，我国刑法中的犯罪构成是行为成立犯罪所必需的一切客观要件和主观要件的有机统一的整体。这可以从以下几点来理解：

首先，犯罪构成是一系列客观要件和主观要件的有机统一的整体。也就是说，从数量上看，每一犯罪构成都包含有一系列要件，而不是单个要件；从性质上看，这些要件中既有客观的要件，即犯罪客体、犯罪的客观方面，也有主观的要件，即犯罪主体、犯罪的主观方面，而不是单种类的要件。犯罪构成就是所有这些要件的统一体。因此，判断某一行为是否能够成立犯罪，就不能只根据单个的客观要件或者单个的主观要件，而要把复数的客观要件和复数的主观要件结合起来加以综合的分析、判断。刑法史上的"客观归罪"或"主观归罪"都是为我国刑法所绝对禁止的。此外，从各种要件的联系性质来看，犯罪构成并不是所有这些单个要件的简单相加的复合体，而是这些要件相互联系、相互作用、相互制约的有机体。正是在这点上，我国刑法中的犯罪构成直接体现并贯彻了主客观要件相统一的基本原则。

其次，犯罪构成是行为成立犯罪所必需的一系列客观要件和主观要件的有机统一的整体。在各种犯罪案件中，与犯罪行为有关的事实特征有很多，这些事实特征可以从不同的角度、不同的意义上来说明犯罪行为的情况。但是，并非一切与犯罪行为有关的事实特征都是刑法上的犯罪构成的要件。因为，在刑法中考察行为是否符合犯罪构成，最终是为了解决行为人的刑事责任问题，而与刑事责任直接有关的是行为是否具有对定罪量刑有决定意义的相当严重程度的社会危害性的问题。所以，对于刑法来说，有意义的是能够说明行为具有成立犯罪所必需的必要程度的社会危害性，那么，对于犯罪构成来说，能够成为其要件的就只能是那些能够说明行为具有相当严重程度的社会危害性，从而决定该行为成立犯罪所必需的事实特征，与此无关的事实特征就不能成为犯罪构成的要件。尽管这些事实特征可能对于刑事侦查、对于制定刑事政策等具有一定的意义和作用。在这个意义上可以说，在我国刑法中，相当严重程度的社会危害性既是犯罪概念中的基本属性，也是犯罪构成的基本属性。因此，没有相当严重程度的社会危害性，也就没有犯罪构成；反之，没有犯罪构成，一般来说也就没有相当严重程度的社会危害性。从这个角度考虑，也可以明确为什么排除犯罪性的行为是不符合犯罪构成的行为。

再次，属于犯罪构成的要件都是由刑法所载明的。如前所述，我国刑法中的犯罪构成是实质性的犯罪行为的类型。这里所谓的"类型"是指法律化的行为的类型，是立法者用法律的形式确定下来的具有相当严重程度的社会危害性的行为的类型。也就是说，犯罪构成是行为具有相当严重程度的社会危害性的法律表现，即法律上的尺度、规格或标准。从这个意义上说，犯罪构成的意义与犯罪行为所具有的刑事违法性的意义是一致的，所谓刑事违法性，就是指的行为符合刑法所规定的犯罪构成的这一性质。因而，判断某一行为是否具备犯罪构成的要件，是否符合犯罪构成，只能根据刑事法律的规定，而不能由判断者任意杜撰和取舍。这也正是犯罪构成保障罪刑法定主义实现的意义所在。

如前所述，犯罪构成的要件既有由刑法分则所规定的具体犯罪的构成要件，也有由刑法总则所规定的每一犯罪所共同具备的一些要件。例如，我国刑法中关于犯罪主体条件的规定，关于犯罪主观方面的故意、过失的内容的规定等等。此外，刑法分则条文规定了每个具体犯罪构成的基本形态，即以单独犯的既遂状态为标本，总则条文中又对这些具体犯罪构成的基本形态可能出现的其他形态作了专门规定。例如，关于数人共同故意实施的共同犯罪，关于未达到既遂状态的犯罪的预备、未遂、中止等。所

73

以，所谓行为符合刑法规定的犯罪构成，或者说具备犯罪构成的要件，不是说仅仅"符合"刑法分则规定的具体的犯罪构成或者仅仅"具备"刑法分则规定的具体犯罪构成的要件，而是说要把分则关于具体犯罪构成的规定和总则中犯罪构成有关的一般性规定结合起来加以考虑。实际中往往会出现这样一种误解，即认为，由于行为符合犯罪构成是该行为成立犯罪的标志，因此不具备分则某一犯罪构成的要件，也就是不符合犯罪构成，行为也就不构成犯罪。因为"具备"也就意味着一个不缺。根据这种误解就会得出一个错误的结论，这就是，在结果犯的场合，如果法定的危害结果，（即作为犯罪构成要件的结果）没有出现，行为也就缺乏犯罪构成要件，就不符合该犯罪构成。这一来，当然就难以解释作为缺乏法定的危害结果的犯罪预备行为、未遂行为、中止行为不符合犯罪构成，为什么还被视为成立犯罪的行为呢？这就是由于没有正确理解刑法分则和总则关于犯罪构成以及犯罪构成要件的规定的关系。正确的理解应当是：首先要明确一切成立犯罪的行为都是具备犯罪构成要件、符合犯罪构成的行为。作为应当负刑事责任的犯罪的预备、未遂、中止行为也是各自具备犯罪构成要件，符合犯罪构成的行为。具体犯罪的既遂状态的犯罪构成是由分则条文规定的，而犯罪的预备、未遂、中止状态的犯罪构成是由总则的有关条文规定的。那么，判断具体犯罪的预备、未遂、中止状态的行为，应当以分则的具体犯罪构成（既遂）为基准，然后结合总则的有关条文加以综合认定。这就是后述的所谓"基本的犯罪构成"与"修正的犯罪构成"的区别和联系。

（三）它是确定刑事责任根据的判断标准

作为实质性的犯罪构成，它意味着某一行为如果具备了犯罪构成的要件或者说符合犯罪构成，该行为就构成犯罪，据此，对实施该行为的行为人就能够追究其刑事责任。因此，我们可以得出结论，即行为符合犯罪构成是刑事责任的唯一根据，而犯罪构成则是确定这种根据的法定判断标准。但是，在我国刑法学中，长期来一直是沿袭着由苏联刑法学所提出的"犯罪构成是刑事责任的唯一根据（或基础）"这样一个权威性结论。这个结论注意到了犯罪构成与刑事责任之间的密切联系，强调犯罪构成对于刑事责任的重要意义，这无疑是正确的，但是，这个结论由于混淆了"犯罪构成"与"行为符合犯罪构成"这样两个相近而不相同的概念，因而是不准确、不科学的。关于犯罪构成与刑事责任的关系问题，拟在本章第三节"犯罪构成与刑事责任"中详细论述，在此从略。

二、犯罪构成与犯罪概念的关系

我国刑法第13条规定了犯罪的概念，这一概念揭示了一切犯罪行为所共同具有的两个基本特征（属性），这就是相当严重程度的社会危害性和刑事违法性，前者表明了犯罪行为的社会政治特征，后者表明了犯罪行为的法律特征。不论何种形式的犯罪行为，都不外是这两个基本特征相结合的产物。

尽管如此，仅仅根据犯罪概念所揭示的两个基本特征来把握犯罪行为毕竟还是很抽象的。因为，据此还不能具体、详尽地了解犯罪行为的内部结构，这就无法弄清楚各种危害行为究竟是如何成立犯罪的；要成立犯罪，行为应当具备哪些要件；在表现形式不一的各种犯罪行为中，此一犯罪与他一犯罪是如何区分的；在同种犯罪中，此种犯罪形态与他种犯罪形态是如何划分的等等。了解这些问题，只有通过犯罪构成来进行。犯罪构成及其理论，正是在犯罪概念所揭示的犯罪的基本特征的基础上，来进一步阐明具有这种基本特征的犯罪行为的内部结构及其成立要件。简言之，在我国刑法中，犯罪概念是说明犯罪是什么，它具有什么基本属性；而犯罪构成是在此基础上进一步说明犯罪是如何构成、成立犯罪需要具备哪些要件。所以，犯罪概念和犯罪构成是两个既有联系，又有区别的不同事物，联系二者的纽带是作为它们共同的对象的"犯罪行为"。犯罪行为所具有的基本属性,既是犯罪概念中所揭示出来的基本属性,也是犯罪构成所表现出来的基本属性。在这点上,二者是一致的、相互联系的。二者的区别在于,它们是从不同层次、不同角度来体现犯罪行为的意义,即犯罪概念是从宏观上揭示一切犯罪行为的共同的基本特征,而犯罪构成是从微观上分析各个犯罪行为的内部结构及其成立要件。因此,在我国刑法中,犯罪概念和犯罪构成之间表现为抽象与具体的关系,二者相辅相成,互相补充。

具体地说,犯罪概念中揭示出了相当严重程度的社会危害性和刑事违法性这两个基本特征,犯罪构成中包括了犯罪成立的基本要件,即通常所列举的犯罪客体、犯罪的客观方面、犯罪主体、犯罪的主观方面等四个方面的要件。从整体上看,犯罪构成是通过其诸方面要件的齐备来具体体现犯罪概念中的两个基本特征的。由于行为符合犯罪构成本身就表现出了该行为的刑事违法性,或者说行为具有刑事违法性就表现为行为触犯刑律、符合法律规定的犯罪构成,所以,刑事违法性与行为符合犯罪构成是一致的。犯罪构成与犯罪概念之间的关系,进一步来说就主要表现为犯罪构成与相当严重程度的社会危害性之间的关系。这种关系的基本性质与犯罪概念中刑事违法性与社会危害性之间的关系的基本性质是相同的,只不过表现为抽象与具体的差别而已。

由于作为犯罪的本质属性的相当严重程度的社会危害性在法律上是由犯罪构成的诸方面要件的有机统一所具体体现出来的,因此,相当严重程度的社会危害性既是犯罪概念的本质属性,也是犯罪构成的本质属性。这样,犯罪行为是具有相当严重程度的社会危害性的行为与犯罪行为是具备犯罪构成的要件、符合犯罪构成的行为这二者就统一起来了。也就是说,某一行为之所以成立犯罪,从本质上说是因为它严重地危害了社会,具有相当严重程度的社会危害性(实质的特征或要件);从形式上说是因为它触犯了刑律,符合犯罪构成,从而具有刑事违法性(形式的特征或要件）。这正如苏联刑法学者特拉伊宁所指出的那样：
"……在社会主义刑法中，形式要件和实质要件是不能割裂开来
的。"① 所以，如同没有相当严重程度的社会危害性就没有刑事
违法性一样，没有相当严重程度的社会危害性也就没有犯罪构
成。也正如前所述，在我国刑法中，排除犯罪性的行为，同时也
是不符合犯罪构成的行为。

第三节　犯罪构成与刑事责任

一、刑事责任的概念

（一）刑事责任的定义

刑事责任是一种法律责任，而法律责任作为社会责任的一
种，与道德责任、政治责任等一起，是统一于"责任"这一上
位概念之下的，因此，谈到任何具体责任，都离不开"责任"
所具有的一般的、基本的含义。那么，什么是责任呢？通常所说
的责任，有积极的与消极的两方面含义。积极意义上的责任，是
指人们份内应做的事，这也就是一般所说的义务、职责。这种积
极责任是就义务、职责本身而言。消极意义上的责任，是指因未
做好份内应做的事而应承担的后果，即对违反义务或职责的行为
所应当承担的后果。这种消极责任是就违反义务或职责所产生的
后果而言。因此，责任可以理解为，义务（或职责）以及违反
义务（或职责）所应承担的后果。

法律上的责任，即法律责任，主要表现为消极意义上的责
任，即义务与其后果相联系的责任，也就是，因不履行或违反法
律上所规定的义务而应承担的法律后果。所谓法律后果，是指法

---

① 特拉伊宁：《犯罪构成的一般学说》，中国人民大学出版社，1958
年版，第271页。

律上的处分（法律处分）。那么，作为法律责任之一的刑事责任，就是指行为人对不履行或违反刑事法律上所规定的义务的行为（犯罪）所应当承担的刑事法律上的后果（刑事法律处分）。违反刑事法律上的义务的行为（犯罪）客观上会给社会造成一定的危害，这对社会来说是一种"不利"的后果，随之而来，实施这种行为的人，对其行为所造成的"不利"的后果就要承担相应的刑事法律上的后果——刑事责任，这对行为人来说也是一种"不利"的后果。此即所谓"犯罪是对法律的否定，而刑罚是对犯罪的否定之否定"。

由此可见，刑事责任是由犯罪引起的，那么，犯罪应当是刑事责任的客观基础或者实质根据，而刑事责任则是犯罪的法律后果。这是犯罪与刑事责任的基本联系。从实施犯罪行为的人来说，刑事责任是被动的、消极的，是"承担刑事责任"，而从实施法律的主体——国家来说，刑事责任是主动的、积极的，是"追究刑事责任"。从这个意义上说，刑事责任作为犯罪的法律后果，是对犯罪的一种法律处分，它表现为国家和社会从法律的角度，对犯罪所做出的一种否定性的、谴责性的政治道德评价。这种评价是对犯罪行为的评价，刑事责任则是这种评价的具体体现，而实施犯罪行为的人是这种评价的承担者，即刑事责任的承担者。

犯罪与刑事责任的这种关系，在我国刑法的规定中得到了充分的反映。首先，从刑法分则关于各个具体犯罪的规定来看，每个条文都由两部分构成，前一部分是法律要件，后一部分是法律后果，由此明确构成该种犯罪的行为会引起什么样的法律上的后果。这样，刑法就是通过对法律要件的规定，用禁止实施一定的行为或者命令实施一定的行为的方式来要求人们遵守其规范，如果违反了这种规范，具备了刑法分则条文中对违法行为（犯罪）所规定的要件，随之就会现实地发生具体的刑事责任问题，即行为人对所实施的违反刑事法律规范的义务的行为，要向国家承担相应的刑事法律责任。可见，从分则的规定看，一定的法律后果，即刑事责任是以行为具备一定的法律要件、成立犯罪为基础的。其次，从刑法总则的规定看，犯罪与刑事责任也具有上述联系。例如，在我国刑法总则中，第二章是关于犯罪的一般性规定，其中三节的内容都是有关犯罪及其刑事责任的，第二章第一节更以"犯罪和刑事责任"为其标题。从这些规定看，刑事责任都是作为犯罪的法律后果而表现出来的。其中有的条款在作为法律后果的意义上直接使用了"刑事责任"的用语，有的条款虽然没有直接使用这一用语，但使用了其他表明法律后果的用语。例如，第 17 条第 3 款、第 19 条、第 20 条第 2 款、第 21 条第 2 款、第 22 条第 2 款、第 23 条第 2 款、第 24 条第 2 款、第 25 条第 2 款、第 26 条第 3、4 款、第 27 条第 2 款、第 28 条、第 29 条中分别使用的"从轻处罚"、"减轻处罚"、"免除处罚"、"分别处罚"、"从重处罚"等，都与刑事责任的用语一样具有犯罪的法律后果的性质。又如，第 17 条第 3 款规定的"已满 14 周岁不满 18 周岁的人犯罪，应当从轻或者减轻处罚"，这里的"从轻或者减轻处罚"，在理论上被称为"减轻刑事责任时期"。再如，《刑事诉讼法》第 35 条规定："辩护人的责任是根据事实和法律，提出证明犯罪嫌疑人、被告人无罪、罪轻或者减轻、免除其刑事责任的材料和意见，维护犯罪嫌疑人、被告人的合法权益。"这里所说的"减轻、免除其刑事责任"，实际上也就是减轻处罚、免除处罚的意思。总之，不论是在刑法的规定上，还是在刑法学的理论上，人们对刑事责任，都是作为犯罪的法律后果来理解的。

这样说，并非意味着刑事责任就是刑罚处罚本身。如前所述，刑事责任作为法律后果，是一种法律处分，即刑事法律处分，而作为这种处分的具体表现形式，虽然通常表现为刑罚处罚，但并不只限于刑罚处罚，刑罚处罚只是包括于这种法律处分之中的具体表现形式之一。也就是说，刑罚处罚并不是犯罪的唯一法律后果，从我国刑事法律的有关规定来看，刑事处分表现为以下几种形式：（1）犯罪成立，予以刑罚处罚。这种场合的刑事责任就直接表现为刑罚处罚，即通常所说的负刑事责任，追究刑事责任等，也包括各种从轻、减轻、从重、加重处罚的情况。这是最常见、最主要的处分方式。但是，犯罪成立后，也有作为刑事处罚的特殊情况，例如，刑法第11条规定，"享有外交特权和豁免权的外国人的刑事责任，通过外交途径解决。"（2）犯罪成立，但免于刑罚处罚。这种场合的刑事责任就表现为不给予刑罚处罚，即通常所说的免予刑事责任、免除刑事处分。在这里，作为前提，行为是成立犯罪的，但是免予刑罚处罚。（3）犯罪成立，但因有法定的特殊事由，不能予以刑罚处罚，即通常所说的不追究刑事责任，不负刑事责任。这些特殊事由是：犯罪已过追诉时效期限；经特赦令免除刑罚；依照刑法告诉才处理的犯罪；没有告诉或者撤回告诉；被告人死亡。

关于刑事责任的概念，除本书前述的观点外，我国刑法理论界还存在以下两种不同观点：即（1）谴责说，认为刑事责任作为最严厉的制裁措施，表现为国家通过法律对犯罪行为进行的谴责；（2）义务说，认为刑事责任表现为犯罪人与国家之间的一种刑事法律关系即刑事法律上的权利与义务关系，负刑事责任是犯罪人因其行为对国家应当承担的法律上的义务。这两种不同观点，也都从不同角度对刑事责任的含义进行了阐述，并提出了各自的理由。对此究竟应当如何理解，还有待今后继续展开理论上的探讨，孰优孰劣也有待各位读者自己进行判断。

（二）犯罪与刑事责任的关系

如上所述，犯罪是刑事责任的前提，刑事责任是犯罪的法律后果，这是从犯罪和刑事责任发生的实质根据来说的。这种关系，正如同说相当严重程度的社会危害性是刑事违法性的实质根据，刑事违法性是相当严重程度的社会危害性的法律表现一样。犯罪与刑事责任的这种联系性质，不论是从刑事立法，还是从刑事司法，即从整个刑法领域来看都是如此。因为，从犯罪和刑事责任观念的建立和其实际发生来看，犯罪都是先于刑事责任发生的，而刑事责任是在犯罪发生的前提下才发生的。而且，如前所述，刑事责任作为法律后果，表现为国家和社会对犯罪所作出的一种否定性的、谴责性的政治道德评价，在这里，犯罪是"评价的对象"，而刑事责任是"对象的评价"，没有先行发生的评价的对象，也就无从进行对象的评价。因此，从实质上看，犯罪是刑事责任赖以建立或发生的前提，没有犯罪的发生，就不会有刑事责任的发生，而刑事责任则是犯罪发生的必然结果，二者表现为因与果的联系关系，即犯罪是因，是第一性的，刑事责任是果，是第二性的。在这个意义上，我们说，无犯罪就无刑事责任。从实质根据的角度说，这应当是刑法及刑法学领域的基本定论。

　　但是，关于犯罪与刑事责任的关系，理论上有一种与此相反的观点，这种观点认为，没有刑事责任，就不存在犯罪①。其主要理由是：（1）刑法中有关犯罪和刑罚的一切问题，都是围绕着"要不要负（追究）刑事责任"、"负怎样的刑事责任"而展开的②。（2）从整个刑法的角度看，特别是从刑事立法的角度看，社会上存在的某类行为是否被刑事法律规定为犯罪，本身是由统治阶级认为该种行为要不要承担刑事责任决定的，是以统治阶级对刑事责任的理解和态度为转移的。在统治阶级眼里，哪些行为应当承担刑事责任，哪些行为才是犯罪。刑法中对犯罪的一切规定，都是从确定人的刑事责任这个角度出发的③。（3）"刑事责任是犯罪的法律后果"这个论断，只有在刑事责任的个别化这种意义上才是正确的。因为从行为者个人的角度看，只要实施了犯罪行为，就应当承担刑事责任。没有犯罪，也就不存在负

---

　　①②③　赵秉志等著：《中国刑法的运用与完善》，法律出版社，1989年版，第268、276页。

刑事责任的问题①。按照这种观点，刑事责任是犯罪的实质根据，是决定犯罪的，即刑事责任是因，是第一性的；犯罪是果，是第二性的。这样，尽管在犯罪个别化的意义上，即在刑事司法领域，刑事责任是犯罪的后果，但是在整个刑法领域，特别是在刑事立法的领域，犯罪就成为刑事责任的后果了。

我们认为，上述观点如果仅从代表统治阶级的立法者对犯罪规定的选择性这一特定意义上看，似无可非议，但是把它推而广之，作为整个刑法领域的一般性结论加以认识，则是有失偏颇的。因为，这是一种本末倒置的推论。

诚然，不同的统治阶级国家因为代表着不同的统治阶级的意志和利益，它们对于把哪些行为作为犯罪，是有选择上的差异的，即有着不同的价值判断标准。但是，这种选择上的差异和价值观的不同又是由什么决定的呢？其实质理由是什么呢？这才是问题的症结所在。关于这一点，上述观点认为："……如果我们进一步考察一下犯了罪为什么就一定要负刑事责任，那就会发现，立法者所以要把某种行为规定为犯罪，是因为在他们眼里，这种行为严重地危害了特定社会的生存条件，这种行为的实施者必须对国家承担一种最为严重的责任。这种想要使实施某种危害行为的人承担一种最为严重的责任的意志，正是立法者把该种行为规定为犯罪的直接动因。"② "面对这些威胁统治阶级生存条件的行为，统治阶级就提出了人的责任问题，要求每个实施这种行为的人都要对行为的后果承担最严重的责任。"③ 由此看来，至少从客观上看，上述观点也并不否认统治阶级关于刑事责任观念的萌发，是由于威胁或者危害统治阶级生存条件的行为的先行发生，以此为基础，才提出了要对行为的后果负责的人的责任问题。即 "刑事责任是基于严重危害社会的犯罪行为产生的，也

---

① ② ③ 赵秉志等著：《中国刑法的运用与完善》，法律出版社，1989年版，第276、275页。

是针对这种行为即为了制止这类行为的发生而产生。"① 这正是我们认为犯罪是第一性，刑事责任是第二性的根据之一。但是责任问题是不是决定选择犯罪的直接动因呢？不能这样说，因为，统治阶级在法律上规定什么样的行为为犯罪，并不是为责任而责任，责任问题的背后有着更深层的原因或根据。如果不从更深层的原因上来寻找决定选择犯罪的动因，那么从各种不同角度都可以提出制约犯罪成立的根据来。例如，刑事责任问题最终表现为刑罚处罚与否的问题，在这个意义上可以说，刑法上的一切问题都是围绕着要不要判处刑罚，判处怎样的刑罚而展开的。但由此不能笼统地说，刑罚处罚就是决定犯罪成立的实质根据。又例如，刑事责任能力的有无是决定或制约犯罪能否成立的要件之一，在其他要件具备的情况下，有刑事责任能力就有犯罪的成立，没有刑事责任能力就没有犯罪的成立，但由此不能笼统地说刑事责任能力就是决定或制约犯罪成立的实质根据，如此等等。这些都只是从一个侧面反映了决定犯罪成立与否的条件或根据，只能在某种特定的意义上说明犯罪成立与否的问题，但不能离开其特定的意义，一般地把它们说成是犯罪存在的实质根据。责任问题也是如此，它只是从立法者根据自己的价值判断标准，对犯罪的选择性这一角度，反映了犯罪存在的法律根据问题，即无立法者对刑事责任问题的考虑，无立法者将其作出法律上的规定，也就无所谓犯罪。但是，即便是在这种场合，在关于责任问题考虑的背后，起决定作用的最终还是统治阶级从维护自己的生存条件出发，出于抑制或预防危害自己的生存条件的犯罪行为的考虑，而不是为刑事责任本身的什么考虑。这才是决定立法者选择何种行为为犯罪的直接动因，责任问题只不过是这种深层原因派生出来的。正因为各个统治阶级都是根据自己的利益和意志来判

---

① 赵秉志等著：《中国刑法的运用与完善》，法律出版社，1989 年版，第 272 页。

断行为的是非善恶，这就决定了不同的统治阶级在对行为的评价上有不同的价值判断标准，这才表现出了不同统治阶级国家在对犯罪行为的选择上的差异性。因此，这种选择上的差异性，也不是出于刑事责任问题本身的考虑，而是由其深层原因所决定的。

总之，不论是从存在论的角度，还是从解释论的角度看，刑事责任都不是决定犯罪存在的实质根据和立法上规定犯罪的直接动因，但是，这并不否认在立法者对犯罪行为的选择上，刑事责任问题对于犯罪所具有的一定意义。

二、犯罪构成与刑事责任的关系

在前一节论述我国刑法中的犯罪构成的特征时，我们曾提出：犯罪构成是确定刑事责任的根据的判断标准。也就是说，犯罪构成本身并不能直接成为刑事责任的根据，它只是为建立这种根据提供了一个法律上的标准，而行为符合犯罪构成才是刑事责任的根据，并且是唯一根据。我们提出的这一见解，与我国刑法学中"犯罪构成是刑事责任的唯一根据（或基础）"这一传统见解是有所不同的。"犯罪构成是刑事责任的唯一根据"这一传统命题，是来自苏联刑法学，它几乎已成为社会主义刑法学中公认的定论。但是，我们认为，这个传统命题由于混淆了"犯罪构成"与"行为符合犯罪构成"这样两个不同的概念，所以不能正确反映犯罪构成与刑事责任的根据的关系，因此，这种传统命题是有缺陷的，至少说在表述上是不准确、不科学的。

关于犯罪构成与刑事责任的关系问题，归根结底是关于如何理解刑事责任的根据的问题。围绕这一问题，苏联刑法学中曾经展开过激烈的争论，这就是：刑事责任的根据是犯罪行为还是行为人的危险状态？是罪过还是犯罪构成？经过广泛讨论，尽管大多数刑法学者在论述这一问题时，都认为人的行为中具有犯罪构成是刑事责任的唯一根据，例如，1952 年版的《苏维埃刑法总则》教科书（第 5 版）中提出的观点是：追究一个公民的刑事责任的唯一根据是，在他的行为中应具有刑事法律条文严格规定的犯罪构成①。特拉伊宁提出："……人的行为中具有犯罪构成是适用刑罚的根据，如果行为中缺少犯罪构成则应免除刑事责任。"②但是，在作为一个结论进行表述时，提出的却是"犯罪构成是刑事责任的唯一根据"这样一个命题。对此，有些学者提出了不同的看法，例如，杜尔曼诺夫认为，"犯罪构成是一个抽象的科学概念，而抽象的科学概念不能作为刑事责任的根据。"③因此，有的刑法学教科书提出，刑事责任的根据不是犯罪构成，而是犯罪行为本身④。还有的刑法学教科书提出，"实施某些危害社会的行为是刑事责任的客观根据，而违法者对法律条文所持的否定态度则是它的主观根据。"⑤此外，还有些学者提出，刑事责任的根据不是犯罪构成，而是（广义的）罪过⑥。这些不同观点虽然力图克服"犯罪构成是刑事责任的唯一根据"这一命题的缺陷，但是，由于各自自身的片面性，即完全舍弃犯罪构成对刑事责任的意义，因此，走到了另一个极端，实际上还是没有对刑事责任的根据建立起正确的认识，从而也就不可能正确解释犯罪构成与刑事责任的关系问题。例如，如果说刑事责任的根据是犯罪行为本身而不是犯罪构成，那么，究竟什么是"犯罪"行为呢？在刑法上，判断某种行为是否成立犯罪，以及如何成立犯罪，这是由法律所规定的犯罪构成来加以说明的，离开犯罪构成，就无法说明一定的行为在法律上是如何成立犯罪的，因此，只有犯罪构成才能作为判断某种行为是否成立犯罪的法定规格或标准，只有符合犯罪构成的行为，才能称之为"犯罪"行为。又如，如果说刑事责任的根据不是犯罪构成，而是另外的客观根据和主观根据，那么，这种客观根据和主观根据与犯罪构成又有

①②③⑥　转引自曹子丹等译：《苏联刑法科学史》，法律出版社，1984 年版，第 46、48、44~45、49 页。

⑤　转引自《法学研究》，1985 年第 1 期，第 89 页。

什么不同呢？如前所述，一切犯罪都是危害行为的客观要件与主观要件的统一。行为成立犯罪是要负刑事责任的，在这个意义上可以说犯罪行为是刑事责任的根据。那么，犯罪的客观要件也就是刑事责任的客观根据，主观要件也就是主观根据，行为具备了犯罪的客观要件和主观要件，也就意味着具体的危害行为符合了抽象的法律标准——犯罪构成，这才建立起了对该行为追究刑事责任的根据。所以，犯罪构成作为犯罪的主客观要件的统一体，它已经包括了作为客观要件的危害社会的行为和作为主观要件的罪过。也就是说，所谓客观要件和主观要件与犯罪构成不是分离的，更不是对立的。舍弃犯罪构成而另外提出犯罪的客观要件和主观要件实无必要。行为符合犯罪构成本身就已表明它具备了客观要件和主观要件，二者并没有什么矛盾之处。尤其是，若片面强调某一方面的根据，例如片面强调危害行为或者片面强调罪过是刑事责任的根据，则更是大错特错了。所以，上述针对传统命题而提出来的几种不同观点并未克服它的不足之处。

　　下面再回到传统命题上来。"犯罪构成是刑事责任的唯一根据"这一命题，直接把犯罪构成视为刑事责任的根据，这实际上是把犯罪构成与行为符合犯罪构成混为一谈了。应当指出，刑事责任的根据并非犯罪构成这一抽象的法律规定本身，而是行为符合犯罪构成这一法律事实。因为，犯罪构成是指法律所规定的抽象的犯罪行为的类型，它本身只是法律上的一种假设、一种可能性，它只是对判断一定的行为是否成立犯罪以及如何成立犯罪提供了一个法定的标准。只有当这种假设或可能变成了现实，即一定的危害行为与法律所规定的某种抽象的犯罪行为的类型相符合，这个时候抽象的犯罪行为的类型就由具体的犯罪行为的事实所现实地表现出来了。而这种具体的犯罪行为的事实与抽象的犯罪行为的类型相符合，正是法律假设一定的法律后果（通常表现为刑罚处罚），即刑事责任发生的前提。所以，刑事责任的根据并不是犯罪构成这一法定的抽象的犯罪行为的类型本身，而是行为符合犯罪构成这一具体的法律事实。这一法律事实是现实的、具体的危害行为与可能的、抽象的犯罪构成这两个方面的结合。正是在这个意义上，我们说，行为符合犯罪构成是刑事责任的唯一根据，而犯罪构成则是确定这种根据的判断标准。

第四节　犯罪构成的要件

一、犯罪构成要件的概念

所谓犯罪构成要件，是指犯罪构成中所包含的构成成分，或者说组成犯罪构成的各个要素。了解犯罪构成要件的分类，对于正确理解和把握犯罪构成及其内部结构和成分有着非常重要的意义。

关于犯罪构成的要件，我国刑法学与苏联刑法学一样，传统上都是把犯罪构成分为四个方面的要件，简称"四大块"，即犯罪客体、犯罪的客观方面、犯罪主体、犯罪的主观方面。这种分类是与社会主义刑法学中所强调的"主客观要件相统一"的基本原则相一致的。从这点来看，它有其合理性、科学性的方面，而且这种分类已为刑法理论和司法实践所广为接受，并在理论上和实践中都发挥了重要作用。但是，仅仅只对犯罪构成的要件作出这种划分，似失之简单。实际上，可以从不同角度、不同层次上对犯罪构成的要件进行多种不同的划分。其中，有些划分在我国刑法学中已经存在，只是尚未从理论上进行系统化；有些划分虽然在我国刑法学中还未见到，但是，通过对我国刑法的规定进行分析，可以看出这些划分在我国刑法中确实存在。因此，有必要根据我国刑法的规定，全面地分析我国刑法中犯罪构成要件的分类，并使之系统化、理论化。

二、犯罪构成要件的层次划分

根据我国刑法中"主客观要件相统一"的原则，理论上一般把各种犯罪构成的要件首先划分为两大类，即客观要件和主观要件，这是第一层次的划分。在第一层次的划分之下，再进一步划分出犯罪构成的四个方面的要件，即在客观要件之下划分出犯罪客体和犯罪的客观方面；在主观要件之下划分出犯罪主体和犯罪的主观方面，这是第二层次的划分。最后，在第二层次的划分之下，再具体划分出若干个组成犯罪构成要件的基本单位的各单个构成要件，即在犯罪客体中划分出犯罪客体和犯罪对象；在犯罪的客观方面中划分出危害行为、危害结果（包括危害行为与结果之间的因果关系）、犯罪的时间、犯罪的地点、犯罪的方法、犯罪的特定前提；在犯罪主体中划分出刑事责任能力、法定年龄、自然人、特定身份、单位；在犯罪的主观方面中划分出犯罪的故意、犯罪的过失、犯罪的目的等等，这是第三层次的划分。这些单个的犯罪构成要件就是犯罪构成的最基本构成要素或基本单位。这样，犯罪构成经过三次划分，就形成了完整的四个层次的结构，其结构如图所示。

当然，在各个单个构成要件之下，还可以细分出若干要素，但是这些要素不具有独立的犯罪构成要件的意义，它们只是包含于各个构成要件之中的成分。由于犯罪构成的要件分为上述四个不同层次，那么在不同场合所说的构成要件就分别具有不同层次的意义。而在分析具体犯罪的构成要件时，通常就是指单个的构成要件而言。

三、犯罪构成要件的分类

除了对犯罪构成的要件进行不同层次的划分外，还可以根据构成要件的不同性质进行划分。

（一）记述的构成要件与规范的构成要件

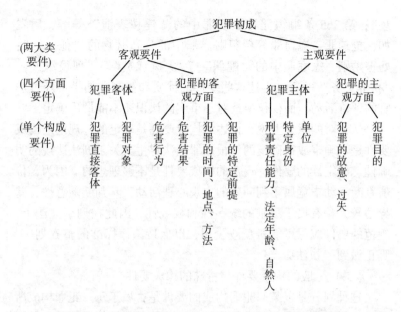

（两大类要件）

（四个方面要件）

（单个构成要件）

犯罪构成

客观要件 ── 主观要件

犯罪客体 ── 犯罪的客观方面 ── 犯罪主体 ── 犯罪的主观方面

犯罪直接客体 ── 犯罪对象 ── 危害行为 ── 危害结果 ── 犯罪的时间、地点、方法 ── 犯罪的特定前提 ── 刑事责任能力、法定年龄、自然人 ── 特定身份 ── 单位 ── 犯罪的故意、过失 ── 犯罪目的

　　这种划分是以某种犯罪构成要件的确定是否需要经过一定的价值判断为标准。所谓记述的构成要件，是指不需要运用特别的价值判断，而只需要根据对于事实的认识就能够确定的犯罪构成要件。例如，杀人罪中的对象"人"及其行为"杀"；放火罪中的方法"火"等等。当然，记述的要件不需要进行价值判断并不是绝对意义上的，刑法中对于"人"、"杀"、"火"等等要件的性质和范围也有必要作出一定的解释，而且在理论上也往往存在不同的观点和学说。但是，这些要件在理论上和实践中经过一定的解释，都已具有相对确定的意义，在实际运用中，只需适用这种解释而不需要另外进行特别的价值判断就能确定其意义和范围。所谓规范的构成要件，是指仅仅根据对于事实的认识还不能确定，还需要由法官根据特定社会的某种公认的价值判断标准进行评价以后才能够确定的犯罪构成要件。这种价值判断标准的根据，有文化的价值判断标准与法律的价值判断标准，前者如，我国刑法第 237 条强制猥亵、侮辱妇女罪和猥亵儿童罪中的"猥

亵"；第 365 条组织淫秽表演罪中的"淫秽表演"等等，后者如，抢劫罪、盗窃罪等侵犯财产罪中的公私财物的"他人性"；妨害婚姻、家庭罪中的"配偶"、"家庭成员"、"现役军人"、"扶养义务"等等。上述这些要件的性质和范围，如果不经过法官的评价活动，而仅仅根据对于事实的认识还不能最后确定。

从相对的意义上说，记述的构成要件是确定的，规范的构成要件是不确定或待确定的。根据罪刑法定主义关于刑法法规的明确性、确定性的要件，规范的构成要件是不够理想的。因为，价值判断活动毕竟属于判断者的主观心理活动，其判断随意性、差异性较大，有损于法制的统一性和权威性。因此在刑事立法上，规范的要件应尽可能避免或少用，以保持法律标准的整齐划一，真正做到"执法必严"。

（二）一般的构成要件与特殊的构成要件

这种划分是以某一犯罪构成的要件是否属于每一犯罪构成所必需为标准。所谓一般的构成要件，或称基本的构成要件、共同的构成要件，是指每一犯罪构成所必须具有的，不可缺少的要件。例如，犯罪客体、犯罪行为、犯罪主体、犯罪的故意或过失等等。这些因素由于是每一犯罪构成所绝对必需的，所以，理论上传统的称谓是"必要要件"。但是，我们认为，所谓"要件"，本身就意味着必要或不可缺少；而且如果使用"必要要件"，似乎还意味着存在不必要的要件。所以"必要要件"这一称谓是不妥当的，勿宁说使用"一般的构成要件"或"基本的构成要件"、"共同的构成要件"的称谓更加准确一些。所谓特殊的构成要件，或称选择的构成要件，是指不是每一犯罪构成所必须具有的，而只是一部分犯罪构成所必须具有的、不可缺少的要件。"选择的要件"也是理论上的传统称谓，是相对于"必要的要件"而言的。但是，需要注意，这里所谓的"选择"，不是任意选择、可有可无的意思，而是限制、特定的意思。因此，选择的要件虽然不是每一犯罪构成所绝对必需的要件，但是它对于一部分特定的犯罪构成来说，却是绝对必需的、不可缺少的要件。正是在这一意义上，它才属于犯罪构成的"要件"的一种。在犯罪构成的要件中，犯罪对象、犯罪结果、犯罪的时间、地点、方法、特定身份、犯罪目的等等都属于特殊的构成要件或选择的构成要件。例如，一般的犯罪并不要求以特定的对象为成立要件，但是，刑法第127条规定的盗窃、抢夺枪支、弹药、爆炸物罪，法律规定其犯罪对象只能是枪支、弹药和爆炸物。又如，在一些犯罪中，法律不要求以出现一定的危害结果为犯罪成立的要件，但是过失犯罪、结果加重犯都要求以发生一定的危害结果作为犯罪成立的要件；故意杀人罪、故意伤害罪等所谓结果犯，都要以出现死亡、伤害等结果作为犯罪既遂成立的要件等等。再如，一般的犯罪主体，只要求行为人达到法定的刑事责任年龄、具有刑事责任能力就够了，而对于贪污罪、受贿罪等来说，行为人除了必须具有一般犯罪主体的条件外，还必须具有"国家工作人员"这一特定的身份条件，否则，不能成立贪污罪、受贿罪等。

（三）客观的构成要件与主观的构成要件

这种划分是以某一犯罪构成的要件是属于危害行为的外部的、客观的方面，还是属于内部的、主观的方面为标准。所谓客观的构成要件，是指属于犯罪构成中行为人的犯罪行为及其与行为有关的行为的外部的、客观的事实特征。例如，犯罪行为，犯罪行为侵害的客体、对象，行为的结果，行为的时间、地点和方法等等。这些所谓的客观要件，是与行为人的主观心理态度及与此相关的主观事实特征相对而言的。所谓主观的构成要件，就是指属于犯罪构成中与行为人实施犯罪行为时的主观心理态度及与此相关的行为的内部的、主观的事实特征。例如，犯罪的故意、过失，犯罪的目的，犯罪主体资格所要求的刑事责任年龄、刑事责任能力等等。

客观的构成要件与主观的构成要件虽然是相对而言的，但是它们是紧密联系、相辅相成的。二者的关系具体表现为，客观的构成要件是主观的构成要件的外部存在，即危害行为是犯罪人的犯罪意志的外在表现或"外化"。通过对犯罪人实施的危害行为及其与该行为有关的客观事实特征的分析，就能充分了解行为人在实施危害行为时的主观心理活动，从而为确定犯意的成立提供可靠的根据。而主观的构成要件则是客观的构成要件的内部存在，即犯罪人的主观心理态度是支配、决定其行为如何实施的内部动因或指挥。通过对行为人主观心理活动及其与此相关的主观事实特征的分析，就能对各种行为的性质作出准确的判断，从而为正确定罪量刑提供可靠的根据。例如，对某一行为是否成立犯罪，要对行为人是否达到法定刑事责任年龄、是否具有刑事责任能力进行准确的判断，因为这些要素对于行为人主观上是否能够正确、完整地辨别和控制自己的行为具有决定的意义。在此确认的基础上，再根据行为人在实施危害行为时的具体心理态度，判断其主观上是否具有罪过，或具有何种形式的罪过，犯罪的目的、动机如何等等。这些都对定罪量刑具有重要意义。

第五节　犯罪构成的分类

由于现实生活中犯罪行为的表现多种多样，形式不一，因此，法律上规定的各种犯罪行为的犯罪构成的形式也各不相同。那么，根据各种犯罪构成的不同性质和特点，从不同的角度采用不同的标准，可以对犯罪构成进行多种不同的划分。例如，以犯罪构成的形态为标准，可以把犯罪构成分为"基本的犯罪构成"与"修正的犯罪构成"；以犯罪构成中行为的社会危害性程度为标准，可以把犯罪构成分为"独立的犯罪构成"（或称"普通的犯罪构成"）与"派生的犯罪构成"（或称"危害严重的犯罪构成"或"危害较轻的犯罪构成"）；以法律条文对犯罪构成规定的情况为标准，可以把犯罪构成分为"叙述的犯罪构成"与"空白的犯罪构成"；以犯罪构成内部的结构状况为标准，可以把犯罪构成分为"简单的犯罪构成"（或称"单纯的犯罪构成"）与"复杂的犯罪构成"（或称"混合的犯罪构成"）；以犯罪构成中所包含的属于独立犯罪行为的数目为标准，可以把犯罪构成分为"单一的犯罪构成"与"结合的犯罪构成"等等。下面就分别对各种不同种类的犯罪构成进行论述。

一、基本的犯罪构成与修正的犯罪构成

所谓基本的犯罪构成，是指刑法条文就某一犯罪的单独犯的既遂状态所规定的犯罪构成。由于刑法分则条文主要是以单独犯的既遂状态为标准来规定各个具体犯罪的构成要件的，所以，基本的犯罪构成由刑法分则条文所直接规定。例如，故意杀人罪、抢劫罪、盗窃罪等。在一个人实施分则条文所规定的某一犯罪，且达到既遂状态时，就可以直接适用该条文的规定来定罪。所谓修正的犯罪构成，是指以基本的犯罪构成为前提，适应犯罪行为的各种不同犯罪形态，而对基本的犯罪构成加以某些修改变更的犯罪构成。例如，适应故意犯罪过程中的未完成形态而分别规定的预备犯、未遂犯、中止犯的犯罪构成；适应数人实施以单独犯规定的犯罪构成的犯罪形态而规定的共犯的犯罪构成，即主犯、从犯、胁从犯、教唆犯的犯罪构成等等。修正的犯罪构成是在刑法总则中，以通则的形式规定的，因而在确定这一类行为的犯罪构成时，要以刑法分则具体条文规定的基本的犯罪构成为基础，结合总则中关于该修正的犯罪构成综合加以认定。也就是说，修正的犯罪构成都是具体的，而不是抽象的，没有离开具体犯罪而抽象存在的预备犯、未遂犯、中止犯或主犯、从犯、胁从犯、教唆犯的犯罪构成。总则关于修正的犯罪构成的规定，只有结合分则的具体罪的基本的犯罪构成才有意义。例如，故意杀人未遂行为的犯罪构成，要结合我国刑法分则第232条故意杀人罪和总则第23条犯罪未遂的规定综合加以认定。再如，数人共同实施抢劫行为的犯罪构成，要结合我国刑法分则第263条抢劫罪和总则

第 26 条、27 条、28 条、29 条，根据各共同犯罪人的具体情况综合加以认定。

二、独立的犯罪构成与派生的犯罪构成

所谓独立的犯罪构成，又称普通的犯罪构成，是指刑法条文对具有通常社会危害程度的行为所规定的犯罪构成。相对于危害严重或危害较轻的犯罪构成，它是犯罪构成的基本形态。例如，我国刑法第 236 条第 1 款规定的强奸罪、第 260 条第 1 款规定的虐待罪等。所谓派生的犯罪构成，是指以独立的犯罪构成为基础，具有较重或较轻社会危害程度而从独立的犯罪构成衍生出来的犯罪构成。因此，派生的犯罪构成中包括较重社会危害程度和较轻社会危害程度这样两种情况，前者称为危害严重的犯罪构成（或称"加重的犯罪构成"），后者称为危害较轻的犯罪构成（或称"减轻的犯罪构成"）。它们是因犯罪主体或对象的范围不同，或者因存在其他从重、加重或从轻、减轻处罚情节，在量刑上有别于独立的犯罪构成而与之相对而存在的。例如，与第 260 条第 1 款规定的虐待罪相应，第 2 款规定的，犯前款罪，致被害人重伤、死亡的，就是加重的犯罪构成。再如与刑法第 232 条前半段规定的杀人罪的犯罪构成相对，后半段规定的"情节较轻的"，也是减轻的犯罪构成。

三、叙述的犯罪构成与空白的犯罪构成

所谓叙述的犯罪构成，是指刑法条文对犯罪构成的要件予以详细叙述，完整表明犯罪行为的一切特征的犯罪构成。刑法分则条文对于犯罪构成，多数采用这种方式加以规定，此即所谓"叙明的罪状"。例如，我国刑法第 291 条规定："聚众扰乱车站、码头、民用航空站、商场、公园、影剧院、展览会、运动场或者其他公共场所秩序，聚众堵塞交通或者破坏交通秩序，抗拒、阻碍国家治安管理工作人员依法执行职务，情节严重的……"这条规

定详细叙述了聚众扰乱公共场所秩序或交通秩序罪的特征，列举了构成该罪的一切犯罪构成的要件。所谓空白的犯罪构成，是指刑法条文没有将犯罪构成的要件予以明白地揭示，而是需要援引其他法律、法令的规定来说明犯罪构成。其特点在于，从刑法分则条文本身还不能了解犯罪构成要件，而必须通过其他法律、法令的规定才能了解该种行为的犯罪构成，此即所谓"空白的罪状"。例如，刑法第345条第2款规定："违反森林法的规定，滥伐森林或者其他林木，数量较大的，……"成立滥伐林木罪。该条文没有直接揭示滥伐林木罪的构成要件，要认定滥伐林木罪的构成，必须援引森林法的有关规定。

四、完结的犯罪构成与待补充的犯罪构成

完结的犯罪构成，又称"封闭的犯罪构成"，是指刑法条文规定了犯罪行为的一切特征。因此，在认定这种犯罪构成时，只需根据刑法条文的规定就行了，不需要另外加以补充。从特征上看，完结的犯罪构成与前述的叙述的犯罪构成是相同的，因此，理论上有的把这二者作为一种类型的犯罪构成。但是，叙述的犯罪构成是相对于空白的犯罪构成而言的，而完结的犯罪构成是相对于待补充的犯罪构成而言的。所谓待补充的犯罪构成，又称"敞开的犯罪构成"，是指行为在形式上符合犯罪构成还不能确定，还有待法官作出某些必要的判断，对这种犯罪构成加以补充以后，才能最后确定的犯罪构成。因此，这里所谓的"敞开"，是对法官敞开而言的。一般认为，过失犯、不真正不作为犯都是敞开的犯罪构成。因为，在认定过失犯或不真正不作为犯时，有关过失内容中的"预见义务"、"预见能力"，或不作为犯的"作为义务的范围"等，都必须由法官根据一定的标准加以判断，在此基础之上，才能确定某种行为是否符合这种过失犯或者不真正不作为犯的犯罪构成。例如，以杀害的意思，拒绝给婴儿哺乳而导致婴儿死亡的，其"应当哺乳"的作为义务的范围，就有

待于法官的判断。

五、简单的犯罪构成与复杂的犯罪构成

所谓简单的犯罪构成，又称"单纯的犯罪构成"，是指刑法条文规定的犯罪构成的诸要件均属于单一的犯罪构成。例如，刑法第 134 条第 1 款规定的故意伤害罪的构成要件是：一个客体——他人的健康权利，一个行为——伤害，一种罪过形式——故意。所谓复杂的犯罪构成，又称"混合的犯罪构成"，指刑法条文规定的犯罪构成的诸要件并非均属于单一的犯罪构成。根据不同情况，它又可进一步分为以下几类：

（一）选择的犯罪构成，这是就某类具体犯罪来说，刑法条文规定有供选择的构成要件的犯罪构成。其特点在于，就该种犯罪构成，法律规定了几个供选择的要件，但对于成立犯罪来说，只需要具备其中一个要件就够了，而不需要具备刑法条文所列举的供选择的全部要件。例如，刑法第 252 条规定："隐匿、毁弃或者非法开拆他人信件，侵犯公民通信自由权利，情节严重的……"其中，隐匿、毁弃、非法开拆就是选择性要件，具备其中任何一个要件都可以成立侵犯通信自由罪。选择性要件在刑法条文中，往往用"或者"一词或顿号来表示。选择的犯罪构成还可以从不同的角度作进一步的划分，例如，根据选择性要件的性质，可以分为"同质的选择构成"和"不同质的选择构成"。同质的选择构成，是指分则条文规定的某一具体犯罪中有性质相同的供选择要件的犯罪构成。这种同质的选择要件有：1. 主体同质。如刑法第 305 条规定的"证人、鉴定人、记录人、翻译人"，这些是属于同一性质的不同犯罪主体的选择。2. 对象同质。如刑法第 117 条规定的"轨道、桥梁、隧道、公路、机场、航道、灯塔、标志"，这些是属于同一性质的不同犯罪对象的选择。3. 目的同质。如刑法第 276 条规定的"泄愤报复或者其他个人目的"，这些是属于同一性质的犯罪目的的选择。4. 手段同

质。如刑法第 263 条规定的"以暴力、胁迫或者其他方法",这些是属于同一性质的不同犯罪方法、手段的选择。5. 地点同质。如刑法第 291 条规定的"车站、码头、民用航空站、商场、公园、影剧院……"这些是属于同一性质的不同犯罪地点的选择。不同质的选择构成,是指刑法分则条文规定的某一具体犯罪中有性质不同的供选择的要件的犯罪构成。如刑法第 340 条规定的"违反保护水产资源法规,在禁渔区、禁渔期或者使用禁用的工具、方法捕捞水产品"中,禁渔区是指犯罪地点,禁渔期是指犯罪时间,禁用的工具是指犯罪工具,禁用的方法是指犯罪方法,这些属于不同性质的选择要件。再如,根据选择性要件的层次,可以分为单层次的选择构成、双层次的选择构成和多层次的选择构成。单层次的选择构成,是指刑法分则条文规定的某一具体犯罪中只有一个层次的选择性要件的犯罪构成。如刑法第 309 条规定的"聚众哄闹、冲击法庭,或者殴打司法工作人员"中,只有一个层次的选择性要件。在选择的犯罪构成中,多数属于单层次的选择构成。双层次的选择构成,是指刑法分则条文规定的某一具体犯罪中具有两个层次的选择性要件的犯罪构成。如刑法第 136 条规定:"违反爆炸性、易燃性、放射性、毒害性、腐蚀性物品的管理规定,在生产、储存、运输、使用中发生重大事故,造成严重后果",其中第一层选择是"违反爆炸性、易燃性、放射性、毒害性、腐蚀性物品的管理规定"等犯罪特定前提的选择;第二层选择是"生产、储存、运输、使用中"等犯罪时间的选择。在选择的犯罪构成中,双层次的选择构成是少数。多层次的选择构成,是指刑法分则条文规定的某一具体犯罪中具有三个以上层次的选择性要件的犯罪构成。如刑法第 305 条规定:"在刑事诉讼中,证人、鉴定人、记录人、翻译人对与案件有重要关系的情节,故意作虚伪证明、鉴定、记录、翻译,意图陷害他人或者隐匿罪证的",其中第一层选择是"刑事诉讼中"等犯罪时间的选择;第二层选择是"证人、鉴定人、记录

97

人、翻译人"等犯罪主体的选择；第三层选择是"陷害他人或者隐匿罪证"等犯罪意图的选择。在选择的犯罪构成中，多层次的选择构成为数很少。在选择的犯罪构成中需要注意的是，当刑法分则某一条文并列规定了几种行为时，如果每一行为均可构成独立的犯罪，即不属于选择的犯罪构成。如刑法第398条规定的"国家机关工作人员违反保守国家秘密法的规定，故意或者过失泄露国家秘密，情节严重的"，分别构成故意泄露国家秘密罪、过失泄露国家秘密罪。其他条文也有类似的情况。

（二）包括两个行为的犯罪构成。这是指刑法条文规定的犯罪构成所包含的不是某一个行为，而是两个或两个以上的行为。这种犯罪构成的特点是，这里所规定的行为，不是像选择性的要件那样，只要具备其中一个就够了，而是必须具备所规定的两个行为，才能成立该种犯罪。例如，刑法第236条规定的强奸罪，就包括暴力（或胁迫、其他手段）和奸淫两种行为，只有两种行为都具备时，强奸罪（既遂）才能成立。与此不同，奸淫幼女罪就不需要具备暴力（或胁迫、其他手段）行为，而只需要具备奸淫行为就能够成立。也就是说，即使幼女同意与其发生性行为的，也成立奸淫幼女的犯罪。所以，奸淫幼女罪不是复杂的犯罪构成，而是简单的犯罪构成。

（三）包括两个罪过形式的犯罪构成。这是指刑法条文规定的犯罪构成所包含的不是一个罪过形式，而是两个罪过形式。其特点是，具备两个罪过形式，才能构成该种犯罪，而不是构成两个犯罪。例如，刑法第234条规定的故意伤害（致死）罪，就包含两个罪过形式，即伤害他人的故意和造成他人死亡的过失。故意伤害致死，是属于故意伤害罪的结果加重犯。

（四）包括两个客体的犯罪构成。这是指在刑法条文规定的一个具体的犯罪构成中包括两个独立的互不相同的客体。这种犯罪构成可能表现为一个侵害行为同时侵害了两个客体。例如，刑法第305条规定的伪证罪，就是一个侵害行为——伪证，同时侵害了公民的人身权利和国家司法机关的正常活动两个客体；它也可能表现为两个侵害行为侵害了两个客体。例如，刑法第263条规定的抢劫罪，就是两个侵害行为——暴力（或胁迫）和夺取财物，侵害了两个客体——公民的人身权利和公私财产所有权。

六、单一的犯罪构成与结合的犯罪构成

所谓单一的犯罪构成，是指刑法条文所规定的单一行为或原本只成立一罪名的犯罪构成。我国刑法分则绝大多数条文都是规定单一行为的犯罪构成，如杀人罪、盗窃罪等等。但是也有一些条文是两个行为只成立一个独立犯罪，如刑法第263条的规定，是由暴力、胁迫与抢夺公私财物两个行为构成一个抢劫罪，这也属于单一的犯罪构成。所谓结合的犯罪构成，是指刑法条文规定的一个犯罪构成中包括两个或两个以上原为独立犯罪行为的犯罪构成。例如，暴行、胁迫行为和窃盗行为相结合，就作为强盗罪（日本刑法第236条）的构成要件[①]。符合这种结合的犯罪构成的行为，在理论上称为"结合犯"。这种犯罪构成在我国刑法中是否存在，理论界存在不同意见。

七、积极的犯罪构成与消极的犯罪构成

这是德、日刑法学中的一种分类，它是根据刑法条文的规定是积极揭示行为的犯罪性，还是消极否定行为的犯罪性来进行划分的。所谓积极的犯罪构成，是指刑法条文规定的各个构成要件都是积极地揭示了行为的犯罪性的犯罪构成。在德、日刑法学中，犯罪构成是规定应受处罚行为的类型化，其各个要件都是积极地揭示行为的犯罪性，因此，一般来说，犯罪构成是以积极的犯罪构成为原则。例如，日本刑法第109条规定："（一）放火

---

① 见［日］木村龟二主编、顾肖荣等译：《刑法学词典》，上海翻译出版社，1991年版，第163页。

烧毁现非供人居住或现无人在内的建筑物、船舰或矿井的，处2年以上有期惩役。（二）前项所列各物，如属于自己所有时，处6个月以上7年以下惩役。"这一条第1项和第2项前段所规定的"对非现住建筑物等放火罪"的犯罪构成要件，都是积极表明这种行为的犯罪性的，所以都是积极的犯罪构成。所谓消极的犯罪构成，是指刑法条文所规定的一定类型的要件是否定某种行为的犯罪性的，这种行为的犯罪构成就是消极的犯罪构成。在德、日刑法中，犯罪构成只是抽象地表明犯罪行为的法律上的要件，它与行为的犯罪性不是必然联系在一起的，因此，不具有犯罪性的行为，不一定就不具有犯罪构成符合性。这样，刑法条文中规定的某种否定行为的犯罪性的要件，在他们的刑法学中也可以视为犯罪构成的要件，而称之为消极的犯罪构成。例如，日本刑法第109条第2项后段规定，"但未发生危险时，不罚。"这个但书规定，就是关于"对非现住建筑物等放火罪"不成立的要件的规定，因此属于他们所谓的消极的犯罪构成。

从我国刑法来看，分则条文规定中也有这种否定行为的犯罪性的要件的规定。例如，刑法第243条第1款是规定诬告陷害罪的构成要件的，但是第3款规定，"不是有意诬陷，而是错告，或者检举失实的，不适用前两款的规定。"这里的第3款的规定是否定"错告"、"检举失实"的行为具有犯罪性的。但是，在我国刑法学中，不能把刑法第243条第3款的规定视为"消极的犯罪构成"。理由在于，我国刑法中的犯罪构成是实质性的犯罪构成，它是犯罪的成立要件意义上的犯罪构成，只有成立犯罪的行为才具备犯罪构成的要件；符合犯罪构成，而不成立犯罪的行为是不具备犯罪构成的要件的。因此，不能把否定行为的犯罪性的要件视为"犯罪构成"的要件，当然也就不能把这称为"消极的犯罪构成"了。如前所述，我国刑法中的犯罪构成包括了犯罪成立的一切积极的要件，所以，可以说我国刑法中的犯罪构成都是积极的犯罪构成。

第三章　犯　罪　客　体

第一节　犯罪客体的概念

什么是犯罪客体？我国刑法学界通行的观点是："犯罪客体是指刑法所保护而为犯罪行为所侵害的社会主义社会关系"①（以下简称"通说"）。近年来，随着理论研究的进展，许多同志对这一传统的观点提出了质疑，大胆地进行了新的探索，形成了以下几种新的观点：第一种观点是"社会利益说"，主张"犯罪客体是指刑法所保护的而为犯罪行为所侵害的社会主义社会利益"②；第二种观点是"社会关系与生产力说"，认为犯罪行为"不仅是侵犯了社会主义社会关系，而且还直接侵犯了生产力"，因此，把犯罪客体只归结为"社会主义社会关系，而把生产力完全排除在外是完全错误的"③；第三种观点是"犯罪对象说"，主张"犯罪客体就是指刑法所保护的而为危害行为指向或影响的对象（人、物、行为）"④；第四种观点是"社会关系与利益说"，主张"犯罪客体是指犯罪行为所侵犯的社会主义社会关系和国家、集体、公民个人的权益"⑤。我们认为，传统刑法理论对犯罪客体概念的认识固然有失准确，一些同志提出的新

---

① 高铭暄主编：《刑法学》，法律出版社，1983 年版，第 106 页。
② 《北京大学学报》，1987 年第 3 期，第 109 页。
③ 《政法论坛》，1988 年第 3 期，第 9 页。
④ 《北京大学学报》，1984 年第 5 期，第 49~50 页。
⑤ 《中国人民警官大学学报》，1988 年第 2 期，第 10 页。

见解也有待商讨。

一、"社会利益说"、"社会关系与生产力说"、"社会关系与利益说"的缺陷

（一）与社会关系、生产力、生产关系原理相矛盾。持"社会利益说"、"社会关系与生产力说"的同志认为："犯罪所侵害的客体，还应包括社会生产力、自然环境，而这些不是仅用社会关系即人与人之间的关系所能全部概括的。"① 这种观点值得商榷。按照马克思主义的观点，社会关系是指人们在生产和共同生活过程中所形成的人与人之间的关系，这种关系，是人类存在的必要条件，包括物质关系和思想关系两种。前者即生产关系，即人们在生产过程中形成的人与人之间的关系，占统治地位的生产关系各方面的总和构成一定社会的经济基础；后者是指一定生产关系所决定的政治关系和意识形态关系，这种建立在一定经济基础之上的社会意识形态以及相适应的政治法律制度，构成一定社会的上层建筑。可见，社会关系就其本身含义而言，的确不包括生产力、自然资源等因素，但由此是否可以得出结论：犯罪客体应单独包括生产力、自然资源呢？我们的回答是否定的。其理由是：第一，生产力作为人们征服自然、改造自然的能力，固然在社会中起着非常重要的作用，但它是与生产关系相互作用共同推动社会发展的，而且其构成因素都与生产关系紧密相联。生产力这一概念，就一般意义上讲，包括两种含义，一是指生产水平、效率；二是指生产力诸因素（如劳动者、生产资料）。其生产水平、效率一定程度上体现了人们在生产中所结成的社会关系，劳动资料是社会关系的具体表现，而劳动者则同时又是社会关系的主体，因此，生产力和生产关系作为构成生产方式的两个组成部分，是一个问题的两个方面，互相渗透，互相影响。侵犯

① 《北京大学学报》，1987 年第 3 期，第 106 页。

了生产关系，必然影响生产力的发展，反之，破坏生产力，必然侵犯一定的生产关系。第二，生产力、自然资源不是法律概念，只有隐藏在它们背后的一定生产关系才是法律调整的对象。马克思曾指出：财产本身不是法律概念，财产上升到法律上就是所有权，生产力、自然资源与生产关系的道理亦是如此。"为了进行生产，人们便要发生一定的联系和关系，只有在这些社会联系和社会关系的范围内，才会有他们对自然界的关系，才会有生产。"① 犯罪固然要破坏生产力，破坏自然资源，但这只是事物的表面现象，在生产力、自然资源的背后，便隐藏着人与人之间的关系。例如，当某人放火烧毁森林时，固然这是破坏了自然资源，但是如果不是人们禁止烧毁森林，又有谁认为他的行为是犯罪呢？因此，归根到底，它是侵犯了隐藏在森林背后的国家、集体对森林的所有权以及对自然资源、环境的保护，所以，犯罪虽然破坏了社会生产力、自然资源，但这些都反映到相应的社会关系中去，而且只有上升到社会关系，才能使我们对犯罪客体的认识符合马克思主义的一般原理。第三，如果说犯罪行为"还直接侵犯了生产力"，与"侵犯"二字涵义不相符合。根据一般解释，侵犯是指"非法干涉别人，损害其权利"，或"无任何正当理由而侵入他人之权利范围"等，因此，侵犯总是针对一定"权利"而言的，而生产力本身根本不是指人的什么权利，怎么侵犯呢？

（二）混淆了社会关系与社会利益之间的辩证关系。无论是"社会利益说"、"社会关系与生产力说"，还是"社会关系与利益说"，其共同点是：都认为社会关系不能概括我国犯罪所侵犯的全部客体，主张用社会利益代表社会关系的一部或全部。我们认为，这种观点也是错误的。第一，不符合社会关系普遍性的原理。马克思指出："生产关系总合起来就构成为所谓社会关系，构成为所谓社会，并且是构成一个处于一定历史发展阶段上的社

---

① 《马克思恩格斯选集》第 1 卷，第 362 页。

会，具有独特的特征的社会。"① 这就说明："一定历史发展阶段上的社会"是各种社会关系的总和，反之，社会关系存在或体现在社会的每一个方面、每一个角落。犯罪作为危害社会的行为，岂有不侵犯一定社会关系之理呢？有的同志认为，在犯罪主体实施犯罪行为所侵犯的而为刑法所保护的"对象"中，人的生命、健康、人格和名誉权等，是与社会关系有密切关联的，但其本身不是一种社会关系②。其实，这是对社会关系的一种误解。人的生命、健康、人格、名誉等本身的确不是什么社会关系，但一旦上升为法律所保护的"对象"，便体现为一种权利。例如，同是人的生命，当某人因犯罪被判处死刑时，可依法予以剥夺，但无辜受到杀害时，则成为犯罪客体。因此，一旦生命、健康、名誉成为刑法所保护的"对象"，这本身就意味着国家要对生命、健康、人格、名誉加以保护，这时，生命、健康、人格、名誉便上升为一种权利，成为生命权、健康权、人格权、名誉权，成为社会关系的一种。如果说，生命权、健康权、名誉权等不是社会关系，那么，与此类似的财产权、公民的其他人身权利和民主权利，便也不是社会关系，则社会关系岂不化为乌有？

第二，违背了马克思主义关于研究法律和法学的一般原理。马克思曾经指出，社会不是以法律为基础，那是法学家们的幻想。相反地，法律应该以社会为基础。法律应当是社会共同的、由一定物质生产方式所产生的利益和需要的表现，而不是单个人的恣意横行。现在我手里拿着这本 Code Napoleon（拿破仑法典），并没有创立现代的资本主义社会。相反地，产生于 18 世纪并在 19 世纪继续发展的资本主义社会，只是在这本法典中找到了它的法律的表现，这一法典一旦不再适应社会关系，它就变成一叠不值钱的废纸。马克思这段话告诉我们，制定法律时，固然不能脱离一

---

① 《马克思恩格斯选集》第 1 卷，第 363 页。
② 参见《中国人民警官大学学报》，1988 年第 2 期，第 10 页。

定社会关系，而对法律进行研究时，同样也不能脱离社会关系。如果离开社会关系，另立其他什么标准，就不可能理解法律和对法律做出正确的解释。第三，国家利益、集体利益、个人利益只是社会主义社会关系的重要表现形式，不能概括我国犯罪客体的全部。诚然，"每一社会的经济关系首先作为利益表现出来"，但由于利益只是"经济关系"的直接反映，社会关系不仅包括经济关系，还包括政治关系、意识形态关系等等，作为比"利益更深一层的东西"，其含义比利益更深刻、更丰富，其范围比利益更广泛。社会关系有些属性可归结于某种利益，而有些则不能用"利益"直接替代。如人民民主专政政权、社会主义制度、社会秩序等，这些受刑法所保护的"对象"，就其本身意义来说，乃是作为上层建筑方面人与人之间的关系而客观存在的，如果用国家利益、社会利益来取代，则不够确切。

（三）不符合我国现行刑事立法的规定。从我国刑法第 13 条规定的犯罪概念看，某种行为之所以规定为犯罪，是因为这些行为"危害"、"破坏"、"侵犯"了一定的社会关系；刑法第 2 条则明确规定了我国刑法的任务，是用刑罚同一切犯罪行为作斗争，以"保卫"、"保护"、"维护"、"保障"社会主义社会关系；我国刑法分则更是按照犯罪所侵犯的某一类社会关系对犯罪进行分类……这些都表明了犯罪客体是指"社会关系"，而非社会利益。有的同志提出：我国的现行法律，也有关于"利益"是犯罪客体的明文规定。例如，刑法分则第七章的章名为"危害国防利益罪"，第 420 条规定"军人违反职责，危害国家军事利益，依照法律应受刑法处罚的行为，是军人违反职责罪。"我们认为，这仅是"社会关系"与"利益"的巧合而已，在这里，犯罪所侵犯的社会关系恰好表现为国家军事利益，但是我们不能以偏概全，如前所述，毕竟有许多社会关系不能直接表现为"利益"。

（四）正如主张"社会利益说"的同志自己指出的："由于对'社会利益'的进一步具体划分特别是如何具体化为各个犯

罪的直接客体，还有待于深入地探索和研究"①，因此，准确地把社会利益具体化到足以科学地建立我国刑法分则体系以及说明每个犯罪所侵犯的客体是非常困难的。试问，用一个内涵外延本身都不太清楚的概念作为建立刑法体系的基石能行吗？至于"社会关系与利益说"、"社会关系与生产力说"，则更不利于我国刑法分则体系的建立。我国现行刑法及刑法学都是以犯罪客体为依据建立分则体系，如果采用两种不同的标准（社会关系与生产力，社会关系与社会利益），必然会导致刑法分则体系的混乱。

因此，不论将犯罪客体归结为社会利益，还是归结为生产关系与社会利益或者社会关系与生产力，都是不妥当的。

二、对"犯罪对象说"理由的质疑

（一）持"犯罪对象说"者认为，犯罪行为侵犯了一定的社会关系，反映的是犯罪行为的实质，这正是犯罪概念所研究的对象，因此，没有必要将其列为犯罪构成要件之一②。我们认为，犯罪客体虽与犯罪概念有紧密联系，但二者仍有很大区别。首先，从二者研究的对象看，犯罪概念所揭示的是犯罪的最本质特征即社会危害性；而犯罪客体则是研究犯罪侵犯了一定的社会关系，进一步说明为什么犯罪具有社会危害性，其社会危害性的内容是什么，这正反映了犯罪概念与犯罪构成之间抽象与具体的关系。其次，二者在划分罪与非罪、罪与罪中所起作用不同：犯罪概念所揭示的犯罪的社会危害性的属性，只是给人们提供了一个区分罪与非罪的总标准，还根本谈不上区分罪与罪之间的界限；而犯罪客体则通过揭示每一类和每一个具体犯罪所侵犯的社会关系，使划分罪与非罪的标准进一步具体化，而且很大程度上把此

---

① 《政法论坛》，1988 年第 3 期，第 13 页。
② 《北京大学学报》，1984 年第 5 期，第 49~50 页。下述各理由均出于同处。

罪与彼罪区别开来。如盗窃罪与破坏通讯设备罪，正因为二者侵犯的具体社会关系不同（一个是公私财物所有权，一个是通讯安全），才使得二者区别开来。再次，犯罪客体研究的某些内容，如犯罪客体的种类、犯罪客体对建立刑法分则体系的意义等等，无法在犯罪概念的内容中阐述清楚，因此，对犯罪概念的研究不能代替对犯罪客体的研究。

（二）持"犯罪对象说"者认为：马克思在《林木盗窃法的辩论》中的那段论述，恰恰揭示了犯罪的实质，而非犯罪客体。为了弄清这个问题，让我们先看看马克思是怎么说的。"犯罪行为的实质（指盗窃林木的行为——引者注）并不在于侵害了作为某种物质关系的林木，而在于侵害了林木的国家神经——所有权本身。"① 诚然，马克思在这段话中没有明确说要区分盗窃林木的犯罪行为所侵犯的对象与客体，而且使用了"实质"一词，但是，这里的"实质"，实际上表明的是犯罪侵害的是什么，这正是犯罪客体所研究的内容；并且明确表明了要把盗窃林木的犯罪行为所侵犯的"作为某种物质的林木"与林木背后的"所有权"区别开来，也就是把犯罪行为所直接侵犯的"物"与"物"所体现的社会关系要严格区别开来，因此，我们完全有理由认为马克思的这段话揭示的犯罪客体是指犯罪所侵犯的社会关系，从而使犯罪客体与犯罪对象区别开来。

（三）持"犯罪对象说"者把犯罪客体与犯罪对象分离开来，结果把犯罪对象看成可有可无的东西，以致忽视了对它的深入研究。另外，也常常区分不清犯罪客体与犯罪对象。我们认为，我国目前对犯罪对象的研究的确很不够，如犯罪对象的内涵是什么，除了人、物外，是否还包括其他因素，以及是否一切犯罪都有犯罪对象等，都需要研究。但是，造成这种局面的原因并不是由于我们把犯罪客体与犯罪对象区分开来的缘故，恰恰相

---

① 《马克思恩格斯全集》第1卷，第168页。

反，把二者区分开来，反而会促进对犯罪对象的研究，因为把二者区别开来，正确指明了二者的关系，从而有利于认识犯罪对象在犯罪中的地位，发挥其在认定犯罪中的作用。而且按"犯罪对象说"的观点，取消犯罪客体，将犯罪对象与犯罪行为、结果等因素，共同作为犯罪客观要件的一个方面，正好忽视了犯罪对象与犯罪所侵犯的社会关系之间的联系，不利于发挥犯罪对象在认定犯罪中的作用。至于目前有些论著中出现的把犯罪客体与犯罪对象混为一谈的现象，这是我们所力求避免的，但如果仅仅因为有些人划不清二者关系就索性不对二者进行区分，那只能更加导致对犯罪对象研究的混乱，不利于科学犯罪论体系的建立。

（四）持"犯罪对象说"者认为，刑法学中把犯罪客体解释为社会关系，，与其他学科关于"客体"的概念相矛盾。果真如此吗？客体，从哲学一般意义上讲，是指与主体相对立的，主体的认识活动和实践活动所指向的事物（不仅是具体的人和物，而且泛指一切事物及其本质），这是各门学科研究客体都应遵循的一般规律。也因为如此，各门具体学科在具体运用这一概念时，其遵循的也只是"认识活动和实践活动的对象"这个一般规律。至于"认识活动和实践活动对象"的内容具体表现为什么，则要根据各门学科的特点、研究的任务来确定。如民法，它主要是调整主体之间的民事权利义务关系，通过确定双方当事人的责任，决定民事主体是否负民事责任，负多大的民事责任，因此，作为民事法律关系中民事权利义务所共同指向的对象，就直接体现为一定物、行为及智力成果等，无需在此基础上上升为某一具体社会关系；而刑法则主要解决定罪判刑问题，它是通过确定行为人的行为类型、社会危害性的大小，决定是否构成犯罪，构成何种犯罪，是否判刑及刑罚的轻重。如果对犯罪客体的研究，仍仅停留在犯罪行为所指向的人或物上，则不能达到其定罪判刑的目的。如同是偷汽车零件，甲是偷仓库里的汽车零件，乙是偷正在使用中的汽车的关键部位的零件，如果我们仅考察零件

108

的多少、形状、价值等，则不足以反映出这两种行为的社会危害性和犯罪性质。这时，我们便有透过其行为所直接影响的人或物，研究隐藏其背后的社会关系的必要，即考察这些零件所各自体现的社会关系。显然，盗窃正在使用中汽车关键部位的零件，不仅侵犯了财产所有权，而且威胁汽车的驾驶安全，构成破坏交通工具罪；盗窃仓库里的汽车零件，则只是侵犯了财物所有权，构成盗窃罪。但如果从民法的角度来看，由于民法主要解决赔偿问题，只要确定汽车零件的多少、价格、价值等因素就够了。而且，将"客体"解释为社会关系，也并非刑法学的"专利"，如研究《治安管理处罚条例》等行政法规时，也将其违法行为所侵犯的客体归结为某种社会关系。综上所述，我们可以得出结论：（1）刑法将犯罪客体解释为社会关系，仍遵循了人们对"客体"的一般认识规律。如上例，无论是财物所有权，还是交通运输安全，仍是与犯罪主体相对立的犯罪行为（人的实践活动）所指向的事物（体现为事物的本质）。因此，与其他学科的"客体"比较，其实质仍是相同的，只是认识和实践活动所指向的对象的"层次"不同，（2）刑法对"客体"研究的层次不同，这是由刑法研究"客体"的特殊性——定罪量刑这一任务所决定的。

三、"通说"面临的挑战

"通说"认为，犯罪客体是指我国刑法所保护的而为犯罪行为所侵害的社会主义社会关系。按照这种解释，犯罪客体，一是必须是我国社会主义社会关系，二是必须是犯罪行为所侵害的社会主义社会关系。应当肯定，这种理解在过去相当长的一段时间内是符合或基本符合我国的实际情况的。但是，近年来，随着改革开放的深入进行，以及我国刑法界对犯罪构成理论的深入研究，这一解释也日益显示出弊端：与我国当前的国情不符合，与犯罪构成理论不协调。现实情况是：

（一）刑法不仅要保护社会主义社会关系，而且也要保护有

109

利于生产力发展的非社会主义社会关系。其理由是：首先，符合我国现行宪法的规定。1988 年 4 月 12 日第七届全国人民代表大会第一次会议通过的《中华人民共和国宪法（修正案）》第 1 条规定："国家允许私营经济在法律规定的范围内存在和发展。私营经济是社会主义公有经济的补充，国家保护私有经济的合法权利和利益，对私营经济实行引导、监督和管理。"我国宪法第 1 条明文规定了私营经济的地位、作用，强调国家要保护私营经济的合法权利和利益，作为社会主义法律体系组成部分之一的刑法，理应根据根本大法的规定，担负起保护私营经济合法权益的重任。其次，符合我国当前社会关系复杂的实际情况。由于我国目前仍处于社会主义发展的初级阶段，生产力水平和生产商品的社会化程度都很低，这就决定了我国当前经济成分、社会关系的多样化。实际上，随着经济体制改革的全面深化，我国所有制的结构已发生了很大变化，已初步形成了以全民所有、劳动群众集体所有经济为主，多种经济成分并存的局面，今后，私营经济和个体经济在整个国民经济中的比重将不断上升。私营企业、个体经济主要是建立在个人占有生产资料和个人劳动或雇佣劳动基础上的一种私有经济，无论从生产资料的占有形式、分配形式看，都不是社会主义生产关系的体现；中外合资企业、合作经营企业，从性质上看都是半社会主义的，因为（在外资或外商属于资本主义的前提下）中外合营就是"社会主义"与"资本主义"合营；外商独资企业则是资本主义性质的企业，因此，从总体上说，"三资"企业的生产关系，基本上也属非社会主义社会关系。但是，在目前情况下，个体经济和私营经济对于促进生产，活跃市场，扩大就业，更好地满足人民多方面的生活需要有积极作用，是与现阶段生产力发展相适应的一种生产关系。"三资"企业一定程度的存在和发展，能够弥补我国建设资金的不足，推动我国的技术改造和技术进步，提高我国经营管理水平，扩大商品出口，增加外汇收入，扩大就业和为我们培养企业管理人才，它们也是我国社会主义经济必要的和有益的补充。对于这些有利于生产力发展的非社会主义社会关系，刑法当然要保护其合法存在和发展，使它们不受犯罪侵害。司法实践中，对那些严重破坏私人经济、个人经济、"三资"企业的行为，也确实是按犯罪来论处的，因此，如果把非社会主义社会关系排除在刑法所保护的范围之外，不利于促进生产力发展，也不符合我国目前的司法实践。

（二）犯罪客体不仅指犯罪"侵害"的社会关系，而且还包括犯罪所直接威胁的社会关系。"侵害"，按照《汉语大词典》的解释，是"侵犯损害"的意思，即指犯罪对一定的社会关系造成了现实的损害①。因此，按照"通说"，刑法所保护的社会关系，只要没有遭到现实损害，即使受到现实、直接的威胁，也不能成为犯罪客体。显然，这不符合我国犯罪的实际情况。根据我国刑法规定，犯罪预备、未遂、危险犯等都是应该受到刑罚处罚的犯罪行为，这些犯罪形态对社会关系的侵犯状态怎么样呢？犯罪的预备行为不过是行为人在着手实行犯罪以前，为犯罪准备工具，创造条件的行为，显然，它不可能对某一具体的社会关系造成现实的损害；在犯罪未遂的场合，行为人虽以着手实行犯罪，但由于意志之外的原因而未得逞，犯罪分子欲侵害的社会关系并未受到现实损失；危险犯是指只要行为对某种社会关系造成了侵害的危险，犯罪即告成立的犯罪，其特点是只要行为对某一社会关系有造成侵害的危险，即使严重结果尚未发生，也构成既遂。因此，如果按"通说"对犯罪客体的表述，犯罪客体只存在于刑法所保护的社会关系业已遭受损害之时，那么，在犯罪预备、犯罪未遂及危险犯的场合，要么这些形态不能按犯罪论处，因为在上述情况下，行为还没有对刑法所保护的社会关系造成现实损害，没有犯罪客体的存在；要么构成犯罪，则又违背了犯罪

---

① 《汉语大词典》，上海辞书出版社，第 1428 页。

构成是行为人负刑事责任唯一基础这样一个基本原理。因此，我们认为，犯罪客体不仅是指"侵害"，而且还包括"威胁"了一定社会关系的场合。所谓"威胁"，是指行为对某一社会关系虽没有造成现实损害，但行为本身包含了造成损害的可能性。如果某种行为不包含着对某一社会关系造成损害的可能性，则仍不成立犯罪客体。如犯意表示，它仅是犯罪思想的单纯流露，无论从客观表现还是从主观意图看，都不能为犯罪实行制造条件，不具有足以使社会关系产生损害的可能性，因此，不存在犯罪客体。有的同志把"威胁"表述为"侵害现实可能性"①，即行为本身存在着使某一社会关系发生损害的根据，行为已经开始侵犯某一社会关系，它本身能够对某一社会关系造成现实损害，如果犯罪行为不中止或中断，而让它无阻碍发展下去，就能对这一社会关系造成损害。显然，只有在犯罪着手以后，行为才有对某一社会关系造成"侵害的现实可能性"，而犯罪预备是犯罪构成之外的行为，只是为犯罪的实行创造条件，不存在对某一社会关系造成"侵害的现实可能性"，因此，把"威胁"理解为"侵害的现实可能性"同样缩小了犯罪客体的范围。

根据以上论述，将犯罪客体表述为"侵害或者威胁"了一定社会关系，不仅为追究预备犯、未遂犯、危险犯等犯罪形态的刑事责任提供了充分的理论根据，而且还可避免有些犯罪虽不完全具备犯罪构成仍可以追究刑事责任这样一个错误的结论，使犯罪构成理论更为严谨和科学。

四、我国刑法中犯罪客体的科学概念

综上所述，关于犯罪客体的概念，无论是传统的"通说"，还是近年来出现的一些新见解，都存在着一定缺陷，我们的观点

---

① 曾宪信等著：《犯罪构成论》，武汉大学出版社，1988年版，第36页。

是：犯罪客体是指我国刑法所保护的，而被犯罪行为所侵害或者威胁的社会关系。

第二节　犯罪客体的种类

刑法理论从不同角度，用不同标准，将犯罪客体划分为不同的层次和种类，这对于进一步揭示犯罪客体的属性，正确认识犯罪客体在我国刑法中的作用，解决刑事立法、司法及刑法研究中出现的一些问题，都具有十分重要的意义。

一、犯罪客体的种类

根据犯罪客体所包含的社会关系的范围不同，犯罪客体可分为一般客体、同类客体和直接客体。

（一）一般客体，是指一切犯罪所共同侵犯的客体，也就是我国刑法所保护的社会关系的整体。我国刑法第 2 条、第 13 条系统地揭示了犯罪一般客体的具体内容，即"危害国家主权、领土完整和安全，危害人民民主专政制度，破坏社会主义建设事业，破坏社会秩序和经济秩序，侵犯国有的财产或者劳动群众集体所有的财产，侵犯公民私人所有的财产，侵犯公民的人身权利、民主权利和其他权利"，可见，刑法所保护的社会关系是多方面的。从刑法分则各个条文的规定中，尤其可以看到，每一具体犯罪都要直接侵犯一个或几个具体的社会关系，如果将各种具体犯罪所侵犯的各个具体社会关系进行归纳，即成为犯罪所侵犯的社会关系的整体，即犯罪一般客体。一般客体所包含的社会关系的范围最大。

犯罪的一般客体，揭示了一切犯罪的共有本质，即一切犯罪都要侵犯刑法所保护的社会关系的整体，对于从本质上认清我国刑法的任务，深刻理解犯罪的概念及其社会政治意义，具有重要作用。同时，犯罪一般客体揭示了犯罪的共性特征，说明了犯罪社会危害性的基本含义，可以使人们在行为的社会危害性总的方向上掌握罪与非罪的界限。

有的同志认为：犯罪一般客体无论从概念还是作用上看，"都和我们所讲的犯罪客体基本上是一致的"，因此，"在同类客体和直接客体之上，没有必要再提一个一般客体的问题"①。这种观点值得商榷。一般客体与犯罪客体的概念固然有相似之处，但二者的作用不尽相同：一般客体是指我国刑法所保护的社会关系的整体，它是从哲学"一般""特殊""个别"的基本范畴出发，将我国犯罪客体（刑法所保护的社会关系）划分为三个层次中的一个组成部分，揭示了刑法所保护的社会关系的最高层次，即社会关系的整体。与同类客体、直接客体相对而言，缺少了一般客体，犯罪客体的层次便残缺不全，不能完整地反映刑法所保护的社会关系。因此，就犯罪客体的层次而言，它是犯罪客体的概念所不能替代的。

（二）同类客体，是指某一类犯罪所共同侵犯的客体，也就是刑法所保护的社会关系的某一部分或某一方面。同类客体的含义，是指将刑法所保护的社会关系分成若干不同的方面或部分，这些方面或部分内的具体社会关系的性质相同或相似。如生命权、健康权、妇女性的不可侵犯权利、人格权、名誉权等，都与人身有直接联系，不可分离，因此，同属于公民的人身权利；它们也相应受到了杀人罪、伤害罪、强奸罪、强迫妇女卖淫罪、侮辱、诽谤罪等一类性质相同或相似的犯罪的共同侵犯，因此，相应地，这些社会关系也通常受到统一的、密切联系在一起并相互补充的刑法规范的保护，刑法将这类犯罪都集中规定在侵犯公民人身权利罪这一章。

犯罪的同类客体，是刑事立法和刑法理论建立科学的刑法分则体系的重要依据。我国刑法分则基本上是根据犯罪的同类客

---

① 《中国人民警官大学学报》，1988 年第 2 期，第 11 页。

体，把犯罪分为十大类，并且按照各类犯罪所侵犯的我国社会关系的性质及程度，依次排列为：危害国家安全罪，同类客体是人民民主专政政权和社会主义制度；危害公共安全罪，同类客体是公共安全；破坏社会主义市场经济秩序罪，同类客体是社会主义市场经济秩序；侵犯公民人身权利、民主权利罪，同类客体是公民的人身权利、民主权利、婚姻家庭关系；侵犯财产罪，同类客体是社会主义公私财产权利；妨害社会管理秩序罪，同类客体是社会管理秩序；危害国防利益罪，同类客体是国防建设秩序；贪污贿赂罪，同类客体是国家工作人员和国家单位职务行为的廉洁性；渎职罪，同类客体是国家机关的正常活动；军人违反职责罪，同类客体是国家军事利益。

运用同类客体的原理，来研究刑法分则体系，必须注意以下问题：

1. 根据同类客体，我国现行刑法分则将犯罪分为十大类，这并不意味着我国犯罪的同类客体只能有十种，犯罪只能分为十类。立法者照顾到各种犯罪的多寡对犯罪进行的分类，随着形势发展变化，立法的不断完善，犯罪的种类也可增多或者减少。

2. 犯罪同类客体的内容并不是一成不变的，随着形势发展变化，立法者可以将某一类犯罪的内容扩大或缩小，相应地，刑法所保护的社会关系的内容也会发生变化。

3. 随着形势发展变化，某一类犯罪所侵犯的社会关系的社会危害性的大小也会发生变化，因此，根据其社会危害性性质所决定的某一类犯罪在刑法分则体系中的排列次序也会相应地改变。

（三）直接客体。我国刑法所保护的社会关系，是由单个具体的社会关系所组成的。与此相适应，我国刑法中的犯罪也是由每个具体的犯罪所构成的，因此，所谓直接客体，就是指某一犯罪行为所直接侵害或威胁的具体社会关系。例如，杀人罪直接侵犯的是他人生命权利，伤害罪直接侵犯的是他人的健康权利，这里，"生命权利"、"健康权利"，便是犯罪直接客体。

犯罪直接客体，揭示了具体犯罪所侵犯的社会关系的性质以及对社会危害程度的轻重，对于区分各种具体犯罪的界限，决定量刑轻重都有至关重要的作用。

研究直接客体，要弄清犯罪直接客体与同类客体的关系。二者之间联系大致有三种类型：一是犯罪直接客体与同类客体完全一致，例如侵犯财产罪中，除了抢劫等少数犯罪外，其他犯罪的直接客体与同类客体都是社会主义公私财产的所有关系；二是犯罪直接客体是同类客体的表现形式之一，即每一具体犯罪所侵犯的社会关系是同类客体的组成部分之一，如在侵犯公民人身权利、民主权利罪中，杀人罪侵犯的只是人的生命权利，伤害罪侵犯的是健康权，强奸罪侵犯的是妇女性的不可侵犯权……这些都是公民人身权的表现形式之一；三是犯罪直接客体与犯罪同类客体有一致，也有不同之处，如侵犯财产罪中的抢劫罪，既侵犯公民财产权利，又侵犯公民人身权利，前者与同类客体一致，后者则不属于财产权，之所以将其归入财产罪，是因其侵犯的主要客体是财产权。研究直接客体与同类客体的关系，对于正确确立刑法新增罪名的归类有重要指导意义。

二、犯罪直接客体的种类

（一）根据直接客体在犯罪中的地位作用，分为主要客体、次要客体、随意客体

1. 主要客体，指某一犯罪行为所侵犯的，刑法重点予以保护的社会关系。主要客体始终是同类客体范围内的具体社会关系。例如抢劫罪，既侵犯公民的财产权利，又侵犯公民的人身权利，但刑法保护的重点是公民的财产权利，故属于侵犯财产罪。

犯罪主要客体决定某一犯罪行为的社会危害性性质，从而也决定该种犯罪在刑法分则中的归属。

2. 次要客体，指某一犯罪行为所侵犯的，刑法附带保护的

社会关系。如抢劫罪在侵犯公民的财产权利的同时，又侵犯了公民的人身权利，因此，刑法在重点保护公民的财产权利的同时，也附带保护公民的人身权，后者便是次要客体。

犯罪的次要客体是实施某一类具体犯罪时不可避免遭受犯罪侵犯的犯罪客体，因此，对其行为的定罪量刑都发生影响。首先，次要客体影响犯罪的社会危害性的性质，从而也影响犯罪的性质。如我国刑法第263条所规定的抢劫罪，其犯罪的确立是以该行为同时侵犯了两种社会关系为根据，如果抢劫行为只侵犯财产关系而未侵犯他人的人身权利，则就不成其抢劫了。其次，次要客体的存在，使该种犯罪的社会危害性相应增大，立法者往往规定这种犯罪较其他类似的犯罪较高的法定刑。比较我国刑法中的抢劫罪与抢夺罪的犯罪构成与法定刑，便不难得出这样的结论。再次，根据犯罪对次要客体的侵害程度以及次要客体的重要性，刑法对它规定加重法定刑。如刑法第263条前半部分规定，抢劫罪处3年以上10年以下有期徒刑，后半部分规定，致人重伤、死亡的……处10年以上有期徒刑，无期徒刑或者死刑，并处没收财产。因此，次要客体是直接影响定罪量刑的基本因素之一，是该类犯罪构成的一个必要要件。

3. 随意客体，是指应当受到刑法保护的，而在实施某种犯罪时不一定受到侵犯的社会关系。随意客体有两种表现形式：一种是刑法在其他条款中单独加以保护的，而在实施本条或本条第1款所规定的犯罪时不一定受到侵犯的社会关系。例如刑法第238条之非法拘禁罪。非法拘禁是指行为人用强制方法非法剥夺他人人身自由。因此，造成被害人重伤、死亡并不是非法拘禁罪之必然结果，没有致人重伤、死亡，非法拘禁仍不失为一种犯罪。但是，如果造成重伤、死亡，刑法对他人的生命、健康权给予了单独保护。因此，刑法第238条第2款对犯非法拘禁罪致人重伤、死亡的，分别作了明确规定。第二种是刑法应当保护的，而在该条文中无明确规定的，遭受犯罪侵犯的某种社会关系。如寻衅滋事罪，对他人的健康或财产造成了损害，虽然刑法关于寻衅滋事罪的条文中未单独规定，但刑法仍要保护，则他人的健康权或财产权仍不失为随意客体。

随意客体与主要客体、次要客体有根本区别：第一，主要客体、次要客体是构成该类犯罪的必要条件之一，而随意客体则是某种犯罪可能侵犯，也可能不侵犯的社会关系，不是犯罪构成的必要要件；第二，主要客体、次要客体对定罪量刑都有直接影响，而随意客体的存在与否，对定罪没有影响，它主要是对量刑产生作用：一是立法者考虑到某一犯罪行为可能出现的某种随意客体，加重法定刑，如上述非法拘禁罪。刑法第238条第1款规定，犯非法拘禁罪，处3年以下有期徒刑，拘役或者剥夺政治权利，第2款规定，致人重伤的，处3年以上10年以下有期徒刑；致人死亡的，处7年以上有期徒刑。二是法律虽未明确规定随意客体遭受侵害的该犯罪的单独法定刑，但考虑到犯罪行为对随意客体的侵犯以及侵害程度，司法机关对该罪犯判处较重的刑罚。如寻衅滋事罪造成他人健康或财产损害时，人民法院对犯罪分子量刑时必须考虑其对随意客体造成损害的情况。

研究主要客体、次要客体及随意客体，要注意以下两个问题：第一，关于主要客体与次要客体的划分标准问题。按照一般观点，按犯罪行为侵犯的具体社会关系的主次划分主要客体和次要客体，某一犯罪行为所主要侵犯的具体社会关系是主要客体，反之，是次要客体①。我们认为，这种划分标准是不准确的。以抢劫罪为例，持上述观点的同志认为："抢劫罪虽然使用暴力、威胁或其他手段，侵犯了公民人身权利，但它的根本目的，则是为了抢劫公私财物，其所侵犯的客体的主要方面是公私财物所有权。"② 但是，人们不难假设，如果犯罪分子为了抢10元钱，致

① 《中国人民警官大学学报》，1988年第2期，第12页。
② 高铭暄主编：《刑法学》，法律出版社，1983年版，第113页。

使被害人重伤或死亡，此时犯罪行为侵犯的主要客体到底是什么？此其一。其二，抢劫罪在我国刑法中，其主要客体是财物所有权关系，人身权利为次要客体，而在有的国家，抢劫罪的主要客体却规定为人身权利。同是抢劫行为，主要客体和次要客体完全不同，这到底是犯罪行为本身造成的，还是由于立法者所保护的社会关系的出发点不同呢？显然只能从后者中寻找答案。因此，单纯用犯罪行为所侵犯的社会关系主次来说明主要客体、次要客体不准确，应该根据立法者所保护的社会关系侧重点，即刑法的规定为依据。在我国，立法者正因为考虑到抢劫罪的最终目的是劫取公私财物，暴力等只是手段，故将主要客体规定为财产所有权，对此予以重点保护。第二，同一社会关系，根据刑法规定，在某些情况下可能是主要客体，而在另外一些情况下，则可能变成次要客体，甚至选择客体。例如，人的生命、健康权利，在杀人罪、伤害罪中，其是主要客体；在抢劫罪中，这些社会关系又"屈尊"为次要客体；而在寻衅滋事犯罪中，人的健康权只能成为随意客体。

（二）根据犯罪行为直接侵犯的具体社会关系的多寡，分为简单客体、双重客体与多重客体

1. 简单客体，是指一种犯罪行为只直接侵犯某一种具体的社会关系。例如，杀人罪只侵犯公民的生命权利，盗窃罪只侵犯公私财产的所有权……等。我国刑法所规定的多数犯罪，其直接客体都是单一的。

2. 复杂客体，是指一种犯罪行为同时侵犯了两种或两种以上的具体社会关系。例如，抢劫罪，既侵犯了公私财产所有权，同时又侵犯了公民人身权利。

将犯罪直接客体划分为简单客体、复杂客体，有利于进一步认清犯罪客体的表现形式，理解犯罪的属性，正确定罪与量刑。

（三）根据犯罪行为侵犯的具体社会关系的形式不同，可分为物质性犯罪客体与非物质性犯罪客体

列宁指出:"社会关系分为物质关系和思想关系。思想关系只是不以人们意志和意识为转移而形成的物质关系的上层建筑,而物质关系是人们维持生存的活动的形式(结果)。"① 由此可见,社会关系的表现形式可分为物质关系和非物质关系。物质关系通常通过一定的具体的物质形式表现出来,如经济关系、财产所有权关系以及人的生命、健康权等;非物质关系又称精神关系,是以抽象的、观念的形式表现出来的,如政治、政权、制度、文化、观念、社会风尚、人的尊严、名誉、人格、自由等关系。各种犯罪不同,侵犯的社会关系的表现形式不同,便形成了不同性质的犯罪客体,凡侵犯的社会关系是物质关系者,形成物质性犯罪客体,凡侵犯精神关系的,便形成非物质性犯罪客体。

划分物质性犯罪客体与非物质性犯罪客体具有十分重要的意义。第一,犯罪客体的性质决定犯罪结果的性质、特点,根据犯罪客体的两种不同形式,犯罪结果也相应地划分为物质性犯罪结果与非物质性犯罪结果两种。物质性犯罪结果的特点是具体的、有形的,人们可以看到,可以测量,如财产上的损失,生命、健康权的损害等;非物质性危害结果的特点是无形的,难以具体考察和具体测量,如对党和政府威信的损害,公民个人名誉、人格的损害等,一般都难以确定。第二,不同客体的表现形式,决定构成犯罪既遂的不同标准。物质性的犯罪客体,具体体现为物质性的犯罪结果,刑法对此一般都做了明确规定,因此,构成犯罪既遂,多数要求造成实际损害结果;非物质性犯罪客体,犯罪对其造成的损害往往难以测定,因此,刑法一般未具体明确规定非物质性危害结果。在实践中,也不对危害结果进行特别考察,只要实施了危害行为,犯罪就成立既遂。如诽谤罪、侮辱罪等。

(四)根据犯罪行为对刑法所保护的社会关系的作用状况,分为现实客体、可能客体

---

① 《列宁选集》第1卷,第18页。

1. 现实客体，是指犯罪行为对刑法所保护的社会关系造成了实际损害，如杀人罪把人杀死了，则此人的生命权利便成为现实客体。

2. 可能客体，是指犯罪行为对刑法所保护的社会关系未造成实际损害，只是使其受到威胁而已。如上例，若未把人杀死，则此人的生命权利便是可能客体。

有的同志认为：现实客体只能是被犯罪"实际影响，达到法律规定的既遂标准"的客体，反之，如果客体"未被实际影响，或者虽已影响但尚未达到既遂标准"，则是可能客体①。这种划分标准显然不够准确。在危险犯、阴谋犯等犯罪形态中，犯罪行为对客体的侵犯虽然未达到"实际损害"的程度，仍构成犯罪既遂，这时的客体怎能称之为现实客体？显然不能。

划分现实客体与可能客体，一是解决了犯罪预备、中止、未遂等特殊犯罪形态的犯罪客体问题，为使其负担刑事责任提供了理论依据。二是有利于正确理解犯罪既遂的标准。在结果犯中，固然"现实客体"是犯罪构成既遂的必备条件，但在危险犯、行为犯、阴谋犯等犯罪形态中，即使是"可能客体"，犯罪仍有可能构成既遂。三是过失犯罪不存在犯罪可能客体。

第三节 犯 罪 对 象

一、犯罪对象的概念与特征

从语意上看，客体与对象是相同的，二者都是指与主体对立的，即主体的实践活动和认识活动所指向的事物，因此，在哲学上和日常生活中往往不加区分。但在刑法理论上，客体和对象都有特定含义，因而要加以区分。但是，究竟什么是犯罪对象，在

---

① 《法学与实践》，1988 年第 2 期，第 22~23 页。

理论上有着不同认识。犯罪对象是指犯罪行为直接施加影响的具体人或物，这是刑法学界传统的、公认的观点。对此，也有人提出异议，认为犯罪对象是指犯罪行为所影响的，而为刑法所保护的社会关系的构成要素。根据这种观点得出如下结论：一是犯罪对象不仅包括具体的人或物，还包括社会关系的其他构成要素，如国家、国家机关、企业、团体、行为等。二是任何犯罪都有犯罪对象。其理由是：（1）社会关系的构成要素是一定社会关系赖以产生和存在的前提，犯罪要侵犯某种社会关系，必须通过社会关系的构成要素作为桥梁和媒介，否则，不可能侵犯任何客体；（2）社会关系的构成要素不仅包括社会关系的主体或参加者，主体的相互关系，还包括社会关系的物质表现以及刑法所保护的社会关系主体的利益，这些都可能成为犯罪对象；（3）从犯罪对象与罪过形式看，过失犯罪、间接故意犯罪，其犯罪总是表现为犯罪行为直接作用于具体人或物，而直接故意犯罪的目的性决定了其犯罪必须指向一定对象，有些是具体人或物，有些则是没有物理、生理属性但却客观存在的某种实体，如国家、社会、社会组织等①。

对上述观点，我们不敢苟同：

第一，国家、国家机关、企业、组织都是一种虚拟的"人"，其作为社会关系的主体存在和活动，都体现为一定具体的人或者具体的物，离开了具体的人或物，其存在实际上"虚无缥缈"，因此，犯罪侵犯上述主体参加的社会关系，只有通过对代表其存在和活动的具体的人或物直接施加影响才能达到犯罪目的，否则，其侵犯只能是空洞的，毫无针对性。因此，归根到底，犯罪只有直接影响具体的人或物，才能侵犯上述主体参加的社会关系，而且研究犯罪对象的目的在于通过分析犯罪直接施加

---

① 《法学研究》，1988 年第 4 期，第 24~25 页。《法学与实践》，1987 年第 3 期，第 10~13 页。《中南政法学院学报》，1988 年第 2 期，第 36 页。

影响的对象，找出隐藏在其背后的社会关系，如果将上述没有物理属性、生理属性，不能具体衡量和测定其影响或损害程度的社会实体作为犯罪对象，对犯罪客体的研究，就无任何实际意义，这些犯罪对象自身都无法具体确定，又如何分析隐藏在其背后的犯罪客体呢？

第二，行为不能成为犯罪对象，而应是犯罪客体。

首先，犯罪对他人行为的影响不是直接的，而是间接的，是通过对主体的侵害来实现的。所谓行为，是指由一定主体所实施的某种身体动静，如果离开了主体，行为便无从产生。所以，犯罪人的犯罪行为直接侵害的只能是作为某种社会关系主体的自然人或代表国家、国家机关、法人行使职权的代理人或代表人，而不可能是侵害"行为"。

其次，从行为的内容看，行为是主体行使的权利或履行的义务。根据主体不同，权利可分为公民个人的权利和国家工作人员代表国家机关执行公务的"职权"。犯罪行为对主体权利的侵害，总是通过对主体的侵害来实现的。而将行为作为犯罪对象，则混淆了犯罪对象与犯罪客体的界限。例如，主张行为是犯罪对象者举例说："遗弃罪的犯罪对象是扶养义务行为，而犯罪客体则是这种行为的必要性——行为义务"①，这二者之间究竟有什么本质区别，很令人费解。实际上，遗弃罪只有直接通过对"年老、年幼、患病或者其他没有独立生活能力的人"实施侵害——拒绝抚养，从而侵犯我国刑法所保护的社会关系——负有抚养的义务，而抚养义务的行为，正是抚养义务主体履行这种义务。义务是行为的内容，行为是义务的实现，这二者之间没有什么本质区别。可见，行为不能成为犯罪对象，只能是犯罪客体。

第三，将犯罪对象归结为犯罪行为所影响的"社会关系的构成要素"，不利于对犯罪对象的认定。

---

① 《法学与实践》，1987 年第 3 期，第 12 页。

首先，任何一种社会关系都要体现为若干构成要素，如主体、客体等，那么，按照这种观点，犯罪侵犯一定社会关系，也必然侵犯其构成要素，那么，是否这些构成要素都是犯罪对象呢？如抢夺罪，从财物持有者手里公然抢走财物，其财产关系的构成要素至少有二：一是财物持有者，二是财物，但是，二者是否都是犯罪对象呢？

其次，在侵犯政治关系、经济管理关系、社会管理秩序的犯罪中，其社会关系的构成要素之一——主体往往是国家、国家机关、企业、团体等，但犯罪直接施加影响的往往却是代表上述主体行使职权的国家工作人员，其犯罪对象又如何确定呢？如妨碍执行公务罪，其客体是国家机关的正常活动，其客体的构成要素——主体是国家机关，而犯罪分子则是对正在执行公务的国家工作人员直接实施侵害来进行犯罪的。若按上述观点，撇开了犯罪分子直接侵害的国家工作人员而研究国家机关，究竟有多大实际意义？如果将这二者都作为犯罪对象，则国家工作人员又非这种社会关系的构成要素，势必导致认定犯罪对象的混乱。

第四，任何社会关系总要依赖其构成要素的存在和表现，但并非都能将这些构成要素纳入犯罪对象的范畴。如前所述，有些社会关系的主体，如国家、国家机关、团体、企业等本身都是一些没有生理属性，无法测定其影响、损害的社会实体，其作为犯罪对象无任何意义，如危害国家安全罪，按照上述说法，其犯罪对象是国家，但是，将国家作为犯罪对象，有什么实践意义和理论意义呢？有些社会关系的构成要素，如偷越国境罪，其对国境管理的破坏，当然与国境线有关，但犯罪行为对之如何直接施加影响或损害呢？国境线的性质也决定了其不能作为犯罪对象，因此，犯罪对象与犯罪客体并不是绝对对应、同时并存的。

那么，在无犯罪对象的犯罪中，犯罪行为又如何侵犯犯罪客体呢？由于社会关系具有相对独立性，有些犯罪虽对其构成要素未施加直接影响，但其行为本身具有极大的社会危害性，对某种社会关系构成强大威胁，刑法将其规定为犯罪；有些犯罪，行为虽然与构成该犯罪客体的某种社会关系的构成要素有某种联系，如脱逃罪中的脱逃行为与监狱，偷越国境罪中偷越国境的行为与国境线等，但其对社会关系的侵犯并不是通过直接损害上述构成要素而进行的，主要是行为人实施了仅仅是偷越上述标志的脱逃行为所造成的，行为对客体的侵犯并未通过某种"中介"进行，而是直接与社会关系发生作用。

第五，直接故意、间接故意、过失犯罪，其本质的区别在于犯罪分子对危害结果发生所抱主观心理不同以及其犯罪成立是否以危害结果发生为条件。过失犯罪与间接故意造成的危害结果既可能是有形的，也可能是无形的，因此，其犯罪并不总是表现为直接作用于具体的人或物。直接故意犯罪虽然都有犯罪目的，都有所指向，但并不都能直接作用于其指向的事物，因此，借罪过形式的区别来论证所有犯罪都有犯罪对象是站不住脚的。

当然，通说关于犯罪对象的概念也有一定缺陷，即只是强调了犯罪对象是"犯罪分子对之施加影响的具体的人或物"，而忽视了犯罪对象与犯罪客体之间的联系和区别，如抢夺罪中，犯罪分子从财物持有人手中抢走财物，其施加影响的既包括财物，还包括财物持有人，但二者是否都是犯罪对象呢？回答显然是否定的。因此，确切地说，犯罪对象，是指犯罪分子在犯罪过程中对之直接施加影响的，并通过这种影响使某种客体遭受侵犯的具体的人或物。它具有如下特点：

1. 犯罪对象只能是一定的具体的人或物。

2. 具体的人或物必须能够反映某种客体遭受损害的情况，与刑法所保护的某种社会关系有密切联系。一般说来，作为犯罪对象的具体的人或物，是作为犯罪客体——某种社会关系的主体或物质表现形式而出现的，如侵犯人身权利，必然对人身权利的主体——具体的人施加影响；侵犯财产权利，又不能不对作用于该财产权利的物质表现——某种具体的物施加影响。但是，在侵犯政治关系、经济管理关系、社会管理秩序等社会关系的犯罪中，其社会关系的主体是国家、国家机关、企业、团体，而其犯罪对象往往是代表上述机关行使职权的具体人，而非社会关系的主体，因此，不能一概称作为犯罪对象的具体的人或物都是社会关系的主体或者物质表现。

具体的人或物必须能够反映某种客体遭受侵犯的情况，因此，不能将其范围无限扩大。具体的人或物，虽与某种社会关系有密切联系，而且犯罪分子对之也施加了影响，但不一定都能成为犯罪对象，如犯罪所用之物——犯罪工具，杀人用的刀、枪，伪造货币用的机器等，犯罪分子对之虽施加了一定影响，但对其侵害程度不能直接反映某种社会关系遭受侵犯的状况，因此，不是犯罪对象。

3. 具体的人或物必须是合法的。具体的人或物作为刑法所保护的某种社会关系的主体或物质表现，或者反映客体受到侵犯的某种社会关系有密切联系的人，必须具有合法性，才能成为犯罪对象。那些为我国社会和法律严禁的物品，不受法律保护的某些人身权利的主体，都不能成为我国刑法中的犯罪对象，如窝藏包庇罪、私放罪犯罪中的"犯罪分子"，其作为接受国家刑事追诉的主体，而逃避制裁，因此，不是刑法所保护的社会关系的主体，不是上述犯罪的犯罪对象；窝赃、销赃之赃款赃物，贩卖淫书淫画罪，贩卖假药罪，贩卖、运输毒品罪中之淫书淫画、假药、毒品都是非法物品，犯罪分子虽然对之施加了直接影响，但它们不是刑法直接保护的社会关系的主体的物质表现，不存在对之犯罪的问题。事实上，犯罪分子并不是对上述人或物质实施侵害，而恰恰是保护或放纵利用了这些人或物品，因此，不能成为犯罪对象。

4. 具体的人或物只有受到犯罪行为直接影响时才能成为犯罪对象。这里包括两层含义，一是与社会关系有密切联系的人或物均可成为犯罪对象，但是，它们在受到犯罪行为直接影响以前，还仅仅只是具有成为犯罪对象的可能性，尚不是犯罪对象。二是只有被犯罪行为直接影响的人或物才能成为犯罪对象。所谓直接影响，是指犯罪分子在犯罪过程中，对某种具体的人或物直接作用。根据这一特征，应将犯罪对象与下列情况区别开来：

（1）犯罪所生之物，是指由于犯罪行为的实施而产生的特定物，如我国刑法第170条伪造货币罪所产生之伪币；第178条伪造有价证券罪所产生之伪有价证券，第280条伪造公文、证件、印章罪所产生之伪公文、证件、印章等。这些物品都非犯罪过程中犯罪行为直接侵犯之物，而是由于犯罪行为产生之结果，故非犯罪对象。

（2）犯罪所得之物，即犯罪所直接取得之物或酬金，包括一定物品与货币，如赌博赢得的货币，贿赂罪所得之贿赂，贩卖假药所获得的赃款……等。这些所得之物，也非犯罪过程中犯罪行为直接侵犯之物，而是由于犯罪产生之结果，非犯罪对象。

因此，作为犯罪对象之人或物，主要包括两种类型，一是作为犯罪构成要件之人或物，前者如妨碍执行公务罪中之国家工作人员，后者如盗窃枪支弹药罪之枪支弹药等；二是犯罪其他侵犯之人、物，如盗窃罪中之被盗财物，走私罪中之走私货物，杀人罪中之被害人等。

二、犯罪对象的分类

为了更好地认识犯罪对象的具体表现形式及其在犯罪中的地位、作用，按不同标准，对犯罪对象进行分类研究是十分必要的。

（一）按犯罪对象的外在表现形式，分为人、物

1. 人。作为犯罪对象的人，只能是自然人。在犯罪中，人作为犯罪对象，主要以犯罪所侵犯的社会关系的主体或与其有密切联系的主体的身份存在。因此，犯罪性质不同，作为犯罪对象的人及其意义、特征均有区别。在我国刑法中，作为犯罪对象的

人主要有以下几类：（1）作为我国人民民主专政政权和社会主义制度化身的具体人。危害国家安全罪以人作为侵犯对象时就是这种情况。犯罪分子不是出于个人恩怨，而是将某人看作为党和国家的化身，进行伤害或恶毒攻击等，妄图借此推翻党的领导和社会主义制度。认定这类犯罪对象，应结合犯罪人的主观心理态度及被侵害对象的身份等情况综合分析，将此类犯罪对象与其他犯罪对象区别开来。如出于对中央个别领导人的个人恩怨而恶毒攻击，不是将其作为党和政府的化身，只能构成其他侵犯公民人身权利罪的侵害对象。（2）体现公共安全的不特定人，其犯罪对象以不特定、多而广为其特征。（3）作为公民人身权利、民主权利这一关系主体的人，其范围十分广泛。人一经出生，直至死亡均能成为该类犯罪的犯罪对象，而且不仅包括中国人，还包括外国人；不仅包括遵纪守法的公民，即便是违法的犯罪分子，当他作为刑法所保护的某一社会关系的主体时，也可成为特定犯罪的犯罪对象（如刑讯逼供罪的犯罪对象就是人犯）。（4）体现国家、国家机关作用的具体的人，其犯罪侵犯的社会关系包括国家机关的正常活动，国家对社会秩序的管理等。其犯罪对象不是该类社会关系的主体，而是代表国家、国家机关、企事业单位行使职权的国家工作人员，而且必须是正在执行公务的人员，因此，分析该类犯罪对象，必须认真查明被侵犯对象的身份，以防定性错误。例如，司法人员外出有时是执行公务，有时是办私事，假如对其施以暴力或胁迫，前者可能构成妨害执行公务罪，后者则可能构成其他犯罪。

2. 物。作为犯罪对象的物，比民法上作为民事法律关系客体的物的范围更加广泛，它不仅是指那种能够被人们实际支配和利用的具有一定经济价值的物质资料，而且由于刑法研究作为犯罪对象的物，并不着重物体所具有的经济价值（当然在财产关系受到侵犯时，其经济价值仍具有十分重要的意义），而是注重于研究物所体现的社会关系，因此，一些不具有经济价值的物

128

体，往往也具有犯罪对象的意义。例如，我国刑法第 323 条规定"故意破坏界碑、界桩罪"和"破坏永久性测量标志罪"所指向的对象——石碑、木桩、钢标、石标以及其他标志，其本身的经济价值并不具有重要意义，有的甚至不具有经济价值，但它对于国防安全和国家建设来说，有十分重要的作用，所以，我国刑法把它规定到分则条文中去，加以特殊保护，目的在于保护它所体现的社会关系。

我国刑法中所规定的作为犯罪对象的物，主要有以下几类：（1）体现国家管理权力的物，如界碑、界桩、永久性标志、货币、金银、外汇、车票、船票、珍贵文物、名胜古迹、枪支弹药、药物等，这些物品因对国计民生具有十分重要的政治、经济意义，所以都由国家通过专门法规，对其使用和管理作出明文规定，对于这些物品的非法侵害，必然会侵犯国家对这些物品的管理权力，因而构成犯罪；（2）体现国家和公共安全方面的物，如国家档案、国家重要机密、军事物资、厂矿、油田、港口、河流、水源、仓库、森林、农牧场、重要管道、公共建筑物，车船、飞机等交通工具，轨道、桥梁、隧道、机场等通讯设备，枪支弹药以及易燃易爆、放射、毒害性、腐蚀性物品等危险品，均属于体现国家安全和公共安全方面的物；（3）体现国家、集体和公民财产权利的物，包括货币、有价证券、金融票证及其他各种物品；（4）体现工农业生产正常活动的物，如工业机械设备、农业生产工具、耕畜等生产资料；（5）智力成果，如专利、商标等，它们既是精神财富，同时又是一种无形财产，犯罪分子虽然不能像对有形财产那样对其进行毁损或强占，但可以剽窃或者假冒，因此，也是犯罪对象的一种。

（二）按犯罪对象是否特定，分为特定犯罪对象与非特定犯罪对象

1. 特定犯罪对象，是指犯罪行为直接施加影响的具体的人或物是确定的，如王某与李某有仇，一天趁李某不注意，用石头

129

将其砸死。在此案中，王某的侵犯对象是确定的，即李某，而非其他人。

2. 非特定犯罪对象，是指犯罪行为直接施加影响的具体的人或物是不确定的或带有很大随意性。在我国刑法中，不特定犯罪对象主要表现在以下两类犯罪中：一是危害公共安全罪，其侵犯的客体是不特定多数人的生命健康和重大公私财产安全，因而决定了其侵犯的对象往往无法确定；二是寻衅滋事罪，其犯罪客体是社会秩序，而不是特定人的人身权利和财产权利，从而也决定了其犯罪对象一般也不是特定人的人身或特定财产，带有很大随意性。如有的犯罪分子在街上横行霸道，寻衅滋事，见人就打，其侵害对象并不是针对特定的人。

分析犯罪对象是否特定，必须将犯罪分子的主观心理状态与犯罪行为的属性二者有机地结合起来。犯罪对象不特定，不能笼统地理解为犯罪分子主观上没有特定的侵害目标，例如，用爆炸方法破坏公共汽车，他明知车上有人，希望把车上的人炸死，但从行为后果看，对于炸死多少人，犯罪分子没法确定，因此，就行为具体能直接侵犯的对象——具体人而言，仍是不确定的。另一方面，又不能完全撇开犯罪分子主观心理状态。如寻衅滋事犯罪，其行为直接影响的人，就犯罪当时来看，可以说是确定的，但从犯罪分子主观心理来分析，他并不是蓄意要侵害谁，而是见到谁就侵犯谁。因此，犯罪对象的不特定性是指犯罪行为究竟侵犯谁，损害的范围究竟多大、多广，往往事先难以确定，甚至犯罪分子本人也难以预料和控制，只有从犯罪分子主观上对侵害对象的随意性和客观上侵害对象难以确定性两个方面来分析，才能得出正确结论。

（三）按犯罪对象是否构成犯罪的必要条件，分为法定的犯罪对象与非法定的犯罪对象

1. 法定犯罪对象，是指刑法明文规定是犯罪构成必要条件的犯罪对象，如果不具备该犯罪对象，则此行为便不构成犯罪或

130

不构成该种犯罪。如刑法第116条规定的破坏交通工具罪，其犯罪对象只能是火车、汽车、电车、飞机、船只等重大交通工具，如果破坏的不是上述对象，而是自行车等，只能构成其他犯罪，甚至不构成犯罪。又如，刑法第261条遗弃罪的犯罪对象，只能是"年老、年幼、患病或者其他没有独立生活能力的人"等。在法律限定犯罪对象的情况下，是否具备法定的犯罪对象，就关系到对这些罪的认定。

2. 非法定犯罪对象，指不是犯罪构成必要条件的犯罪对象。大多数犯罪对象，法律都未做限制性规定，不是该种行为成立犯罪所必需的。但在上述情况下，认真分析其犯罪对象，对于认定隐藏在犯罪对象之后的犯罪客体仍有积极作用。

（四）按每一种犯罪的犯罪对象的多少，分为单一犯罪对象与复杂犯罪对象

1. 单一犯罪对象，即一种具体犯罪只侵犯一种性质相同的犯罪对象，如只侵害人，或者只侵害一定物。如盗窃罪中之财产，杀人罪中之被害人，都是单一犯罪对象。

2. 复杂犯罪对象，指一种具体犯罪中存在着两个性质不相同的犯罪对象，既侵犯某一具体的人，又侵犯某一具体的物。如抢劫罪，既侵犯财产，又侵犯财物的持有者。在分析复杂对象时，要注意只有反映客体遭受侵犯状况的那些具体人或具体物才能成为犯罪对象，如果与犯罪所侵犯的某种社会关系没有紧密联系，则不是犯罪对象，如抢夺罪中财物持有人。

三、犯罪对象与犯罪客体的区别

盗窃林木这一"犯罪行为的实质并不在于侵害了作为某种物质关系的林木，而在于侵害了林木的国家神经——所有权本身。"马克思在《关于林木盗窃法的辩论》中这一精辟的论述，深刻阐明了犯罪对象与犯罪客体的联系与区别。在我国刑法中，犯罪对象和犯罪客体，无论就其表现形式、实质，还是就其法律意

义、地位来说，都是有区别的。它们的区别是：

（一）两者的表现形式不同。犯罪对象是能够控制、感知的有形财产、无形物以及自然人；而客体则是观念、无形的社会关系（如生命权、健康权、社会管理秩序等），前者是具体的、物质性的东西，后者是抽象的、精神性的东西。

（二）犯罪客体决定犯罪的性质，而犯罪对象则不决定犯罪的性质。具体的人或物因其位置及其所体现的社会意义、法律意义，在犯罪对象与犯罪客体之间，可以表现出下列复杂关系：

1. 同一对象，可以表现为不同的社会关系：（1）同一对象所处的位置、状态不同，因而社会关系不同。例如，电话线作为通讯设备，其体现的社会关系是通讯安全；作为商品，其体现的社会关系是财物所有权关系。犯罪行为对这两种不同位置、状态的电话线实施侵犯，就分别构成破坏通讯设备罪和侵犯财产罪。（2）同一对象，因为行为方式不同，体现不同的社会关系。例如，同是枪支弹药，非法买卖、运输枪支弹药与私藏枪支弹药，二者的社会关系不同，前者体现了公共安全，后者体现了社会管理秩序，因此，犯罪性质不同。（3）同一犯罪对象，因犯罪分子实施侵害的主观心理不同，体现不同的社会关系。如1979年刑法规定的反革命杀人罪与普通故意杀人罪，其杀害的对象都是自然人，且行为方式相同，前者以反革命为目的，侵犯的是人民民主专政政权和社会主义制度，后者仅以剥夺他人生命为目的，只是侵犯他人生命权利。（4）同一犯罪对象，因犯罪主体不同，体现不同的社会关系。如同是武器弹药，普通公民盗窃，侵犯公共安全，而现役军人盗窃，则侵犯国家军事利益，因此，前者构成盗窃枪支弹药罪，后者则构成盗窃武器装备罪。

2. 不同的对象，可以表现相同的社会关系。例如盗窃、抢夺、诈骗等侵犯财产的犯罪都有犯罪对象，但其侵犯的财物不论位置、状态、种类如何，它所体现的社会关系都是财物所有权关系。

因此，研究犯罪，必须透过犯罪对象，分析隐藏在其背后的社会关系，只有这样，才能准确地认定犯罪性质。

（三）犯罪客体是犯罪构成的必要条件，犯罪对象则不是每个犯罪成立的必备条件。如前所述，有些犯罪有犯罪对象，但法律未作限制规定，也不是犯罪构成必备条件，如盗窃、抢夺、诈骗罪的犯罪对象。只有法律特别规定了的犯罪对象才是犯罪成立的必备条件。

（四）任何犯罪都必然要侵犯（损害或损害的可能）一定的社会关系，也就是说使客体受到一定的危害，而犯罪对象则不一定受到损害或损害的威胁。例如，盗窃罪，犯罪分子不但没有给对象（被盗财物）造成损害，相反，为了使其所盗财产具有物质价值，犯罪人还采取一定保护措施，因此，也无损害的威胁。有一种观点认为：犯罪行为对犯罪对象的损害包括使犯罪对象的形状或者使其所处位置、状态和过程的改变，因此，只要犯罪客体受到损害，则作为客体的物质表现的犯罪对象也必然受到损害①。我们认为，将犯罪行为对犯罪对象的损害扩大到使犯罪对象所处的位置、状态或过程的改变，一是与损害本身的含义不相符合，损害不同于影响，它是指造成某种损失，但仅所处位置、状态、过程的改变，并不能导致犯罪对象本身价值的减损，如盗窃一台彩电，如果电视机本身的形状及机能未受损害，仅仅因为电视机位置发生变化就认为电视机受到了损害，与常理不合；二是无助于正确认识犯罪对象，准确理解犯罪对象与犯罪客体之间的关系，甚至混淆二者的界限，因此，有害无益。

四、研究犯罪对象的意义

犯罪对象虽然与犯罪客体有本质区别，但是，在具体犯罪中，找出犯罪对象并分析其特征，仍具有重大理论及实践意义：

---

① 《政治与法律》，1986年第2期，第7页。

（一）犯罪对象所发生的变化为审理案件提供了依据。在大多数结果犯中，犯罪结果的发生表现为犯罪对象发生了变化，如财产遭到毁损或不再由所有人支配，受害人人身受到伤害等，这些犯罪对象发生的变化都成为审理犯罪所必需的人证、物证。

（二）侵犯对象的性质是区分某些罪与非罪的根据。在犯罪对象是犯罪法定构成要件时，行为侵犯对象的性质不同，往往决定其是否侵犯了刑法所保护的社会关系。如刑法第 398 条规定的泄露国家机密罪，其犯罪对象只能是国家重要机密，如果行为仅仅侵犯国家一般机密，则不构成犯罪。

（三）犯罪对象的不同特征有利于区别某些相近的犯罪构成。犯罪对象不同，则隐藏其背后的社会关系的性质也往往不同。例如故意毁坏公私财物属于刑法第 275 条规定的犯罪构成，但是，如果故意毁坏国家珍贵文物、名胜古迹，则属于刑法第 324 条规定的犯罪构成。

（四）侵犯对象遭受损害的性质及其程度影响对犯罪行为的认定。其遭受损害的性质及其程度反映了行为社会危害性的大小，从而成为区分罪与非罪、轻罪与重罪的依据之一。例如，根据侵犯对象所受损害的程度，法律将伤害分为轻伤害、重伤害、伤害致死，刑法予以不同的定罪和刑罚。

（五）犯罪对象的一定特征可以成为从重或从轻处罚的情节。例如，刑法第 237 条第 3 款规定："猥亵儿童的，依照前两款的规定，从重处罚。"

第四章 犯罪的客观方面

第一节 犯罪客观方面概述

一、犯罪客观方面的概念

犯罪客观方面是犯罪活动的客观外在表现，特指侵犯某种客体的危害行为、危害结果以及危害行为实施的各种客观条件。对于犯罪客观方面应从以下三点来加以理解：（1）它是犯罪构成客观要件的重要组成部分，同犯罪客体有着直接的联系。犯罪构成的客观要件包括犯罪客体和犯罪客观方面。缺少犯罪客观方面，就没有犯罪构成，犯罪也就无从谈起。任何犯罪都是一定行为对某种社会关系的威胁或侵害。一方面，只有通过表现于外部的危害行为，社会关系才会受到威胁或侵害；另一方面，行为的社会危害性，是由它所侵犯的社会关系决定的，没有犯罪客体也就没有危害行为。所以，犯罪客观方面是说明什么样的行为在何种特定的客观条件下，怎样威胁或损害某种客体，以及产生什么危害结果这样一些事实情况的总和。（2）犯罪客观方面是犯罪心理态度的客观外在表现，同犯罪主观方面有着紧密的联系，是主观见之于客观的事实情况。思想支配行为，犯罪活动也不例外。侵犯某种社会关系的危害行为，是一种有意识、有意志的活动。就故意犯罪而言，由于外界的某种刺激和影响，行为人在主观上产生了犯罪动机，形成犯罪目的，设想犯罪方法，选择犯罪时地，作出犯罪决定，进而实施社会危害行为。过失犯罪也是行为人主观心理态度的客观外在表现。应当预见自己的行为可能会发生危害社会的结果，因为疏忽大意而没有预见，或者已经预见而轻信能够避免，就是一种心理态度，过失行为及其危害结果就是在此心理态度下发生的。由此可见，不受犯罪心理态度支配和影响的行为及其结果，不属于犯罪客观方面的事实情况。（3）犯罪客观方面在犯罪构成的四个方面中居于主导地位，危害行为是一切犯罪构成要件的核心要件。犯罪是一种行为，但是并非任何行为都能成为犯罪，犯罪必须是危害社会的行为；同时，行为对社会的危害，还有程度上的种种差别，也不是所有的危害行为都是犯罪行为，只有那些符合刑法规定的，对社会的危害达到相当严重程度的行为，才是犯罪行为。行为的社会危害性及其严重程度，单从行为本身考察是难以确定的，还必须考察与行为有着密切联系的各种主客观情况，才能得出正确的结论。比如，某一行为是由什么主体基于什么心理态度实施的，行为侵犯什么客体和作用什么对象，行为在什么客观条件下实施和产生什么危害结果等等。不过，在犯罪构成四个方面中，犯罪客体、犯罪主体和犯罪主观方面，都是说明犯罪客观方面的社会危害性及其严重程度的事实特征，所以，犯罪客观方面在犯罪构成四个方面中占据主导的地位。危害行为虽然从理论划分上归属于犯罪客观方面，但是犯罪客观方面中的危害结果以及犯罪时间、地点和方法等，也是说明行为的社会危害性及其严重程度的事实特征，可见，危害行为在整个犯罪构成中居于核心的地位。犯罪构成中的其他任何一个要件，无论它归属于哪个构成方面，都是从不同角度和不同程度上来表明行为的社会危害性已经达到犯罪程度。从理论上弄清这个问题，也就把握了犯罪构成的实质。

犯罪客观方面的性质和它在犯罪构成中的重要地位，刑法学界的看法基本上是一致的，但是这个构成方面究竟包括哪些具体内容（事实情况），它是一个构成要件还是几个构成要件，中外刑法学界则有不同的理解，在此有进一步弄清楚的必要。

首先，关于犯罪客观方面的内容问题。

136

犯罪客观方面的内容，即说明犯罪客观方面的事实特征，指依照刑法关于各种具体犯罪构成的规定，从理论上概括起来，哪些客观事实情况能够成为犯罪客观方面的构成要件。我国的刑法理论是 50 年代初期从苏联引进的，基本上沿袭苏联四个方面的犯罪构成模式，这就是说它同西方国家的犯罪构成模式和思维方式是不一样的。在苏联刑法理论引入我国的时候，该国刑法学界在犯罪客观方面的问题上，也存在着不同的观点，经过近 40 年的发展，他们的观点前后也有许多变化。1950 年我国大东书局翻译出版苏联孟沙金主编的《苏联刑法总论》，此书为苏联大学法律系教材。这部教科书把犯罪客观方面称为"犯罪构成的客观因素"，作为专章进行阐述。该书作者认为："一切犯罪，就其客观属性来说，乃是危害社会的作为和不作为"，只论及犯罪行为的社会危害性与违法性，以及危害行为与危害结果之间的因果关系，没有将危害结果作为一个相对独立的事实情况加以研究，也未提及危害行为实施的各种客观条件，比如，特定犯罪时间、地点、方法等，就没有当成犯罪客观方面的具体内容来加以研究和阐明①。作为一部由国家认可的教科书，未能全面反映当时苏联刑法关于犯罪客观方面的有关规定，显然是有严重缺陷的，从一个角度上表明该书作者对刑法的研究不够深入。这部教科书问世后，受到苏联许多刑法学者的批评。1957 年，苏联国立法学书籍出版社出版了特拉伊宁的《犯罪构成的一般学说》，把犯罪客观方面称为"表明犯罪客观方面的构成因素"。特拉伊宁指出："表明犯罪客观方面的构成因素，在法律中规定得极为完备和多种多样"，并且将它们划分为两类。一类是必要因素，任何一个构成缺少它就不能成立，它们是：（1）作为（或不作为）本身，即危害行为；（2）危害结果；（3）把行为同结果联系

---

① 孟沙金主编：《苏联刑法总论》（下册），大东书局，1950 年版，第 314~343 页。

起来的因果关系。另一类是选择因素，它在某一具体犯罪构成中可能有，也可能没有，即"法律在描述个别犯罪构成时，可以补充规定或者不规定的选择因素"，它们是：（1）侵害的对象；（2）行为方法；（3）实施犯罪的时间和地点；（4）行为环境。在特拉伊宁看来，犯罪客观方面应当包括以上七个方面的内容①。这种观点全面地反映了苏联刑法关于犯罪客观方面的规定，并从理论上进行了深刻的分析和论证，受到苏联和各社会主义国家刑法学界的好评。我们认为特拉伊宁的上述观点基本上是科学的，但在一些具体问题上仍有进一步研究的必要。事隔30年后，即1977年，苏联法学书籍出版社出版了别利亚耶夫和科瓦廖夫主编的《苏维埃刑法总论》，并经苏联高等教育和中等专业教育部批准作为大学法学专业教科书。此书把特拉伊宁所说的"表明犯罪客观方面的构成因素"改为"犯罪客观方面"，特指"人的外部行为举动"，或者说"构成犯罪外在方面的要件"，包括行为（作为和不作为）的外在方面及其结果，行为与结果之间的因果关系，实施犯罪的时间、手段和环境等，并把"选择要件"改称为"随意要件"。这部教科书不仅在概念的提法上有别于特拉伊宁，而且在具体内容上也有不同的看法。

我国的犯罪构成理论虽然来源于苏联，但也不是原封不动地照搬苏联人的观点。就犯罪客观方面的内容而言，从引进之初就没有采纳特拉伊宁的两种主张。第一，特拉伊宁认为，"实施犯罪的环境"可以作为某些犯罪构成的因素。所谓实施犯罪的环境，是指社会政治形势，比如在群情不安的时候或战斗状态下实施某种犯罪，或者以暴力阻碍执行公务以及社会活动和生产劳动等。我们认为，这些客观情况有的表明犯罪直接客体，有的属于犯罪时地，有的则是量刑轻重的情节，还不能成为一个相对独立

---

① 特拉伊宁：《犯罪构成的一般学说》，中国人民大学出版社，1958年版，第108~110页。

的客观事实特征，因而在我国犯罪客观方面的理论中，没有使用"实施犯罪的环境"这个概念。但是苏联70年代出版的教科书，仍然坚持特拉伊宁的这一观点，认为"实施犯罪的环境是指客观条件的总和，……一般说来，这个要件是严重的，特别是军职罪。"① 第二，特拉伊宁认为，犯罪客观方面的选择因素，除了侵害对象，实施犯罪的时间、地点、方法和环境外，还有"其他选择因素"。他在"表明犯罪客观方面的其他选择因素"的专题中，把"屡次"实施犯罪和"再犯"，作为客观方面的构成因素来描述。我国刑法理论没有采纳特拉伊宁的这种观点，因为在我国刑法中，屡次实施犯罪是一个外延较宽的概念，既可以指屡犯，也可以指连续犯，有些是罪数形态问题，有的则是法定量刑情节，再犯则是酌定量刑情节，它们均不是构成某种犯罪不可缺少的事实情况，所以不能认为是犯罪客观方面的构成因素。显然，特拉伊宁的这一命题混淆了构成因素与量刑情节以致犯罪形态之间的界限，我国刑法学界理所当然地不予接受。苏联别利亚耶夫等在30年后主编的刑法教材，也没有采用特拉伊宁的这种观点。但是，我国1997年3月14日颁行的刑法，删除了"惯犯"的概念，而代之以"多次"实施同种危害行为的提法，如第264条规定的"多次盗窃"，第292条规定的"多次聚众斗殴"是该种犯罪的基本构成或加重构成不可缺少的要件，反过来又证明特拉伊宁将"屡次"作为选择要件具有合理性。所以，我们在理论上将多次实施同种危害行为，称为"反复危害行为"，并将它作为犯罪客观方面的一个要件加以论述。以上事实说明，那种认为我国犯罪构成理论完全照搬苏联的观点是不能成立的。

我国刑法学界在犯罪客观方面还有若干具体问题同苏联刑法学界一样存在着不同的看法，主要表现在以下几点：（1）关于

----

① 别利亚耶夫等主编：《苏维埃刑法总论》，群众出版社，1987年版，第140页。

犯罪对象的理论归属问题。特拉伊宁为了使侵害对象同犯罪客体严格区分开来，将侵害的对象划归犯罪客观方面，认为它是表明犯罪客观方面的选择构成因素。别利亚耶夫等人则认为："侵犯对象是侵害客体的一个成分。犯罪人在破坏或妄图破坏某个社会关系时，必然要对犯罪对象进行侵犯。"① 所以，在他们编著的《苏维埃刑法总论》中，就不认为侵犯对象是客观方面的一个构成因素，而是放在犯罪客体一章中加以阐明。在我国刑法学界，也有学者赞同特拉伊宁的观点，把犯罪对象划归犯罪的客观方面，认为犯罪对象是危害行为与犯罪客体的中介，是犯罪客观方面的一个十分重要的要件②。但是我国绝大多数刑法论著，则把犯罪对象放在犯罪客体一章中来描述。我们认为，犯罪对象作为危害行为直接作用的具体物或具体人，是具体社会关系的物质表现或者具体社会关系的主体和参加者，与犯罪客体的联系最为密切，能够从一定角度上说明侵害客体的性质及其遭受侵害的程度；同时，只有把它同犯罪客体联系起来进行研究，才能揭示其特有属性，比较它同犯罪客体的区别，明确它在某些犯罪构成中的地位。所以，犯罪对象应当归属于犯罪客体方面，不是犯罪客观方面的构成因素。（2）关于犯罪结果是共同要件还是选择要件的问题。特拉伊宁认为，客体和结果是彼此不可分离的，没有作为构成因素的结果，也就没有犯罪，所以，危害结果是每个犯罪构成都必须具备的因素。别利亚耶夫和科瓦廖夫主编的教科书就不同意这种观点，认为刑法中存在着形式的犯罪构成和实质的犯罪构成。对前者来说，"立法者没有把既遂时刻同所产生的某

---

① 别利亚耶夫等主编：《苏维埃刑法总论》，群众出版社，1987 年版，第 102 页。

② 何秉松主编：《刑法教程》，法律出版社，1987 年版，第 58～59 页。

些结果联系起来"，它们是"不要求结果的行为，……不管其结果如何，都要对行为本身进行惩罚"；而对于后者来说，刑法分则条文则"将某种结果作为犯罪构成的一个必要成分予以指出"，"只有法律指出的犯罪结果才对定罪有意义"①。因而危害结果不是一切犯罪构成所必需的要件，只能属于选择要件的范畴。我国刑法学界对此也存在着两种观点：一些学者主张，危害结果是任何犯罪都必须具备的要件，但是又认为有些犯罪构成不要求必须产生某种危害结果。"② 另一些学者则主张，危害结果应属于客观方面的选择要件，因为"我国刑法规定的少数犯罪是'行为犯'，它们只要实行了分则条文规定的行为，即按犯罪既遂定罪，而不问是否发生某种危害结果。"③ 我们认为，前一种观点存在着自相矛盾，后一种观点如实反映了我国刑法的规定，所以它是正确的。(3)"因果关系"是否犯罪客观方面的一个构成因素？刑法上的因果关系，是指构成要件的危害行为与构成要件的危害结果之间的因果关系，它是犯罪客观方面需要加以研究和阐明的问题，中外刑法学者的看法是一致的，但是 能否作为客观方面的一个相对独立的构成因素，苏联和我国刑法学者都存在着不同的理解。苏联特拉伊宁和别利亚耶夫等刑法学者都认为，因果关系是犯罪客观方面的构成因素，所不同的是前者认为是"每个犯罪构成的必要因素"④，后者认为只是"实质的犯罪构成中"的"必要条件"⑤。我国刑法学界也有学者赞同这种

---

① ⑤　别利亚耶夫等主编：《苏维埃刑法总论》，群众出版社，1987年版，第130~132、124页。

②　高格主编：《刑法教程》（修定本），吉林大学出版社，1987年版，第74、81页。

③　高铭暄主编：《中国刑法学》，中国人民大学出版社，1989年版，第95、101页。

④　特拉伊宁：《犯罪构成的一般学说》，中国人民大学出版社，1958年版，第110、117页。

观点，认为"犯罪行为和犯罪结果之间的因果关系，都是必备要件"①。但是，有些学者对这种观点持否定态度，明确指出："因果关系并不是犯罪构成这个有机整体的组成部分，而只是犯罪行为与犯罪结果这两个要件之间相互联系、相互作用的一种方式。因此，严格地说，它并不是犯罪构成的客观要件（要素）。"②有的学者进一步指出："客观要件是时、空上的事实现象，是一种事实特征。而因果关系自身并不是一种客观外在表现的事实特征，它仅仅是危害行为与危害结果两个事实特征之间的一种因与果的内在联系"，所以，"不能把因果关系看成是客观要件"③。我们同意第二种观点，并且认为因果关系是危害结果的特有属性之一，即某种特定的危害结果，必须是构成要件的危害行为所引起的，从而确认行为人对该结果承担刑事责任，所以因果关系应当从属于危害结果来加以研究，它本身不是同危害行为和危害结果相并列的一个相对独立的构成因素或要件，但是由于因果关系的问题比较复杂，因而在理论上需要作为一个专题进行阐明。

（4）根据我国现行刑法的规定，有些犯罪构成要件的行为，必须是违反特定非刑法法规的行为；有些犯罪构成要件的结果，必须是违反特定规章制度（管理规定、使用规定）的行为引起的；以不作为形式实施犯罪，其行为人必须负有某种特定义务。这些客观事实情况，是成立各该种犯罪不可缺少的前提条件，我国多数刑法教科书在刑法各论中，都对这些客观情况作了充分的肯定，所以应当是犯罪客观方面不可忽视的选择要件。例如，根据刑法第331条规定，如果没有"违反国务院卫生行政主管部门的有关规定"，当然不构成传染病菌种、毒种扩散罪。由于这些客观事实情况是成立某些犯罪必须具备的特定前提条件，自应从

① 高格主编：《刑法教程》，吉林大学出版社，1987年版，第74页。
② 何秉松主编：《刑法教程》，法律出版社，1987年版，第55页。
③ 《法学评论》，1989年第1期，第42页。

理论上加以概括，作为犯罪客观方面的一个选择要件加以阐明。

以上分析说明，我国的犯罪构成模式虽然来源于苏联，但也不是完全照搬苏联的理论，在一些问题上，我们也有自己的看法，特别是近十年来，我国刑法学界结合自己的国情，根据我国刑法的规定和司法实践经验，在党的"双百"方针指引下，对犯罪构成理论，进行了深入的研究，在若干问题上有了新的发展，表现了自己的特色。在我们看来，说明犯罪客观方面的事实情况有六个：（1）危害行为；（2）危害结果（含危害行为与危害结果之间的因果关系）；（3）特定犯罪时间；（4）特定犯罪地点；（5）特定犯罪方法；（6）特定犯罪前提。其中，危害行为是一切犯罪构成必需的要件，在整个犯罪构成中居于核心的地位；其他五个事实特征，均是犯罪客观方面的选择要件。这些事实特征的总和，便是犯罪客观方面的内容。

其次，犯罪客观方面是"一要件"还是"诸要件"？

这个问题与前述犯罪客观方面的具体内容密切相关，这就是说，作为犯罪活动客观外在表现的危害行为、危害结果，以及特定的犯罪时间、地点、方法和前提条件这样一些相互区别的事实特征，在犯罪构成论中，是从总体上把它们当成一个构成要件，还是从具体上把它们看成相对独立的几个要件？对此，苏联和我国刑法学界都存在着分歧。

在苏联，皮昂节科夫斯基和孟沙金等刑法学者，主张犯罪客观方面是一个要件。例如，他们在 1948 年编著的《苏联刑法总论》一书中说："每一犯罪构成系由以下四种基本因素形成起来的：一、犯罪客体；二、犯罪的客观因素；三、犯罪主体；四、犯罪的主观因素。这四种犯罪构成的要件，缺少一种犯罪构成即不能成立。"[1] 在 1955 年出版的《苏维埃刑法分则教程》中，

---

[1] 孟沙金主编：《苏联刑法总论》（下册），大东书局，1950 年版，第 315 页。

他们仍然把上述四个构成方面说成是"四个要件"。在我国刑法学界也存在着这种观点，而且不少刑法论著将"犯罪客观方面"表述为一个要件。例如有些同志认为："每一个犯罪构成都包括以下四个共同要件：（一）犯罪的客体；（二）犯罪的客观方面；（三）犯罪的主体；（四）犯罪的主观方面。"① 有些同志写道："以上，我们对犯罪构成的四个要件做了扼要的说明，……但是必须明确，犯罪构成的四个要件，是相互联系不可分割的。"② 总之，持上述观点的同志一致表述为，犯罪客观方面（或客观要件），是犯罪构成的一个要件。

与上述观点相反，苏联和我国刑法学界均有一些刑法学者主张：犯罪客观方面包括若干构成要件。在苏联，特拉伊宁指出："客体、客观方面、主体、主观方面绝不是犯罪构成的因素"，而是所谓的犯罪因素。他说："犯罪构成的使命是揭示犯罪的具体内容"，因此，"必须将犯罪构成因素分为四类：（1）表明犯罪客体的构成因素；（2）表明犯罪客观方面的构成因素；（3）表明犯罪主体的构成因素；（4）表明犯罪主观方面的构成因素。"③ 特拉伊宁认为表明犯罪客观方面的构成因素是为数极多的，可以将它们划分为两类：一类是每个构成都必须具备的构成因素，共有三个，即行为、结果和因果关系；另一类是带有选择性质的构成因素，有四个以上，即侵犯对象、犯罪方法、犯罪时地、犯罪环境等。经过 20 年后，别利亚耶夫和科瓦廖夫主编的《苏维埃

① 中央政法干部学校刑法教研室编：《中华人民共和国刑法总则讲义》，法律出版社，1957 年版，第 73 页。

② 杨春洗主编：《刑法总论》，北京大学出版社，1981 年版，第 110 页。

③ 特拉伊宁：《犯罪构成的一般学说》，中国人民大学出版社，1958 年版，第 99~100 页。

刑法总论》，基本上采用了特拉伊宁的上述观点。在这些苏联刑法学者看来，犯罪客观方面本身不是一个构成要件，而是由几个要件加以说明的上一层次的概念。我国刑法学界也有一些学者持这种观点，认为犯罪构成乃是一系列主客观要件的总和，并不认为只是"四个要件"；而是将要件划分为"四个方面"，每个方面包括着多少不等的要件，所以称为"四个方面的要件"。这些学者指出一个具体的犯罪构成，不一定只有四个要件，某些犯罪的构成要件可能多于四个，成立该种犯罪必需多少个事实特征，它就有多少构成要件，各种具体犯罪的构成要件虽然不尽相同，但是都必须同时具备四个方面的要件，犯罪才能成立。有学者早在 1988 年就指出，分析一下刑法中的各个条文，不难看出，不同犯罪的构成要件的数量是不等的。例如，第 305 条关于伪证罪的构成要件，就多于 232 条故意杀人罪的构成要件。这是由各种犯罪的性质不同所决定的。有的事实，如犯罪的方法、时间等，对这种犯罪来说不属于构成要件，对那种犯罪来说，则可以成为构成要件①。在 1993 年又有学者认为："我国刑法规定的各种具体犯罪的构成要件彼此不同，数量也不一。"② 由此可见，犯罪客观方面显然不能认为是一个要件，它事实上包括着几个构成要件。正如 1989 年出版的《中国刑法学》一书所指出的："说明犯罪客观方面的事实特征有：危害行为、危害结果以及犯罪的时间、地点、方法等。其中，危害行为是一切犯罪构成所不可缺少的要件，所以叫做必要要件；危害结果是绝大多数犯罪构成所必需的要件；犯罪时间、地点、方法仅仅是某些犯罪构成所必须的

---

① 王作富：《中国刑法研究》，中国人民大学出版社，1988 年版，第 77 页。

② 高铭暄主编：《刑法学原理》（第 1 卷），中国人民大学出版社，1993 年版，第 447 页。

要件，所以也叫做选择要件。"①

在以上两种观点中，我们赞同"四个方面要件"说，因为从我国刑法关于犯罪构成的规定来看，犯罪构成是一个多层次的复杂系统，首先划分为两大部分，其次再划分为四个方面，每个方面又包括着多少不等的要件。犯罪构成的"四个方面"，实际上是对构成犯罪的主客观诸要件进行分类编排。就拿客观方面来说，加上我们补充的"特定犯罪前提"这一事实特征，表明它的事实特征就有八个之多。其中，除了危害行为是一切犯罪不可缺少的要件之外，其余几个事实特征并非一切犯罪构成所必需的，在我国刑法中，还没有一个犯罪构成法律要求它全部具备这八个事实特征，所以，把犯罪客观方面当成"一个要件"来描述，显然是不恰当的。既然犯罪客观方面包括几个相对独立的事实特征，而且法律又不要求每个犯罪构成都全部具备它们，所以把犯罪客观方面说成是"一个要件"的观点，在逻辑上就存在矛盾。不同的具体犯罪有不同的构成，各自的构成要件在名称、数量、内容和形式上的规定性，表现出它同其他具体犯罪构成的差别，从而使此罪与彼罪能够相互区别开来。"四个要件"说不符合我国刑法规定的构成要件的实际情况，所以实难苟同。

二、研究犯罪客观方面的意义

研究犯罪客观方面具有极为重要的意义，主要表现为以下几点：

首先，研究犯罪客观方面是考察整个犯罪构成的向导。犯罪客观方面在犯罪构成四个方面中居于关键的地位，其中的危害行为是一切犯罪构成的核心。任何犯罪都表现为客观上的危害行为。犯罪构成四个方面中的其他构成要件，都是说明行为的社会

---

① 高铭暄主编：《中国刑法学》，中国人民大学出版社，1989年版，第95页。

危害性及其严重程度的事实特征，它们都以危害行为作为基本依托，并且围绕着危害行为而连结成为一个整体。没有危害行为，其他构成要件也就失去了表明的对象；没有犯罪客观方面，也就没有犯罪客体、犯罪主体和犯罪主观方面。弄清犯罪构成的客观方面，是深入考察整个犯罪构成的基础。

其次，犯罪客观方面是区分罪与非罪的界限和判断犯罪是否完成的重要依据。任何刑事案件的成立，最根本的是要看有无社会危害行为。危害行为是构成犯罪的首要条件，无危害行为即无犯罪。例如，没有实施秘密窃取公私财物的行为，就不构成刑法第264条规定的盗窃罪。有些犯罪是以危害结果作为区分罪与非罪的界限，比如，过失犯罪必须具备特定危害结果这一要件，如果没有法律规定的危害结果，过失犯罪就不能认定；有些犯罪则以法定危害结果作为犯罪是否既遂的标准，如果法定结果尚未发生，不能视为犯罪的既遂；还有些犯罪必须在特定的时间、地点实施，或者采取特定的方法、手段实施，或者在特定的前提条件下实施才能达到犯罪所必需的严重程度，否则就不能认为是犯罪。深入研究犯罪的客观方面，有助于划清罪与非罪的界限，正确认定犯罪预备、未遂和既遂。

再次，犯罪客观方面是区分此罪和彼罪界限的显著标志。我国刑法中的许多犯罪，在犯罪客体、犯罪主体和犯罪主观方面的要件上往往相同，法律之所以把它们规定为不同的犯罪，主要是由于各自在客观方面的要件不同。例如，危害国家安全罪中的各种犯罪，主要是根据犯罪客观方面的要件去划分；以非法占有为目的而侵犯财产的各种犯罪，如抢劫罪、盗窃罪、诈骗罪、抢夺罪等等，只有从客观方面去考察才能将它们相互区别开来。

最后，犯罪客观方面是发现和认定犯罪主观方面的客观依据。行为人的主观心理态度支配其客观外在活动，犯罪客观方面是犯罪主观方面的客观外化，主观上的犯罪意图只有通过客观上的危害行为才能实现。但是，犯罪人在案发之后往往不愿暴露自己真实的犯罪心理态度，在罪过的内容和形式上避重就轻，进行狡辩。因此，要查清犯罪人的主观方面，必须认真分析其犯罪的客观方面。只有通过考察犯罪人实施的行为，行为所造成的结果，以及行为实施的各种客观条件，才能科学地揭示其犯罪的心理态度。比如，扒窃犯在公共汽车上把手伸进素不相识的乘客大衣口袋里的行为，就能揭示其掏包窃财的目的。离开了犯罪的客观方面，很难认定其主观意图。所以，研究犯罪客观方面有助于正确分析犯罪动机，确认犯罪目的，判断罪过的内容和形式。

此外，研究犯罪客观方面还有助于正确量刑。犯罪客观方面的事实情况是多种多样的，有些事实情况虽然对构成某种具体犯罪不具有决定意义，但是它们能在一定程度上反映行为的社会危害程度，对量刑轻重有一定影响。比如，同是故意杀人行为，杀人的方法、手段不同，其社会危害程度就不一样，所以在量刑上就应有所差别。因此，研究犯罪的客观方面，特别是危害行为实施的方式，危害结果的大小，作案的时间、地点、条件等情况，对于正确量刑也有重要的意义。

第二节　危　害　行　为

一、西方行为理论简介

关于刑法上的行为概念问题，建国以来我国刑法学界对此论著不多，可以说尚未展开深入的研究，因此，在论述我国刑法中的危害行为概念之前，先对资产阶级刑法上的行为理论作一些简要的评介：

（一）西方刑法理论中的行为概念

西方大陆法系刑法学者从其"超阶级"的观念出发，认为刑法的终极目的，在于防止社会生活受到侵害。但是，对社会的侵害，既有自然现象所引起的，又有人为的原因所导致。前者如地震、洪水、雷电、风暴、虫害及传染病等自然灾害，这些自然力量虽然造成社会的损害，但不是刑罚处罚的对象，只能在刑法以外寻求对策；后者如人的行为造成他人生命、健康、财产以及国家管理活动和社会秩序的侵害，属于刑法的对象，必须用刑罚方法与之进行斗争。因此，犯罪只能是人的一种活动。人的身体活动，从一般意义上讲，也可叫做动作、举动，或者称为行动、行为；但是从刑法的意义上讲，人的身体动静则称为"行为"，包括作为与不作为。"行为"这一概念在刑法条文的使用上有两种含义：一种是指犯罪心理态度的客观外在表现，即基于故意或过失的身体外部活动，凡应负刑事责任的行为均属之；另一种是无主观罪过的行为，即不是出于故意或过失的人体外部活动，例如，《日本刑法》第 38 条第（1）项规定："无犯罪意思之行为不罚但法律有特别规定时不在此限。"第 39 条第（1）项规定："心神丧失人之行为不罚。"第 41 条规定："未满 14 岁人之行为不罚。"

西方刑法学者认为：刑法上的行为具有以下三个要素：（1）行为的心素，指行为系由人的意思所发动。"意思"是行为内部构成的一种要素。所谓意思活动，必须是行为人自己的自由意志，不受任何强制地支配他的身体动静。意思的本身并无物理力，不能引起任何外界的变动，但是意思可以支配自己的身体进行各种活动，从而产生物理力引起外界变动，所以，人的意思发动是行为不可缺少的要素。如果仅有身体的动作，而无意思的发动，例如睡梦中的动作，或受他人强制所为的行为，以致动物的行动和自然现象等，皆不得称之为行为；反过来说，如果仅有人的内心活动，而无身体之动作，同样不能认其为行为，但若以言论表示于外部，可能是一种行为，至于利用他人使其为一定行为者，则是间接行为。（2）行为的体素，指人的身体举动及静止。身体的动静是行为构成的外部要素。如果没有身体的动静，人的意思活动就不会引起外界的变动，从而也就无行为可言，所以我

149

国台湾学者将身体的举动或静止，称为"行为之体素"；但是，身体的动静必须与意思相结合，是由意思所命令、支配、指导而实施的，否则也不能成为行为的体素。行为的体素，包括积极的动作（作为）和消极的静止状态（不作为）二者。前者不限于手足，若以目示意，使他人为某种行为，或以凶恶的态度对人威胁，亦不失为行为体素；后者则指不履行法定的义务，给他人和社会造成损害。刑法上所称的行为，有单一的动作为一个行为的，也有多数的动作联合成一个行为的。例如，一刀杀死一人是一个杀人行为，数刀杀死一人也是一个杀人行为。（3）对外界所发生的影响，有的学者称行为的介素①，指因思想活动所支配的身体动静而引起的有害结果。结果包括"实害"和"危险"两种。前者如杀人罪中将被害人杀死；后者如危险犯中发生危害安全的危险。结果不仅指有形的或物理的，还包括无形的和心理的结果，如使他人发生羞愧、恐怖、畏惧、错误等。学者们对结果是否包括在行为的构成要素之内，见解不一，有的主张只包括意思发动和身体动静，如日本学者西原春夫说："所谓行为，从本书的立场看，指人的外部的态度。如在内容上详述之，指由意思支配可能的、具有某种社会意义的运动或静止。"② 有的主张还包括结果在内，如日本刑法学者泷川幸辰说："刑法上的行为应当解释为包含由决心经过意志表现以至于结果的发生的所有现象。"③

（二）西方刑法学者在行为理论上的基本分歧

关于刑法上行为的概念问题，西方大陆法系刑法学者认为，

---

① 洪福增：《刑法理论之基础》，刑事法杂志社，1977年版，第84页。

② ［日］西原春夫：《刑法总论》，成文堂，1978年版，第75页。

③ 《泷川幸辰刑法著作集》第2卷，世界思想社，1981年版，第46页。

行为一方面与客观上法益侵害的结果及社会规范的评价相结合，另一方面又与主观上反社会的意思及可责性相关联，本为浑然一体的概念，只要从整体上去理解行为，就不难弄清犯罪的概念。但从刑法理论上来分析研究，就不得不将这种整体的行为概念加以分解，分别从客观和主观两个方面来考察。前者注重其客观的、物理的及社会规范之评价的一面，揭示其客观外在表现，表明其在整个犯罪成立要件中，仅仅处于一个因子的地位；后者在讨论行为概念时，只注重其由来于意思发动，阐明这种意思的目的范围，揭示其可责性如何。自19世纪以来，西方国家刑法学者从自然主义的法律观出发，强调行为概念的客观方面，认为行为纯系客观的、实存的概念，因而主张因果行为论；而现代某些刑法学者，认为因果行为论失诸肤浅，应将行为概念扩及于主观方面，乃创立目的行为论；与此同时，另一些学者则认为前两种行为论各有缺陷，进而提出社会行为论。

（1）因果行为论。又称自然的行为概念。此说受19世纪自然科学的影响，认为行为是由意思所惹起的外界的自然因果过程。换言之，行为是以某种意思为原因而惹起的外部动作，更以此外部的动作为原因而惹起结果之因果系列的必然过程。这种学说主张，作为行为要素的"意思"完全是"无色彩"的。只要行为人有某种"意思"，并为实现该"意思"而发动其身体运动，且使外界发生变动时，就是"行为"。至于行为人意思的内容如何，乃在行为概念的范围之外，属于责任的范畴。由于它着眼于因果系列的必然过程，所以批评者指责其对行为的见解，不过为盲目的因果过程而已，并未揭示行为的真正实质。按照因果行为论，儿童以游戏的意思将拾得但不知有爆炸性的手榴弹，作为球类向其伙伴投掷，以致将其伙伴炸死，即可认该儿童有杀害同伴的行为，至于有无故意或过失，不在行为的范围内，而属于责任的领域。由于因果行为论不将行为的主观方面的内容看成行为的要素，所以主张只要是有意思的动作，不问其是否出于故意或过失，皆可认为是行为。在这种观点看来，故意杀人和过失杀人都是有意思的举动，在行为论上并无差别，仅在责任论上有所不同。同时，此说对于作为，因为其有自然因果过程的发动，解释自无问题；但对于不作为，因其并没有任何招致外界发生变动的自然举动，如贯彻这种行为理论，就不能把"不作为"包含于行为之中。而此说仍以不作为包括于行为范畴，理由何在，并未给予圆满解答。

（2）目的的行为论。与上述自然的行为概念相反，目的行为论认为，刑法上的行为是指行为人为达成某种目标而在现实的目的上，由意思所支配、操纵的身体活动。一切行为莫不有其目的性，人的活动都是"目的活动"。人在行为之际，一方面对事物的因果关系有所认识，并对因果形成的实质条件进行确切的选择，另一方面往往有意地支配这种因果过程，以趋向于预定的目的，此乃行为的故有性格。但是，这种目的行为论也存在着许多问题，批评者认为，如果用此学说来表明故意犯的行为性质，固无不当，然而用来说明过失犯的行为，则显有困难。因为过失行为的目的并非刑法上所说的违法目的，其所引起的违法结果又不在行为人目的范围之内，因此，想在过失行为中寻找违法目的是不可能的。持目的行为论的学者辩解说，过失行为仍属刑法上的目的行为，具有构成要件上所认为的必要目的性，它就是指"潜在的"或"可能的"目的性。可是批评者指出，所谓目的性，必然趋向于现实的目标，显然是一个积极的概念，如果说目的是"潜在的"，岂不是自相矛盾？其后，主张目的行为论的学者又修正其说，认为过失犯的目的性乃"法所要求的目的性"，认为在社会生活中法律为避免某种法益遭受侵害，常要求人们依某种目的性而为行为，行为人竟然违反法律要求，不受法律规范的"目的操纵"，以致发生一定法益侵害的结果，这就是过失犯的本质。这种修正未能使反对者折服，因为既然"过失行为系反于法律要求，未为某种目的操纵"，这就表明此种目的实际上并未发生，很难说行为人具有追求某种目的的积极性，由此可见，目的行为论是不能自圆其说的。

（3）社会行为论。由于因果行为论不能说明不作为的真谛，目的行为论难以解说过失行为的性质，因而社会行为论出而匡正。社会行为论以行为对于社会的价值作为立论的依据，认为行为是具有社会意义的人类举动。人们在社会生活中的举动不一，其产生的社会意义也是各种各样的，有的偏重目的的追求，有的偏重于结果的引起，还有重在不为特定的积极举动，这三种情形欲在本体结构上求得一个共同的概念是不容易的，但是在价值评判上则有共通之处，即它们都属于具有社会意义的行为，从而为法律所关心，所以视为刑法上的行为。刑法上的行为无非是以此有社会意义的举动为基础，再进而与特定的社会规范相结合，因而形成犯罪构成事实。反过来说，那种对于社会并无意义，而非社会规范所须规律的举动，则不必视之为行为。持社会行为论的学者指出，从分析法学的观点上，将犯罪行为分解而单就行为而论，则所见之行为，仍然是一个法律上的观念，并非自然科学上的观念，因此，在考察行为概念的时候，一方面需承认其是"因果的实现"，另一方面需了解其与社会价值世界相关联，所以，无论是故意的抑或过失的，是作为还是不作为，只要是具有人类有意识的社会举动和静止，都有可能成为刑法上的行为。社会行为论虽然也受到学者的批评，认为依照此说，行为在未受刑法评价之前，需要先受社会规范的评价，不免有重叠评价之弊；但它立意较为全面，可以说明各种行为形态，因而为现代西方国家多数刑法学者所赞同。

资产阶级刑法理论对刑法上的行为进行了比较深入的研究，有许多分析和见解不无合理之处，但是它把问题搞得过于复杂，难免陷于繁琐哲学。将它们的各种行为理论加以评述，目的是扬弃其糟粕，借鉴其中有益之处，从而丰富我们自己的行为理论。

二、我国刑法上的危害行为

危害行为是刑法上一个至关重要的问题。要弄清危害行为的概念，首先必须弄清什么是行为。"行为一词有种种意义，……但概念上应当将之区别为如下四种：曰单纯举动，曰意识举动，曰有犯意（或过失）的意识举动，曰加之以被法律规定的一定结果的意识的举动。"① 我们赞同行为一词有各种含义的观点，但认真分析起来，它还不仅限于上述四种含义。我国刑法条文中所使用的行为一词就是如此。分析我国刑法条文中所使用的行为一词的含义，可以看出，它至少具有如下几种：（1）从有无意思发动分，有身体动作说的行为和有意行为说的行为。身体动作说认为，行为指人的身体的运动和静止。人的身体动静，即使不是基于人的意思所支配，也是行为。我国刑法第 18 条规定："精神病人在不能辨认或者不能控制自己行为的时候造成危害结果，经法定程序鉴定确认的，不负刑事责任。"本条所说的行为，就是指的人的身体动静。有意行为说认为，"行为是意思参与的动作。从而，没有意思参与的动作，如反射运动、熟睡中的动作、物理强制下的动作，因为不是有意的行为，所以认为不是行为。"② 我国刑法第 16 条规定："行为在客观上虽然造成了损害结果，但是不是出于故意或者过失，而是由于……不能预见的原因所引起的，不认为是犯罪。"这里所说的行为，就是指的有意行为。（2）从是否包含结果分，有不包含结果的行为和包含结果的行为。前者被称为狭义行为，即行为只包含意思发动和身体动静，而不包含由身体动静所引起的结果。我国刑法第 6 条第

---

① ［日］牧野英一：《日本刑法》，有斐阁，1939 年第 64 版，第 121 页。

② ［日］木村龟二：《刑法总论》，有斐阁，1984 年增补版，第 166 页。

3 款规定："犯罪的行为或者结果有一项发生在中华人民共和国领域内的，就认为是在中华人民共和国领域内犯罪。"本条所说的行为，就不包含结果。后者被称为广义行为，即行为包括意思发动、身体动静和外界变化（结果）三者在内。我国刑法第 12条规定："中华人民共和国成立以后本法施行以前的行为……如果当时的法律、法令、政策认为是犯罪的……按照当时的法律追究刑事责任。"这里所说的行为，通常包括结果在内。(3) 从对社会的作用分，有非危害行为和危害行为。前者指虽然造成一定的损害但由于具备法定的条件，无害甚至有益于社会的行为。如我国刑法第 20 条规定："为了使国家、公共利益、本人或他人的人身、财产和其他权利免受正在进行的不法侵害，而采取的制止不法侵害的行为，对不法侵害人造成损害的，属正当防卫行为，不负刑事责任。"本条所说的行为，就是非危害行为。后者指对社会具有危害性的行为。如我国刑法第 14 条规定："明知自己的行为会发生危害社会的结果，并且希望或者放任这种结果发生，……是故意犯罪。"本条所说的行为，即指危害行为。由此可见，我国刑法中所使用的"行为"一词，其含义并不是单一的。它的含义是什么，应当对适用的条文进行具体分析才能确定。不过，需要指出的是：尽管行为有各种含义，但危害行为却是刑法理论中经常使用的概念。这是因为犯罪是刑法的主要内容，而危害行为是犯罪的实体或核心的缘故。

在"犯罪客观方面"一章中，"危害行为"一词，有的刑法著作使用"犯罪行为"一词来取代。我们认为这是值得商榷的。因为犯罪行为，具有主客观的统一性。仅有客观方面的危害行为，而没有主观方面的故意或过失，绝不可能称为犯罪行为，因而作为犯罪客观方面的一个要件，不宜用"犯罪行为"一词来表示。"危害行为"，从犯罪构成的角度说，属于客观的范畴，用以表示犯罪客观方面的一个要件，在逻辑上自然比较妥当。这里所说的危害行为，正是从犯罪构成客观方面的要件的角度来论述的。那么，什么是刑法上的危害行为呢？

刑法上的危害行为，是指由行为人的心理活动所支配的危害社会的身体动静。它具有如下三个基本特征：

1. 危害行为是行为人的身体动静。这是危害行为的客观外在特征。所谓身体动静，不限于四肢动作，摇头否认、以目示意，以至口头教唆、语言伤人均属之。动指身体的举动或叫积极的动作，静指身体的静止或叫消极的态度，表现为作为与不作为两种形式。在作为与不作为的下面，还有形形色色的具体表现形式。危害行为的具体表现形式的差别，反映行为的性质和内容不同，从而对于区分此罪与彼罪的界限有着十分重要的意义。行为人的身体动静形式，既是判断行为是否发生和现实存在的客观标志，又是深入认识行为本质的先导。这就是说，如果行为人没有表现于外部的身体的举动或静止，就不存在刑法上的行为。但是，仅有客观上的身体动静，还不能确认行为人实施了危害社会的行为，因为身体动静只是行为的一个基本特征，只有当这个基本特征与其他基本特征同时具备时，危害行为才能成立。

2. 行为人的身体动静是由行为人的心理态度所支配的。支配身体动静的人的心理态度，即人的意思，是危害行为的主观内在特征。由于"推动人们去从事活动的一切，都要通过人的头脑"①，所以，任何危害社会的作为和不作为都不可缺少这个特征。这就是说，人的危害社会的客观外在活动，必须是在其意思决定和支配下发生和进行的，否则就不是社会危害行为。由此可见，人体反射运动、熟睡中之动作以及在不可抗力情况下发生的行为，由于不是受人的意思所支配的，所以不是刑法上的危害行为。所谓不可抗力，是指在特定的场合下，非人力所能抗拒的力量，包括自然力和非自然力的强制。行为人在实施行为之际，遇到某种不可抗拒的力量，即使预见或者可能预见会发生损害结

① 《马克思恩格斯选集》第 4 卷，第 228 页。

果，但限于自身的能力和当时的环境、条件，竭尽全力也不能排除和阻止损害结果的发生。比如，铁道扳道工被歹徒捆绑不能履行扳道的职责，致使列车相撞，他对此事故的发生在主观上是有所认识的，但因这是身体在外力强制下的不作为，不是受本意所决定的，当然不能认为是危害行为。由于精神遭到威吓，致其意思受影响而实施的动作，因为这种动作仍然是由行为人的意思所支配的，自然可以是刑法上的危害行为。危害行为不可缺少上述主观内在特征，是从危害行为的心理起因上来讲的，并不是说危害行为是主观的东西，须知，心理态度本身不是行为，危害行为就其性质来说是客观的东西，或者说是心理活动的客观外在表现。正如毛泽东所指出的："思想等等是主观的东西，做或行动是主观见之于客观的东西。"①

3. 由行为人的心理态度支配的身体动静，必须对社会具有危害性。一个人产生了某种思想，在它尚未支配人去行动之前，还是一种单纯的思维活动，不可能改变客观事物的面貌，影响社会关系的性质，给社会造成实际的威胁和损害；如果思想一旦客观外化，表现为人的活动，就会影响社会存在以至对社会构成现实的威胁或实际的损害。这种对社会威胁或损害的属性，是危害行为的内容；作为与不作为以及更为具体的行为方式，则是危害行为的表现形式。危害行为以什么具体形式，作用于什么对象，威胁或侵害什么社会关系，既受制于某种犯罪心理态度，又是检验该种犯罪心理态度真实与否的标准。由此可见，行为对社会关系具有相当严重的威胁性或侵害性，是一切危害行为不可缺少的特征；如果不具备这一特征，就不是刑法上的危害行为。

以上三个基本特征，是一切危害行为必须具备的，它们相互联系，相互制约，相辅相成，如果缺少其中任何一个特征，危害行为就不能成立。

---

① 《毛泽东选集》（第 2 卷），人民出版社，1991 年版，第 477 页。

157

三、危害行为对认定犯罪的作用

危害行为是犯罪构成的核心要件，其他方面的构成要件都是说明危害行为的具体性质和严重危害程度的，所以，没有危害行为也就没有犯罪。

无行为即无犯罪的问题，主要是指思想不能成为犯罪。马克思坚决反对制定思想犯罪的法律，指出："对于法律来说，除了我的行为以外，我是根本不存在的，我根本不是法律的对象。我的行为就是我同法律打交道的唯一领域。"① 这就是说，法律的适用只能针对人的行为，不是针对人的思想，一个人只有实施了某种行为才与法律发生关系。以马克思列宁主义毛泽东思想为指针的我国刑法，在第 13 条规定犯罪定义的条文中，明确宣告犯罪是"危害社会的行为"，从立法上对"思想犯罪"作了根本的否定。

为什么思想不能成为犯罪呢？因为单纯的思维活动不可能改变客观事物的面貌和性质。思维是人脑对客观事物的反映，属于人的主观认识过程。人们头脑里的各种想法，无论是善良的愿望还是险恶的意图，在其尚未支配行为付诸实施以前，仅仅是一种观念，决不会变为现实。客观存在的事物，自有其发展变化的规律，决不会因为人们对它产生了错误的观念而改变本来的状况。一个人产生了某种犯罪思想，如果他什么也没去做，他的主观意图尚未见之于客观外在活动，刑法所保护的社会关系就不会遭受现实的威胁和实际的损害，因而"犯罪思想"就不能认为是犯罪而给予刑罚处罚。况且，一个人在某种条件下产生了某种犯罪意图，随着情况的变化，在尚未付诸行动以前，还有可能放弃这种邪念，有的可能经过一番思想斗争，自己用正确的思想战胜犯罪的思想，这就更没有必要加以惩罚了。例如，某单位财务科新

---

① 《马克思恩格斯全集》第 1 卷，第 16~17 页。

调来一位会计，发现该单位财务管理十分混乱，大有贪污的可乘之机，曾有三次产生了贪污的念头，累计可达万元以上，但是她没有这样做，反而在政治学习会上检讨了自己曾想贪污的思想，并建议领导改善本单位的财务管理工作，堵塞财会人员可能贪污的漏洞。她的这种表现本该受到表扬，可是由于某种原因却被人以"企图贪污"的罪名举报到人民检察院。当地检察机关根据思想不能成为犯罪的刑法原则，不予立案，并对举报人进行无危害行为即无犯罪的法制宣传，这是十分正确的。

与思想不能成为犯罪密切相关的问题是，言论能否治罪的问题。在回答这个问题之前，必须弄清言论是思想还是行为。有人提出"言论是属于思想范畴，对它治罪，就是惩罚思想犯"的主张①。我们认为这种看法是片面而且有害的。理由如下：

1. 言论是思维的外在表现，有时是行为，有时不是行为。所谓言论，是指发表谈话和书写文章，广义地说还包括图画、音乐，它们都是主观见之于客观的东西。然而，言论并不完全都是行为，行为作为身体动静形式，除了受主观心理态度支配之外，还需具有对客观外界发生某种作用和影响的性质；对客观外界不发生任何作用和影响的言论，显然是毫无社会意义的，因而不能认为是行为。人们发表言论或书写文字，如果是为了实现自己的主张，从而改变客观事物的面貌，对社会产生一定的影响和作用，这种思想的客观外在表现，自然是行为的一种具体形式。反之，如果人们仅仅是通过语言、文字、图画将自己的思想记载下来或者单纯地流露出来，并不是为了影响他人实现自己的意图，也没有为此而采取别的具体行动，这种言论虽然也是思想的外在表现，但因它不是也不能改变客观事物的面貌和性质，所以不能认为是刑法上的行为。

2. 言论作为思想的外在表现，有的可以构成犯罪。我国

---

① 《人民日报》，1979 年 11 月 14 日。

《宪法》第 35 条规定，言论自由是公民的民主权利之一。根据《宪法》第 41 条的规定，我国"公民对于任何国家机关和国家工作人员，有提出批评和建议的权利；对于任何国家机关和工作人员的违法失职行为，有向有关国家机关提出申诉、控告或者检举的权利……"但是，《宪法》第 51 条同时又规定："中华人民共和国公民在行使自由和权利的时候，不得损害国家的、社会的、集体的利益和其他公民的合法的自由和权利。"由此可见，言论自由不得违反宪法和法律，不能危害社会，否则应当承担法律责任。法律责任包括行政责任、民事责任、刑事责任。言论这种行为形式，在一定场合下，既可以成为犯罪的预备行为，也可以成为犯罪的实行行为，比如邀约犯罪同伙，威胁恫吓被害人，策划指挥犯罪等行为，往往是用语言文字来实施的；《刑法》分则规定的某些具体的犯罪，言论还是主要的或基本的行为形式，比如煽动分裂国家罪，损害商业信誉、商品声誉罪，侮辱、诽谤罪，诬告陷害罪，传授犯罪方法罪，等等，有的离开了言论就无法实施，有的是伴随着言论实施，有的既可以用言论实施又可以用其他行为形式实施。总之，笼统地说言论等于思想，言论不是行为，言论不能治罪的观点，在理论上是错误的，在实践中是有害的。对言论能否治罪的问题，首先应考察其是否具有危害行为的三个基本特征，实事求是地进行分析，作到区别对待，依法办事。

四、危害行为的基本形式

危害行为表现为作为和不作为两种基本形式，这是现代刑法理论的通说，已为各国刑法学者所公认，并在许多国家的刑事立法中加以规定。危害行为划分为作为和不作为，立论的根据是什么呢？在资产阶级刑法学者看来，19 世纪初期的刑法，是以个人主义的自由主义为中心，在当时，所谓犯罪是指侵害法益或权利而言，所以只重视犯罪的作为，刑法上的所有问题几乎都与作

160

为犯相关联而被展开，原则上并没有不作为构成犯罪的想法，仅就违反法律的规定或由于违反契约的义务，例外的认定不作为的违法性。由于市场经济的发展，信用诚实的原则被普遍认识且渗透于人们的日常生活以后，不作为应构成犯罪，才逐渐地从理论上和刑事立法上发展起来。资产阶级为了维护其统治秩序和阶级利益，提出所谓"集体主义"和"全体主义"的口号，将违反统治阶级要求和命令的行为规定为犯罪，以利于加强对劳动人民反抗行为的镇压，于是，不作为犯罪成了刑法上深入研究的对象。我国台湾地区有的刑法学者指出："至团体主义或全体主义抬头，因其重视社会生活之相互扶助，故对于不实行在社会生活上所期待之作为，皆视为违反公序良俗而成为违法行为，于是，犯罪之本质，已不限于侵害法益或权利，而扩及于违反人对于社会所应负之义务。刑法对于前者之情形（即侵害法益和权利），因其系积极侵害人的利益的行为之表现，故对之设立禁止规范，以维持并防卫社会的秩序；对于后者之情形（即违反对社会所负担之义务），因其侵害社会秩序之犯罪系消极的不实行法所期待之行为的表现，故对之设立命令规范，以维持并防卫社会秩序。禁止规范系以作为犯为其内容，而命令规范则系以不作为犯为其内容，于是不作为犯之应构成犯罪，不但不成为问题，且已成为明文化矣。"① 作为一种法律文化，这种观点还是可以批判地借鉴的。

（一）关于作为与不作为的理论分歧

在作为犯和不作为犯都是犯罪这一点，现代各国刑法学者基本上是一致的，但是对其性质、内容和划分标准等问题，中外刑法学者则存在不同的观点，主要分歧如下：

1. 不作为是否行为？中外绝大多数刑法学者认为，犯罪行为表现为两种相对的形式，即作为与不作为，因此，不作为是一

---

① 洪福增：《刑法理论之基础》，刑事法杂志社，1977年版，第161页。

种行为，具有行为性。有的学者并不否认不作为可以构成犯罪，但是认为行为与不作为是两个相对的存在，是犯罪的两种形态，应在犯罪概念中加以统一。"作为与不作为的区别，不仅仅是身体的活动与静止的区别，而是依据把一定行为作为标准，有行为和无行为加以区别。例如，以跑步的人来说，在跑这一点上是行为，但在读书这点上属于不作为。不言而喻，作为是做出了一定的行为，从而它成为行为，但不作为是没有做出一定的行为，所以它本身不属于行为。然而，不作为虽不做出一定的行为，却有做出该种行为的可能，因此，不作为概念的内容包括缺乏行为和缺乏行为能力这两种要素。很早拉布托夫就提倡不作为本身不属于行为的思想，在最近特别是威采和考夫曼也持这种主张。"①持这种观点的学者指出，把作为和不作为包括在上位概念"行为"之中的观点，在犯罪论上忽视了作为与不作为的存在论的差异，把有关作为犯的理论原封不动地搬来适用于不作为犯，从而抹煞两者客观结构上的区别。

我们认为，否认不作为是行为的观点，实际上否认不作为是一种犯罪，因为"无行为即无犯罪"是当今各国刑法学界的定论，如果不作为不是行为的话，岂不是与自己承认不作为可以构成犯罪的主张相矛盾吗！关于不作为的行为性问题，我国有些刑法学者指出："在阶级社会里，每个人都在一定的社会地位中生活，行使为法律所规定的权利和履行法律所规定的义务。……因此不履行自己应尽的义务，也就是对他人权利的侵犯。尽管这种侵犯采取的是不作为的方式，但它与积极作为的方式进行的侵犯在本质上没有什么区别。当这种侵犯达到一定严重程度时就构成犯罪。由此可见，法律意义上的不作为并不意味着什么都没有做，它不仅直接侵犯了他人应该享有的权利，而且损害了由国家

① ［日］福田平、大塚仁：《日本刑法总论讲义》，辽宁人民出版社，1986 年版，第 56 页。

法律所规定的权利和义务关系，破坏了统治阶级确立起来的社会秩序，因此它具有行为性是确定无疑的。"① 我们赞同这种观点。

2. 作为与不作为的区别标准。在国内外刑法学界，绝大多数学者都把人体的动静形式或积极与消极表现，视为区分作为与不作为的标准。例如，苏联刑法学者认为："由积极行为所实行之犯罪，称为犯罪的作为"②；"犯罪的不作为是指人的消极行为。"③ 美国刑法理论也主张："作为即积极的身体动作……不作为即消极的身体无动作。"④ 我国台湾学者认为："行为系实现其内心决定之意思，以其决定驱使身体为某种动作。此种动作，包括积极之动作（作为），或消极之静止状态（不作为）在内。"⑤

对上述观点，国内外也有学者持不同意见，指出："在理论上有的把作为和不作为说成是'动'和'静'的两种不同形态，这是不确切的。因为，这并不是二者的实质区别。例如，偷税行为本质上是不履行纳税义务的行为，即不作为，但是，并非为此而什么事也没有作，相反地，行为人往往为此要进行伪造账目等活动。但是，有的著作中说，偷税人伪造账目，弄虚作假，是作为；应纳税而不纳税是不作为。我认为，这在概念的运用上是不准确的。刑法上的作为与不作为的特有含义，是指犯罪行为的基本形式，不能把任何一种积极的动作，就叫做作为。否则，就找

① 高铭暄主编：《新中国刑法研究综述》，河南人民出版社，1986 年版，第 152 页。

② 孟沙金主编：《苏联刑法总论》，大东书局，1950 年版，第 332 页。

③ 别利亚耶夫等主编：《苏维埃刑法总论》，群众出版社，1987 年版，第 126 页。

④ 储槐植：《美国刑法》，北京大学出版社，1996 年第 2 版，第 54 页。

⑤ 张灏：《中国刑法理论及实用》，三民书局，1980 年版，第 111 页。

不出纯粹的不作为的犯罪了。"① 苏联著名刑法学者特拉伊宁很早就提出这种观点，他说："不作为也并不是任何一种消极行为的形式。"② 值得注意的是，新近出版的由三名青年学者撰写的刑法专著，在给不作为下定义时，没有把"消极的"表现当成它的内涵，而是说："所谓不作为犯罪，就是故意或过失地不履行特定义务，造成或者可能造成严重后果，依法应受刑罚处罚的行为。"③ 并且在该书论述不作为犯罪的专章中，始终没有说不作为是消极行为。我们认为这些观点不是没有道理的，如果把危害行为的身体动静形式或积极与消极的表现，同作为和不作为等同起来，就难以解释下列现象：遗弃罪被认为是"只能由不作为构成的犯罪"，但却能以积极的行为实施，比如父母出于遗弃的故意，将自己的婴儿抱往"容易为人发现的地方"丢弃，以致造成了严重的后果，这难道也是消极行为吗？再如，刑法第252条规定的妨害通信自由罪，其中隐匿邮件行为，也被认为是"以不作为方式构成"，然而隐匿邮件的行为，首先是将邮件予以截留或收藏，然后才是不送交收件人，就前者而言，也是一种积极的举动。这就足以证明，危害行为在客观表现上的"动"与"静"，或者"积极"与"消极"，不是划分作为与不作为的主要标准。但是，危害行为在客观上确实存在着"动"与"静"、"积极"与"消极"这样一些表现形式，从客观外在表现的角度上，把它表述为"危害社会的身体动静"，包括积极行为和消极行为，不能说是不确切的。因为这种表述能够告诉人

---

① 王作富：《中国刑法研究》，中国人民大学出版社，1988年版，第113页。

② 特拉伊宁：《犯罪构成的一般学说》，中国人民大学出版社，1958年版，第114页。

③ 赵秉志等著：《中国刑法的运用与完善》，法律出版社，1989年版，第110页。

164

们，刑法上的危害行为，不仅是一种举动而且还包括静止在内，不仅是积极地去做而且还包括消极地不去做，以便人们从它的客观外在表现上准确把握概念，避免将违反刑法义务的消极静止状态排除于危害行为之外。

（二）危害社会的作为

1. 作为的概念

作为，亦称犯罪的作为，危害行为的一种基本形式，指实施刑法禁止实施的积极行为。在我国规定的具体犯罪中，绝大多数是以作为的形式实施的，例如，抢劫、强奸、伪造货币等犯罪，就是犯罪作为的典型。对于犯罪的作为，应从下列几点来理解：

（1）作为是危害行为的一种基本形式，必须具备危害行为不可缺少的三个基本特征。

（2）作为必须是实施刑法禁止实施的行为。刑法禁止实施的行为，是相对于刑法要求实施的行为而言的。例如刑法第301条规定的犯罪，从刑法规范的角度上来看，应当理解为：禁止聚众进行淫乱活动或引诱未成年人参加聚众淫乱活动，违者——即实施刑法禁止实施的这些并列选择的一种行为，就是犯罪的作为。实施刑法禁止实施的社会危害行为，是作为的根本特征。

（3）作为必须表现为积极行为（身体举动）。凡是只能由作为形式实施的犯罪，消极行为（身体静止）就不能构成，例如刑法第267条规定的抢夺罪。但是，决不能认为积极行为都是作为，因为在特定的前提条件下，积极行为也可以构成不作为犯罪。作为只能是积极行为，并不意味着积极行为等于作为。如前所述，偷税罪、遗弃罪等虽然只能以不作为形式实施，然而消极行为和积极行为均可构成这些犯罪。

（4）作为一般是由人的一系列积极举动组成，而不是个别孤立的动作和活动环节。正如特拉伊宁指出："一个行为也往往包括几个动作：如举起手枪、对准目标、手握枪机、扳动枪机等等。刑法上的行为所包含的永远不是个别的"动作"或"环节"，而是这些环节的有机结合。"① 这种认识无疑是正确的，因此，不可将一个犯意所支配的若干有机联系的动作和活动环节，分解为多个作为。

2. 作为实施的方式

作为的方式是指行为人实施刑法禁止实施的行为，在客观上是怎样表现出来的。作为的方式是多种多样的，就其自身的表现来考察，主要有如下几种：

（1）利用身体的作为。利用身体的作为有若干表现形式，如身躯运行是指行为人为了实施侵害行为而奔跑行走，如追赶被害人、进行犯罪串联、进入犯罪现场等；四肢举动是指使用手足进行犯罪，如出于伤害的故意而对他人拳打脚踢；书画制作和语言发表是指行为人以书写文字、发表谈话、绘制图画的方式实施犯罪行为，如写匿名信诬告陷害、绘制犯罪现场图、制作淫书淫画等等；面部表情在共同犯罪的场合也是犯罪心理态度的一种客观外在表现，如颔首摇头、眼神示意等，都可以成为共同犯罪组织、领导者指挥犯罪的行为形式。

（2）利用物质工具的作为。这是犯罪作为最常见的方式。犯罪工具的种类很多，除了刀枪棍棒、绳索毒剂等普通作案工具之外，还可能利用先进的技术装备实施犯罪，比如现代化的陆海空交通工具、无线电通讯设备，甚至利用电子计算机及其技术，作为犯罪工具。

（3）利用他人的作为。是指利用无责任能力人和主观上无罪过的人实施危害行为。例如，利用未满 14 岁的儿童放火、投毒，利用精神病人杀人、伤害，利用对犯罪事实毫无认识的人和无违法认识的人进行犯罪活动等等。在这种情况下，刑法理论上

---

① 特拉伊宁：《犯罪构成的一般学说》，中国人民大学出版社，1958年版，第 112 页。

称利用者为间接正犯，而被利用直接进行侵害行为的人则是间接正犯实施犯罪的工具。由于后者无刑事责任能力或者主观上不是出于故意和过失，其所作为应视为间接正犯实施的危害行为。

（4）利用自然力的作为。自然力包括雷电风雨等自然现象，它可以利用来造福于人类，也可以被犯罪分子利用来进行破坏活动。在现实生活中利用自然力进行犯罪的案件时有发生。

（5）利用动物的作为。利用动物实施犯罪的案件屡见不鲜。通常是唆使恶狗咬人，此外，被利用来实施犯罪的动物，还有毒蛇猛兽以及有害人类的昆虫。据国外报导，也有利用微生物和某种特殊植物实施犯罪的情况。

（6）利用职务的作为。这种作为方式在我国刑法中有不少规定，但是行为人只能是国家工作人员或者其他依照法律从事公务的人员。他们除了利用职务的便利实施经济犯罪之外，还可能利用职务破坏国家机关的正常活动和侵犯国家军事利益，侵犯公民的人身权利和民主权利，危害公共安全和妨害社会管理秩序，甚至利用其职务进行危害国家安全的犯罪活动。我国刑法规定的具体犯罪，很多都可以利用职务实施。

（三）危害社会的不作为

1. 不作为的概念

所谓不作为，亦称犯罪的不作为，危害行为的一种基本形式，是指行为人负有刑法要求必须履行的某种特定的义务，能够履行而没有履行的行为。以不作为实施的犯罪，似乎没有实施侵害行为，其能否构成犯罪，需要从刑法理论上给予科学的回答。对于不作为的犯罪，应从下列几点来理解：

（1）不作为是危害行为的一种基本形式，同作为的形式一样具有行为性。所谓行为性，是指具备危害行为不可缺少的三个基本特征。由于不作为首先表现为行为人危害社会的身体动静，其次这种身体动静是由行为人危害社会的心理态度所支配的，最后这种行为形式足以引起外界的变化，会造成严重危害后果，从而对刑法所保护的社会关系具有损害性和威胁性，所以，不作为的行为性是不容置疑的。

（2）不作为以行为人负有某种特定的义务并且能够履行为前提。首先，行为人必须负有某种特定义务，这种特定义务是基于一定的法律条件和法律事实而产生的；如果行为人不负有这种特定的义务，刑法当然不要求他必须履行。其次，行为人具有履行特定义务的能力，能够履行特定义务。如果行为人根本没有履行特定义务的能力，那就不可能构成不作为犯罪。

（3）不作为是没有履行刑法要求履行的特定义务的行为。行为人在负有特定义务且能履行的前提下，刑法要求他必须履行，这是刑法规范指明的行为方向，行为人有义务遵照执行，然而他却没有履行这种特定义务。因此，不作为不仅是不履行特定义务的行为，同时也是不履行刑法义务的行为。不履行刑法要求履行的特定义务的行为，既可以表现为不履行义务的消极行为，也可以表现为逃避履行义务的行为，还可以表现为抗拒履行义务的行为，后两种表现显然是积极活动。无论是消极地不履行义务，还是积极地逃避、抗拒履行义务，都是不作为的具体表现。不作为不是某一个别的身体动静环节，而是一系列消极的或积极的客观外在表现。所以，不履行刑法要求履行的特定义务的行为，是犯罪不作为的特有属性，也是不作为与作为相区别的根本标志。

2. 不作为的前提

不作为是违反刑法义务的行为，而刑法义务又以行为人负有某种特定义务为前提。所谓特定义务，是指公民在特定的社会关系领域内，基于特定的事实和条件而产生的具体法律义务。根据什么来确认行为人负有某种特定义务呢？一般地说应当掌握四点：第一，行为人已经进入某种社会关系的领域，是该种社会关系的实际参加者；第二，行为人进入该种社会关系领域，是由某种特定的事实引起的，这种特定事实的存在，是行为人在该种社会关系中负有特定义务的根据；第三，行为人符合法律要求的条件，在主客观上具有履行特定义务的能力；第四，行为人必须履行特定义务，否则，就会引起严重的社会危害后果，给国家、集体和他人造成或可能造成较大的损害。以上四点是相互联系、相互制约的，缺少其中一点就难以认定行为人负有特定义务，但是其中最关键之点是引起特定义务的根据。

特定义务产生的根据，刑法理论上叫做特定义务的来源。至于特定义务有几个来源，中外刑法学者则有不同的理解。日本和我国台湾学者就有三种互不相同的主张。一种是"两来源说"，认为特定义务之发生，其情形有二：（1）法律上之防止义务。"称法律上有防止一定结果发生之义务者，并不以法律之明文规定为限；即使契约之约定，或法律之精神，足认为有此义务者均包括在内。"① （2）因自己行为之防止义务。"因自己行为之防止义务，致有发生一定结果之危险者……负防止其发生之义务。"②另一种"三来源说"，认为特定义务之来源，不外下列数端："一、法令之直接规定……二、自愿为义务之负担……三、一定情况下之行为……"③ 再一种"四来源说"，认为特定义务之来源有四："（甲）依法令的义务……（乙）依法律行为尤其是合同或事务管理的义务……（丙）依据习惯或情理的义务……（丁）事前行为的义务……"④ 祖国大陆刑法学者绝大多数持"三来源说"，但是也有少数学者持"四来源说"⑤。我们认为，产生特定义务的根据是多种多样的，依照我国的国情和刑法规定精神，可归纳为以下五个方面：

---

① ② 陈朴生：《刑法总论》，正中书局，1969 年版，第 57、58 页。

③ 韩忠谟：《刑法原理》，台湾雨利美术印刷有限公司，1981 年版，第 102 页。

④ ［日］福田平、大塚仁《日本刑法总论讲义》，辽宁人民出版社，1986 年版，第 62 页。

⑤ 樊凤林、曹子丹主编：《犯罪构成论》，法律出版社，1987 年版，第 51~52 页。

（1）法律上的明文规定。由法律明文规定的特定义务，包括宪法、法律和各种法规所规定的且为刑法要求实施的义务。符合法律条件的具有某种特定身份的人，必须履行这种特定义务。例如，根据宪法和税法规定，负有纳税义务而偷税，情节严重的，构成偷税罪；宪法和婚姻法均规定，家庭成员间有互相扶养的义务，不履行扶养义务情节恶劣的，构成遗弃罪。法律上规定的义务很多，并非一切不履行法律义务的行为都是不作为犯罪，必须以刑法有相应规定为限；因为不履行法律义务的行为，只有造成或可能造成严重社会危害结果，刑法才将它规定为犯罪。例如，民法和经济法规中规定，债务人有清偿债务的义务，由于刑法没有作出相应的规定，就不能把不履行债务的行为视为犯罪的不作为。从此意义上来说，基于某种法律法规而产生的特定义务，必须是刑法要求履行的义务。

（2）职务上和业务上的要求。担任某种职务和从事某种业务的人，其职务的本身和业务的性质，就决定他负有某种特定的义务，如果不履行职责，情节恶劣或造成严重危害后果，依照刑法规定应当追究刑事责任的，就是以不作为形式实施的犯罪。我国刑法对于不履行职务上或业务上的义务而构成的犯罪有许多条文，例如，第139条规定的消防责任事故罪，第135条规定的医疗事故罪。这种特定义务不同于上述法律上的义务。上述义务是以某种特定身份为前提，不论行为人从事什么工作，担任何种职务，只要他具有该种身份，就必须履行特定义务，如夫妻之间的扶养义务；而该方面义务则以行为人所担任的职务或从事的事业为前提，它是由有关法规、规章制度和管理规定加以明确的，行为人在执行职务和从事业务期间，就必须履行自己的义务，例如，当班医生有抢救重危病人的职责，值勤消防队员有灭火的义务，仓库保管员有管好库中财物的义务等等。

（3）行为人的先行行为。由于自己的行为而引起刑法所保护的某种社会关系处于危险状态，行为人负有采取有效措施来排

170

除这种危险或避免危害结果发生的特定义务，如果不履行这种义务情节严重或造成严重后果的，也是以不作为形式实施的犯罪。例如，某甲持猎枪到农村打鸟，见一喜鹊站在电杆磁壶上，遂开枪射击，裸露的输电线被击断，横于乡村小道上，他却扬长而去。此乃农村小学生上学必经之道，半小时后，未满10岁的小学生5人放学结伴回家，路过此处，造成两人触电死亡。某甲打鸟的先行行为击断正在通电的电线横于道上，给公共安全带来了严重的危险，有义务排除或采取措施避免这种危险，然而他没有履行由于自己的行为造成的危险状态，致使小孩两人触电死亡，这就是以不作为形式实施的犯罪。基于行为人先行行为而产生的特定义务是多种多样的，又如，成年人带邻居的小孩去游泳，负有保护孩子安全的义务；驾驶汽车将人撞伤，司机负有立即将受伤人送往医院抢救的义务等等。这些义务是由行为人先行的行为派生出来的，如果行为人能履行而不履行该项义务，以致造成严重后果的，则要担负不作为犯罪的刑事责任。

（4）自愿承担的某种特定义务。行为人基于自己的意思表示自愿担负某种特定义务后，有责任按照委托人的要求履行该项义务；如果不履行自愿承担的义务，由此造成严重的危害后果，致使刑法所保护的某种社会关系受到损害，应视为以不作为形式实施的犯罪。自愿承担的义务包括合同签定的义务，行政委托的义务和公民日常生活中的一般托付义务。这种义务必须建立在受托人真实意思，自愿接受和能够履行的基础上。这就是说，必须是受托人自愿承担，不能是受逼迫的，受托人接受与否，应有充分选择的自由；受托人必须具有能够履行自愿承担义务的能力。即使受托人自愿承担义务，委托人明知其根本没有履行义务的能力和条件，仍将该事项加以委托，在这种场合下，特定义务不能成立；如果受委托人向委托人隐瞒自己没有能力和条件履行义务的真象，其特定义务不能免除。

（5）在特殊场合下，公共秩序和社会公德要求履行的特定

171

义务。在一般场合，刑法所保护的社会关系处于危险状态，只要不是在场人的行为所引起的，刑法便不要求他履行排除和采取措施避免危险的义务；但是，在特定的场合、关系和条件下，刑法则要求其履行这种义务，在不损害自己较大利益且有能力履行义务的基础上，他不履行这种义务从而造成严重后果的，也应认为是犯罪的不作为。在我国司法实践中就有这样的判例：青年工人曹×（男）与同车间青年工人邬×（女）恋爱数年，曾多次发生性关系致女方怀孕刮宫；两人共用一存折在银行储蓄，积极进行结婚准备。后曹见异思迁，终止与邬的恋爱关系。某日工休，邬去曹家要银行存折取出属于自己的份额，路过医药商店便买了一小瓶敌敌畏，放进手提包内。到曹家后，恰逢曹×一人在家，邬说明来意，要曹将存折交与。曹拒绝，两人抓扯一阵。邬先倒在床上俯身痛哭，然后起身说："我不但要存折，还要手表，你给不给？不给我就死在你家！"边说边将敌敌畏取出来。曹说："这可不是我要你喝毒啊！"邬一气之下将敌敌畏服下，并走去把房门打开，向邻居喊了两声"救命"！（邻居均未听到），然后转身向里，仰面倒于屋中。曹家附近有一大医院，不足十分钟就能走到。但曹×既不向邻居呼救，又不立即将她送医院抢救，却将家门反锁，径往工厂（离家很近）找他母亲。进厂后还碰见厂领导和别的工人，相互打过招呼，也未提及此事，时值其母刚下班正在浴室洗澡，他却在浴室外安然等候，大约半小时其母出来时，才将邬×服毒之事相告。当人们赶到曹家时，邬×已无法抢救。此案在讨论中，不少同志拘泥于传统刑法理论，认为曹×的行为不符合特定义务的"三个来源"，对邬×的死亡结果不应负刑事责任；而当地政法机关则认为，邬×在曹家服毒以后，由于特殊的场合和具体的社会关系、社会公德要求曹×及时抢救，而曹×有能力和条件抢救，却未履行抢救义务，从而造成邬×的死亡结果，应当追究刑事责任。于是人民法院以（间接）故意杀人罪判处其有期徒刑4年。我们认为，人民法院的判决是正确的。在西方刑法理论中，持这种主张的学者也不乏其人。有的认为："法令及契约虽无该作为义务之根据，但依习惯、条理，以及公序良俗之观念，……而认为应发生一定之作为义务者，按不作为之反社会性，乃因吾人在一般社会生活上虽期待其实行作为，然彼竟违反社会上一般人之期待，而不作为，其不作为因系违反公共秩序及良善风俗，故视为违法。"①

3. 不作为的种类问题

对于危害行为的不作为形式，中外刑法学者均以不同的标准从不同的角度对其进行分类，由于法系的不同和理论性质的不同，观点又各不一样，分述如下：

首先，从犯罪形态的角度，把不作为形态犯罪划分为纯正不作为犯和不纯正不作为犯。这是西方大陆法系刑法学者的分类，我国台湾地区刑法学者的观点归属此列。

所谓纯正不作为犯，是指凡是法律规定一定的作为义务，单纯地违反此项义务即构成某种犯罪；所谓不纯正不作为犯，是指凡是以不作为的手段，实施通常作为犯所能构成的某种犯罪。但是，在不纯正不作为犯的概念问题上，却有三种不同的见解：

一种观点认为，成立不纯正不作为犯，除了违反作为义务的不作为外，还需引起一定的结果。此说把不作为与构成要件的结果结合起来，从引起犯罪结果为必要这一点上，认定不纯正不作为犯；反之，不与结果相结合，而由不作为本身即可实现构成要件的情形，理解为纯正不作为犯。按照这种观点，举动犯不能成立不纯正不作为犯，只有结果犯才可能成为不纯正不作为犯。这种观点是联邦德国的通说。

另一种观点认为，以不作为的方式实施通常以作为方式所实施的犯罪，叫做不纯正不作为犯。例如，故意杀人罪，通常是以

---

① 洪福增：《刑法理论之基础》，刑事法杂志社，1977 年版，第 167~168 页。

凶器或其他工具积极实施的犯罪，一般表现为犯罪的作为，如果行为人以不作为的方式实施，比如母亲基于杀人的故意不给自己的婴儿哺乳，致使婴儿饿死，就是不纯正不作为。此说以某种犯罪通常实施的行为形式为基准，以作为（积极行为）和不作为（消极行为）施行方式互不相同这一点上，来区分纯正不作为犯与不纯正不作为犯，如该种犯罪通常是以作为实施的，以不作为实施也可以构成，就认为不纯正不作为。

再一种观点认为，不纯正不作为犯，应以不作为实施以作为形式所规定的犯罪构成要件为确认根据。这就是说，按照法律所规定的行为形式，区别纯正不作为犯和不纯正不作为犯。依据这种区别方法，凡法律条文上以所谓"为"的作为形式明白规定构成要件的行为者，是作为犯；在法律条文上若以"不为"的不作为形式而明白规定构成要件的行为者，是不作为犯。如果以不作为实施法律规定的以作为为构成要件的犯罪，就是不纯正不作为犯，而不是以所谓"通常的"行为方式当作确认的根据。这种学说在日本刑法学界有着较大的影响，但是也存在着令人费解之处。既然法律规定作为是该种犯罪的构成要件，那么，也就不存在不作为可以构成该种犯罪的问题，何以有不纯正不作为犯呢？

以上三种不同见解，是就不纯正不作为犯的概念本身而言的，而从不纯正不作为犯与刑法规范的关系上来考察，又有三种不同的主张，分述如下：

一种主张是：不纯正不作为犯是违反禁止规范的犯罪。认为以作为的方式违反禁止规范的，称不纯正作为犯；以不作为的方法违反禁止规范的，称为不纯正不作为犯。其立论的基点是，不纯正不作为犯是以"作为义务"为媒介而违反禁止规范的。但是，不作为的"作为义务"，是来自"命令规范"，何故成为违反禁止规范的媒介，这种主张未能充分说明。虽然可以解释说，不纯正不作为犯的作为义务，是来自"禁止不作为"的禁止规范，并非直接来自命令规范，但这种解释未免牵强。所以，批评

174

者指出，命令规范是必须实施"一定的行为"，而禁止规范是禁止实施"一定的行为"，因此，应当履行一定的"作为义务"，只能来自命令规范，显然不是来自禁止规范，从而否定不纯正不作为犯是违反禁止规范的说法。

另一种主张是：不纯正不作为犯是既违反禁止规范又违反命令规范的犯罪。此说认为，不纯正不作为犯的作为义务，虽然来自命令规范，但违反该项作为义务的事实，不但以不作为的方式侵犯了命令规范，同时在结果上实现了禁止规范的构成要件，所以又是侵害禁止规范的行为。

再一种主张是：不纯正的不作为犯是违反命令规范的犯罪。此说指出，不纯正作为犯的作为义务，只能来自命令规范，因此，违反作为义务的不作为，实属侵害命令规范的作为。如果按照违反禁止规范的犯罪，来追究违反命令规范的不纯正不作为犯的刑事责任，事实上就是类推适用，有悖于罪刑法定主义。

其次，从危害行为实施方式的角度，把犯罪的不作为划分为纯粹的不作为和混合的不作为。这是苏联学者以是否必须产生法律所规定的危害结果为标准来划分的。

所谓纯粹的不作为存在于这样的立法结构中：不论已经产生还是可能产生后果，不作为的事实本身和既遂罪一样要受到刑罚惩罚。例如，对处于有生命危险中的人不予救助，或者没有正当理由对病人不给予抢救。

所谓混合的不作为只可能存在于下列场合，即由于不作为而产生了一定的、法律所规定的社会危害结果。例如，出于某种动机，医生想让病人死去，并有意不给病人作手术；如果这种结果产生，医生就要对故意杀人罪承担责任①。

再次，我国刑法学者对犯罪不作为的分类，存在着两种不同

① 别利亚耶夫等主编：《苏维埃刑法总论》，群众出版社，1987 年版，第 126~127 页。

的观点：

一种观点是以不作为"触犯刑法规范和违背的作为义务性质不同"，沿用西方大陆法系刑法学者的分类，将不作为划分为纯正的不作为和不纯正不作为。所谓纯正不作为，通常是指法律明文规定以一定的不作为构成犯罪的内容而言。例如，我国刑法中的玩忽职守罪，就是由纯正不作为构成的犯罪。所谓不纯正不作为是指不实施按照刑法的规定或自己的职务应该实施的某种义务而构成犯罪。例如，我国刑法中的破坏交通工具罪，可以由作为的形式实施，也可以由不作为的形式实施，该不作为就是不纯正不作为。不纯正不作为，还可以再分为故意的不纯正不作为和过失的不纯正不作为。

另一种观点是从犯罪构成要件的角度，围绕着犯罪的不作为形式，对我国刑法规定的具体犯罪进行分类，并对上述分类方法持否定态度，认为，根据我国刑法的有关规定，可以把不作为分为以下几种：

（1）只能由不作为形式构成的犯罪。例如，我国刑法第261条规定的遗弃罪。这类犯罪大体相当于西方刑法理论中的纯正不作为犯，所不同的是没有完全排除危险结果。因为我国刑法中的遗弃罪必须"情节恶劣"才能构成，其中就包含着具有一定的损害结果。

（2）既可以由作为也可以由不作为构成的犯罪。此类犯罪的不作为主体，几乎遍布刑法分则所有各章之中，这就是说刑法要求履行某种特定义务的人，可以因不履行特定义务而构成刑法分则各章中的一些犯罪，它大体上相当于西方刑法理论中的不纯正不作为犯。

（3）同时包含有作为和不作为两种形式的犯罪。例如，我国刑法第201条和第202条规定的偷税罪、抗税罪。此类犯罪的共同特点是行为人不履行刑法规定的作为义务，而在实施这些不作为犯罪时，又采取了某种积极作为的形式。这一类犯罪实际上是以作为的面目出现的不作为犯罪，主要特征还是不作为，但它有别于以上两种不作为犯罪。

（4）共同犯罪中的不作为犯罪。此类犯罪一般采用内外勾结的办法，行为人在共同犯罪中扮演帮助犯的角色。例如，看守仓库的人与盗窃犯合谋，以自己的不作为为盗窃犯大开方便之门，这就是共同犯罪中的不作为犯罪①。

再一种观点是，有些学者既不是对不作为犯罪进行分类，也不是以不作为为基点对犯罪进行分类，而是以作为和不作为两种行为形式为标准，从犯罪构成的角度，对我国刑法中的具体犯罪进行分类，其中，又有"三分法"和"四分法"之别。

所谓"四分法"，是指以作为和不作为为区分的标准，将刑法规定的各种犯罪划分为四类：（1）只能由作为构成的犯罪；（2）只能由不作为构成的犯罪；（3）既可以由作为方式也可以由不作为方式构成的犯罪；（4）同时包含作为和不作为两种方式的犯罪。持这种观点的同志认为：作为和不作为在我国刑法中的表现是多种多样的。大多数犯罪只能由作为方式构成。除此之外，有些犯罪只能由不作为方式构成，如刑法第 261 条的遗弃罪，第 444 条的遗弃伤病军人罪等。还有不少犯罪既可以由作为方式，也可以由不作为方式构成，如故意杀人罪、爆炸罪、放火罪、破坏集体生产罪、交通肇事罪等。有些犯罪则同时包含作为和不作为两种形式，如偷税罪、抗税罪、拒不执行判决裁定罪等。至于共同犯罪中的情况就更为复杂，有些犯罪在主体为单个人时只能是作为方式，但在共同犯罪中就可以由不作为构成犯罪的共犯，如现金出纳员可以用不锁保险柜的方式参与盗窃犯罪。

"三分法"的划分标准与上述"四分法"完全相同，它充分肯定"四分法"中的前三种分类，同时否定并排除第四种分类。

---

① 　高铭暄主编：《新中国刑法学研究综述》，河南人民出版社，1986年版，第 152~154 页。

持"三分法"的学者指出，"偷税行为本质上是不履行纳税义务，即不作为"，偷税人为此"伪造账目，弄虚作假"等活动虽然是"作为"，"然而这并未改变其不作为的本质"，从而否定"四分法"中关于有些犯罪同时包括作为和不作为两种行为形式的分类，认为应将它归属于只能由不作为构成的犯罪。

以上我们以较多的篇幅考察和介绍了中外刑法学者关于犯罪不作为的分类，以及以作为和不作为对犯罪所进行的分类的各种不同基本观点和主张，以便进行比较研究，探索切合本国国情的观点。在我们看来，研究犯罪论上的问题，目的是揭示行为的社会危害性及其程度，解决罪与非罪、此罪与彼罪，以及在量刑上处罚轻重的问题，凡是与此无关的，应不在探索之列，对危害行为形式的划分也是如此。基于这种指导思想，我们认为下述两种分类比较符合中国的实际：

第一，以犯罪形态为划分的对象，以作为和不作为为划分的标准，以区分罪与非罪和此罪与彼罪的界限为目的，从犯罪构成的角度上，可以将我国刑法中的全部具体犯罪划分为四类：（1）有些犯罪只能由作为构成；（2）有些犯罪只能由不作为构成；（3）有些犯罪作为和不作为两种行为形式均能构成；（4）有些犯罪由作为和不作为两种行为形式才能构成。为此，在罪行各论中阐述每个具体犯罪构成的危害行为时，必须明确它属于其中哪一类。如果某种犯罪只能由作为这种行为形式构成，那么不作为形式就不能成立该种犯罪；反过来也一样，如果某种犯罪只能由不作为构成，以作为形式也就不能实施该种犯罪；如果某种犯罪作为和不作为两种行为形式皆可构成，再通过其他构成要件来区别罪与非罪和此罪与彼罪的界限。我们既然赞同以危害行为的两种基本形式将具体犯罪划分为四种形态的观点，自然对前述"四分法"中的第四种形态，即有些犯罪"同时包含作为和不作为两种形式"的观点持肯定的态度。这里需要特别说明的是第四种，过去有些同志包括我们之所以不承认这种情况，主要是认为：伪造账目、弄虚作假的偷税行为，还是为了不履行纳税义务，就不纳税而言仍然是不作为。因为作为不作为总是针对一定的义务而言的，所以不应认为这是存在作为和不作为两种行为形式的犯罪。我们认为，就偷税罪来说，这种观点是正确的。但修订的刑法第202条规定的抗税罪却不能作同样的解释。该条规定：抗税罪是"以暴力、威胁方法拒不缴纳税款的"行为，拒不缴纳税款，当然是不作为，但作为抗税罪的构成要件的暴力、威胁却是由作为构成的，而没有暴力或威胁也就不成其为抗税罪。暴力、威胁虽然也是为了不履行纳税义务而实施的，但具有相对独立性，是与拒不缴纳税款并列的构成抗税罪不可或缺的要件。这是与偷税罪中的伪造账目、弄虚作假不同的，因为伪造账目、弄虚作假并不是构成偷税罪不可缺少的要件。所以从刑法规定的实际情况出发，应当承认同时存在作为和不作为两种行为形式的犯罪。

第二，以不作为犯罪为划分对象，以危害行为的积极表现和消极表现为划分根据，以揭示行为的危害程度轻重为目的，从量刑的角度上，可以将不作为犯罪划分为消极的不作为与积极的不作为两种处罚轻重的酌定情节。所谓消极的不作为，指负有某种特定义务，刑法规范要求必须履行，能够履行而消极地不予履行的行为。例如，锅炉工负有义务按照操作规程给锅炉加水，他消极地不按时加水，以致锅炉爆炸，造成重大责任事故。消极的不作为是单纯地不履行特定义务的消极行为，这就是说行为人不履行义务没有采取任何对抗的积极行动。所谓积极的不作为，指负有某种特定义务，刑法规范要求必须履行、能够履行而积极抗拒履行的行为。例如，刑法第402条规定，行政执法人员徇私舞弊，对依法应当移交司法机关追究刑事责任的不移交的行为。消极的不作为与积极的不作为既有相同之处，又有不同之点。两者的相同之处是：（1）行为人都负有刑法规范要求必须履行的某种特定义务；（2）都实施了没有履行特定义务的行为。两者的不同之点是：（1）前者只能表现为消极行为，后者必须表现为积极行为；（2）两者虽然都是不作为犯，但从主客观两个方面来考察，就同一具体犯罪及其损害结果而言，前者的社会危害程度相对地较后者要轻一些，因为采取积极行为抗拒履行特定义务，毕竟同消极地不履行义务在主观恶性和客观表现上有所不同。将不作为犯罪划分为消极的不作为和积极的不作为两种形式，以便对不作为犯在量刑时区别对待，有助于充分体现党和国家的刑事政策。

五、构成要件的危害行为

（一）构成要件的危害行为的概念

构成要件的危害行为，是指构成某种犯罪不可缺少的实行行为。在这里，犯罪的实行行为与构成要件的行为实属同一概念，因此，弄清什么是实行行为，什么是非实行行为，对于判断某一具体行为是否构成要件的行为，具有重要的意义。

所谓实行行为，亦称实行犯罪，是指实施刑法分则规定的直接威胁或侵害某种具体社会关系而为完成该种犯罪所必需的行为。例如，杀人罪中剥夺他人生命的行为，盗窃罪中的秘密窃取他人财物的行为等，都是犯罪的实行行为。由于实行行为是构成一切犯罪不可缺少的要件，所以中外刑法学者均把它同构成要件的危害行为联系起来进行判断。有的指出：" '犯罪的实行'，是符合基本构成要件的行为。"[1] 有的认为："实行者，实践刑法各本条构成要件之行为也。易言之，即实施犯罪内容的行为。"[2] 有的主张："所谓实行犯罪，是实施符合刑法分则所规定的某种具体犯罪构成要件的行为。"[3] 我们基本上同意后一种观点，但

---

[1] ［日］福田平、大塚仁：《日本刑法总论讲义》，辽宁人民出版社，1986年版，第137页。

[2] 高仰之：《刑法总则之理论与实用》，台湾五南图书出版公司，1986年第3版，第180页。

[3] 高铭暄主编：《中国刑法学》，中国人民大学出版社，1989年版，第173~174页。

是，还需作一点补充，即明确指出这种行为的本质属性：直接威胁或侵害某种具体社会关系。犯罪的实行行为具有三个基本特征：（1）它是一种危害行为，具有一切危害行为必须具备的三个要素；（2）它是刑法分则条文规定的完成某种具体犯罪所必需的危害行为，因为刑法分则是以犯罪的完成形态既犯罪既遂为标本来规定各种具体犯罪的，所以，分则条文所描述的危害行为，只能是完成该种犯罪不可缺少的行为；（3）它直接侵犯某种社会关系，对犯罪的直接客体具有现实而直接的威胁性或破坏性，否则就不是构成要件的危害行为。犯罪的实行行为与犯罪行为之间的关系是种属关系，后者还包括犯罪的非实行行为，在外延上要广得多，前者只是其中一个主要部分。

所谓犯罪的非实行行为，是指对实行行为起制约、补充和从属作用的危害行为，一般由刑法总则条文加以规定。但是，并非任何犯罪的实行，都必须具有非实行行为，现实生活中的很多具体犯罪，就只有实行行为而无非实行行为。正因为非实行行为不是具体犯罪不可缺少的危害行为，所以它不是犯罪构成要件的行为。在我国刑法中，非实行行为主要表现为三个方面：（1）犯罪预备行为。如为了盗窃配制钥匙不属于盗窃罪的构成要件。因此，为了犯罪，准备工具、制造条件的犯罪预备行为，虽然是成立预备犯和某些中止犯不可缺少的危害行为，但是，由于它不是完成某种具体犯罪不可缺少的危害行为，对某种犯罪的直接客体尚未构成现实而直接的威胁或损害，加之从客观外在表现来看，预备行为本身尚未表明其具体指向，比如行为人为了犯罪而买刀（准备工具），究竟是用于杀人、伤害，还是用于抢劫、强奸，在其尚未着手实行犯罪以前，很难确定它用来实行哪种具体犯罪，所以，犯罪预备行为虽然是一种危害行为，但不是实行行为。（2）刑法分则条文规定的成立某种具体犯罪所必需的行为实行终了以后，继而发生的其他危害行为，它不是该种犯罪构成要件的实行行为，其中有的是成立另一种犯罪的实行行为，有的则是作为本罪量刑情节的危害行为。比如，行为人实施故意杀人行为，把被害人杀死后，发现被害人有大量财物，继而把这些财物劫走，劫走财物的行为就不是故意杀人罪构成要件的实行行为，而是另一种具体犯罪的实行行为；又如，行为人实施故意杀人行为，把被害人杀死后，继而肢解尸体，毁灭罪迹，其碎尸的行为虽然也是一种危害行为，但不是故意杀人罪构成要件的危害行为，只是从重处罚的情节。（3）复杂共同犯罪中的有些幕后组织、策划、指挥行为，教唆行为和帮助行为，也不是犯罪的实行行为。因为这些行为虽然是复杂共同犯罪行为的组成部分，具有相当严重的社会危害性，有些甚至大于实行行为的危害性，但是，它们对直接客体的侵犯，毕竟要通过实行犯的实行行为才能实现，由于这些行为对具体社会关系的威胁和侵害是间接的，不具有实行行为的本质属性，所以不能认为是实行行为。然而也不能一概而论；对不加区分的观点，我们也不赞成。比如，有的论著笼统认为："非实行行为包括……犯罪的组织、策划、指挥行为，教唆行为，帮助行为等"①；有的论著则笼统认为："教唆犯的教唆行为和帮助犯的帮助行为，……可以看作实行行为的特殊形式"②，这种不加区别的说法，有悖于我国刑法规定的实质。有些组织、策划、指挥、教唆和帮助行为，由于犯罪性质或行为方式的特殊性，一旦实施这些行为，便对该种犯罪的直接客体构成现实而严重的威胁，因而不失为犯罪的实行行为。例如，刑法第 317 条第 1 款规定的组织越狱罪中的组织行为，第 105 条第 1 款规定的颠覆国家政权罪中的组织、策划行为等，我国刑法分则就将它们规定为该种犯罪构成要件的实行行为。此外，共同犯罪中现场指挥犯罪实行的行为，间接正犯的教唆行为，无论在理论

---

① 《中国刑法辞典》，学林出版社，1989 年版，第 148 页。

② 孙膺杰、吴振兴主编：《刑事法学大辞典》，延边大学出版社，1989 年版，第 756 页。

上和实践中，都应认为是犯罪的实行行为。

实行行为和非实行行为既有共同之处，也有不同之点。其共同之处是：（1）两者都是社会危害行为；（2）两者都属于犯罪行为。其主要区别是：（1）前者是直接而严重地威胁和侵害该种犯罪直接客体的行为，后者不具有这种属性；（2）前者是完成一切具体犯罪不可缺少的行为，后者并非一切犯罪所必需具备的；（3）前者是刑法分则规定的构成要件行为，后者不是刑法分则规定的构成要件的行为。

（二）构成要件行为之单复

行为的单复指某种具体犯罪构成要件的危害行为是包含一个行为，还是包含两个或两个以上的行为，前者称为单一危害行为，后者称为复杂危害行为。对此，国内外刑法学者存在着两种不同的主张。一种观点主张，一个犯罪就是一个行为。例如李斯特等认为，犯罪的本质是行为，行为的单复即犯罪的单复，因而行为数论应成为犯罪数论的基调，按照这种观点，行为的单复则是测定犯罪个数的标准；另一种观点主张，一个犯罪可能包括复数的行为。例如，久礼田益喜指出："行为也可能运用数的观点，行为的单复不必与犯罪的单复相一致。"① 持这种观点的其他学者认为："犯罪之个数，因与行为之个数有关，然现行刑法，定犯罪之个数，并非专依行为的个数为准，既有行为虽属单一，而构成数罪者，有行为为数个，而构成一罪者……"②

我们认为，前一种观点不适合当代的需要，因为从我国刑法分则关于具体犯罪的规定来看，虽然绝大多数犯罪构成只要求具备一个实行行为，但是确有许多犯罪构成要求具备两个实行行

---

① ［日］久礼田益喜：《日本刑法总论》，严松堂书店，1925 年版，第 128 页。

② 陈朴生、洪福增：《刑法总论》，台湾五南图书出版公司，1982 年版，第 290 页。

为，如果从理论上采一行为即一个犯罪之说，就很难解释我国刑法中有关复数行为只构成一个犯罪的立法情况。例如，刑法第236条规定的强奸罪，就包括暴力或胁迫等选择性的方法行为和奸淫这个目的行为，只有两种行为都具备时，强奸罪（既遂）才能成立。因此，我们既不采取李斯特的观点，但也不完全同意后一种说法，因为在我国刑法中，没有单一行为构成数罪的规定。一个实行行为，可能触犯数个罪名或法条，但是它只能构成一种具体的犯罪，如果在理论上支持一行为可构成数罪的观点，就可能导致重复处罚，从而扩大行为人的刑事责任。研究构成要件行为的单复问题，对于划清罪与非罪，此罪与彼罪，一罪与数罪，既遂与未遂等界限，均有极为重要的作用，不可加以忽视。

要弄清具体犯罪构成要件的行为究竟是单一危害行为，抑或是复杂危害行为，首先必须解决危害行为的单复问题，即什么是一个行为。在行为的单复问题上，国内外刑法学者众说纷纭，莫衷一是，归纳起来，可分为一元论的行为单复说和多元论的行为单复说两种，分述如下。

1. 一元论的行为单复说

一元论的行为单复说，是指解决行为的单复问题，所持的理论观点只能是一种。不同学者之间的观点是各不相同的，大体上有以下五种观点：

（1）自然说。此说主张构成要件的一个行为，必须从其自然形态方面去观察，如果不是自然的一个行为，即使是同时同地所为，也应视为数个行为。例如，某甲在同一时间、地点，以右手伤乙，以左手伤丙，应视为是两个行为。这种观点把一个伤害行为的数个举动，作用于数个不同的具体对象，认定为数个行为，在犯罪构成论和犯罪形态论上，看不出有什么实际的价值；况且，行为人连续而无间断地发出若干类似的动作，如果从自然形态上看，就很难区分它是一个行为还是数个行为。由于此说并未提出行为单复的划分标准，因而在理论上实难成立。

（2）社会说。此说认为，行为的单复应从社会的见解上去观察，不仅在生理上的一个意思活动是一个行为，而且一个目的的数个意思活动，如以数个打击而杀害同一人，也应视为一个行为。这种观点也未明确提出区分行为单复的标准，与上述自然的行为说没有实质上的差别，所以不能认为是适当的。

（3）意思说。此说认为，行为的本质是有意思的动作，故应以意思决定是否单一为区分行为单复的标准。基于一个意思决定而为之行为，即一个行为，基于数个意思而为之行为，即数个行为。按照这种观点，基于一个意思先后实施数个侵害行为，也只能认为是单一的行为，此说不但不切合社会上的一般观念，而且从刑法上来看，也不符合连续犯的情况，自不足取。

（4）综合说。此说主张，行为是否单一，应以行为人的目的、意思和行为的时间、场所、表现形式及其间的必然联系等各种具体情况，并依社会通常的观念来决定。这种观点把决定行为是否一个，求之于多种因素，实际上是没有区分行为单复的明确标准，而且决定行为单复的因素愈多，就越发使人无所适从，显然是不适当的。

（5）充足要件说。此说认为行为是否一个，应以该行为所充足犯罪构成要件之次数为标准。充足一次者为一个行为，充足数次者为数个行为；行为若同时充足两个以上犯罪构成要件，其间完全共通时，就其共通一点观察，仍不失为一个行为，例如一枪击毙二人，是充足两次杀人行为，其行为因系全部同一，故认为是一个行为；如果行为充足两个构成要件，其间只有一部分行为交叉或重合，便不能认为是一个行为，例如，私藏枪弹并用以杀人，两者虽属共通，但未全部共通或同一，所以不能认为是一个行为。这种观点不无一定的道理，但却存在着自身难以克服的矛盾。比如，我国刑法第279条规定的招摇撞骗罪，由冒充国家工作人员的行为和骗取非法利益的行为所构成，而按照“充足要件说”，其中任何一个都不是充足一次构成要件的行为，只有

185

当两者同时具备时，才算是充足一次构成要件，才能认为是一个行为；而两者并非"同一"和完全"相通"，依"充足要件说"，又不能认为是一个行为，必需视为是两个行为。在同一个问题的观察上，却得出了两个截然相反的结论，可见其科学性值得怀疑。

2. 多元论的行为单复说

由于一元论的行为单复说，无论哪一种都不能解决行为单复的区分问题，于是，便产生了多元论的行为单复说。此说认为，行为的个数，不宜专凭一种理论加以解决，而应视行为要素的数目是否一致。如果行为要素的数目相一致，当可认定行为的单复；若其中有不一致的情形，应采不同的观点加以解释。所谓行为的要素，指意思决定、身体动作和狭义结果（实际损害）三者。行为要素不一致情形及解释的观点，实有以下五种：

（1）基于两个意思决定，发生一个身体动作，产生一个结果。例如，本决意杀甲，实行时甲不在，遂对甲妻乙下毒手。在此情形下，虽有复数的意思决定，因无相互呼应的复数身体动作，且只发生一个结果，应认为是单一行为。

（2）基于一个意思，实施数个动作，产生一个结果。例如，以一个伤害的决意对同一人为数次之殴打，致其受伤。对此情形，即使基于同一的意思决定，所发生的一个结果亦符合意思决定的内容，但因发生多次的身体动作，所以认为有数个行为存在。

（3）一个意思决定，实施一个身体动作，引起数个结果。例如，以杀人的意思投掷炸弹，致多人死亡。对此情形，由于意思决定与身体动作均属单一，所引起的复数结果多系偶然，不能以此偶然发生的多个结果衡量行为的单复，所以只成立一个单数行为。

（4）数个意思决定，实施数个身体动作，引起一个结果。例如，先以伤害的意思决定对被害人殴打致伤之后，再以杀人的意思将被害人杀害。此种情形，按狭义行为的观点，因为各个身体动作皆基于不同的意思决定，即使只发生一个结果，也应视为复数行为。

（5）一个意思决定，实施数个身体动作，引起数个结果。例如，以杀害一人的意思，连发两枪，却将二人打死。此种情形是多数的身体动作引起多个结果，虽基于单一的意思，设此意思包括使多数结果发生时，不能因意思的单一而否认其为复数行为。

上述学说主张具体问题具体分析，思路比较开阔，较之一元论观点有所进步，其中不无某些合理的因素，但是，它对具体问题的分析和解决，还存在不少缺陷。首先，这种理论是片面的，它只能针对结果犯构成要件行为的单复进行判断，而对行为犯、危险犯、过失犯、不作为犯等犯罪形态的构成要件行为的单复，却无能为力，不能认为是科学的。其次，这种理论脱离法律对具体犯罪构成要件行为的要求，具有主观随意性。例如，根据我国刑法第234条关于伤害罪的规定，其构成要件只要求具备一个伤害行为，行为人在实施伤害行为过程中的动作，是单一动作，抑或数个动作，在所不问。可是，上述第（2）种观点，则将基于一个伤害的决意，对同一人多次殴打致伤，认定为数个行为，这种脱离法律要求的判断，显然是毫无价值的。再次，这种理论未能揭示行为的本质，具有严重的表面性。例如，根据我国刑法第232条规定的杀人罪，其构成要件只要求具备一个杀人行为，至于杀人的方法、步骤、手段，在所不问。据此，行为人先以伤害的意思将被害人殴打成伤，然后再以杀人的意思将其杀死的行为，从主观上来看，先伤后杀的意思均属一个杀人行为过程，根本就不存在两个行为。可是，上述第（4）种观点，脱离法律关于杀人罪构成要件行为的要求，抛开事物的本质，抓住表面现象，从杀人行为的方法步骤中，人为地分解出一个伤害行为；按照这种观点，多数杀人行为均应同时构成故意伤害罪，这就抹煞

187

了两者之间的界限，是难以令人赞同的。最后，这种理论过于简单化，也尚未提出区分行为单复的科学标准。犯罪现象是极为复杂的，以几个简单的具体公式来解决行为的单复问题是徒劳无益的。例如上述第（1）种观点认为，本意杀甲，实行时甲不在，遂对甲妻乙下毒手，是两个意思一个动作和一个结果，因动作单一认定为单一行为；而在第（2）种观点中又认为，以一个伤害的决意，对同一人数次殴打，引起一个伤害结果，因数次殴打是数个动作，所以认为是数个行为，在这里，什么是动作，动作的单位以什么为标准呢？既然数次殴打同一人致伤为数个伤害行为，那么以数个动作致同一人死亡，岂不是数个杀人行为吗？危害行为本为一种复杂的现象过程，虽然偶尔也表现为个别动作，但在绝大多数场合是由一系列动静环节有机联系而成的。因此，以动作的个数或次数为标准来解决行为单复问题，必将误入歧途。

　　由于上述一元论和多元论的行为单复说都不能正确、彻底地解决行为单复的区分问题，因此有必要从我国刑事立法和社会犯罪现象的现实出发，探索一种新的行为单复理论。我们认为，认定具体犯罪构成要件危害行为的单复，应当根据刑法所要求的观念来决定。因为作为构成要件的危害行为，已经不是自然现象上和一般社会现象上的行为，而是具有特定刑法特征的犯罪实行行为，所以，判断某种犯罪构成要件行为的单复，必须根据刑法对该种犯罪的具体要求来决定。由于不同性质的犯罪，刑法对其构成要件行为有不同的要求，因而确定行为的单复，不能强求一个统一的尺度，只能以法律对具体犯罪的要求为标准，即按照法定的行为内容和形式，支配行为的罪过形式、行为指向的直接客体性质或对象三者有机的统一，来决定行为的单复。根据这个标准，可将构成要件的危害行为分为单一危害行为和复杂危害行为。所谓单一危害行为，亦称简单危害行为，指构成某种具体犯罪法律只要求具备一个实行行为。我国刑法分则规定的具体犯罪，绝大多数是由单一危害行为构成的，例如，杀人罪、伤害罪、盗窃罪、抢夺罪等，只要在一个特定犯意支配下，实施一个特定的实行行为，侵犯一个特定的直接客体，就能成立该种犯罪。所谓复杂危害行为，指构成某种具体犯罪必须具备的复数实行行为。复数实行行为，是由两个或两个以上的实行行为组成，但是，在我国现行刑法，例如第 236 条规定的强奸罪，其构成要件的行为就是复杂危害行为：其中一个是暴力、胁迫等致使被害妇女不能反抗，不敢反抗或者不知反抗的行为；另一个是奸淫妇女的行为。反过来说，行为人与妇女发生性关系，如果没有实施暴力、胁迫等违背妇女意志的强制行为，就不能构成强奸罪。区分行为单复的意义，在于揭示我国刑法规定的数百个具体犯罪中，有的犯罪只要求实行一个危害行为，有的犯罪则同时要求实行两个或两个以上的危害行为。这种区分的主要目的是后者。由复杂危害行为构成的犯罪，由于各自的性质不同，可分为两种情况：（1）实行前一行为而未实行后一行为，便成立犯罪的未遂或中止。例如强奸罪，只要行为人出于强奸的故意，对被害妇女着手实行暴力、胁迫或者其他使妇女不敢反抗、不能反抗或不知反抗的行为，即使由于行为人意志以外的原因而未能实行奸淫行为，也应认定为犯罪未遂，如果自动放弃强行奸淫行为，则成立犯罪中止。属于这种情况的还有抢劫罪、敲诈勒索罪等等。（2）实行前一行为而未实行后一行为，则不可能构成犯罪。例如，诬告陷害罪，如果行为人仅只实施捏造他人犯罪事实的行为，而未实施向有关机关告发的行为，无论出于什么原因不去告发，均不能认为其前行为是犯罪行为。属于这种情况的还有冒充国家工作人员招摇撞骗罪等。由此可见，对于上述两种情况的研究，有助于在司法实践中正确区分罪与非罪的界限。

第三节　危 害 结 果

一、危害结果的概念

何为构成要件的危害结果？学术上有两种观点：一为广义结果说。此说认为，凡是犯罪意思的客观化，都是危害结果，它不限于行为对客观外界所造成的有形变化，还包括身体动作和其他非物质性损害。例如，梅芝格（Mezger）说："犯罪之结果指一切客观构成要件之实现，因之，结果包括行为人之身体动作及由此所引起之外界结果……如杀人罪之结果为行为人扣枪机发射子弹，使被害人被子弹命中而死亡是。扣枪机为行为人之身体动作，子弹之发射、命中及被害人之死亡均为外界结果。对于他人之精神亦可能引起结果，例如伤害引起被害人之痛苦，猥亵引起他人之厌恶，均属外界结果是。"[①] 另为狭义结果说。此说主张，危害结果是危害行为致使犯罪客体发生的事实上的损害或危险状态，这种事实情况是行为人承担刑事责任的重要客观依据。例如，麦耶（H. Mayer）指出："刑法上之结果系外界结果，即动作以外之结果，其系发生于行为客体上，如有生命者之身体、他人之动产或放火之目的物，亦即构成要件该当行为在行为客体所引起之外界有形状态。因之，一切在法律上重要的事实变动，均可视为结果，但此须发生于行为客体之上。身体动作因系身体之活动，是其先于外界结果而存在。"[②] 在上述两种主张中，我们对广义结果说持否定评价：一方面，身体动作是行为的客观外在特征，属于危害行为本身，而行为与结果则是犯罪客观方面的两个相互区别而又相互联系的事实特征，不可混为一谈。任何结果

---

①② 转引自蔡墩铭著：《刑法基本理论研究》，台湾汉林出版社，1980 年版，第 68~69 页。

都是相对于行为而言的，两者之间的关系是因果联系。从行为方面考察，实施某种危害行为不一定造成特定的危害结果，但可能引起别的结果；从危害结果方面看，有危害结果必有危害行为，无危害行为即无危害结果，如果将行为本身即身体动作也包括在结果范畴之内，危害结果也就在法律上丧失自身存在的前提。另一方面，危害行为对侵犯对象所造成的精神损害，如对被害人的威信、人格、名誉、心理等损害，虽然也是一种危害结果，但因不便测算和计量其具体的危害程度，难以作出危害大小的适当判断，此种损害一般由危害行为实施的具体情节体现出来。例如，我国刑法第246条规定的侮辱、诽谤罪，从其构成要件来看，法律就未要求特定的危害结果，只要故意实施构成要件的侮辱、诽谤行为而情节严重的，犯罪就可成立。因此，没有必要将精神损害作为一个相对独立的事实特征纳入构成要件的结果之中。精神损害程度虽然可以通过危害行为实施的具体情节反映出来，但也可以通过被害人的痛苦反映出来，所以，危害结果不应包括行为人的身体动作。基于这两方面的理由，犯罪构成要件的危害结果，应采狭义结果为当。

所谓危害结果，是指危害行为对刑法所保护的社会关系所造成的实际损害和现实危险。实际损害包括危害行为造成的直接结果和后果。例如，贪污罪的危害结果是致使一定数额的公共财物被非法占有，故意毁坏公私财物罪的危害结果是导致公共财物灭失；刑法第129条规定的，必须造成严重后果；刑法第116条规定的破坏交通工具罪的危害结果是足以使交通工具发生倾覆、毁坏的危险。危害结果具有下列三个基本特征：

1. 原因的特定性。任何结果都是相对于原因而言的，危害结果也不例外。引起危害结果的原因只能是危害行为，因此，不能把一切对刑法所保护的客体造成的损害结果都视为危害结果。我们研究危害结果的目的，在于解决定罪和量刑的问题，所以，不负刑事责任的行为造成的损害结果，不能认为是危害结果。例如刑法第 20 条第 1 款和第 21 条第 1 款规定的正当防卫行为和紧急避险行为所造成的损害，就不是危害结果。应当把一般的损害结果同危害结果区分开来。

2. 结果的客观性。危害结果是危害行为所造成的客观事实情况，它一经发生就不以人的意志为转移而存在着；行为对什么客体造成损害，造成了多大损害，其性质和程度不容人们任意解释。行为人的危害行为在客观上造成的危害结果，与行为人实施危害行为希望达到的结果是两个不同的范畴。后者即犯罪目的，"目的是一种主观愿望，是行为人对某种结果的追求，他追求的结果在他的意识中，只是一种希望。"① 实施危害行为，行为人主观上的追求与客观上的结果有时是一致的，有时就不一致。例如，刑法第 232 条规定的杀人罪，其构成要件的危害结果是他人生命遭受非法剥夺，如果实施杀人行为仅仅造成他人重伤，决不能因为重伤潜伏着被害人死亡的发展趋势，即可能性，而作出该罪构成要件结果已经发生的判断。又如，行为人意图杀害某甲，由于对象认识错误而将某乙杀死，不能因其目的未能实现而否定其构成故意杀人罪。因此，不可将犯罪目的同客观上造成的结果混为一谈。

3. 结果的现实性。危害结果必须是危害行为对直接客体造成的现实损害。现实损害是已经发生的物质损害或确实存在的危险状态，这是危害结果与危害行为相互区别的标志。危害行为与危害结果是两个相对的范畴，两者之间的联系是因果关系。列宁指出："'……结果并不包含……原因中没有的东西'，反过来也是一样。"② 由于因果之间具有质的同一性，即危害行为本身包含着危害结果的质，对客体造成损害的这种性质已存在于危害行

---

① 高铭暄：《中国刑法学》，中国人民大学出版社，1989 年版，第 136 页。

② 列宁：《哲学笔记》，人民出版社，1956 年版，第 141 页。

为之中，所以，容易使人将行为的社会危害性代替行为对客体造成损害和危险的现实性，从而抹煞危害行为与危害结果两者之间的界限。把危害行为自身所固有的引起客体危险或损害的必然性和可能性，当成一种危害结果，显然是对危害结果的误解。危害行为对直接客体所造成的现实损害或危险，是危害结果不可缺少的本质属性；离开结果现实性就可能陷入主观随意性。这三个基本特征必须同时具备，否则就不是刑法上的危害结果。

二、危害结果在犯罪构成中的地位

危害结果是犯罪客观方面的一个十分重要的要件，但是，它是否一切犯罪构成都必须具备的共同要件，中外刑法学者持有不同的主张。

一种观点认为，危害结果是指危害行为对刑法保护的客体（社会关系）所造成的损害。这种损害，包括行为在客观上已经造成的现实损害，也包括行为必须造成和可能造成的损害。因为犯罪结果同行为的社会危害性和犯罪客体是紧密联系而不可分割的，只要某一行为侵犯了刑法所保护的社会关系，就必然要造成一定的损害结果，所以，危害结果是一切犯罪构成客观方面的必备要件之一。苏联刑法学者特拉伊宁就主张这种观点，他说："没有客体就没有侵害行为，因为在这种场合，并没有侵犯到什么东西；同样，如果对客体没有造成损害，那么也就没有侵害行为，因为在这种场合，主体并没有实行侵害。因此，客体和结果是彼此不可分离的；没有作为构成因素的客体便没有犯罪，同样没有作为构成因素的结果也没有犯罪。因此，如果承认客体是构成的必要因素……但却否认结果具有这种意义，那么就要陷入不可调合的内在矛盾中。"① 在我国刑法学界，有不少学者赞同这

---

① 特拉伊宁：《犯罪构成的一般学说》，中国人民大学出版社，1958年版，第116页。

种观点。例如，有些同志认为："在我国，任何一个犯罪行为，不管其表现形式如何，都必然使刑法所保护的社会关系遭到某种程度的损害。这种损害，有的是已经造成的，例如，杀人行为，已经将人杀死；有的是可能造成的，例如各种未遂罪和预备罪之类。我们说犯罪行为是具有社会危害性的行为，就是因为它对我国刑法所保护的客体已经造成或可能造成一定的损害。……所以，犯罪结果是每一个犯罪构成必须具备的条件。缺少了这个条件，犯罪就不能成立。"①

另一种观点认为，危害结果是指危害行为对刑法所保护的客体已经造成的损害。危害行为指向或作用于刑法所保护的某种直接客体，不一定都不可避免地造成预期的损害或实际的损害。有些犯罪只要实施构成要件的危害行为，便是犯罪的既遂，不一定要发生危害结果；有些未完成形态的犯罪，如预备犯、未遂犯或中止犯，也可能没有发生危害结果。所以，危害结果并非一切犯罪必不可少的构成要件。苏联 1948 年、1950 年和 1952 年刑法教科书的作者认为结果不是共同要件，基本上主张这种观点，从而遭到特拉伊宁的批判②。我国刑法学界也有不少学者主张这种观点。例如，1982 年出版的高等学校法学试用教材《刑法学》明确指出："缺乏危害结果，在许多情况下仍然可以构成犯罪"；并且指出："在犯罪未遂的情况下，也可能未发生任何结果。例如，甲为了杀死乙，向乙举枪射击，没射中，乙安然无恙。"③又如，1989 年 4 月出版的高等学校文科教材《中国刑法学》仍然坚持这种观点，认为："刑法意义上的危害结果，则是特指危

---

① 杨春洗等：《刑法总论》，北京大学出版社，1981 年版，第 128～129 页。

② 樊风林主编：《犯罪构成论》，法律出版社，1987 年版，第 55 页。

③ 高铭暄主编：《刑法学》，法律出版社，1983 年修订版，第 123、177 页。

害行为给客体即社会主义社会关系造成的损害。比如，杀人行为造成他人生命的死亡；伤害行为造成他人健康的损害；盗窃行为造成公私财产所有权的损害；等等。"进而指出，我国刑法规定的少数犯罪是"行为犯"，只要实施刑法分则规定的某种危害行为就是犯罪的既遂，"而不问是否发生某种危害结果"，"这种犯罪并非不能发生一定的危害结果，而是不以发生一定的危害结果为犯罪构成要件。一定危害结果的发生与否，只是量刑时考虑的情节。"① 此书的论断虽然较前书的观点委婉或隐晦一些，但是两者没有什么不同：第一，用以说明危害结果的定义的三个例子，即"杀人行为造成他人生命的死亡；伤害行为造成他人健康的损害；盗窃行为造成公私财产所有权的损害，"显然表明危害结果是已经造成的现实危害；第二，用不论危害结果"是否发生"或"发生与否"来表述行为犯，实际上是肯定某些犯罪不要求危害结果；第三，由此引出的结论只能是：危害结果并非一切犯罪构成的共同要件。

我们赞同后一种观点，认为危害结果不是一切犯罪构成的共同要件，只是犯罪客观方面的一个极为重要的选择要件，并对第一种观点提出如下商榷：

首先，应把刑法上的危害结果同一般的结果区别开来。从因果联系的一般意义上讲，任何危害行为作为原因，都必然发生一定的结果，不是发生这样的结果，就是发生那样的结果。因果联系是事物、现象之间普遍联系的形式之一。没有无结果的原因，也没有无原因的结果。任何结果都是相对于原因而言的，反过来也是一样。然而，刑法上考察的不是一般的结果，而是危害行为作用于刑法所保护的社会关系，使其发生性质上和面貌上的某种改变，或者造成现实的危险状态，这种损害和危险能够进一步揭

---

① 高铭暄主编：《中国刑法学》，中国人民大学出版社，1989年版，第100、101、169页。

示行为的社会危害性及其严重程度，从而成为构成某种犯罪不可缺少的事实特征，或者成为影响量刑的客观情况，因此，危害结果只能是具有时空存在形式的对直接客体所造成的现实损害和危险状态。

其次，应当把现实发生的危害结果，同危害结果发生的可能性严格区别开来。所谓现实发生的危害结果，是指危害行为已经造成的实际损害和危险状态。由于实际损害是危险状态发展的必然趋势，若无特殊情况改变现实条件或出现新的条件，客体的损害是确定无疑的，因而危害行为业已造成的危险状态，自属现实发生的危害结果。而危害结果发生的可能性，则是现实不存在的东西，由于没有发生和尚未出现损害或危险，自然没有具体的时空存在形式，所以不能认为是客观事实情况。况且，可能性的本身，预示着事物发展前途的种种趋势，既可能出现损害和危险，也可能不出现损害和危险，究竟朝哪个方向发展实难断言。可能性并不等于现实性，这更是人所共知的道理。如果把可能引起的危害结果，也当成刑法上的危害结果，把尚未发生的、实际没有的东西当成现实存在的事实情况，作为定罪或量刑的根据，这岂不是凭主观上的猜测来认定刑事责任吗？由此可见，危害结果只能是行为对客体造成的现实损害和危险状态。

再次，应把行为的社会危害性同客体受到的现实危害区别开来。行为的社会危害性是指该行为对刑法所保护的社会关系具有威胁或损害的属性，即行为本身包含着改变现存社会关系的性质、面貌的必然性和可能性，正因为它会引起客体向不利于社会发展方向的变化，所以刑法才禁止实施这种行为。危害行为的实施，其结果不外是三种：完全改变客体的性质和面貌；部分地改变客体的性质和面貌；对客体的性质和面貌没有任何改变与危险。后者就是没有发生危害结果。没有发生"必然"发生或"可能"发生的危害结果也是有原因的，比如主客观条件不具备，方法不对头，用力不适当等等，或者被害人的反抗，群众的防卫，公安机关及时制止或打击等等。因此，不可将行为的社会危害性与行为造成的实际危害即危害结果混为一谈。

最后，还应将危害结果同犯罪客体区别开来。犯罪客体是刑法所保护的而为危害行为所指向或作用的社会关系。危害行为的具体指向和作用的对象，与被指向和被作用的对象是否因该行为而发生损害和危险，是两个不同的范畴。危害行为具有指向、作用和影响直接客体的属性，否则就是毫无意义的举动，从这个意义上讲，没有犯罪客体便没有危害行为。但是，如果说凡是危害行为所指向、作用的直接客体，其性质和面貌就注定地、不可避免地要改变，这就难以使人信服了。例如，同科室会计某甲弄到出纳员某乙现金保险柜钥匙和密码，乘乙外出时打开保险柜盗窃现金，然而柜内现金已被乙存入银行，其内分文没有。在此案中，某甲的盗窃行为不能说没有犯罪客体，其盗窃行为所指向的公款所有权难道不是直接客体吗？但是由于某甲意志以外的原因，该直接客体并未因某甲盗窃行为的实行而发生性质上和面貌上的变化。足见犯罪客体的存在并不意味着已经受到了实际危害，有直接客体不一定有危害结果。总之，我们并不否认危害结果同危害行为和直接客体有着不可分割的联系，而要证明的是三者之间并不等同，它们是既相联系而又互相区别的事物，不可将三者混为一谈；抹煞了三者之间的界限，实际上也就否定了危害结果本身，使其丧失了作为刑法上一个相对独立范畴而存在的价值。

三、危害结果的种类

刑法上的危害结果，可以用不同的标准从不同的角度进行分类，主要是下列三种区分：

（一）构成要件结果与非构成要件结果

刑法上的危害结果，以对某种犯罪的成立是否具有决定意义，可划分为构成要件的结果与非构成要件的结果。任何危害结果都能说明行为的社会危害性和直接客体遭受侵害的程度，并非每种犯罪都以危害结果为其构成要件；但是，危害结果对某些犯罪的成立虽然不具有决定性的意义，却是量刑轻重不可忽视的重要情节。犯罪论上研究的危害结果具有相对性，只有放在特定犯罪构成中进行考察，才能确定它是构成要件还是量刑情节。因此，何为构成要件的结果，何为非构成要件的结果，需要从理论上加以区分。

1. 构成要件的结果

所谓构成要件的结果，亦称定罪结果，指刑法分则条文规定的或者依照刑法分则条文的规定，成立某种具体犯罪既遂必须具备的危害结果。其有三个基本特征：（1）它对成立某种具体犯罪的既遂具有决定性的意义；（2）它是该种犯罪构成要件的危害行为所引起的；（3）它是刑法条文明文加以规定的或者依照刑法分则条文的规定，成立该种犯罪必须具备的构成要件。既包括实害结果，也包括危险结果；既包括故意犯罪中成立结果犯、危险犯、实害犯所必须的危害结果，也包括构成过失犯罪不可缺少的危害结果；既包括同种犯罪中基本构成类型的危害结果，也包括加重构成类型的危害结果。

在我国刑法中，构成要件的危害结果有下列两种基本表述方式：一种是法条明定的危害结果。指该危害结果的侵害性质及损害程度，是由刑法分则或特别刑法条文明确加以规定的。有这种明确规定的具体犯罪除过失犯罪之外，还有许多分则条文。例如，刑法第226条规定的盗窃罪、诈骗罪和抢夺罪，非法占有的财物必须是"数额巨大"；又如，刑法第335条规定的医疗事故罪，必须"造成就诊人死亡或者严重损害就诊人身体健康"的结果。另一种是依法推定的危害结果，指危害结果的损害性质及程度，在规定该种具体犯罪的刑法分则条文中，没有明文叙述，只是描述构成要件的罪过形式、危害行为、直接客体或者别的构成要件，而将特定的危害结果隐含在其中。之所以没有明文叙述，完全是由于立法技术上的需要，并非该种犯罪构成不要求具备危害结果。根据该法条对罪名和罪状的基本规定，就能够理所当然地和准确无误地将构成要件的危害结果推论出来，不致于发生任何歧义和误解。例如，刑法第132条规定的故意杀人罪，法条虽然没有明叙本罪构成要件的危害结果，但是，任何人都知道，成立故意杀人罪的既遂当然不可缺少危害结果，而且这种结果只能是已经把被害人杀死，使他人的生命权利遭受非法剥夺。如果仅仅把被害人杀伤，这当然也是现实发生的一种危害结果，然而它不是故意杀人罪构成要件的危害结果，只是杀人未遂的一个量刑情节。

2. 非构成要件的危害结果

所谓非构成要件的危害结果，亦称量刑结果，指一切危害行为引起的某种具体犯罪构成要件危害结果以外的，对于该种犯罪的社会危害程度及其刑事责任大小具有一定评价意义的一切现实损害。这种危害结果外延极为宽广，归纳起来主要有以下几种：（1）行为犯造成的危害结果。行为犯不以危害结果为构成要件，但并非不能发生一定危害结果；如果引起某种危害结果，应视其实际损害程度，在量刑时酌情予以较重处罚。（2）未遂犯和中止犯造成的危害结果。这种结果一般发生在着手实行犯罪以后，虽然不是构成要件的危害结果，却能表明犯罪的危害程度，对于是否比照既遂从轻、减轻或者免除处罚不无影响。例如，某甲意图杀害某乙，开枪向乙射击，致使某乙重伤截肢，造成终生残废；又如，某甲投毒杀害某乙，见乙服毒后产生害怕心理，便送往医院抢救，自动有效地防止某乙死亡结果的发生，但却给某乙的健康造成了严重的损害。（3）非法定的危害后果。行为人实施某种犯罪，但在犯罪实行的过程中或者犯罪完成以后，又诱发或引起某种间接危害后果，在量刑时也应加以考虑。例如，盗窃他人急救病人的现金，贻误送往医院救治时机，引起病人死亡，在量刑时自应从重处罚。（4）精神损害。指危害行为给国家机关、社会组织、家庭或个人的正常活动和正常生活、威信和名誉、人格和心理造成很坏的影响，带来了严重的损失或较大的痛苦等等。例如，侮辱诽谤行为造成被害人羞愧难堪，侵犯少数民族风俗习惯的行为，伤害了被害人的民族感情。这种无形的损害，虽不好具体测算，但人们根据理性认识和价值观念，仍能作出大体的评价，似应作为量刑的酌定情节。以上几种危害结果，是限定于特定犯罪构成而言的，具有相对的意义。这就是说，他们在此罪中是量刑情节，在彼罪中可能是构成要件的结果；如果在实施某种犯罪中，上述结果较为严重，超过了行为人意欲的结果，成立他种犯罪的话，当然不能视为非构成要件结果。

（二）实害结果与危险结果

构成要件的危害结果，以危害行为是否对刑法所保护的社会关系造成实际损害为标准，可以划分为实害结果和危险结果两种。这是我国刑法中危害结果的两种基本形式。在资产阶级刑法学者中，也存在着这种观点，例如，我国台湾学者陈朴生说："结果犯所预期之结果，有属于实害者，有属于危险者，乃为侵害犯（亦称实害犯）与危险犯（或称危殆犯）之别，其处罚根据之内容，一为保护法益之侵害，一为发生侵害之危险亦有异，详言之，前者，系以侵害法益为其处罚之依据，即以现实的侵害一定法益为其犯罪构成要件，既有侵害一定法益之意欲，并有法益之侵害，其犯罪始告完成，后者，则以发生一定法益之危险为其处罚之依据，并不以现实发生法益之侵害为要件，仅以侵害法益危险之意欲，并只致发生侵害一定法益之危险，其犯罪即告完成。"[1] 这种观点同我们的认识基本上是一致的，但是它在对具体犯罪的论述上，同我们的看法又不尽相同。比如，妨害公务罪和伪证罪等，在我们看来是行为犯，而他们则认为是危险犯。因此，在阐述我国刑法上的实害结果和危险结果时，对两者应当提

---

① 陈朴生：《刑法专题研究》，三民书局，1983 年版，第 41、48 页。

出明确的概念。

1. 实害结果

所谓实害结果，即实害犯、过失犯构成要件的危害结果，指危害行为致使法律所保护的人身、财产、社会秩序、环境资源或者其他合法权益遭受破坏、损伤、毁坏、减少、灭失、流失等事实情况。例如，伤害行为致人身体受伤，挪用救灾、救济款物行为"致使国家和人民群众利益遭受重大损害"，盗窃行为致使"数额巨大"的公私财物被窃取，扰乱社会秩序行为"致使工作、生产、营业和教学、科研无法进行"，聚众斗殴行为"造成社会秩序严重混乱"或"社会影响恶劣"等等，都是实害结果，对其不难认定，在此勿需赘述。

2. 危险结果

所谓危险结果，即危险犯构成要件的危害结果，指危害行为引起法律所保护的社会关系足以发生一定实害结果的危险状态。在我国刑法中，危险犯及其构成要件的危险结果，是由分则条文明文加以规定的，不能任意扩大解释；在此，应将危险结果与行为的社会危害性严格区分开来。后者是行为本身的属性；前者是具体危害行为所引起的另一现象，它是在行为之后出现的客观事实情况，自有其时间和空间的存在形式。例如，搬开铁轨破坏铁道的行为是前一现象，列车颠覆、毁坏危险是后一现象，后者能够为人们所感知，因而危险状态是一种客观的危害结果。根据我国刑法关于危险犯的规定，危险结果又可分为抽象的危险结果和具体的危险结果两种：（1）抽象危险结果，指符合构成要件的危险行为一经在特定地点或对特定对象实行，便认为存在一般危险状态，从而成立犯罪的既遂。这里只须就行为是否构成要件的危险行为进行判断，确认行为的危险性，就意味着危险结果随之存在，勿须再对危险状态作进一步的判断。例如，刑法第114条规定的犯罪，只要行为人在工厂、矿场、港口、河流、水源等特定地点实行放火、决水、爆炸、投毒等危险行为，就必然发生

"危害公共安全"的危险。又如，第124条规定的破坏广播电视和公用电信设施罪，只要行为人对广播电台、电信网络等特定对象实行破坏行为，便存在着"危害公共安全"的危险。由于法律对"危害公共安全"的内容尚未作出具体的规定，所以在理论上称为抽象的危险结果。(2)具体危险结果，指实施某种危害行为或者危害行为在特定地点或对特定对象实行，是否足以使法定特定危险状态发生，或者是否足以造成严重后果，还需根据具体案情对危险状态的存在依法作出肯定的判断，才能成立该种犯罪的既遂。例如，刑法第116条规定的"破坏轨道、桥梁、隧道、公路、机场、航道、灯塔、标志，或者进行其他破坏活动，足以使火车、汽车、电车、船只、航空器发生颠覆、毁坏危险，尚未造成严重后果的，处3年以上10年以下有期徒刑。"在本罪中，破坏交通设备的行为，必须足以发生特定交通工具"颠覆、毁坏危险"；又如，第332条规定："违反国境卫生检疫规定，引起检疫传染病的传播，或者有引起检疫传染病传播严重危险的，处3年以下有期徒刑或者拘役，可以并处或单处罚金。"本条犯罪构成要件的危害结果是并列选择的，前者是实害结果，即引起了检疫传染病的传播，后者是危险结果，即有引起检疫传染病传播这种"严重危险"存在。类似规定还有刑法第117条、第141条、第143条、第321条、第330条、第334条。在这些具体犯罪中，构成要件行为的实行，不一定足以使特定危险发生或者造成特定危险，其是否"有引起"或"足以使"危险存在造成特定后果，必须依法确认。所以，这里的危险结果，是指经过危险判断后的现实存在的危险事实。由于这种危险结果的内容是刑法分则条文具体加以规定，所以在理论上称为具体危险结果。

　　危险结果是否已经发生，对于必须具备危害结果的犯罪构成来说，通常是认定既遂与未遂的依据，但是对于危险犯来说则不尽然，因为其危险结果之确认还应根据自身特点来进行：(1)抽象危险的确认依据，主要是行为实施的危险性。只要行为在法定

202

的客观条件下实行，作为构成要件结果的一般危险就伴随而来，犯罪即既遂；如果行为尚未达到引起一般危险的严重程度，犯罪即为未遂；如果行为情节显著轻微，根本不会引起一般危险，自然不能认为是该种犯罪。(2) 对于具体危险的确认根据，既包括危险行为，也包括危险结果，因为实施符合构成要件的危险行为，构成要件结果的特定危险不一定伴随而至。如果行为的危险性显著轻微，不能认为是构成要件的危险行为，亦不能认为是犯罪；行为达到相当严重的危险程度，虽已符合构成要件危险行为要求，如果不足以使特定危险发生或者不足以造成严重后果，则是犯罪的未遂；只有依法作出特定危险事实存在的判断，才是犯罪既遂。

(三) 普通结果与加重结果

构成要件的危害结果，以适用该种犯罪的法定刑档次不同，可以划分为普通结果与加重结果两种。在传统刑法理论中，仅就故意罪之结果作普通结果与加重结果之划分，而且加重结果仅指"结果加重犯"的结果。例如，蔡墩铭认为："普通结果指行为人所意欲之结果，故行为所发生之结果，为行为人所意欲（故意犯）。若加重结果则指非行为人所意图之结果，但其结果之发生却由来于行为人所实施之行为；加重结果为普通结果以外之结果，故属于第二结果，因此一结果重于普通结果，是称为加重结果。"① 我们认为，普通结果与加重结果作为相对的范畴，其区别在于刑罚是否相对加重，而"加重"刑罚的标志则是适用相对较重的法定刑幅度。根据我国刑法分则关于故意罪之结果犯和过失罪的规定，有些犯罪只有一个法定刑幅度，而绝大多数犯罪均有两个或两个以上的法定刑幅度，这就是说，根据同种犯罪的危害行为以外的其他构成要件的个别差异，可以划分为两个或两

---

① 蔡墩铭：《刑法基本理论研究》，台湾汉林出版社，1980年，第71页。

个以上的危害程度不同的构成类型。其中一个为基本构成类型，其余为加重类型或减轻类型。正是因为构成类型的不同，法律对一种犯罪才规定不同档次的法定刑幅度。虽然危害结果不是同种犯罪划分多个类型的唯一根据，但却是重要的依据之一。多数犯罪因危害结果在质或量上的不同，而适用不同档次的法定刑，其中就不乏加重结果的规定。例如，故意罪中的贪污罪、受贿罪等，就因非法占有财物"数额"较大、巨大和特别巨大这种危害结果的不同，而适用不同档次的法定刑；又如，过失罪中的违反危险物品管理规定肇事罪，刑法第 136 条规定为"违反爆炸性、易燃性、放射性、毒害性、腐蚀性物品管理规定，在生产、储存、运输、使用中发生重大事故，造成严重后果的，处 3 年以下有期徒刑或者拘役；后果特别严重的，处 3 年以上 7 年以下有期徒刑。"由此可见，应当在传统理论的基础上，扩大普通结果与加重结果划分的对象范围，才能从理论上全面概括危害结果，使之同我国刑法的规定相适应，从而加深人们对危害结果的认识。

1. 普通结果

所谓普通结果，指成立某种犯罪既遂所必需的起码限度的结果。它包括如下两种：一种是适当结果，指法律规定该种犯罪只适用一个法定刑幅度，成立这种犯罪所必须具备的危害结果。例如，刑法第 284 条规定："非法使用窃听、窃照等专用间谍器材，造成严重后果的，处 2 年以下有期徒刑、拘役或者管制。"如果造成的危害后果达不到这种严重程度，就不是适当的构成结果。又如，刑法第 235 条规定的过失重伤罪，构成要件的危害结果只能是被害人遭受重伤，不能是别的任何利益，而人体重伤的标准有权解释机关是有明文规定的，符合这种规定就是适当危害结果。另一种是基本结果，指同种犯罪中基本类型构成要件的危害结果。基本结果是相对于加重构成类型或减轻构成类型的危害结果而言的。例如，刑法第 234 条规定的伤害罪，第 1 款之伤害结果即轻伤；第 383 条第（4）项规定"个人贪污数额在 5 000

元以上不满 5 万元"，都是基本结果。

2. 加重结果

所谓加重结果，指刑法分则和特别刑法明文规定的成立某种具体犯罪的加重类型所必须具备的危害结果。加重结果具有如下基本特征：（1）是基本罪构成要件行为所引起的危害结果；（2）是刑法分则规定的某种犯罪的加重类型的构成要件；（3）是刑法对它规定有加重处罚的法定刑幅度。只有同时具有这三个基本特征，才是加重结果。根据我国刑法分则关于具体犯罪的规定，加重结果可分为下列两类：

一类是性质相同的加重结果。亦称一般加重结果。同种犯罪产生出不同构成类型，并非是危害行为的性质不同，而是个别构成要件在质和量上与基本构成要件相异。这里所说的性质相同的加重结果，是指加重结果本身的质以及行为人对结果的主观罪过形式与基本构成要件的危害结果是一致的，其所以区别于基本结果而成为"加重结果"，主要是直接客体受到损害的程度显著大于基本结果，所以适用较重的法定刑幅度。例如，刑法第 234 条第 2 款规定的"犯前款罪，致人重伤的，处 3 年以上 10 年以下有期徒刑"；又如第 136 条关于违反危险物品管理规定肇事罪的规定条文后段明载的"后果特别严重的，处 3 年以上 7 年以下有期徒刑"；等等。这类加重结果与基本结果只是量上的增加，在质和罪过形式上并无差别，但因立法上对其适用较重的法定刑幅度，所以在理论上不能将其排除于加重结果范围之外。

另一类是性质相异的加重结果。亦称特别加重结果，例如，第 236 条第 3 款规定的强奸"致使被害人重伤、死亡"；第 238 条规定的非法拘禁"致人重伤"和"致人死亡"；第 263 条第 5 款规定的"致人重伤、死亡"；第 257 条第 2 款规定的暴力干涉婚姻自由"致使被害人死亡"；第 260 条规定的虐待家庭成员"致使被害人重伤、死亡"。这些加重结果与该种犯罪的基本结果在性质上截然不同：首先，结果本身的性质不同。危害结果的性质决定于遭受损害的直接客体的性质。两种结果性质上的区别就在于被损害的直接客体不一样。例如，故意伤害致死，基本构成类型的危害结果是损害他人健康，而加重结果则是剥夺他人的生命。其次，行为人对结果所持的心理态度不同。仍以故意伤害致死为例，行为人对基本结果是故意，对加重结果则是过失；如果对后者也持故意的心理态度，那就不是故意伤害致死，而是故意杀人。行为人虽然不希望发生基本结果以外的重结果，但是重结果毕竟是基本构成要件的危害行为所致，所以它只能是该种犯罪派生的加重类型的结果，不能因加重结果的发生而构成另一种犯罪。

第四节　危害行为与危害结果之间的因果关系

一、因果关系概说

危害行为与危害结果之间的因果关系，无论在刑法理论还是在司法实践中，都是一个必须正确解决的重要问题。自19世纪中叶以来，随着刑事立法的发展和法学理论的进步，因果关系问题在刑法学中的地位逐渐突出起来。西方国家刑法学者撰写大量的论著，提出各种不同的学说，长期争论不休，迄今不但尚未形成统一主张，反而把问题弄得混乱不堪。自苏联十月革命胜利后，社会主义国家刑法学者把马克思主义哲学关于因果关系学说运用到刑法科学中来，开创了研究因果关系的新局面，取得了很大的进展，但是由于人们对辩证唯物论的因果范畴的理解不尽相同，因而在刑法因果关系上也有不同的观点。苏联及东欧各国刑法学者多年来围绕着因果关系与刑事责任，因果关系的必然和偶然等问题，一直进行频繁的争论。我国对刑法因果关系的研究始于50年代初期，当时讨论的重点主要是如何把马克思主义哲学关于因果关系的原理运用到刑法理论中来，基本上形成了统一的看法，同时受到苏联刑法学界的影响，在必然因果关系和偶然因果关系的问题上，开始形成了不同的主张。正当学术争鸣方兴未艾之际，由于共和国历史上众所周知的原因，对此问题的探讨只好停顿下来。党的十一届三中全会关于加强社会主义民主与法制建设的英明决策，特别是1979年我国刑法的颁布，带来了社会主义法制建设和法学研究的春天。与此同时，辽宁省辽阳市新城大队发生了一起重大的盗枪杀人案①，此案涉嫌多人，较为复杂，在刑事责任的认定上涉及到必然因果关系和偶然因果关系问题，于是，在该省以致全国引发了一场刑法因果关系问题的大讨论。丰富多彩的刑事司法实践，促进了刑法理论的深入发展，使中断近20年的学术研究又重新活跃起来，刑法因果关系问题成了刑法学界探索研究的热点。十年来，这方面的专著和论文纷纷问世，数达百万余言之多，其深度和广度前所未有，呈现了刑法专题研究的盛况，足见因果关系在刑法学中占有重要的地位。

（一）刑法因果关系是哲学因果关系的具体运用

因果关系是哲学中的重要范畴。辩证唯物主义认为，原因和结果是事物、现象之间相互联系、相互制约的普遍形式之一。无论在自然界或人类社会中，任何一种现象的出现，都是由某种或某些现象所引起的，而这种或这些现象的出现，又会进一步引起另外一种或一些现象的产生。引起某一现象的现象，叫做原因；而被某种现象引起的现象，叫做结果。结果是相对于原因而言的，反过来也是一样，两者互为前提，又在一定条件下相互转化。同一现象在一种关系上是原因，在另一种关系上则是结果，各种关系纵横交错，延伸发展成为因果链条。但是，马克思主义

---

① 参见李光灿等：《刑法因果关系论》，北京大学出版社，1986年版，第12页。

又指出，人们对客观事物的认识，是从具体事物及其与它事物的联系开始的。"为了了解单个现象，我们就必须把它们从普通的联系中抽出来，孤立地考察它们，而且在这里不断更替的运动就显现出来，一个为原因，另一个为结果。"① 两个具体现象之间的因果联系，是客观事物普遍现象纵横交织的"网上纽结"。我国刑法以马列主义毛泽东思想为指针，所以，辩证唯物论关于因果关系的原理，是我们研究刑法上因果关系的理论基础和指导思想。但是，刑法上的因果关系又不完全等同于哲学上的因果关系，它还有其自身的特殊性。刑法上因果关系是哲学上因果关系在刑法领域的具体运用。两者之间的关系是共性与个性、普通与特殊的关系。前者是揭示自然界和人类社会一切客观事物普遍联系及其发展规律的思维形式和范畴，指导人们正确认识、处理自己同自然界的关系和社会实践；后者是在前者的指导下，正确认定危害行为与危害结果之间的因果关系，从而解决行为人应否对危害结果负刑事责任的问题。如果强调刑法因果关系的特殊性，而忽视马克思主义哲学因果关系的指导意义，就不可能正确解决刑法上的因果关系；如用哲学因果关系代替刑法上的因果关系，忽视两者之间的区别，势必扩大刑法因果关系的研究范围，偏离解决刑事责任的宗旨。刑法因果关系的特殊性，主要表现在研究的对象和任务的特定性，即它揭示和反映的是两个特定刑法现象之间的因果关系——刑法上的危害行为与危害结果之间的因果关系，从而提供刑事责任的客观基础。这就是刑法因果关系特殊性之所在。

（二）刑法因果关系研究的对象

因果关系同其他相对独立的事物一样，都有自身质的规定性。事物的性质是由其所固有的或多或少的要素构成的。任何因果关系都不可缺少三个要素：一是作为原因的现象，二是作为结

---

① 《马克思恩格斯全集》第20卷，第575页。

果的现象，三是两个现象间的因果联系形式。刑法因果关系也不可缺少这三个要素，这些要素具体指什么，就是刑法因果关系的研究对象问题。对此，刑法学界存在着不同的观点：

1. 在刑法因果关系的原因问题上有如下五种理解：（1）人的行为说。此说认为，当某种危害结果发生以后，所要查明的原因只是人的行为。不论行为人是否有责任能力、年龄大小，也不论行为对社会有利还是有害，都可以作为刑法因果关系的原因。（2）危害行为说。此说认为并不是一切人的行为都可以作为刑法因果关系的原因，只有危害社会行为才能作为原因，人的正当行为和有益于社会行为，不能作为刑法因果关系的原因来研究。（3）违法行为说。此说进一步指出，危害行为包括违反一般道德和纪律的行为，这些行为与法律无关，因而只有违法行为才能作为刑法中因果关系的原因。(4)刑事违法行为说。此说对违法行为作严格的限制，认为刑法因果关系的原因，只能是违反刑法规范的行为。民事违法、行政违法等其他违法行为，是各该部门法因果关系的原因，不是刑法因果关系的原因。(5)构成要件行为说。此说主张："刑法因果关系研究的对象是客观上违反刑法规定的符合犯罪客观要件的危害社会行为（包括作为和不作为）同危害结果之间的因果关系。"① 这就是说，只有符合刑法分则规定的某种犯罪构成要件的行为，才是刑法因果关系的原因。

2. 在刑法因果关系的结果问题上也存在着分歧：（1）现实结果说。此说认为，刑法因果关系中的结果，不是一般意义上的结果，而是由行为人的危害社会行为所引起的符合刑法规定的现实危害结果。如果在社会上出现的某种损害，属于刑法所允许的和不负刑事责任的结果或者是有利于社会的，就不属于刑法因果关系研究的范围。（2）可能结果说。此说承认现实结果是刑法

① 李光灿等著：《刑法因果关系论》，北京大学出版社，1986年版，第22页。

因果关系中的原因，但是又认为："不能把刑法中的危害结果仅仅理解为对刑法所保护的社会关系已经实际造成的损害，此外还包括对刑法所保护的社会关系可能造成的实际损害。……这是属于因果关系的多样性问题，不是有无因果关系的问题。"①

3. 在因果联系的形式问题上，存在着四种见解：（1）认为刑法中只有必然因果关系，偶然因果关系是不存在的。在必然因果关系以外的有关联的事物或现象叫做条件，因而只有内在的必然联系，才是行为人负刑事责任的基础。（2）认为刑法中的因果关系，既有作为基本形式的必然联系，也有作为补充形式的偶然联系。只有必然因果关系才是行为人负刑事责任的客观基础，偶然因果关系不是担负刑事责任的依据。（3）认为不仅必然因果关系可以作为负刑事责任的客观基础，而且偶然因果关系在一定条件下也可以作为负刑事责任的客观依据。（4）认为刑法因果关系是必然性和偶然性的统一，既不能把它说成是必然的，也不能把它说成是偶然的。将因果联系分为必然形式和偶然形式，违背了事物必然性和偶然性相统一的基本原理。

我们认为，在解决刑法上因果关系的研究对象之前，必须弄清研究刑法因果关系的目的。研究刑法因果关系的目的，主要在于确认构成要件的结果是由谁所实施的构成要件行为引起的，以及这种行为构成什么犯罪，以便提供成立该种犯罪的刑事责任的客观依据。刑法上的因果关系除了解决定罪问题之外，还要解决适当量刑的问题，非构成要件的危害结果对行为犯和未完成形态犯罪的刑事责任有一定影响，要使这类犯罪的行为人对该结果担负较重的刑事处罚，也要确认其行为与该结果之间的因果关系，这种因果关系不能说不是刑法上的因果关系。解决刑法上的因果关系为定罪量刑提供客观依据，与提供刑事责任的客观基础是完

---

① 李光灿等著：《刑法因果关系论》，北京大学出版社，1986年版，第23~24页。

210

全一致的。由此可见，定罪量刑是确定刑法上因果关系研究对象的前提。基于这种认识，我们认为，刑法上因果关系的研究对象，是指对定罪量刑有价值的危害结果与可能追究刑事责任的犯罪实行行为两者之间引起与被引起的联系。

首先，考察刑法上的因果关系，必须从危害结果开始，只有危害结果对定罪和量刑有价值，它才是刑法上因果关系的一个要素。刑法上的危害结果的概念，我们在本章第三节已经阐明，这就是说，只有现实发生的损害和危险状态才是刑法因果关系研究的对象；所谓"可能造成的损害"，由于它尚未发生，自然无因果关系可言，因而不属于刑法因果关系研究的对象，所以，我们赞同前述"现实结果说"，而对"可能结果说"作否定性评价。在确定某种危害结果是刑法因果关系的研究对象之后，再进一步去考察引起这种结果的原因——危害行为，这在理论上称为"回溯查因"原则。在没有危害结果发生，或者该结果对定罪量刑毫无影响的情况下，因果关系就无从谈起。

其次，必须有人实施了危害行为。查找危害行为是刑事侦查和诉讼程序上的问题。刑法因果关系研究的危害行为，是已经查明的行为。这种行为只能是违反刑法规范可能被追究刑事责任的作为与不作为，特指符合某种犯罪构成要件的实行行为；不是犯罪实行行为，就不可能侵犯该种犯罪的直接客体，从而也不会造成实害结果和危险结果。所以在前述五种行为说中，我们赞成第（5）种主张，即"构成要件行为说"，前三种观点是错误的，第（4）种观点是不确切的。只有犯罪实行行为才是刑法因果关系研究的对象，当危害行为确认为犯罪实行行为之后，才进一步去考察具有定罪量刑价值的危害结果是否由该实行行为造成或引起。这就是说，作为考察对象的实行行为可能是引起该危害结果的原因，也可能不是。最后，实行行为与危害结果之间的因果联系性质，只能是合乎规律的联系。它一方面表现为原因与结果之间具有质的同一性，另一方面表现为原因合乎规律地引起结果的产生。原因与结果、必然性与偶然性，是两对不同的哲学范畴，各自从不同的侧面揭示事物联系和发展的辩证关系，具有不同的内容和特征，不可混为一谈，相提并论。因果环节一经从因果链条中抽出来考察，两者的位置就固定下来了；而必然性和偶然性却不能孤立研究，两者永远处于相互依赖、渗透和转化的状态，位置不是固定的。因此，我们同意前述第（4）种观点，不应将因果关系说成必然的或偶然的，否则就违背了必然性与偶然性的辩证原理。根据原因行为的单复和另一原因介入因果发展过程，可将刑法因果关系分为简单的、复杂的和中断的因果关系这三种基本形式。

（三）因果关系在刑法中的地位

因果关系在刑法中占有重要的地位，中外刑法学者在认识上是一致的，但是，它是否犯罪构成的一个要件，刑法学界则有不同的看法。一种观点认为，因果关系是一切犯罪构成必须具备的"共同要件"；另一种观点认为，它只是犯罪客观方面的一个"选择要件"；再一种观点认为它不属于犯罪构成要件体系的范畴。我们同意第三种观点，认为刑法上的因果关系不是犯罪构成的一个要件，理由如下：

1. 所谓构成要件，指说明某种具体犯罪构成的社会危害性及其程度的、对某一行为成立该种犯罪具有决定性意义的主、客观事实情况。因果关系就其性质来说是客观的，它要成为一个要件，首先必须表现为犯罪活动的客观事实情况。犯罪活动的任何客观事实情况，都有自己相对独立的物质存在形式。物质存在的基本形式是时间和空间，时间指客观事物发展的过程，空间指客观事物占有一定的位置，表示其体积、形态和排列次序等等。刑法因果关系完全依赖于危害行为和危害结果而存在，离开这两种现象它什么都不是，就是说，根本没有自身的存在。它是两个客观现象即行为与结果之间的联系形式，本身不是一个相对独立的时空事实现象，所以，不能成为犯罪客观方面的一个构成要件。

它既不是共同要件，也不是选择要件。

2. 犯罪构成四个方面诸要件之间的关系，多数是因果关系。比如犯罪动机与犯罪目的之间、犯意与危害行为之间都存在着因果关系，而且都是不可缺少的，如果把危害行为与危害结果之间的因果关系视为构成要件的话，其他要件之间的因果关系也应成为构成要件，这不但增加了构成要件的数量从而扩大了它的外延，而且也扩大了刑法因果关系的对象范围，丧失了研究因果关系本来的意义。犯罪活动中呈现出来的主客观事实现象，与诸现象之间的相互关系，是两个不同的范畴，决不可相提并论，混为一谈。

3. 确认某一危害行为与某一危害结果之间有无因果关系，主要是解决行为人对其行为所造成的危害结果担负刑事责任的问题。行为与结果之间有无因果关系，与该行为和该结果是否犯罪构成要件没有必然联系。比如，现实发生的某种危害结果如果不是某甲的行为造成的，某甲自不应对此负责，但并不排除是由某乙的危害行为造成的，因果关系在前一种场合下被否定，并不影响其在后一种场合下作为犯罪构成要件结果的性质；又如，某一行为不是造成某一结果的原因，只说明该行为人不应对此结果负责，该行为也可能没有造成什么结果，也可能造成另外的危害结果，因果关系在前一种场合下被否定，并不能绝对肯定它不是构成要件的行为。刑法中的因果性，表现为具体现象之间的相互联系，不可作抽象的理解。由于特定危害行为与特定危害结果之间因果关系的有无，对于行为是否成立某种具体犯罪，还是一个或然判断，所以，不可把因果关系当成独立于危害行为与危害结果之间的一个构成要件。我们不是说因果关系对于某些犯罪的成立没有影响，而是说刑法上的因果关系与危害结果有不可分割的联系，如前所述，原因的特定性就是危害结果本身不可缺少的要素之一，它应从属于危害结果来加以考察。

二、刑法因果关系的概念

刑法因果关系指犯罪实行行为与对定罪量刑有价值的危害结果之间引起与被引起的合乎规律的联系。按照我国刑法罪责自负、反对株连的原则，一个人只能对自己的危害行为所造成的危害结果负刑事责任。因此，当某种危害结果已经发生，如果要使某人对这一结果负责，就必须确认他所实施的行为同这一结果之间存在着因果关系；行为与结果之间存在着因果关系，是行为人承担刑事责任的客观依据。如果查明行为人的行为同危害结果之间没有因果关系，决不能要他对危害结果负刑事责任。所以，正确理解刑法中的因果关系，对于正确解决刑事责任问题是至关重要的。

运用辩证唯物论为指导解决我国刑法中的因果关系，要注意掌握以下几个基本特性：

（一）因果关系的客观性

辩证唯物主义认为，因果关系是事物现象间普遍联系和相互作用的一种形式，是不依人的意志为转移的客观存在，这就是说，因果关系不是逻辑推理中的各种思维联系，而是客观实在中的联系。正如列宁指出的："我们通常理解的因果性，只是世界性联系的一个极小部分……这不是主观联系的一小部分，而是客观实在联系的一小部分。"① 同样，刑法中的危害行为与危害结果之间的因果关系也是客观存在的，它既不依行为人主观上能否预见为转移，也不依司法人员的主观判断为转移。例如，某甲误将"敌敌畏"当作药给邻居的孩子治病的行为，引起了小孩死亡的结果，两者的因果关系是客观存在的，不能以某甲未能预见为转移。又如，农民妇女某甲在中午劳动时与男青年某乙争吵，某乙谩骂某甲并动手打了她一耳光，某甲非常气愤，赌气回家，

---

① 《列宁全集》第38卷，第170页。

当天夜里死去。从表面上看，乙的行为同甲的死亡结果之间具有因果关系，后经法医鉴定，甲是晚上受寒，引起喘息性支气管炎旧病发作，因痰块堵塞呼吸道而窒息死亡，甲的死亡与乙的行为之间不存在因果关系。所以，在认定因果关系解决刑事责任的时候，单靠分析判断是不够的，还应进行科学鉴定。司法人员办理刑事案件，一定要进行周密的、科学的调查研究，具体问题具体分析，作出符合客观事实的结论，切忌主观臆断，防止用固定的模式生搬硬套。

（二）因果关系的相对性与绝对性

世界上的一切事物都是普遍联系、互相制约的。一现象可以是前一现象的结果，也可以同时又是后一现象的原因，尤如一条"锁链"环环紧扣，互相连接，无始无终。从事物普遍联系上观察，原因和结果都是相对的。某一事物是这一现象的原因，又可能是另一现象的结果，这就是因果关系的相对性。正如恩格斯所说："原因和结果这两个观念，只有在应用于个别场合时才有其本来的意义；可是只要我们把这种个别场合放在它和世界整体的总联系中来考察，这两个观念就汇合在一起，融化在普遍相互作用的观念中，在这种相互作用中，原因和结果经常交换位置；在此时或此地是结果，在彼时或彼地就成了原因，反之亦然。"①因此，我们就必须把它们从普遍联系中抽出来，孤立地考察它们，这就是说，只有抓住整个链条中的某一特定环节，使它和链条的其他部分分开，才能具体地考察其中两个现象之间的因果联系，因此，从具体事物的联系上来观察，因果关系又是绝对的，前一现象只能是原因，后一现象只能是结果。运用马克思主义关于因果关系的相对性和绝对性原理分析刑法上的因果关系，这就要求我们把原因限制在犯罪实行行为的范围，把结果限制在对定罪量刑有价值的危害结果范围。既要防止把非实行行为当成原

---

① 《马克思恩格斯选集》第 3 卷，第 62 页。

因，也要防止把对定罪量刑毫无价值的危害结果当成结果，杜绝漫无边际地追究因果链条中那些与行为人刑事责任无关的原因和结果。例如，某甲下班回家，归途中被某乙骑自行车撞倒，后又被正常行驶汽车撞伤，当即送往医院。在治疗中医生使用了未消毒的器械作手术，致使某乙感染死亡。其母痛不欲生，因而重病住院，因年老多病，医治无效，不久死亡。本案要解决的问题是某乙的死亡是谁的行为引起的。在这一系列因果关系中，只有医生的玩忽职守行为与某甲的死亡结果之间的关系，才是刑法意义上的因果关系。

（三）原因与结果的先后顺序性

因果关系的时间顺序性，即原因在先，结果在后。作为刑法中的因果关系的实行行为，应当先于危害结果实施；如果查明人的行为是在结果发生之后才实施的，即使是危害社会的行为，该人的行为与该结果之间也显然没有因果关系。但是，这并不意味着凡是先于危害结果发生的行为，都是引起这种结果的原因。因为原因和结果除了具有时间上的顺序性之外，还具有引起与被引起的联系性：原因一定是对结果起作用的，"不起作用的原因决不是原因"①。实践证明，在危害结果之前的许多危害行为，不一定都对结果起作用；即使起了一定作用，作用的性质也是各不相同的，因而未必都是结果发生的原因。例如，某护士为小孩注射青霉素，未作皮试，不久小孩死亡。但解剖证明，死亡的真正原因不是青霉素过敏反应所致，而是小孩患小叶性肺炎引起的，因而护士违反医疗操作规程的行为与小孩死亡结果之间无因果关系。

（四）因果关系的条件性

因果关系只能在一定条件下存在。原因是不能离开它所处的具体条件而发生作用的，作为原因的现象，只有在一定的具体条

---

① 《马克思恩格斯全集》第3卷，第552页。

件下，才可能产生出某种结果来。因此，同一行为在一般场合下实施，可能不会引起某种危害结果的发生；但在特殊的条件下就会合乎规律地导致某种危害结果的发生。这种特殊条件，既可能是当时当地的具体环境，也可能存在被害人自身之中，或者兼而有之。例如，部队通讯员在平时不按时把信送达，不会引起部队重大伤亡，如果在战时，就会贻误战机，导致战斗失利。又如在平地上推倒他人，不会引起死亡结果，如果在悬崖上推倒他人，后果就不堪设想。再如，售货员辱骂一般顾客，不会导致顾客死亡的结果，如果辱骂患有高血压症而又心胸狭窄的老年顾客，就可能导致他脑溢血当场死亡的结果。正因为偶然性是必然性不可缺少的条件，原因不能离开条件发生作用，所以，我们在考察某一行为同某一危害结果的因果关系时，一方面要注意具体问题具体分析，防止撇开某一事物发展变化的具体条件，用抽象的因果关系的一般公式生搬硬套；另一方面，要全面分析对于结果的发生都起过作用的诸因素，把原因同条件严加区别。原因是引起结果诸因素中的决定性因素，而条件虽然也对结果的发生起着一定的作用，但是它只是围绕原因对结果起加速或延缓的作用，不是起决定性的作用。因此，不能把条件和原因等同看待，否则，势必扩大刑事责任的客观依据。

（五）因果关系的复杂性和多样性

客观事物之间相互联系和相互作用的形式是多种多样的，首先表现为原因的多样性。某种危害结果的发生有其内部原因，也有外部原因；有主要原因，也有次要原因；有直接原因，也有间接原因；有主观原因、也有客观原因等。运用因果关系多样性的原理研究刑法上的因果关系，主要是搞清楚危害结果发生的真正原因是什么，考察它与危害结果之间有无因果联系从而确认可能追究刑事责任的实行行为。例如，某甲的贪污行为，致使公共财物遭受损失，其因果关系是一目了然的。但是在现实生活中，因果关系并非如此单纯，它还有各种表现形式。又如，某甲为了杀害某乙，将乙捆绑放置在环山铁路弯道上，当火车司机发现铁道上躺着人时，采取紧急刹车已经无效了，某乙终于被火车压死。在这种情况下，某乙死亡的结果从外观上看，虽与火车的行驶有直接联系，但其内在的原因却是某甲捆绑等方法实施的杀人行为。

还有一种情况是，在某种因果关系发展过程中，介入另一人的危害行为，切断了原来的因果发展过程，直接造成了某种危害结果发生，前因行为人只对后因行为介入前的危害结果负责，最后的危害结果，则由后因行为人承担刑事责任。对此复杂情形，将在后面专题阐明。再一种情况是，在特定的因果关系中加入了被害人自己的行为，引起了更为严重的危害结果发生。例如，某甲向上级控告该单位负责人某乙在工作中违法乱纪，某乙怀恨在心，利用职权对某甲报复陷害，捏造某甲有严重的经济问题，责令停职反省，并非法涂改其人事档案，致使某甲在调资中不能晋级。某甲心胸狭窄，一气之下，竟服毒药自杀身亡。在这一案件中，某乙仅对某甲的民主权利遭受严重损害负责，而某甲的自杀行为则是构成报复陷害罪的严重情节，因此，某乙不能对某甲的死亡结果负责，构不成杀人罪，因为某甲的死亡结果是他自己服毒自杀行为引起的。

此外，还有几个原因共同引起一种结果的情况，由于每个原因都同结果存在着因果关系，所以，应该分清什么是主要原因，什么是次要原因，这是因为他们对于造成危害结果所引起的作用不同，其社会危害程度也有差别，当然各自所承担刑事责任亦有大小之分。例如，在共同犯罪中，每个共同犯罪人的行为都是造成危害结果的原因，但由于他们在共同犯罪中的地位、作用、分工和参与的程度不同，所以刑法对主犯、从犯、胁从犯的刑事责任有不同的规定。如果不是共同犯罪，而是两个以上互无联系的行为人的危害行为共同造成一个危害结果，更应实事求是地分清原因的主次，恰如其分地区别对待。因果关系的复杂性，不仅表现为"一果多因"，而且还表现为"一因多果"的情况。

三、刑法因果联系的性质和形式

（一）我国刑法学界关于必然与偶然因果关系的争论

关于刑法因果关系的性质和形式问题，在我国刑法学界存在着两种相互对立的观点：

一种是"必然因果关系说"。此说主张，刑法中只有必然因果关系一种形式，偶然因果关系是不存在的，因而只有必然因果关系才是行为人负担刑事责任的客观基础。其理论根据是：（1）马列主义经典作家把因果关系视为内在的必然联系。例如，列宁指出："'因果关系的运动'实际上＝在不同的广度或深度被抓住，被把握住内部联系的物质运动以及历史运动。"[①] 这一原理在刑法因果关系上的运用，表现为危害行为与危害结果之间内在的必然联系。（2）因果关系的必然联系，同一切客观事物的发展规律一样，其发展变化就是由于具备了使之发展变化的充足条件；如果作为原因的某种现象还不具备引起结果发生的全部条件，它就不会造成某种 结果，因而就不可能引起某种结果的发生。（3）因果关系的必然性是一定条件下的必然性，缺少了一定条件，事物就不会发展变化，或产生不同的结果。因果关系的必然性就是在一定条件制约下的必然性，不能因其受到某种条件的制约，而否定其必然性，相反，这恰恰是对因果关系必然性的深刻说明。

另一种是"必然、偶然因果关系说"。此说认为刑法因果关系是极为复杂的，既有主要的、作为基本形式的必然因果关系，也有次要的、作为补充形式的因果关系。其理论根据是：（1）原因和结果，必然性和偶然性是两对相互联系，相互渗透的范畴。必然性和偶然性都包括因果性，如果把因果关系视为内在

---

① 《列宁全集》，第38卷，第170页。

的、本质的、必然的联系的话，实际上是把因果性同必然性混为一谈。（2）必然性与偶然性是辩证的统一，一切事物的必然性都不能脱离偶然性而存在。必然性是指客观事物联系和发展中的必然趋势，产生于事物的内在根据。而偶然性则是事物发展中可出现也可不出现，可这样出现，也可那样出现的现象。某行为不含有产生某结果的必然性，而偶然地与另一因果过程相交叉发生某种结果，就是偶然因果关系。（3）刑法中既存在必然因果关系，又存在偶然因果关系，这是不依人的意志为转移的客观事实。（4）只有承认两种因果关系并存，才能正确处理刑事案件，做到不枉不纵。如果否认偶然因果关系的客观存在，势必把许多具有偶然因果关系的情况，或者视为必然因果关系，或者视为无因果关系，从而导致认定刑事责任的错误。

上述两种观点都有一定的道理，双方之间的学术争鸣，是对刑法因果关系的进一步深化，表明了哲学上诸范畴之间的对立统一关系和共性。但是，原因和结果，必然性和偶然性，毕竟是两对相对独立的范畴，各自从不同的侧面和角度揭示事物、现象间的普遍联系和全面发展过程，具有相对的独立性和特殊的内容。原因和结果这对范畴，反映某一事物的产生并非无缘无故的，必定由某种事物所引起，而它的出现又会引起另一事物的产生。必然性和偶然性这对范畴，揭示事物之间的联系和发展，存在着不同的趋势。必然性反映客观事物的联系和发展，在一定条件下具有确定不移的趋势；偶然性则反映事物在必然发展过程中，由于条件和根据的不同，呈现出摇摆、偏离的不确定的趋势。当我们考察事物之间的因果性时，自然会发现因果关系中存在着必然性和偶然性这两种相互对立的联系形式。这是因为事物发展的原因不是单一的，往往是内部的和外部的、主要的和次要的等等各种原因综合起作用的结果。必然性产生于事物内部的主要原因，对事物的发展过程起支配作用，决定事物的发展趋势和方向；偶然性产生于事物次要的和外部的原因，在事物的发展过程中通常居于从属地位，对事物的必然发展过程起促进和延缓作用，使事物发展的确定性，带有这样或那样的特点和偏差。但是，必然性和偶然性又是对立统一的，它们不但相互依赖和相互渗透，而且在一定条件下，又相互过渡和相互转化，因此，必然性和偶然性两者之间的区别和作用，又不是固定不变的。任何事物的发展变化，都不能离开一定的条件，某种特殊条件出现或介入，偶然性就转化为必然性，从而对事物的发展趋势起支配作用，同时，必然性就转化为偶然性而退居到次要地位。与必然性和偶然性的辩证关系不同，原因和结果之间的对立统一关系，则表现为原因对引起它的现象来说是结果，结果对它引起的现象来说是原因，这是它们相互依存和相互转化的特点，但是，一经从因果链条中抽出某个特定的环节，原因与结果的地位也就固定下来了，它们不再变换位置，其相对性也就转化为绝对性。然而原因和结果之间的联系形式和发展趋势，还不能摆脱外界条件的影响，永远处于必然性和偶然性相互依存、相互渗透和相互转化之中，究竟是必然联系还是偶然联系，难以像因果环节那样进行绝对的、孤立的和简化的考察。正是由于原因与结果、必然性与偶然性这两对范畴各有其不同的内容和特点，所以不可将因果联系断然说成是必然联系和偶然联系。例如，某甲基于杀人的故意，夜晚在某乙酒中投下足以致人死亡的毒剂，某乙饮酒后，即被他人送往医院抢救，从急诊时间、医疗条件和值班医生某丙的技术水平来看，救活某乙是毫无问题的，但恰遇值班医生某丙擅离职守，延误了抢救时机，致使某乙中毒死亡。在这种场合下，某乙的死亡结果与某甲的投毒行为之间，究竟是必然联系还是偶然联系？依不同的根据判断，可以得出不同的结论。但是，无论结果的发生是必然性还是偶然性，都不能改变某甲的行为在特殊条件下，引起某乙死亡的因果联系的客观性质。研究刑法因果关系的任务，在于确认危害结果是由某人的危害行为引起的，从而提供刑事责任的客观依据，至于因果联系的必然性和偶然性的问题，不是因果关系

221

是否存在的决定因素。所以把因果关系说成是必然的和偶然的，违背了事物发展的必然性和偶然性对立统一的基本原理。考察刑法上的因果关系，应当注重因果联系的内容和性质，并在此前提下进一步考察因果联系在刑法中的表现形式，使其紧紧地围绕着解决刑事责任的任务，不可偏离这一既定的宗旨。

（二）刑法因果联系的性质

刑法因果联系的性质，是指犯罪实行行为在一定的具体条件下，合乎规律地引起危害结果的发生。它包括两方面的内容：

一方面，作为原因的实行行为，必须具有引起危害结果发生的实在可能性。所谓原因具有引起结果发生的实在可能性，指因果之间存在着相同的质，具有质的同一性。正如列宁指出的："'……结果并不包含……原因中没有的东西'，反过来也一样。"① 这就是说，作为原因的危害行为，一定包含着引起某种结果发生的根据和内容，否则，该结果就不会由它所引起；某种结果的发生，一定是能够导致这种结果出现的行为所引起的，其他行为不可能引起这种结果。正是由于原因和结果都具有相同的内容和根据，它们之间才存在着引起与被引起的关系，原因才具有引起结果发生的实在可能性。作为原因的某种行为具有引起某种结果发生的实在可能性，是该行为与该结果存在因果关系的客观前提，只有在这个前提下，该行为才会合乎规律地引起该结果发生。例如，某甲用刀刺伤某乙腿部，造成轻伤，住进医院治疗，医生某丙用未经消毒的器械为某乙清创缝合，致使其血液感染死亡。由于某甲的伤害行为并不包含某乙死亡的质，不具有引起某乙死亡结果的实在可能性，所以，某甲的伤害行为与某乙的死亡结果之间没有因果关系；而医生使用未经消毒的器械为某乙作手术的行为，则包含着细菌进入肌体，感染血液，引起某乙死亡的实在可能性，而且已经合乎规律地引起了某乙死亡的结果，

---

① 列宁：《哲学笔记》，人民出版社，1956年版，第141页。

其玩忽职守行为与死亡结果之间，存在因果关系。

另一方面，作为原因的危害行为，必须合乎规律地引起危害结果。某种危害行为具有某种危害结果发生的实在可能性，只是因果关系存在的必要前提，并不等于两者之间具有因果关系，只有当这种实在可能性已经合乎规律地引起了该结果的发生，才能确认该行为与该结果之间存在因果关系。这就是说，某种行为虽然具有引起某种结果发生的实在可能性，如果在因果发展的过程中，介入其他危害行为或别的因素，还可能加速或延缓因果发展的进程，甚至改变因果发展的趋势和方向，以致切断了原来的因果发展进程，由中途介入的危害行为合乎规律地引起危害结果的发生。由此可见，原因仅具有引起结果发生的实在可能性还不够，还必须合乎规律地引起了危害结果的发生，刑法上的因果关系才能成立。例如，某甲与某乙有仇，将某乙打成重伤，乙被送入医院抢救，因伤势严重，可能死亡，医院下了病危通知书。不巧同病室病人某丙也与某乙有仇，乘某乙昏睡之际，暗自投毒，致使某乙死亡。在本案中，尽管某甲的伤害行为具有引起某乙死亡的实在可能性，但是某乙的死亡结果不是某甲的行为合乎规律地造成的，因此某甲只负某乙重伤的责任；而某乙的死亡结果，则是某丙的投毒行为合乎规律地引起，自应由某丙承担致人死亡的责任。总之，危害行为具有引起危害结果发生的实在可能性，并且在一定条件下合乎规律地引起了危害结果发生，只有这两方面的统一，刑法因果关系才能成立。

（三）刑法因果关系的形式

刑法上的因果关系，根据原因行为的单复或在因果发展过程中介入新的原因，表现为简单的因果关系、复杂的因果关系和中断的因果关系三种基本形式，在每种基本形式的下面，又有若干具体的表现形式。现分述如下：

1. 简单的因果关系

指一个危害行为直接而合乎规律地引起一个或几个危害结果

223

发生。比如，某甲举枪杀害某乙，发现乙后有丙，但因杀乙的心切，对可能击中丙持放任态度，结果使乙中弹受伤，而丙则中弹死亡。甲的杀人行为与乙伤丙亡这两个结果之间，存在的这种直接联系，即为简单的因果关系。在这种因果关系中，根据条件是否起到关键作用，又可分为一般和特殊两种情形：（1）一般的因果关系。指行为人在着手实行犯罪的过程中，只是利用外界条件，该条件对危害结果的发生，没有起妨碍和促进作用。比如，某甲利用他人门锁不严，入户盗窃。（2）特殊的因果关系。指虽然也是一个危害行为造成一个或几个结果，但因某种静态的、被动的条件之有无，成为该结果能否发生的决定因素，使因果关系带有特殊性。大体有三种情况：一是危害行为在某种危险状态下实行，造成危害结果发生。比如，某甲患急性阑尾炎入院治疗，适逢医生某乙与其有仇，有意拖延手术时间，致甲阑尾穿孔引起全腹膜炎死亡。另一种是危害行为在某种特殊条件下实行，引起危害结果发生。比如，某甲对患有高血压病的某乙头部打一拳，致乙脑血管破裂死亡。再一种是危害行为造成某种危害结果，由于不利条件，使该结果演变为更为严重的结果。比如，某甲将某乙下腹部刺伤后立即送医院治疗，由于路途较远或受阻，或者医院条件太差而死亡。按当时的伤势，若能得到及时的和较好的抢救，某乙不会死亡，但因客观条件不利，发生了更为严重的危害结果。

2. 复杂的因果关系

指两个或两个以上的危害行为共同作用或先后衔接，产生了一个或几个危害结果。根据各个行为之间的相互关系，可分为先后连接和共同作用两种情形：（1）先后连接的因果关系。指前危害行为引起和支配后危害行为，后者直接造成了一个危害结果。危害结果虽是后行为直接引起的，其间具有因果关系，但该结果的"因"又是前行为所引起的和支配的，所以，第二个因果环节中的因和果，都是前行为引起的结果。例如，某水利工地指挥长某甲，派驾驶员某乙用拖拉机装载民工十余人往某工地作工，乙说这是违章行为，有所抵制，但甲强令执行，乙在行车途中果然发生翻车事故，致使民工数人伤亡。交通肇事事故虽是乙违章行为直接造成的，但乙的行为又是甲的违章行为引起和决定的，所以甲的行为与此危害结果之间具有因果关系。（2）共同作用的因果关系。指两个和两个以上的危害行为，单独实施均不能引起某种危害结果，各行为之间也不存在引起、支配和从属关系，但它们相互结合，综合作用，却产生了该种危害结果。其中每个危害行为都是该结果发生的根据，均与该结果具有因果关系。例如，某村办小学教学楼顶，修建时就作为村民晒谷场使用，但因年久失修已成危房，村委会规定禁止再在上面晒粮。某日天晴，胡等5人置村委会的决定于不顾，各在楼顶晒谷5 000余斤，造成楼顶垮塌，致使小学生数人伤亡。经鉴定，每户所晒粮食都不能压塌楼顶，这一惨重危害结果是各户村民的危害行为综合作用所致。对于共同作用类型的因果关系，还需进一步确认哪个行为对危害结果的发生起主导作用，分清主要原因和次要原因，区分每个行为人的刑事责任的轻重。

3. 中断的因果关系

指某种危害行为引起或正在引起某种危害结果，在因果关系发展的过程中，介入了另一原因，从而切断了原来的因果关系，行为人只对另一原因介入前的现实情况负责；介入原因引起的最后结果，与前因行为之间没有因果关系。例如，某甲投毒杀害某乙，乙中毒后被丙开枪打死。在此案中，由于丙的后因行为介入，从而中断了某甲前因行为与某乙死亡结果之间的因果联系，甲仅负杀人未遂的责任，不能认为是杀人既遂。

成立中断的因果关系，必须具备三个条件：（1）必须有另一原因介入。所谓介入原因，指介入已经存在并且正在发展的因果过程的行为或自然力，它与最后结果具有质的同一性，能够引起该结果发生。如果介入因果过程的行为或自然力，仅对危害结果的发生起促进作用，则不是介入原因，只是因果过程发展的条件，不能中断因果关系。例如，某甲用枪射击某乙，弹入脾脏，顿时休克，生命垂危，送往医院抢救，医生及时手术，在手术过程中某乙死去，医生的介入行为只是因果发展过程的条件，不是介入原因，不能中断因果关系。(2) 介入原因必须是异常原因。所谓异常原因，指通常情况下不会介入的某种行为或自然力。例如，某甲重伤某乙，后又被仇人某丙所杀，丙的介入行为属于异常介入，则中断原来的因果关系，甲仅对重伤结果负责，不应对死亡结果承担责任；假定甲重伤乙后，乙并未被他人所杀，而是另患他病而死，这是自然力的异常介入，中断因果关系，甲也只负重伤责任。如果介入原因属于通常介入，则不能中断因果关系。例如，流氓某甲在小巷追逐少女某乙，乙朝大街奔跑，在街口与正常行驶的某丙汽车相撞而死，某丙驾车行为实属通常介入，因果关系不能中断，甲应对乙死亡结果承担责任；又如，某甲用刀刺伤某乙，乙因伤口感染，引发脓毒败血症而死，细菌感染系自然力通常介入，不能中断因果关系，甲应对乙的死亡结果负全部责任。(3) 中途介入的原因必须合乎规律地引起最后结果的发生。因果关系的中断，意味着前因行为与最后结果之间没有因果关系，同时表明最后结果是介入原因合乎规律地引起的。如果介入原因与最后结果之间的联系不合乎事物发展的规律，因果关系的中断就不能成立。因为介入原因对危害结果的发生不起决定性的作用，该危害结果只能是前因行为合乎规律地引起的。例如，某甲故意将某乙汽车的制动装置破坏，乙不知晓，驾车行使，因而发生交通事故，造成严重后果，某乙的介入行为与危害结果的发生，不合乎客观规律，因而不能中断某甲破坏交通工具行为与交通事故之间的因果关系。

四、西方国家刑法因果关系学说评介

西方国家刑法理论中，因果关系是犯罪的客观要素之一，但

主要解决的却是刑事责任问题。由于其哲学基础与我们社会主义国家不同，其因果关系学说就有自己的特点。现就主要的几种观点，简要评介如下：

（一）条件说

所谓条件说，亦称条件即原因说或等价条件说。此说纯以论理学的观点为其基础，认为危害结果的发生，如有多数条件或因素时，其中凡有逻辑上意义的任何条件，不问其为直接条件或间接条件，均为结果发生的原因，所以一切条件都有同等价值，均是刑法上的原因。这就是说，如果行为与结果之间，只要认定"无行为即无结果"时，就有因果关系存在。例如，某甲伤害某乙，乙因伤入医院治疗，适逢医院失火，乙因伤未能逃出，遂被烧死。乙被烧死这一结果，直接起因于火灾，但是，倘若没有甲的伤害行为，乙就不会住院治疗，故乙的死亡结果，便是由甲的行为引起的，甲应对此结果负致人死亡罪的全部责任。又如，甲不慎开车撞伤某乙，乙被送进医院抢救；在抢救过程中，因医生某丙错误用药，致乙死亡，按条件等价的原则，甲撞伤乙的行为和医生丙用错药的行为并无区别，同是乙死亡的条件，均应视为结果发生的原因，都要对乙之死亡结果负刑事责任。这种学说特别强调从危害结果中所反映出来的人身危险性，主张只要行为人在实施行为时，能够认识到有发生结果的可能性，就不能以任何理由减轻其刑事责任。它把与危害结果发生有关的一切条件不加区别地视为引起结果发生的原因，混淆原因和条件的界限，漫无边际地扩大刑事责任，失之过苛，对我们没有借鉴价值，应当予以否定。

（二）原因说

所谓原因说，亦称条件原因区别说，或过重条件说。此说认为，在多数条件（因素）之中，只有一个条件是危害结果发生的原因，其他则为单纯的条件，都不是引起结果的原因。至于认定原因的标准是什么，主张此说的学者又各有所持，主要有五种观点：（1）必要原因说，又称直接原因说，认为在多数条件中，只有必然引起结果的发生且对结果发生有直接关系的条件，才是结果发生的原因，偶然或间接与结果有关系的条件都不能认为是引起结果发生的原因。（2）有力原因说。认为应在多数条件中，寻找出对引起结果发生最有力的条件，作为造成结果的原因。所谓最有力的条件，就是对结果发生起最大作用的条件。（3）优势原因说，又称决定原因说。认为在多数条件中，对结果的发生具有优势力量或决定性作用的条件，才是结果发生的原因，其余为单纯的条件。（4）最终原因说。认为在多数条件中，以最后一个引起结果发生的条件为原因，在它之前与结果有关的条件，均不是原因。（5）异常原因说。认为在多数原因中，足以改变事物正常进展顺序，使其为异常的发展，而违反生活常规的条件，才是结果发生的原因。以上各说用形而上学的观点来考察刑法中的因果关系，为避免扩大刑事责任而只承认一个原因，却将共同原因和多因一果排斥在外，忽视了因果关系的复杂性和多样性，片面观察问题，严重脱离实际，失之空疏，难免有轻纵罪犯之嫌，不足借鉴。

（三）相当因果关系说

相当因果关系说，亦称相当原因说或适当条件说。此说本为原因说中一流派，经过逐步补充修改，脱颖而出，自成一说，现为西方刑法学界的通说。此说以社会生活知识和经验为依据，认为在多数条件中，凡与结果发生具有相当关系的条件，即为结果发生的原因。这种观点认为，人类的知识经验是解决因果关系的基础，在通常情况下，相同的条件均可发生相同的结果，条件相当是认定因果关系的依据。但是，在条件相当性的标准问题上，学者所见又各不相同，大约有这样三种主张：（1）主观的相当因果关系说。此说认为，应当以行为人在行为当时所认识或可能认识的情况，作为决定因果关系的基础。这就是说，行为人在主观上认识到该行为随时随地均能发生相同的结果，其行为与结果之间才有因果关系存在。(2) 客观的相当因果关系说。此说认为，因果关系应作事后的审查，综合行为当时的一切客观情况为基础，依一般人的经验来进行判断。只要有相当的环境，有相当的行为，均能发生相同的结果时，其行为与结果之间就有因果关系存在。(3) 折衷的相当因果关系说。此说以客观说为基础，以行为当时一般人可能认识和行为人所认识的情况为参考，为决定因果关系的标准。如遇偶然条件竞合，行为人也能认识，仍可认为有因果关系存在；如因异常条件竞合，非行为人所能认识，则足以阻断其因果关系。"相当因果关系说"是西方国家刑法学中普遍采取的一种主观唯心主义观点。在他们看来因果关系不是客观存在的，而是以主观认识或人们的一般常识为前提，由人们的知识和经验推理判断出来的，他们主张只有"标准的"原因和结果的联系，才叫因果关系。反之，如果某种行为只在某一特定场合而不是在一般场合都能引起这一结果发生时，这种结果和行为之间就没有因果关系。例如，甲与乙发生口角，乙患有心脏病，在相互推打中，引起乙心脏病发作，当即倒地死亡。对于这种情形，我们认为乙的死亡显然是甲的行为在当时具体条件下合乎规律地产生的结果，两者之间具有因果关系。但是，按照"相当因果关系说"，甲的行为在一般情况下不会造成他人的死亡，这种结果非一般人的经验所能预见，也非甲所能料到，所以，甲的行为不是乙死亡结果的标准原因，因而不存在因果关系。应该指出的是，这种所谓以一般常识为标准来认定有无因果关系的主张，实际上是以人的主观意志为转移，使因果关系失去其客观性，不仅在理论上弊端诸多，而且对司法实践也是有害的。

第五节　危害行为实施的客观条件

所谓危害行为实施的客观条件，是指说明行为的社会危害性及其程度的对定罪或量刑有所影响的时间、地点、方法和前提条件。任何危害行为的实施，都离不开一定的时间、地点、方法或前提条件，这些客观条件统称为场合①。根据刑法分则条文的规定，有些行为只有在某种场合实施才具有严重的危害性，或者社会危害性才会达到相当严重的程度，因此，行为实施的特定时间、地点、方法或者特定前提条件，具有表明该行为的社会危害性及其严重危害程度的属性。在我国刑法中，很多犯罪对危害行为实施的时间、地点、方法和前提条件在所不问，即行为不论在什么场合实施，对该行为成立犯罪均不发生影响；而对许多犯罪来说，如果行为不是在法定的时间、地点实施，或者不是用特定的方法实施，或者不是在特定的前提下实施，犯罪就不能成立；还有一些犯罪，危害行为实施的时间、地点、方法和前提条件，虽然不影响定罪，却对量刑的轻重发生一定的影响。作为具体犯罪构成要件的特定时间、地点、方法和前提条件具有三个基本特征：（1）必须是刑法分则条文规定的或者依照刑法分则条文的规定，成立某种犯罪必须具备的客观条件；（2）必须同该种犯罪构成的某个要件有着密切的联系；（3）构成要件的危害行为只有在这种条件下着手实行，才能达到成立该种犯罪的严重危害程度。非构成要件的一般犯罪时间、地点、方法和前提条件等，虽然对犯罪的成立不发生影响，则可能是量刑轻重的情节。现分述如下：

一、犯罪时间

犯罪的时间以影响定罪或者量刑为根据，可以划分为作为犯罪构成要件的时间和作为量刑情节的时间两类：

（一）构成要件的犯罪时间

构成要件的犯罪时间，简称特定犯罪时间，指刑法分则条文规定成立或者依照刑法分则条文的规定，成立某些具体犯罪必须

---

① 《现代汉语词典》，1996 年修订本 3 版，第 143 页。

具备的时刻或时间过程。这就是说，它不仅包括某个短暂的时刻，而且还包括或长或短的时间。根据刑法分则条文对罪状的叙述方法，可分为以下两种：（1）法条明示的犯罪时间。指构成要件的犯罪时间是由刑法条文明文指明的时间，一般以"在……期"、"在……时"、"在……中"、"在……过程中"、"在……期间"、"在……前"、"在……后"等来表示。例如，妨害红十字会工作人员执行公务罪，必须发生在"自然灾害和突发事件中"；违反危险物品管理规定的肇事罪，只能发生在危险物品的"生产、储存、运输、使用中"；不是在侦察、审判时间就不能构成伪证罪等等。（2）法条隐含的犯罪时间。这种犯罪时间是依照刑法分则条文关于某种犯罪的规定而推定出来的，如果行为不是在特定的时间实施，就难以成立该种犯罪。例如抢劫罪，刑法第 263 条虽未明示特定犯罪时间，但是，暴力、胁迫内容和夺取财物行为，只能在抢劫现场"立即"实施。又如破坏交通工具罪、破坏易燃易爆设备罪、破坏通讯设备罪的危害行为，必须发生在各自的犯罪对象"正在使用"的期间。再如阻碍执行公务罪，必须发生在国家工作人员依法执行职务的期间；军人阻碍执行职务罪，只能在指挥员或值班、值勤人员执行职务的期间实施。如果不是在法条隐含的这些特定的时间实施，就不能构成该种犯罪。此外，犯罪时间较长或特殊，是"情节严重"或"情节恶劣"的一项具体内容。根据刑法分则有关条文的规定，有很多具体犯罪必须情节严重或情节恶劣才能构成，而犯罪时间较长或在特殊的时间犯罪，则是某些犯罪情节严重或情节恶劣的具体表现。例如，聚众扰乱社会秩序和交通秩序等犯罪，要求必须是"情节严重的"，如果聚众扰乱时间较长，可以视为情节严重；又如，非法剥夺宗教信仰自由罪，也要求"情节严重"，国家工作人员非法剥夺公民正当的宗教信仰自由的某种行为，在平时实施可能尚未达到情节严重的程度，如果在重大的正当宗教活动期间实施，就可视为情节严重从而构成该种犯罪。

（二）量刑情节的犯罪时间

在我国刑法分则和特别刑法规定的具体犯罪中，只有三十余个罪以特定的犯罪时间作为构成要件，绝大多数犯罪构成都没有这种要求。但是，由于某种犯罪时间对行为的社会危害程度可能发生影响，因此，不同的犯罪时间应当作为酌定量刑情节加以考虑。比如，刑法第 238 条规定的非法拘禁罪，对被害人人身强制时间的长短，其社会危害程度就有所不同，在适用刑罚时就应当有所区别；又如，在当地举行重要会议期间、在人民群众喜庆的节假日里，在发生自然灾害或社会治安形势较差的时候实施某种犯罪，其社会危害程度就比平时要大一些，量刑时应当适当从重处罚。

二、犯罪地点

犯罪地点同犯罪的时间一样，也可根据其对定罪量刑的影响，分为构成要件的犯罪地点和量刑情节的犯罪地点两大类：

（一）构成要件的犯罪地点

构成要件的犯罪地点，简称特定犯罪地点，指刑法分则条文规定的或者依照刑法分则条文的 规定，成立某些具体犯罪必须具备的具体场所或区域。

以特定犯罪地点为构成要件的犯罪，由于各自的性质不同，对犯罪地点的要求也不一样，根据现行刑法的规定，大体上有如下几种：

1. 海关口岸、边防海防线。以这种特定场所为构成要件的犯罪主要有：走私罪，偷越国（边）境罪，组织、运送他人偷越国（边）境罪等。

2. 内海、领海海域。例如，刑法第 155 条第 2 项规定："在内海、领海运输、收购、贩卖国家禁止进出口物品的，或者运输、收购、贩卖限制进出口货物、物品，数额较大，没有合法证明的"以走私罪论处。

3. 禁渔区、禁猎区、林区。例如非法捕捞水产品罪以前者为构成要件，非法狩猎罪以中者为构成要件，非法收购盗伐、滥伐的林木罪以后者为构成要件。

4. 羁押、监管罪犯、被告人或犯罪嫌疑人的场所或者押解途中。此乃聚众劫狱罪、组织越狱罪、暴动越狱罪、劫夺被押解人员罪或脱逃罪不可缺少的构成要件。

5. 战场、军事行动地区。例如，聚众冲击军事禁区罪、聚众扰乱军事管制区罪、战时临阵脱逃罪、投降罪、掠夺残害无辜居民罪等，必须以这类特定地区为构成要件。

6. 当场。例如抢劫罪构成要件中的暴力行为和胁迫行为的内容，只能在抢劫的"当场"实施，离开了"当场"这个特定地点使用暴力，就不是抢劫罪而构成其他犯罪。

7. 在……上，在境内、在境外。例如，刑法第 123 条规定的暴力危及飞行安全罪，必须在飞行中的航空器上实施；第 154 条规定的变相走私罪，必须是"在境内销售牟利"；第 395 条第 2 款规定的隐瞒境外存款罪等。

8. 犯罪地点的特殊性应当作为"情节恶劣"或"情节严重"的一项具体内容。比如，刑法第 246 条规定的侮辱罪，必须"情节恶劣"才能构成。假定行为人实施某种侮辱行为，如果该行为在一般地点实施，其社会危害不一定达到构成侮辱罪的危害程度，予以治安处罚即可；如果该行为在公共场所或者繁华要道实施，由于犯罪地点的不同，其社会危害程度显著加大，自然是"情节恶劣"的表现，从而构成侮辱罪。

这里要特别指出的是，特定犯罪地点有时同特定犯罪时间发生竞合，比如抢劫罪、暴力或胁迫内容既要求"当场"实施，又要求"立即"兑现，战场投降罪同时也是战时投降。在这种场合，特定的时间和地点两者之间就有不可分割的联系，在描述和认定犯罪时，只要列举或具备其中一项也就满足了构成条件。但是，在大多数具体犯罪中，特定犯罪时间和特定犯罪地点还是各自独立的，比如禁渔区并不等于禁渔期，两者有时是分离的，战时自伤行为不一定必须发生在战场上，所以不能将两者混为一谈。

（二）量刑情节的犯罪地点

我国刑法规定的大多数具体犯罪虽然不以犯罪地点作为构成要件，但是，危害行为实施的某个地点则对社会危害程度发生影响。比如在灾区、经济发展比较落后的地区实施抢劫、盗窃等行为，其社会危害程度就大于一般地区。在某个特定地点实施某种犯罪，在量刑上也有很大的差别。

三、犯罪方法

（一）单纯的犯罪方法与构成要件的方法行为的区别

所谓方法，是指解决各种不同问题的方式、手段、途径或步骤等。刑法上研究的犯罪方法究竟是指什么呢？由于在理论上没有给它一个确定的概念，有些论著往往把复杂危害行为中的方法行为同单纯的犯罪方法相提并论，甚至索性把方法行为看成一种单纯的犯罪方法。我们认为，模糊两者的界限不符合刑法分则关于某些具体犯罪构成的规定，也不利于揭示行为的社会危害性及其程度。其实，将两者区分开来并不是十分困难的。例如，刑法第198条规定的保险诈骗罪，就是由目的行为和方法行为构成。前者是"骗取保险金"的行为，后者则包括并列选择的五项行为：（1）投保人故意虚构保险标的行为；（2）投保人、被保险人或受益人对发生的保险事故编造虚假的原因或者夸大损失程度的行为；（3）投保人、被保险人或受益人编造未曾发生的保险事故的行为；（4）投保人、被保险人故意造成财产损失的保险事故的行为；（5）投保人、受益人故意造成被保险人死亡、伤残或疾病的行为。在此罪中，上列五种行为的实行，还需要有一系列的身体动静才能完成，由于它们同目的行为的联系比较松散，从而具有相对的独立性，所以，它们已经不是单纯的行为方

234

式了。又如，刑法第 282 条第 1 款规定的非法获取国家秘密罪，"窃取、刺探、收买方法"，仅是非法获取国家秘密行为实行的三种方式，由于它们同非法获取国家秘密行为具有不可分割的联系，因而只能属于单纯的犯罪方法。由此可见，危害行为的实施方法同复杂行为中的方法行为是两个不同的范畴。所谓犯罪方法，是指危害行为实施的方式、手段、途径和步骤。所谓方法行为，是指复杂危害行为中相对于目的行为的带有犯罪方法性质的实行行为。两者有着明显的区别，切不可将它们混为一谈。

（二）构成要件的犯罪方法

构成要件的犯罪方法，简称特定犯罪方法，指法律明文规定的构成要件的危害行为在实行时所采取、使用、利用的某种方式、方法、手段、关系、名义或便利条件等。如果危害行为的实行没有使用法定的犯罪方法，该种犯罪就不能成立。例如，构成刑法第 165 条规定的非法经营同类营业罪，必须"利用职务便利"；构成刑法第 226 条规定的强迫交易罪，必须使用"暴力、威胁手段"；使用"禁用的工具、方法"，是刑法第 340 条规定的非法捕捞水产品罪的构成要件；"以单位名义"将国有资产集体私分给个人，是构成刑法第 396 条规定的私分国有资产或罚没财物罪不可缺少的要件。此外，特定犯罪方法还是成立某些犯罪的"情节严重"或"情节恶劣"的内容之一。

（三）量刑情节的犯罪方法

犯罪方法同犯罪的时间、地点一样，不是绝大多数具体犯罪的构成要件，但是，任何危害行为的实施都不可离开一定的方法。犯罪的方式、手段、途径等直接表明行为的社会危害性及其严重程度，是量刑轻重的重要依据之一。例如，同样都是故意杀人行为，以简单、迅速的手段致人死亡，同以残酷、痛苦折磨的手段将人杀死，两者的社会危害程度就有区别。因此，对那些以残忍、狡猾、隐蔽、复杂和现代化技术装备等方法、手段实施的犯罪，在量刑上应当比使用一般的、简单的或不易达到犯罪目的的方法为重。

四、犯罪的特定前提

（一）犯罪特定前提的概念

犯罪的特定前提，亦称犯罪的前提条件，某些具体犯罪的构成要件之一，指构成要件的危害行为必须是违反特定的非刑法法规的行为，或者构成要件的危害结果必须是违反特定的规章制度、管理规定或使用规定的行为所引起的，或者以不作为实施某种犯罪其行为人所负有的特定义务。其构成要素是：（1）必须是刑法分则条文规定的或者依照刑法分则条文的有关规定，成立某种具体的犯罪必须具备的前提条件；（2）这个前提条件必须同构成要件的危害行为或危害结果以及危害行为的不作为形式有着不可分割的联系；（3）构成要件的危害行为必须在违反特定的非刑法法规的前提下实施，构成要件的危害结果必须是由违反特定的规章制度、管理规定或使用规定的行为所引起的，不作为犯罪必须以行为人负有某种特定义务为前提。这就是说，如果犯罪构成要件的行为不是在特定前提下实施，或者构成要件的危害结果不是在特定前提下发生，该种犯罪就不能成立。

（二）犯罪特定前提的种类

依照我国刑法分则和特别刑法的规定，共有 20 余种具体犯罪不可缺少特定犯罪前提这一构成要件。以特定犯罪前提同危害行为的内容、基本形式和危害结果之间的联系为标准，特定犯罪前提可分为三类：

1. 违反国家规定，违反法律、行政法规。这种犯罪前提是抽象的，它泛指一切有关的规定。根据刑法第 96 条的规定，所谓违反国家规定，是指违反全国人民代表大会及其常务委员会制定的法律和决定，国务院制定的行政法规、规定的行政措施、发布的决定和命令。由此可见，国务院所属各部、委在其职权范围内制定的规章，不属于“国家规定”，地方法规也不是国家规定。这就是说，违反国务院所属各部、委制定的规章和地方法规，不能视为"违反国家规定"和"违反法律、行政法规"。在现行刑法分则条文中，以"违反国家规定"为构成要件的个罪，有第 137 条规定的工程重大安全事故罪、第 190 条规定的逃汇罪、第 222 条规定的虚假广告罪、第 285 条规定的非法入侵计算机信息系统罪和第 286 条规定的破坏计算机信息系统罪等等。例如，银行或其他金融机构的工作人员"违反法律、行政法规规定"，向关系人发放信用贷款或者发放担保贷款的条件优于其他借款人同类贷款条件，造成较大损失的，是成立刑法第 186 条违法向关系人发放贷款罪不可缺少的前提条件。

但是，刑法第 334 条规定的非法采集、供应血液、制作供应血液制品罪，必须以"不符合国家规定的标准"为前提；第 394 条规定国家工作人员在国内公务活动或者对外交往中接受礼物，"依照国家规定应当交公而不交公"，数额较大的，依照贪污罪定罪处罚。在这两个条文中，不符合国家规定的标准和依照国家规定应当交公而不交公，是否属于刑法第 96 条关于"违反国家规定"的范畴呢？如持否定说，那么违反国务院所属部、委的有关规章，就不能构成犯罪；如果持肯定说，违反规章就应当按犯罪进行处罚。至于哪种观点符合立法原意，有待司法解释作出明确规定。

2. 违反某个法律或法规的规定。这种犯罪前提所指的法律或法规是具体的，不是违反法条明示的该法律或法规，该种犯罪就不能成立。以违反某个具体法律的规定为特定犯罪前提的分则条文有第 159 条"违反公司法的规定"、第 189 条"违反票据法的规定"、第 329 条第 2 款"违反档案法的规定"、第 344 条"违反森林法的规定"等等。按照法条所明示，只有违法特定法律的规定，才能成立该种犯罪，它在逻辑上不包括相关的法规和规章。以违反某个法规为特定犯罪前提的分则条文，有第 133 条"违反交通运输管理法规"、第 228 条"违反土地管理法规"、第

237

244 条"违反劳动管理法规"、第 325 条"违反文物保护法规"、第 432 条"违反保守国家秘密法规"等等。由于特定法规是根据有关法律制定的,因而违反某个法规必然违反相关法律,这是毫无疑义的。问题是这里所指的"法规",是单指国务院制定的行政法规,还是包括地方法规在内,需要通过司法解释加以明确规定。

3. 违反某种规章制度、管理规定、使用规定或有关规定等是某些犯罪的特定前提。例如,刑法第 131 条、第 132 条、第 134 条规定的"违反规章制度",第 126 条"违反枪支管理规定",第 436 条"违反武器装备使用规定",第 188 条"违反规定",第 331 条"违反国务院卫生行政部门的有关规定",第 332 条"违反国境卫生检疫规定"等。此外,第 219 条第 1 款第(3)项"违反约定或者违反权利人有关保守商业秘密的要求",第 339 条第 2 款"未经国务院主管部门许可",也应视为该种犯罪行为实施的特定犯罪前提。

4. 行为人负有某种特定义务是一切不作为犯罪的特定前提。在这里,特定前提是不作为犯罪的限制条件,这就是说,如果行为人不负有某种特定义务,以不作为形式实施的犯罪就不能成立;反之,只有不作为的行为形式构成的犯罪,才不可缺少这种前提条件。

我们之所以认为上述特定犯罪前提是某些具体犯罪不可缺少的构成要件,是因为它具有一切构成要件所必需的基本属性,能够说明犯罪客观方面的社会危害性及其严重程度,所以它是某一行为成立某种犯罪不可缺少的具有决定性意义的客观事实特征。然而,在我国传统刑法理论中,仅仅把它看成"空白罪状",尚未从犯罪构成论中将它明确为某些犯罪所必需的要件,但是近年来对它的认识有了很大的突破,逐渐被学者们当成某种具体犯罪不可缺少的事实特征来描述。

第五章 犯罪主体

第一节 犯罪主体概述

任何犯罪行为，都是由一定的犯罪主体实施的。没有犯罪主体，便没有犯罪行为，也就不存在犯罪。因此，研究犯罪构成，认定犯罪，不能离开对犯罪主体的剖析。犯罪主体是犯罪构成中不可缺少的要件。

一、犯罪主体的概念

何谓犯罪主体？我国现行刑法没有作明文规定。在刑法理论上，关于犯罪主体的概念，极不统一。我们认为，我国刑法中的犯罪主体，是指实施严重危害社会行为、具有刑事责任能力的人。这一概念表明，犯罪主体具有以下几层含义：

（一）犯罪主体是人。人有自然人与法人之分，现代各国的通例是犯罪主体为自然人。自然人以外的动物、植物、自然现象以及各种物品，都不能成为犯罪主体；母体中的胎儿、人死后的尸体，也不能成为犯罪主体。法人是与自然人相对应的，一些学者认为，不仅自然人可以成为犯罪主体，法人同样可以成为犯罪主体。因此，他们在给犯罪主体下的概念中，没有特别强调只能是自然人，而笼统讲是人。我们认为，法人能否成为犯罪主体？虽是长期存在争论的问题，但在我国刑事立法上，法人作为犯罪主体，现在已不只是个别情况。所以，在给犯罪主体下的一般概念中，不宜指明是自然人。

（二）犯罪主体是具有刑事责任能力的人。刑事责任能力是犯罪主体中的核心问题。行为人虽然实施了危害社会的行为，倘若他不具备刑事责任能力，便不能认为构成犯罪。如果行为人只具有部分刑事责任能力，虽然可以构成犯罪，但不能让其负担完全的刑事责任。

在一些论著的犯罪主体概念中，刑事责任年龄和刑事责任能力是两个并列的因素。我们认为，刑事责任年龄和刑事责任能力是属于不同层次的两个概念。刑事立法上规定的不同的刑事责任年龄，其根据就是基于对不同年龄人的刑事责任能力状况的判断。因此，刑事责任年龄和精神疾病、生理缺陷等一样，只能是影响、决定刑事责任能力有无与大小的因素之一。认为刑事责任年龄与刑事责任能力是两个并列的概念的看法，是不妥的。

（三）犯罪主体必须是实施了严重危害社会行为的人。严重危害社会的行为虽然不是犯罪主体本身所包含的内容，但是，犯罪主体与严重危害社会的行为密不可分。没有实施严重危害社会行为的，在任何时候都不能成为犯罪主体。

有的论著在对犯罪主体概念的表述中，没有包含实施严重的危害行为，认为犯罪主体就是达到法定责任年龄、具备责任能力的自然人[1]。有的论著则更进一步明确指出，在犯罪主体概念中，加上"实施了危害社会行为"这个条件不妥。"因为犯罪主体的概念是回答什么人可以成为犯罪主体，而不是回答他是否构成犯罪的问题"[2]。我们认为，离开了严重危害行为，犯罪主体便不能成立。如前所述，犯罪主体与严重危害行为密不可分。只有具备刑事责任能力的人实施了严重危害行为以后，才谈得上有犯罪主体存在。如果在犯罪主体概念中不突出强调"实施严重危害行为"这一内容，便无法将犯罪主体与普通正常人区别开

---

[1] 参见陈宝树等：《刑法中的若干理论问题》，辽宁大学出版社，1986年版，第28页。

[2] 梁世伟：《刑法学教程》，南京大学出版社，1987年版，第53页。

来，又怎么谈得上回答什么人可以成为犯罪主体的问题。

在犯罪主体概念中，是否应包含"实施危害行为"的内容，或者应包含"实施严重危害行为"的内容？有些论著认为，应包含"实施危害行为"的内容①。我们认为，这是不妥的。危害行为的种类繁多，危害程度有轻重之别。能够成为犯罪主体的，只能是实施严重危害行为的人。认为犯罪概念中应包含"实施危害行为"的内容，便无法区别犯罪主体与一般违法主体。所以，犯罪主体只能是实施严重危害行为的人。

此外，有的论著认为，犯罪主体概念中除包含上述三项内容外，还应包含"应负刑事责任"的内容②。这是因为，犯罪是产生刑事责任的前提，应负刑事责任是实施犯罪的法律后果。犯罪与刑事责任的有机统一，决定了犯罪主体也应当是犯罪行为人与应负刑事责任人的统一。我们认为，这里有必要明确一下解决问题的顺序。犯罪的认定是以犯罪构成为根据的。也就是说，行为存在有犯罪构成，才能认定有犯罪；而应负刑事责任则是以犯罪为基础的，只有存在犯罪，然后才谈得上负刑事责任的问题。因此，认定犯罪主体存在与否，不能反过来以刑事责任为基础。易言之，应负刑事责任不是犯罪主体概念中所必须具备的内容。

二、犯罪主体的共同要件

犯罪主体概念的内容包括自然人、具有刑事责任能力和实施严重危害行为。但是，不是所有这些内容都必须在犯罪主体部分研究。犯罪主体本身所要研究的只是决定行为人是否构成犯罪的人身必备特征，即自然人和刑事责任能力。这是一切犯罪主体都

---

① 见杨敦先：《刑法学概论》，光明日报出版社，1985 年版，第 119 页。

② 见赵秉志：《犯罪主体论》，中国人民大学出版社，1989 年版，第 9 页。

必须具备的特征。

（一）自然人

根据我国现行刑法的规定，能够成为犯罪主体的只能是自然人。所谓自然人，是指有生命的人。人的生命始于出生，终于死亡。关于人出生的时间，资产阶级学者提出了种种标准，如"一部露体说"、"全部露体说"、"断带说"、"独立呼吸说"等。我国理论上和实践中比较一致的意见是，人的生命自胎儿从母体中分离出来，能够独立进行呼吸时开始。关于人死亡的时间，长期以来，都以心死亡或肺死亡作为判断的标准。但是，1968 年美国哈佛医学院的一份研究报告宣称，传统的死亡概念已经不适应当代社会生活的需要。该报告提出了新的死亡概念，把死亡规定为不可逆转的昏迷或脑死亡。也就是说，只要脑的全部机能已经不可逆转地停止，即使脉搏或呼吸仍然存在，也可以确定为死亡。这一死亡概念正在被越来越多的国家接受，我国医学界近年来也逐渐接受了这一概念。总之，没有生命的胎儿和尸体，都不属于有生命的自然人，不能作为犯罪的主体。此外，各种物品、动物、植物、自然现象等，也都不属于有生命的自然人，因而不能作为犯罪的主体。

在法律上，人有自然人与法人之分。自然人可以成为犯罪的主体，已如上述，但法人能否成为犯罪主体？却是一个长期争论的问题。关于这个问题，将在本章后面作专门论述。

（二）刑事责任能力

1. 刑事责任能力的概念

刑事责任能力，简称责任能力，其内容在古代刑法中即已存在。例如，古代立法对精神病人、痴呆人、幼年人和老年人的危害行为有不归责或减免责任的规定，其实质都是关于刑事责任能力的规定。但是，责任能力作为一个明确的概念被使用，则是近代刑法理论。

刑事责任能力是犯罪主体中的核心问题，它直接决定犯罪主

242

体的成立与否，以及犯罪主体承担刑事责任的轻重程度。不具有刑事责任能力的人，不能成为犯罪主体；仅有部分刑事责任能力的人，不能让行为人负担完全的刑事责任。因此，刑事责任能力问题在定罪和量刑中具有重要意义。

关于责任能力的概念，各国刑法一般没有积极的规定，而仅仅停留在分别对没有责任能力或责任能力减低所作的规定上。在刑法理论上，对责任能力具体定义的方法极不一致。旧中国刑法学者王觐先生在《中华刑法论》一书中列举的德国、日本等大陆法系国家学者有代表性的关于责任能力的概念竟多达十四种之多[1]。目前，在我国刑法学界，学者们对责任能力所下的定义也不统一，大别可以分为以下三类：(1) 行为能力说。认为责任能力是指行为人辨认和控制自己行为的能力。例如，有的论著认为，"所谓责任能力，指一个人辨认和控制自己行为的能力。"[2]有的论著认为，"刑事责任能力是指一个人认识自己行为的社会性质及其意义并控制自己行为的能力。简单地说，就是能够辨认和控制自己行为的能力。"[3] (2) 承担责任能力说。认为责任能力是指行为人承担刑事责任的能力。例如，有的认为，刑事责任能力是"行为人对自己的行为承担刑事责任的能力。"[4] 有的认为，责任能力是"对于犯罪行为承担刑事责任的条件。"[5] 有的认为，责任能力"指行为人基于一定的行为具有负担刑事责任的

---

① 王觐著：《中华刑法论》，北平朝阳学院，1933 年，第 195~198 页。

② 高铭暄主编：《中国刑法学》，中国人民大学出版社，1989 年版，第 116 页。

③ 何秉松主编：《刑法教程》，法律出版社，1987 年版，第 55 页。

④ 孙膺杰、吴振兴主编：《刑事法学大辞典》，延边大学出版社，1989 年版，第 322 页。

⑤ 《法学词典》（增订版），上海辞书出版社，1984 年版，第 491 页。

资格。"①（3）折衷说。认为责任能力既是行为能力，又是承担刑事责任的能力。例如，有的认为，所谓责任能力，"就是一个人具有了解自己行为的性质、意义和后果，并自觉地控制自己行为和对自己行为负责任的能力。"②有的认为，"刑事责任能力，是指行为人能够正确认识自己行为的性质、意义、作用和后果，并能依据这种认识而有意识地选择和控制自己的行为；从而对自己所实施的刑法所禁止的危害社会行为承担刑事责任的能力。"③

我们认为，责任能力与行为能力是两个不同的概念。行为能力是指与人的年龄、精神状态及意思支配无关的身体活动能力。有能力支配其身体活动的人，不限于应对其行为负责任的人，即存在虽然具有行为能力，但不具有责任能力的情形。让某人承担刑事责任，不仅要求责任承担者在行为时对因其行为引致的刑事责任的性质、意义有认识，而且要对其为什么要承担刑事责任有认识，并且在实施行为前依靠其自身力量可以避免实施这种行为。所以，把责任能力理解为行为能力或单纯的承担责任的能力，都是欠妥的。所谓责任能力，应指行为人实施危害行为时，能够理解自己行为的性质、后果和社会政治意义，并能够控制自己行为，从而对自己所实施的行为能够承担刑事责任的能力。这一定义表明，责任能力具有以下几个特征：

第一，责任能力是犯罪能力与承担责任能力的统一，但归根结底是承担责任的能力

责任能力的概念最初是由资产阶级刑事古典学派提出的，关于责任能力的实质内容，新旧两派存在截然不同的看法。道义责

---

① 《中国大百科全书·法学》，中国大百科全书出版社，1984年版，第129页。

② 高铭暄主编：《刑法学》，法律出版社，1985年版，第141页。

③ 王作富主编：《中国刑法适用》，中国人民公安大学出版社，1987年版，第92页。

任论着眼于行为，从意志自由理论出发，认为人有去恶从善、选择自己行为的意志自由，若舍此不顾，实施刑法上禁止的危害行为，则其行为应受道义的评判，行为人对此应负道义上的责任。所谓责任能力，实质上就是指能辨别是非并据此实施行为的能力，亦即自由意志决定能力。"是非的辨别"，既可以理解为对行为违法性的认识，也可以理解为对行为不道德性的认识，因此缺乏一定的明确性。在立法上，有的规定限于对行为违法性的认识，如现行德国刑法典等，有的则规定包括对行为性质的错误的认识和行为是否违法的认识，如 1984 年版《印度刑法典》等。社会责任论则着眼于刑罚，认为责任能力是行为人对刑罚具有适应性，对其科刑可以达成防卫社会的目的的精神能力，亦称刑罚能力，或称受刑能力。关于责任能力形式上的意义，道义责任论认为责任能力即是非善恶的辨别能力，是刑事责任的前提或要素。由于符合构成要件的违法行为只有在责任能力者实施时，才被认定为犯罪，故而责任能力又是犯罪能力。社会责任论认为犯罪的成立并非取决于责任能力的有无。责任能力是通过刑罚方法可以达到防卫社会目的的能力，即刑罚能力或刑罚适应性。人的意思不但与个人的性格有关，而且与人所处的环境有关。犯罪意思的决定，社会因素居多，故而不应使其受道义上的非难，而应在防卫社会的目的上予以不同的处遇。据此，有犯罪能力的人，未必是有责任能力的人。折衷论认为，犯罪人的责任与行为人足以理解社会规范价值的心理能力不可分离，而这种能力的具备又必以精神成熟且无障碍者为前提。因此，责任能力包括两种能力：（1）一般所具有的认识行为在社会上价值的能力；（2）基于这种认识而决定其意志的能力，即社会行为能力或社会适应能力。

辩证唯物主义认为，无论是主张人的意志是绝对自由的，是不受任何必然约束的唯意志论，还是主张个人没有任何自由，个人的行为完全由必然所决定的宿命论，都割裂了自由与必然之间的联系，把两者对立起来了，因而都是形而上学的。辩证唯物主义既承认历史的必然，又承认个人意志的相对自由，自由和必然是辩证的统一。这是辩证唯物主义的决定论，也是马克思主义刑事责任观的重要内容。

犯罪和刑事责任的本质在于统治阶级的意志和利益。统治阶级之所以将一定的行为宣布为犯罪，并追究行为人的刑事责任，根本原因在于其意志和利益的需要。但是，统治阶级的这种活动并不是可以随心所欲的，而是受一定物质条件所制约。也就是说，只有在行为人相对意志自由支配下实施严重危害统治阶级利益的行为，统治阶级才将这种行为宣布为犯罪，并追究行为人的刑事责任。由此可见，法律上规定犯罪和刑事责任，在本质上取决于统治阶级的犯罪观和刑事责任观，即统治阶级的意志。而犯罪和刑事责任的实际确定，又是以人的相对意志自由为条件的。责任能力是相对意志自由的生理基础，其判断标准是辨认能力与控制能力的统一，而且相对意志自由的状况与责任能力的状况相对应。不具有责任能力的人，其意志也是不自由的；具有责任能力的人，其意志也是自由的；具有部分意志自由的人，其意志自由只能是部分自由。

责任能力与受刑能力也不同。所谓受刑能力，是指受刑人有效接受刑罚执行的能力。1989 年 8 月 1 日最高人民法院、最高人民检察院、公安部、司法部、卫生部制发的《精神疾病司法鉴定暂行规定》第 22 条第 2 项规定："被鉴定人在服刑、劳动教养或者被裁决受治安处罚中，经鉴定患有精神疾病，由于严重的精神障碍，致使其无辨认能力或控制能力，为无服刑、受劳动教养或者无受处罚能力。"这一规定表明，责任能力与受刑能力具有同样的根据，即行为人的辨认和控制自己行为的能力。但是，就产生的时间而言，责任能力存在于行为实施期间，受刑能力存在于刑罚执行之时。其意义也各不相同。责任能力决定行为人应否承担刑事责任，受刑能力决定行为人能否承担刑事责任。

行为人在刑罚执行时丧失受刑能力，并不意味着否定其刑事责任或刑事责任能力。

说责任能力是犯罪能力与承担责任能力的统一，是因为刑事责任和犯罪密不可分，犯罪的构成不能离开行为人基于其相对意志自由选择行为的能力，刑事责任的承担同样不能离开这种能力。将责任能力局限于犯罪能力或行为能力，便会使刑事责任成为对犯罪的机械报复，否定了刑事责任应有的预防犯罪和矫治罪犯的功能；而将刑事责任局限于刑罚能力，这就使责任能力脱离了客观上本来与之密切相关的犯罪，否定了责任能力对定罪的应有意义，否定了刑事责任对犯罪的依存关系，从而也就使刑事责任失去了客观的合理基础，最终只会导致刑事责任应有功能无法发挥作用；说责任能力归根结底是承担刑事责任的能力，是因为不具有责任能力的人，并不是不能实施危害社会的行为，而是由于他们不具有辨认和控制自己行为的能力，法律上不让行为人对其所实施的危害行为负担刑事责任，因而不认为构成犯罪。

第二，责任能力一般与犯罪行为同时存在

责任能力作为一种客观事实，先于犯罪行为的实施而存在。责任能力本身不能导致危害结果的产生，也不是随着犯罪行为的实施而产生的。对于一切社会成员来说，其责任能力作为一种事实，无论是否实施危害社会的行为，都是客观存在着的。一个人没有实施危害行为，不能说他身上有无责任能力及程度的事实。责任能力不是因为行为人实施危害行为而产生，而是因为行为人实施危害行为，而使这种责任能力成为法律评价的对象。传统刑法理论认为，犯罪构成的四个方面的要件必须同时具备，犯罪才能成立。缺少其中任何一个要件，犯罪便不能成立，其他要件也就失去了独立存在的意义。这是正确的，不存在犯罪客体或者犯罪客观方面或者犯罪主观方面的要件，便无从谈起犯罪主体。但是，由此否认责任能力作为一种事实而独立存在，则是错误的。

责任能力与犯罪行为同时存在，作为一条认定犯罪和刑事责任的基本原则，其含义是，在确认犯罪和刑事责任时，所依据的只能是危害行为实施期间行为人责任能力的实际状况。在危害行为实施之前，行为人不具有责任能力，行为实施期间具有责任能力的，应当负担刑事责任。在行为实施之前具有部分责任能力，行为实施期间具有完全责任能力的，应当负担完全刑事责任。反之亦然，在危害行为实施之后具有责任能力，而在行为实施期间不具有责任能力的，不能让行为人负担刑事责任。或者在行为期间行为人只有部分责任能力，但行为实施之后完全不具有责任能力或具有完全责任能力的，应当而且只能让行为人负担部分刑事责任。

第三，责任能力的内容是辨认和控制能力

刑事责任能力中的辨认能力是指行为人具备对自己的行为在刑法上的性质、后果和意义的分辨认识能力，亦即行为人能够认识自己的行为是否为刑法所禁止、谴责和制裁。能够认识的就有认识能力，否则就没有认识能力。刑事责任能力中的控制能力是指行为人具备支配、决定自己是否以行为触犯刑法的能力。行为人基于对自己行为性质、后果和意义的认识，进而控制、支配自己是否实施这种行为的能力，就是刑事责任能力中的控制能力。

刑事责任能力中的辨认能力和控制能力密切联系。一方面，辨认能力是刑事责任能力的前提和基础。只有对自己行为在刑法上的意义具有认识能力，才能凭借这种认识进而选择、决定是否实施触犯刑法的行为，即才能具有控制能力。不具备辨认能力，自然无从谈起具备刑事责任能力中的控制能力，也就不可能具有刑事责任能力。另一方面，控制能力是刑事责任能力的关键。行为人具备控制能力，就必然具备辨认能力；人虽然具有辨认能力，但不一定具有控制能力。在具备辨认能力的基础上，还需要有控制能力，才能具备刑事责任能力。

责任能力与主观罪过既有联系又有区别。其联系性表现为，某些决定行为人责任能力的因素，对罪过的有无及其程度同样具有决定意义。例如，精神病人不具有责任能力，同样他也不可能有主观罪过。但是，两者存在明显的区别。责任能力是一种不以人的意志为转移的客观存在，它所回答的是行为人有没有能力认识自己行为的性质、意义和后果，并根据这种认识决定是否实施这种行为；主观罪过的有无及其形式则是行为人意志自由选择的结果，它所回答的是行为人对其行为的性质、意义和后果有没有认识，以及对行为的后果持什么样的态度。因此，责任能力是主观罪过的前提和生理基础。

2. 刑事责任能力的程度及其判断

在刑事立法和刑法理论上，责任能力一般被分为完全责任能力、限制责任能力和无责任能力三个层次。也有的在此基础上，加上部分责任能力，共分四个层次。

完全责任能力和无责任能力是相对而言的。行为人完全不具备或完全丧失辨别或者控制自己行为的能力，即为无责任能力；反之，便是具有完全责任能力。判断责任能力的有无，各国刑法一般采用两个标准：一是生理标准，即行为人因为年幼，尚未达到刑法规定的负担刑事责任的年龄，因而无责任能力；另一是精神状态标准，即行为人因为患精神疾病而不具备或丧失了责任能力。

关于无责任能力在刑法上的效果，各地区的刑法规定不尽相同：（1）不认定为犯罪。1972 年以前的香港刑法规定，当被告被确定是精神错乱之后，法院的判决是"有罪，但精神失常，应送精神病院"。由于在精神病院接受强制治疗没有时间限制，实践中有的被告人被长期关押，因此，香港 1972 年刑事诉讼程序（修订）（第 2 号）法案第 3 条规定："根据现行法律，凡于精神失常状态下犯罪的被告，均被判有罪，但精神失常，该项判决现改用新订字句加以代替；新字句为'因犯罪时精神失常，故无罪'。"可见，在现行香港刑法中，因精神失常而犯罪的，基本上应被宣告无罪。（2）不处罚。澳门刑法典第 18 条和第 19

条规定，未满 16 岁及精神失常人之行为，不可归责。我国刑法也规定无责任能力的人不负刑事责任。例如，第 18 条第 1 款规定："精神病人在不能辨认和不能控制自己行为的时候造成危害结果，经法定程序鉴定确认的，不负刑事责任……"无论是不认定为犯罪，还是不处罚或不负刑事责任，有一点是共同的，即对实施危害行为的无责任能力人不是放任不管，而是规定应适用保安处分或医疗性强制措施。我国刑法第 18 条第 1 款规定：不负刑事责任的精神病人"……应当责令他的家属或者监护人严加看管和医疗；在必要的时候，由政府强制医疗。"

限制责任能力是介于完全责任能力与无责任能力之间的责任能力情形，即由于年龄、精神状态以及生理缺陷等原因，而在实施刑法所禁止的危害行为时，其辨认或者控制行为的能力较完全责任能力人有一定程度的减弱，但又不是完全丧失的情况。对于在限制责任能力状态中实施危害行为的，应当减轻其责任或减轻对其处罚。

根据责任能力程度的不同，我国刑法将责任能力分为完全责任能力、限制责任能力和无责任能力三种不同的情况。其中，限制责任能力有四种具体情形：已满 14 周岁不满 18 周岁的未成年人；又聋又哑的人；盲人；尚未完全丧失辨认或者控制自己行为能力的精神病人。对于第一种情形的人，应当从轻或者减轻处罚；对于第二、第三种情形的人，可以从轻、减轻或者免除处罚；对于第四种情形的人，可以从轻或者减轻处罚。

精神障碍者是否存在限制责任能力的情形，对此，我国 1979 年刑法未作规定。但是，理论上普遍认为，应当增设这样的规定。因为从实际情况出发，介于精神病人与正常人之间的精神障碍者，对于他们所实施的危害行为，无论是让其负担完全的刑事责任，或者完全不负刑事责任，都是不合适的。正确的态度只能是，根据他们责任能力的实际状况，让其负担部分刑事责任。1997 年修订的刑法接受了理论上的这种观点，对该种精神障碍者的刑事责任作了明确规定。

限制责任能力的具体程度应该如何判断和掌握，我们认为，从总体上讲，应当具体情况具体分析。在根据行为人的年龄判断责任能力的程度时，一般说来，随着年龄的增长，行为人的责任能力渐趋成熟，负担刑事责任的程度也逐步接近完全责任能力的人；不同的犯罪对行为人辨认和控制能力的要求不同，在根据生理缺陷判断责任能力的程度时，应根据具体犯罪行为确认行为人的责任能力；在根据精神状态判断责任能力时，应以医学鉴定的精神疾病程度，确定行为人的责任能力状况。

与限制责任能力相关但不完全相同的还有部分责任能力，即行为人对刑法中所规定的一部分犯罪具有责任能力，对其余部分则无责任能力。对于这种责任能力情形，一些学者又将之具体分为两种情形：一种是在能力的方向上受到限制，只对某些种类的犯罪具有责任能力。例如，具有好诉妄想的偏执症患者，相对于诬陷罪是责任无能力的，但是，只要在其他方面不存在精神障碍，那么，相对于与妄想无关的犯罪，就仍然具有责任能力。另一种是在能力程度上受到限制，只对某范围的犯罪具有责任能力。例如，我国刑法第 17 条第 2 款规定："已满 14 周岁不满 16 周岁的人，犯故意杀人、故意伤害致人重伤或者死亡、强奸、抢劫、贩卖毒品、放火、爆炸、投毒罪的，应当负刑事责任。"这类人的责任能力限于该款规定的几类犯罪，对于该款规定范围以外的危害行为，便不具有责任能力。

3. 刑事责任能力是归责的前提

责任能力是归责前提还是归责要素或归责要件，学术界存在不同的看法。责任前提说认为，责任能力与具体犯罪行为无关，是本身能够独立进行判断的人格能力。前苏联刑法者特拉伊宁认为："没有责任能力，刑事责任问题本身就不会发生，因而犯罪构成的问题本身也就不会发生，正因为如此，所以责任能力并不是犯罪构成的因素，也不是刑事责任的根据；责任能力是刑事责任的必要的主观条件，是刑事责任的主观前提。"① 日本学者大谷实也认为："责任能力应该解释为是成为针对每个行为决意的非难可能性的前提的一般人格能力，是对每个行为加以非难可能性判断之前就存在的必要的前提要件，在这个意义上说，责任前提说是正确的。"②

责任要素说认为，责任能力是应针对具体行为来考虑的行为的属性，虽然它主要是从生物学的一面给非难可能性奠定基础，但它并非一般能力，不是与具体行为无关的责任前提，而是针对具体行为的责任要素。持这种学说的日本学者大塚仁认为："作为责任能力之基础的生物学的状态对某个行为人来说，常常并非一定的。实际上也存在着对某种刺激表示出异常的反应，从而实施暴行、伤害等的歇斯底里患者。应当否定这种人由于该刺激而实施的行动的责任能力，但是，对于其他的犯罪，则并非不能肯定其责任能力。而且，刑法中的责任判断，是针对符合构成要件的违法的具体行为、以对实施该具体行为的行为人进行人格非难为内容的。所以，视为责任的要素是妥当的。"③

在我国，由于学者们普遍认为责任能力是犯罪构成主体要件的组成部分，而犯罪主体又是构成犯罪的四个方面的要件之一，所以，多把责任能力理解为责任要素或责任要件。张智辉先生认为："刑事责任以人为主体，实际上是以人具有刑事责任能力为要件。"④ 冯军博士也认为："责任能力是责任的要素，它总是

---

① 特拉伊宁著：《犯罪构成的一般学说》，中国人民大学出版社，1958 年版，第 60 页。

② ［日］藤木英雄、板仓宏编：《刑法的争点》，有斐阁，1987 年（新版），第 72 页。

③ 转引自冯军著：《刑事责任论》，法律出版社，1996 年版，第 122 页。

④ 张智辉著：《刑事责任通论》，警官教育出版社，1995 年版，第 276 页。

与具体的行为联系在一起的，脱离具体行为的责任能力是不存在的。既然我们要认定的是能否就具体行为谴责行为人，那么，我们就只能追问行为人是否具有能够决定、选择该具体行为的能力。"①

我们认为，责任能力是归责的前提。确定是否让行为人对其行为负担刑事责任，就主体或主观方面而言，必须先后回答三个层次的问题：首先，人的意志是否自由，即人有无选择、决定自己行为的自由；其次，具体的人具不具有这种能力；第三，具有这种能力的人是如何选择、决定自己行为的。第一个问题实际上是意志自由问题，第二个问题实际上是责任能力问题，第三个问题实际上是主观罪过问题。这三个问题若在刑法上有意义，都必须与人的行为有联系，否则，就不会成为刑法研究的对象。确实，责任能力及主观罪过与意志自由不同，前者的确定必须考察具体的行为，后者是就一般意义而言的。但是，这种关系并非是绝对的。意志自由总是与责任能力密切联系的，责任能力是意志自由的前提。刑法上研究意志自由，必然要与具体的行为联系起来。我们并没有因为这种联系而认为意志自由是责任的要素或要件。责任能力与主观罪过同样既有联系又有区别。就与具体行为的关系而言，两者存在明显的差别。责任能力是行为人实施行为时独立于行为的一种生理、心理基础，而不是行为本身。对于这种生理、心理基础，行为人本身具有不可选择性和不可改变性，有无责任能力以及有什么样的责任能力，都是一种不以行为人的意志为转移的客观存在。而主观罪过不同，它本身是犯罪行为的组成部分，包含在犯罪行为之中。行为人对主观罪过的有无及其形式，具有可选择性和可决定性。因此，不能因为责任能力与具体行为有联系，不问这种联系是一种什么样的联系，便得出责任

① 转引自冯军著：《刑事责任论》法律出版社，1996 年版，第 122 页。

能力是责任要素或责任要件的结论。也正因为如此，我们不应将责任能力归并到刑事责任的根据中，作为决定严重社会危害性和行为人人身危险性的因素之一。

三、犯罪主体在犯罪构成中的地位

前苏联于十月社会主义革命胜利以后，在借鉴资本主义犯罪构成理论的基础上，创立了主客观相统一的社会主义犯罪构成理论。我国的犯罪构成理论也是属于社会主义性质的，主客观相统一是我国犯罪构成理论的基本原则。我们既反对把犯罪构成仅仅看作"行为构成"，也反对把犯罪构成仅仅看作"犯罪人构成"。在我国的犯罪构成理论中，犯罪主体同犯罪主观方面、犯罪客体、犯罪客观方面是有机的统一，被视为犯罪构成不可缺少的要件。在我国刑法中，只有犯罪主观方面、犯罪客体、犯罪客观方面，而没有犯罪主体的犯罪是不存在的。同时，犯罪是应受刑罚惩罚的行为，缺少了作为刑罚承受者的犯罪人，即犯罪主体，刑法规定犯罪便失去意义。因此，犯罪主体是我国刑法中犯罪构成的要件之一。

（一）犯罪主体是否犯罪构成的要件的争论

犯罪主体是否犯罪构成的必备要件？这个问题在前苏联和在我国均存在着争论。近年来，有些学者对我国传统的犯罪构成"四要件说"提出异议，认为"犯罪构成是三个要件，犯罪主体不是犯罪构成的一个要件"[1]。其理由是：判断一个人的行为是否构成犯罪，决定性的因素是行为，而不是犯罪主体自身。这一观点的理论依据是马克思所说的，"对于法律来说，除了我的行为以外，我是根本不存在的，我根本不是法律的对象"[2]。其法律依据是我国刑法第 13 条对犯罪所下的定义。按照这一定义，

---

[1] 《政治与法律》，1986 年第 2 期，第 47 页。
[2] 《马克思恩格斯全集》第 1 卷，第 16、17 页。

犯罪的本质特征，即社会危害性，是通过行为表现出来的，而不是通过犯罪主体自身表现出来的。犯罪主体只是承担刑事责任的一个条件，或者是某些种类犯罪的选择要件。

此外，还有些学者从其他角度论证、支持上述观点。他们认为："犯罪构成是刑事责任的基础，犯罪主体是刑事责任的条件，前者是解决是否犯罪问题，后者是解决是否要适用刑罚问题，二者属于两个不同的研究范围。"① 具体讲：（1）犯罪是一种危害社会的行为。犯罪构成就是那些能把犯罪行为与其他行为区别开来的事实特征的总和。它所要研究的是行为，所要解决的问题是某行为是否具有社会危害性并达到应受刑法处罚的程度。犯罪主体并不反映某人所实施的行为的性质，这种主体条件甚至与行为的危害社会性质没有直接联系。犯罪主体应当在犯罪构成确立之后才能认定，所以，实际上犯罪主体应当是：人（具有刑事责任能力）+犯罪行为。即是说犯罪主体就是罪犯。（2）在刑事法律关系中，犯罪行为是产生刑事法律关系的依据，犯罪主体应当是担负刑事责任的犯罪人。某人是否要担负刑事责任，从根本上讲，要看他是否实施了符合犯罪构成的行为。（3）罪过的成立必须以行为人具有刑事责任能力为前提条件，没有犯罪主体条件也就不可能具备犯罪构成主观方面的要件。然而更为重要的是：犯罪构成主观方面一旦成立，犯罪主体必定成立。也就是说，犯罪主体这一要件被犯罪构成主观方面这一要件的内容所包容。所以，没有必要把犯罪主体作为犯罪构成的一个独立的、与主观方面并列的要件。

（二）犯罪主体不是犯罪构成要件说评析

我们认为，主张犯罪主体不是犯罪构成要件的观点值得商榷。

首先，要全面、客观、历史地理解马克思的论述。1841 年

① 《法学评论》，1984 年第 2 期，第 67 页。

12 月 24 日，反动的普鲁士当局颁布了《新书报检查令》，规定凡是对政府措施具有不良倾向的见解、言论，或者作品因热情、尖锐和傲慢而带有有害倾向时，即应禁止其发表。根据这一规定，当时许多对当局不满的进步刊物将会遭到禁止。为了揭露、批判《新书报检查令》的反动实质，维护广大被压迫者应当享有的言论、出版自由，马克思于 1842 年撰写了《评普鲁士最近的书报检查令》一文，指出："这样一来，作家就成了最可怕的恐怖主义的牺牲品，遭到了怀疑的制裁。……凡是不以行为本身而以当事人的思想方式作为主要标准的法律，无非是对非法行为的公开认可。……我只是由于表现自己，只是由于踏入了现实的领域，我才进入受立法者支配的范围。对于法律来说，除了我的行为以外，我是根本不存在的。我根本不是法律的对象。"① 可见，在马克思这段论述中，行为是与思想方式相应的。其含义是：法律不能制裁人的思想方式（倾向）。只有当思想方式外化为物质的行为，"踏入了现实的领域"时，"我才进入受立法者支配的范围"。马克思的这段论述并未涉及"犯罪主体"问题，不能由此得出结论，认为马克思是主张犯罪是一种脱离人本身的抽象的行为的。

其次，对行为性质的认定离不开对行为主体情况的分析。不可否认，犯罪是一种危害社会的行为。但是，并非所有危害社会的行为都能认为是犯罪。只有当这种行为是由具备一定条件的人故意或过失实施，且达到一定危害程度时，才能认为是犯罪。犯罪是人的行为，应受惩罚的是行为，但行为总是由人实施的，作为刑罚的承受者只能是人。因此，在行为人实施了一定的危害社会行为的前提下，决定该行为是否以犯罪论处以及以何种犯罪论处，便不能不考虑行为人的具体情况。

第三，主客观统一是我国犯罪构成理论的重要原则，犯罪主

---

① 《马克思恩格斯全集》第 1 卷，第 16、17 页。

体同犯罪主观方面、犯罪客体、犯罪客观方面一样，是犯罪构成不可缺少的一个方面的要件。犯罪主体和犯罪主观方面有着密切的联系。但是，两者的含义以及在犯罪构成中的作用有着彼此独立的意义。认为犯罪主体不是犯罪构成要件的学者，实际上将两者混为一谈，忽视了它们之间的差别。没有犯罪主体条件，便不可能具备犯罪构成主观方面的要件。犯罪构成的主观方面一旦成立，犯罪主体就会成立。这种关系说明了犯罪构成诸要件彼此之间紧密的联系性。不仅如此，没有犯罪客体或没有危害社会的行为，犯罪主体、犯罪主观方面同样无从谈起。但是，不能由此得出结论，认为犯罪主体被犯罪构成主观方面的要件所包容，并因而否认犯罪主体作为犯罪构成的独立的、与主观方面并列的要件。

综上所述，我们认为，犯罪主体是犯罪构成中不可缺少的要件。将犯罪主体与犯罪主观方面混为一谈，以犯罪主观方面取代犯罪主体在犯罪构成中的地位，或者认为犯罪主体只是某些种类犯罪的选择要件，是错误的。

四、研究犯罪主体的意义

犯罪主体是犯罪构成的一个方面的基本要件，因此，研究犯罪主体，对于正确认定犯罪具有重要意义。首先，明确犯罪主体，有助于划清罪与非罪的界限。我国刑法规定，能够成为犯罪主体的必须是具有刑事责任能力的人。如果行为人在实施危害社会的行为时，尚未达到刑事责任年龄，或者患有某种疾病，丧失或不具有辨别和控制自己行为的能力，便不能令其对该行为负担刑事责任。其次，明确犯罪主体，也有助于划清此罪与彼罪的界限。在客观行为相似的场合，犯罪主体的不同，往往构成的犯罪也不同。例如，我国刑法规定的贪污罪和业务侵占罪，在客观行为上，两者有相似之处，根本的区别在于两者的犯罪主体不同。

无论是区别罪与非罪，还是区别此罪与彼罪，其必然结果是直接影响到是否适用刑罚以及适用何种刑罚。不仅如此，不同的犯罪主体，刑事责任能力往往各不相同，因而负担刑事责任的程度也往往各不相同。例如，我国刑法规定，已满 14 周岁不满 18 周岁的人犯罪，应当从轻或者减轻处罚；又聋又哑的人或者盲人犯罪，可以从轻、减轻或者免除处罚；犯罪的时候不满 18 周岁的人不适用死刑等，均因这部分人的刑事责任能力有别于常人，所以在裁量刑罚方面也有所不同。

综上可以看出，犯罪主体在我国刑法中的意义表现在定罪与量刑两个方面。犯罪构成解决的是定罪问题，它不研究量刑问题。但是，我国现行刑事立法并没有很好地将定罪与量刑区别开来，在规定刑事责任部分，又混杂规定了处刑原则，这在体系上是不严谨、不科学的。同时，这种规定方法，在很大程度上妨碍了对如何针对各种不同责任能力的犯罪人，科学地适用刑罚这一问题的研究。我们认为，在修改我国刑法时，有必要分别规定行为人的刑事责任能力状况和对各种不同刑事责任能力状况的犯罪人所适用的不同处刑原则。前者是犯罪构成所要研究的问题，后者则是刑罚裁量所要研究的问题。

第二节　年龄与刑事责任能力

一、年龄与刑事责任能力的关系

犯罪是人的有意识和有意志的行为。人的辨认和控制自己行为的能力，虽然受到社会环境、教育程度、遗传、气候、风俗习惯等因素的影响，但是，人的年龄在其中起着极为重要的作用。一般说来，年龄的增长与责任能力的大小是成正比的。年龄幼小的儿童，大脑发育尚不成熟，且涉世未深，社会经验较少，不具备辨别是非和控制自我的能力。因此，对于他们实施的危害社会的行为，不应作为犯罪加以惩罚。进入少年期以后，随着年龄的增长，人的生理发生了显著变化，大脑机能渐趋成熟，接触社会的机会不断增多，已经具有一定的辨别和控制自己行为的能力。在这种情况下，对于他们所实施的危害社会的行为，便不能一概认为不构成犯罪，不加以惩罚。但是，考虑到他们刑事责任能力的特点，又不能一概加以惩罚。刑事立法应根据少年的个体意识和心理状态的成熟程度以及少年犯罪的特点和规律，从保障社会安定的客观需要出发，立足于保护少年的健康成长，确定对少年犯罪行为的刑事政策，科学地规定他们应负刑事责任的年龄。进入成年期后，人的意识和意志能力已经完全成熟，因此，应当负完全的刑事责任。这种由刑法规定的行为人应对自己实施的危害行为负刑事责任所必须达到的年龄，就是刑事责任年龄，也叫责任年龄。

　　达到刑事责任年龄是自然人具备责任能力，可以作为犯罪主体的前提条件。只有当人达到一定年龄，具备辨认和控制自己行为的能力时，才能要求行为人对自己严重危害社会的行为负担刑事责任。那么，一个人要到什么年龄才能认为达到了应当负担刑事责任的年龄呢？对此，各国刑法的规定不尽相同。由于各国具体国情不同，各国刑法关于刑事责任年龄的划分也很不统一。大致可以分为以下三类：

　　（一）两分制。其中又有相对两分制和绝对两分制之分。相对两分制是将刑事责任年龄分为相对无责任时期和刑事成年时期。例如，《土耳其刑法典》规定，凡行为时未满 12 岁的不起诉、不罚。但是，如这种行为属于可处 1 年以上或更严重监禁的重罪，则法院审判长可根据公诉人的请求发布命令，将儿童送进受政府管理和监督的改造所，直至满 18 岁。凡行为时已满 11 岁尚未满 15 岁并缺乏辨别能力的，则不应受罚。但是，如所犯行为属应处 1 年以上或更严重监禁的重罪，则适用前述规定。当违法儿童能够认识到其行为是一种犯罪时，应减轻惩罚。15 岁以上为刑事成年时期。绝对两分制是将刑事责任年龄分为绝对无责任时期和刑事成年时期。例如，1954 年《格陵兰刑法典》第 10 条规定："凡 15 岁以下儿童实施的行为，本法典不适用。"《日本刑法典》第 41 条也规定："不满 14 岁的人的行为，不处罚。"但是，按照 1948 年 7 月 15 日颁布的《日本少年法》的有关规定，已满 14 岁不满 20 岁的少年犯罪的，从轻处罚。这实际上在无责任年龄和完全责任年龄之间确立了一个过渡阶段，已属于三分制。

（二）三分制。其中也有两种划分方法：一是将责任年龄划分为绝对无责任年龄、减轻责任年龄和完全责任年龄三个阶段。例如，1950 年《朝鲜民主主义人民共和国刑法》第 13、14 条规定，年满 14 岁的人实施犯罪时，适用刑罚。对于实施危害社会的罪行的 14 岁以上 18 岁以下的人，均得适用矫正处分。又如，1956 年《泰国刑法典》第 74 至 76 条规定，不满 14 岁的人不得处以刑罚。已满 14 岁不满 20 岁的人应从宽处罚，其中已满 14 岁不满 17 岁的人得免除刑罚或减轻法定刑 1/2，已满 17 岁不满 20 岁的人得减轻法定刑 1/3 或 1/2。满 20 岁的人负完全的刑事责任。另一是将责任年龄划分为绝对无刑事责任年龄、相对无刑事责任年龄和完全刑事责任年龄三个阶段。例如，1968 年修订的《意大利刑法典》第 97、98 条规定，不满 14 岁为绝对无刑事责任年龄阶段，已满 14 岁不满 18 岁为相对无刑事责任年龄阶段，即行为人只有能够辨认和控制自己行为时，才负刑事责任，而且必须减轻处罚；满 18 岁为完全刑事责任年龄阶段。

（三）四分制。即将刑事责任年龄分为绝对无刑事责任时期、相对无刑事责任时期、减轻刑事责任时期和完全负刑事责任时期四个阶段。例如，1929 年《西班牙刑法典》规定，未满 7 岁为绝对无刑事责任时期。在这一年龄阶段的人，实施的任何危害行为都不负刑事责任；已满 7 岁未满 15 岁为相对无刑事责任时期。在这一年龄阶段的人，只有犯该法明文规定科处刑罚之犯罪行为时，才负刑事责任；已满 15 岁未满 18 岁为减轻刑事责任

260

时期。在这一年龄阶段的人，对所实施的刑法禁止的行为，构成犯罪，应当负刑事责任，但应当减轻刑事责任；已满 18 岁为完全负刑事责任时期。在这一年龄阶段的人，行为人的年龄对定罪和量刑不发生任何影响。

二、我国刑法规定的刑事责任年龄

我国刑法总结中华人民共和国成立以来同犯罪作斗争的经验，根据我国的具体国情，同时借鉴、参考有关的国外立法例，将刑事责任年龄分为三个阶段：

（一）绝对不负刑事责任阶段

根据我国刑法第 17 条的规定，不满 14 周岁的人实施任何危害行为都不负刑事责任。这主要是考虑到不满 14 周岁的人还处于幼年时期，受生理和智力条件的限制，一般说来，他们对自己行为的性质、意义和后果缺乏认识。因此，对于他们实施的危害社会的行为，不应追究其刑事责任，而应采取其他方法加强教育和管束。

有些论著建议，我国刑法应将最低刑事责任年龄由 14 岁改为 13 岁或 12 岁。其理由是：（1）随着社会生产力的发展和科技文化的进步，人民群众物质生活水平的提高，人的成熟期有所提前；（2）带有世界性趋势的犯罪低龄化问题在我国司法实践中也有反映。近几年我国青少年违法犯罪的事实表明，13 岁恰恰是违法犯罪的高峰年龄；（3）适当降低我国刑法中的最低责任年龄，从世界范围看，并非"标新立异"，也不违背人道主义原则。

我们认为，我国对犯罪分子适用刑罚的目的在于教育人和改造人。从心理和生理状况看，12、13 岁的人正处在从儿童期向少年期过渡的时期，生理和心理刚刚开始发生显著变化，身心发育尚未基本成熟；从智力开发和知识水平看，这一时期的人尚幼稚无知，文化知识和社会知识还相当贫乏。因而他们尚不具备刑罚适应能力，还不能真正理解刑罚的性质、功能以及刑罚制裁的意义与后果。对其判处刑罚，自然也就很难达到教育和改造的目的，此其一。其二，少年儿童尚处在人生的初期，可塑性很大，对于他们实施的危害社会的行为，应主要着眼于加强家庭、学校和社会教育，注重预防，不宜过分强调刑罚惩罚作用。从司法实践情况看，对低龄犯适用刑罚的效果并不理想。在累犯、惯犯中，第一次犯罪年龄较低的占相当比重。其三，对未达刑事责任年龄者实施的危害行为，尤其是严重的危害行为，并非放任不管，听之任之，而是通过制定青少年保护法规，运用综合治理、侧重教育和保护的方式引导少年儿童健康成长，防止其再次危害社会。其四，降低刑事责任的最低年龄并不代表国际刑法发展的趋势。未成年人违法低龄化是一个世界性的问题，但各国一般并没有降低刑事责任年龄，相反，有些国家还提高了刑事责任年龄。如英国①等。1985 年第七届联合国预防犯罪和罪犯待遇大会上通过的《联合国少年司法最低限度标准规则（北京规则）》也指出：各国"由于历史和文化的原因，负刑事责任的最小年龄差别很大。现代的做法是考虑一个儿童是否达到负刑事责任的精神和心理要求，即根据孩子本人的辨别和理解能力来决定其是否能对本质上反社会的行为负责。""在承认少年负刑事责任的年龄这一概念的法律制度中，该年龄的起点不应该规定得太低，应考虑到情绪和心理成熟的实际情况。""如果将刑事责任年龄规定得太低或根本没有年龄限度的下限，那么责任概念就会失去意义。"并呼吁"应当作出努力以便就国际上都适用的合理的最低年龄限度的问题取得一致意见。"② 从各国刑事立法看，有的规定 7 岁为最低责任年龄，如《印度刑法典》。类似规定的还有泰国、加拿大、葡萄牙以及美国个别州等。有的国家，如匈牙利

---

① 英国普通法规定最低刑事责任年龄为 7 岁，1933 年的法律改为 8 岁，1963 年的法律提高到 10 岁。

② 《青少年犯罪问题》，1986 年第 3 期，第 5 页。

等国刑法规定，12岁以下为绝对无刑事责任时期。法国刑法典规定13岁以下为绝对无刑事责任时期。个别国家，如巴西刑法规定，18岁以下为绝对无刑事责任时期。但是，前苏联、德国、日本等多数国家的刑法都规定14岁为最低刑事责任年龄。综上所述，我们认为，我国刑法规定14周岁为最低刑事责任年龄，是合适的，不应降低。

（二）相对刑事责任年龄阶段

我国刑法第17条第2款规定："已满14周岁不满16周岁的人，犯故意杀人、故意伤害致人重伤或者死亡、强奸、抢劫、贩卖毒品、放火、爆炸、投毒罪的，应当负刑事责任。"我国刑法之所以这样规定，是因为已满14周岁不满16周岁的人，虽然具有一定的辨别是非的能力，但智力发展尚不完善，生理上尚未完全成熟，且生活阅历浅，对不少犯罪行为不具有完全辨认和控制能力。因此，对于他们所实施的危害行为，一般不追究刑事责任，而是责令他的家长或者监护人严格加以管教；在必要的时候也可以由政府收容教养。已满14周岁不满16周岁的人只对少数社会危害性特别严重的犯罪，如故意杀人、故意伤害致人重伤或者死亡、抢劫、放火等八种严重破坏社会秩序的犯罪负担刑事责任。在负担刑事责任的范围上加以限制，目的在于扩大教育面，缩小打击面，贯彻惩罚为辅、教育为主的刑事政策。

（三）完全负担刑事责任年龄阶段

我国刑法第17条第1款规定："已满16周岁的人犯罪，应当负刑事责任。"这是因为，在我国，已满16周岁的人，智力和体力已相当发达，具备了辨别是非和控制自己行为的能力。因此，刑法要求已满16周岁的人对一切犯罪都要负刑事责任，是比较适宜的。

我国刑法第14条第3款还规定："已满14周岁不满18周岁的人犯罪，应当从轻或者减轻处罚。"这是考虑到未成年人虽然具备一定的辨别和控制自己行为的能力，但其成熟程度与成年人相比，仍有不小差距，容易受外界不良的影响。同时，未成年人的可塑性大，易于接受教育和改造。基于同样的原因，刑法第49条规定，犯罪的时候不满18周岁的人不适用死刑。我国1979年刑法第44条曾规定，已满16岁不满18岁的，如果所犯罪行特别严重，可以判处死刑缓期二年执行。这里存在一个问题，即我国刑法中的死刑包括死刑立即执行和死刑缓期二年执行两种。而本条款前半段规定"不适用死刑"，后半段又规定"可以判处死刑缓期二年执行"，这在逻辑上是矛盾的。解决这一矛盾有两条途径：一是取消"可以判处死刑缓期二年执行"的规定；二是改"不适用死刑"为"不适用死刑立即执行"。1997年修订的刑法采取第一条消除矛盾的途径，这与世界刑法发展的总趋势是相一致的。

必须指出，法律规定的刑事责任年龄有其严肃性，在实际执行时不能有任何灵活性。对于实际年龄未达到刑事责任年龄的未成年人，即使只差一天，其实施了故意杀人、放火等严重危害社会的行为，也不能以犯罪论处。这是我国罪刑法定和有法必依原则的要求。否则，只能使我国刑法关于刑事责任年龄的规定成为一纸空文，不利于我国法制的统一。还应指出，行为人在不满14周岁时和已满14周岁不满16周岁期间都实施过严重破坏社会秩序的行为，甚至是同一性质的危害行为，在定罪时不能把不满14周岁时的危害行为作为定罪的依据，而只能以已满14周岁以后的危害行为为依据；未成年人在16周岁以前和以后都实施了不属于刑法第17条第2款规定的犯罪行为，在定罪时，只能以行为人已满16周岁以后的行为作为定罪的依据，而不能一并作为犯罪追究刑事责任。我国计算年龄的方法有周岁与虚岁之分。我国宪法、婚姻法、民法通则等关于年龄的规定，均明确是指周岁。1979年刑法规定的行为人的刑事责任年龄均为"岁"，没有明确规定必须是"周岁"。为避免理解上的错误，1997年修订的刑法将"岁"统一改为"周岁"。

264

我国对未成年人实施的犯罪行为，并不是只强调刑罚惩罚，而是一贯坚持"教育为主，惩罚为辅"的方针。对于非惩罚不可的适当追究刑事责任，目的也是为了教育、改造和挽救未成年人。但是，这种适当的惩罚是必不可少的。另一方面，对于因未达刑事责任年龄而不处罚的，也并不是一概不管，而是责令他的家长或者监护人加以管教，必要时也可以由政府收容教养。

　　有一种观点认为，未成年人犯罪是"十年动乱"的结果，是社会环境造成的，他们本身是受害者。因此，对他们主要应该是教育和挽救，不应使用刑罚惩罚。这种观点是片面的。首先，它片面强调了未成年人犯罪的社会原因，忽视了未成年人犯罪的主观原因。其次，这种观点把惩罚与教育、挽救对立起来了。没有认识到对未成年人适当追究刑事责任的本身也是对未成年人的教育和挽救。再次，这种观点不利于我国刑罚预防犯罪目的的实现。有罪不罚，既不利于教育犯罪者本人，也不能教育和警戒那些可能走上犯罪道路的人。

　　另一种观点认为，未成年人犯罪的手段残忍，后果严重，情节恶劣，主张多判、重判。这种观点同样是片面的。现实生活中确有一些未成年人犯罪的社会危害性极大，依法追究刑事责任是应该的。但是，这类案件在未成年人犯罪中毕竟是少数。我国对犯罪分子适用刑罚的目的不是为了报复，也不是单纯的为了惩罚，而是通过惩罚更好地教育、改造犯罪分子，使其成为新人。盲目的多判、重判，只会适得其反，妨碍改造，达不到刑罚的目的。

　　在对未成年人追究刑事责任，具体适用刑罚时，有两个问题争论较多：

　　1. 对未成年人能否适用罚金、没收财产等财产刑？罚金是人民法院强制犯罪分子向国家缴纳一定数额金钱的刑罚；没收财产是人民法院依法将犯罪分子个人所有财产的一部或全部强制无偿收归国有的刑罚。这两种刑罚的适用都以犯罪分子个人具有一定的经济收入和财产为前提。从我国目前情况看，未成年人参加生产劳动或参加工作的较少，一般没有个人财产，因此，对未成年人一般不适用罚金、没收财产等财产刑。但是，如果查明未成年人已经参加劳动，如从事个体工商业，拥有自己的财产或应当属于自己的财产，依法判处其适当的罚金、没收财产，并不违反法律规定。

2. 对未成年人能否适用剥夺政治权利？剥夺政治权利是人民法院剥夺犯罪分子参加国家管理和政治活动的权利的刑罚。对于犯有危害国家安全罪和严重刑事犯罪的未成年人是否附加适用剥夺政治权利，由于法律没有明确规定，理论上存在不同的意见：

一种观点认为，对于犯罪的未成年人，除判处死缓和无期徒刑者外，一般不宜适用剥夺政治权利。理由是：（1）不满18岁的未成年人，宪法规定的大部分政治权利，诸如选举权和被选举权、担任国家机关职务和担任企业、事业单位和人民团体领导职务的权利等，均不能享有，而公民的言论、通信、集会、结社、游行、示威等自由实际上也不具有享有的能力。因此，宣布剥夺他们的这些权利，没有什么实际意义。（2）犯罪的未成年人身心都处于发展时期，具有头脑简单，可塑性大，容易接受外界影响等特点。一般说来，经过一段时间的教育改造，刑满释放后，已消除了对社会的危害性，没有必要对他们再附加适用剥夺政治权利的刑罚。（3）根据刑法第17条关于未成年人犯罪应当从轻或者减轻处罚的规定，对未成年犯即使罪该剥夺政治权利，也可以适用从轻或减轻刑罚而不予剥夺。

第二种意见认为，对未成年犯罪该剥夺政治权利的，应剥夺其政治权利。这是因为，犯罪的未成年人，尽管在犯罪时不满18岁，不享有宪法规定的大部分政治权利，但大多数被判处有期徒刑以上，尤其是被判处10年以上刑罚的，在服刑期内已达成年，对其政治权利如不予剥夺，既不利于同他们的斗争，也不利于对他们的改造。

第三种意见认为，对犯罪的未成年人，在判决时可暂不剥夺其政治权利，待其成年后，或者刑满、假释后，视其改造情况和悔改程度，如有必要，可采取裁定或判决的方式再予以剥夺。

还有一种意见认为，对犯危害国家安全罪的未成年人应适用剥夺政治权利；对犯严重破坏社会秩序罪，罪行性质严重，行为人主观恶性很深，但还不满16岁的未成年犯不剥夺其政治权利，对已满16岁的未成年犯则应剥夺其政治权利。

我们认为，从法律依据来看，我国刑法并没有对未成年犯适用剥夺政治权利做出限制。我国刑法第56条规定："对于危害国家安全的犯罪分子应当附加剥夺政治权利；对于故意杀人、强奸、放火、爆炸、投毒、抢劫等严重破坏社会秩序的犯罪分子，可以附加剥夺政治权利。"第57条第1款规定："对于被判处死刑、无期徒刑的犯罪分子，应当剥夺政治权利终身。"根据这些规定。(1)未成年人如果犯有危害国家安全罪，应无例外地附加适用剥夺政治权利。不能因为他们在实施犯罪时不享有大部分政治权利，而不剥夺其政治权利。(2)至于对犯有严重破坏社会秩序罪的未成年犯是否附加适用剥夺政治权利，鉴于未成年人生理和心理上具有有别于成年人的特殊性，而是否有必要附加适用剥夺政治权利，主要是看行为人犯罪当时的人身危险性状况。因此，在确定对这部分未成年犯是否有必要附加适用剥夺政治权利时，应慎重考虑，要多从有利于未成年人接受教育和改造着想，以少判剥夺政治权利为宜。

此外，人的刑事责任能力有一个逐步产生和发展的过程，不同年龄阶段的人，刑事责任能力各不相同。对此，刑法只分了三个阶段。我们认为，对于同一刑事责任年龄阶段的人，年龄不同，处罚的原则也应不同。如对14周岁的人犯罪与对16周岁的人犯罪，在具体裁量刑罚，掌握从宽的幅度方面，不能没有区别。同时，尽管年龄相同，但各人的身体发育情况也不尽一致，刑事责任能力也各不相同。据此，在刑法规定允许的范围内，审判人员可以运用其自由裁量权，掌握不同的从宽幅度。

三、老年人的刑事责任能力

人的责任能力不仅是随着年龄的增长而逐渐形成和发展起来的，而且随着成年人进入老年年龄阶段，其责任能力还有一个逐渐减弱，直至衰竭的过程，因而各国刑法对犯罪的老年人往往设有减轻刑罚或其他从宽处理的特别规定。这些特别规定，就其具体内容看，主要有以下几种类型：1. 对犯罪的老年人从宽处罚。例如，1940 年《巴西刑法典》第 48 条规定，对超过 70 岁的犯人从轻处刑；2. 对老年犯罪人限制适用某些刑种。如 1961 年《蒙古人民共和国刑法典》第 18 条第 2 款规定："60 岁以上的男人、妇女……不得适用死刑。"第 19 条规定，剥夺自由刑的最高期限不得超过 15 年，但对犯罪时 60 岁以上的男子和 50 岁以上的女子，剥夺自由刑的期限不得超过 10 年。3. 放宽对老年犯罪人适用缓刑、减刑、假释的条件。例如，1940 年《巴西刑法典》第 30 条规定，对被判处监禁刑的犯罪人不得适用缓刑，但犯罪人超过 70 岁，且所判监禁不超过 2 年的，可以宣告缓刑。

关于老年人的起始年龄，有的规定为 50 岁，有的规定为 55 岁，还有的规定为 60 岁，甚至 70 岁。还有的男女有别，一般女子老年的起始年龄低于男子。

我国现行刑事立法没有关于老年犯罪人刑事责任的特别规定，但在革命法制史上却有相关的立法例。早在第二次国内革命战争时期的《赣东北特区苏维埃暂行刑律》第 29 条便规定："……满 80 岁人犯罪者，得减本刑一等或二等"。1939 年《陕甘宁边区抗战时期惩治汉奸条例》第 9 条也规定："犯第 2 条各款之罪，年龄在……80 岁以上者得减刑。"解放以后，在老年人的刑罚执行方面，我国有关法规也作了若干特别规定。如 1954 年的《中华人民共和国劳动改造条例》第 60 条规定，年龄在 55

岁以上,已失去对社会危害可能的,可以准许取保监外执行。1979 年 4 月 16 日最高人民法院、最高人民检察院、公安部《关于清理老弱病残犯和精神病犯的联合通知》规定,年老衰竭,神智模糊的,凡有家庭依靠,均可依法分别给予监外就医、监外执行。但判处死刑缓期二年执行期间的罪犯,不在此例。上述罪犯被判处有期徒刑,已执行原判刑期 1/2 以上,无期徒刑犯实际执行 10 年以上,并有悔改表现的,可予以假释或提前释放。1982 年 2 月 18 日公安部通知各地试行的《监狱、劳改队管教工作细则》第 18 条规定,服刑改造期间的罪犯,"年龄在 60 岁以上,身体有病,已失去危害社会可能的",除判处死刑缓期二年执行期间以及罪恶民愤很大的以外,都可以准许监外执行刑罚。根据上述规定可以看出,我国司法实践中对老年犯罪人从宽处理,年龄往往不是充足条件,还必须具备身体有病、已失去危害社会可能等条件。

在司法实践中,我国对老年犯罪人从宽处理,是出于革命的人道主义,不使这些人死在狱中。其次,是由这些罪犯刑事责任能力的实际状况所决定的。随着年龄的增长,由于身体和精神健康状况等原因,人的刑事责任能力呈逐渐减弱,直至最终丧失的发展趋势。因此,对于老年人的处刑原则与对通常人的处刑原则便不能没有区别。其三,现代刑罚的目的决定了对老年犯罪人应予从宽处理。教育、改造罪犯,预防、消灭犯罪,是当代各国刑罚目的观的主流。人到古稀之年,神智模糊,对其适用某些刑罚,丧失了改造的意义,同时还会失去社会同情。其四,是刑罚经济性的要求。人到了老年,劳动能力丧失。在这种情况下,对其予以关押,不但不能再创造社会价值,而且反而成为社会的累赘,即需要国家无偿供养。对老年犯罪人从宽处理,不仅不会让其再次危害社会,而且可以减轻政府的经济负担,也有利于监狱的管理。

我国现行刑法没有关于老年犯罪人刑事责任的特殊规定。在我们看来，这是一个缺陷。从我国司法实践的实际情况看，老年犯罪人在刑事犯罪人中占有一定的比例；在在押犯中，老年人也占有相当的比例。这部分人不仅影响了劳改单位的工作，而且丧失了改造的意义；老年人的犯罪及其刑事责任能力状态，具有自身的特殊性。所以，今后在修改我国刑法时，可考虑对老年人的刑事责任能力以及对老年犯罪人的处刑原则作出特别规定。

第三节　精神障碍、生理缺陷与刑事责任能力

在影响、决定行为人刑事责任能力的诸因素中，人的年龄是其中具有普遍意义、起着极为重要作用的因素。刑事责任能力是以一定的年龄为前提的。未成年人当然无责任能力或只有部分责任能力。但是，即使达到了法定的刑事责任年龄，由于精神障碍、生理特殊缺陷等原因，也可能不具备、丧失或减弱责任能力，而不能成为犯罪主体，或者虽然能够成为犯罪主体，但应减轻其刑事责任。因此，精神障碍、生理特殊缺陷和刑事责任年龄一样，也是影响、决定行为人刑事责任能力有无及其程度的重要因素，是成立犯罪主体的诸要件的有机组成部分。这里所说的精神障碍，主要是指与人的大脑神经有关的疾病，如精神病等；所谓生理特殊缺陷，是指聋、哑、盲等。

一、精神障碍与刑事责任能力

近代各国刑事立法关于精神病者的概念，规定极不一致。大体有以下几种立法例：1. 法律只规定精神病者（心神丧失者）这个名词，至于其范围、行为者的状态，法律不作规定，听任法官自由斟酌。如 1810 年《法国刑法典》第 64 条规定："精神错乱中所为之犯罪行为，不构成重罪或轻罪。" 2. 法律概括规定行为者的智力因为疾病的扰乱而有不能自主的状态，即为无刑事责任能力人。如 1968 年修订的《意大利刑法典》第 88 条规定：

270

"行为时之精神状态，因疾病而丧失意思及辨别能力者，为无责任能力。" 3. 英美刑法分无责任能力人为疯狂（insane）与精神缺陷（mentally defective）两种。判断是否属于这两种情况的标准是有无正邪（right and wrong）的辨别能力。1913 年英国颁布的精神缺陷法（Mental Deficiency Act）将精神病者分为五种情况：白痴（idiot）、呆愚（imbecile）、心神耗弱（feele—minded person）、道德性呆愚（moral imbecile）和精神衰弱。前两种属于绝对无责任能力人，后三种是否属于无责任能力人，则由法官酌量处断。美国不规定各种精神障碍，而适用各种测验，以决定是否属于精神病人。

我国 1979 年刑法只规定了不能辨认或者不能控制自己行为的精神病人的行为，不负刑事责任。1997 年修订的刑法于第 18 条第 3 款增加规定："尚未完全丧失辨认或者控制自己行为能力的精神病人犯罪的，应当负刑事责任，但是可以从轻或者减轻处罚。" 现将有关问题，分述如下：

（一）完全丧失辨认或者控制自己行为能力的精神病人

关于精神障碍者刑事责任能力判断的标准，学术界存在不同的见解，立法上有的采生物学方法，有的采心理学方法，但多数则采生物与心理相结合的混合方法[1]。我国 1997 年修订后的刑法第 18 条第 1 款规定："精神病人在不能辨认或者不能控制自己行为的时候造成危害结果，经法定程序鉴定确认的，不负刑事责任……" 这一规定不仅明确了精神病人对于所实施的危害行为不负刑事责任，而且还表明不负刑事责任必须具备的两个条件：

第一，行为人在实施危害社会的行为时患有精神病，而且正在发病期间。这是认定行为人刑事责任能力的医学标准，也叫生物学标准。所谓精神病，是指由于人体各种内外致病因素的作

---

[1] 蔡墩铭主编：《刑法总则论文选》（上），台湾五南图书出版公司，1984 年版，第 447 页。

用，使正常的大脑活动发生障碍，导致认识、情感、意志等精神活动不同程度的失调或者紊乱的一类疾病。这类疾病很多，大致可以分为以下几种：（1）重性精神病，一般称为精神病。它包括内源性精神病，如精神分裂症、躁狂型精神病、抑郁型精神病、癫痫等，还包括脑器质性精神病、症状性精神病、反应性精神病等。（2）精神发育不全，又称智力发育不全，如痴呆症等。（3）病态人格，如暴发性病态、性变态等。在司法实践中，对以上几类精神病人刑事责任能力的认定，应视具体情况区别对待。

行为人是否有精神障碍并致辨认或控制行为的能力丧失，以行为当时的精神状态而断。这是"责任能力只能与实行行为同时存在"这一责任原则的必然要求。行为人必须是在实施危害行为的当时存在精神障碍，并且由于这种精神障碍而致行为人的辨认或控制行为的能力丧失，亦即行为人的危害行为必须是在精神病症状的直接影响下发生的，才能不负刑事责任。至于行为前后是否患有精神病，则在所不问。因此，所谓精神障碍，并不意味着永久存续而绝无间断。如果行为时确在精神障碍之中，并由于精神障碍导致辨认或控制能力的丧失，即使其事前或事后偶回常态，仍不失为无责任能力的人。又如，行为人患有间歇性精神病，而在实施危害行为时，恰好处在间歇之际。如果在此之际，行为人的精神状态是完全正常的，便不能以患有精神病为由，主张不罚或减轻其罚。再如，在行为时，行为人精神状态是正常的，行为后由于害怕、恐怖等原因而患精神病，也无责任能力丧失的问题可言。

第二，行为人在实施危害社会的行为时，由于发病而不能辨认或者控制自己的行为。这是认定行为人刑事责任能力的心理学标准，也叫法学标准。所谓不能辨认自己的行为，是指行为人在实施危害社会的行为时，不理解自己行为的性质和特性，或者虽然知道这些，但不知道自己的所作所为是错误的。这里讲的性质或特性，是指物质性的性质或特性，即行为人不知道自己在做些

272

什么，其在实施行为时完全处于一种自动状态。至于"错误"的含义，国外理论上存在争议，有的认为是指法律上的错误，有的理解为普通的错误。我们认为，"不知道自己的所作所为是错误的"，是指完全不能辨别自己行为可能引起的结果的性质。例如，行为人砍下了一个正在睡眠的人的头，是因为他认为待这个人醒来时寻找自己的头是一件有趣的事。在这一案件中，行为人知道自己正在杀人，但明显的不能辨别自己行为的物质性结果的性质。不能辨认还包括不能认识自己行为的实质性情节。例如，行为人杀死了一个男孩，他却误认为是女孩，这种误解不是实质性的。因此，应该认为行为人对自己行为的性质和特性是了解的。以上是指行为人的认识能力。所谓不能控制自己的行为，是指行为人在实施危害社会的行为时，不能根据自己的意志自由地选择实施或不实施这种行为。这是指行为人的意志能力。丧失认识能力必然丧失刑法意义上的意志能力；具有认识能力，由于某种特殊的精神病状态，也可能丧失意志能力。认识能力和意志能力只要有一项丧失，即视为无刑事责任能力。

生物条件是判断精神障碍者刑事责任能力的形式要件，心理条件则是其实质要件。行为人虽然患有精神病，但不足以影响其辨认或控制自己行为的能力，便不发生影响刑事责任能力的问题；行为人虽然丧失了辨认、控制行为的能力，但不是因为精神障碍所致，便不属于刑法意义上精神障碍所要研究的内容。因为精神病的作用，行为人辨认行为的能力或者控制行为的能力中有一者丧失，而且也只要其中一者丧失，就应认定为无责任能力。

犯罪时精神正常，犯罪后精神错乱，患有精神病的，如何处理？有的国家，如前《苏俄刑法典》规定，犯罪以后患有精神病与犯罪时患有精神病同等对待。1978 年修订的《苏俄刑法典》第 58 条规定："对于在无责任能力状态中实施危害社会行为的人，或者虽在有责任能力状态中实施这种行为，但在宣告判决前或在服刑期间患有精神病，因而不能辨认或控制自己行为的人，法院可以采取下列医疗性的强制方法：……"根据我国刑法规定，只要实施危害行为时行为人的精神处于正常状态，不论在此之前或之后精神状态如何，均构成犯罪，应当负刑事责任。在司法实践中，对于犯罪后患精神病的，可中止案件的审理，待精神正常后再行处理。我们认为，在中止案件审理期间以及对间歇性的精神病人在精神正常时实施犯罪行为，短时间无法治愈的，为防止他们继续实施危害社会的行为，法律应规定可对其实施强制性的医疗措施。

我国刑法第 18 条规定，对于因患精神病而不负刑事责任的，应当责令他的家属或者监护人严加看管和医疗。我们认为，防止精神病人再次危害社会，仅仅依靠其家属或者监护人是不够的。在必要的时候应该由政府收容关押，并采取必要的治疗措施，直至其人身社会危险性消失为止。

（二）尚未完全丧失辨认或者控制自己行为能力的精神病人

刑法上对精神病人刑事责任能力的认识，是随着医学科学的发达而发展的。在医学科学不甚发达的历史时代，人们只能凭直观来判断精神病。一般说来，只有严重精神病才能被直观地判断出来。于是，很自然地形成了这样的观念：精神病人完全丧失了辨认能力或控制能力，只要不是完全丧失的都不算是精神病。这种观念反映到司法上，精神病人责任能力也界限分明：或者有精神病，完全无责任能力；或者无精神病，完全有责任能力。随着医学科学的发达，人们对精神病的认识超出了直观的范围，并逐渐发现，有些病人虽然不是明显丧失辨认能力或控制能力，但确实患有精神病，亦即精神病有程度的差别。

限制责任能力是减轻刑事责任的依据之一，这是不容争辩的。然而，在得减与必减问题上，学者间的认识并不一致。

主张得减者认为：减轻责任能力的生物和心理因素虽能导致责任能力的减轻，但并非导致责任整个的减轻，因为责任以总评价为基础，除责任能力的程度外，还有其他情形应予考虑，如行

274

为责任情状及行为前之责任情状等。得减而非必减，使得责任轻重总评价时，责任能力的减轻与加重责任情状之间能够实现平衡。减轻责任能力的人，有的只有处以较重的刑罚才能得到改造，应处以较重之刑；有的只要处以较轻的刑罚便能够得到改造，则便处以较轻之刑。只有得减才能符合这种要求。减轻意识和意志能力的效果作为"减轻责任能力"处理，按照逻辑，自应导致刑之必减。但是，事实上则是将其作为量刑因素，因而应与其他刑之减轻事由的运用一致，才属合理。主张必减者认为："刑之减轻"对法官加以拘束性规定，即采必减，则不致发生"一法官宣告死刑，而另一法官则否"的现象。我国1997年修订的刑法采纳了得减的主张。

（三）间歇性精神病人的刑事责任能力问题

我国刑法第18条第2款规定："间歇性的精神病人在精神正常的时候犯罪，应当负刑事责任。""间歇性精神病人"，一般认为是指以下两类精神病：（1）发作性精神病，即具有循环性病程特征，周期发作，间歇期精神恢复正常的精神病，如躁狂抑郁症、癫痫性精神病等；（2）处于缓解期的重性精神病，即精神疾病症状部分减轻或完全消除，如精神分裂症、偏执性精神病、反应性精神病等。

一些学者认为，刑法的这一规定值得推敲之处颇多。首先，这一规定只是从相反方向说明同条第1款的规定，而其内容丝毫没有突破第1款的范围。根据第1款的规定，必然可以得出如下结论：（1）非精神病人不属于本条规定的范围；（2）虽然是精神病人，但不是在不能辨认或不能控制自己行为的时候造成危害结果的，应负刑事责任；（3）虽然是精神病人，但这种疾病并没有使行为人丧失辨认或控制行为的能力，也应负刑事责任。第2款并不是对第1款的补充，实际上是对第1款的一个必然结论的重复。作为刑法规范，这完全是多余的。其次，从这一规定的科学性来看，一部分间歇性精神病人在间歇期或缓解期，完全能够辨认和控制自己的行为，即精神状态是正常的。而另一部分则并没有达到完全正常的状态，这部分人虽然处于精神病的间歇期或缓解期，却仍然不完全具备辨认和控制行为的能力。第 18 条第 2 款只讲了前一种情况，却没有涉及后一种情况，因而是不全面的，极易在司法实践中造成误解。为此，学者们建议，应取消刑法第 18 条第 2 款的规定。在司法实践中，对于处在间歇期或缓解期，并实施危害行为的精神障碍者，可根据行为人在实施危害行为时实际的辨认和控制行为能力的状况，认定为完全责任能力人或限制责任能力人。

二、生理缺陷与刑事责任能力

在刑法上，对认定刑事责任有意义的生理缺陷，一般是指聋、哑、失明等。从接触到的有关资料来看，在现行各国和地区刑法中，只有意大利、西班牙、日本和我国等少数国家规定聋哑是减免刑事责任的原因。意大利刑法规定聋哑可以是不负刑事责任的原因。然而，多数国家和地区的刑法则对聋哑人的刑事责任未作明文规定，具体处理时依其情形，视为精神耗弱（限制责任能力）的人。至于将盲人作为减轻刑事责任的原因，除了我国以外，尚未发现其他国家有类似规定。因此，关于聋哑人和盲人的刑事责任及其立法，是一个值得探讨的问题。

所谓生理缺陷，是指因为人体某种器官存在缺陷，导致某种生理功能丧失或损害。在刑事责任的认定中，有意义的是两种情形：（1）又聋又哑的人。这种人是指丧失了听能和语能的人。从实际情况看，半聋半哑影响辨认和控制能力的可能性极小。现行刑法虽然对聋哑的程度未作限制，但涉及到刑事责任能力问题的，主要是指全聋全哑的人。（2）盲人。盲人是指因为遗传、疾病、事故等原因，导致视觉功能完全丧失的人。在视觉功能丧失的时间上，有先天的，也有后天的，但这并不影响其作为影响刑事责任的原因。与盲人不同的还有一种视弱的人，这种人的视觉功能并没有完全丧失，而只是一定程度的减弱。视弱的人不属于盲人，因而不能作为影响刑事责任的原因。

我国刑法第 19 条规定："又聋又哑的人或者盲人犯罪，可以从轻、减轻或者免除处罚。"这一规定包括三层含义：（1）又聋又哑的人不属于无责任能力的人，他们对于自己实施的犯罪行为，应当承担刑事责任。（2）又聋又哑的人和盲人是限制责任能力的人。聋哑人和盲人在对其所实施的危害行为承担刑事责任方面，不能不有别与常人。（3）聋哑和失明不是绝对减轻刑事责任的原因。由于聋哑有先天的，有自幼的，还有成年以后的；同时，不同的犯罪对人的辨认和控制行为的能力有不同的要求，因此，刑法第 19 条规定，对于犯罪的又聋又哑的人或者盲人，是可以从宽处罚，而不是应当从宽处罚。在具体决定是否从宽处罚时，心理学标准，即行为人辨认和控制行为的能力，是应当主要考虑的因素。只有对又聋又哑的人和盲人在辨认和控制行为的能力有所减弱的时候造成危害结果的，才应当予以从轻、减轻或者免除处罚。而且，辨认和控制行为的能力减弱的程度，直接影响从宽处罚的幅度。其他情形的犯罪的又聋又哑的人和盲人是否从宽处理，以及从宽到什么程度，需要酌情而定。

第四节　生理醉酒与刑事责任能力

一、关于醉酒人犯罪刑事责任的争论

醉酒，这里指生理醉酒，是指由于饮酒过量，超过饮酒者正常的承受能力，导致饮酒者辨认或控制自己行为的能力丧失或减弱的状态。醉酒人对在醉酒状态下实施的危害行为应否负刑事责任以及应负何种程度的刑事责任？长期以来理论界对这一问题众说纷纭，立法上也屡有反复。

在古代罗马法及日耳曼法时代，一般学者皆认为，醉酒可以成为阻却或减轻刑事责任的事由，主张对因酗酒而犯罪的人，应减轻或免除其刑。到了中世纪教会法时代，由于教皇极力反对饮酒作乐，因而在普遍的禁酒声中，对于因酗酒而犯罪的人，非但不视为阻却或减轻刑事责任的事由，反而认为是加重刑事责任的原因。这种思想曾在相当长的一段时间里影响英法各国的刑法理论。及至18世纪中叶，德国学者主张，应当区别因酗酒而实施危害行为的情形，分别为可归责于行为人与不可归责于行为人两种，以确定其应否负刑事责任。这种主张得到众多的支持，很快成为通说，对德国各邦的刑事立法产生了深远的影响。这些邦的刑事立法仅规定可归责于行为人之酗酒的犯罪责任。但是，随着时间的流逝，立法的修改，这种规定逐渐从立法中消失。由于法无规定，而实践中因酗酒而实施危害行为的事件却屡有发生，因此，醉酒人的刑事责任问题，再度成为理论上的焦点。无责说者认为，刑罚应加于有责行为，醉酒人在醉酒之时，往往处于心神丧失状态，即辨认和控制行为能力丧失的状态。对于在这种状态下实施的危害行为，自然不能让行为人负担刑事责任。有责说者则认为，酗酒者于实施危害行为时，确实往往处于心神丧失或心神耗弱状态，但之所以陷于这种状态，并非事出无因。酒可以饮，也可以不饮；可以饮而不醉，也可以饮而酩酊，这完全受人的自由意思支配。足见，在陷于心神丧失或心神耗弱状态以前的饮酒行为，本身就具有可罚性。从刑事政策的需要来看，为维护社会秩序，防止不法之徒仗酒行凶，对酗酒者的危害行为也应予以处罚。这种主张由于得到著名刑法学家李斯特、迈耶、巴尔等人的支持，到了20世纪初期，有责说逐渐占了上风，为各国刑法理论和立法所采纳①。

当代各国刑事立法关于醉酒人犯罪刑事责任的规定，大致有

---

① 参见蔡墩铭著：《刑法基本理论研究》，台湾汉林出版社，1988年版，第413~414页。

以下四种立法例：1. 按常罪处理。例如，《波兰刑法典》第25条第3项规定："如果犯罪人将自己置于他已经或能够预见到的导致排除或减轻责任的醉酒状态，不得适用（1）、（2）项（注：不构成犯罪或减轻处罚）的规定。"法国、德国、奥地利、西班牙、瑞士等国，对醉酒人犯罪的刑事责任未作特别规定。但是，不特别规定并非不处罚，而是认为醉酒犯罪，依法当然处罚，无特别规定之必要。2. 只追究故意醉酒人犯罪的刑事责任。例如，《罗马尼亚刑法典》第49条规定："实施刑法所禁止的行为时，如因饮酒或服用其他物质而处于完全麻醉状态，不构成犯罪。""故意酗酒或服用其他物质麻醉自己的，根据具体情况，可作为减轻或加重处罚情节。"3. 只追究故意或过失醉酒人犯罪的刑事责任。例如，《意大利刑法典》第91条规定："行为时因偶然事件或不可抗力导致泥醉，而欠缺辨别及意思能力丧失者，为无责任能力。""行为时因醉酒，致辨别及意思能力严重减弱而未完全丧失者，减轻其刑。"第92条规定："非偶然事件或不可抗力引起醉酒，不得免除或减轻责任能力。""因谋犯罪或冀求免责而预筹酒醉者，加重其刑。"4. 加重对醉酒人犯罪的处罚。这些规定表明，各国各地区刑法对醉酒人犯罪的刑事责任所采取的立法态度并不一致。

我国刑法采取了第一种立法例，在第18条第4款规定："醉酒的人犯罪，应当负刑事责任。"根据这一规定，醉酒的人犯罪，应当负担完全刑事责任。但是，由于这一规定过于笼统，颇不严谨，一些学者认为，让醉酒者对其所实施的危害行为负担完全的刑事责任，违背了犯罪构成理论中主客观相统一的原则，不合理地让醉酒人负担了超出其意识和意志范围的刑事责任。主张应当根据醉酒者实际的精神状态，认定这种人为限制责任能力的人。从法律规定来看，刑法第18条第4款只是规定醉酒的人犯罪，应当负担刑事责任，这中间既可能是负全部刑事责任，也可能是负部分刑事责任。由此可见，根据醉酒者实际的精神状态确认其为限制责任能力的人，也是有法律根据的①。

我们认为，在我国现行刑法中寻找让醉酒犯罪人负担部分刑事责任的法律根据，结果只能是徒劳的。从刑法的其他有关规定不难看出，"应当负刑事责任"，均仅指"应当负完全刑事责任"。如果是指"应当负部分刑事责任"，同条款后面必然规定具体从宽的幅度。不过，上述主张倒是给我们留下了一个值得认真思考的问题，即对醉酒者能否按其实施危害行为时的实际精神状态，确定其刑事责任能力的状况？具体讲，是否所有醉酒后实施危害行为的人都要负刑事责任？是否所有醉酒后实施危害行为的人都要负完全的刑事责任？要回答这些问题，有必要首先搞清醉酒人负担刑事责任的根据。

二、关于醉酒人犯罪刑事责任根据的争论

关于醉酒人犯罪的刑事责任，西方刑法学者提出了种种学说：（1）消极说。认为酗酒人无责任能力，因为人的精神既因酒力失其常态，其行为当然与常人不同。酒力作用与心神丧失人病理作用并无二致，均系受外力支配而自处于被动地位。所以亦可为一时的心神障碍，不能分别处理。（2）积极说。认为酗酒人有责任能力，因为病理作用不是人能排遣的，而酒则可以不饮，即使饮了，也可不致于醉，全然可以人力排遣。倘或酗酒滋事者皆借口心神障碍以遁其罪，则事实上将有危险及于社会。刑法为达到预防的目的，自应认为有责任能力。（3）折衷说。此说又分为认为出于知觉而醉酒并实施危害行为者有罪，无知觉者无罪与认为出于偶然者无罪，出于故意者有罪二说。

关于醉酒人犯罪的刑事责任根据，更是西方刑法理论中一个众说纷纭的问题。流行的学说主要有：

1."公共利益"说

---

① 《法学杂志》，1987 年第 1 期，第 19 页。

这种理论认为，从生理心理角度看，醉酒（慢性中毒除外）虽不是精神病，但它能在一定时间内减弱甚至丧失辨认或控制能力；从社会角度看，酒态（指行为人自己主动引起的）之中又干坏事，则是错上加错。显然，心理能力和社会政策之间存在矛盾。解决矛盾的途径只能是以公共利益为重，以社会政策为主，一般的刑法原则服从根本的社会利益①。

公共利益说指出了在醉酒人犯罪的场合，存在行为人心理能力和社会政策的矛盾，突出了社会利益，从而揭示了醉酒人犯罪负担刑事责任的根本原因。但是，这种理论忽视了对个人合法权益的保护，没有区别醉酒的不同原因，也没有指出醉酒人犯罪的行为本身具有可罚性。

2. "预先故意"说

这种理论认为，"对偶而或者经常饮用酒精并处于醉酒状态的人，不能免除刑事责任，因为这些人是有责任能力者，他们并不具备无责任能力医学的和法学的特征。""一个故意饮用酒精并一直喝到意识模糊的人能够预料到产生的各种后果，包括法律后果，这是他们对酗酒和在这种状态中实施的犯罪应负责任的根据。"②

预先故意说根据醉酒的不同原因，指出醉酒人犯罪负担刑事责任的主观基础是醉酒前行为人能够预见到醉酒后产生的各种后果，包括法律后果，并且认为这就是醉酒人犯罪负担刑事责任的主观基础。但是，根据一般责任原则，作为犯罪构成要件的故意只能存在于犯罪构成要件行为实施期间。行为人在醉酒之前对醉酒后可能产生的后果的心理态度与作为犯罪构成要件的故意是两个不同的概念，这种理论并没有进一步揭示在醉酒人犯罪的场

---

① 储槐植著：《美国刑法》，北京大学出版社，1987年版，第150页。

② 参见 A. H. 别利亚耶夫等主编，马改秀等译：《苏维埃刑法总论》，群众出版社，1987年版，第116页。

合，排除一般责任原则的效力的根本原因。

3. "原因自由行为"说

在论及醉酒人犯罪负担刑事责任的根据时，不能不提及西方刑法学中的原因自由行为理论。传统刑法理论认为，责任能力、罪过等，仅仅存在于实行行为期间，行为人在行为前的精神状态不能成为让行为人负担刑事责任的根据。据此，醉酒人在实施危害行为时，如果辨认和控制行为的能力完全丧失，不应让其负刑事责任；如果上述能力有所减弱，应减轻其刑事责任。但是，这样做显然不利于打击酗酒滋事、借酒撒疯的犯罪行为，不利于维护社会治安秩序，无法满足防卫社会的需要。于是，原因自由行为理论应运而生。这种理论着眼于醉酒的原因，如果醉酒人由于可归责于自己的原因而致醉酒，并进而实施危害行为的，行为人应负完全的刑事责任；反之，如果醉酒是由于不可归责于醉酒人的原因造成的，便应按实施危害行为时行为人辨认和控制自己行为能力的实际状态，确定行为人的刑事责任。

行为人在实施构成要件行为时，虽然没有或只有部分意思决定的自由，但在导致自己处于无责任能力或限制责任能力状态的原因设定阶段，行为人仍有意思决定的自由。这种在有责任能力状态下种下决定性的原因，在无责任能力或限制责任能力状态下实施危害行为的，学说上称之为"原因自由行为"。行为人因故意或过失，即在自由意思支配下，使自己陷于无责任能力或限制责任能力状态，并在此状态下实施了危害社会的行为。虽然在实施构成要件行为时，行为人的意思是不自由的，但在原因设定阶段却是自由的。因之，应视为具有完全责任能力的人，负担故意或过失的责任。

原因自由行为理论的目的在于弥补普通刑法理论的不足，设法提供对于因故意或过失而招致精神障碍的行为人予以处罚的根据。为维护对醉酒犯罪处罚的正当性，同时避免与传统责任原则发生正面冲突，最初有人提出"因果结合理论"，主张在有责任能力时的设定原因行为，如果与其所引起的结果之间存在因果关系，则可为全体的行为设定可罚性的根据。这种理论意图运用因果关系的观念，将有责任能力时的设定原因行为与无责任能力或限制责任能力之惹起结果的行为，综合连贯成为一个实行行为。但是，这种理论存在明显的缺陷。刑法上的因果关系是指原因与结果之间的因果联系，属于客观范畴；而责任能力则是行为人负担刑事责任的能力，是主观归责可能性的一个要素，属于主观范畴。原因行为相对于导致结果发生的实行行为，充其量只能说是一个预备行为。在刑法上，预备行为与实行行为之间存在明显的界限。运用刑法上因果关系的观念将两者综合为一个实行行为，显属不当。于是，学者们又提出，原因自由行为对于危害结果亦具有支配力，应把原因行为理解为实行行为的一部分。因为原因自由行为实含前后相继而不可分的原因阶段与行为阶段。行为人故意或过失使自己陷于精神障碍状态下，从而实施危害行为，即使原因阶段与行为阶段，行为人的心理上没有任何联系，也应认定行为人对行为的结果具有支配力。因此，刑法对于这种行为的评价，自然不能以行为人于实施危害行为的瞬间系在精神障碍状态下，而认定行为人无责任能力或只有限制责任能力。这种理论现今得到广泛支持，成为原因自由行为理论的通说①。

原因自由行为理论为我们解决醉酒犯罪人负担刑事责任的根据问题提供了一条崭新的思路。对于这一点，给予怎么高的评价都是不过分的。但是，这种理论并非完美无缺。因为醉酒本身并不是犯罪行为，醉酒人之所以要负担刑事责任，是因其在醉酒后实施了严重危害社会的行为。刑法中的故意或过失都是针对于危害行为和危害结果的。醉酒人对于醉酒所持的心理态度不能等同

---

① 参见林山田著：《刑法通论》，三民书局，1986 年版，第 176～178 页；洪福增著：《刑事责任之理论》，刑事法杂志社，1982 版，第 394～430 页。

于刑法中的罪过。

三、我国醉酒人犯罪负担刑事责任的根据

在我国现有刑法理论中，多数论著在解释醉酒人负担刑事责任的根据时，论据主要不外三点：（1）在醉酒状态下，行为人没有完全丧失辨认和控制自己行为的能力，而只是有某种程度的减弱；（2）醉酒是醉酒者自己饮酒造成的，并非不可避免。行为人在醉酒以前，应当预见或认识到自己在醉酒以后，有可能会实施某种危害行为。（3）酗酒是旧社会遗留下来的恶习，是一种不文明的行为，理应加以制止①。这在我国似乎成为让醉酒人负担刑事责任根据的通说，各种论著人云亦云，竞相录用。但是，仔细推敲一下，其中的疑问却颇耐人寻味。

关于第一点根据，首先，认为在醉酒状态下，行为人不可能完全丧失辨认和控制自己行为的能力，不符合客观实际情况。不同危害行为，对行为人辨认和控制自己行为的能力有不同的要求。在不作为的场合，只要行为人身体不受大脑支配，便丧失了控制能力。辨认能力和控制能力并不是绝对平衡的，两者之中，丧失了辨认能力，自然也就丧失了控制能力。但是，丧失了控制能力并不一定同时也丧失了辨认能力，在具有辨认能力却不具有控制能力的场合，同样应该认为没有责任能力。不同的人，醉酒的程度各不一样。有些是烂醉如泥，有些是失去常态，有些则只是轻微醉酒。在实际生活中，因醉酒而丧命的现象并不罕见。可见，不仅存在醉酒后导致责任能力减弱的情形，而且还存在导致责任能力丧失的情形。其次，根据现行刑法规定，醉酒后实施危害行为，应当负完的刑事责任。醉酒人既然责任能力有所减

---

① 参见高铭暄主编：《中国刑法学》，中国人民大学出版社，1989年版，第118页；王作富主编：《中国刑法适用》，中国人民公安大学出版社，1987年版，第101页。

弱，又怎能以此作为让醉酒人负担完全刑事责任的根据？

关于第二点根据，首先，认为实际生活中所有醉酒都是由于行为人自己的过错造成的，不符合实际情况。在实际生活中，导致醉酒的原因是多种多样的。因不可抗拒或不可预见的原因而醉酒的情形并非绝无仅有。我们认为，对于这种人，是否也不分皂白，让其负担完全的刑事责任？其次，行为人因为自己可归责的原因而醉酒，并进而实施危害行为。行为人对于醉酒本身的过错，能否等同于刑法中的罪过？为什么这种过错能够成为让醉酒人对其在醉酒后所实施的危害行为负担刑事责任的主观基础？由于现有刑法理论没有将这一问题说清议透，这就难免给人一种牵强的感觉。

至于第三点根据，弱点更加明显，因为它混淆了道德与法律的界限，将酗酒应受道德谴斥的原因当作应负刑事责任的根据。

近来，一些学者又用严格责任理论来解释醉酒人犯罪负担刑事责任的根据，认为实际生活中存在醉酒后完全不能辨认自己行为的性质和控制自己行为的情况。我国刑法规定对这种行为追究刑事责任，就是一种严格责任①。我们认为，在刑法中，所谓严格责任，是指对于缺乏主观罪过或主观罪过不明确的危害行为仍应追究刑事责任的刑法制度。上述醉酒人犯罪显然不属于主观罪过不明确的情形。那么，能否说是属于缺乏主观罪过的情形？回答应该是否定的。尽管一般责任原则认为，主观罪过只能存在于危害行为实施期间，但是，醉酒是一种丑恶的社会现象，法律上评价醉酒人犯罪的行为，不能也不应仅仅限于实施危害行为的瞬间。在醉酒人有过错醉酒的场合，行为人在醉酒前能够预见到自己醉酒后可能会实施危害社会的行为。这就是醉酒人犯罪的特殊性。由于存在这种过错，那么，醉酒人犯罪的主观心理态度便不

---

① 《法学研究》，1991 年第 1 期，第 44 页。

能与严格责任中的缺乏主观罪过等量齐观。

在我国，一些学者曾提出，在认定醉酒人的刑事责任时，不能单纯从危害行为及危害结果发生时分析责任能力和犯罪主观要件是否存在，还要考虑行为人醉酒前的责任能力状态和对犯罪行为及其结果的主观心理态度，甚至要把醉酒前的这种状态，作为认定实施危害行为的醉酒人的责任能力和犯罪主观要件是否具备的主要依据①。我们认为，上述观点总体上是正确的，但是，在没有突破传统刑法理论框框的前提下得出上述论断，不免有点牵强。首先，根据传统的刑法理论，责任能力只能与犯罪实行行为同时存在。在构成要件行为实施之前不可能存在责任能力，而且即使存在这种能力，也不能代替构成要件行为实施时的责任能力。同理，主观要件也只能存在于构成要件行为实施之中，如果这种主观心理没有与危害行为结合起来，便不能作为犯罪成立的主观要件。其次，由于醉酒人在实施危害行为时不具备或不完全具备辨认和控制自己行为的能力，如果按照上述观点，综合考察的结果势必不可能得出让因可归责原因导致醉酒并进而实施危害行为的人负担完全刑事责任的结论。因此，在普通责任原则的框框里解释为什么要让因可归责原因导致醉酒后实施危害行为的人负担完全的刑事责任，是件十分困难的事。

以上分析表明，我国现有刑法理论关于醉酒人负担刑事责任根据的阐述，说服力单薄，模糊、疑问之处颇多。

在我们看来，关于醉酒人犯罪的刑事责任根据，合理的解释只能是：实行行为作为犯罪构成的客观要件，这是一般原则，而以实行行为的原因自由行为作为犯罪构成的客观要件，实行行为视为原因行为的自然延续，则是一般原则的例外。在主观方面，从醉酒期间醉酒人的精神状态的实际情况看，如果醉酒只是轻度

---

① 赵秉志著：《犯罪主体论》，中国人民大学出版社，1989 年版，第23 页。

的，便不会影响醉酒者辨认和控制行为的能力，或者影响较轻；如果是深度醉酒，情况就会不同。饮酒者辨认和控制行为的能力不仅会有所减弱，甚至还会丧失。但是，由于在醉酒原因上行为人存在过错，因此，应当根本不顾及实施危害行为时行为人的精神状态，一律追究行为人完全的刑事责任。由于承认这是例外，相应的醉酒人的刑事责任能力以及主观罪过问题，便能够迎刃而解。为什么要有这种例外呢？

1. 行为人主观上存在过错。行为人在危害行为实施之前的饮酒至醉行为，与醉酒后实施危害行为有着密不可分的联系。醉酒不同于精神疾病，醉酒人在醉酒前不仅能够控制自己的饮酒行为和饮酒程度，而且能够预见、应当预见，甚至已经预见到自己在醉酒后可能会实施危害行为，有些甚至是故意借醉酒来增强自己犯罪的勇气，或者企图以此逃避法律制裁。正因为存在这种过错，即使在导致危害结果发生的构成要件行为实施期间，行为人处于无责任能力或限制责任能力状态，也不能免除其责。这种过错与危害结果相结合，本身就可成为追究刑事责任的主观基础。

2. 刑罚目的的需要。刑罚目的包括惩罚与预防两个方面。醉酒只是一种暂时现象，绝大多数人在醉酒之后能够在较短的时间内完全恢复精神上的正常。这就为惩罚醉酒犯罪人提供了可能性。同时，由于在醉酒之前和醉酒之后，行为人精神上都是正常的，而且相当一部分人即使在醉酒期间，也并未完全丧失辨认和控制自己行为的能力。这就决定了对醉酒犯罪人处以刑罚，可以达到教育改造罪犯的目的。对于其他人来说，这种惩罚也可以起到以儆效尤的作用。

3. 刑事政策的需要。刑法是阶级统治的工具，是为阶级统治服务的。刑法不是从来就有的，也不是一成不变的。醉酒后实施危害行为，严重威胁着正常的统治秩序。醉酒、酗酒，涣散人的意志力，削弱人的道德感、社会责任感和工作责任心，促使人产生或加深反社会的心理，不利于社会秩序的安定，往往成为犯罪发生的直接原因或潜在基础。因此，醉酒、酗酒本身虽不是犯罪行为，但却是应受道德谴斥的行为。当这种行为一旦与危害社会的严重结果结合起来，变通普通责任原则，以便追究这种人的刑事责任，便是合于社会需要的。

基于上述理由，对于因可归责的原因而醉酒，并在醉酒期间实施危害行为的，不论行为人在实施危害行为期间的精神状态如何，甚至是完全丧失辨认和控制行为的能力，也应让其对所实施的危害行为负担完全的刑事责任。

四、无过错醉酒人实施危害行为的刑事责任的认定

因故意或过失，即由于可归责原因而致陷于醉酒状态后实施危害行为的，应负完全的刑事责任。这是普通责任原则的一种例外。之所以会有这种例外，一个重要的原因，是醉酒行为本身具有可谴斥性，即行为人对醉酒在主观上存在过错。不过，现实生活是纷繁复杂的。实践中除了相当一部分人是因为自己故意或过失而致陷于醉酒状态外，毋庸置疑，也确实存在由于不可抗力或不能预见的原因而致陷于醉酒状态的。例如，锅炉工在工作期间，被人用不可抗力的暴力灌醉至酩酊，因而未能按时给锅炉加水，致使锅炉爆炸。又如，扳道工在上班期间，被人强行灌醉，虽然知道自己应该扳道了，但身不由己，导致火车出轨颠覆。对于这种人，是否也能作为普通责任原则的例外，追究行为人完全的刑事责任？

我国现行刑法笼统规定，醉酒的人犯罪，应当负刑事责任。按照这一规定，行为人醉酒虽则是因为不能抗拒或不能预见的原因造成的，也应对醉酒后实施的危害行为负担完全的刑事责任，这显然是不合情理的。犯罪是主观与客观的统一，上述醉酒人在醉酒原因上并不存在过错。在这种场合，无论是醉酒行为本身，还是导致危害结果发生的实行行为，都不应超出行为人意识和意

志的范围追究其刑事责任。对于这种人，应当根据一般责任原则，按照导致危害结果发生的实行行为实施期间行为人的实际精神状态，认定其刑事责任能力，并据此决定是否以及如何追究行为人的刑事责任。如果在实施行为期间，行为人完全丧失辨认和控制自己行为的能力，应认定为无责任能力人，不负刑事责任；如果在实施行为期间，行为人辨认和控制自己行为的能力只是部分丧失，应认定为限制责任能力人，负担减轻的刑事责任。

　　一些学者主张，无过错醉酒后实施危害行为的，一般应从轻处罚。如果这种人是共济严重失调时犯罪的，因其醉酒前并无犯罪的故意或过失，此时应承认其责任能力属于合理降低，可酌情减轻或免除处罚；如果行为人醉酒前无犯罪的故意或过失，醉酒又是因为不能预见或不可抗拒的原因造成的，其醉酒后的危害行为又是在丧失知觉的昏睡期间实施的，行为人不存在责任能力和罪过，其行为不构成犯罪，无刑事责任①。对于上述主张的结论，我们基本上是赞同的。但是，这些学者是在肯定刑法第18条第4款的前提下得出上述结论的，这未免给人一种不可思议的印象，因为从现行刑法的规定中是无论如何得不出上述结论的，此其一。其二，在具体内容上，上述主张所列第一种情形，显然属于限制责任能力。既然属于限制责任能力，只是"可以"酌情减轻或免除刑罚，是不合理的，而应是"应当"减轻其刑事责任。其三，这些学者在论述上述问题时，基本上是就事论事，并没有提出解决问题的明确、一致的标准。事实上，这一标准应是行为人在实施危害行为时的实际精神状态。申言之，在行为人对于醉酒不存在过错的场合，应根据危害行为实行期间行为人的实际精神状态，确定行为人是无责任能力的人，或者是限制责任能力的人。为了使这种做法具有法律根据，补充、完善现行刑法

---

①　赵秉志著：《犯罪主体论》，中国人民大学出版社，1989年版，第236页。

的有关规定，实属势在必行、极有必要。

五、生理醉酒人刑事责任的具体认定

综上所述，实践中追究醉酒犯罪人的刑事责任时，以下几点特别关键，值得引起注意：

首先，应当认真分析醉酒的原因。如果醉酒是因为行为人的故意或过失所致，对于在醉酒期间所实施的危害行为，行为人应负完全的刑事责任；如果醉酒是因为不可抗拒或不能预见的原因所致，对于醉酒期间实施的危害行为，应根据行为人在实施危害行为时的实际精神状态，确定是无责任能力的人，不负任何刑事责任，或者是限制责任能力的人，负减轻的刑事责任。因此，在追究醉酒犯罪人的刑事责任时，确定行为人对于醉酒是否有过错，至关重要。

其次，严格区别罪与非罪的界限。醉酒行为本身虽然是一种丑恶的社会现象，应受到社会的谴斥，但是，仅有醉酒行为，而没有实施严重的危害行为，或者仅仅实施了一般的违法行为，不能认为是犯罪。另一方面，也应防止无原则地放纵醉酒人的犯罪行为。正确的态度应该是，正确看待醉酒后实施的危害行为的社会危害性程度，严格按照刑法总则和分则的有关规定，准确区分罪与非罪的界限。

再次，正确认定醉酒人犯罪的罪过形式。如何理解醉酒人犯罪的罪过形式？如前所述，醉酒犯罪人在犯罪行为实施期间，一般都处于精神障碍状态，有些甚至完全丧失了辨认和控制自己行为的能力。因此，认定醉酒犯罪人犯罪的罪过形式，便不能仅仅考虑犯罪行为实行期间行为人的意识和意志内容，而应与醉酒的原因结合起来。如果行为人明知自己醉酒后会实施危害社会的行为，并且希望或放任这种行为发生，应追究行为人故意的刑事责任；如果行为人应当预见自己在醉酒后可能会实施危害行为，因为疏忽大意而没有预见，或者虽然预见到了，但轻信这种情况不

会发生，以致发生危害结果的，应当追究行为人过失的刑事责任。在实际生活中，过失醉酒犯罪占全部醉酒犯罪的大多数。有一种观点认为，酗酒前即有犯罪预谋，酒后故意犯罪，应当从重予以严厉处罚。这种观点值得商榷。在我国刑法中，故意犯罪处刑远远重于过失犯罪。借醉酒壮胆，实施犯罪行为，只是故意犯罪的一种，并无特别的严重情节，对这种情形的犯罪人予以从重处罚，没有道理。

最后，对醉酒犯罪人的处罚，应坚持区别对待的原则。具体说，对于嗜酒成癖，经常借酒闹事的人与对偶尔醉酒后实施危害行为的人，在处罚上应有所区别。量刑时除应主要考虑行为的社会危害性外，还应参酌行为人的人身危险性。只有这样，才能使刑罚的适用具有针对性，从而可以收到良好的社会效果。

随着科学技术的不断发展进步，人们认识水平的日益提高，司法精神病学也日臻完善成熟。近来提出的病理性醉酒便是这种完善成熟的标志之一。所谓病理性醉酒，亦称病理性酒精中毒，是指具有潜在性或过去发作过精神病、神经症或人格障碍的人，在少量（也可以是大量）饮酒后，出现罕见的行为紊乱，并继发记忆缺失的一种猝发性中毒症状。病理性醉酒人的症状是突发性的，也是短暂性的，其发病时出现意识障碍，也就失去了对自己行为辨别和控制的能力。

与普通醉酒不同，病理性醉酒属于精神病的一种。在饮酒时，患者并不能预见到自己会发病从而造成危害后果。发病后，则可能完全或部分丧失对自己行为辨认和控制的能力。关于这种人的责任能力，应根据其在实施危害行为时辨别和控制自己行为能力的具体情况而定。既不能一律认为是无责任能力的人，也不能一律认为是完全责任能力的人或限制责任能力的人。但是，如果行为人明知自己会发生病理性酒精中毒，为了犯罪而故意喝酒的，不属无责任能力的情况，应追究其刑事责任。

第五节 犯罪的特殊主体

一、犯罪特殊主体概述

分析我国刑法分则规定的各种犯罪，除单位犯罪外，犯罪主体按照要求的要件可分为两大类：一类犯罪主体是要求具备自然人和刑事责任能力两大基本要件；另一类是要求在具备上述两大基本要件的基础上，行为人还必须具备特定的身份。前者是一切犯罪所必须共同具备的，称之为犯罪的一般主体；后者只是在某些犯罪中要求具备，称之为犯罪的特殊主体。

犯罪特殊主体最主要的特征是行为人除具备犯罪主体的基本要件以外，还具有特定的身份。就一般意义上而言，身份是指人的出身、地位或资格。在这个意义上，任何人都有一定的身份。刑法上所要研究的是行为人的特定身份，即对决定刑事责任存在与否或影响刑事责任程度有意义的身份。这种身份既包括法律赋予的某种特定资格，如国家工作人员、司法工作人员、邮电工作人员、军人、证人、鉴定人、翻译人员等，也包括业务上的某种特定资格，如医师、药剂师等，还包括基于特殊事实而发生的其他特定关系，如依法被逮捕拘禁的人犯以及依法应尽赡养、扶养、抚养义务的人等。

不同的身份在刑法中具有不同的意义。有的特定身份对决定刑事责任存在与否有意义，称为犯罪构成要件的身份或定罪身份。在这些犯罪中，特定身份是其犯罪主体和犯罪构成的必备要件。不具备这种特定身份，便不具备犯罪主体要件，也就不能构成这些犯罪。例如，刑法第 253 条规定的私自开拆、隐匿、毁弃邮件、电报罪，该罪主体要求必须是邮政工作人员，一般公民不能构成这种犯罪。有的特定身份虽然不能决定刑事责任的有无，但却影响着刑事责任的程度，称之为影响刑罚轻重的身份或量刑身份。这种身份不是犯罪构成的要件，而是影响量刑的情节。例如，我国刑法对国家机关工作人员利用职务上的便利，犯非法拘禁等犯罪的，从重处罚。当然，定罪身份与量刑身份并不是截然分开，而是互相联系的。有些定罪身份同时也影响着量刑。

犯罪特殊主体中的特定身份，其形式多种多样。不同犯罪的特殊主体，所要求的特定身份也各不相同。例如，厂矿重大责任事故罪的主体要求具有厂矿企业、事业单位直接从事生产、作业的职工和直接指挥生产作业的干部这一身份；军人违反职责罪中的犯罪的主体则要求具有现役军人的身份。

这里有两个问题必须明确：1. 犯罪特殊主体所要求的特定身份包括定罪身份和量刑身份两大类。在犯罪论部分研究的重点应该是定罪身份，侧重于对决定犯罪成立与否以及成立何种犯罪有意义的身份。至于量刑身份，则应放在刑罚论部分研究。刑罚论部分不能因为量刑身份在犯罪论部分有所涉及，而不作深入的研究、剖析。由于侧重点不同，因而两部分的内容不致于重复。2. 犯罪特殊主体所要求的特定身份应该仅指行为人在实施危害行为时所具有的身份，不能包括行为人实施危害行为以后所形成的身份。一些论著将累犯、直接责任人员，乃至首要分子、罪恶重大分子等，也列为犯罪特殊主体中的特定身份，这是不科学的。作为犯罪特殊主体中的特定身份，只能是行为人自身所具有的，而不是通过行为反映出来的。

二、犯罪特殊主体中特定身份的类型

我国刑法中要求特殊主体的犯罪涉及几十个条文和罪名，不同的特殊主体所要求的特定身份也各不相同，大致可以归纳为以下几种类型：

（一）具有特定职务的人

我国刑法规定由具有特定职务的人构成的犯罪，其中具有特定职务的人主要是指公务人员和军人。

1. 公务人员

在我国现行刑法规范中，公务人员主要是指国家工作人员，也包括个别条文中受委托从事公务的人员。

1979年刑法第83条规定："本法所说的国家工作人员，是指一切国家机关、企业、事业单位和其他依照法律从事公务的人员。"1982年全国人大常委会颁布的《关于严惩严重破坏经济的罪犯的决定》中规定："本决定所称国家工作人员，包括在国家各级权力机关、各级行政机关、各级司法机关、军队、国营企业、国家事业机构中工作的人员，以及其他各种依照法律从事公务的人员。"在综合上述规定的基础上，1997年修订的刑法第93条规定："本法所称国家工作人员，是指国家机关中从事公务的人员"。"国有公司、企业、事业单位、人民团体中从事公务的人员和国家机关、国有公司、企业、事业单位委派到非国有公司、企业、事业单位、社会团体从事公务的人员，以及其他依照法律从事公务的人员，以国家工作人员论。"根据这些规定，国家工作人员的本质特征是依照法律从事公务。所谓"依照法律"，是指从事公务具有法律依据。所谓"从事公务"，是指在国家机关中依法履行职责以及在公司、企业、事业单位、人民团体中履行组织、领导、监督、管理等职责。因此，单位中直接从事生产劳动、交通运输的人员、炊事勤杂人员、部队中的战士等，均不属于国家工作人员。已经离退休和被单位开除公职的人员，也不属于国家工作人员。就外延来看，国家工作人员包括下述四种情况：（1）在在国家各级权力机关、行政机关、审判机关、检察机关、军队中从事公务的人员。这类人员中还包括在中国共产党的各级机关、中国人民政治协商会议的各级机关中从事公务的人员。（2）在国有公司、企业、事业单位、人民团体中从事公务的人员。（3）国家机关、国有公司、企业、事业单位委派到非国有公司、企业、事业单位、社会团体从事公务的人员。（4）其他依照法律从事公务的人员，即依照法律规定被选举或者任命的从事公务的人员。

我国刑法规定的国家工作人员违反职责的犯罪，大体可以分为两大类：一类是一般国家工作人员违反职责的犯罪。例如，刑法第 247 条的刑讯逼供罪只能由司法工作人员构成，第 254 条的报复陷害罪、第 251 条的非法剥夺宗教信仰自由罪和侵犯少数民族风俗习惯罪、第 397 条的玩忽职守罪等，犯罪主体都只能是国家机关工作人员。刑法第 382 条的贪污罪、第 384 条挪用公款罪、第 385 条受贿罪等，犯罪主体原则上也只能是国家工作人员。刑法第 134 条中的强令工人违章冒险作业而造成的厂矿重大责任事故罪，原则上也只有直接管理、指挥生产作业的国家工作人员才能构成。另一类是特定国家工作人员违反职责的犯罪，具体又包括两种情况：（1）司法工作人员违反职责的犯罪。例如，刑法第 399 条的徇私枉法罪、第 400 条的私放罪犯罪、第 401 条徇私舞弊减刑、假释、暂予监外执行罪等，犯罪主体都只能是国家司法工作人员；（2）邮政等特种部门工作人员违反职责的犯罪，如刑法第 407 条非法发放林木采伐许可证罪、第 408 条失职导致重大环境污染事故罪等。

2. 现役军人和军内在编职工

1981 年颁布施行的《惩治军人违反职责罪暂行条例》，专门规定了军人违反职责罪及其刑事责任问题。根据该条例第 2 条和第 25 条的规定，只有我国现役军人和军内在编职工，违反军人职责，实施该条例所禁止的行为的，才可以构成军人违反职责罪。所谓现役军人，是指正在中国人民解放军中服役且有军籍的人；所谓军内在编职工，是指在中国人民解放军编制序列内而没有军籍的工作人员。中国人民武装警察部队的官兵不属于中国人民解放军现役军人的范畴，武警部队的任务具有不同于中国人民解放军的自身特征；但是，对人民武装警察部队的官兵适用《条例》，并不违背《条例》的立法精神。这是因为，中国人民武装警察部队是在《条例》颁布以后，基本上由中国人民解放军原有关

295

部队改编组建的，其内部管理也是采取服兵役制，在服兵役期间享有军籍，并且执行着中国人民解放军原有的部分职能。

此外，1984年颁行的《中华人民共和国兵役法》第61条第2款规定："在战时，预备役人员拒绝、逃避征召或者拒绝、逃避军事训练，情节严重的，比照《中华人民共和国惩治军人违反职责罪暂行条例》第6条第1款的规定处罚。"这是对《条例》的补充。

1997年修订后的刑法综合了上述规定，在第450条规定，军人违反职责罪"适用于中国人民解放军的现役军官、文职干部、士兵及其有军籍的学员和中国人民武装警察部队的现役警官、文职干部、士兵及具有军籍的学员以及执行军事任务的预备役人员和其他人员。"

（二）从事特定职业的人

刑法分则规定由从事特定职业的人构成的犯罪，大体有两种情况：一种是从事合法职业，违反规定而犯罪的，例如，刑法第126条违规制造、销售枪支罪，原则上只能由依法被指定、确定的枪支制造企业、销售企业构成；刑法第134条第1款规定的重大责任事故罪，其犯罪主体的一部分是工厂、矿山等企业、事业单位中不服从管理、违反规章制度，因而发生重大伤亡事故，造成严重后果的工人，这种人也属于从事特定职业的人。另一种是从事非法职业而构成犯罪的，例如，刑法第336条规定的非法行医罪，只能由未取得医生执业资格的人构成。

（三）具有特定法律地位的人

例如，刑法第305条规定的伪证罪，只有在刑事诉讼活动中具有证人、鉴定人、记录人、翻译人身份的人才能成为其犯罪主体。

（四）具有特定人身关系的人

例如，刑法第260条的虐待罪和第261条的遗弃罪，均只能由共同生活的家庭成员违反赡养、扶养或抚养义务而构成。

（五）被逮捕关押的犯罪分子

例如，刑法第317条规定的组织越狱罪、聚众劫狱罪、暴动越狱罪和第316条规定的脱逃罪，均只能由被逮捕关押的犯罪分子构成。没有实施犯罪的人被逮捕关押了，即使从关押场所逃跑，也不能构成上述犯罪。

此外，有些犯罪虽然刑法条文中没有要求由特殊主体构成，而事实上要成立这些犯罪，犯罪主体必须具有特定的身份。例如，刑法第236条规定的强奸罪，其犯罪主体只能是男子。

第六节　关于单位犯罪主体问题

一、国外关于单位能否成为犯罪主体的争论及其立法

单位犯罪，亦称法人犯罪。关于法人能否成为犯罪主体的问题。西方国家刑法理论中主要有三种不同观点：（1）法人实在说。其中又有抽象实在说（即组织体说）与具体实在说（即有机体说）之分。认为法人与自然人没有什么差异，法人也有意识能力和意志能力。因此，法人也有犯罪能力，应当认为可以成为犯罪主体。（2）法人拟制说。认为法人本来并不具有人格，是法律上拟制的人格，因而缺乏法律上所指的意识能力和行为能力，所以不能作为犯罪主体。（3）法人犯罪否定说。认为法人是以个人权利、义务集合起来的状态，实际上是无主体的权利义务。因此，法人无犯罪能力，不能作为犯罪主体而承担刑事责任。

在立法上最早确认法人能够成为犯罪主体的是英美法系国家。这些国家原则上都承认法人与自然人一样，具有犯罪能力，认为除一些只能由自然人构成的犯罪，如强奸、重婚等犯罪以外，所有其他犯罪都可由法人构成。英国早在1889年的法令中便规定："关于适用刑法，若无特殊规定，法人一概科罚。"1925年和1948年的法律再一次重申了这一原则。1909年的美国

纽约州刑法第 30 条也规定："凡法人犯罪，应处自然人之监禁刑者，其为轻罪，处五百元以下罚金；其为重罪，处五千元以下罚金。"近年来，英美法系国家刑法规定法人犯罪更为突出，学者们甚至建议，刑法应作特别规定，把允许对自然人适用自由刑、生命刑的犯罪，对法人适用罚金，以弥补法人在承担刑事责任方面的不足。

大陆体系的多数国家以个人责任原则为依据，坚持罗马法的"社团不能犯罪"的原则，否认法人可以成为犯罪主体。意大利宪法和西班牙刑法均明文规定："刑事责任乃个人之责任"。但是，19 世纪以来，随着商品经济不断发展，法人组织迅速增加，由法人活动引起的社会矛盾以及法人对社会造成的侵害也日益突出。于是，大陆法系国家的许多刑法学者提出，法律应当规定法人犯罪并追究法人的刑事责任。从立法上看，虽然在刑法上仍规定自然人是犯罪主体和负刑事责任的主体，但在行政法、经济法等法律的罚则中规定法人可以作为某些特定犯罪的主体，并规定了法人的刑事责任。例如，荷兰刑法规定，只有自然人才能受刑罚处罚，但在特别法中又有对法人可予刑事追诉并处以刑罚的规定。《日本刑法》也没有法人犯罪的规定，但近年来，在《大气污染防治法》、《水污染防治法》、《噪音控制法》中，以及对因产品质量、食品卫生引起严重后果的，都规定除对法人代表人、代理人以及其他责任人员追究刑事责任外，对法人也要判处罚金。

在理论基础方面，旧派刑法学建立在罪刑报应的基础之上，认为犯罪是行为人自由意志的产物，刑罚则是体现善恶报应的。既然法人不是自然人，不能用伦理、正义去约束法人，那么对法人适用刑罚便毫无意义。因而否认法人可以成为犯罪主体。在这种报应主义、客观主义指导下的刑事立法，一般都否认法人的犯罪能力。新派刑法学认为犯罪不是"自由意志"的产物，刑罚的目的是教育、改造罪犯，预防犯罪。从这一理论出发，也很难

298

得出法人可以成为犯罪主体的结论。但是，随着法人活动的不断增加，危害社会的现象越来越多，为维护社会秩序，保护公共利益，西方一些学者从功利主义出发，为法人作为犯罪主体提供了理论基础。例如，英国刑法学家威廉斯指出，法人的刑事责任，是把功利主义理论应用于刑法的一个典型，它不是以公正的理论为基础，而是基于遏制犯罪的需要。

无论争论的结果如何，一个不容否认的事实是，法人作为犯罪主体，在当今已不仅仅存在于英美法系国家刑法中，不少大陆法系国家以及其他一些国家的刑法也逐渐或已经开始考虑采纳这一观点。从发展趋势看，承认法人犯罪的国家将愈来愈多。

二、我国刑法学界关于法人能否成为犯罪主体问题的争论与评析

（一）争论简介

在我国，传统的刑法理论比较一致地对法人作为犯罪主体持否定态度。但是，随着经济体制改革的深入，商品经济在我国的逐步建立，法人能否作为犯罪主体的问题引起了人们的关注，并在理论界展开了讨论。目前，主要有两种截然不同的意见：

一是否定说。其主要理由是：1. 把法人作为犯罪主体追究刑事责任，不符合我国法人的社会主义性质和法律特征，不利于我国法人制度的健全和巩固。2. 在犯罪构成方面，法人不具有像自然人那样的意识和意志能力，法人本身不可能进行任何有意识、有意志的犯罪活动，不可能具有犯罪的故意或过失。因此，法人不具有犯罪的主观要件。3. 在刑罚方面，首先，把法人作为犯罪主体，违背我国刑法罪责自负的原则，容易放纵罪犯和株连无辜；其次，我国对犯罪分子适用刑罚的目的是教育、改造罪犯，使其今后不再犯罪。把法人作为犯罪主体，违背我国刑罚的目的；再者，作为我国刑罚主体的生命刑、自由刑，都不适用于惩罚所谓犯罪的法人。仅对犯罪的法人处以罚金、没收财产等，会罚不当罪，产生"以钱赎刑"的弊端。

二是肯定说。其主要理由是：1. 法人犯罪是一种客观存在的事实，社会危害性很大。2. 承认并惩罚法人犯罪，不违背我国法人的社会主义性质和法律特征，而且有利于健全和巩固我国的法人制度。3. 违法与犯罪之间只有量的差异而无质的不同，两者并无绝对的界限。既然法人可以作为违法的主体，当然也可以作为犯罪的主体。4. 法人的决策机关如同法人的大脑，指挥法人从事各种活动，法人决策机关的决策反映法人的意志，反映法人的主观心理状态。要判断法人实施某种行为时具体处于何种主观心理状态，必须结合特定行为具体分析。如果法人为本单位的利益，严重损害了国家和人民的利益，从主观上看，法人就具有犯罪的主观心理状态。5. 在刑罚方面，承认法人作为犯罪主体，由犯罪的法人承担刑事责任，而不由其他法人或自然人负责，这是特殊形式的罪责自负，并不违背我国刑法中的罪责自负原则。惩罚犯罪的法人可以起到预防法人犯罪的作用，因而也符合刑罚的目的。至于对法人具体适用刑罚的问题，首先，我国刑法中的财产刑可以适用于法人；同时，是不是犯罪是一回事，能不能对其适用所有的刑罚又是一回事。

此外，还有一种观点认为，法人能够进行犯罪活动，但不能承担刑事责任，法人犯罪应由其法定代表人承担刑事责任。由于这种观点难以自圆其说，因而影响较小。

（二）评析

首先，我们认为，在我国，法人犯罪问题是新的历史条件下的产物。而我们在讨论法人能否作为犯罪主体的时候，无论是持肯定态度的，还是持否定态度的，都没有跳出现存理论的框框。这种研究问题的方法是不可取的。毫无疑问，传统的理论是在否定法人可以作为犯罪主体的前提下建立起来的。把法人作为犯罪主体，不仅会引起我国刑事立法体系和内容的变化，而且还将导致传统刑法理论的变革。如果仍然用传统的理论作为基础，来解

300

释发展变化了的新生事物，来判断新生事物正确与否，那么，争论的双方永远也无法得出一致的结论。因此，要讨论法人犯罪问题，必须更新观念。

其次，必须弄清法人犯罪的概念。从目前我国讨论这一问题的有关论著来看，关于法人犯罪的定义，众说纷纭。如有的认为，法人犯罪指法人的代表人或代理人，经过法人决策机构的授意或批准，以法人的名义实施的侵害我国刑法所保护的社会主义社会关系的行为；有的认为，法人犯罪是指盗用、冒用法人名义所进行的犯罪；还有的认为，法人犯罪是指在法人决策机关指挥下，由其法定代表人或代理人实施的侵害社会主义社会关系和法律秩序的行为，等等。概念的杂乱，在极大程度上影响了法人犯罪问题讨论的深入。

我们认为，法人犯罪应该是指法人的代表或代理人、直接责任人员在其职务范围内以法人的名义，为了法人的利益而实施的犯罪行为。从这一定义可以看出，法人犯罪具有以下三个特征：1. 法人代表或法人的代理人、直接责任人员的活动必须在其职务范围内进行。超出这一范围的活动应该视为自然人自己犯罪。2. 上述人员的活动必须是以法人的名义进行的，并且是为了法人的利益。如果盗用、冒用法人名义，为了自己的利益而进行犯罪活动，应该视为自然人自己犯罪。3. 所实施的行为具有危害社会的性质，且达到构成犯罪的程度。

那么，这种犯罪在司法实践中是否存在呢？我们认为，大量的经济犯罪案件表明，我国当前不仅存在法人犯罪，而且十分严重。一些机关、社会团体、企事业单位和集体组织乘改革之机，钻某些政策、法律界限不清的空子，大肆进行经济犯罪活动。它们投机诈骗、走私贩私、行贿受贿、假冒商标、制造贩卖伪劣商品、偷税抗税等，给国家和人民造成重大经济损失，其严重程度远甚于自然人犯罪。

再次，从我国的立法实践看，尽管我国 1980 年实施的《中华人民共和国刑法》对法人作为犯罪主体持否定态度。但是，1987 年 1 月 22 日六届全国人大常委会第十九次会议通过的《中华人民共和国海关法》，却在罚则中规定了法人可以成为走私罪的主体。该法第 47 条第 4 款规定："企业事业单位、国家机关、社会团体犯走私罪的，由司法机关对其主管人员和直接责任人员依法追究刑事责任；对该单位判处罚金，判处没收走私货物、物品、走私运输工具和违法所得。"这是我国确认法人犯罪的第一个立法例。而首次以刑事立法形式承认法人犯罪的刑法法规，则是全国人大常委会 1989 年 1 月 26 日颁布的《关于惩治走私罪的补充规定》和《关于惩治贪污罪贿赂罪的补充规定》。按照这两个补充规定的有关规定，企业、事业单位、机关、团体进行走私、受贿、行贿、逃套外汇的，应当对其单位判处罚金。这就承认了法人可以成为走私罪、受贿罪、行贿罪、逃汇套汇罪的主体。在 1997 年修订后的刑法实施前，单行刑法规定的法人犯罪的罪名已达 49 个之多，几乎占到全部罪名的 1/5 强。尽管这些规定并不具有普遍意义，但立法者毕竟已承认了法人犯罪。在司法实践中，各级审判机关也依法审理了一批法人犯罪的案件。在这种情况下，仍然拘泥于传统的刑法理论，否认法人可以成为犯罪主体，是不合时宜的。

事实上，理论上的争论，主要集中在 80 年代，随着形势的发展变化，肯定说逐渐占了上风，不仅持肯定说的学者越来越多，而且还得到了立法实践强有力的支持。至 1997 年修订刑法时，关于刑法应否规定法人犯罪或单位犯罪，几乎没有听到什么争论，学者们考虑的主要是如何规定法人犯罪，如称谓、构成要件、主体范围等问题。修订后的刑法在总则第 30 条对单位犯罪作了规定，即"公司、企业、事业单位、机关、团体实施的危害社会的行为，法律规定为单位犯罪的，应当负刑事责任。"在分则中，涉及单位犯罪的条文达 108 个之多。

三、单位犯罪的刑事责任

关于法人犯罪的刑事责任问题，从国外刑法理论、立法和司法实践看，主要有：1. 代罚制责任（或转嫁责任），即以处罚法人机关的自然人来代替对法人的处罚。大陆法系的国家多采此制。2. 法人责任，即仅处罚法人组织本身，而不再对法人机关的自然人适用刑罚。英美法系国家和第二次世界大战以前的日本曾采此方法。3. 两罚责任，即除处罚法人机关的自然人外，同时对法人组织本身也要予以处罚。前南斯拉夫的经济犯罪法、美国的模范刑法典以及第二次世界大战后的日本均采用这一方法。这是当今广泛被采用的方法。我国《海关法》也规定处罚主管人员和直接责任人员与处罚单位本身可以并行不悖，这就克服了人们普遍担心的承认单位犯罪，只处罚单位，让主管人员和直接责任人员逃避法律制裁的弊端。这符合我国罪责自负的刑法基本原则，适应我国具体的实施情况，也反映了当代世界刑法发展的趋势，因而是可取的。修订后的刑法对单位犯罪的刑事责任原则上采取两罚责任，于第 31 条规定："单位犯罪的，对单位判处罚金，并对其直接负责的主管人员和其他直接责任人员判处刑罚。本法分则和其他法律另有规定的，依照规定。"本法分则另有规定的，系采取代罚责任。在分则涉及单位犯罪的 108 个条文中，对单位适用两罚责任的条文有 98 条，只有 10 个条文对单位犯罪规定了代罚责任，即只处罚单位直接负责的主管人员和其他直接责任人员，或者仅仅处罚单位直接负责的主管人员。遇到这种情况，对单位就不适用刑罚，而只能依照法律规定，处罚有关责任人员。

第六章　犯罪的主观方面

第一节　犯罪主观方面概述

我国刑法规定的任何犯罪，不仅在客观上具有危害社会的行为，而且这种行为必须是基于一定的罪过心理而实施的。犯罪主观方面，和犯罪客观方面一样，也是犯罪构成的基本要件之一。缺乏犯罪主观方面，犯罪便不能成立。同时，犯罪主观方面不同，所构成的犯罪也不相同。因此，犯罪主观方面在犯罪构成中具有重要的意义，是行为人负担刑事责任的主观基础。在认定犯罪，追究行为人的刑事责任时，不仅要认真研究犯罪客观方面，而且还应当认真研究犯罪主观方面。

一、犯罪主观方面的概念及其认定

（一）犯罪主观方面的概念

犯罪主观方面，有些论著称之为犯罪主观要件。什么是犯罪主观方面？现行刑法没有作明确的规定，但其内容可见于刑法第14条至第16条的原则性规定。刑法分则的一些条文中也对犯罪主观方面的内容作了些具体规定。在对犯罪主观方面这一概念的表述上，刑法理论界的通说认为，是指行为人对其危害社会的行为及其危害结果所抱的心理态度。我们认为，犯罪的主观方面，是指犯罪人实施犯罪行为时，对其行为引起的危害社会的结果所持的心理态度——故意、过失（刑法理论上合称罪过）以及动机和目的。从这一概念可以看出，犯罪主观方面具有以下特征：

第一，犯罪主观方面是指犯罪人的心理状态。人的行为是在人的思想支配下，亦即在其头脑中进行的一系列心理活动的支配下发生的。恩格斯曾经指出："决不能避免这种情况：推动人去从事活动的一切，都要通过人的头脑，甚至吃喝也是通过头脑感觉到的饥渴引起的，并且是由于同样通过头脑感觉到饱足而停止。"① 恩格斯的这段话，精辟地阐述了人的心理与人的行为的关系：心理是行为的内在动因和支配力量，行为是心理的外部表现。任何犯罪，也都是人的有意识的行为，都是在一定的心理状态支配下实施的。犯罪行为只不过是人的主观犯罪意识的外部表现。犯罪心理状态只有外化为一定的犯罪行为，才能对社会造成实际的危害，才能构成犯罪。而任何犯罪行为，归根到底，又是受人的心理状态所决定的。不受人的心理状态支配的行为，即使在客观上给社会造成了损害后果，也不能认为是犯罪行为。

第二，犯罪主观方面是支配犯罪人实施犯罪行为的主观心理状态。也就是说，犯罪人实施犯罪行为，离不开犯罪人的主观心理状态的支配和制约，缺乏主观罪过（故意或过失）的行为，便不能构成犯罪，更不能让行为人负担刑事责任。同时，只有当行为人的主观心理状态表现在一定的危害社会行为上面的时候，才有刑法上的意义，才能成为刑法研究的对象，也才能认定为犯罪主观方面。行为人在实施犯罪行为之前和实施犯罪行为以后所持的主观心理状态，都不能认为是犯罪主观方面。犯罪主观方面永远表现在危害社会的行为上面，只要行为缺乏社会危害性，犯罪主观方面便无从谈起。弄清这一点，对于我们正确判断行为人犯罪主观方面的内容很有意义。

第三，犯罪主观方面是指行为人对其行为引起的危害结果所持的心理状态，而不是指行为人对其行为本身持何种态度。某种行为之所以被认定为犯罪，是因为它侵犯了犯罪客体，造成或可能造成危害社会的结果。离开了这种危害结果，行为的社会危害

---

① 《马克思恩格斯选集》第 4 卷，第 228 页。

性便不存在。某种心理状态之所以具有社会危害性，并被认定为犯罪主观方面，不在于它支配行为人实施了某种身体动作，而在于它支配这种外部动作去侵害一定的客体，引起或可能引起危害社会的结果。心理状态是否与危害结果相联以及与什么样的危害结果相联，决定犯罪主观方面的有无以及犯罪主观方面的法律性质。

在司法实践中，行为人对自己的行为与由这种行为引起的危害结果所持的心理态度，在一般情况下是一致的。例如，行为人意图杀害某人，实施了杀人行为，结果将某人杀死。在这里，行为人对于危害行为与危害结果都是持故意的主观心理态度。但是，也有些场合，行为人对自己的行为与由这种行为引起的危害结果所持的心理态度并不一致。也就是说，行为人有意识地实施了某种行为，但却没有预见到由这种行为引起的危害结果。例如，在违章驾驶引起重大交通事故的案件中，行为人对违章驾驶是故意的，但对这种行为引起的危害结果却是过失的。犯罪主观方面是指行为人对其行为引起的危害结果所持的主观心理态度，不包括对危害行为所持的主观心理态度。否则，在上述场合，便无法认定罪过的形式。

从外国立法例来看，大致有两种情况：一种规定犯罪主观方面是指对行为以及危害社会后果所持的主观心理态度。如原《苏俄刑法典》第 8 条规定："如果犯罪人认识到自己的作为或不作为对社会的危害性，并预见到它对社会的危害后果，而且希望或有意识地放任这种结果发生的，都认为是故意犯罪。"类似规定的还有保加利亚和前南斯拉夫的刑法典等。另一种规定犯罪主观方面仅仅是指对危害社会后果所持的主观心理态度。如《罗马尼亚刑法典》第 9 条规定："……下列情况为故意实施：（1）预见到行为的结果，且实施该行为而积极促使其结果的发生。（2）预见到行为的结果，虽不追求其发生，却接受了该结果发生的可能性……"类似规定的还有匈牙利和前捷克斯洛伐克的刑法典等。我国刑法采取了后一种立法方式，在第14条和第15条关于故意和过失的规定中，都表明犯罪主观方面是行为人对其行为引起的或可能引起的危害社会的结果所持的主观心理态度，而不是指对危害行为的态度。当然，危害行为和危害结果是密切相联的，没有危害行为便不可能有危害结果发生。但是，危害行为之所以构成犯罪，是因为这种行为引起或会引起危害结果的发生。如果没有也不可能引起危害结果的发生，行为的社会危害性便无从谈起，犯罪也就不能成立。因此，以行为人对危害结果所持的心理态度作为犯罪主观方面的内容，是科学的。

应该强调，作为犯罪主观方面内容的"结果"，只能在法律规定的范围内去理解，而不是泛指一切危害结果。确切地说，这种结果是法律规定的、说明各该犯罪行为侵害、威胁社会关系的某种事实特征。确定罪过的有无以及犯罪动机和犯罪目的存在与否，都只能以针对这种结果的心理态度为准。

第四，犯罪主观方面的内容，是通过故意或过失表现出来的。故意和过失统称罪过，同时也是犯罪人主观罪过的两种形式，是犯罪人实施犯罪的主观心理状态最重要的内容。根据我国刑法的规定，要认定某人构成犯罪，不仅要证实他在客观上实施了危害社会的行为，而且还要认定他在主观上对这种行为引起的危害结果的发生是出于故意或过失，即有罪过。只有故意或过失地实施危害社会的行为，才能构成犯罪。我国刑法不允许惩罚不是出于故意或过失而实施的危害社会的行为。和过失犯罪相比，故意犯罪具有更大的社会危害性，因此，在负担刑事责任的范围以及法定刑的确定方面，两者有着明显的区别。此外，犯罪主观方面还包括犯罪动机和犯罪目的两项内容。

总的说来，犯罪主观方面反映了行为人的主观恶性。但是，由于不同形式的犯罪心理活动所反映的主观恶性程度不同，因而，各项犯罪主观方面的内容在犯罪构成中的地位和作用也不相同。其中，罪过是犯罪构成的必备条件，是犯罪人承担刑事责任的主观基础。缺少了罪过,犯罪便不能成立。所以,罪过是犯罪构成主观方面所要研究的重点。对于一般的犯罪来说,犯罪目的不是必备要件,只有在法律明文规定的情况下,它们才是这些特定犯罪构成的要件,因而被称作犯罪构成的选择要件。犯罪动机虽然也在一定程度上反映行为人的主观恶性,对量刑有意义,但不是犯罪构成的要件。

(二)犯罪主观方面的认定

犯罪主观方面是指行为人在实施危害社会的行为时对其行为引起的危害结果所持的心理状态。那么,怎样去判断人的这种主观心理状态呢?正确判断犯罪主体的主观方面,关键在于坚持犯罪行为等客观事实的检验标准。列宁曾指出:"我们应该按哪些标志来判断真实的个人的真实'思想和感情'呢?显然这样的标志只有一个,就是这些个人的活动,——既然这里谈的只是社会的'思想和感情',那么应该加上几个字:个人的社会活动,即社会事实。"① 为什么从"人的活动'中能够判断出人的真实"思想和感情"? 这是因为,人的活动是受人的意志所决定和支配的,人的意志是人的内部意识向外部事实的转化。毛泽东同志进一步指出,检验一个人的"主观愿望",不是看他的宣言和声明,"而是看他的行为"及其在社会上"产生的效果",即所谓"社会实践及其效果是检验主观愿望或动机的标准"②。

犯罪的主观方面总是存在的,它不以司法人员是否认识为前提。同时,犯罪主观方面又是在犯罪主体进行犯罪活动中产生的,并且在产生后,又是通过犯罪行为而起作用的。所以,检验、判断犯罪主观方面的标准应该是,同时也只能是犯罪行为等客观因素。

在司法实践中,有些罪犯拒不供出自己实施犯罪时的真实心

---

① 《列宁选集》第 1 卷,第 383 页。
② 《毛泽东选集》第 3 卷,第 825 页。

理状态，或作假供，如用故意伤害或用所谓正当防卫、防卫过当等掩饰自己故意杀人的真实主观罪过；也有些罪犯由于种种原因，不能正确表达自己的思想。要准确查明行为人的罪过形式和罪过内容以及犯罪动机、目的等主观因素，应以客观事实为依据，不为种种假象所蒙蔽。

我们是辩证唯物主义动机与效果的统一论者，在确定行为人对其实施的危害社会行为所持的主观心理状态时，只能通过对其危害社会的行为和结果进行客观的科学分析，才能正确认定其是否出于故意、过失以及故意犯罪的具体动机和目的等。如果否认这一标准，实际上也就是否认了物质对意识、客观对主观的决定作用这一唯物主义的基本原理，最终不可避免地滑进唯心主义的泥潭，因而也就不可能对犯罪主观方面做出合理、科学的分析。

二、犯罪主观方面是我国犯罪构成的必备要件

马克思主义认为，犯罪是主观因素与客观因素的统一，犯罪构成应该是犯罪客体和客观方面与犯罪主体和主观方面有机的统一体。任何犯罪都是犯罪主体所实施的危害社会的行为。因此，任何犯罪构成必然包含那些对于表明主体和行为特征必不可少的主观要件和客观要件。主体和行为永远不能分离，主观要件和客观要件永远结合为一个整体。缺少其中任何一个，便丧失了作为犯罪构成要件的意义。马克思主义的犯罪构成理论，既反对在认定犯罪中忽视、否定客观方面，片面夸大主观方面作用的主观归罪，又反对忽视、否定主观方面，片面强调客观方面作用的客观归罪，而是主张在承认、强调犯罪客观方面在犯罪构成中的地位、作用的前提下，同时强调犯罪的主观方面也是犯罪构成中不可或缺的必备要件。也只有在马克思主义的犯罪构成理论中，犯罪主观方面才得到了应有的重视，摆到了适当的位置。

犯罪主观方面是犯罪构成不可缺少的要件。某种行为之所以被认为是犯罪行为，不仅因为它在客观上已经或足以对统治阶级

的利益造成损害，而且因为它是在行为人的故意或过失的心理态度支配下实施的，是行为人主观恶性的外部表现。马克思主义认为，社会存在决定社会意识，人们的意识是由社会物质生活条件决定的。但是，当人们认识了客观事物的发展规律以后，便可以根据这种认识，决定自己的行为，从而给客观世界以积极的影响。这就是自由意志的能动作用。也正因为如此，国家有可能要求人们按照一定的社会标准，选择和决定自己的行为，并以此为尺度，对人们的各种行为作出肯定或否定的评价。行为人明知自己的行为会发生危害社会的结果，他有能力、有可能按照社会的要求，放弃实施这种行为，但是，他却希望或放任这种危害结果的发生，并进而实施了危害行为，或者行为人应当预见到自己的行为可能发生危害社会的结果，但因为疏忽大意而没有预见，或虽然已经预见，但轻信这种结果可以避免，因而实施了危害社会的行为。这都表明了他们具有主观恶性，有必要用刑罚手段予以惩罚。

　　犯罪构成的其他要件离开了犯罪主观方面，便不复存在。犯罪客观的存在必须以某一社会关系确已受到或确实可能受到犯罪主体的故意或过失行为的侵害为条件。被认为是犯罪主体的人，除具有责任能力外，还必须故意或过失地实施侵害犯罪客体的行为；某种行为之所以被认为是犯罪行为，除了对社会造成危害之外，还必须是由行为人故意或过失地实施的。因此，犯罪主观方面是犯罪构成的必备要件，是行为人对其危害社会的行为负担刑事责任的主观基础。不具备这一基础，便不能认为是犯罪，更不能让行为人负担刑事责任。

　　犯罪主观方面也只有与其他犯罪构成要件处于结合为一个整体的关系中，才能发挥其揭示犯罪的社会危害性以及危害性程度的功能。如果只是单纯的心理状态，而不通过一定危害社会的行为表现出来，那就不能成为犯罪的主观要件。犯罪主观方面与客观方面统一，是辩证的统一。这种统一是在犯罪主体实施犯罪行为的过程中实现的。一方面，犯罪主观方面赋予行为人进行犯罪活动的自觉性，犯罪行为是主观因素向客观现实方面的伸展；另一方面，没有犯罪行为，也就不存在犯罪的主观方面。犯罪主观方面要能够影响或实现犯罪事实，并在客观现实中得到体现，离开犯罪行为等客观要件，便无从谈起。任何犯罪的故意或过失，都是以它具体指向的客体为内容，并以它具体指向客体的性质来决定行为人主观恶性程度。而作为主体基本要件的刑事责任能力，则是说明行为人实施刑法所禁止的行为时，可能存在罪过的前提。

三、研究犯罪主观方面的意义

加强对犯罪主观方面的研究，有以下几点意义：

首先，和犯罪客观方面一样，犯罪主观方面在犯罪构成理论中占有重要的地位，起着重要的作用。坚持主观与客观的统一，是马克思主义犯罪构成理论的一个重要组成部分，也是马克思主义犯罪构成理论区别于其他任何剥削阶级犯罪构成理论的重要标志。忽视、否认犯罪人的主观罪过，片面地根据行为人的行为及其后果去定罪，其结果必然是客观归罪，这是历来为我们所反对的。

其次，犯罪主观方面是划清罪与非罪、此罪与彼罪界限的一个重要标志。许多行为，客观上都给社会造成一定损害，如果不借助犯罪主观方面，便很难区分它们是犯罪行为还是非犯罪行为，是构成这种犯罪还是构成那种犯罪。我国刑法第 16 条明确规定，行为在客观上虽然造成了损害结果，但是行为人主观上没有罪过，便不能认为是犯罪。在这里，行为人实施损害行为时主观上有无罪过，是判断行为是否构成犯罪的重要尺度。

最后，犯罪主观方面对正确量刑也有重要的意义。例如，行为在客观上虽然同样造成了人的死亡，但一种行为是故意实施的，而另一种行为则是过失实施的，由于两者反映出行为人主观恶性程度的不同，因而法律规定了完全不同的法定刑。再如，同样的盗窃行为，有的盗窃是由于生活确有困难，有的则是为了赌博、挥霍，由于两者的动机不同，法院在裁量刑罚时，对两者所判决的刑罚也必然有所区别。因此，离开了犯罪主观方面去裁量刑罚，势必造成错误，不能准确、有力地惩罚犯罪分子。

第二节　罪过的概念和形式

一、罪过一词的沿革

犯罪的故意和过失是犯罪主观方面最主要的内容，是构成任何犯罪不可缺少的主观要件。对于犯罪的故意和过失，大陆法系国家的刑法有的统称为责任意思或责任条件，也有的统称为责任形式或责任种类等。英美法系国家的刑法统称为犯意。前苏联和东欧等国家的刑法则统称为罪过。

20 年代，一些前苏联刑法学者采取极端法律虚无主义的态度，拒绝接受资产阶级刑法中的罪过概念。他们认为故意和过失只是在"说明个人性格特质时有某些意义。"1919 年的《苏维埃刑法指导原则》虽然没有否定罪过，但也没有明确提出罪过这一术语。1922 年的苏俄刑法典一方面取消了关于罪过的一切提法，另一方面又规定了故意和过失。这些规定的要点，后来成为《刑事立法纲要》和各加盟共和国刑法典的样板。这种做法同时反映在当时的许多论著中。

A. A. 皮昂特科夫斯基在 1925 年出版的《刑法总则教科书》中，首次提出了罪过的概念，即是有责任能力的人对其出于故意或过失实施的犯罪行为的心理态度。但是，该书在第二版中便以"犯罪构成的主观方面"代替了罪过。这种观点得到特拉伊宁的支持。特拉伊宁认为，罪过是一个"类"名称，类只能存在于"种"之中，正如"人"这个类名称只能存在于具体的人，如伊万、玛丽娅之中一样。于是他得出结论：生活中没有一般的罪过，实际上存在的只是罪过的形式——故意与过失。因此，为了科学术语更准确，今后只提故意和过失，不提"罪过"这个术语。

从30年代初开始，无论在立法还是论著中，都出现了罪过这一术语。1938年在第一次全苏维埃法和国家问题的讨论大会上，维辛斯基再次强调研究罪过问题的重要意义，并批评了过去不重视罪过研究的倾向。第二年的全苏法学研究第一次学术会议对罪过问题作了专题讨论。戈里亚科夫在会上提出，罪过对社会主义刑法来说，是解决刑事责任问题的决定因素，没有罪过，也就不可能负担刑事责任。此后，罪过问题在苏联得到了深入、充分的研究。

在原社会主义国家的刑法中，几乎无例外地将罪过视为刑事责任的主观根据，只是在具体规定方法上有所不同。一些国家，如匈牙利、前民主德国、保加利亚、罗马尼亚等国的刑法典，将罪过专门列为犯罪一般概念的独立要件。如《民主德国刑法典》第1条规定："犯罪行为是指有罪过实施的反社会的或危害社会的、法律规定要承担刑事过错或犯罪的刑事责任的行为（作为或不作为）。"这种立法方法的理论依据认为，刑事违法性是一个不包括罪过在内的客观范畴，因此，必须将罪过列为犯罪概念的独立要件。另一些国家，如前苏联、波兰、前捷克斯洛伐克、前南斯拉夫等国刑法，则没有将罪过作为犯罪一般概念的一个独立要件，而是设置必须具备罪过才能追究刑事责任的专门规范。例如，1960年《苏俄刑法典》第3条规定："只有犯罪人，即故意或过失地实施刑法所规定的危害社会行为的人，才应负刑事责任和受到刑罚。"

我国1979年公布的刑法采取了第二种立法形式，在第10条关于犯罪一般概念的规定中，并没有提及罪过问题。但是，在第13条明确规定，行为在客观上虽然造成了损害结果，如果行为人主观上没有故意和过失，不认为是犯罪。这种立法方法为1997年修订后的刑法所继续采用。我国刑法并没有明确用"罪过"这一术语。在相当长一段时间内，有关论著、教科书也只用"犯罪主观方面"而不提及罪过。在20世纪80年代后期出版的书刊中，罪过这一概念才逐渐被采用。在这些书刊中，罪过被作为故意与过失的类概念，与犯罪动机和犯罪目的共同组成犯罪的主观方面。我们认为，犯罪故意和过失有许多共同的特征，以罪过这一概念统称之，有利于揭示它们的共同特征和本质属性，这本身就是有意义的；同时，罪过被划分为故意和过失两种形式，然而这种划分方法并不是一成不变的，各国刑法关于罪过形式划分的方法并不统一，但是，罪过作为犯罪构成的必备条件则是马克思主义犯罪构成理论所必须坚持的。

二、罪过的含义

所谓罪过，是指行为人对自己的行为将引起的危害社会的结果所持的一种故意或过失的心理态度。从这一定义可以看出：

第一：罪过是行为人的一定心理态度。这是罪过心理学上的内容。没有这种心理学上的内容，所谓的罪过便无从谈起。承认罪过的心理学内容，就能够说明罪过是人在精神状态正常情况下的一种心理活动，从而排除了在患有精神病场合有罪过的可能性。

在这一点上，前苏联刑法学界曾经出现过两种错误的观点：第一种是维辛斯基的观点。他认为"罪过——即犯罪人和犯罪客体之间的因果关系"[①]。我们认为，犯罪行为乃是犯罪的客观要件和犯罪的主观要件的统一。但是，这种统一并没有否认它们之间的差别，决不能把犯罪的客观方面和犯罪的主观方面混为一谈。犯罪行为和危害后果之间的因果关系，乃是犯罪客观方面的

---

① 《苏维埃法学中的几个问题》，人民出版社，第70页。

314

内容，它是离开人们的意识而独立存在的客观过程。认为罪过是犯罪人和犯罪客体之间的因果关系，显然是把犯罪的主观方面同犯罪的客观方面混淆起来，从而使得罪过成为模糊不清的概念，这对于正确认定犯罪，准确掌握行为人应承担的刑事责任是极为有害的。第二种是乌捷夫斯基等人的观点。他认为罪过有两种：一种是广义的罪过，即作为刑事责任一般基础的罪过。"……这就是依苏维埃法院的信念，应代表社会主义国家作出否定的社会（道德和政治）评价，并要求受审人负刑事责任的诸情况的总和。"另一种是狭义的罪过，即作为犯罪主观方面的罪过。他认为，"……后一罪过的具备，只不过是包括在作为刑事责任一般基础的罪过概念之内的诸情况中的一种情况，它和其他情况在一起，成为法院方面的社会评价的对象。"① 乌捷夫斯基这种把罪过加以分裂的观点，是十分错误和有害的。我们知道，罪过只是犯罪的要件之一，它乃是属于犯罪主观方面的一个要件。在作为犯罪主观方面的罪过之外再提出什么作为刑事责任一般基础的罪过，就是把作为犯罪主观方面的罪过溶解在犯罪所有情况的总和之中，实质上就是取消作为刑法统一制度的罪过。同时，把罪过分为广义的和狭义的两种，也是同确切的犯罪构成的原则相抵触的。根据这种划分，法院在证明了某人的行为中存在有犯罪构成（当然包括作为犯罪主观方面的罪过在内）时，还不能认为就构成犯罪，因为法院还应当解决包括行为的环境等一切客观因素在内的、作为刑事责任一般基础的罪过问题。其结果就可能使真正有罪的人，根据法院的裁量而被认为无罪。

第二，罪过是行为人对自己的行为将引起的危害结果所持的心理态度。这是罪过的社会政治内容。罪过首先是对危害结果所持的心理态度。如果行为人只对自己的行为有认识，而没有认识

---

① 以上转引自曼科夫斯基《苏维埃刑法中的罪过问题》一文，见西南政法学院：《苏联刑法论文选》第 1 辑，第 200 页。

到、也不可能认识到这种行为可能导致危害社会的结果发生，便无从谈起罪过。我们反对"性格罪过"、"危险状态"等罪过概念。其次，罪过是行为人对自己的行为将引起的危害结果所持的心理态度，而不是对其他人的行为将引起的危害结果所持的心理态度。对于他人实施犯罪行为，如果只有主观上的认识，而没有行为上的加入，不能认为有罪过存在。

心理学上的内容是罪过的基本内容。但是，罪过并不单纯是心理学上的概念，不能把罪过的内容仅仅归结为心理的过程。罪过作为法律概念，是应受社会谴责的一种心理态度，因而必然同时具有社会政治内容。否认了后者，便无法将罪过同普通心理学中的"识"和"意"区别开来。在我们看来，罪过的心理内容，即具有识和意的心理要素，这是罪过的主观根据；罪过的规范内容，即应受社会谴责，这是罪过的客观标准。两者的有机统一，构成了完整的罪过概念，共同决定罪过的质（有或无）与量（大或小）。否认了罪过具有社会政治内容，实际中的许多问题也很难得到满意的解答。例如，紧急避险与避险过当，各国刑法都规定前者是排除犯罪性的行为，不认为是犯罪，而后者则是犯罪行为。不承认罪过具有社会政治内容，便难以回答出紧急避险与避险过当在本质上的差异。

第三，罪过是以故意和过失为内容的。罪过和犯罪主观方面是两个外延不同的概念。罪过是故意和过失的总概念，而犯罪主观方面除了罪过外，还包括犯罪动机和目的等内容。因此，犯罪主观方面是一个比罪过的外延更为广泛的概念，罪过包含在犯罪主观方面之中。

三、罪过的形式

罪过的有无，决定行为人主观恶性的有无；罪过形式的不同，表明行为人主观恶性程度的差别。正确划分罪过内部结构形式，明确不同罪过形式的含义及其彼此间的界限，在理论和实践上都具有重要意义。

我国刑法采取了传统的罪过形式的划分方法,即将罪过分为故意和过失两种。在刑法理论上,故意又分为直接故意和间接故意两种形式,过失又包括过于自信的过失和疏忽大意的过失两种形式。

罪过的形式反映了主体对所实施的犯罪的不同心理态度,这对确定主体的个人责任极为重要。科学地划分罪过形式,立法者和审判机关可以据此把所有的犯罪分为较严重的犯罪和较轻的犯罪,还可以把犯罪行为与一般违法行为区别开来。一般说来,故意犯罪是行为人反社会的思想意识的自觉表现,它表明其行为本身就具有严重的社会危害性。因此,在故意犯罪的场合,不论行为人预见的危害结果是否发生,原则上都要负担刑事责任。过失危害行为则不然,无论哪种形式的过失危害行为,其共同特点都是行为人主观上不希望危害社会的结果发生,它只是表明行为人对社会的严重不负责任的思想意识,而不具有反社会的自觉性。因此,只有行为在客观上引起危害社会结果的发生,才能让行为人负刑事责任。

以处罚故意犯罪为原则,以处罚过失犯罪为例外,这是当今世界刑事立法的通例。在各国刑法典中,故意是最基本的罪过形式。法律一般规定,故意实施的危害行为应受刑罚处罚,而过失行为则只有在法律有明文规定时才受刑罚处罚。例如,《联邦德国刑法》第 15 条规定:"故意之行为始有可罚性,但法律明定处罚过失行为者,不在此限。"这种区别在我国现行刑法中也得到了充分体现:"故意犯罪,应当负刑事责任"(第 14 条第 2款),"过失犯罪,法律有规定的才负刑事责任"(第 15 条第 2款)。但是,这一规定存在着明显的缺陷,因为,按照上述规定,似乎在法律规定之外尚存在过失犯罪;过失危害行为,法律没有规定的仍可以构成犯罪,只是不负刑事责任。而事实上,某一行为是否构成犯罪,只能由法律规定,在法律规定之外不存在什么犯罪；从过失行为的性质以及当今世界刑法发展的趋势来看，法律没有规定的过失危害行为，不仅不应负刑事责任，而且不应认为构成犯罪。

也有些国家的刑法没有明确规定以处罚故意行为为原则，以处罚过失行为为例外。例如，根据阿尔巴尼亚刑法典第 5 条规定，某人的行为如果是在故意或过失情形下实施，便应认为是犯罪。类似规定的还有前苏俄刑法典等。这样规定的依据是，过失行为可以造成与故意行为同样严重的后果。由于这种规定过分强调了客观标准，即后果的作用，忽视了不同罪过形式内容上的本质区别，因而遭到许多学者的非议。应该认为，这种批评是有道理的。

在法定刑幅度上，故意罪与过失罪有着非常明显的差别。故意罪的实施人是有意识地使自己对立于社会利益和法律秩序的要求，而在过失实施犯罪的行为人身上则不存在这种对立。因此，行为人在故意罪中表现出来的心理态度应受到比在过失罪中表现出来的心理态度更为严厉的谴责。例如，同样是造成了他人死亡结果的发生，根据我国刑法的规定，故意杀人的，可以判处死列，而如果是过失致人死亡，一般只能判处 3 年以上 7 年以下有期徒刑；情节较轻的，甚至只能在 3 年以下有期徒刑范围内处以适当刑罚。法律还规定，过失行为只有造成了严重后果的才构成犯罪。例如，同样是伤害他人的行为，故意实施的，不论给他人造成轻伤或重伤，都构成犯罪；如果是过失实施的，则只有造成了重伤的后果，才构成犯罪。破坏交通工具、交通设备、电力煤气设备、易燃易爆设备的行为，凡是故意实施的，不论是否已经造成严重后果，都构成犯罪；如果是过失实施的，则只有已经造成严重后果的，才构成犯罪。此外，犯罪的预备、未遂、中止以及共同犯罪、累犯等，也都只能由故意犯罪构成，过失行为被排除在外。

在论及罪过形式时，还有一个关于混合罪过形式问题。所谓混合罪过形式，又称双重罪过形式，是指实施一个危害行为，造成两个不同类型、不同程度的危害后果。一般说来，第一个危害后果较轻，表现的罪过形式为故意，第二个危害后果较重，表现的罪过形式为过失。但第二个过失产生的更为严重的后果，是由第一个故意犯罪所引起的。如因重伤他人身体而致人死亡。在这里，重伤他人身体，是由故意而产生的；但第二个更为严重的结果，即致受害人死亡，则是过失的。对于这两种危害后果，从犯罪人的主观心理态度来看，一个是故意的，一个是过失的。正因为如此，所以称混合罪过，或双重罪过。但是，如果两者都是故意的或者过失的，就不存在混合罪过或双重罪过的问题了。如某人纵火烧一个仇人的房子，明知房子里住了一个人，结果房子烧了，住的人也被烧死。在这里，行为人对烧房子所持的是直接故意的心理态度，对烧死人则持间接故意的心理态度。但是，直接故意和间接故意同属故意的范畴，不能认为是混合罪过。

不少国家的刑法都专门规定了混合罪过问题。例如，《匈牙利刑法典》第 15 条规定："当行为人至少因过失而造成作为犯罪加重要件的后果时，才产生与这些后果有关的更严厉的责任。"含有类似规定的还有《保加利亚刑法典》第 11 条、前《捷克斯洛伐克刑法典》第 8 条、前《民主德国刑法典》第 11 条、《罗马尼亚刑法典》第 51 条等。所有这些规范都排除了行为人对那种连过失形式的罪过也没有的后果负刑事责任。

混合罪过不是独立的罪过形式，而仅仅是一个犯罪构成中同时遇到两种不同罪过形式的情况。许多国家的刑法典中都有这种只能用混合罪过来评定的犯罪构成。如前《苏俄刑法典》第 108 条第 2 款规定的因重伤身体而致受害人死亡的情况，该法典对这种情况规定了专门的法定刑。

在简单的犯罪构成中是否存在混合罪过？前苏联刑法学界对这一问题的认识不一致。一种意见认为，在简单犯罪构成中，无论是故意罪或过失罪，都存在混合罪过。如超过正当防卫限度的杀人、运输工具的驾驶人员违反行车安全和管理规则而造成受害人的伤害或巨大物资损害的。前一个例子是故意罪中的混合罪过，后一个例子是过失罪中的混合罪过，另一种意见认为，上述两个例子只能是一种罪过形式，第一例是故意罪过，第二例是过失罪过。也有不少人认为，第二例中有两种罪过形式，即行为人违反行车安全和管理规则是故意的，造成受害人的伤害或巨大物资损害是过失的。但是，反对者则认为，这种观点是同法律相矛盾的。《苏联和各加盟共和国刑事立法纲要》第8条规定，确定某个犯罪是故意犯罪，不仅需要确定某人对自己的作为或不作为的心理态度，还需要确定他对犯罪结果的心理态度。过失的概念也是如此。《纲要》第9条是通过分析对结果的心理态度来确定过失犯罪的，所以，对待行为的心理态度和对待结果的心理态度，应该是罪过统一形式中的两个组成部分。在我国刑法中，无论故意或过失，都仅是针对危害结果而言的，因此，在简单的犯罪构成中不存在混合罪过问题。

有一种观点认为，在我国刑法中不存在混合罪过的情况。这是因为，罪过是犯罪构成的必备要件。故意伤害致人死亡，表面上看，似乎伤害他人是故意的，致人死亡是过失的。但是，故意伤害致人死亡仍然属于故意伤害罪。故意伤害罪的构成是该行为构成犯罪的前提，而过失致人死亡只是一种加重情节，并非构成故意伤害罪的必备要件。因此，在这种情况下，罪过形式仍然是单一的，即是故意①。我们认为，从罪过的含义看，罪过是行为人对其行为引起的危害结果所持的故意或过失的心理态度，加重结果也是由行为人的行为引起的，行为人对这种结果所持的心理态度，可以认为是罪过，此其一。其二，罪过不仅仅是犯罪构成的必备要件，而且也是行为人对其行为负担刑事责任的主观基

---

① 曾宪信等著：《犯罪构成论》，武汉大学出版社，1988年版，第93页。

础。否认行为人对加重结果所持的心理态度是罪过，行为人对这一结果负担刑事责任便缺乏主观基础。所以，混合罪过形式在我国刑法中同样存在。

四、行为人对有罪过实施的危害行为负刑事责任的理论依据

人对故意或过失实施的危害社会的行为为什么要负刑事责任？其理论根据何在？这是一个长期争论的问题。关于这一问题，资产阶级不同时代的不同学派曾有过不同的回答。

资产阶级刑事古典学派的犯罪构成理论以行为为中心，认为达到刑事责任年龄、具有责任能力的人的行为都是由自由意志支配的。人们可以根据自己的主观意志去自由地选择自己的行为。人们选择为善或选择为恶，选择实施犯罪行为或选择不实施犯罪行为，都是由人们的意志决定的。由于犯罪是人们经过自由意志和自由选择的结果，因而应负刑事责任。刑事古典学派的重要代表人物费尔巴哈基于自由意志论，提出心理强制的理论，认为行为人在实施犯罪行为时，是基于自己的欲望而行动。欲望得到满足，就获得一种"快感"。如果刑罚会给行为人以痛苦，他就会自由地根据自己的意志有所选择。人有趋利避害的本能，当他衡量到控制欲望所产生的不快小于受刑的痛苦时，他便会自然地放弃犯罪。这种理论曾经风靡18、19世纪资本主义世界。

应该承认，在当时社会历史条件下，刑事古典学派的意志自由论有着重要的进步意义。它否定了垄断整个奴隶社会和封建社会的神的意志，而代之以人的意志，承认了人对自己的主宰作用。同时，以意志自由作为定罪量刑的理论基础，并进而提出罪责自负和罪责相当的原则，这是刑法思想史上的重要进步。但是，我们也应该看到，刑事古典学派把人类的一切活动归结为意志自由，这是脱离社会和自然发展的客观规律，脱离人类社会的物质生活条件的、绝对的意志自由。这种意志自由实际上是不存在的，其哲学基础是唯心主义的，因而是不科学的。

进入 19 世纪，资产阶级刑事人类学派提出"天生犯罪人"和"犯罪定型"的理论，从根本上否定了罪过对定罪和确定刑事责任的意义。其稍后的刑事社会学派虽然否定了"天生犯罪人"和"犯罪定型"的理论，但仍认为犯罪是由生理的、个人人格的和社会环境的各种因素共同作用的结果，是犯罪主体人身危险性的表现。因此，对那些具有社会危险性"征表"的人要适用刑罚，以排除其对社会的危险，达到保卫社会的目的。对于那些尚未实施犯罪行为，但有对社会构成危险迹象的人，也要采取预防措施，限制其自由，从而避免其危害社会。

刑事人类学派和刑事社会学派抹杀了人的意志自由性，否定人的主观能动作用，否定罪过在定罪量刑中的意义，是机械的决定论和宿命论，因而同样是不科学的。

马克思主义者认为，人只对其自觉的、有意识的、有意志的活动负责。从心理方面看，犯罪这种有意识有意志的自觉活动的一个重要特点是：行为者意识到实施行动的自由，他可以自由选择决定自己的行动。这种选择决定的自由是与其对自己的意向和行动负责的自我认识密切相关的。马克思在批判黑格尔关于"刑罚是罪犯的权利，它是罪犯本身意志的行为"这一观点时指出："毫无疑问，这种说法有些地方好像是正确的，因为黑格尔不是把罪犯看成是单纯的客体，即司法的奴隶，而是把罪犯提高到一个自由的、自我决定的人的地位。"① 但是，黑格尔所讲的罪犯的意志自由是唯心主义的，是不受客观环境和社会生活条件制约的绝对的意志自由。因此，马克思接着指出："如果用'意志自由'这个抽象概念来顶替有着行为的现实动机和受着各种社会条件影响的一定的人，如果只用人的许多特性的一个特性来顶替人本身，难道这不是荒谬的吗？"②

马克思主义的唯物论认为，物质是第一性的，意识是第二性

---

① ② 《马克思恩格斯全集》第 8 卷，第 579 页。

的。人的意识和意志是受社会物质生活条件决定的，人的行为必然要受到客观外在条件的制约。犯罪也一样，它受罪犯本人已形成的个性特点、动机和生活目的所制约，而这些特点、动机和目的又是社会条件影响的结果。但是，意识和意志不是消极的。客观外界条件并不能注定某人只能实施这种行为，而不能实施别种行为，或者只能采取这种决定，而不能采取别种决定。正如列宁所指出的，"决定论思想确定人类行为的必然性，推翻所谓意志自由的荒唐神话，但丝毫不消灭人的理性、人的良心以及对人的行为评价。恰巧相反，只有根据决定论的观点，才能做出正确的评价，而不致把一切都任意推到自由意志身上。"① 辩证唯物主义认为，人的意志具有相对的自由。所谓自由，是指意志具有能动的反作用。人们可以在认识客观规律的基础之上，充分运用这些规律，在客观条件允许的范围内，自由地选择自己的行为，以达到自己的目的。也就是说，人的意志只有在获得对客观规律的认识，并运用这种认识决定自己的行动时，才是自由的。恩格斯指出："意志自由只是借助于对事物的认识来作出决定的那种能力。因此，人对一定问题的判断愈是自由，这个判断的内容所具有的必然性就愈大；而犹豫不决是以不知为基础的，它看来好像是在许多不同的和相互矛盾的可能的决定中任意进行选择，但恰如由此证明他的不自由，证明它被正好应该由它支配的对象所支配。"②

任何意志的自由都是相对的，绝对的意志自由是根本不存在的。所谓相对，主要体现在两个方面：其一，一定的意志只能是一定社会存在的反映，意志的内容受着客观存在的制约，它不能离开人们在当时的社会环境下所具有的认识水平。例如，在原始社会，人们绝对不会想到去利用计算机进行犯罪活动。"自由不

---

① 《列宁全集》第 11 卷，第 139 页。
② 《马克思恩格斯全集》第 20 卷，第 125~126 页。

在于幻想中摆脱自然规律而独立，而在于认识这些规律，从而能够有计划地使自然规律为一定的目的服务。"① 其二，意志作用的发挥不能超出物质条件许可的范围，即意志的发挥也受到客观存在的制约。

意志的自由，意味着行为人可以根据自己的认识，选择自己的行为。人们为什么要选择这种行为而不选择那种行为，首先是建立在对自己行为的性质、内容、由此而产生的结果以及社会意义等有所认识的基础之上的。也正因为如此，一个意志自由的人应当对自己的行为负责。犯罪同样是由犯罪分子自己的意志决定的。实施或不实施犯罪，都是通过人的意识和意志的积极作用来实现的。人的意志完全可以支配他的行为不对社会造成危害，或者避免危害结果的发生，而他却没有这样做，以致对社会造成了危害。当一个人在自己的自由意志的支配下实施了犯罪行为，他便应该对自己的行为负担刑事责任。

在刑法上追究故意或过失犯罪行为的刑事责任，是由我国刑法所规定的犯罪本质特征所决定的。犯罪的本质特征是行为具有严重社会危害性。而这种社会危害性不仅指行为客观上损害了社会关系，更重要的是这种损害是在行为人主观意识和意志支配下造成的，反映出犯罪人具有潜在的人身危险性。

将罪过作为刑事责任的主观基础，也是由我国对犯罪分子适用刑罚的目的所决定的。我国法院对犯罪分子适用刑罚不是为了报应，而是为了教育、改造犯罪分子。达到这一目的的先决条件是：行为人如果在当时情况下表现出应有的注意和关心，并因此而认识到或能够认识到其行为的社会危害性，那么，他有可能按照社会要求去行动。只有对这种人适用刑罚，才能达到教育的目的。如果行为人没有认识到，也根本不可能认识到其行为后果的社会危害性，追究这种人的刑事责任，就不可能达到教育、改造

---

① 《马克思恩格斯全集》第 20 卷，第 126 页。

324

的目的。因为在这种情况下，法律向行为人所提出的要求，是他力所不能及的。我国法院对犯罪分子适用刑罚的另一目的在于一般预防。罪过作为刑事责任的主观基础，对于一般预防也有重要的意义。这是因为，刑罚只适用于有罪过地实施危害行为的犯罪分子，对于那些社会不稳定分子在选择是否实施犯罪行为时，可以起到一定的警戒和震慑作用。同时，由于以罪过作为刑事责任的主观基础，可以让这些人认识到刑罚的公正性和合理性，促使他们自觉地放弃实施犯罪的意图。对于广大公民来说，在他们的意识中，追究无罪过人的刑事责任是极不公正的，因而不可能得到他们的同情和支持。没有广大公民同情和支持的刑罚，便不可能收到良好的社会效果，也不可能达到适用刑罚的目的。

罪过的具体形式是可变的，但意志自由作为行为人对其行为负刑事责任的主观基础的理论依据，这对于任何犯罪来说则是共通的。罪过通常被分为故意和过失两种形式。无论是故意犯罪或者过失犯罪，从行为本身来说，都是行为人自由选择的行动，是受行为人自由意志支配的。在故意犯罪中，行为人认识到自己行为的性质、内容、后果以及社会意义，并有意识地实施这种行为，显而易见，其实施行为是自由意志的结果。在过失犯罪中，行为人在实施犯罪行为时，其意志似乎是不自由的，但是，这种不自由是以能够自由为前提的。因为在过失犯罪中，行为人客观上已经具备了认识判断行为的性质、意义以及行为与结果间的必然联系的充分条件。如果他愿意发挥自己实际具有的主观能动性，他就能够获得意志自由，从而选择自己的行为，避免危害社会的结果发生。但是，他却在另一种意志的支配下，对社会、集体和他人的利益采取轻率、马虎、严重不负责任的态度，从而导致行为的盲目性，造成了严重的危害后果。因此，过失犯罪的行为人在实施犯罪行为时所表现出来的不自由，只是一种表象，在这种表象的背后，同样包含着行为人的自由选择。正因为有这种自由选择，社会才有理由对行为人采取强制措施，促使其运用他实际具有的认识能力，去认识、了解、掌握社会发展的客观规律，从而选择正确、合乎社会需要的行为。

第三节　犯罪的故意

一、犯罪故意的概念

在罪过中，犯罪故意是一种主要表现形式。和犯罪过失相比较，犯罪故意更加集中体现了行为人反社会的主观恶性，是一种最严重、最危险的罪过形式，历来是刑法规定的重点。

（一）刑法理论上关于犯罪故意概念的三种学说

各国刑法多规定了犯罪故意。但是，何谓犯罪故意？无论是立法还是解释，并无一致的认识，从来就有认识说、希望说以及容认说之分。

1. 认识说

认识说，亦称预见说或观念说，认为故意乃是行为人对构成犯罪的客观事实有认识。只要行为人认识到自己所实施的行为的性质及其后果，而仍然实施这种行为，就是故意。至于行为人的决意如何，对危害结果是否发生所持的态度如何，不影响故意的成立。

2. 希望说

希望说，又称意志说或意欲说，认为成立犯罪故意，行为人仅有对其行为性质及其后果的认识还不够，还必须对行为引起的危害结果的发生持希望的态度。

3. 容认说

容认说认为，犯罪故意的成立，仅有对犯罪事实的认识是不够的，但也不需要必须希望结果发生。行为人认识并希望自己的行为发生危害社会的结果，固然是故意；行为人认识并容认（或放任）自己的行为发生危害社会的结果，也应认为是故意。

上述认识说和希望说，虽然各有其一定的道理，但都不够全面，缺乏科学性，没有揭示出犯罪故意这种罪过形式的本质特征，极易导致罪与刑不相适应的不良后果。

认识说最根本的缺陷是片面强调行为人对其行为的危害结果的认识，忽视了行为人心理活动的意志因素。事实上，在人的意志行动过程中，起决定性作用的是意志因素，它直接决定人是否实施某种行为，并且规定着行为的方向和归宿。在犯罪故意的认定中，脱离意志因素，是不可能科学地揭示出犯罪故意的本质特征的。认识说应用于实践的最直接的不良后果是不适当地扩大了犯罪故意的范围，对于那些行为人虽然事先预见了危害结果可能发生，但并不希望这种危害结果发生，并且根据一定的主客观条件，相信这种危害结果不会发生，只是由于行为人判断上的错误，从而导致了结果发生的情况，在认识说看来，也是故意犯罪。显然，这种认识忽视了行为人人身危险性的差别，使得不应负担刑事责任的人负担了刑事责任，应负较轻刑事责任的人负担了较重的刑事责任。

在犯罪故意的认定中，希望说把认识因素与意志因素结为一体，这是较认识说进步的地方。但是，希望说又走向了另一个极端，把希望视为意志态度的唯一形式，无视意志态度的其他形式，如行为人对其行为结果的发生持放任态度这种意志态度，这样势必不适当地缩小了犯罪故意的范围。行为人已经预见了其行为可能会发生危害社会的结果，虽然他并不希望这种结果的发生，但却对这种结果是否发生采取放任态度。按照希望说对犯罪故意的理解，这种情况只能被认为是过失犯罪。这显然忽视了这种犯罪的严重性，极易导致轻纵罪犯。

认识说界定的犯罪故意的范围失之过宽，希望说界定的犯罪故意的范围又失之过窄，容认说克服了上述两说的不足，确定了一个宽窄适度的犯罪故意的范围，为当代许多国家的刑事立法所采纳。

（二）我国刑法中犯罪故意的概念

我国刑法批判地借鉴了资产阶级学者提出的关于犯罪故意概念的学说，参考借鉴了各国刑法关于犯罪故意立法的有益经验，在第14条第1款规定："明知自己的行为会发生危害社会的结果，并且希望或者放任这种结果发生，因而构成犯罪的，是故意犯罪。"从这一规定可以看出，我国刑法中犯罪的故意包括认识因素和意志因素两个方面的内容。

1. 犯罪故意的认识因素

认识因素是成立犯罪故意的前提条件。人的任何行动都是基于对客观事实的认识，从而进一步通过意志，确定行为的方向，选择行为的方式和进程，直至最终达到行为的结果。故意犯罪行为的成立也不例外。如果行为人不知道，也不可能知道自己的行为会发生危害社会的结果，即对犯罪的客观事实缺乏认识，便不能认为是故意犯罪行为。根据我国刑法第14条的规定，犯罪故意的认识因素是指行为人明知自己的行为会发生危害社会的结果。其中"明知"和"会"，即故意的认识内容和程度，是故意的认识因素中比较重要，也是经常引起争论的问题。在故意的认识内容中是否包括行为违法性的认识，也是众说纷纭、必须回答的问题。

（1）犯罪故意的认识内容与程度

犯罪故意认识的内容只能是犯罪构成要件规定的事实，与犯罪构成要件无关的实际情况，不论行为人是否认识，不影响犯罪故意的成立。关于这一点，学者们的看法是一致的。但是，构成要件事实是复杂多样的，犯罪故意是否要对全部构成要件事实有认识，理解上存在较大的分歧。大体有以下三种学说：

认识三要件说。认为故意的认识包括对犯罪主体、犯罪客体和犯罪客观方面的认识。这种见解在我国台湾地区的刑法论著中较为常见。例如，台湾学者林山田认为，"行为人主观上必须对于构成要件之一切客观行为情状全部有所认识，始具备故意之认

328

知要素。易言之，行为人必须对于不法构成要件所描述之行为主体、行为客体、行为、行为时之特别情状、行为结果等，均有认识，始具备故意之认知要素，而有成立故意之可能。"① 在祖国大陆刑法学者中间，也有人持这种见解②。

认识二要件说。认为故意的认识包括对犯罪客体或犯罪对象以及危害行为、危害结果、危害行为与危害结果之间的因果关系等事实情况的认识。概括起来就是对构成要件中犯罪客体和犯罪客观方面两个要件的事实情况的认识③。

认识一要件说。认为故意的认识内容只包括对犯罪客观方面事实的认识。但是，犯罪故意是否要认识犯罪客观方面的全部事实，又有不同的看法：

第一种观点认为，犯罪故意中认识的实质内容是指，明确认识危害行为、危害结果以及危害行为和危害结果之间的因果关系。只有当行为人明确知道自己在干什么，由此将会产生什么样的结果时，才构成犯罪故意的明知④。

第二种观点认为，明知首先是指行为人知道自己行为的社会危害性，其次是要对作为某种犯罪构成要件的结果有明确认识。例如，构成故意杀人罪，就必须查明行为人对作为该种犯罪构成要件的死亡结果有明确认识。此外，构成犯罪的故意，行为人必须对作为某种犯罪构成的其他要件有明确的认识，这些要件主要是指特定的犯罪对象。例如，构成窝赃销赃罪，行为人必须明确知道犯罪对象是赃物。如果不知道是赃物，便不能构成窝赃、销

① 林山田：《刑法通论》，三民书局，1986 年版，第 120 页。

② 见中国刑事警察学院政策法律教研室：《刑法论文选》（上），第 192 页。

③ 见高铭暄主编：《中国刑法学》，中国人民大学出版社，1989 年版，第 125~127 页；王作富主编：《中国刑法适用》，中国公安大学出版社，1987 年版，第 109 页。

④ 见《江汉论坛》，1979 年第 3 期。

赃罪①。

第三种观点认为，犯罪故意的认识内容只包括对行为的危害结果的认识。例如，有的学者认为："'明知'实际上也就是预见到、认识到自己行为的危害结果。"②

我们认为，在犯罪故意的认识内容中，对危害结果的明确认识是最根本的明知内容。危害结果是犯罪行为危害社会具体的、客观的表现。某种行为之所以被认为是犯罪行为，就是因为行为客观上给社会造成或可能造成危害的结果。如果行为没有也不可能造成这种危害的结果，那么便不能认为是犯罪。同时，危害结果的发生，也是刑法所保护的社会关系遭受到犯罪行为侵害的具体体现。既然行为人已经认识到自己的行为会发生危害社会的结果，那么行为人对其行为的性质、对犯罪客体和作为选择要件的犯罪对象的事实情况当然也应该是清楚的。因此，可以这样说，行为人对其行为的性质等客观事实情况的认识，都是由对危害结果有认识这一点中派生出来的。反过来，对行为性质等客观事实情况的认识，又是检验、证明行为人对危害结果是否明确认识的重要标志。也就是说，在具体犯罪中，行为人对危害结果有明确的认识，必然表现为对与这种结果相关的其他犯罪要件的认识。因为犯罪构成的诸要件是相互联系的统一整体，任何因素如果脱离了与整体的联系，其作为犯罪构成要件的意义便不复存在。所以，我们认为，犯罪故意的认识内容中最根本的内容是对行为的危害后果的认识。但是，这并不排斥行为人对其行为的性质、犯罪客体和作为选择要件的犯罪对象等客观事实情况的认识。

---

① 见王作富：《中国刑法研究》，中国人民大学出版社，1988 年版，第 157~160 页；又见何秉松主编：《刑法教程》，法律出版社，1987 年版，第 85 页。

② 林准主编：《中国刑法讲义》（上册），全国法院干部业余法律大学印，1986 年，第 77 页。

危害结果不可能脱离一定的社会关系而独立存在。某种结果之所以具有危害性，就是因为它反映了一定的社会关系遭受到了侵害。离开了犯罪客体或犯罪对象，便不能正确认识行为后果的性质。认识一要件说将犯罪客体排斥在故意的认识内容之外，这是欠妥的。认识三要件说则又将犯罪主体的事实情况也列为故意的认识内容，这也是不妥的。这是因为，作为犯罪主体核心内容的刑事责任能力是存在于行为人自身的客观事实情况。只有具有刑事责任能力的人，才有辨认和控制自己行为的可能。只有对这种人，法律才要求有"明知"。已经具有刑事责任能力的人，即使没有认识到自己所具有的刑事责任能力，对其认识危害社会的结果也毫无影响。至于犯罪特殊主体中的特定身份，行为人不是因为具有某种特定身份而决定了犯罪的性质，而是因为具有某种特定身份的人才有可能实施某种犯罪，因而也不是故意的认识内容。由此看来，认识二要件说是比较科学的。其不足之处是没有对故意的认识内容中的诸客观事实情况作出层次、主次上的划分。

　　将对危害社会结果的认识理解为犯罪故意的认识因素中最根本的内容，也为我国现行刑法所支持。我国现行刑法关于故意的规定，也只要求行为人对自己的行为会发生危害社会的结果有明确认识，而没有规定其他必须认识的内容。这种思想在我国刑法分则的具体规定中也得到了充分的体现。例如，故意杀人与故意伤害致死，两者在客观上都造成了他人死亡的危害结果，区别两者的关键是行为人对自己行为将会发生什么样的危害结果的认识不同。如果行为人明知自己的行为会发生他人死亡的危害结果，仍然实施了这种行为，便构成故意杀人罪；如果行为人明知自己的行为会发生他人伤害的危害结果，仍然实施了这种行为，尽管客观上造成了他人死亡结果的发生，也只能构成故意伤害罪。

　　应该指出，这里讲的危害结果是指行为对犯罪客体造成的损害，是广义上的危害结果，既包括具体的危害结果，也包括抽象的危害结果；既包括有形的危害结果，也包括无形的危害结果；既包括已经发生的危害结果，也包括尚未发生但可能发生的危害结果。任何犯罪都有危害社会的结果，否则便不能认为是犯罪。但是，并不是所有的犯罪都以危害结果作为犯罪构成的要件。如危险犯、行为犯便不以结果为构成要件。如果把明知的内容理解为作为某种犯罪构成要件的结果，势必有许多犯罪不能确定"明知"的内容，导致无法认定罪过形式。

还应该指出，研究"明知"的内容，目的在于解决罪过形式问题。有些著作中把对行为人所借用的工具的性能、作为行为作用对象的人的特点、行为时的特定环境以及合作者的行为及其作用的认识，也理解为"明知"的内容，这是欠妥当的。因为对上述因素的认识，有的对决定行为人是否构成犯罪、构成什么样的犯罪、是单独犯罪还是共同犯罪有意义，但对确定罪过形式并没有作用，因而不应作为"明知"的内容来看待。

在程度上，"明知"包括明知自己的行为必然会发生危害社会的结果，也包括明知自己的行为可能发生危害社会的结果。只要具备了其中任何一种情况，便具备了犯罪故意的认识因素。同时，这种明知只是行为人主观上的一种认识，至于这种认识与实际情况符合与否，不影响明知的成立。

（2）犯罪故意的认识因素中不包括对行为违法性的认识

"明知"的内容是否包括对行为的违法性的认识？这也是一个争议较多的问题。国外刑法理论上主要有违法性意识不必要说、违法性意识必要说和责任说之分。兹分述如下：

违法性意识不必要说。"不知法律不赦"是罗马法以来的传统格言。根据这一格言，成立故意不须有违法性认识。只要行为人对犯罪事实有足够的认识，不论他是否认识到自己的行为是法律所不容许的，其行为是违反某种刑法法规，以及实施这种行为将会受到何种刑罚处罚，均可构成犯罪的故意。其理由是，如果要求行为人意识到其行为的社会危害性和违法性，将会削弱对社会的保护，使行为人可能以没有意识到其行为的社会危害性和违法性为借口，逃避刑事制裁。其中又可分为全面的不必要说和自然犯法定犯区别说。全面的不必要说认为，对于一切犯罪，故意的成立都不需要具有违法性的意识。自然犯法定犯区别说认为，对于自然犯（或称刑事犯），故意的内容中不需要具有违法性的意识，因为自然犯的反社会性无须从刑法规定的构成要件来理解，其行为本身就已蕴含着反社会的本质，这种本质自古以来就为一般社会成员所能理解。但是法定犯（或称行政犯）不同，法定犯作为一定的社会现象，其本身并不一定蕴含着为法律所禁止的性质或为社会所责难的性质。国家之所以认为这种行为是犯罪行为，完全是出于某种行政的社会政策的需要。因此，法定犯构成故意罪，行为人仅有对犯罪事实的认识是不够的，还必须有违法性的认识。

违法性意识必要说。此说认为，违法性认识对于故意的成立是必要的。也就是说，行为人除对犯罪的事实有认识外，还必须认识到其行为是法律所不容许的。其中又有现实的违法性认识说和可能的违法性认识说之分。前者是指行为人对其行为是法律所不容许的事实有现实的认识，也包括未必情况的认识；后者是指行为人对其行为是违法的有认识的可能性，至于实际上是否认识到了，在所不问。没有这种认识的可能性，便不能成立故意。

责任说。由于目的行为论把故意由原来的责任要素转变为主观的违法要素，与此相关联，违法性认识的可能性就被作为独立于故意之外的责任因素了。因此，有无违法性认识的可能性，便影响到责任的有无。按照这种学说，行为者在认识到犯罪事实，但欠缺违法性的认识时，只要这种错误是能够避免的，仍可以作为故意犯处罚。在结论上，责任说与可能的违法性认识说实际上是相同的。

以上诸说中，"违法性意识不必要说"（以下简称"不必要说"）与"违法性意识必要说"（以下简称"必要说"）是根本对立的。"不必要说"是主观主义的刑法理论从社会的责任论的立场出发提出来的，而"必要说"是客观主义的刑法理论从道义的责任说的立场出发提出来的。这两种学说的对立，表现出了新、旧两派的基本立场、观点上的对立。新派的主观主义刑法理论是从"社会防卫"的立场出发，注重行为人的反社会的危险性格，他们把故意作为行为人主观恶性的征表，认为法规违反的认识并不是犯人的反社会性的属性。因此，法规违反的认识对于认定犯人的反社会性是不必要的。要确认故意的存在，只要他具有对犯罪事实的认识就足够了。日本新派学者牧野英一曾经这样说过："对于猛兽，必须寻求社会保全的途径，而猛兽并没有违法的认识这一问题。那么对于具有反社会的性格的人，即使是在没有违法的认识的场合，不是也应当同样地去寻求社会保全的途径吗?"① "对于那些意识到侵害的事实还敢于行为的人，在反社会的性格的征表这一点上是必须把它作为具有犯意的人而采取社会的措施的。"② 与此相反，旧派的客观主义刑法理论是从道义的非难的立场出发，着眼于行为人的反道义性或反理性的认识。他们认为，作为对行为人进行道义上的非难的根据，故意的成立不仅需要行为人认识到犯罪事实，即相当犯罪构成要件的具体的事实，还需要行为人意识到行为的违法性。如果没有意识到这种违法性，就不可能形成阻止行为动机的反对动机，也就不能对此加以故意的责任非难。根据他们的观点，违法性意识的存在也就意味着阻止行为动机的反对动机的存在。行为人突破这种反对动机，实施行为的决意，就是对他加以责任非难的根据。日本旧派学者小野清一郎指出："即使认识到了犯罪事实，但是如果没有意识到其违法性，即国家的反道德性或反理性，行为者在实施行为时就不可能产生法的、道义的抑制感情，这就不能认为有

---

① ② ［日］大塚仁:《刑法中新旧两派的理论》，日本评论社，1983年版，第113页。

334

'犯意'而加以非难，当然这是过失。应当说，违法性的意识才是区别故意与过失的分水岭。"① 他认为"把这种没有意识的行为作为故意的行为加以处罚，这是违反道义的责任观念的"②。

在违法性认识问题上，"不必要说"和"必要说"形成了两个极端，在理论上被认为过于绝对化，因此，支持者日渐稀少。于是，在这两种学说中又派生出折衷的见解，这就是从"不必要说"中派生出"自然犯法定犯区别说"（以下简称"区别说"）和从"必要说"中派生出"可能的违法性认识说"（以下简称"可能性说"）。"区别说"关于自然犯和法定犯的区分，是由实质的违法犯罪和形式的违法犯罪而来的。既然违法有实质的和形式的之分，那么，违法性的认识也就有实质的违法性认识和形式的违法性认识之分。这样，违法性的认识问题在自然犯和法定犯的场合就具有不同的法律意义。"可能性说"是以人格责任论作为根据，按照人格责任论的观点，故意责任的本质是人格态度的直接的反规范性在有了事实的认识的情况下，行为者就面临着有关规范的问题，所以在具有违法的认识与具有违法性认识可能性之间并无质的差异。在对事实有了认识的情况下，尽管没有违法性认识，只要有这种可能性就可以认为有直接的反规范的态度。所以，违法性认识不是故意的要件，而违法性认识的可能性才是故意的要件。

战后，随着目的的行为论的普及，在违法性认识问题上，又出现了与"必要说"相对的"责任说"。"必要说"把违法性认识作为故意的要件，而"责任说"则把它作为独立于故意之外的责任要素。按照"责任说"的观点，责任非难的对象是违法的意思，而这种非难根据认识形成的不同程度有着不同的阶段。在行为者认识到了行为的违法性的场合，社会当然就要期待他随

---

① ② ［日］大塚仁：《刑法中新旧两派的理论》，日本评论社，1983年版，第112页。

之会形成行为的反对动机，而不实施违法行为，如果他不这样去做，对此加以较重的非难就是理所当然的；在虽然没有认识到违法性，但是如果稍加注意就能够认识的场合，适当的行动期待就比前一场合困难一些，因此，非难的程度也就较轻一些；如果行为者确实认为自己的行为是被许可的，在这种场合，就完全不能加以责任非难①。虽然"责任说"与"必要说"是相对的，但是在结论上，它与"可能性说"实际上是一致的。

在我国，关于故意犯罪中的"明知"应否包括行为人对自己行为违法性认识的问题，学者间也存在不同的看法。我们认为，解决这一问题，应当立足于我国的刑事立法和我国的司法实践。从我国刑法的规定来看，犯罪故意的认识内容是明知自己的行为会发生危害社会的结果，即只要求对其行为的社会危害性有明确的认识，并没有规定要求对行为的违法性有明确的认识。从危害性和违法性的关系来看，社会危害性是犯罪的最本质的特征，任何行为，只有具有社会危害性，才能认定为犯罪行为。但是，并非一切具有社会危害性的行为，都构成犯罪。一般的违法行为、违反道德的行为，也具有一定程度的社会危害性，只是没有达到构成犯罪的必要的社会危害性程度。刑法只把那些具有相当严重程度的危害社会的行为规定为犯罪行为。某种行为一旦被刑法规定为犯罪，就表明这种行为具有足以构成犯罪的必要程度的社会危害性，也就具有了刑事违法性特征。所以，刑事违法性虽然与社会危害性同为犯罪行为的特征，但它是社会危害性在法律上的表现，是对行为具有社会危害性的法律评价。刑事违法性是可以通过社会危害性充分反映出来的。从实际情况来看，一般人对什么行为是违反法律规定、构成犯罪的，什么行为不是违反法律规定、不是构成犯罪的，通常都是能够做出判断的。在一般情况下，行为人只要对行为的社会危害性，即对构成犯罪的事实

---

① ［日］佐藤昌彦：《牧野刑法学说之研究》，第 239 页。

有了认识，也就意味着对其行为的违法性有了认识。所以，在认定行为人主观上有无故意时，通常只需查明他对行为的社会危害性具有认识，就足以说明他对行为的违法性有认识，而不需要另外特别地去查明他对行为的违法性是否有认识。

当然，例外的情况还是存在的。例如，某种行为过去一直不认为是犯罪，随着形势的变化，新的法律规定为犯罪。如果这种法规尚未为人们知晓，人们不知已明令禁止而仍然实施该种行为，就很难说他是故意违法。再如，行为的社会危害性是随着时间、场所的不同而变化的，同一行为，在一定时间、场所是危害社会的，在另一定时间、场所则不具有社会危害性。在这种情况下，尽管行为人对自己行为的事实有认识，也很难说他是故意违法。不过，在上述场合，行为人对自己行为缺乏违法性认识，往往是由于对行为缺乏社会危害性认识引起的。

2. 犯罪故意的意志因素

根据刑法第14条的规定，犯罪故意的意志因素是指行为人希望或者放任危害社会的结果发生。这是犯罪故意在意志方面的特征。这一特征表明，行为人是通过自觉选择的行为来追求或者有意放任危害社会的结果的发生。行为人虽然明知自己的行为会发生危害社会的结果，但是如果不是持希望或放任的态度，便不能构成故意犯罪。

所谓希望危害社会的结果发生，就是行为人积极追求这种结果的发生，并以此作为自己行为的直接目的。所谓放任危害社会的结果发生，是指危害社会的结果不是行为人实施行为所追求的目的，而是行为人为了追求其他目的，如果防止这种结果的发生，便难以达到另一目的，因而对危害社会的结果的发生采取了听之任之的态度。

认识因素和意志因素是构成犯罪故意的必备特征，都反映着行为人在主观上的恶性，但两者在构成犯罪故意中所起的作用不同。认识因素是构成犯罪故意的前提和基本条件。只有行为人明知自己的行为会发生危害社会的结果，对结果的社会危害性有足够充分的认识，然后才能逐步形成犯罪的意志，决意实施犯罪行为，希望或放任这种结果的发生。也只有在这种认识的基础上，行为人实施的行为才有可能构成故意犯罪。但是，仅有这种认识，如果行为人没有形成犯罪的意志，不希望或放任这种危害结果的发生，便不可能自觉地确定行为的方向、步骤、方法，导致某种行为的实施。因此，意志因素在行为实施过程中具有决定性的、主导的作用，它是联系犯罪意图和犯罪行为的桥梁，也是使行为人对自己行为负故意责任的主要依据。

除了上述两个因素外，有的论著认为，"行为会发生危害社会的结果"也是犯罪故意的基本特征。我们认为，所谓犯罪故意，是指行为人实施犯罪行为时对危害社会的结果所持的心理态度，其特征应是心理学的内容。"行为会发生危害社会的结果"，系客观性质的，因而不能认为是犯罪故意的特征。在犯罪故意的认识因素中，行为人明知自己的行为会发生危害社会的结果，当然包括了行为会发生危害社会结果这一特征，它是认识因素的内容，不应作为与认识因素并列的另一独立的犯罪故意的特征。

二、犯罪故意的种类——直接故意与间接故意

根据行为人对危害社会的结果的发生所持的态度，犯罪故意可以分为直接故意和间接故意两种。

直接故意是指行为人明知自己的行为会发生危害社会的结果，并且希望这种结果发生。由于故意的认识因素中包括必然与可能两种情况，故而直接故意内部又可分为两种基本的类型：一是明知自己的行为必然会发生危害社会的结果，并且希望这种结果的发生；二是明知自己的行为可能会发生危害社会的结果，并且希望这种结果的发生。

在审判实践中，绝大多数犯罪都是故意犯罪，而在故意犯罪中，大多数都是直接故意的犯罪。在直接故意犯罪中，由于行为

人对危害结果的发生持希望的态度，因而在实施犯罪过程中，行为人的活动总是围绕着如何促使危害结果发生来进行。具体讲，直接故意犯罪的行为有以下一些明显的特征：首先，在直接故意犯罪中，行为人实施犯罪的目标是明确的，其一切活动的目的都在于使危害结果得以顺利成为现实。也正是这种危害的结果，刺激着行为人不顾一切地努力实施犯罪行为。其次，和间接故意相比，在直接故意犯罪中，除自动中止犯罪的情况外，行为人对促使危害结果的发生表现了顽强的意志力。在实施犯罪行为的过程中，如果遇到困难或阻力，行为人会自觉地设法排除这种困难或阻力，对危害结果的发生表现出更大的坚定性。

我国刑法中规定的间接故意是指行为人明知自己的行为会发生危害社会的结果，并且放任这种结果发生。由于故意的认识因素中包括必然与可能两种情况，因而间接故意内部也可分为两种基本类型：一是明知自己的行为必然会发生危害社会的结果，并且放任这种结果发生；二是明知自己的行为可能会发生危害社会的结果，并且放任这种结果发生。

在间接故意犯罪的场合，行为人实施某种行为，是为了追求某一目的而放任了危害结果的发生。对于所放任的危害结果来说，并没有独立的犯罪行为。只有在行为人所放任的危害结果已经实际发生的情况下，为了追求某一目的而实施的某种行为才能与其放任的危害结果相结合，构成间接故意犯罪。如果所放任的危害结果实际没有发生，间接故意犯罪便无从认定。在现实生活中，行为人同时放任可能发生的两种以上的危害结果的情况也是屡见不鲜。在这种场合，到底应以哪一种危害结果作为定罪的根据？当然只能是已经实际发生的危害结果。所以，在间接故意犯罪的场合，研究危害结果有着特别重要的意义。实践中，间接故意犯罪中行为人放任某种危害结果的发生，主要有以下几种情况：

1. 行为人追求某一犯罪目的而放任另一危害结果的发生。

例如，某甲与某乙争执殴打，甲方吃了亏。为了报复，当天夜晚，某甲放火烧了某乙家的草垛，因火势凶猛，引起房屋着火，结果将逃离不及时的某乙的妻子烧死。在这一案例中，某甲对于某乙的妻子被烧死，虽不希望，但也不防止，而是听之任之，这就是在实施毁坏他人财物的犯罪时，放任了某乙妻子被烧死结果的发生，构成间接故意杀人罪。

2. 行为人追求一个非犯罪目的，但在行为过程中放任某种危害结果发生。如果这种结果实际产生了，他就构成了犯罪。例如，甲乙两人用汽枪在某校园的外边打鸟，甲见几只麻雀落在校门口的台阶上，举枪欲瞄准射击，乙立即制止说："不能打，如果有人出来，会打中人的。"甲却说："谁叫他这个时候出来的，打死该他倒霉。"他边说边开枪射击。恰好此时，小学生丙、丁二人追逐跑出校门，结果丙的头部被打中，经抢救无效死亡。该案例中，某甲实施射击行为的目的在于追求一个非犯罪目的（打鸟），但在行为过程中放任了可能打死打伤他人这种危害结果，最终引起他人死亡结果的发生。所以，丙的死亡结果，是由于甲的间接故意造成的。

3. 在突发性的犯罪中，行为人不计后果，放任严重结果的发生。也就是说，行为人对自己的行为是否会引起危害社会的结果以及引起什么样的后果，主观上没有明确的认识，但对客观上可能产生的任何结果，都抱着无所谓的放任态度。如果这种放任的危害结果实际发生，行为人就应对这种结果负间接故意犯罪的责任。这种不计后果的放任，多发生在流氓斗殴中。行为人在实施行为时，到底会给对方造成什么样的损害，并无明确的认识和追求。无论实际出现什么结果，都在行为人主观预见范围内，他也不反对这些结果发生。因此，对于实际发生的危害社会的结果，行为人应负间接故意犯罪的责任。

从直接故意与间接故意的概念可以看出，两者的认识因素是相同的，都是明知自己的行为可能或必然会发生危害社会的结果，区别的关键在于两者的意志因素不同，直接故意是行为人希望危害社会的结果发生，而间接故意则是放任危害社会的结果发生。也就是说，在直接故意的场合，危害社会的结果是行为人实施犯罪行为的直接目的之所在。行为人之所以要实施犯罪行为，目的是追求这种危害社会的结果发生。在间接故意的场合，危害社会的结果不是行为人实施犯罪行为的直接目的之所在。行为人之所以要实施犯罪行为，目的在于追求这种危害社会结果以外的其他的结果。这种结果既有危害社会性质的犯罪结果，也有不具有危害社会性质或具有一定危害社会性质的非犯罪结果。正是行为人为了追求这些结果的发生，而对其行为将会发生的危害社会的结果采取了听之任之的放任态度。

在刑法条文中，犯罪的罪过形式只有故意与过失之分，至于把故意又分为直接故意和间接故意，则是刑法理论上的概括。因此，凡是分则条文中规定为故意犯罪，除明确规定必须具有某种特殊的犯罪目的等，把间接故意排除在外的情况外，一般应包括直接故意和间接故意两种情况。当然，在确定罪名时，不应有直接故意××罪或间接故意××罪的提法，而应该称为故意××罪（如故意杀人罪）。

刑法理论上区分直接故意与间接故意的意义在于，这样更加便于分析、认定犯罪故意的内容和内部结构，有利于司法实践中准确认定犯罪的罪过形式，此其一。其二，只有当危害结果已经发生，才能表明行为人对这种结果进行了放任，因此，间接故意犯罪只有造成法律所要求必须具备的危害结果才能构成，因而不存在犯罪未遂问题。直接故意犯罪的成立则并不一定要求必须出现法定的危害结果。如果法定的危害结果没有发生，可以构成犯罪未遂。在恶劣程度上，不能认为直接故意场合的行为人的主观恶性必然大于间接故意场合行为人的主观恶性，并进而认为对直接故意的犯罪的处罚必然要重于间接故意的犯罪。我国刑法规定："故意犯罪，应当负刑事责任"，并没有规定间接故意犯罪可以从轻处罚。而且，从实际情况来看，直接故意犯罪与间接故意犯罪所反映的行为人的主观恶性在程度上很难说有多大的区别。

我国刑法论著中有一种比较流行的观点认为，直接故意与间接故意不仅意志因素不同，在认识因素上也存在差异。直接故意既包括预见到结果可能发生，又包括预见到结果必然发生。"间接故意则只是明知结果发生的可能性"，"行为人虽不希望危害结果的发生，但明知结果必然发生，则仍是直接故意。"① 我们认为，这种观点不正确。其理由是：

第一，在司法实践中，行为人明知自己的行为必然会发生危害社会的结果，并且放任这种结果发生，这种主观心理态度是客观存在的。所谓结果必然或可能发生，是相对于行为人对结果的认识程度而言的。在故意犯罪中，犯罪人一般都会根据自己的知识水平和认识能力，对自己的行为所会引起的危害结果进行预测和推断，并进而得出结果必然会或可能会出现的结论。在直接故意犯罪中，行为人希望一定的危害社会结果发生，因而有的行为人选择的是比较有效的行为方式，故他能认识到危害结果必然发生，有的行为人则因种种原因，选择的是比较隐蔽、间接的行为方式，故他只能认识到危害结果可能发生。在间接故意犯罪中，行为人同样是能够认识到危害结果必然或可能发生。间接故意犯罪是行为人放任一定的危害结果发生，而这种结果又是其行为所引起的，故而他对行为与结果之间的因果关系是会有所考虑的，这就自然会得出必然出现或可能出现的结果。

第二，"明知"属于认识因素，希望或放任则属于意志因素，两者分别属于不同的范畴。有人认为行为人既然明知自己的行为必然要引起某种危害结果，仍一意孤行，促使这种结果的发生，这种心理态度很难说是"放任"，实际上是追求某种危害结果的发生。也有人认为，在预见到危害结果必然发生时，虽然行

---

① 高铭暄主编：《刑法学》，法律出版社，1982 年版，第 149 页。

为人采取的是放任的态度，但是，这种放任是无碍于危害结果发生的。也就是说，危害结果是肯定要发生的。从最终结果上看，与明知危害结果必然发生而希望发生的情况并无二致。我们认为，上述观点混淆了犯罪的认识因素与意志因素。主观结果的必然发生和可能发生，是犯罪人对犯罪行为和危害结果之间的因果关系的认识，而希望或放任则是行为人对必然或可能发生的危害结果的一种需要性的选择态度。同一主观结果，从认识的程度看，间接故意的犯罪人是可以明白其必然发生的，从选择态度看，是可以对其放任的。认为两者不可并存是没有道理的。

第三，关于如何理解间接故意中的"放任"？有人认为，如果行为人预见到自己的行为必然发生某种危害结果，并决定实施此种行为，那就谈不上什么放任危害结果发生了，而只能说他是希望这种危害结果的发生。因为，"放任"是以存在两种可能性为前提的，只有在存在可能发生与可能不发生的情况下，才谈得上"放任"的心理状态。我们认为，这种观点错误地理解了间接故意中的"放任"。放任是就行为人实施某种行为所追求的结果与实际产生的危害社会的结果是否一致而言的。就内容上讲，放任某种危害社会的结果发生，当然应该包括放任某种危害结果必然发生与放任某种危害结果可能发生两种情况。将其中任何一种情况排除在间接故意之外，都是不对的。

第四，从我国刑法第 14 条规定的逻辑结构来看，犯罪故意的认识因素包括两种情况：可能和必然；意志因素也包括两种情况：希望和放任。自然组合的必然结论是：与希望相对应的认识因素包括可能与必然两种情况，与放任相对应的认识因素也包括可能与必然两种情况。可以图示如下：

我国刑法第 14 条在法律用语上用了"希望"和"放任"两个限制词，就是根据行为人对结果发生所持的心理态度，把犯罪故意的两种形式直接故意和间接故意区分开来的。只要行为人是希望结果发生的，不论行为人认识到结果必然或可能发生，都是

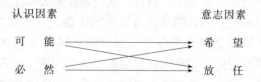

认识因素　　　　　　　　　意志因素

可　能　　　　　　　　　　希　望

必　然　　　　　　　　　　放　任

直接故意犯罪；如果行为人是放任结果发生的，不论行为人认识到结果必然或可能发生，便都是间接故意犯罪。也就是说，区分故意罪过的不同形式，只能以意志因素"希望"或"放任"为根据，而不能以认识因素"可能"或"必然"为转移。我国刑法把认识和意志两个因素作为认定犯罪故意不可缺少的条件，又以意志因素的不同来区分犯罪故意的不同形式，科学地反映了行为人在故意犯罪中不同罪过的人的心理本质。

三、犯罪故意的其他种类

将犯罪故意分为直接故意和间接故意是一种最常见的、最普遍的故意分类方法，除了这种分类方法以外，还有以下一些分类方法：

（一）根据行为人对危害后果预见的情况来分，故意被分为确定的故意与不确定的故意。确定的故意是指行为人对于构成犯罪的事实，如犯罪客体、犯罪行为、犯罪结果等，有具体确定的认识，并进而决定使其发生。通常情形下的犯罪故意，大多属于确定的故意。不确定的故意是指行为人对于构成犯罪之事实无具体明确的认识。包括对犯罪客体无确定之认识和对犯罪结果无确定之认识。前种情形为择一故意和概括故意，后种情形为未必故意，兹分述如下：（1）行为的结果是确定的，客体也是确定的，但侵害的对象不确定。在数个可能遭受侵害的对象中，无论何者发生一定之结果，均不违背行为人之本意。例如，甲乙二人并立，丙自后持枪射击，死者非甲即乙，但不论谁死，均不违背丙之本意。（2）行为人对于犯罪结果之发生仅有概括的认识，而

344

不确知到底有多少侵害对象可发生一定之危害结果。如向一群人投掷炸弹，预见必然会造成其中一定人的死伤，但具体死谁伤谁，死伤多少，无明确的认识。（3）未必故意，又称间接故意，即行为人预见一定结果会发生，又以未必即发生的意思加以实行，致使该结果的发生。

（二）根据故意形成时间的长短，故意被分为有预谋的故意和突然的故意。所谓有预谋的故意，是指行为人几经筹虑而始决意实施犯罪行为，或决意后又经过深思熟虑始再着手实施犯罪行为。在《苏俄刑法典》中，有预谋的故意是犯罪情节严重的一种表现。所谓突然的故意，亦称无预谋的故意、一时的故意或单纯的故意，是指行为人因一时受刺激，突然决意实施行为。如小偷翻墙入室进行盗窃，见一女子正在熟睡，遂起奸淫之心，进而实施强奸行为。在司法实践中，这种形式的故意犯罪占有一定比例。

一般说来，预谋的故意比突然的故意具有更大的社会危险性，许多国家的刑事立法都重视故意的这种分类。如 1810 年《法国刑法典》第 295 条规定："故意杀人者，称故杀"；第 296 条规定："预谋杀人或袭杀人者，称谋杀"。在处罚上两者有所区别。但是，这种分类方法遭到许多学者的反对，认为预谋故意犯罪的危害性程度并不一定重于突然的故意犯罪。而且，犯罪人在实施犯罪前是否经过深思熟虑，并没有也不可能有一个判断、衡量的标准。

（三）根据犯罪故意产生的具体时间来分，故意可分为事前的故意与事后的故意。所谓事前的故意，是指犯罪结果实际上并没有发生，而行为人误认为已经发生了，进而又实施其他行为，以致助成该结果的发生。例如，某甲开枪打伤某乙，某甲误认为某乙已死，将某乙推入河中，致其被淹死。在这种情况下，判断故意的有无应以行为当时行为人的意图为准，由于某乙被淹死的结果与行为人事先开枪行为所追求的结果是一致的，事前故意应认为是故意的延续，故而某甲应负故意杀人既遂的刑事责任。所谓事后的故意，是指行为人起初并没有犯罪的故意，只是在某种事实发生以后，才产生犯罪的故意。例如，医生给病人做手术，本无杀人的意图，但在手术过程中，发现病人竟是自己的仇人，遂起杀人之意，故意不给病人必要的治疗，致其死亡。事后故意不影响行为人的行为构成故意杀人罪。

（四）根据行为的不同状态，故意被分为积极故意与消极故意。积极故意是指行为人认识到自己的行为能够产生危害社会的结果，而决意实行之；消极故意是指行为人认识到危害结果的发生，自己有防止发生的义务而不加以防止，致使该结果发生。

（五）根据侵害法益的后果状态不同，故意被分为危险故意和实害故意。危险故意是指行为人的决意不要求有实体后果的发生，而在于给某种法益造成危险。如侮辱、诽谤等犯罪，侵害法益的后果都不是实体、具体的存在。所谓实害故意，是指行为人实施犯罪行为所追求的结果是实体的、具体的存在，如杀人行为追求的结果是他人死亡这一客观存在。

以上是各国刑事立法和刑法理论关于故意分类的一些形式，其中有些分类对定罪量刑有实际意义，如确定的故意与不确定的故意、预谋的故意与突然的故意。这些分类可供我们借鉴参考。而有些分类则过分繁琐，并无实际意义，如事前的故意与事后的故意、危险的故意与实害的故意等。有些分类则缺乏统一的科学的衡量标准，在实践中很难具体掌握运用。

第四节　犯罪的过失与意外事件

一、犯罪的过失

（一）犯罪过失概述

当今多数国家的刑事立法都规定了过失犯罪的概念（少数国家的立法对故意与过失未作概念规定，如前联邦德国、日本、法国等刑法；有的仅设故意之概念规定，而不规定过失，如奥地利刑法）。例如《瑞士刑法》第18条第3款规定："行为人违反注意之义务，对可归责之犯罪行为结果，未加考虑或未顾虑者，为过失犯轻罪或重罪。依行为之环境及身份关系，有注意义务而不注意时，为违反注意义务。"但是，尽管如此，过失犯罪在刑事立法中应有的位置并没有得到广泛的重视。长期以来，无论在立法上还是在人们的观念中，和故意犯罪相比较，过失犯罪处于明显次要的位置。从立法来看，在犯罪构成上，各国刑法较多地处罚故意罪，而对过失罪的处罚则是无足轻重的。在处刑上，对过失罪的处刑大大轻于故意罪。从人们的观念来看，长期以来一直认为，过失罪的社会危害性程度远远小于故意罪。所以，理论研究的重点也放在故意犯罪上。

然而，值得注意的是，在现代科学技术日新月异、飞速向前发展的今天，社会生产、生活日趋复杂化，都市人口日益高度集中，人们在生产、生活以及社会事业的经营管理中，发生危险事故的可能性以及这些危险事故可能给社会造成的损害随之日益增大。刑法领域中历来作为例外罚的过失犯逐渐成了常见犯、大量犯和严重犯。在这种形势下，过失罪与故意罪之间原来存在的那种对比关系便不能不发生相应的变化，各国在立法政策上，不能不把过失犯罪提到适当的位置。在刑法理论上，过失罪也逐渐成为众所瞩目的热题。国外有关的论著不断问世，研究成果倍出。过失犯罪在刑法中的地位日益提高，这是一个总的变化趋势。

当代各国刑事立法关于过失犯罪的规定，最重要的特征是过失危害行为犯罪化向两极方向发展。两极化的一端是加重对部分严重过失犯罪的处罚。

随着科学技术的进步，社会经济的发展，社会管理、生产活动日益复杂化，过失犯罪的发生越来越频繁。

据统计，前苏联 1939 年的过失犯罪只占犯罪总数的 7.7%，1946 年占 6%。到了 70 年代，过失犯罪则增长到 12%①。这一变化趋势也为我国司法实践所证实。近年来，随着经济的发展，我国的过失犯罪，尤其是交通肇事犯罪，呈明显的上升趋势，此其一。其二，过失危害行为对社会的破坏和威胁日益严重，有时甚至仅仅因为一点疏忽，就可能造成大量的人员伤亡和巨大的财产损失。据有关部门统计，1986 年全国因交通事故死亡的人数高达 24 000 余人，为同年刑事案件死亡人数的 3.1 倍，平均每天死亡 110 余人。其三，新形势下，过失犯罪的内容和形式更趋复杂多样，其犯罪的主体往往因涉及多人而难以确定，受害的范围和程度也难以准确测定。针对这种情况，为了有效地遏制、预防过失危害行为对社会的危害，根据发展变化了的新形势的需要，一些国家的刑事立法及时增加补充了若干新的过失犯罪的罪名，扩大过失危害行为犯罪化的范围，同时还加重了对部分严重过失犯罪行为的处罚。例如，1962 年以前的前苏联刑事立法中关于过失犯罪的规定只有 13 条，1962 年以后又陆续增加了 11 条。又如，60 年代末期，日本刑法将业务上过失致死伤罪的法定刑从原来的 3 年以下监禁，提高到了 5 年以下惩役或监禁。

两极化的另一端是轻微的过失危害行为向非犯罪化方向发展。随着科学技术高速向前发展，人类在劳动生产率、交通运输速度等方面达到了空前的水平，人们管理的对象急剧扩大，内容日趋复杂，这就大大加重了人的心理负荷程度，它要求个人有极高的决策准确性和反应敏捷性。在科技革命条件下，有害结果的发生带有很大的偶然性，哪怕是丝毫一点的疏忽大意，也可能造成极其惨重的损害后果。同时，随着科学技术的高速发展，可能

---

① N. C. 戈列利克等著：《在科技革命条件下如何打击犯罪》，中译本，第 95 页。

导致损害结果的危险源也在不断增多，几乎涉及人们生产、生活的各个领域。刑法不应成为科学技术发展的障碍，不应该追究超出主体预防能力的结果的责任而妨碍技术的利用。学者们普遍主张，同过失行为作斗争应以预防为主，要防止过高估计以刑事制裁作为对过失危害社会行为预防手段的作用。对于轻微的过失行为，不一定非运用刑罚手段不可。

从我国司法实践的实际情况看，在刑事立法中对过失危害行为犯罪化的范围作适当调整是十分必要的。外国刑事立法中的上述变化趋势，毫无疑问，值得我国刑法修改时借鉴和参考。

（二）我国刑法中犯罪过失的概念

我国刑法在第 15 条第 1 款对过失犯罪作了规定，即"应当预见自己的行为可能发生危害社会的结果，因为疏忽大意而没有预见，或者已经预见而轻信能够避免，以致发生这种结果的，是过失犯罪。"从这一规定可以看出，在主观上，过失犯罪心理中的认识因素是行为人没有预见到自己的行为可能发生危害社会的结果，或者已经预见自己的行为可能发生危害社会的结果，过失犯罪心理中的意志因素是行为人对危害结果的发生持否定态度，亦即不希望这种结果发生。概括起来讲，过失犯罪主观心理方面具有以下两个显著特征：其一，实际认识与认识能力相分离。在过失犯罪的场合，行为人具备认识自己行为可能发生危害社会结果的可能性，但事实上他没有认识到，或者虽然认识到了，但错误地认为这种危害结果可以避免。其二，主观愿望与客观效果相分离。在过失犯罪中，行为人主观上并不希望危害社会的结果发生，反社会动机和目的的比重相当小。危害结果之所以发生，是由于行为人马虎草率，严重不负责任，没有认识到这种结果可能发生，或者虽然认识到了，但凭借自己不合实际的估计，错误地认为这种结果可以避免。

在客观上，危害结果必须已经实际发生。在客观主义刑法理论占统治地位的时代，危害结果成为负担刑事责任的重要根据。

即使在主观主义的刑法理论中，危害结果的实际出现也往往是过失犯罪构成不可缺少的要件。在刑事立法中规定以危害结果实际出现作为过失犯罪构成的条件，则成为一种普遍的做法。例如，《匈牙利刑法典》总则第12条规定："（一）凡人有意作为并愿意其行为之后果发生或有意识地放任其后果发生而致成犯罪者为故意犯罪。（二）凡人由于缺乏必要之谨慎、小心与预见致引起其行为之后果发生而犯罪者为过失犯罪。"从这一规定不难看出，故意犯罪并不以危害结果实际发生为要件，但过失犯罪不然，缺少行为之后果的发生，过失犯罪便不能成立。有些国家刑法总则规定过失犯罪的概念中虽然没有明确要求以危害结果实际发生为成立条件，但在分则有关过失犯罪的具体规定中，都是只有危害结果实际发生了才能成立这些犯罪。

我国刑法规定以危害结果的实际发生作为过失犯罪成立的必备要件，是因为和故意犯罪相比较，在人身危险性、主观恶性等方面，过失犯罪明显小于故意犯罪。但是，从客观实际危害后果来看，就不能这样说。在某些场合，过失犯罪甚至远甚于故意犯罪。也就是说，就行为的社会危害性而言，过失犯罪行为的社会危害性更加侧重于客观实际危害后果。危害结果作为过失行为的客观效果，其发生与否，对社会生活来说，决不是无足轻重的。危害结果的实际发生，就使法律所保护的社会关系遭受到严重的侵害，给社会和他人造成无法弥补的损失。因此，根据我国刑法规定，过失行为本身虽然包含着发生危害结果的可能性，但是，如果这种可能性没有成为现实，尚不能认为是犯罪行为。也就是说，可能发生危害结果的过失行为只有与实际发生的危害结果相结合，才会表现出严重的社会危害性，从而为刑法所禁止。例如，我国刑法第133条的交通肇事罪、第134条的重大责任事故罪、第136条的违反危险物品管理规定肇事罪、第397条的玩忽职守罪，都把"致人重伤、死亡或者使公私财产遭受重大损失"、"发生重大伤亡事故、造成严重后果"等等，作为构成这些犯罪的客观要件。不具备这些要件，便不能构成上述犯罪。

但是，发展到当代，随着科学技术的进步，操作、管理工作日趋复杂化，过失错误行为可能造成的损害大幅度增加，于是，国外一些学者提出，法律应当规定危险状态构成的过失犯罪。其理由是：（1）过失主体确实不是希望（或者根本没有预见）犯罪结果的发生。因此，根据造成的后果（主体没有预见，或者希望避免的结果）规定刑事责任，这种震慑不可能发生充分的预防效力。而另一方面，行为人违反防范法规（如交通安全规则、安全技术规则、手术施行规则等）则常是有意识地实施的，对于这类违反行为给以刑罚震慑，才能防患于未然。（2）在科技革命条件下，过失的危险性增大。（3）过失引起的结果大都具有偶然性。（4）必须根据对损害结果发生之前的活动有无辨识能力，在主观上是否进行控制来规定责任。这一主张为前苏联、意大利、英、美等国刑法所采纳。如1962年以后的前苏联刑法中新增加的11条过失犯罪中，就有7条是规定危险状态构成的过失罪。此外，在新近制定、修订的一些外国刑法典中，也规定了大量的由危险状态构成的过失犯罪。如1971年3月18日修正的瑞士刑法中就规定了无意图之过失危险罪（第225条）、过失引起泛滥或倾崩罪（第227条）、过失违反建筑工程规则之危险罪（第229条）等，这些犯罪都是由危险状态构成的过失犯罪。

那么，应该如何看待和评价这一趋势？我们认为，犯罪是主观与客观的统一。某种行为能否构成犯罪，不仅要看客观上造成的损害，而且要看行为人的主观恶性程度。只有将两者有机地结合起来进行综合评价，才能得出正确的结论。过失犯罪的行为人主观恶性相对说来是比较轻的，因此，在一般情况下，过失行为仅有造成某种损害的可能性，不宜规定为犯罪。但是，对那些主观恶性比较重，损害结果虽未发生，但发生的可能性极大，且可能造成的损害巨大的严重过失行为，可考虑在分则中特别规定为危险状态构成的过失犯罪。从实际情况看，这类犯罪应该主要出现在具有危害公共安全性质的犯罪中。为了更好地同这类犯罪行为作斗争，在刑事立法和刑法理论中区别重过失与轻过失便显得非常必要。

（三）犯罪过失的种类——疏忽大意的过失与过于自信的过失

根据行为人对危害结果认识的不同情况，犯罪过失可分为疏忽大意的过失与过于自信的过失两种。

1. 疏忽大意的过失

疏忽大意的过失，又称无认识过失，是指行为人应当预见自己的行为可能发生危害社会的结果，因为疏忽大意而没有预见，以致发生了危害结果的心理状态。其特征有三：

（1）没有预见。即行为人在实施行为时没有预见到自己的行为可能发生危害社会的结果。这是疏忽大意的过失区别于直接故意、间接故意以及过于自信的过失的一个重要特征。后面三种罪过形式都是预见到自己行为的危害结果的。在疏忽大意的过失中，行为人主观上并不希望，也没有放任危害结果的发生，然而实际上他却仍然实施了可能导致危害结果发生的行为，根本原因就是行为人在行为时没有预见到自己的行为可能发生危害社会的结果。否则，他便不会实施行为，或会采取必要措施防止这种危害结果发生。因此，主观上对危害结果的无认识状态是疏忽大意过失心理的基本特征和重要内容。司法实践中，没有预见到危害结果发生常见的有两种情况：一种是行为人有意识地违反自己的职责，并且认识到自己所实施的行为本身以及这种行为可能产生的其他结果，而没有认识到可能产生危害社会的结果。这种情况通常发生在作为的场合。例如，某药房临时负责人朱某对一瓶丢失了标签的药品仅凭印象便判断其为芒硝，将它发到中药房使用，致使12人服用，5人中毒，3人死亡。经检验是砒霜中毒。原来此瓶药品不是芒硝而是砒霜。在这种情况下，行为人对其行为本身往往是有意实施的，但对行为可能发生的危害社会的结果，却处于无认识的状态。另一种情况是，行为人不仅对行为可能发生的危害结果没有预见，而且对行为本身也没有认识，即行为人无意识地违反了自己的职责。这种情况主要发生在不作为的场合。例如，幼儿园老师王某，上班期间在没有委托他人代为看管小孩的情况下，擅自上厕所。在老师离开后，一小女孩爬上窗户，不慎掉下楼去，摔成重伤致残。在这种场合，行为人不仅没有预见到自己应当采取而未采取应急措施的不作为可能发生的危害结果，而且连自己应当实施的行为本身也没有认识到，其不作为的过失行为就是处于无认识状态的。应当强调的是，所谓没有预见，是指行为人在行为当时没有意识到会产生这种结果，而不是说他从来就不知道这种行为会产生这种结果。

（2）应当预见。构成疏忽大意过失的刑事责任根据的事实，不是简单地发生了行为人没有预见的结果，而是行为人的行为导致了那些他应当预见的结果发生。如果根本不应当预见，行为人主观上就没有罪过，也就没有刑事责任。所谓应当预见，是指行为人在行为时有责任预见并且能够预见。可见，应当预见包括两层含义：

其一，行为人对危害结果的发生有预见的责任。如果行为人对危害结果的发生没有责任预见，即使在当时实际情况下他能够预见，也不能认为是应当预见。预见后果的责任是根据法律或规章制度而定的。如果没有相应的法律或规章制度，则应根据一般的生活经验。在我们今天这个时代，由于人们掌握着复杂的、可能 成为巨大危险源的技术装置，所以，几乎在人类活动的一切领域中，在工业、交通、科学实验以及医学等领域中，都制定了法律或规章制度，其目的就在于避免不幸事故的发生，保障广大公民的生命、健康和财产安全。这些法律或规章制度向人们提出了一系列必须注意的要求。只要不违反这些要求，就不可能有疏忽大意的罪过。规定预见后果责任的法律或规章制度的本身都具有确定人们在行为时必须预见的范围和程度的功能。超出了预见范围和程度而产生的危害结果，不能让行为人负担刑事责任。

在科学技术高度发达的今天，确定人们对后果的预见责任时，必须坚持以下两条原则：一方面要用刑法手段预防科技革命的消极后果，另一方面又应当有利于科学的发展、文化的发达和社会的进步。也就是说，刑法要保障科学技术的发展，不应当成为科技发展、社会进步的障碍，不应该追究超出行为人预见能力的结果的责任。

根据上述原则，在具体确定预见责任时，来自法律或规章制度的预见责任只应限于法律或规章制度的规定。对于超越行为人的合法或符合规章制度要求的行为可能产生的危害结果，行为不负有预见的义务；来自职务要求的预见义务，只限于行为人所从事的职业或所担负的职务而产生的预见义务。在职权范围内的正常活动可能产生的危害社会的结果，行为人不负有预见的义务；来自公共生活准则所产生的预见义务，只限于一般人都能意识到这种行为是违反公共生活准则的场合。对于超出合乎公共生活准则的行为所产生的危害后果，行为人不负有预见的义务。

其二，根据当时的实际情况，行为人也能够预见。预见后果的责任与预见的可能是有机地结合在一起的。法律只有对有可能预见的人才提出预见的义务。如果行为人对危害结果的发生虽然有预见的责任，但在当时实际情况下，行为人不可能预见，对于这种危害结果，也不应让行为人负担刑事责任。总之，法律不会也不能要求公民去做他们所做不到的事情。

如何判断行为人对自己行为可能产生的危害社会的结果能否预见？此一问题在刑法理论上历来存在争议。主要有以下三种主张：

主观说，亦称个人标准说，认为判断能否预见，要根据行为人的主观条件来判断，即完全地、绝对地根据行为人的各种主观方面情况来判断。比如，一个人平时谨慎，做事有条不紊，这就是他主观上的特点，如果他实施一种危害社会行为，就应该能够预见危害结果的发生；相反，一个人平时草率马虎，粗心大意，杂乱无章，他实施了同样一种危害社会的行为，就可能不能预见危害社会结果的发生。也有的主观说者从具体人的具体情况出发，根据行为人的年龄、健康、发育状况、知识水平、工作经验、业务水平、技术熟练程度以及所担负的责任等主观条件，来判断行为人能否预见自己行为危害社会的结果的发生。

客观说，亦称社会标准说，主张对于一种结果能否预见应以社会上一般人的认识能力和水平为标准。在当时具体情况下，一般理智正常的人能够预见到这种行为会造成什么样的结果，则行为人也就能够预见到；一般人不能预见到的，则行为人也就不能预见到。如果对该种结果的预见需要有专门的知识，只要对这种专业知识具有正常水平的人能够预见到，则行为人也能够预见到。至于何为一般人的水平，则由审判人员依社会经验来判断。

折衷说，亦称混合说，主张把具有相当情况的某些个人的预见能力抽象化，作为一种类型标准，来分别确定不同类型人的预见能力。例如，从事矿山井下作业的生产和技术人员，都应当具有避免井下事故发生的预见义务；从事交通运输的人员，应当具有相同的保障交通运输安全的预见能力和要求，等等。

主观说绝对按主观标准来判断行为人能否预见自己的行为可能发生的危害结果，把预见的标准极端个别化，一人一标准，忽视了社会应当要求的普遍的认识水平和预见义务，法律上无法统一确认。同时，按照这种标准，势必使水平越高的人负的责任也就越大，而水平越低的人负的责任则越小。这显然不利于社会的发展和进步，因而是不合理的。客观说把确认预见的标准笼统化、一般化，虽然具有简单易行的优点，但它忽视了行为人在认识能力上的差异性，也具有很大的片面性。实际情况是，每个人的职业、智力、健康状况等主观方面的情况都是不尽相同的。不考虑这种差异性而笼统规定一个客观标准，势必会冤枉无辜或宽纵罪犯。具体说，有的人的认识水平可能低于一般人，一般人能预见的，他却没有能力预见。如果一律以一般人的认识水平要求他，就不尽合情理。相反，有的人的认识水平可能高于一般人，一般人不能预见的，他却能够预见。对于这种人如果一律以一般人的认识水平为标准，势必宽纵了他。与主观说和客观说相比，折衷说似乎更科学些。它把确认预见的标准类型化，这对确认业务上过失的预见是可取的。但是，对于一般的过失，由于具有广泛性，涉及到每一个公民，而为数众多的普通人在智力、文化、传统、习惯等方面又是千差万别的。同时，一般的过失涉及到社会生活的每一个领域，内容非常复杂，既有一般性的生活常识问题，也有特殊的生活常识问题。在这种情况下，要把确认预见的标准类型化，是不可能的。因而，折衷说也不是完美无缺的。

我们认为，判断行为人对自己行为发生的危害结果能否预见，应坚持主客观因素综合判断的原则。在具体分析行为人对自己行为的危害结果能否预见时，首先要注意到在当时具体的条件下，一般具有正常理智的人对这种结果的发生能否预见，从而作出初步判断。在初步判断的基础上，更重要的是从实际出发，实事求是，根据行为人的年龄、所从事的职业、技术熟练程度、社会阅历、智力发育情况等行为人的主观特征，分析他在当时具体情况下对这种结果的发生能不能预见。有时一般人能够预见的，根据行为人的特殊情况，他未必就能预见。相反的情况也是存在的。有时一般人难以预见的，根据行为人的专业知识、业务熟练情况，他却能够预见。这就是说，在判断行为人能否预见其行为可能产生危害结果时，行为人本人的情况起着决定性的作用。因为能不能预见毕竟属于个人的认识因素，而各个人的认识是不能脱离各个人的具体情况的，这是一个普通原则。在这一普通原则之外，可以考虑区别业务过失的预见义务和一般过失的预见义务。业务过失的预见义务，法律或规章制度上已经作了规范化的明确规定，行为人的预见责任就是来自这些法律或规章制度，只要行为人实施了违反有关业务规范禁止的作为或不作为，就证明他已经具有这方面业务过失预见的义务；一般过失的预见义务，因为法律或规章制度没有一个类型化的规定，就只能从实际出发，进行个别具体的分析。

（3）应当预见而没有预见的原因是行为人的疏忽大意。行为人在应当预见的情况下，之所以没有预见，是由于行为人的疏忽大意。这是这类过失犯罪心理特征的重要内容。一个人应当预见而没有预见到自己的行为可能发生危害社会的结果，如果不是由于行为人自己的疏忽大意，而是由于诸如年幼无知、精神疾病、业务能力差等原因，行为人主观上便不具有疏忽大意过失的罪过。

2. 过于自信的过失

过于自信的过失，又称有认识过失、轻率过失或懈怠过失，是指行为人虽已预见到自己的行为可能发生危害社会的结果，但轻信可以避免，以致发生了这种结果的心理态度。过于自信的过失有两个特征：

（1）行为人已经预见到自己的行为可能发生危害社会的结果。这是过于自信过失成立的前提。也就是说，在过于自信过失的场合，行为人对其行为的客观方面是有认识的，并且是故意实施的。当然，对自己行为的客观方面有认识，并故意实施这种行为，并不是过于自信的过失心理所独具的特征。在现代社会中，某些合法行为，如宇宙航天、核能工业、化学工业、矿山开采、交通运输、医疗工作以及一些体育活动等，其本身都具有一定的危险性。从事这种活动的人都会预见到自己的行为可能发生某种损害结果，并且都是故意实施这种行为的。区别的关键在于后面这些活动本身是合法行为，也正因为如此，所以不存在过失的问题。只有当自己的行为本身是错误的时候，才存在对之有无过失的问题。

（2）行为人轻信所预见到的危害结果能够避免。过于自信过失的行为人既不希望也不放任危害结果的发生，而是对这种结果的发生持否定态度，即自认为凭借自己的能力、客观条件等，这种结果就不会真的发生。但是，由于这种自信缺乏充分的根据和理由，因而仍然发生了危害社会的结果。如果这种自信具有充分的理由和根据，即使由于意外的因素，发生了危害社会的结果，也不能让行为人负担刑事责任。刑法中的"轻信"，就意味着行为人过高地估计了可以避免危害结果发生的有利因素，而过低地估计了自己的错误行为导致危害结果发生的可能程度。"轻信"是过于自信过失心理区别于其他罪过形式的重要特征，也是导致过于自信过失犯罪得以成立的根本原因。所谓"轻信"，主要是行为人轻信自己的主观条件，再加上轻信外力的作用，从而作出错误的判断，导致严重危害结果的发生。

在实践中，过于自信的过失与间接故意比较容易混淆。两者都对可能发生的危害结果有一定的认识，并且行为人之所以实施行为，目的都不在于追求危害结果的产生。但是，两者之间存在着重要的区别：

（1）在认识因素方面，两者认识的程度不同。在间接故意的场合，行为人是明知自己的行为会发生危害社会的结果。也就是说，行为人对其行为可能发生的危害结果有比较清楚、现实的认识。正是间接故意犯罪的行为人对自己的行为会发生危害社会的结果这一点有着明确的认识，我们才有理由认为"放任"是一种自觉容忍危害结果发生的心理形态，是故意犯罪心理的一种类型。而过于自信的过失则不同。在过于自信过失的场合，行为人对其行为可能发生的危害结果虽然有一定的认识，但是这种认识一般比较模糊，特别是对这种危害结果的现实性，行为人往往认识不足。也正因为如此，行为人才轻信能够避免这种结果的发生。如果他充分、清楚、明确地认识到了，他就不会轻信能够避免，也就不会实施这种行为。

（2）在意志因素方面，轻信能够避免，表明过于自信过失的行为人反对、否定危害结果的发生，即不希望危害结果发生。

发生了危害结果是违背其意愿的，或者是出乎其意料之外的。因此，过于自信过失犯罪的行为人虽然没有能够防止住危害结果的发生，但行为人在预见到自己的行为可能发生危害社会的结果时，往往会根据自己的认识，采取一定的防止危害结果发生的措施。由于行为人轻信借助一定的主客观条件能够避免危害结果的发生，因而在危害结果发生的时候，行为人多感到意外，流露出"悔不当初"的情绪，而当危害结果仍在持续蔓延的时候，行为人也会积极采取防止危害结果继续和扩大的措施，或采取补救措施，尽可能地减轻损害的程度。放任危害结果的发生则表明间接故意的行为人实施行为的本身虽然不是追求作为犯罪构成要件的危害结果，但是由于他为了实现另一目的，因而对这种结果的发生采取听之任之、自觉容忍的态度。危害结果的发生并不完全违背行为人的本意。在行为特征上，表现为行为人对危害结果的发生，既不采取任何防范措施，也不依靠任何条件去防止该危害结果的发生。在危害结果发生时，行为人并不感到突然，表现出无所谓的态度。当危害结果扩大蔓延时，行为人往往是听之任之、任凭发展。

（3）过于自信过失的行为人总是凭借一定的主客观条件，认为不会发生危害结果。这些主客观条件包括行为人凭借自己熟练的技术、敏捷的动作、丰富的经验，以及自然力的作用、他人的行为等。而且在当时情况下也确实存在着某种程度的能够避免危害结果发生的条件，并且行为人对这些条件有一定的认识，只是由于行为人对这些主客观条件做了不适当的估计，才导致了危害结果的发生。而间接故意的行为人则是采取放任的态度，他不凭借任何主客观条件，无论危害结果发生与否，都无所谓。亦即在间接故意的场合，行为人不存在可以避免危害结果发生的条件或者行为人没有顾及这些条件的存在与否。

刑法理论上区别疏忽大意的过失与过于自信的过失，最重要的意义在于确定过失行为负担刑事责任的范围，准确区分各种不同的罪过形式，揭示过失犯罪的主观心理结构及其恶性程度（相对于故意犯罪而言。在疏忽大意与过于自信两种过失心理之间，不存在绝对的恶性程度差别。因而，这种区别对量刑的意义不十分明显）。

（四）犯罪过失的其他种类

疏忽大意的过失和过于自信的过失是犯罪过失最基本、最主要的类型。除此以外，犯罪过失还可以区分为：

1. 业务上的过失和一般过失

根据违反规范的不同，犯罪过失可以被分为两大类型：一类是违反公共生活规则，导致发生了自己不希望的危害结果发生的犯罪过失，即一般犯罪过失。如失火、过失爆炸、过失投毒、过失破坏交通工具、过失破坏交通设备等犯罪行为中的过失；一类是从事某项业务的人因疏于业务上的必要注意，导致发生了自己不希望的危害结果的犯罪过失，即业务上的犯罪过失。科技革命对犯罪过失的影响，最主要的是体现在业务上的犯罪过失方面。所谓业务，是指一个人基于社会生活的地位，经常、反复不断地执行的事务，也就是有关职业、营业以及其他社会生活上有关的行为，经过反复执行形成的一种社会生活上的地位。从事某项业务的人因疏于业务上的必要注意，导致发生了行为人并不希望的危害结果，就是业务上的犯罪过失。如交通肇事罪、重大责任事故罪、违反危险物品管理规定肇事罪、玩忽职守罪等犯罪行为的过失。

由于这类犯罪主要发生在生产、经营、运输过程中，随着新技术的广泛推广应用，交通运输日渐繁忙，因为业务上的过失构成的犯罪正在日益增加，其社会危害性也日益严重。司法统计表明，业务上的过失犯罪在整个过失犯罪中占了绝大部分。但是，在我国当前的刑法理论和司法实践中，对于这类犯罪并没有引起人们的足够重视。现行刑法也没有将业务上的犯罪过失与一般犯罪过失相区别，并进而确定不同的刑事政策。这不能不说是一缺陷。事实上，由于两类过失犯罪违反的规范、发生的场合不同，因而在罪过认定、犯罪构成乃至量刑政策等方面，都存在着较大的差异；两者发生的规律也各不相同，与之相应的防范对策当然也就不能没有区别。总之，将业务上的犯罪过失与一般的犯罪过失相区别，不仅有其理论意义，而且有其现实实际意义。

业务上的过失犯罪同违反规章制度或行为人自己的职责紧密地联系在一起。所谓规章制度是指交通规则、操作规程、劳动纪律、岗位责任制、安全生产制度、劳动保护法规、危险物品管理规则等。例如，交通肇事的犯罪行为违反了交通法规和有关操作规程；重大责任事故犯罪行为违反了有关劳动保护法规和与安全生产有关的规章制度（包括劳动纪律和操作规程）；违反危险物品管理规定肇事罪的行为违反了危险物品管理法规定。构成玩忽职守罪的违反职务要求的行为本身就包括了与职务有关的法规和规章制度，同时还包括其他不履行或不正确履行自己的职务所要求的职责，如对工作马虎了事，严重不负责任。行为人有意或无意违反规章制度和自己的职责，是构成业务上过失的前提，否则，业务上的过失便不存在，而是属于意外事件。

业务上过失犯罪的行为人对违反规章制度或自己的职责，既可以是有认识的，也可以是无认识的。所谓有认识，是指对规章制度中自己的职责明知而仍然违反，如司机超速行驶、冒险超车等，即行为人明知按规章制度或自己的职责，应该为或不为某种行为，而他却有意不为或为某种行为；所谓无认识的，就是对规章制度中自己的职责不认真执行，即行为人知道规章制度中自己的职责，也能够执行，但他却马虎草率，严重不负责任，不认真去执行。无论哪种情况，对于危害结果的发生，行为人则只能是持过失的心理态度，否则，不能认为是业务上的犯罪过失。

2. 重过失与普通过失

日本刑法没有规定犯罪过失的一般概念，在其分则条文中，过失犯罪除被分为业务上的过失犯罪与一般过失犯罪外，还通常根据行为人违反注意义务的程度，将过失犯罪分为重过失犯罪与普通过失犯罪。所谓重过失犯罪，是指除业务上的过失犯罪以外，注意义务违反程度严重的情况。除列举的重过失犯罪外，其余都是普通过失犯罪。至于具体应按什么标准区别重过失犯罪与普通过失犯罪，法律未作规定。在实际适用上，只能根据具体情况进行综合判断。这些情况包括：（1）由于违反注意义务，引起危害结果的可能性愈大，过失程度也就愈大；（2）不注意态度愈严重，过失程度就愈大；（3）预见结果发生和回避结果发生愈容易，过失程度就愈大；（4）同样情况下，注意力强的人比注意力弱的人的过失程度大；（5）有认识的过失比无认识过失的过失程度大。重过失犯罪与业务上的过失犯罪既有联系，又存在区别。业务上的过失犯罪都是重过失犯罪，但重过失犯罪则不一定是业务上的过失犯罪。

在负担刑事责任程度上，重过失犯罪与普通过失犯罪有较大的差异。如日本刑法第 116 条规定，失火烧毁现供人居住或现有人在内的建筑物、火车、电车、船舰或矿井，或者属于他人所有的现非供人居住或现无人在内的建筑物、船舰或矿井的，处 1 000 元以下罚金。而第 117 条之二则规定，出于重大过失犯前列罪行的，则处 3 年以下监禁或 3 000 元以下罚金。我国刑法未作这种区别。但是，根据罪刑相适应的原则，对过失程度不同的犯罪在量刑上有所区别，是适当的，也是必要的。特别是刑法设立危险状态构成的过失犯罪以后，这种区别的实际意义将会更为重大。

（五）过失犯罪的刑事责任

刑法中的罪过包含认识因素和意志因素两个层次。而这里的认识因素和意志因素都是针对行为危害社会的结果而言的。在过失犯罪情况下，行为人不仅不希望自己的行为发生危害社会的结果，有时甚至是出于"善良"的动机，如为了超额完成生产任务，违反有关安全生产规则，造成人员重大伤亡、财产损失。因此，行为人对自己行为负担刑事责任的主观基础，主要不在于意志因素，而在于认识因素。也就是说，在过失犯罪中，行为人客观上具备了认识自己行为与危害结果之间必然联系的可能性，如果行为人事先采取慎重认真的态度，就完全有可能预见到自己的行为会发生危害社会的结果或者不轻信能够避免这种结果的发生，就不会实施这种行为，或就会中止实施这种行为，或就会积极采取有效的措施，防止危害结果的发生。但是，由于行为人对社会利益、人民安危漠不关心、严重不负责任，从而有章不循，导致行为的盲目性，使得本来完全可以避免的损失没有能避免，所以有必要对其给予刑罚处罚，促使他以后运用自己实际具有的认识能力，去获得对社会发展规律的认识，以便正确地行动。这就是过失危害行为负刑事责任的主观基础。除了这一基础外，过失危害行为负刑事责任还必须具备客观基础，即行为人的行为已经或至少极有可能导致严重的危害结果发生。同时具备了上述两个基础，行为人便应对自己的过失危害行为负刑事责任。

在高度发达的现代科学技术条件下，与现代科学技术密切相关的过失行为的处罚原则问题，越来越多地成为人们关注的问题，而见解常常大相径庭。有人赞成增加过失行为的责任，扩大对过失行为追究的范围，有人则主张放弃认定过失行为是犯罪，缩小对过失行为的追诉范围。这些不同的见解在不同的立法上都有所反映。我们认为，在对待过失危害行为问题上，无论是我国的司法实践还是将来的有关立法，以下四条原则必须遵循：

1. 对于过失危害行为，应以预防为主，惩罚为辅。预防，对于所有犯罪来说，无疑都是重要的。但是，在过失犯罪中，预防显得尤为重要。这是因为，过失犯罪的行为人都不希望自己的行为发生危害社会的结果，行为人的主观恶性较小，因而刑罚惩罚的效果远不如故意犯罪。为了预防、减少过失犯罪，一方面是通过经常不断的宣传教育，借助广播、电视、电影、报刊等信息传播工具，提高人的素质，使人们养成遵纪守法、严格认真的习惯；另一方面，作为受害者的社会，应该加强管理，提高管理水平，建立健全各项规章制度，真正使人们有法可依，有章可循。

当然，在强调对过失危害行为以预防为主的同时，不是说可以忽视对这种犯罪行为的必要法律制裁。根据我国宪法规定，遵守宪法和法律，遵守劳动纪律，遵守公共秩序，尊重社会公德，保守国家机密，爱护和保卫公共财产，是每个公民应尽的法律义务。对于那些违反这一法律义务，有法不依，有章不循，严重不负责任，疏忽怠惰，玩忽职守，不顾国家财产和公民人身安全，以致造成严重危害后果，构成犯罪的，必须绳之以法，给予必要的法律制裁。

2. 以处罚故意犯罪为原则，处罚过失犯罪为例外。故意和过失同为罪过的两种形式，但是，无论从其性质或社会政治内容来说，两者都有着重大区别。一般说来，故意犯罪是行为人反社会思想意识的自觉表现，这就决定了其行为本身就具有严重的社会危害性。因此，无论在客观上是否造成危害结果，原则上都应加以惩罚。在处罚的数量和范围上要远远超过过失犯罪。过失犯罪是行为人对社会严重不负责任的思想意识的表现，不具有反社会的自觉性。所以，多数国家的刑法都确立了以处罚故意犯罪为主，处罚过失犯罪为辅的原则。如联邦德国刑法典第 15 条规定："故意之行为始有可罚性，但法律明定处罚过失行为者，不在此限。"我国刑法第 15 条第 2 款也规定："过失犯罪，法律有规定的才负刑事责任。"与此同时，我国刑法分则对哪些过失危害行为应负刑事责任，都逐一做了明确规定。根据这一规定的精神，法律没有明文规定的过失行为，不能适用类推定罪判刑。这一原则在今后我国修改刑法时仍应坚持。当然，现行刑法第 15 条第 2 款中的"过失犯罪"应改为"过失行为"。这是因为，一切犯罪都是由法律规定的，在法律规定以外不存在刑法意义上的犯罪。

3. 在造成同样危害结果的情况下，过失犯罪的处罚不应重

364

于故意犯罪。就行为给社会造成的客观危害来看，在许多场合过失犯罪要大于故意犯罪。但是，犯罪行为的社会危害性是由主客观两方面的因素共同决定的。就行为给社会造成的损害以及行为人的人身危险性来看，故意犯罪都远甚于过失犯罪，因此，对过失犯罪的处刑应轻于故意犯罪，死刑、无期徒刑等重刑一般不适用于过失犯罪。例如，刑法第 115 条规定："放火、决水、爆炸、投毒或者以其他危险方法致人重伤、死亡或者使公私财产遭受重大损失的，处 10 年以上有期徒刑、无期徒刑或者死刑。"而该条第 2 款则规定："过失犯前款罪的，处 3 年以上 7 年以下有期徒刑；情节较轻的，处 3 年以下有期徒刑或者拘役。"两者处刑相差悬殊是显而易见的。

4. 在造成同样危害结果的情况下，对业务上的过失犯罪的处罚应轻于一般过失犯罪。关于对业务上过失犯罪的处罚原则，亦即业务上过失犯罪与一般过失犯罪的刑事责任孰轻孰重，各国立法不尽一致。日本、意大利等国刑法规定对业务上过失犯罪所处的刑罚较一般过失罪为重。例如，日本刑法第 211 条规定，由于玩忽业务上必要的注意，因而致人于死伤的，处 5 年以下惩役或监禁，或 1 000 元以下罚金。而第 209 条则规定，过失伤害他人的，处 500 元以下罚金或罚款，且告诉才处理；第 210 条规定过失致人于死的，处 1 000 元以下罚金。其理由是：（1）业务过失往往发生在生产、操作过程中，常常涉及到许多人和公共的利益，其影响面往往较普通过失为大，危害也比较严重。（2）由于从事业务的人所处的地位、业务经验、专业智能和熟练技术，决定了他们在执行业务中，对某种情况包含着什么危险以及这种危险发生的可能性，会有超过一般人的预见能力和避免危害结果发生的预防能力。这些人应当有较高的注意力，经常保持慎重的态度，以避免各种危害后果的实际发生。对他们履行业务上的责任应有更严的要求。（3）加重处罚，可以对业务人员起到警戒作用。

但是，与上述立法例不同，我国刑法规定的业务上过失犯罪的法定刑普遍较一般过失犯罪为轻。这一特点在 1997 年修订前的刑法中表现得尤为明显。例如，在 1979 年刑法中，交通肇事罪具有危害公共安全的性质，可能造成不特定多数人的伤亡或不特定的公私财物的重大损失，但刑法规定的最高法定刑是 7 年有期徒刑；如果由于日常生活上不慎致人死亡或重伤，虽然不具有危害公共安全的性质，但是由于构成的是过失杀人罪或过失重伤罪，属于一般过失犯罪，其最高法定刑却高达 15 年有期徒刑。为什么会出现这种现象呢？主要理由有以下几点：（1）业务上的过失犯罪尽管造成的后果严重，但毕竟属于工作上的失误。（2）业务上过失犯罪的发生，与多方面的客观因素有关，如我国国民经济不够发达，生产设备条件差，职工素质低，工作、交通等环境比较落后，规章制度不够健全，管理水平不高等，有的还与领导上的指挥、安排、计划不当有关。（3）现代技术革命虽然减轻了人们体力劳动的强度，但却使工作更加紧张，节奏加快，大大加重了人们的心理负荷程度，要求个人作出准确而又敏捷的反应和判断的场合越来越多，也使得致险源数量增多，破坏程度加大，不以犯罪论处不行，但一味强调重判，也不利于科技的进步和社会生产的发展。（4）预防、减少业务上的过失犯罪，主要的应当靠加强对职工的遵纪守法教育，提高企业的管理水平，刑罚处罚只应作为辅助手段。

到底应该如何看待这一问题？我们认为，作为一条量刑原则，在造成同样严重程度危害结果的情况下，对业务上过失犯罪的处罚轻于一般过失犯罪，这是从我国的实际情况出发，是符合我国国情的。它有利于调动广大职工工作的积极性和主动性，也有利于社会的发展和进步，因而是科学的。在这一大前提下，有两点应予强调：（1）非业务人员实施了业务上的过失犯罪，其量刑不应轻于一般过失犯罪。例如，非交通运输人员违章开车，因而发生重大事故，致人重伤、死亡或者使公私财产遭受重大损失的，按照我国现行刑法规定，应依照作为业务上过失犯罪的交通肇事罪的规定处罚。我们认为，上述行为可以构成交通肇事罪，但是在处罚上轻于一般过失犯罪则是不合理的。（2）对业务上过失犯罪从轻处罚，只能限于因从事正当业务活动而造成事故的行为。如果所进行的活动与正当业务无关，甚至是利用特定的工具、场所进行违法犯罪活动，由此造成的重大事故不能从轻处罚。例如，某工厂的一个卡车司机夜晚将单位的卡车私自开出去偷木料。木料装上车后，不敢开车前灯，光线不好，心情又很紧张，结果将一行人撞死。有一种观点认为，这类案件应以过失杀人罪、过失重伤罪论处，否则难以做到罚当其罪。我们认为，从社会危害性程度看，交通肇事罪属于危害公共安全的犯罪，其社会危害性程度远远重于一般过失致人死亡罪和过失重伤罪。因而，上述行为以一般过失犯罪论处，同样不能实现真正的罚当其罪。从行为特征看，上述行为完全符合 1979 年刑法第 113 条的规定，所以应构成交通肇事罪，只是处罚上不应轻于一般过失犯罪。

二、意外事件

在现实生活中，不仅有罪过实施的犯罪行为会产生危害社会的结果，无罪过实施的行为同样会导致对社会造成损害的结果。亦即行为人在实施某种损害社会的行为，并造成损害社会的结果时，主观上既无故意也无过失。对于损害结果的发生，行为人没有预见，而且也不可能预见。刑法理论上称之为"意外事件"。

根据我国刑法第 16 条的规定，行为在客观上虽然造成了损害结果，但是不是出于故意或者过失，而是由于不能预见的原因所引起的，不是犯罪。从这一规定可以看出，我国刑法中的意外事件有以下特点：1. 行为人的行为在客观上造成了损害结果；2. 行为人对自己行为所造成的损害结果，主观上既无故意也无过失；3. 损害结果的发生是由于不能预见的原因所引起的。

"不能预见"是意外事件最本质的特征，也是意外事件区别于犯罪行为的最重要的标志。所谓"不能预见的原因"，就是行为人在其行为引起损害结果发生的当时，根据客观环境和主观条件，他根本没有也不可能预见这种损害结果。在这种情况下，行为人的行为虽然造成了损害结果，但是由于这种结果是在行为人不能预见的情况下造成的，对于这种结果，行为人主观上没有罪过，不能让其负刑事责任。例如，某矿务局干部傅某女儿出嫁，当天请客已吃了四桌酒席，下午6点多钟又有6名工人、家属和几个小孩吃最后一桌。饭桌摆在同一栋房黄某家（中间隔一家），先在桌上倒了6杯桂青酒。入座后，曹某问："有没有甜酒？"同桌吃饭的邹某即到傅家找酒，在傅家房内看到床底下有一瓶子贴葡萄酒商标，邹以为是内装葡萄酒（实为无水钠，即烧碱），拿来交给曹。曹把原来倒的白酒转倒进瓶内，随后将这瓶无水钠当作葡萄酒分成6杯。朱某和曹某先喝，感觉不对味，便跑到外面吐了。其余4人喝后不久即倒下，经送医院抢救，两人死亡，一人残废。在这一案例中，无论是曹某还是邹某，对于损害结果的发生都是不能预见的，属于意外事件，不应追究其刑事责任。此外，在厂矿企业中发生的事故，如果根据具体情况，确认行为人对损害结果的发生是不能预见的，应认为是自然事故。

我国刑法第16条还规定，行为在客观上虽然造成了损害结果，但是不是出于故意或者过失，而是由于不可抗拒的原因所引起的，也不是犯罪。这种情况是否属于意外事件？传统观点认为，这是我国刑法中意外事件的形式之一。个别学者认为："对由于不能抗拒的原因所引起的损失，可酌情按照刑法第21条以紧急避险论处为妥。"理由是，在这种情况下，行为人往往能够预见损害结果，只是行为人身体完全受到强制，失去了行动和意志自由。

我们认为，人的任何行为都是在其意识和意志的支配下实施的。离开了意识和意志的支配，便不能视为人的行为。在上述情

368

况中，损害结果发生的原因是不可抗拒，即行为人受到一种外力的冲击或者限制，或者遇到了一种不可克服的困难，无法阻止损害结果的发生。这种"行为"实际上已经超过了"行为人"的意志所能支配的范围，因而不能认为是"行为人"的行为。既然不是"行为人"的行为，当然也就不能让"行为人"对这种"行为"负担刑事责任。

意外事件最根本的特征是出乎行为人的意料之外，行为人不可能预见损害结果的发生。下述场合中，虽然缺乏行为人的意志支配，但并不意味着行为人对损害结果的发生不可能有所认识。例如，张某驾驶小卧车以正常速度沿公路驶向长江边的某码头，但行至离江边29米的斜坡上时，总泵皮碗突然破裂，刹车失灵。张连踩三下脚刹车，并立即拉了手刹车，均未能将车刹住，汽车遂俯冲落入长江，车上四人淹死，仅张和一乘客幸免于死。经技术鉴定，总泵皮碗破裂致使刹车失灵，纯属机械故障。现场勘察还表明，汽车如往左急拐弯，就要堕落在2.85米深的公路上，造成车毁人亡；如向右急拐，右方有汽车和许多行人，势必发生撞车和造成多人伤亡。在这一事故的发生过程中，张某对损害结果的发生是有认识的。既然是有认识的，那么便不能认为是意外事件。

将上述情形理解为紧急避险行为，也是欠妥的。首先，从刑法的规定来看，我国刑法是分别规定不可抗拒和紧急避险，两者在概念上有明确的、严格的区别。其次，不可抗拒之所以排除社会危害性，是因为这种情形不能认为是行为人的行为，在主观上，行为人没有罪过，即缺乏刑法的期待可能性，所以不负刑事责任；紧急避险是在不得已的情况下，用损害较小利益的方法来保护较大的利益，其之所以成为排除社会危害性的行为，是因为这种行为从根本上来说是对社会有利的。所以，两者的性质是不同的。

意外事件和疏忽大意的过失有相似之处，对于行为结果的发

369

生，行为人事先都没有预见，但是，两者之间存在着本质的区别。意外事件是因为行为人对损害结果的发生不能预见而没有预见，而疏忽大意的过失则是行为人对危害结果的发生应当预见，因为疏忽大意而没有预见。这一区别也正是为什么缺乏认识因素的意外事件不认为是犯罪，而疏忽大意的过失却是犯罪的根本原因所在。疏忽大意的过失犯罪与意外事件的界限，是罪与非罪的界限。正确划清、严格区别这一界限，不仅可以防止将那些工作草率马虎、敷衍了事，因而给国家造成损失的过失犯罪行为误认为是意外事件，轻纵犯罪分子，又可以避免在认定犯罪问题上出现"客观归罪"的错误，将意外事件误认为过失犯罪，使无辜者负担刑事责任。

第五节　认识的错误

行为人认识的错误问题，是犯罪构成主观方面的一个特殊而又重要的问题，与罪过及其形式有着密切的联系。罪过的成立是以行为人对自己的行为会发生危害社会的结果具有认识或具有认识的可能性为前提的，在行为人的主观认识发生错误的情况下，认识错误对罪过及其形式往往会产生重要影响。研究行为人认识错误的问题，对认定罪过及其形式有重要的意义。

如前所述，罪过的成立是以行为人对自己的行为会发生危害社会的结果有认识或有认识的可能性为前提条件，否则，罪过便无从谈起。认识有正确与错误之分，认识的正确与否，往往对罪过及其形式产生很大的影响。当错误影响到行为人认识或可能认识自己行为的危害结果时，就应当排除行为人主观上的罪过；当错误虽然对这种认识有影响，但并未影响到这种认识的可能性时，可以排除行为人主观上的故意，但不能排除过失的罪过；当错误对这种认识毫无影响时，不能排除行为人主观上的罪过，但可能对犯罪的既遂或未遂有影响。

认识是人的主观意识对客观现实的反映。所谓错误，是指行为人的主观认识和客观现实之间相互矛盾，即主观认识对客观现实的不正确反映。刑法上的所谓错误，是指行为人主观上对自己的行为在法律上的意义或者对其所危害社会的事实情况的不正确理解。因此，刑法上的认识错误与一般的认识错误既有相同的地方，又具有特别的含义。具体讲，刑法上的错误具有以下几个特征：

（一）刑法上的错误是指认识上的错误，属于主观意识的范畴。如果行为人主观认识上没有发生错误，而是其他非主观认识上发生的"错误"，便不属于刑法上认识错误的范畴。例如，传统刑法理论上所谓"方法错误"（亦称打击错误），实际上是行为人在对一定的目标实施侵害行为时，由于行为本身发生偏差或差误，以致发生了行为人预期以外的另一危害结果。这种结果的发生，并不是由行为人主观认识上发生错误引起的，而是由行为本身的差误引起的，所以不属于刑法认识错误所要研究的对象。

（二）刑法上的错误是行为人主观上对自己行为的认识错误。首先，刑法上认识错误的主体是行为人本人，而不是被害人、侦查人员、审判人员等等；其次，是行为人对自己行为存在认识上的错误。这里的行为既包括犯罪行为，也包括行为人实施的一般意义上的行为。只要由于认识上发生错误，在刑法上引起与犯罪和刑罚问题有关的行为，都是刑法上错误所要研究的对象。

（三）刑法上的错误是行为人对于自己的行为在法律上的意义或者行为危害社会的事实情况的认识错误。从认识错误的内容上看，主要包括两种情况：一是在对自己行为法律评价方面的认识错误，一是在自己行为的事实情况方面的认识错误。

刑法上的认识错误分为两大类：法律上的认识错误和事实上的认识错误。这一分类方法是科学的，也为我国刑法理论所接受。

一、法律上的认识错误

法律上的认识错误，也称违法性错误，是指行为人对自己的行为在法律上是否构成犯罪，或者构成何种罪，应受怎样的处罚，有不正确的认识。这种不正确的认识既可以由不知法律规定所引起，又可以由误解法律规定所引起。司法实践中，法律上认识错误主要包括以下几种情况：

（一）法律上的积极错误。即行为人的行为在法律上不构成犯罪而误认为构成犯罪。这就是刑法学理论上通常所说的"假想的犯罪"或"幻觉犯。"这种情况在现实生活中不多见。从发生的情况看，主要有以下三种情形：一是行为人实施了具有一定程度的社会危害性的一般违法或违反道德的行为，而误认为构成了犯罪。例如，已婚男女通奸，行为人误认为自己的行为构成了犯罪，但是刑法没有规定这种行为为犯罪。二是行为人实施了某种正当的行为而误认为是犯罪行为。如行为人为了保护某种合法权益免受正在进行的不法侵害，而实施的正当防卫的行为，行为人误认为这种行为构成犯罪。三是某种行为过去法律认为是犯罪行为，但现行法律改变了，不认为是犯罪行为。例如，长期以来，我国的有关法律一直规定堕胎是一种犯罪行为，但是在1979年颁布的刑法中没有规定堕胎罪。行为人不知有所变化，主观上认识到堕胎是一种犯罪行为，仍然实施这种行为，并于实施该行为后向有关机关投案自首。

在这种场合，"犯罪"只是存在于行为人的主观想象中，而不是刑法上所规定的，从主观上看，行为人实施行为时的主观意思的内容不具有刑法意义上的主观恶性，即罪过，因此，缺乏刑事责任的主观基础；从客观上看，行为人实施的行为根本不具有社会危害性，或者虽然具有一定的社会危害性，但尚未达到构成犯罪的程度，因而也缺乏刑事责任的客观基础。对于这种认识上的错误，不能简单地因为行为人认为自己的行为构成犯罪，便追究其刑事责任。

（二）法律上的消极错误。即行为人的行为在法律上构成犯罪而行为人误认为不构成犯罪。在这种错误的场合，行为人对自己行为的事实情况，即对自己的行为实际上会引起怎样的后果是有认识的，由于他误认为这种行为不是违反法律规定的，因而在这种错误的认识支配下实施了现实的危害社会的行为。关于这种认识错误能否成为免责的理由，古今中外的看法不尽一致。

在现代刑事立法中，许多国家坚持以法律的认识错误不能免除刑事责任的原则。1940年《巴西刑法典》第16条规定：对法律的无知和错误的理解不能免除刑事责任。不过，从发展的趋势来看，"不知法律不赦"这一古老的曾经长期被认为无可置疑的罗马法原则，正受到现实法律关系的冲击。在很多西方国家，出现了一些客观上不可避免的不知法的情况：法律多如牛毛且不断更新，有关当局又没有采取必要的方式进行宣传和解释这些法律，或者向人们提供了不确切的或过时的法律信息；此外，对于初来乍到的外国游客来说，在尚未了解一国法律的情况下，也难免产生对该国法律的认识错误。率先实行改革的是1975年修改的联邦德国刑法，该法第17条规定："行为人于行为之际，欠缺违法行为之认识，且此认识错误系不可避免者，其行为无责任。如系可避免者，得依第49条第1款减轻其刑。"也就是说，把法律的认识错误分为可以避免的与不可避免的两者。对前者予以减轻处罚，对后者则免除处罚。这被认为是现代刑法改革的一个新趋向。作类似修改的还有1975年的《奥地利刑法典》第9条、1982年修改的《葡萄牙刑法典》第17条和1984年修改的《巴西刑法典》第21条等。1968年修订的《意大利刑法典》第5条规定："不得因不知法律而免除刑事责任。"1988年3月18日，意大利宪法法院作出正式判决，赋予这一条文以新的含义："对刑事法律的无知不构成免罪的理由，但是，当这种无知是不可避免的除外。"

也有些国家的刑法将法律的认识错误分为重要理由与无重要理由的两种，对于前者不加处罚，对于后果减轻处罚。如1950年《匈牙利刑法典总则》第14条规定："（一）犯罪人如误认其行为为非社会危害行为而犯罪并自信据有重要理由而为之者，不加处罚。（二）如在这种错误设想中，虽无重要理由，但系因可原谅的情形而引起犯罪者，其处罚得无限制减轻之（第52条）"。

我国现行刑法对行为人不知法律的刑事责任未作规定。在刑法制定过程中，曾于第22稿规定："对于不知法律而犯罪的，不能免除刑事责任；但是根据情节，可以从轻或者减轻处罚。"但是，考虑到实际工作中很难辨别犯人是否知道法律，而且，这一规定也容易成为犯人推卸责任的借口，因此，第33稿删去了这一条。从我国刑法关于故意或过失的规定来看，违法性并不是罪过的组成部分，所以，行为人不知法或错误地认为现行立法没有规定他所实施的行为已构成犯罪，对罪之成立没有影响。在处罚上，法院可以根据刑法第63条第2款的规定，以及行为的实际情况，酌情从宽处理。

法律上消极错误的场合，行为人是希望并追求他所认识的行为的结果发生的，只是欠缺违法性的认识，能否成立犯罪故意，在刑法理论上一直存在着激烈的争议。主要有违法性意识不必要说、违法性意识必要说和责任说。

在我们看来，违法性认识并不是故意成立的必备条件。在一般情况下，不论行为人对自己行为的违法性有无认识，只要他对犯罪事实有认识，便可成立故意。但是，如果行为人对自己行为的违法性缺乏认识是由于对行为的社会危害性缺乏认识造成的，可以排除主观上的故意。刑法中的有些犯罪，其行为具有社会危害性是相对的、可变的，在一定的场合或一定的条件下被认为是危害社会的，但在另一场合或另一情况下又被认为不是危害社会的。主要有两种情况：一种是行为的社会危害性是随着社会条件的变化而变化的，同一行为，在一定社会条件下不具有社会危害

374

性，而在另一社会条件下则具有社会危害性，反之，原来具有社会危害性的，随着社会条件的发展变化，很可能不再具有社会危害性。另一种是，行为的社会危害性是随着时间、场所的不同而变化的，同一行为，在一定的时间或场合被认为是危害社会的，在另一时间或场所内则不被认为是危害社会的。如我国1979年刑法规定的投机倒把罪，其具体构成内容随着形势的变化而不断变化。和其他行为的社会危害性相比，这种行为的危害性是不容易为人们所认识的。在实施这种行为的场合，行为人即使认识到行为本身的事实情况，也不一定就能认识到这种行为的社会危害性，同样也就不一定能够认识到行为的违法性。这种场合的"不知法"实际上是由不知行为的社会危害性造成的，应当排除故意。

（三）对行为相当罪名或刑罚的认识错误

对行为相当罪名或刑罚的认识错误，是指行为人对自己所实施的犯罪行为在法律上应成立何种罪名或应受怎样的处罚有误解。在这种错误的场合，行为人对自己的行为在刑法上构成犯罪这一点是有认识的，只是对行为在法律上应成立的罪名或应受到的惩罚存在误解，因此不影响犯罪故意的存在，也不涉及罪与非罪的问题，但它涉及到此罪与彼罪、此刑与彼刑的问题。这种认识的错误主要包括以下两种情况：

1. 对行为相当罪名的认识错误。即行为人主观上认识的罪名与行为实际符合的罪名有差异。例如，行为人对一未满14岁的幼女使用暴力方法进行强奸。他主观上认为构成强奸妇女罪，而行为实际符合的是奸淫幼女罪。也就是说，行为人主观认识的罪名轻于行为实际符合的罪名。还有一种情况，行为人主观认识的罪名重于行为实际符合的罪名。例如，村民某甲与村民某乙吵架，村长某丙进行调解。某甲认为某丙故意偏袒某乙，对某丙怀恨在心。一天深夜，乘某丙一人在家，潜入某丙卧室，用绳索将某丙勒死。某甲认为某丙是干部，自己构成了反革命杀人罪，而行为实际符合的是故意杀人罪。

对于上述认识的错误如何论处？有的采用"行为符合说"，即以行为实际符合的法定罪名论处；有的采用"从轻说"，即在主观认识和行为实际符合的两种罪名中，以轻者论。我们认为，犯罪认定的依据只能是法律，行为人对罪名认识的错误并不影响行为的社会危害性和犯罪的构成，也不能影响行为人应负的罪责。所以，行为符合说是妥当的。

2. 对行为相当刑罚的认识错误。即行为人主观上所认定的刑罚与行为客观上所符合的法定刑罚有差异。这种差异也有两种情况：一种是主观认定的刑罚轻于行为客观上所符合的法定刑罚。这种情况的行为人认识到自己行为具有危害性，但对危害性的严重程度缺乏足够的认识，误认为只需受较轻的刑罚处罚，而行为实施的结果却因危害后果甚为严重而符合比行为人所想象的严重得多的法定刑罚。另一种是行为人主观认定的刑罚重于行为客观上所符合的刑罚。例如，行为人的行为具有从轻或减轻情节，而行为人自己并没有认识到这一点，认为自己可以适用较重的刑罚。犯罪行为的社会危害性是客观存在的，行为人对相当刑罚的认识错误，既不改变行为的社会危害性，也不影响罪过形式，因而对行为人应负的刑事责任不发生影响。

二、事实上的认识错误

事实上的认识错误是指行为人对自己实施的危害社会的行为的事实情况，主观认识的内容与实际发生的构成犯罪的客观事实不相符合。如何判断这种不相符合？资产阶级学者提出了不同的主张。主要有以下几种学说：

1. 具体符合说。该学说认为，行为人所认识的与客观上发生的结果必须具体地完全一致，行为人才能负既遂的刑事责任。例如，某甲意图杀害某乙，结果误杀了某丙。由于某甲的本意是杀死某乙，因此只有事实上杀死的确实是某乙，才能认为是具体地、完全地符合，甲才能负杀人既遂的刑事责任。某甲事实上杀死的是某丙，因而不是具体的符合。对于某乙来说，某甲构成杀人未遂；对于某丙来说，某甲构成过失杀人，应根据想象竞合犯的原理，按杀人未遂定罪判刑。

2. 抽象符合说。该学说认为，认识事实与发生事实在种类上没有必要是相同的，只要有犯罪的意图，又有构成犯罪的事实，就可以成立犯罪的既遂。因此，行为人认识的事实与实际发生的事实，即使是构成要件不相同，也不一定排除故意。按照此说，出于毁损他人财物的故意，发生了他人死亡的结果，应以毁损他人财物罪和过失杀人罪中的一个重罪处罚；或者，出于杀人的故意，发生了毁损他人财物的结果，应以故意杀人罪与毁损他人财物罪中的一个重罪处罚。

3. 法定符合说。该学说认为，行为人主观上认识的事实与客观发生的事实虽然不完全一致，但在法律上的性质一致时，便应以行为人主观上的认识为根据，定为故意犯罪既遂。例如，某甲意图杀死某乙，结果杀死某丙。虽然实际发生的结果与行为人的主观认识不一致，但是在法律上，无论是杀死某乙还是杀死某丙，性质是相同的，因此，对某甲应以故意杀人既遂论处。如果实际发生的结果与行为人的主观认识在法律上的性质不一致时，便构成想象竞合犯，以一重罪论处。

具体符合说要求行为人所认识的与客观上发生的结果必须具体地完全地一致，这在实际生活中是难以实现的。不同的事物或现象之间总会有差异，关键的问题并不在于是否有这种差异，而在于区分哪些差异在法律上是重要的。这种学说的观点过于刻板，是不实际的，也是不合理的。抽象符合说只是单纯、片面地强调主观恶性与客观损害之间的因果联系，完全不看认识事实与发生事实是否具有相同的法律性质和法律特征，完全无视甚至否定犯罪构成对于决定行为构成犯罪的意义，其结果必然会把犯罪构成完全不同的犯罪作为相同的犯罪处理，这是不科学的。法定符合说在强调构成要件相同的同时，并不拘泥于主观意思是否直接指向实际侵害的对象，只要故意的内容、行为的方法、实际结果的性质在犯罪构成要件上是相符合的，即使认识事实与发生事实之间有某些法律上并不重要的差异，也能认为行为完成了法律所要求的全部犯罪构成要件而成立犯罪既遂。这种观点值得我们借鉴。

我国刑法以行为符合犯罪构成作为行为人负刑事责任的根据。判断行为人是否构成犯罪以及构成何种犯罪，都是以犯罪构成要件的齐备、统一作为标准。只要认识事实与发生事实之间的构成要件相同，就应当认为犯罪完全成立了。

在立法方面，不少国家的刑法明确规定事实上认识错误的处理方法。一些国家的刑法规定事实错误不以故意论。例如，《法国刑法》第59条规定："犯人于犯罪遇有不知犯罪构成事实或不知犯罪加重特别条款之情形时，不得以故意论。"在德、英等国，虽然刑法对事实错误未作规定，但理论上仍主张事实错误为非故意行为。多数国家的刑法是区别事实错误的不同情况作不同的处理。一种是区分错误的原因，有正当理由的不罚，无正当理由的不得免除刑罚，可以过失犯罪处罚，例如，《巴西刑法典》第17条的规定就是如此。另一种是规定在事实错误的场合，为有利于行为人的裁判，例如，《瑞士刑法典》第19条第1款的规定就是如此。

关于事实认识的错误，我国刑法未作明文规定。在司法实践中，通常根据事实错误的不同情况作不同的处理。从司法实践情况来看，事实错误主要有以下几种：

（一）客体的认识错误，即行为人对客观上是否存在被侵害的客体，产生了判断错误。包括三种情况：第一，客体实际上存在，行为人误认为不存在。例如，误把人当做野兽加以杀害，结果将人杀死。在这种场合，侵害的客体，即他人的生命权利，实际上是存在的，但行为人并没有认识到，误认为不存在。对于这类案件，应当根据当时的实际情况，如果行为人不仅没有认识到，而且也不可能认识到，应当视为意外事件，不能追究刑事责任。否则，虽然排除了故意，但不能排除过失，应以过失犯罪追究刑事责任。第二，客体实际上不存在，而行为人误认为存在。例如，某甲与厂长发生争吵，为了泄愤报复，割断一段电线，企图使生产陷于停顿，但却不知道厂里在这之前已更改了线路，被割断的这段线路已不再使用，行为人破坏生产的目的未能得逞。这种情况应以犯罪未遂论处。第三，行为人意图侵害甲客体，由于认识错误，结果侵害了乙客体。这类错误通常都是由对象错误引起的。

（二）对象的认识错误，即行为人认为所侵害的是甲对象，而实际侵害的是乙对象。大体可分为两种情况：一是对属于犯罪构成要件的对象的认识错误。例如，某甲为偷猎珍贵动物大熊猫，潜入山里，将一采药老人误作大熊猫打死。甲的本意是想偷猎大熊猫，由于认识错误，将人打死。人是杀人罪的对象，大熊猫是非法狩猎罪的对象。这种对象的不同，也反映了所侵害的客体不同，因而构成的犯罪也不相同。在处理上，甲构成非法狩猎（未遂）罪。至于杀人，如果是过失所致，构成过失杀人罪。对非法狩猎（未遂）罪和过失杀人罪，按想象竞合犯的原则处理；如果杀人不是由于过失所致，便按非法狩猎（未遂）罪处理。二是对不属于犯罪构成要件的对象的认识错误，或叫对目的物的认识错误。例如，一天深夜，某甲潜入某放映室，意图窃取录像机，慌乱之中将摄像机误作录像机窃走了。在这种场合，某甲仍然构成了盗窃罪。因为无论是摄像机还是录像机，在法律上它们的性质是相同的，行为人的行为所侵害的客体都是财产所有权，因而这种对象上的错误，对定罪不发生影响。在具体量刑时，如果两种对象存在量上的差别，裁量刑罚应以现实侵害的对象为主，同时参酌行为人意图侵害的对象的情况。

（三）行为性质的认识错误，即行为人对自己行为的实际性质发生错误认识。常见的是把事实上对社会有危害的行为，当作有利于社会的行为加以实施。例如，某甲平时工作积极，为人正直。一次他听到别人议论某乙有贪污行为，信以为真，向单位告发。后经查证，所谓某乙贪污，纯属谣言。又如，假想防卫或想象避险，也是行为人错误地理解了自己行为的实际性质。在这种情况下，行为人对客观存在的危害性没有认识，不成立故意犯罪。如果行为人有过失，则成立过失犯罪；无过失则不负刑事责任。

（四）手段的认识错误，即行为人对自己所使用的犯罪方法或作案工具的认识错误，从而使犯罪结果不能发生。包括三种情况：1. 行为人所使用的方法在任何情况下都不能导致危害结果的发生，但由于行为人愚昧无知或者迷信，误认为这种方法可以达到他所追求的犯罪结果，如行为人企图用画符念咒的方法达到杀人的目的。这种错误虽然不能影响行为人在主观上有杀人的故意，但是由于这种手段本身缺乏危害社会的可能性，因而决定了其行为性质也不是一种危害社会的行为，因此，不能构成犯罪。2. 行为人所误认为的犯罪手段具有产生危害社会结果的可能性，只是由于行为人认识上的错误，而实际上使用了不能导致危害结果发生的手段。例如，误把无毒药物当作砒霜，用来杀人；误认水为汽油，用来放火，等等。在这种情况下，主观上行为人对手段的认识错误不影响他犯罪故意的成立，客观上，虽然由于手段认识错误而没有造成结果，但行为人原来准备采用的手段足以造成危害社会的结果，这就决定了行为人的行为本身具有危害社会的性质，因此，行为人应负故意犯罪未遂的刑事责任。3. 行为人所采用的手段足以造成危害结果，行为人误认为不能造成危害结果。例如，行为人不具有犯罪的故意，把本来有毒的药物误认为非毒药给病人注射或服用，或者误认为炸药为非炸药，造成人身伤亡或公私财物的重大损失等等。在这种情况下，如果错误是因为行为人的过失所致，行为人应负过失犯罪的刑事责任。

（五）因果关系的认识错误，即行为人对自己的行为与危害社会的结果之间的因果关系有误解。从实际情况看，行为人对因果关系的认识错误主要有以下几种情况：

1. 行为人出于犯罪的故意，实施了犯罪行为，但是，行为人预计的结果没有发生，而行为人认为发生了，或者这种危害结果是由于其他原因产生的，行为人误认为是自己的行为造成的。因为客观上缺乏因果联系，不能让行为人对他认为已产生的结果或由其他原因造成的结果负责。

2. 行为客观上引起了某种危害结果，而行为人自己却误认为结果不是自己造成的。在这种场合，应分别情况作不同处理。如果行为人根本不想造成这种结果，应排除犯罪故意；如果有过失，应负过失的责任；如果行为人本来就有造成此种结果的意图，应追究其故意犯罪既遂的责任。

3. 对因果关系的过程有误解。一种是行为人根据其意图实现的结果而实施了行为，虽然实现了预期的危害结果，但导致发展的实际进程与行为人预想的情况不同。例如，某甲意图杀死某乙。一天，他见某乙一人站在河边，便用刀猛刺某乙，某乙见状，立即躲闪，落入水中，因某乙不会游泳，而被淹死。这种情况，虽然某乙不是被某甲刺死的，但某乙死亡与某甲的行为之间有因果关系，因此，对某甲应以故意杀人既遂论处。第二种情况是，行为人为实现某种犯罪结果而实施的最初的犯罪行为，并未达到目的，而行为人误认为已经达到了目的，进而又实施其他行为，才产生了行为人当初意图实现的结果。例如，某甲强奸某乙，被某乙认出，某甲遂起杀人之心，猛卡某乙的脖子，致某乙昏迷。某甲误认为某乙已死，将其推入河中，致某乙被淹死。由于行为人的行为应作为一个整体对待，因此，在这种情况下，单就杀人而言，应以故意杀人既遂论处。第三种情况，行为人为实现某种危害结果而实施的最初行为已经导致危害结果的发生，而行为人误认为尚未达到犯罪目的，又实施其他行为，才认为产生了行为人当初意图实现的结果。例如，某甲意图杀害某乙，实施了杀人行为，致乙死亡。在掩埋尸体时，尸体动了一下，甲怕乙又活了，顺手拾起一块石头砸碎乙的头颅。这种情况，某甲应负故意杀人既遂的刑事责任。

4. 行为人预想的结果与实际发生的结果不一致。根据两种结果在法律上性质的异同，分为预想结果与实际发生的结果性质相同的不一致和预想结果与实际发生的结果性质不同的不一致两种。前者如，某甲意图杀某乙，误中了某丙，将丙击毙。有人认为，在这种情况下，"按照犯罪构成的基本原理，行为人对乙构成故意杀人未遂，对丙构成过失杀人。一个行为触犯了两个罪名，属于想象上的数罪，按照一个重罪即故意杀人定罪量刑。如果行为人对丙的死亡采取了放任的态度，则构成间接故意杀人既遂，不属于认识上的错误。"① 我们认为，这种见解的处理方法是正确的，但这是方法错误（或打击错误）。对此种错误，外国刑法理论有数故意说（即认为对意图杀害的乙和子弹误中致死的丙都是故意）和一故意说（即认为对乙是故意，对丙是过失）之争。在我们看来，甲对乙无疑是故意，对丙通常可能是过失，如果甲对丙的死亡有预见而采取放任态度，则应依故意杀人罪负责。后者如行为人意图杀死某乙，一天深夜，向某乙单人住的房间投掷一颗自制炸弹，但这天深夜乙并未在家住，只是将乙的彩电等财物炸毁。对于这种情况，根据想象竞合犯的处理原则，按杀人未遂和故意毁坏他人财物罪中的一重罪处罚。

第六节　犯罪动机与目的

犯罪的动机和目的是支配行为人实施犯罪行为的一种心理活

---

① 樊凤林主编：《犯罪构成论》，法律出版社，1987年版，第126页。

动，是犯罪主观方面的重要内容之一，它们直接决定并影响犯罪行为的危害性质和危害程度，对定罪量刑具有直接的重要意义。为了正确适用刑法，准确定罪量刑，刑事审判机关在办案过程中，不仅要查明被告人实施危害社会行为在主观上是出于故意或者过失，在某些犯罪中，还必须查明行为人实施犯罪行为的犯罪动机和犯罪目的。

一、犯罪动机与目的的概念

所谓动机，是指驱使和维持个体活动，使活动按一定方向（目的）进行，以达到满足某种需要的一种心理活动。简言之，就是推动人进行活动的内心起因。犯罪动机是一种特殊内容的动机，是驱使行为人实施犯罪行为以达到一定犯罪目的的内心起因或意识冲动。

人的需要是动机产生的基础。当个体意识到某种需要时，心理上就会呈现出一种紧张状态，从而激发起行为动机，亦即产生与满足这些需要有关的活动力，导致有目标的行为。而一旦需要满足以后，心理上的紧张状态就消除了。人们常常处在满足某一种需要，又产生新的需要的发展过程中。需要在外部条件转化为行为动机的过程中起着中介作用，没有需要这一中介，外部条件与内心动机之间就缺乏必然的直接联系。一般说来，不正常的、被歪曲的，或者臆造出来的需要是产生犯罪动机的基础。有时，正常的需要（如财产上的需要）也可能是某些犯罪动机产生的基础。而且，为了满足这些需要，某些人选择了反社会的手段（盗窃、诈骗、抢劫财物等）。个体在动机的产生中具有能动的决定性的作用。需要这一心理现象，一方面是外界客观存在的反映，另一方面又同时反映了个体的世界观、人生观等。个体在世界观、人生观的统制下调整着需要的结构和需要的表现形式。也正因为如此，不同性质的犯罪动机反映出行为人主观恶性程度上的差别。

动机与行为有着密切的联系。人的任何活动、行为都是由某种动机支配的。恩格斯指出："就个别人说，他的行动的一切动力，都一定要通过他的头脑，一定要转变为他的愿望的动机，才能使他行动起来。"① 动机不断激起行为，而且使行为保持一定方向，使行为具有目的性。犯罪动机是驱使行为人实施犯罪行为的内心起因。但是，犯罪动机和犯罪行为的关系极其复杂，相类似的犯罪动机可以反映在不同犯罪行为中。如报复这一常见的犯罪动机，它既可以反映在盗窃行为中，也可以用杀人、伤害、侮辱、诽谤等犯罪行为表现出来。而不同的犯罪动机也可以通过同一种犯罪行为表现出来。如杀人，有的出于贪财的动机，有的出于报复、嫉妒的动机，等等，犯罪动机与犯罪行为不是简单的"一对一"的关系。许多犯罪不是在一个，而是在两个或两个以上动机，即综合性犯罪动机的影响下实施的。例如，贪财和报复的动机促使行为人去杀人。在这种情况下，一个动机不仅不排斥另一个动机，而且还起到互相补充的作用。这两个动机不仅使行为人从速决定实施犯罪，而且还促使这个决定尽快付诸实施。在这种场合，在犯罪主体的意识中就会同时存在几乎彼此互相作用的动机，也正是这几个动机的共同作用，促使行为人实施了犯罪。这种同时存在的几个动机，可称为动机的结合。在确定犯罪人所实施的犯罪的社会危害性程度时，对它们中间的每一个动机都应作出刑事法律评价。犯罪动机和犯罪行为之间的这种复杂关系，表明了犯罪动机只能说明行为人为什么要进行犯罪活动，但它不能决定行为的具体形式，对决定犯罪行为的性质没有意义，因而犯罪动机不是犯罪构成的要件。

有一种意见认为，犯罪动机应是犯罪构成的选择要件。犯罪动机虽然不是所有犯罪构成都必须具备的要件，但却是构成某些犯罪的必要条件。在某些犯罪中，它决定和影响着犯罪的性质，

---

① 《马克思恩格斯全集》第 4 卷，第 247 页。

犯罪动机具有制约和牵引犯罪行为的作用。作为发起犯罪行为的内心起因，犯罪动机并不是在行为人开始实施犯罪行为之后就不再发挥作用。事实上，在其发起犯罪行为之后又积极推动犯罪行为向危害结果发展，直到犯罪目的的实现和犯罪动机的满足。因此，从某种意义上说，犯罪动机也同时具有"目的"的功能，这个目的就表现为行为人以犯罪动机的实现和满足作为实现犯罪行为的目的。我们认为，作为犯罪构成要件的因素，它首先必须对决定行为的性质具有意义，只有这样，才能据以认定犯罪，区分罪与非罪、此罪与彼罪，不具有这一功能，便不能作为犯罪构成的要件。如前所述，犯罪动机不能决定行为的方向，对决定行为的性质没有意义，因此，它不能作为犯罪构成要件。否认犯罪动机是犯罪构成的要件，并不意味着认为犯罪动机在行为人开始实施犯罪行为之后就不再发挥作用。事实上，正因为犯罪动机在行为人实施犯罪行为自始自终的全过程中起着一定作用，促进或延缓犯罪行为的实施，增大或减弱犯罪行为的社会危害性程度，所以我们才认为它是量刑时应予考虑的情节。

所谓犯罪目的，是指犯罪人主观上通过实施犯罪行为达到某种危害结果的希望或追求。例如，盗窃犯希望通过实施盗窃行为，达到非法占有公私财物的结果；诬告陷害的犯罪分子希望通过实施诬告陷害的行为，达到使他人受到刑事处分的结果；投机倒把的犯罪分子希望通过实施投机倒把行为，达到牟取非法超额利润的结果，等等。

客观现实是产生一定目的的先决条件。列宁指出："事实上，人的目的是客观世界所产生的，是以它为前提的——认定它是现存的、实有的。但是人都以他的目的是从世界以外拿来的，是不以世界为转移的（'自由'）。"[1] 这就是目的产生的客观性。同时，还必须强调指出，目的是具有选择性的，这种选择性往往与

---

① 列宁：《哲学笔记》，1974 年版，第 201 页。

达到目的的客观可能性相适应。在一个戒备森严的地方，行为人一般不会产生通过实施盗窃或抢劫的犯罪行为，达到非法占有财物的目的。暂时性是目的所具有的又一特征，目的一旦达到，便不再存在。也就是说，目的消失了。

犯罪目的与犯罪结果关系极为密切，犯罪目的是以观念形态预先存在于人们头脑中的犯罪行为所预期达到的结果，但决不能将两者混淆。犯罪目的不是结果本身，结果是客观事实，目的则说明思维过程的主观事实。实现目的会导致结果的产生，只有在产生了犯罪结果之后才能达到目的。这种犯罪的结果实质上是达到目的的一个手段。

和犯罪动机一样，犯罪目的也与行为人的世界观及人格的多个方面密切联系。在一定程度上它反映着行为人的社会心理素质、法制观念、道德品质以及个性倾向等主观特征。一个一贯自私自利、利己主义思想严重的人，一有机会便会置他人利益、社会利益于不顾，这种人只要遇到适当的气候、环境和土壤条件，就可能产生犯罪动机和犯罪目的，走上犯罪道路，堕落成为罪犯。因此，犯罪目的的形式，既有客观原因，又有主观原因，是主、客观原因共同作用的结果，而起决定作用的则是主观原因。犯罪目的是行为人犯罪活动的起点和归宿，是主观与客观、观念与现实的统一。作为犯罪活动的起点，它是以观念形态存在于人的头脑中的行为的结果；作为犯罪活动的归宿，则是这种结果的实现。

犯罪目的不仅反映出行为人主观恶性的程度，同时还支配行为人实施行为的方向，决定行为的性质。因此，犯罪目的虽然不是一切犯罪构成的必备条件，但是，它是某些犯罪构成的必备条件。作为犯罪构成选择性要件的犯罪目的，首先，必须是刑法规定的。在许多犯罪中，行为人实施犯罪行为都具有目的，但是，刑法对此未作特别要求，这样的犯罪目的便不能作为犯罪构成的要件。刑法之所以未作特别要求，是因为这些犯罪罪过的内容和

386

犯罪行为的性质已经决定了该罪的社会危害性，无需再以犯罪目的作为犯罪构成的必要条件。但在有些犯罪中，仅从罪过的内容和行为的性质尚难决定是否构成犯罪，或者将此罪与彼罪区别开来，或者为了缩小打击面，因此，有必要规定以某种目的为构成要件。例如，制造、贩卖淫书、淫画罪，如果行为人不是出于营利的目的，而是为了教学科研等，则不能构成本罪；行为人聚众赌博，如果行为人不具有营利的目的，便不能作为犯罪来打击。其次，犯罪目的是一种希望，这种希望是针对危害结果而言的。例如，行为人实施招摇撞骗的行为，就是希望牟取非法利益，这也是这种行为给社会造成的危害结果，因此，招摇撞骗罪的犯罪目的便是牟取非法利益的希望。

在一个犯罪构成中，犯罪目的只能有一个。如盗窃罪的犯罪目的只能是非法占有公私财物，而不可能存在其他犯罪目的，否则，便又构成了其他犯罪。但是，在同一次犯罪中，犯罪目的可能不止一个，而是两个或两个以上。如实施强奸行为，被害人进行强烈的反抗，犯罪分子为了灭口，将被害人杀死。在这一犯罪中，犯罪目的便有两个：奸淫妇女和致被害人于死地。

作为犯罪构成要件的犯罪目的，一般是与行为人实施犯罪行为所追求的结果内容相重合的犯罪目的，如杀人罪中行为人所追求的结果是被害人的死亡，其犯罪目的是非法剥夺他人的生命；也有些犯罪，法律上规定的作为犯罪构成要件的犯罪目的与直接故意的内容并不完全重合，亦即仅是直接故意内容的一部分。例如，组织、运送他人偷越国（边）境犯罪，行为人通过自己的犯罪行为所希望达到的结果是两个：一个是将他人送出国（边）境，一个是获取非法利益。但是，作为该罪构成要件的是后一目的，即营利目的。如果行为人不是出于这一目的，虽然也将他人送出了国（边）境，但不是构成本罪。

一般说来，任何有认识有意志的行为，都是有一定的动机和目的的。恩格斯指出："在社会历史领域内进行活动，全是具有

387

意识的、经过思虑或凭激情行动的，追求某种目的的人；任何事情的发生都不是没有自觉的意图，没有预期的目的的。"① 无论是故意或过失犯罪，都是人的有意识有意志的行为，都有一定的动机和目的。在间接故意犯罪的场合，行为人之所以放任某种危害结果的发生，在过失犯罪的场合，行为人之所以实施这种行为而不实施那种行为，都不是无缘无故的，而是基于一定的动机，追求一定的目的。但是，作为犯罪的动机和目的，在上述场合是不存在的。犯罪的目的和动机只存在于直接故意犯罪之中。因为，只有在这种犯罪中才包括有希望犯罪结果发生的特点。希望就是意味着行为人在一定动机驱使下追求一定结果的目的。也只有这种针对犯罪结果的动机和目的，才能被认为是犯罪动机和犯罪目的。

在过失犯罪中，危害结果是不依主体的意志而发生的，这种结果并不在行为人的动机和目的的内容之列，恰恰相反，常常事与愿违。行为人对危害结果的发生是持否定的主观心理态度，当然也就不可能是在一定犯罪动机支配下去追求这种结果。

间接故意有无犯罪目的，这在刑法理论和司法实践中是一个极其复杂、涉及面广、争议较大的问题。有人主张，间接故意犯罪有目的，认为放任本身就是目的。我们认为，在间接故意犯罪中，引起危害结果的也是人的行为，当然也就有行为目的，甚至有的还可能是出于某种犯罪目的。例如，为了毁灭罪证而放火焚烧杀人现场，导致他人被烧死的危害结果。行为人行为的目的是焚烧杀人现场，而实际发生的他人被烧死的危害结果并不是行为人实施行为所追求的结果。故意分为直接故意和间接故意两种形式，主要是由意志因素决定的。因为，一切犯罪行为是受意志因素的支配和控制的，都是以从主体的行为中揭示的意志为前提的，而一切有意志的行动，都可能导致发生预定的目的。如果缺

---

① 《马克思恩格斯选集》第 4 卷，第 243 页。

乏必要的意志因素，就不可能实施犯罪行为，也不可能存在罪过。所以，犯罪故意的不同形式，只能以这种罪过意志因素的希望和放任作为依据。同样，直接故意和间接故意主体是否有犯罪目的，也决定于主体的意志因素。间接故意是有意放任危害结果发生，因而无犯罪目的。

有人认为，间接故意既有目的，又没有目的，或者目的不确定。这是不能成立的。因为，定罪判刑是刑事审判活动的两个重要组成部分，必须以事实为根据，以法律为准绳，案情必须完全准确，不能含糊其辞，模棱两可。如果认为犯罪既有目的，又没有目的，即希望结果的发生，又不希望结果的发生，这本身就不合乎逻辑，也不利于司法实践中对案件定罪判刑。

犯罪动机和犯罪目的有密切联系，犯罪动机是犯罪目的产生的前提，而犯罪目的则是犯罪动机的具体指向。在间接故意犯罪和过失犯罪中既然不存在犯罪目的，那么，与之相对应的犯罪动机的心理活动状态也就无从考察。

有一种观点认为，犯罪目的只存在于直接故意犯罪之中，而犯罪动机则存在于一切犯罪之中。"因为无论在故意犯罪或者过失犯罪中，行为人对于他所面临或可能面临的情况，都是足以凭借自己的主观能动作用，事前或者当场实行判断选择的……都是事出有因，水流有源。"① 还有学者认为，在间接故意犯罪中，行为人对于他所面临的情况，也是可以凭借自己的主观能动作用，实行判断选择的：要么对可能发生的危害结果，采取积极防止的态度，决意不实施某种活动，从而避免因这种活动而可能承担刑事责任；要么对可能发生的危害结果，抱听之任之的态度，决意实施某种活动，甘冒可能承担刑事责任的风险。在这种进退两可的场合，行为人终于舍弃前者，而选择了后者，这种思想活

---

① 梁世传编著：《刑法学教程》，南京大学出版社，1987年版，第79页。

动，显然就是推动行为人间接故意实施犯罪行为的内心起因，即犯罪动机①。这种观点是值得商榷的。

心理学的研究结果表明，动机是刺激人去行动的内心动因，它激励人确立某种目的，推动人去达到这种目的。一定的动机总是与一定的目的相连的，离开了目的，行为便失去方向，推动人去实施行为的动机也就失去存在的基础。犯罪动机同样具有一般动机的心理学特点，所不同的只是它总是与犯罪目的相连的，它是刺激犯罪人确立某种犯罪目的，激励人去实施犯罪行为以达到这种犯罪目的的内心动因。上述观点只看到了动机与行为的联系这一个方面，而忽视了另一个方面，即动机和目的的联系。按照这种理解，势必得出这样的结论：间接故意犯罪和过失犯罪是行为人基于一定的动机，实施的一种漫无目标、毫无所求的行为。这种结论明显是荒唐的。因此，割裂动机和目的之间的密切联系，是错误的，此其一。其二，上述观点错误地理解了行为的动机和目的与行为的结果之间的关系。实践中，一行为产生数结果的情况是存在的。例如，用枪打鸟，子弹反弹，同时将行人打死。在这数结果（打死鸟和打死人）中，行为人可能只对一种追求的结果（打死鸟）存在动机和目的，而对该行为同时引起的结果不存在动机和目的。实践中也存在这种情况，行为人主观希望的结果与客观实际产生的结果不相符。例如，雨天路滑，板车工人拖着载重板车下坡，认为凭借自己的经验和体力，可以安全下坡，结果将一过路行人撞成重伤。在这一案件中，行为人主观希望的结果是安全下坡，而客观实际产生的结果则是将人撞成重伤。其中前一种结果是与行为的动机和目的相符的，因而是有动机和目的的；后一种结果则与行为的动机和目的不符，因而是无动机和目的的。因此，认为凡结果必有动机的观点，也是错误的。

---

① 《法学研究》，1983 年第 2 期，第 18 页。

二、犯罪动机和犯罪目的的关系

（一）犯罪动机与犯罪目的的密切联系

犯罪动机和犯罪目的之间有着密切的联系，两者相互作用。一定的犯罪动机总是和一定的犯罪目的相互对应，相互联系，彼此作用。动机是激励人们行动的原因，是个性需要的表现。人们的一切活动都是为了满足一定的需要而引起的。凡是引起、推动人们去实施某种行为或从事某种活动以满足一定的需要的内心冲动或意念，就是这种行为或活动的动机。动机不但具有激起行为，而且具有使行为保持一定方向，使行为具有目的性的特点。另一方面，需要是有对象的，人们总是通过自己的行为或活动取得或创造使自己的需要得到满足的对象，这个对象就是目的。这种在普遍动机和目的之间存在的密不可分的性质，在犯罪动机和犯罪目的之间同样存在。犯罪动机是犯罪目的产生的前提条件，离开了犯罪动机，犯罪目的便成了无源之水；反之，离开了犯罪目的，犯罪动机便无具体的指向和表现。一定的犯罪动机形成以后，便会形成一定的犯罪目的，并通过一定的行为实现这种目的，满足自己的动机需要。从实践情况来看，行为人实现犯罪动机的常见模式如下：

1. 在犯罪过程中按原有的犯罪动机，较顺利地达到犯罪目的，以完成犯罪活动而告终。如盗窃犯看见一行人身携巨款，便跟踪到容易作案的场所，割破行人的皮包，盗走皮包内的巨款。

2. 在实施犯罪的过程中，遇到了新的刺激和情景，形成新的犯罪动机，导致更为严重的犯罪。这就是心理学上所谓犯罪动机的恶性转化。例如，入室行窃，见一女子睡在床上，遂起奸淫之心，对该女子实施了强奸行为。这就是在新的刺激诱发作用下，原有的犯罪动机退居次要地位，新的犯罪动机上升到主导地位。这种新的动机的形成带有一定的运动性。还有一种情况，新的犯罪动机的形成表现出一定的被动性。如在对女子实施强奸过程中，女子激烈反抗，在犯罪分子身上留下伤痕，犯罪分子为了逃避惩罚，遂杀人灭口。在这种场合，犯罪分子往往会出现严重的恐惧感，从而产生新的犯罪动机，进行更为严重的犯罪。

3. 一定的犯罪动机引起一定的犯罪目的，犯罪动机的良性转化会导致犯罪目的停止实现。行为人在实施犯罪行为的过程中，由于受到外界因素的影响，如在家属、亲戚、朋友等的规劝或被害人请求下，犯罪分子良心发现，产生恻隐之心，或恢复道德、法律观念，自动放弃或自动有效地防止危害结果的发生，使得犯罪分子预定的犯罪目的未能实现，这就是心理学上所谓犯罪动机的良性转化。

4. 在实施犯罪行为时，罪犯被抓获，或由于受到阻力和困难，犯罪分子认识到自己无法克服这些阻力或困难，难以达到犯罪目的，从而被迫停止犯罪，使犯罪目的未能得逞。

（二）犯罪动机与犯罪目的的区别

1. 在心理现象顺序上，犯罪动机与犯罪目的之间存在因果关系。犯罪动机产生在前，是犯罪目的产生的原因；犯罪目的形成于后，是犯罪动机作用的结果。当然，犯罪动机并不必然进一步导致犯罪目的的形成。在犯罪动机产生以后与犯罪目的形成之间往往存在一段时间，在这段时间里，行为人经过复杂的动机斗争，有可能抑制犯罪动机的动机占了主导地位，因而也就不可能再产生犯罪目的。

2. 从内容来看，犯罪动机属于错误的思想，如私人仇恨、妒嫉、贪欲等，它可以是被行为人意识到的，也可以是未被行为人意识到的，是一种比犯罪目的更内在、内容更抽象、埋藏得更深的心理现象。而犯罪目的则是发展到希望通过犯罪行为以满足错误愿望的犯罪思想，是具体的，且一定是行为人意识到的，它具有自觉意识性的特性。

3. 从在犯罪活动中的地位和作用来看，犯罪动机表明犯罪主体同犯罪行为之间的关系，回答的是犯罪人为什么实施某种犯

392

罪行为，亦即犯罪人实施某种犯罪行为的主观原因是什么，它起的是推动、发动犯罪行为的作用，对此，心理学上称为动机的原发性；而犯罪目的是追求某种危害结果的发生，它所揭示的是犯罪主体拟制的犯罪行为、结果与犯罪对象、客体之间的关系，它明确地指向一定的社会关系，回答什么是行为人实施犯罪行为所希望达到的结果，它的作用是为犯罪定向，对确定目标和侵害程度起着引导指挥作用。例如，犯罪分子伪造车票、船票、邮票、税票和货票，行为的动机是贪财，而实施这种行为所追求或希望达到的结果则是获取非法利益。

4. 从与危害结果的联系来看。犯罪目的与危害结果的联系是直接的。犯罪目的就是行为人通过犯罪行为所希望达到的危害结果在其观念中的反映，无论什么样的犯罪目的，其自身都包含着特定的能给一定的犯罪客体造成损害的危害结果。如实施杀人的犯罪行为所追求的是非法剥夺他人生命的结果；在侦查、审判中，证人、鉴定人、记录人、翻译对与案件有重要关系的情节，故意作虚伪的证明、鉴定、记录、翻译，其所追求的是使他人受到陷害，使无罪的人受到刑罚惩罚，使罪行较轻的人受到严厉的刑罚惩罚的危害结果，或者通过隐匿罪证，追求使有罪的人不能得到应有的惩罚的危害结果，等等。而犯罪动机与危害结果的联系则是间接的，它只是追求危害结果发生的主观原因，说明行为人为什么追求这种危害结果。如杀人和伪证的动机可能是报复、嫉妒、友情等。

5. 从犯罪目的和犯罪动机在犯罪构成中的地位和作用来看。犯罪目的表明了犯罪直接故意的内容，规定和制约着犯罪行为，决定犯罪行为的性质和具体形态。例如，行为人一旦确立了非法剥夺他人生命的目的，就决定了他必然要采取杀人性质的犯罪行为；行为人如果确立的是伤害他人健康的目的，便决定了他必然要采取伤害性质的犯罪行为。正因为犯罪目的的这一特征，决定了它可以作为犯罪构成的要件。而犯罪动机则是行为人实施犯罪行为的内心起因，在行为人实施犯罪行为的过程中，不同的犯罪动机虽然对行为人达到犯罪目的起到促使或延缓的作用，但它不能决定、制约犯罪行为的性质和具体形态。因此，犯罪动机不能作为犯罪构成的要件。

6. 一般说来，某种犯罪的犯罪目的只能是同样的，而且除复杂客体的犯罪以外，一般是一罪只能有一个同样的目的，犯罪目的体现了犯罪故意的共性和普遍性；而同种犯罪却常常因人因案而异，表现为各种各样的不同的动机，因此，犯罪动机体现了犯罪故意的个性和特殊性。

7. 同一犯罪目的，可以由各种动机引起。只要有犯罪的目的，就必然有犯罪动机相呼应。同一动机，也可以追求不同的犯罪目的。如某甲对某乙有仇，意图报复，他可以产生杀人的目的，也可以产生伤害的目的，还可以产生毁坏其面容、侮辱其人格的目的，等等。因此，犯罪目的与犯罪动机并不是完全对应的。

应当指出，虽然在具体的犯罪中，犯罪动机就是犯罪动机，它不可能转化为犯罪目的；同样，犯罪目的也就是犯罪目的，它不可能转化为犯罪动机。但是，犯罪动机与犯罪目的的这种特定性，并不排除在某种条件下，即在整个运动、变化着的社会范围内，在此案中是犯罪目的的，在彼案中则是犯罪动机。或者相反，在此案中是犯罪动机，而在彼案中则成为犯罪目的。例如，非法占有他人的财物，是盗窃罪的目的。但是，在故意杀人罪中，贪图他人的财物则成为杀人的动机。从这个意义上来说，犯罪动机和犯罪目的都是相对的，而不是绝对的、一成不变的。

三、犯罪动机和目的的认定及其具体形式

司法实践中应该如何正确认定犯罪的动机和目的呢？这是一项比较困难却又极其重要的工作。之所以说它困难，是因为犯罪动机和犯罪目的是人的主观心理状态，是看不见摸不着的东西，同时，犯罪分子往往千方百计隐瞒自己真实的犯罪动机和犯罪目

的；之所以说它重要，是因为准确认定犯罪动机和目的，对正确定罪量刑有着重要的意义。总的来说，司法实践中，认定犯罪动机和目的，应注意以下几个方面的问题：

（一）必须从思想上树立起犯罪动机和目的是可以认识的信念。辩证唯物主义认为，物质第一性，意识第二性，社会存在决定社会意识。但是，在社会存在面前，人们并不是束手无策，无所作为的，客体存在是可以被人们认识的。犯罪动机和目的虽然存在于人的主观之中，是看不见摸不着的东西，然而，作为一种客观存在的事实，它并不是深不可测、不可认识和把握的东西。实践证明，只要我们尊重事实，进行认真、全面的调查研究，就一定能够正确认识犯罪动机和犯罪目的，正确地定罪量刑，准确地惩罚罪犯。

（二）主观来源于客观，又见之于客观，认定犯罪动机和目的不能离开客观事实。列宁指出："我们应该按哪些标志来判断真实的个人的真实'思想和感情'呢？显然，这样的标志只能有一个就是这些个人的活动。"① 因此，要认定行为人实施犯罪行为的真实动机和目的，其标志只能有一个，就是行为人的行为。只要把他的"个人活动"历史地、全面地联系起来加以分析，就能够做出符合实际的正确结果。不管犯罪分子多么狡诈，在作案过程中不可能不留下一丝痕迹。只要我们认真、仔细地深入调查研究，尊重实际，全面地、历史地、辩证地分析案件的具体情况，就一定能够查明行为人行为的真实动机和目的。

现实生活中的犯罪动机是多种多样的。国外学者将犯罪动机大体归纳为以下五类：（1）反对国家的动机（如仇视本国社会制度、阶级仇恨等）；（2）个人方面的卑劣动机（如个人的名利主义、泄愤报复等）；（3）个人方面的，但又不带卑劣性质的动机（如遭受凌辱而感情冲动等；（4）宗教方面的动机；（5）社

---

① 《列宁全集》第 1 卷，第 383 页。

会政治动机（如防止社会危害行为的侵害等）。从我国司法实践情况来看，常见的犯罪动机，可以概括为以下几种：

1. 贪财动机

所谓贪财动机，就是为满足衣、食、住、行等方面的物质需要，而引起的犯罪动机。在一般刑事犯罪中，基于财物动机而实施犯罪行为的居于首位。不少人为了满足自己的物质需要，便不择手段进行盗窃、诈骗、抢夺、抢劫等犯罪活动。贪财动机是司法实践中最常见的犯罪动机，也是一种最主要的犯罪动机。

2. 报复动机

报复动机也是一种很普遍的犯罪动机。这种动机不仅能导致严重危害社会的犯罪，而且所产生的犯罪往往手段异常残酷和狡诈。在基于报复动机而产生的犯罪中，轻则为一点小事争论，顿起报复之心，实施殴打、伤害等暴力行为；重则造成惨不忍睹的恶性案件，如报复恋爱对象的杀人碎尸案、报复领导的持枪杀人案等。这种报复动机导致的犯罪，危害极大。

报复动机通常与犯罪人的否定情绪特征联系在一起。如仇恨、嫉妒、愤怒等。当这种否定情绪发展到一定程度，就会形成报复动机，强烈时则导致犯罪行为。此外，报复动机导致的犯罪行为，常常会危害一些毫无关系的无辜之人，这在心理学中称作"迁怒"现象。

我国刑法第 276 条规定："由于泄愤报复或者其他个人目的，毁坏机器设备、残害耕畜或者以其他方法破坏生产经营的……"这就是我国刑法规定的破坏生产经营罪。如何理解该罪的主观特征？一种意见认为，该罪"犯罪主观方面是直接故意，并且有泄愤报复或者其他个人目的。引起泄愤报复的动机可以是多种多样的。"① 把"泄愤报复或者其他个人目的"理解为破坏生产经

---

① 梁世传编著：《刑法学教程》，南京大学出版社，1987 年版，第457 页。

营犯罪目的，我们认为，这种理解欠妥。首先，从内容来看，泄愤报复或者其他个人目的，如嫉妒、嫁祸于人、愤怒等等，是说明行为人为什么实施破坏集体生产行为，而不是说明行为人希望通过实施这种行为所要达到的结果；其次，从刑法用词来看，刑法规定的是："由于……"而不是"以……为目的"，这也表明泄愤报复或者其他个人目的不是犯罪目的，而是犯罪动机。犯罪动机不是犯罪构成的要件，那么刑法第276条又为什么要规定犯罪动机呢？我们认为，这是一个立法技术问题。从实际情况来看，"其他个人目的"的范围很广，几乎无所不包。这一规定并没有能起到限制打击的范围、区别此罪与彼罪的作用。建议将来修改刑法时，避免再出现类似问题。

3. 嫉妒动机

嫉妒是一种排他的心理，往往在缺乏道德修养和心胸狭隘的人身上较为严重。嫉妒的产生有多种多样的原因，如他人的声誉、地位、学识、财产、爱情和幸福等，都能导致某些人滋生嫉妒心。在某种诱因的作用下，这种嫉妒心发展到一定强烈程度时，就会变成犯罪的动机。这种动机往往与报复动机混合在一起。

4. 性动机

人类为了延续生命的需要而有性的本能，亦即所谓"饮食男女，人皆有之"。在青年时代，随着性机能的发育，就产生性的冲动和异性间的相互吸引。从这方面讲，性的需要有不可忽视的生理性因素。然而，人类的性需要与动物的性需要有着本质的区别。人类社会男女性爱带有丰富而深刻的社会性精神因素，即爱情。而且这种爱情在男女性爱中起着重要的作用。当然，爱情有自己的道德和法律标准，人们根据这些标准来调节性的需要和处理男女之间的性爱关系。那种不顾社会的道德和法律规范，把人类的性需要降低到动物水平——单纯的性本能表现，就容易成为犯罪动机，导致性犯罪。

犯罪的性动机既可能是在不良影响下，潜移默化地使主体形成了不良的性需要，也可能是由于缺乏控制力和抵抗力，在强烈的客观诱因的作用下，一下子就产生了性犯罪的动机。前者一般表现为有预谋的性犯罪，而后者则多缺乏预谋性。

5. 虚荣心动机

自尊心是人的一种重要的社会性需要。这种自尊需要，不是先天就有的，而是后天发展形成的。绝大多数的人在社会上都希望自己受到他人的尊重，享有一定的荣誉，受到相当的信任，一旦自尊心受到侵害，就会产生一种愤怒、仇恨的情绪。对于这种情绪，如果缺乏控制力，或引导不正确，很容易演变成犯罪动机。司法实践中，在虚荣心的支配下，一些人铤而走险，是比较普遍的现象。

6. "友情" 动机

人是社会的动物，人与人之间的交往是人类十分重要的一种需要。在交往过程中，人们之间会产生友情。在青少年中间，友情对他们有着特别重要的意义。由于青少年认识水平的局限性和容易产生偏激情绪，因而他们对友情的理解往往会陷入片面性。特别在一些不良青少年中间，友情被歪曲，误解成 "哥们义气"。许多违法犯罪青少年常常就是出于 "友情" 动机，为了 "哥们义气" 而实施盗窃、殴斗，甚至杀人等犯罪行为。有的犯罪青少年为了 "哥们兄弟" 的 "友情"，竟然残酷地杀害了素不相识的、无冤无仇的人。总的来说，基于 "友情" 动机而实施犯罪的，在青少年犯罪中较为常见，可以说是青少年团伙犯罪中最主要的犯罪动机。

除上述动机外，还有好奇心动机、戏虐动机、恐惧动机，等等。在实践中，有一部分犯罪是单一的犯罪动机引起的，但在多数情况下，导致犯罪行为的是综合性的犯罪动机，是几种不同的犯罪动机混合在一起。这些犯罪动机不是简单地处于排列状态，发生单一的作用，而往往融成一体，共同作用，心理学上称为集成动机。

实践中的犯罪目的也是多种多样的，如营利目的、牟利的目的、非法占有的目的、非法销售的目的、出卖的目的、非法剥夺他人生命的目的、奸淫的目的，等等。刑法有选择地规定某些犯罪的成立必须具备特定的目的，有的是用来区分罪与非罪。例如，刑法规定的集资诈骗罪、贷款诈骗罪、合同诈骗罪等，都要求行为人主观上必须以非法占有为目的才能构成。在上述场合，如果行为人具有非法占有的目的，表明行为人主观恶性大，行为的社会危害性达到了应当科处刑罚的程度。如果行为人实施上述行为不具有上述的目的，则表明行为人主观恶性小，行为的社会危害性尚未达到应予科处刑罚的程度，所以不能认定为犯罪。也有的规定以特定的犯罪目的作为犯罪构成要件，是用来区别犯罪的性质，将此罪与彼罪区分开来。例如，同样的故意致人死亡的行为，如果行为人行为的目的是致人于死地，便构成故意杀人罪；如果行为人实施行为的目的是想给被害人以重创，并不想剥夺其生命，则构成故意伤害罪。

刑法规定特定犯罪目的的直接故意与一般的直接故意不同。规定特定犯罪目的的直接故意的行为人的心理态度，除明知自己的行为会发生危害社会的结果，并希望这种结果发生外，还意图通过自己的犯罪行为，进一步实现某种非法的愿望，即法律所要求的犯罪目的的具体内容。犯罪目的是比一般故意更为复杂、深远的心理态度，它存在于直接故意中，又使这种直接故意成为具有特定内容的直接故意。例如，伪造有价票证罪的主观方面，行为人不仅明知自己的行为会破坏我国的经济秩序，并希望这种结果发生，而且意图通过自己的行为，进一步实现营利的非法目的。凡是法律规定以特定目的为构成要件的犯罪，除了具有犯罪的直接故意外，不具备这种特定目的，犯罪也就不能成立。对于法律没有明文规定特定犯罪目的的普通直接故意犯罪来说，行为人的心理态度只要符合一般直接故意的内容，就具备了犯罪构成的主观要件，而不论行为人实施行为的具体目的如何。例如，制造、运输毒品罪，法律没有要求本罪具有特定的犯罪目的，因此，行为人出于营利目的，或受亲朋好友委托，帮助制造、代为运输毒品等，均可构成本罪。

四、研究犯罪动机和目的的意义

（一）研究犯罪动机的意义

1. 在直接故意犯罪中，查明犯罪动机有助于全面地、客观地分析案情。任何一种直接故意犯罪，其犯罪目的的产生都不是无缘无故的，而是必然有某种动因刺激行为人去实施犯罪行为，以达到犯罪目的。这种动因引起的行为以至导致的后果，是一个完整的链条，如果忽视某一个环节，就会造成错觉，甚至产生错误认识。因此，认真审查犯罪动机，有助于认识和掌握案件的发生、发展、变化的全部过程，便于搞清犯罪活动的来龙去脉，进而全面、客观地分析案情，同时也有利于教育帮助被告人认罪服法，扩大办案效果。

2. 认真研究犯罪动机有助于搞清案件的性质。犯罪动机只存在于直接故意犯罪中，而直接故意犯罪的主观条件必须是罪过、动机、目的三者的统一。在认定具体犯罪时，如不判明有无犯罪的动机，就会混淆行为性质以及行为的社会危害性程度，造成重罪轻判或轻罪重判，甚至造成错案。

3. 研究犯罪动机对正确量刑有重要意义。犯罪动机包含在犯罪情节内容中，反映着行为人主观恶性程度的深浅。犯罪动机情况不一样，量刑的轻重也就有所不同。犯罪动机作为量刑的酌定情节，它同其他量刑的酌定情节一样，可以在从重、从轻、减轻、免除处罚等几个方面发挥作用。我国刑法总则第 61 条关于量刑一般原则的规定，以及第 63 条的规定和分则相当数量条款中关于情节不同的犯罪适用不同量刑的幅度的规定，都是犯罪动机影响量刑的法律依据。因为这些条文都要求量刑要注意情节，而犯罪动机就是重要情节之一。犯罪动机作为犯罪的重要情节之一，它对量刑的影响大致可以表现为两种情况：一是在法律对不同情节规定不同法定刑的情况下，它可以成为影响选择不同法定刑幅度的一种因素；二是在直接故意犯罪的一切情况下，它都可能作为犯罪情节的重要内容之一，影响到同一量刑幅度内具体轻重刑罚的选择确定。此外，犯罪动机还可能影响到对具体犯罪是否采用非刑罚的处理方法，这指的是刑法第 37 条的规定。

4. 查明犯罪动机有助于侦破案件和预防犯罪，促进社会治安的综合治理。查明犯罪动机，不仅有利于正确定罪量刑，而且有利于侦破案件和预防犯罪及更好地改造犯罪分子。因为犯罪动机说明犯罪人为什么要造成这种或那种危害结果，是推动犯罪人实施行为的内心起因，也就是刺激犯罪人去实施犯罪行为的一种心理因素。而且犯罪动机与犯罪目的是相互联系相互作用的，如果不了解犯罪动机就无法掌握犯罪人为什么要实施犯罪行为以追求犯罪结果，就不能了解犯罪人的思想本质和主观恶性程度。因此，查明犯罪动机就给侦破案件指出了具体的方向，也就有利于及时准确地打击和惩罚犯罪。同时，查明犯罪动机，特别是分析青少年犯罪的内心起因，对于探索犯罪规律、特点和搞清犯罪产生的原因，进而有的放矢地预防犯罪、打击犯罪、改造犯罪人，具有重要的意义。

（二）研究犯罪目的的意义

1. 犯罪目的是我国刑法规定的某些犯罪的构成要件。我国刑法分则规定某些犯罪的成立，必须具有特定的目的。如侵犯著作权罪、销售侵权复制品罪必须具有营利的目的才能构成。如果不具有刑法规定的这些特定目的，该种犯罪便不能成立。

2. 犯罪目的又是区分某些不同性质犯罪的标准。在一般刑事犯罪中，有些罪名的确定，这种罪与那种罪的区分，也往往以犯罪目的的不同为标准。例如，故意杀人（未遂）罪与故意伤害致人死亡罪，如果只从犯罪行为及其危害后果看，就很难将两者区别开来。这两种犯罪的根本区别，就在于它们故意的内容不同，表现在各自的目的上的不同。故意杀人罪的犯罪目的是行为人意图致被害人于死地，即使由于种种原因没能把被害人杀死，那只不过是未遂罢了，不能因为被害人未死而改变行为人故意杀人的犯罪性质。而故意伤害罪的犯罪目的是行为人意图使被害人的身体健康受到损伤，因之，即使由于行为人失手，导致被害人死亡，那也只能定故意伤害致人死亡罪，而不能因为被害人死了，就改变行为人故意伤害的犯罪性质。因此，犯罪目的在某些场合对确定行为性质，区别此罪与彼罪有重要意义。

3. 犯罪目的对准确认定行为人的主观罪过形式有着重要意义。如前所述，不是所有的犯罪都有犯罪目的，如果目的只存在于直接故意犯罪中，犯罪目的和犯罪直接故意两者是一致的、紧密联系的。在间接故意和过失犯罪中，都不存在犯罪目的的问题。凡是具有犯罪目的的犯罪，必然是直接故意犯罪。因此，犯罪目的是区别直接故意犯罪与间接故意犯罪、过失犯罪的重要标志。

4. 犯罪目的对量刑也有影响。首先，由于犯罪目的的决定着某些行为的性质，是区分罪与非罪、此罪与彼罪的标准，其结果必然影响到量刑的有无与轻重；其次，犯罪目的不仅决定行为性质而且也直接反映着行为人的主观恶性程度和社会危害性程度。因此，犯罪目的是量刑时应予考虑的因素之一，犯罪目的的有无与内容如何，对量刑的轻重有直接的影响。

第 二 编
犯罪形态

第七章　故意犯罪阶段上的犯罪形态

第一节　概　　述

一、故意犯罪阶段的概念、特点及其划分标准

（一）故意犯罪阶段的概念和特点

什么是"故意犯罪阶段"？长期以来，在我国刑法学界莫衷一是。从中华人民共和国成立以后出版的教科书、专著和发表的论文看，主要有以下几种观点：1. "过程论"。这种观点认为，故意犯罪阶段"乃是表明犯罪发展程度的各个不同过程"①。这种主张是从苏联刑法著作中直接照搬过来的，其最早的理论渊源是1950年初版的《苏联刑法总论》②。此后，不仅苏联刑法学界长期沿用这一定义，而且我国的许多刑法教科书也相继仿效。2. "结局论"。这种观点认为，故意犯罪阶段是指故意犯罪发展过程中出现的各种不同结局，亦即各种可能停顿或者已经停顿的行为状态。这种主张的出发点是，认为在刑法上，不是要求某人对某个犯罪过程负责，而是要他对犯罪过程中已经停顿的不同结局负责。因此，犯罪预备、犯罪未遂、犯罪既遂和犯罪中止，才是故意犯罪阶段的应有之义。例如，有的教科书认为，"故意犯罪的阶段是指故意犯罪在活动过程中可能停顿的阶段。这就是犯罪

---

① 《政法研究》，1957年第2期，第16页。

② 彭仲文译：《苏维埃刑法总论》，大东书局，1950年版，第423页。

的预备、未遂和既遂，以及与此直接相关的犯罪中止。"① 此外，在我国刑法学界还有人主张，取消"故意犯罪阶段"的提法，只简单地根据我国刑法的规定，直呼犯罪预备、犯罪未遂、犯罪中止和犯罪既遂即可，以避免概念上的混乱和理论上的纷争②。

我们认为，故意犯罪阶段与故意犯罪过程、故意犯罪形态之间，虽然存在着密切关系，但三者毕竟不是同一个概念，彼此不能等同。"过程论"把犯罪阶段与犯罪过程同日而语，实际上等于取消了阶段的独立性和划分阶段的必要性，因而是不可取的。"结局论"从如何合理地确定犯罪人刑事责任的立场出发，来研究犯罪阶段问题，这一点值得肯定。但把停顿在犯罪过程中的各种犯罪形态与犯罪阶段等量齐观，则从根本上否定了犯罪阶段与犯罪形态的区别，其结果将使对犯罪阶段的研究，丧失其应有的意义。此外，"可能停顿"的说法经不起逻辑推敲。因为，"可能停顿"是一种不肯定的用语。停顿，即否定了发展，阶段就失去了存在的余地；不停顿，又违反了"可能停顿"的前提。这是一个逻辑上的二难推理，它永远也无法得出"存在犯罪阶段"的结论。而且，把已经停顿的预备犯、未遂犯、中止犯和既遂犯，视为"可能停顿"的阶段，与其概念本身就是自相矛盾的。因此，"结局论"不可能也没有对故意犯罪阶段，提出一个科学的定义。

那么，究竟应当如何表述"故意犯罪阶段"的概念呢？我们认为，科学的故意犯罪阶段的定义，应当同时具备下列特征：

1. 故意犯罪阶段只存在于直接故意犯罪中，间接故意犯罪和过失犯罪，一般不存在犯罪阶段，或者没有必要划分犯罪阶段。

2. 故意犯罪阶段仅指故意犯罪的行为阶段，而不包括犯罪

---

① 高铭暄主编：《刑法学》（修订本），法律出版社，1985年版，第172页。

② 《法学研究》，1984年第5期，第27页。

意思阶段。因此，从产生犯罪动机、萌发犯罪意图、确定犯罪意志到单纯表示犯意这一过程，不能列入犯罪阶段。因为它们都属于犯罪人内心的意思活动，没有也不可能对刑法所保护的社会关系，造成任何客观的外在的威胁和侵害。

3. 故意犯罪阶段只存在于犯罪行为的发展过程中，如果犯罪行为尚未开始，就不存在犯罪阶段问题。

4. 故意犯罪各阶段之间，具有时间上的顺序性和先后的连贯性。其中预备行为总是发生在着手实行行为之前，为犯罪活动所作的各种准备，正是犯罪活动顺利发展到实行阶段的原因。而犯罪的实行阶段，则是完成全部犯罪活动的必经程序，同时也是使犯罪达到既遂状态的直接原因。这一特点决定了预备犯、中止犯、未遂犯、既遂犯都不能成为犯罪阶段。因为，既然构成预备犯，也就不可能再演变为中止犯；既然构成中止犯，也就不可能再发展为未遂犯；同样，未遂之后不会再发生既遂，既遂之后也就难以成立预备、未遂和中止。因为，不仅每一种犯罪形态可能发生于不同阶段，而且相互之间也不存在先后的因果性。

基于上述考虑，我们认为，所谓故意犯罪阶段，是指直接故意犯罪行为发展过程中所经过的具有明显的先后次序的若干段落或时期。它既不是指故意犯罪活动的整个过程，更不是指故意犯罪过程中已经停顿的各种犯罪形态。

（二）故意犯罪阶段的划分

对故意犯罪阶段的划分方法，与对故意犯罪阶段所下的定义直接相关。正是由于对"阶段"含义的理解不同，在对阶段进行划分时，各家采用了不同的划分标准。概括起来主要有以下几种分法：1. 从整个犯罪过程着眼，以犯罪意思和犯罪行为发展的顺序为标准进行划分，认为故意犯罪阶段始于犯意的产生，终于犯罪行为的完成或危害结果的出现。其中有的学者明确提出，将犯罪阶段区分为意思阶段和行为阶段，指出："犯罪之成立，自其发展之过程观之，其先必有一定的动机，由此动机而萌犯

407

意，以致于决定犯意，皆属内部之心意作用，是为意思阶段；乃至就其决意进而为预备行为及实行行为，乃成外部之事实表现，是为行为阶段。泛言之，举凡犯意表示、阴谋、预备及实行，皆属犯罪行为之过程，统称之为行为阶段。"① 此外，有的学者还将着手单独划分为一个阶段，形成了决意（包括阴谋）、预备、着手、实行、犯罪结果的发生的"五阶段论"②。这种划分方法，实际上将尚不能构成犯罪的意思活动列为犯罪的一个独立阶段，自相矛盾，故不足取。

2. 从故意犯罪行为发展的过程着眼，以行为的前后次序为标准进行划分，认为故意犯罪阶段始于犯罪预备，终于犯罪结果的发生。其中，有的划分为犯罪预备和犯罪实行两个阶段，有的划分为犯罪预备、犯罪着手、犯罪实行或犯罪预备、犯罪实行、犯罪结果的发生三个阶段。此外，有的论者在划分出预备阶段和实行阶段的同时，又划分出一个"行为后阶段"。认为在犯罪实行阶段终了而尚未达到犯罪既遂这一阶段内，"虽然在客观形式上已经没有犯罪人直接实施的犯罪行为，但是犯罪人在前一阶段所实施的犯罪实行行为仍在继续发挥作用，促使犯罪达到既遂"③，因此，应将其作为一个独立阶段。由此不难看出，这种划分方法，把犯罪意思阶段排斥于犯罪阶段之外，从而使故意犯罪阶段摆脱了与犯罪意思的交叉和混杂，在"行为阶段"的特定范围内，奠定了犯罪阶段问题的理论基础。3. 从故意犯罪过程中犯意表示和犯罪行为的联系或犯罪行为的停顿状态为着眼点，以停顿下来的各种不同犯罪形态为标准进行划分。其中，有

---

① 韩忠谟著：《刑法原则》，台湾雨利美术印刷有限公司，1982 年第 14 版，第 104～105 页。

② 郗朝俊著：《刑法原理》，商务印书馆，1930 年第 1 版，第 228 页。

③ 赵秉志：《犯罪未遂的理论与实践》，中国人民大学出版社，1987 年第 1 版，第 46 页。

的划分为犯意表示、犯罪预备、犯罪未遂、犯罪既遂四个阶段①，有的划分为犯罪预备、犯罪未遂、犯罪既遂三个阶段②，还有的划分为犯罪预备、犯罪未遂、犯罪中止、犯罪既遂四个阶段③。此外，有些学者认为，犯罪阶段只包括犯罪预备和犯罪未遂两个阶段④。这些观点尽管具体分法不同，但都是把已经停顿的各种犯罪形态当作犯罪阶段。

我们认为，对故意犯罪阶段的划分，必须坚持"阶段"本身的科学内涵，划清它与故意犯罪过程和故意犯罪停顿状态的界限。而上述第一种划分方法，把犯罪阶段追溯到犯意的产生，延伸到犯罪结果的出现，显然无限地扩大了犯罪阶段的存在范围。第三种划分方法，源于对犯罪阶段这一概念的错误认识，把各阶段上形成的犯罪形态作为阶段的本身，最终难以建立犯罪阶段问题的科学理论。第二种划分方法，试图避免"过程论"和"结局论"所产生的弊端，其基本立场和立论的前提是正确的。但其中某些观点仍有值得商榷的余地，例如，要不要分别把着手和犯罪结果的发生作为两个独立的犯罪阶段等。

根据我们对故意犯罪阶段的理解，在对犯罪阶段作具体划分时，必须注意以下几点：首先，故意犯罪阶段既不能脱离故意犯罪过程而独立存在，同时也不是"过程"本身的同义语。因此，应当在"过程"中选择出适当的段落作为犯罪阶段，以表明"阶段"与"过程"的不同范围。其次，故意犯罪阶段不应当包

---

① 张尚鷟编著：《中华人民共和国刑法概论总则部分》，法律出版社，1983年版，第155~156页。

② 高铭暄主编：《刑法学》（修订本），法律出版社，1985年版，第172页。

③ 中央政法干校编：《中华人民共和国刑法讲义（总则）》，群众出版社，1982年第1版，第152页。

④ 伍柳村著：《故意犯罪的阶段》，载1982年10月《〈刑法学〉教学经验交流会发言材料汇集》。

括犯意表示，因为，尽管它也可以借用"意思阶段"一词与"行为阶段"相区别，但它毕竟不是"行为阶段"。而且，按照我国刑法规定，单纯的犯意表示不构成犯罪；在犯意表示阶段，也不会产生任何犯罪形态。因此，将其作为一个独立的犯罪阶段，没有多大意义。再次，故意犯罪阶段的划分，应当以实施犯罪行为的过程为着眼点，也就是说，需要研究的是从犯罪预备到实行完毕这段时间。但是，在很多情况下，虽然犯罪行为已经实行完毕，但并未出现犯罪的既遂状态，而可能出现犯罪未遂和犯罪中止。而这些犯罪形态，既不是发生在预备阶段，也不是发生在实行阶段，因此，为了研究的方便，有必要再划分出一个独立的犯罪阶段，即"实行后阶段"。至于"行为后阶段"的提法，原则上并无不可。但用语不够确切。因为，"行为"一词，既可以理解为实行行为，也可以理解为预备行为。

第四，故意犯罪阶段表现为由一个节点走向另一个节点的若干"线段"，连接节点的"线段"是犯罪阶段，而各连接点则是构成不同犯罪形态的条件或要素，而不能将其作为犯罪阶段。因此，把犯罪结果的发生作为独立的犯罪阶段，在逻辑上是难以成立的。

通过以上分析，我们认为，故意犯罪可以分为三个阶段，即犯罪预备阶段、犯罪实行阶段和实行后阶段。至于犯罪的着手，作为实行行为的起点，在时间和空间上，与实行行为几乎密不可分。如果将其作为一个独立阶段，事实上很难将其与实行阶段区分开来，最终势必使犯罪阶段理论陷入繁琐哲学。

总之，直接故意犯罪行为在其发展过程中，一般都可能经过预备和实行两个阶段，有些情况下，还可能经历"实行后阶段。"当然，犯罪阶段的必然存在与具体案件中的具体犯罪行为事实上都经历各个阶段，毕竟不是一回事。实际上，直接故意犯罪千姿百态，形态各异，犯罪行为发展的程度有深有浅，犯罪阶段持续的时间有长有短。有的犯罪可能不经过预备阶段，在确立犯意之后就直接着手实行犯罪，如突发性故意杀人；有的犯罪可能在准备犯罪时，由于行为人本人的原因或其意志以外的原因而发生停顿，没有进入实行阶段，有的虽然已经通过实行阶段，但预期的犯罪结果并没有发生，犯罪目的并未实现；有的经过实行阶段以后，并未立即出现既遂状态，而是经过若干时间后，才形成既遂状态。然而，不管具体犯罪的发展事实上是否经历了每个阶段，"三阶段论"这种划分方法，则是符合故意犯罪发展的客观进程的。

二、故意犯罪阶段、形态、过程之间的关系

在直接故意犯罪中，犯罪过程、阶段和形态之间互相联系，构成一个有机统一的整体。其中，故意犯罪过程包括了故意犯罪阶段和故意犯罪形态，二者都是在犯罪过程中产生的。因此，如果脱离了过程这一前提，就会使对阶段和形态的研究，难以找到正确的基点和特定的范围。正因如此，才有必要把阶段、形态置于过程之中进行探讨。

同时，阶段与形态之间，也具有不可分离的关系。一般来说，特定的犯罪形态，总是在特定的阶段出现的，而且作为构成阶段的客观行为，又是构成特定犯罪形态的必要条件。例如，预备犯只能发生在预备阶段，而犯罪的预备行为，是构成该种犯罪形态必不可分的条件。又如，未遂犯只能发生在实行阶段，而是否存在着手实行行为，正是决定是否构成未遂犯的必要前提。因此，对犯罪形态的研究，往往需要首先查明犯罪行为所处的阶段。

但是，过程、阶段、形态毕竟不是同一概念，它们具有特定的含义，分别属于不同的范畴。首先，犯罪阶段不同于犯罪过程，它只是从犯罪过程的链条中，有选择地截取出来的若干段落，其外延要比犯罪过程小得多。其次，犯罪形态不同于犯罪阶段，前者表现为已经停顿的行为状态，往往是某一行为的"终

点"；后者则表现为行为发展的不同顺序，往往表现为某一"起点"和"终点"之间所连接起来的线段。

此外，某些犯罪形态所处的犯罪阶段，并不是固定的，它往往随着具体犯罪行为的发展情况而变化。这主要包括三种情况：1. 既遂犯既可能发生在实行阶段（实行完毕的同时达到既遂状态），也可能发生在实行后阶段（实行终了后尚须一定时间才出现既遂状态）。2. 未遂犯既可能发生在着手后的实行阶段（未实行终了的未遂），也可能发生在实行完毕后的实行后阶段（实行终了的未遂）。3. 中止犯既可能发生在犯罪预备阶段，也可能发生在犯罪实行阶段，还可能发生在实行后阶段。

上述犯罪阶段、犯罪形态、犯罪过程之间的相互关系，可以用图表示如下：

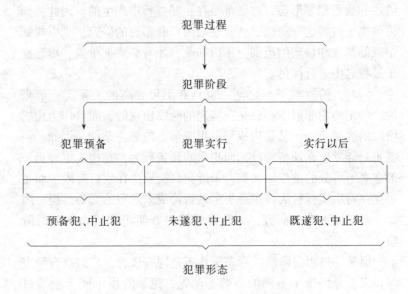

三、未完成形态的犯罪承担刑事责任的根据

在刑法理论上，通常根据故意犯罪行为是否齐备了基本犯罪

的构成要件，将故意犯罪区分为完成形态和未完成形态。前者是指既遂犯，后者则包括预备犯、未遂犯和中止犯。

在犯罪的未完成形态中，有的停止在犯罪的预备阶段，有的停留在犯罪的实行阶段，还有的终止于犯罪结果发生之前。其共同特点都在于没有完成犯罪活动，特别是没有造成犯罪结果。这是它与完成形态的犯罪（既遂犯）的根本区别。

在完成形态的犯罪中，由于具备了刑法规定的各个犯罪构成要件，行为人理应承担刑事责任。对此，人们不会产生任何异议。但是，在未完成形态的犯罪中，由于犯罪人尚未完成犯罪，有的甚至还没有着手实行犯罪行为，因此，对这些行为应否承担刑事责任，以及承担刑事责任的根据是什么，长期以来，在刑法学界颇有争议。

在主张对未完成形态的犯罪应当给予刑罚处罚的学者中，对处罚根据的认识，也颇不统一。概而言之，主要有以下几种学说：

（一）"基本构成要件齐备说"。这种观点认为，按照犯罪构成的一般理论，任何一种行为都必须具备犯罪客体、犯罪客观方面、犯罪主体、犯罪主观方面的要件，才能构成犯罪，并承担刑事责任。而未完成形态的犯罪，同完成形态的犯罪一样，都具备了这四个方面的要件，否则，就不能说它们是犯罪行为。因此，预备犯、未遂犯和中止犯，之所以要承担刑事责任，其根本原因就在于它们符合犯罪构成的各个要件①。

（二）"修正构成要件齐备说"。这种观点认为，既遂犯的构成要件是基本的构成要件，它是通过刑法分则各本条加以规定的。而预备犯、未遂犯和中止犯，则是对基本犯罪构成要件的修正和变更，它是通过刑法总则条文加以规定的。因此，未完成形态的犯罪之所以要承担刑事责任，并不是因为它具备了既遂罪的

_____

① 参见《法学研究》，1987 年第 4 期，第 34~37 页。

构成要件，而是因为它具备了修正的构成要件。日本和我国有些刑法学者均持这种见解。

（三）"截断的犯罪构成要件说"。这种观点认为，在故意犯罪中，法律本身可以把犯罪行为发展过程中的任何一个阶段截断，而确定为既遂形态的犯罪。一旦行为的过程被切断，法律既不要求行为人将犯罪实行完毕，也不要求行为本身造成有形的损害结果。因此，未完成形态的犯罪之所以要承担刑事责任，完全是由于立法者将其直接上升为既遂罪的结果。这是前苏联某些学者的观点。

（四）"第二次犯罪类型说"。这种观点认为，法律规定的既遂犯，是基本的犯罪类型。设此规定的目的，是为了通过对其适用刑罚，以维护法律秩序。但是，作为第二次犯罪类型的未完成形态的行为，同样会对法律所保护的社会秩序造成破坏。因此，有必要对其处以刑罚，以弥补基本犯罪类型之不足①。

（五）"刑罚扩张原因说"。这种观点认为，刑罚处罚的对象，原本只限于既遂犯。法律条文之所以规定预备犯、中止犯、未遂犯的刑罚，实际上是将既遂犯的刑罚，扩张适用于上述未完成形态的犯罪的结果②。

"基本构成要件齐备说"从犯罪构成理论出发，来研究未完成形态犯罪的刑事责任问题，这一点是应予肯定的。但是，把未完成形态犯罪的构成要件，与完成形态的犯罪的构成要件混为一谈，则是从根本上抹煞了两种犯罪形态的区别。而"截断的犯罪构成要件说"则是从另一个角度，混淆了既遂罪与未完成形态的犯罪之间的界限。按照这种学说，既然刑事法律将预备犯、未遂犯和中止犯上升为既遂犯，就应当与既遂犯同等处罚，而实际上在提出这一理论的前苏联学者那里，法律并没有规定同等处

---

①②　参看蔡墩铭：《刑法总论》，台湾三民书局印行，1978 年版，第210 页。

罚的原则。因此,"基本构成要件齐备说"和"截断的犯罪构成要件说",均不可取。

"第二次犯罪类型说"和"刑罚扩张原因说",从刑法的任务是维护社会秩序的立场出发来论证未完成形态行为的可罚性,这是应予肯定的。但是,二者并没有回答未完成形态的行为,为什么构成犯罪,为什么必须承担刑事责任的问题。刑事责任与犯罪构成理论的分离,正是这两种学说的缺陷所在。

因此,修正的犯罪构成学说,才是解决未完成形态犯罪的刑事责任问题的理论依据。这种学说不仅划清了完成形态与未完成形态的界限,而且也使犯罪构成理论与刑事责任理论,得到了有机地结合和统一。(详见本章第二节之四、第三节之三)

第二节 预 备 犯

一、预备犯的概念和条件

什么是预备犯?什么是犯罪预备?二者是否同一概念?构成预备犯应当具备哪些条件?构成预备犯的条件和预备犯的犯罪构成要件之间是什么关系?对这些问题,我国刑法学界的认识并不一致。例如,有的著作中写道:"犯罪预备行为是直接故意犯罪发展阶段中的一个初级形态,也是故意犯罪发展过程中,出现在犯意形成之后,着手实施犯罪行为之前的中断状态。"[1] 还有的作者以对预备犯犯罪构成要件的研究,来代替认定是否构成预备犯的标准。很明显,在这些同志看来,预备犯就是犯罪预备,是否具备犯罪构成"四个方面"的要件,是决定是否构成预备犯的唯一根据。

我们认为,犯罪预备与预备犯是两个既有联系又有区别的概

---

[1] 樊凤林主编:《犯罪构成论》,法律出版社,1987年版,第236页。

念，前者是故意犯罪发展过程中的一个阶段，是构成预备犯的必要条件之一；后者则是在犯罪预备阶段已经停顿的犯罪形态，它不可能脱离犯罪预备行为而存在，但又不是犯罪预备的同义语。因为，犯罪阶段和犯罪形态，毕竟不是同一个概念。

同样，构成预备犯这一特定犯罪形态的条件，有其本身的规定性和独立性。而关于预备犯是否具备犯罪构成的一般要件或修正的构成要件的研究，是在构成预备犯的前提下进行探讨的。它着重于说明预备犯是否有犯罪构成，以及是否应当承担刑事责任的问题。它本身并没有回答什么是预备犯，"四个方面"的要件也无法完全代替对预备犯犯罪形态的实际认定。

我们认为，所谓预备犯，是指已经实施犯罪的预备行为，但由于行为人意志以外的原因，未能着手实行犯罪的犯罪形态。构成预备犯，必须具备下列条件：

（一）已经实施犯罪的预备行为

这是构成预备犯的前提条件，也是区分预备犯与犯意表示的显著标志。如果只是单纯的流露犯罪意图，而没有将犯意付诸行动的预备行为，则不能构成预备犯。

所谓犯罪的预备行为，是指为实行犯罪创造便利条件的各种外部身体活动的总称。它表现为行为人在犯意的支配下，采取一系列积极行动，力图使犯罪进入着手实行阶段，以便最终顺利地实现其犯罪目的。因此，犯罪预备行为是一种反映着犯罪意图的行为。同时，这些行为在一定程度上为犯罪的完成创造了有利条件，因而实际上已经使刑法所保护的社会关系面临着遭受侵害的严重威胁。犯罪预备行为本身所具有的罪过性和社会危害性，决定了它必须成为刑法所禁止的行为。

我国刑法第22条第1款规定："为了犯罪，准备工具、制造条件的，是犯罪预备。"这是对犯罪预备行为的高度概括。在司法实践中，由于故意犯罪的多样性、复杂性，犯罪预备行为的具体表现形式也千差万别。但从大的方面分类，则主要表现为以下

416

几种方式：

1. 准备犯罪工具

所谓犯罪工具，是指能够用来进行犯罪活动的各种物品。它可以是用于某种特定的犯罪活动的物品，也可以是用于多种犯罪活动的物品。

所谓准备犯罪工具，是指为实行犯罪而制造、购买、寻找、使用犯罪工具的行为。制造，既可以是行为人自己亲自制造，也可以是请他人代为制造。在委托他人代为制造的场合，如果制造者是不知情人，其行为不能视为犯罪预备行为。购买，是指用金钱或物品交换的方式，购置犯罪工具。在购买犯罪工具的场合，如果出卖者与购买者事前有犯罪的通谋，而以有偿的方式提供犯罪工具，则应当以共同犯罪的帮助犯论处。寻找，是指向他人借用、收集犯罪工具。例如为偷越国境而向他人租用汽车，为进行诈骗活动而收集假币或旧货币，为制造爆炸事件而搜集炸药雷管等。使用，是指行为人已开始使用犯罪工具为实行犯罪创造条件但尚未着手实行行为的情况。例如为杀人而正磨刀霍霍，为抢劫银行而驾车驶往犯罪场所等。但是，如使用工具本身已构成犯罪实行行为的着手时，则不是犯罪预备行为。例如为杀死被害人而驾车高速冲刺，在离被害人仅几步之遥时，汽车突然失灵而未将人撞死，则构成未遂犯，而非预备犯。同时，作为预备行为的使用犯罪工具，只能发生在预备阶段，如果在着手实行犯罪的过程中，为制服被害人，而使用事先准备好的犯罪工具，当然不是准备犯罪工具的预备行为。

总之，准备犯罪工具是一种最常见的预备行为，甚至是某些犯罪必不可少的步骤。因此，我国刑法把准备犯罪工具特别加以规定，正是反映了它在犯罪预备行为中的典型性。

2. 调查犯罪场所和被害人行踪

所谓调查犯罪场所，是指了解查看将要实施犯罪的场所及其周围的情况，以便能顺利地实施犯罪或实施完毕后顺利逃离犯罪现场。例如，为实施盗窃犯罪活动而事先查看银行所处的位置、保险柜放置的地方、门窗的牢固程度、毗邻的建筑物、逃跑的路线等。

所谓调查被害人的行踪，是指了解打听被害人的去向、日常活动规律等情况。例如，为实施强奸犯罪活动，而向被害妇女本人了解或向其亲友打听她何时在家、家住何处、在何处工作、几时上下班、途经什么地方等。

在现实生活中，在某一场所查看，可能是游览观瞻，也可能是正在查看犯罪场所；同样，了解他人的行踪，既可能是出于关心或闲聊，也可能是欲对其进行不法侵害。因此，要认定其是否为犯罪预备行为，必须结合案件的各种具体情况，首先确定其是否具有特定的犯罪故意。例如，进入重要的军事基地进行窥探、调查，如果是故意非法进入，就必须查明其目的是什么。如果是为了盗窃重要资料、设备，或者是为了炸毁军事设施，就可以认定为犯罪的预备行为。

3. 出发前往犯罪场所或诱骗被害人赴犯罪地点

所谓出发前往犯罪场所，是指已开始向犯罪场所进发。例如，为实施杀人行为而动身前往被害人所在地，为武装劫狱而前往监狱劳改场所等。

所谓诱骗被害人赴犯罪地点，是指通过引诱欺骗的方法，使被害人前往犯罪人预定的犯罪地点。例如，在仇杀案件中，通过第三者欺骗让被害人到预定地点，以便将其杀死；在情杀案件中，以约会、谈心、散步为名，将被害人引到偏僻地点，然后实施杀害行为。

在这两种预备行为中，如果刚刚动身到犯罪场所或诱骗被害人到犯罪场所的途中，因意外的原因而未着手实施实行行为的，应以预备犯论处。

4. 追踪被害人或守候被害人的到来

所谓追踪被害人，是指跟踪尾随被害人，寻机作案或到达预定地点后再进行加害。这种跟踪行为，可能比较急迫，也可能比较缓和。前者如离被害人已近在咫尺，一旦追上就可能立即实施加害行为；后者如远远尾随被害人，准备选择适当的时间和地点实施加害行为。只要尚未着手实施犯罪的实行行为，都应当以犯罪预备行为论。

所谓守候被害人的到来，是指被告人埋伏或等候在一定的地点，等到被害对象到来后，再对其实施预定的犯罪。例如为实施强奸犯罪活动，趁天黑埋伏在女工下夜班必经的偏僻地带，等被害人出现后即施加暴行，就是强奸罪的预备行为。

5. 排除实施犯罪的障碍

所谓排除实施犯罪的障碍，是指在着手实行犯罪之前，排除实行犯罪时可能遇到或已经遇到的障碍，以便为进一步实施犯罪创造有利条件。它既可能是单纯地排除障碍，等待时机成熟再实施犯罪，例如为潜入银行进行盗窃，事先多次实施拆除门窗上的防盗警报器的行为，等将警报器全部拆掉后再着手偷窃金库；也可能是在排除障碍之后，立即着手实行，例如为杀死被害人和防止作案后被及时报案，首先掐断电灯线、电话线，这里的掐线行为，就是故意杀人罪的预备行为。

对于排除犯罪障碍的行为，要作具体分析。从司法实践看，排除障碍的情况比较复杂。同是排除犯罪障碍，有的可能是典型的犯罪预备行为，有的可能是实行行为的着手。例如撬门扭锁这种行为，可能由于地点、场所和对象的不同而改变行为的阶段性。如果为盗窃而撬开银行金库大院的门锁，当然是盗窃的预备行为；但是，如果撬开（或正在撬门）装现金的保险柜的门锁，则属于盗窃罪的着手行为。

6. 拟定实施犯罪的计划

所谓拟定实施犯罪的计划，是指草拟、商定犯罪的具体方案。它既可以发生在单个人犯罪中，也可以发生在共同犯罪中，特别是在有预谋的共同犯罪案件中，拟定犯罪计划往往是实行犯罪前的必要步骤。犯罪计划的内容范围很广，它包括犯罪的时间、地点、方法、手段、对象、步骤、分工、转移赃物、隐匿罪犯、销毁罪证等等。犯罪计划的表现方式，既可能是书面的，也可能是口头商定的。无论其内容和形式如何，只要属于犯罪前的准备活动，都应当以犯罪的预备行为论。

7. 其他犯罪预备行为

除前述 6 种预备行为以外，犯罪预备行为的表现形式还很多。例如，在共同犯罪案件中的勾结犯罪同伙；为实施犯罪练习必要的犯罪技能；为进行特定的犯罪而筹措、积累必需的物品和现金等等，都是犯罪预备行为。

总之，只要已超出犯意表示的范畴而尚未进入着手实行阶段的为犯罪创造便利条件的行为，都属于犯罪预备。

（二）必须在犯罪预备阶段停顿下来

首先，预备犯只能发生在犯罪预备阶段，这是区分预备犯与未遂犯和既遂犯的显著标志。如果行为人已着手实行犯罪，或者犯罪行为已经实施完毕，或者法定的犯罪结果已经发生，都不可能再出现预备犯。

其次，预备犯只能表现为已经停顿的行为状态，这是区分犯罪预备行为与犯罪预备形态的显著标志。如果犯罪人在实施犯罪行为之后，顺利地进入着手实行阶段，那么就不可能再出现表现为停顿状态的预备犯。在这种情况下，先行的预备行为为后来的实行行为所吸收，不能再作为独立的犯罪形态而追究其刑事责任。

坚持这一条件，必须澄清理论界的两种错误倾向，一是混淆犯罪预备阶段与预备犯的界限，把阶段和形态视为同一个概念；二是错误地把单纯的预备行为当作预备犯，忽视了预备行为只有停顿下来，才能构成预备犯这一条件。只有划清上述界限，才有助于对预备犯的进一步探讨。

（三）预备行为停顿在预备阶段，是由于行为人意志以外的

420

原因。

这是构成预备犯的实质要件，也是区分预备犯和发生在预备阶段的中止犯的显著标志。如果犯罪预备行为不是由于行为人意志以外的原因而被迫停顿下来，而是由于行为人自动中止，则不构成预备犯，而应当以犯罪中止论处。

所谓意志以外的原因，是指足以阻止其犯罪意志、迫使其不得不停止预备行为、不再继续实行犯罪的各种主客观因素。从司法实践看，主要包括以下几种情况：

1. 由于作案条件不成熟而未继续着手实行犯罪

在司法实践中，有些被告人尽管已开始实施了犯罪预备活动，但认为准备尚不充分，时机尚不成熟，因而未着手实行犯罪。而所谓时机还不成熟，往往是客观上存在着妨碍实行犯罪的不利因素，这些不利因素反过来影响到犯罪人的犯罪信心和犯罪意志，因而未能使预备行为顺利发展到实行阶段。

2. 由于被害人闻讯逃避或不在现场或防范措施严密难以下手而未着手实行

被害人闻讯逃避，是指被害人得知被告人欲行加害的消息后，及时有效地躲避到安全场所，因而使被告人扑空，未能着手实行加害行为。

当然，即使不是闻讯逃避，而是由于其他原因，被害人不在犯罪现场，对被告人来说，也属于意志以外的原因。因防范措施严密而难以下手，是指行为人已进行了必要的准备活动，甚至已到达犯罪现场，但因对方事前采取了对付犯罪活动的有效而严密的措施，因而未敢或不能将犯罪推进到着手实行阶段。

3. 由于司法机关的及时行动或被群众抓获而未着手实行

在行为人实施犯罪预备行为之后，尚未着手实行之前，由于被害人的告发、第三者的报案而遭到公安机关的拘捕，或即将着手实行犯罪之时被群众发现而被抓获，这对于被告人来说，是典型的意志以外的原因。当然构成预备犯。

总之，构成预备犯必须同时具备上述三个要件。如果缺少其中任何一个要件，都不构成预备犯。因此，下列三种情况都不能以预备犯论处：（1）仅有犯意表示尚未表现为犯罪预备行为的；（2）犯罪预备行为发展到着手实行阶段或已构成既遂犯的；（3）在预备阶段自动放弃犯罪意图不再继续实行的。

二、犯罪预备与犯意表示

（一）犯意表示的概念及特征

犯意表示是指具有犯罪意图的人，通过一定的形式，单纯地将自己的犯罪意图表露出来的外部活动。它具有以下几个特征：

第一，犯意表示是人的犯罪意图的反映，如果主观上根本没有产生犯罪的意图，当然就无所谓犯意表示。

第二，犯意表示是犯罪意图的外化，即犯罪意图已经通过一定的形式表露出来，是一种能够为人们所了解和掌握的东西。如果主观上存在犯意，但并未表现于外部，当然不是犯意表示。这种在人的头脑中秘而不宣的违法犯罪意识，在刑法学上是毫无意义的。

第三，犯意表示是一种表现为言词的行为。犯意表示必须通过口头的、书面的或者其他的形式表现出来，而用语言、文字表达思想本身，就是人的身体活动。因此，我们通常讲犯意表示不构成犯罪，并不在于它是思想而不是行为。因为，内在的犯罪意图总是要同人们一定的行为结合起来，才能表现于外部的。而口述笔写这种言词活动，无论如何也不能说它是一种思想，而应当说是反映思想的外部行为。

第四，犯意表示是单纯表露犯罪意图的行为，它不具有刑法意义上的社会危害性，是一种尚未对外界造成危害因而不为刑法所禁止的行为。这是犯意表示的本质特征。如果表露犯罪意图不是单纯地流露自己的犯意，而带有一定的目的，即为了寻找共同犯罪人或教唆诱骗他人犯罪，则已超出了单纯表示犯意的范围，而转化为具有社会危害性的犯罪行为。因此，犯罪表示本身必须具有非传授性和非诱唆性的特点。否则，就不能以犯意表示论。

在我国刑法理论上，由于忽视了犯意表示的本质特征，因而往往把犯意表示与某些犯罪行为混为一谈。例如，我国有的学者认为，某种犯意表示，当刑法条文明文规定其为应受刑罚惩罚的犯罪行为时，就构成独立犯罪。并指出：我国刑法中规定的反革命宣传煽动罪（1997年刑法已修订该罪名）、侮辱诽谤罪，以及各种类型的教唆罪，"都是犯罪行为从有了犯罪意图发展到犯意表示阶段就能构成犯罪的例子"，这些犯罪，"只要行为人将犯意表露出来，让别人知道了，就对外界产生了影响，就使外界发生了一定的变化，就应当认为已产生犯罪的危害结果……在这种情况下，如果其他构成犯罪的必要条件也都齐备时，当然要构成犯罪。"①

我们认为，对于用言词形式实施的煽动性、教唆性犯罪和侮辱诽谤罪，尽管与犯意表示有相同之处，但这些行为已超出了单纯流露犯罪意图的范围，其本身已具有相当的社会危害性，达到了应受刑罚惩罚的程度。因此，不再是犯意表示，也不是构成独立犯罪的犯意表示。而是一种危害社会的、触犯刑律的犯罪行为。

通过对犯意表示内在的和外部特征的分析，可以看出，犯意表示仅仅是个人犯罪意图的单纯流露，它在客观上没有也不可能对社会主义社会关系造成危害。当然不能以犯罪论处，从而也就谈不上刑事责任问题。如果把犯意表示当作犯罪予以刑罚处罚，无疑是从根本上混淆了罪与非罪的界限，最终将会导致惩罚思想犯的专制主义和恐怖主义。因此，对于犯意表示，只能通过道德规范加以调整，通过批评教育的手段，矫正其犯罪心理，帮助其

---

① 张尚鷟编著：《中华人民共和国刑法概论·总则部分》，法律出版社，1983年版，第158页。

消除犯罪意念。而不能通过刑罚手段进行制裁。

（二）犯意表示与犯罪预备的关系

犯意表示与犯罪预备行为，都发生在行为人尚未着手实行犯罪之前，在许多案件中，同一种行为究竟是犯意表示还是犯罪预备，有时不易区分，因此，在司法实践中曾经发生错把犯意表示当作犯罪预备，冠以"企图犯××罪"或"图谋犯××罪"之名加以处罚，结果造成冤错案件，或者把犯罪预备行为误认为是犯意表示而不予追究，结果轻纵了犯罪分子。因此，弄清犯意表示与犯罪预备的关系，在理论和实践上，都具有重要意义。

首先，犯意表示与犯罪预备存在着相同之处，这些相同点表现在：1. 二者都是一种行为。犯意表示是一种言词行为，而犯罪预备则是一种为犯罪创造条件的行为。因此，尽管行为的内容和表现形式不同，但它们都属于行为范畴这一点，则是相同的。2. 二者都是一种有意识的行为，都反映了行为人的犯罪意图。即犯意表示是通过语言、文字的形式，故意将自己的犯罪意图直接表露于外部；而犯罪预备则是通过各种为犯罪创造客观条件的预备行为，将犯罪意图直接地或间接地表现出来。3. 二者都不能对刑法所保护的社会关系造成直接的、现实的侵害或破坏，因为，行为人都未直接着手实行刑法分则规定的某种具体犯罪构成客观方面的行为。犯意表示与犯罪预备这些相同点说明，如果仅仅从二者是否是一种故意行为着眼，是无法划清它们之间的界限的。例如，某甲向他人说要杀死自己的仇人，某乙向他人写信索要犯罪工具，从表现形式上看，前者是一种言词行为，后者是一种书写信函的行为；从主观上看，都是一种有意识的故意行为。如果认为前者是犯罪思想，后者是外部行为，还不能把二者区分开来。

其次，犯意表示与犯罪预备，毕竟不是同一个概念，二者的区别主要表现在：1. 犯意表示是通过口头的或书面的形式，简单地流露犯罪意图；犯罪预备则是通过各种具体的活动为实行犯罪创造条件。2. 犯意表示停留在单纯表现犯罪思想的阶段，尚未通过实际的犯罪行为，将犯罪意图的实现付诸行动；而犯罪预备则是将犯罪目的与犯罪行为有机地结合起来，直接开始实施犯罪的准备活动。因此，单纯的犯意表示，永远不可能实现主观上的犯罪意图；而犯罪预备行为已使犯罪意图的实现成为可能。3. 严格地说，不能认为犯意表示行为没有一点社会危害性，但这种危害性是潜在的、纯粹精神上的威胁，并不包含对刑法所保护的社会关系的实际性威胁。例如，某甲扬言要杀死某乙，某乙得知后精神紧张，四处躲藏，影响工作和生活，不能说没有任何社会危害性，但这种表露杀人意图的行为，如果不再通过杀人预备和杀人的实行行为，并不能对某乙的生命权利造成实质性威胁。但对于犯罪预备来说，由于行为人已实施了犯罪实行前的必要准备，甚至已携带犯罪工具前往犯罪现场、逼近犯罪对象，因此，已经使刑法所保护的社会关系，面临实际威胁。在犯罪预备行为构成独立犯罪的情况下，已经使刑法所保护的社会关系遭到实际损害。因此，犯罪预备是一种具有较大社会危害性的行为。这正是犯意表示与犯罪预备的根本区别。

综上所述，犯意表示与犯罪预备，既有联系也有区别。犯意表示本身没有实际的社会危害性，它不能为实施犯罪创造有利条件，从而实现犯罪意图。而恰恰相反，"犯意表示的这个唯一的后果不仅不能使主体接近于自己的目的，反而使他和目的离得更远。因为，人们可以对这个主体采取预防措施，来阻止犯罪意图的实现。"①

三、犯罪预备与阴谋

（一）阴谋的概念及特征

---

① 北京政法学院刑法教研室：《外国刑法研究资料》第 2 辑，1982年，第 293 页。

所谓阴谋，是指二人以上就实行一定的犯罪共同进行谋议。构成阴谋，必须具备下列条件：1. 必须是二人以上。一个人秘密图谋犯罪，不构成阴谋。2. 必须是为实行一定的犯罪进行的谋议。如果谋议的内容不是要实行犯罪行为，而是为了实施一般违法违纪行为而进行密谋策划，则不构成阴谋。3. 必须是共同进行谋议。即两个以上具有犯罪意图的人，就一定的犯罪进行商议。它既可能是双方进行犯罪的单纯合议，即互相交换犯罪意图；也可能是就实行犯罪的方法、步骤、分工等进行详细的策划。如果一个人将犯罪意图表露给其他的人，但他人没有同意，由于缺乏犯罪的合议，则不构成阴谋罪。

（二）犯罪预备与阴谋的关系

关于阴谋的性质是什么？阴谋与犯罪预备是什么关系？中外刑法学者不无争议。概括起来，主要有以下四种观点：1. 阴谋属于犯意表示。例如日本刑法学者胜本勘三郎认为："就参加计划者之心理状态观之，（阴谋）仍不失为决意。"[1] 又如我国有的刑法学者认为，"阴谋基本上属于故意犯罪的犯意表示阶段"，并认为，我国刑法中规定的背叛祖国罪和阴谋颠覆政府、分裂国家罪，"都是只需发展到犯意表示的阶段就构成犯罪"，"不能认为这只是在为危害国家安全的犯罪作准备而看作危害国家安全罪的预备行为从而轻纵罪犯。"[2] 2. 阴谋是先于犯罪预备的一个独立犯罪阶段。例如我国台湾刑法学者韩忠谟即持这种观点[3]。3. 阴谋是犯罪预备的一种表现形式。例如，我国有的刑法学者明确

---

① 转引自王觐著：《中华刑法论》，北平朝阳学院，1933年，第331页。

② 张尚鹙编著：《中华人民共和国刑法概论·总则部分》，法律出版社，1983年版，第158~159页、第162页。

③ 韩忠谟著：《刑法原理》，台湾雨利美术印刷有限公司，1981年，第104~105页。

指出："根据我国刑法的规定，阴谋已经超越于犯意表示，也不是犯罪的一个独立阶段，而是犯罪预备的一种表现形式。因为阴谋已不是犯意的单纯的流露……从其实际作用看，它也是为了犯罪制造条件，完全符合犯罪预备的本质特征，自应属于犯罪预备的表现之一。"① 有的著作把阴谋作为共同犯罪的预备行为，认为在共同犯罪中，如果二人以上通过交流犯罪思想，形成共同犯罪意图，进而经过商议，商定了实施共同犯罪的计划，"那就不再是共同犯意表示，而是为犯罪实施准备条件，即成为犯罪预备了。"② 4. 阴谋有时为犯罪决意或犯意表示，有时则是犯罪预备行为。例如日本刑法学者牧野英一认为：阴谋多数场合为犯意之表示，有时又为犯罪之预备。

我们认为，阴谋行为原则上属于犯罪的预备行为。因此，当二人以上为实施一定的犯罪而进行了谋议，但由于意志以外的原因而未着手实行的，应以预备犯论处。因为，我国刑法没有把犯罪预备与阴谋作并列规定，对故意犯罪的阴谋行为，可以按照对预备犯的处罚原则处理。事实上，在我国司法实践中遇到这种情况，一般也是按预备犯处理的。例如，李某与吉某共谋抢劫银行，二人共同制定了犯罪计划，因被人告发由公安机关加以拘留。某区法院以抢劫罪的预备犯，对二人免于刑事处分。

但是，对于刑法分则条文中明文规定的阴谋罪，由于只要实施了阴谋行为，就构成阴谋罪的既遂，因此，对这些犯罪应当以有关条文规定的法定刑，以独立的既遂罪处罚，而不能以预备犯论处。但这决不意味着阴谋罪是一种具有犯意表示性质的犯罪。也不能因此否定阴谋与犯罪预备的交叉重合关系。

---

① 《河南法学》，1984 年第 1 期，第 20 页。

② 林准主编：《中国刑法讲义》（上册），全国法院干部业余法律大学印，1986 年，第 114 页。

四、预备犯承担刑事责任的基础

按照我国的犯罪构成和刑事责任理论，行为人对自己所实施的危害社会的行为，承担刑事责任的前提和基础，是具备了犯罪构成四个方面的必要条件，即犯罪客体、犯罪主体、犯罪的客观要件和主观要件。但是，作为犯罪未完成形态之一的预备犯，是否具备上述四个方面的要件，亦即承担刑事责任的根据是什么，在刑法理论界则不无争议。

在社会主义刑法学发展史上，率先运用犯罪构成理论来研究预备犯的学者，应当首推苏联刑法学家特拉伊宁教授。他认为"犯罪构成是法律中所描述的犯罪行为的诸因素的总和。缺少哪怕是法律中所规定的一个构成因素，整个犯罪构成就不能成立，因而也就排除了刑事责任。"① 但是，犯罪的预备行为并不具备犯罪构成的全部要件。即"预备行为=故意+不是（犯罪）构成因素的行为"②。这种"要件不完备说"的提出，使特拉伊宁的犯罪构成理论，陷入了自相矛盾的境地。因为，既然不具备犯罪构成的全部要件，对预备行为就不能以犯罪论处。但事实上，无论是按照苏联刑法的规定，还是按照特拉伊宁本人的主张，犯罪预备行为都是具有社会危害性并应当予以处罚的犯罪行为。

与特拉依宁的观点相似，我国刑法学者在解释预备犯刑事责任与犯罪构成的关系上，也认为犯罪预备行为"只反映了犯罪构成的主观方面，还缺乏分则规定的客观要件"③。有的学者表述得更加明白，指出"预备犯同既遂犯不同的是它还没有具备构成犯罪的全部必要条件。犯罪主体、犯罪主观方面的必要条件都有了。但犯罪客观方面的必要条件还没有齐备，行为人还没有

---

① ② 特拉伊宁《犯罪构成的一般学说》，中国人民大学出版社，1958年版，第247、253页。

③ 高铭暄主编：《刑法学》，法律出版社，1985年版，第175页。

着手实施犯罪行为，特别是还没有造成危害社会的结果。行为人所希望侵害的犯罪客体也还没有受到直接的危害。那么，它构不构成犯罪？我国刑法明文规定预备犯也构成犯罪。这就是特殊情况的不需要具备全部构成犯罪的主客观必要条件的犯罪。"①

针对传统的"构成要件不完备说"，我国刑法学界有些同志提出了异议，并从犯罪构成的整体理论出发，论述了预备犯也是具备完整的犯罪构成的犯罪行为。指出"犯罪预备行为的构成，不仅在主体、主观方面都有了，而且在客体、客观方面也并非还没有齐备。"② 而产生各种分歧和矛盾的根本原因，"其实还是受了资产阶级行为中心论的形式法学的影响。即不是从犯罪的本质属性出发，坚持主客观相统一的原则，去研究不同形态的犯罪行为。而是以犯罪的实行行为为中心，以既遂为模式去考察不同形态的犯罪。"③

我们认为，对预备犯犯罪构成及刑事责任的探讨，不能脱离犯罪构成的一般原理。行为具备犯罪构成的诸要件，仍然是决定预备犯刑事责任的前提和基础。但是，如果仅仅把以既遂犯为标准的犯罪构成模式，作为各种具体犯罪和复杂的犯罪形态的共同的、唯一的模式，并以此为基础，来讨论预备犯是否具备完整的犯罪构成，永远也难以得出正确的结论。

应当看到，预备犯的犯罪构成，尽管也可以通过犯罪客体、犯罪主体、犯罪客观要件和犯罪主观要件表现出来，但是，除犯罪主体以外，其他三个方面的要件，则与既遂犯的构成要件，在内容上有着很大的差别。这种差别表现在：

首先，从犯罪客体上看，作为完成形态的既遂犯的实行行为，往往对刑法所保护的具体社会关系，造成实际的、直接的损

---

① 张尚鹙：《中华人民共和国刑法概论·总则部分》，法律出版社，1983年版，第161页。

②③ 《法学研究》，1987年第4期，第36，37页。

害；但对于预备犯来说，由于其预备行为被迫停顿在犯罪预备阶段，尚未着手实施犯罪的实行行为，因而它永远不可能对刑法所保护的具体社会关系，造成现实的、直接的侵害。然而，预备行为毕竟为进一步实施犯罪、实现犯罪意图创造了条件，从而必将对一定的社会关系造成威胁，因此，预备犯不是没有犯罪客体，只不过这种犯罪客体表现为对某种社会关系的严重威胁而已。据此，我们可以把预备犯的犯罪客体表述为：刑法所保护的而为犯罪预备行为所严重威胁的社会主义社会关系。例如，为杀人而准备刀枪，其行为本身已严重威胁到被害人的生命权利；为烧毁他人房屋已携带点火物奔赴犯罪现场，已使公共安全和公民的生命财产面临严重威胁。这些犯罪的预备行为，如果不是由于意外的原因而被迫停止，就可能使特定的社会关系遭受实际损害。那种认为预备犯没有犯罪客体的观点，或者以既遂犯犯罪客体的特点来衡量预备犯犯罪客体的观点，都是不妥的。

其次，从犯罪的客观要件来看，既遂犯犯罪构成客观方面的共同要件，表现为犯罪的实行行为；而预备犯则只有为实行犯罪创造条件的预备行为，行为人尚未着手实行犯罪。从实质上看，犯罪预备行为与犯罪实行行为的区别，主要在于它还没有直接侵害一定的社会关系。但是，这绝不意味着，只有实行行为才是犯罪构成客观要件的行为，而预备行为就不是犯罪构成客观要件的行为。只能说实行行为是基本犯罪构成客观要件的行为，而预备行为则是修正的犯罪构成客观要件的行为。

再次，从犯罪的主观要件来看，虽然预备犯和既遂犯都只能由故意构成，但是，犯罪故意的内容则完全不同。在既遂犯中，行为人不仅认识到自己所实行的行为的性质和造成危害结果的必然性或可能性，而且还积极实行这种行为，并积极追求危害结果的发生。而对于预备犯来说，主观故意的内容只要对自己所实施的行为是犯罪的预备行为具有认识，并积极实施这种行为，即可构成预备犯。

由此可见，预备犯既不是完全具备刑法分则所规定的具体犯罪构成全部构成要件的犯罪形态，也不单纯是故意加不是犯罪构成要素的行为，而是一种完全具备修正的构成要件的未完成形态的犯罪。如果抛开修正犯罪构成理论，简单地用既遂犯的犯罪构成模式，去讨论预备犯承担刑事责任的根据，势必会得出预备犯没有犯罪构成的结论；或者牵强附会，把预备犯与既遂犯等量齐观，以基本的犯罪构成来代替预备犯的犯罪构成。这样，最终也无助于问题的正确解决，反而会导致一系列理论上的混乱。

五、预备犯的处罚

（一）各种学说及立法例

对于预备犯应否予以刑罚处罚，以及是否对于一切犯罪的预备犯都要加以处罚，对此，在刑法理论上众说不一；在各国立法及司法实践上，做法也不一样。归纳起来，主要有以下三种主张：

1. 消极说。主张对预备犯一律不加处罚。其理由是，对被告人追究刑事责任，应当以犯罪的实行行为为起点，以犯罪客体受到侵害或面临直接侵害为条件。犯罪预备是实行犯罪的前驱，它只是为犯罪的实行创造了可能的条件，并没有对犯罪客体造成直接危险。因而缺乏承担刑事责任的根据。况且，某种预备行为，究竟是犯罪预备还是正当行为，往往难以确定。例如购买农药，既可能是为投毒杀人，也可能是为杀虫灭鼠；筹措资金既可能是用于犯罪活动，也可能是治病救人；等等。在这种情况下，如果对被告人以预备犯论处，难免冤枉无辜，铸成错案。因此，对任何犯罪的预备行为，都不能动用刑罚。

在刑事立法上，一些资本主义国家大都采用不罚预备犯的原则。例如，1940年的《巴西刑法典》和1954年的《格陵兰刑法典》，无论是在刑法总则中还是在刑法分则中，都没有关于处罚预备犯的规定。

2. 积极说。主张对预备犯均须予以处罚。其理由是，一切犯罪的预备行为，都具有社会危害性。无论其危害性大小，都会使犯罪客体遭受程度不同的侵害。因此，只要证明被告人所实施的是为实行犯罪创造条件的预备行为，就应当令其承担刑事责任。这种主张在前苏联刑法学界和我国50年代的某些刑法论文中，曾有所反映。但只是少数人的主张，在学术界影响不大。

3. 折衷说。主张只对危害较大的预备犯加以处罚，对于那些危害较小的预备犯，则不予处罚。其理由是，犯罪预备行为虽然实施于实行行为之前，但它已超出了单纯表露犯意的阶段，使犯罪客体处于随时都可能遭到破坏的危险状态之中，有时离着手实行犯罪仅一步之遥，若不是由于被告人意志以外的原因而被迫停顿，就可能对社会造成严重危害。因此，对一切犯罪的预备行为都不加处罚，会轻纵犯罪分子，不利于预防犯罪。但是，另一方面，也应当看到，犯罪预备行为同实行行为相比，其社会危害性毕竟不大，而且各种犯罪的预备行为，其社会危害性大小，也不完全相同。如果对社会危害性不重的犯罪的预备行为，也予以处罚，就不符合情节显著轻微、危害不大，不认为是犯罪的原理。因此，审判机关只能对危害较大的预备犯，科处适当的刑罚。

在立法例上，绝大多数国家的刑事立法，都以不处罚预备犯为原则，以处罚预备犯为例外。其具体做法是只在刑法分则中规定应当处罚预备行为的各种具体犯罪，而对于分则条文没有明文规定应受处罚的犯罪的预备行为，则不能追究刑事责任。例如，现行日本刑法，在总则中对预备犯未作任何规定，只在分则中明文规定了应予处罚的八种严重犯罪的预备犯，即内乱罪、外患罪、危害国交罪（限于预备私战）、放火罪（限于对现住建筑物、无人居住的建筑物、火车、电车、船舰、矿井的放火）、妨害交通罪（限于破坏交通工具及交通设备）、伪造货币罪、故意杀人罪（包括杀害尊亲属罪）和强盗罪。由此可见，在日本刑法上只能对少数重罪的预备犯加以处罚。对绝大多数故意犯罪的预备行为，则从立法上排除了适用刑罚的可能性。

此外，前苏联、东欧及我国刑法，只在总则中规定了对预备犯的处罚原则，而对于哪些犯罪的预备行为应受处罚，在分则条文中则没有具体规定。但不能认为在采用这些立法例的国家，所有犯罪的预备犯都应受刑罚处罚。因为立法上的处罚预备犯的一般原则，与司法审判中的具体犯罪的预备行为是否应负刑事责任，毕竟不是一回事。

（二）处罚预备犯的原则

对预备犯怎样进行处罚？在立法上应当采用什么原则？从历史和现状看，主要有三种立法例：

1. 同等原则。即对预备犯处以与既遂犯同等的刑罚。其特点是，在刑事立法上，没有对既遂犯、预备犯、未遂犯等不同犯罪形态作明确区分。一旦遇到犯罪预备行为需要加以处罚，就适用处罚既遂犯的刑罚幅度。因为，在刑法上找不到可以对预备犯选择适用的明确量刑标准。这主要是由于早期的刑事立法不发达所造成的。现代各国刑法已不存在这种立法例。

2. 必减原则。即对预备犯必须比照同一犯罪的既遂犯减轻处罚。在立法上表现为两种形式：一是在刑法总则中规定"对预备犯应当比照既遂犯从轻、减轻处罚或者免除处罚"；二是在刑法分则中用专条规定某种犯罪预备犯的法定刑，其处刑标准要比既遂犯轻得多，这种立法例也应当认为采用的是必减原则。例如，日本刑法第 201 条规定，预备杀人或预备杀害尊亲属的，处 2 年以下惩役，而普通故意杀人罪（既遂犯）和杀害尊亲属（既遂犯）的最低法定刑，分别为 3 年以上惩役和无期惩役。（见《日本刑法》第 199 条和第 200 条）。可见，这是从立法上直接规定了对预备犯较轻的量刑幅度。

3. 得减原则。即对预备犯可以比照既遂犯从轻处罚，也可以不从轻处罚。至于是否予以从轻，则由审判机关酌情而定。在立法上，一般都采用"对预备犯可以（得）比照既遂犯从轻、减轻或者免除处罚"的表述方式。我国刑法即是采用这种立法例。

我们认为，"同等原则"在行为的性质即行为社会危害性上，将预备行为与既遂行为等量齐观；在犯罪形态上，混淆了预备犯与既遂犯的界限；在犯罪构成上，忽视了预备犯与既遂犯的区别；在处刑轻重上，违反了罪刑相适应的原则。其结果将混淆罪与非罪、重罪与轻罪的界限，导致轻罪重判或无罪判刑的结局，因而是不足取的。"必减原则"以行为社会危害性的大小为出发点，主张对预备犯应当减轻处罚，这一点是值得肯定的。但是，这一原则无法贯彻到一切犯罪预备案件中，因为它可能轻纵危害严重的预备犯，因此，是一种缺乏灵活性的原则。而"得减原则"既避免了"同等原则"过于严厉的弊端，又克服了"必减主义"过于死板的缺陷，便于审判机关根据案件的具体情况，作出适当的判决，因而为大多数国家刑法所采用。

（三）我国刑法关于预备犯的刑事责任及处罚原则

1. 预备犯应当承担刑事责任的前提条件

如前所述，预备犯是具备修正的犯罪构成要件的犯罪形态，因而完全符合行为具备犯罪构成的条件是承担刑事责任唯一根据的基本原理。但仅此并不能解决具体犯罪预备行为应否承担刑事责任的问题。

我们认为，犯罪的本质特征在于行为的社会危害性。对于情节显著轻微，社会危害性不大的犯罪预备行为，不能以犯罪论处。因此，既不能以我国刑法分则没有明文列举应予处罚的预备犯为借口，对任何犯罪预备行为都不加处罚；同时，也不能以我国刑法总则未规定"以处罚预备犯为例外"这一原则为理由，对一切犯罪的预备行为都要追究刑事责任。

那么，如何判断预备行为社会危害性的大小呢？我们认为，可以从以下几个方面考虑：（1）各种犯罪预备行为社会危害性的大小，决定于犯罪客体的性质。对于犯罪客体性质比较重要的犯罪预备行为（如杀人、放火、抢劫罪），一般来说，可以追究刑事责任；而对于犯罪客体的性质相对来说不甚重要的犯罪（如妨害婚姻家庭罪、一般的妨害社会秩序罪）的预备行为，则不宜以犯罪论处。（2）同一犯罪预备行为社会危害性的大小，决定于犯罪预备行为本身的情况，例如就盗窃罪而言，如果为进行盗窃而购买盗窃工具，或者打听被害人行踪，由于预备行为的社会危害性较小，可以不以犯罪论处。但是，如果为实施盗窃行为而建立盗窃集团，则应当以盗窃罪的预备犯处罚。（3）具体犯罪的预备行为社会危害性的大小，决定于预备行为距离实行行为的远近。但不能以预备犯属于预备行为的停顿状态，永远不可能进入实行阶段，永远不能发生预期的危害结果为理由，认为预备犯在任何条件下，其社会危害性都是轻微的。而应当看到，预备行为尽管未能转入着手实行，决不是出于行为人的自愿，而是被迫停止，行为人的主观恶性依然存在。而且，犯罪预备的表现形式不同，距离实行的远近程度不同，对犯罪客体所造成的威胁性大小也不完全一样。有的行为人仅仅是制定了犯罪计划，有的行为人却已携带犯罪工具到达犯罪现场，而有的行为人已逼近犯罪对象。对这些犯罪预备行为，其社会危害性的大小不同，因此，决不能都以犯罪论处。

2. 处罚预备犯的原则

根据我国刑法第 22 条第 2 款的规定，对于预备犯，可以比照既遂犯从轻、减轻处罚或者免除处罚。可见采用的是"得减原则"。按照这一原则，在司法实践中，应当注意以下几点：

（1）处罚预备犯是我国刑法的原则性规定。这是因为预备犯客观上具有社会危害性，主观上具有犯罪故意，完全符合犯罪的本质特征及修正犯罪构成的诸要件。因此，如果否认预备犯的社会危害性，或以预备犯不具备犯罪构成为理由，对构成犯罪的预备犯不予处罚，是违背我国刑法的立法精神的。

（2）对预备犯一般应当比照既遂犯从轻、减轻或者免除处罚。这是因为，预备犯虽然具有一定的社会危害性，但它毕竟还没有对刑法所保护的社会关系造成实际侵害。同既遂犯相比，其社会危害性要小得多。根据社会危害性大小是决定行为人刑事责任大小的原理，对预备犯，理应比照既遂犯从轻或者减轻处罚；对那些较轻的故意犯罪的预备行为，由于其社会危害性更小，甚至应当免除处罚。

（3）对少数情节严重或情节恶劣的预备犯，可以不予从轻、减轻或免除处罚。这些情况主要是指：准备实施危害特别严重的刑事犯罪的，如准备进行大规模的杀人、抢劫、劫持交通工具等重大刑事犯罪的；用特别凶狠和特别危险的手段实施预备行为的，如为杀人、抢劫而盗窃、制造枪支、弹药、爆炸物的；多次实施某种犯罪的预备行为，被发觉后屡教不改，人身危险性较大的；犯罪预备行为准备非常充分、周密，已十分接近于犯罪的实行，可能立即造成严重后果的，如已携带炸药包进入重要国防工程或车站、码头、影剧院等公共场所，准备制造爆炸事件的。在这些场合，无论是从行为人所实施的预备行为的客观社会危害性看，还是从行为人的主观恶性及人身危险性看，都比一般犯罪的预备行为要严重。如果对其从轻、减轻、免除处罚，不利于对犯罪分子的警诫和教育。因此，审判机关也可以不对其从轻、减轻或免除处罚。

3. 预备犯与既遂犯的竞合

所谓预备犯与既遂犯的竞合，是指行为人出于某种犯罪的目的，而实施犯罪的预备行为，由于意志以外的原因，未能着手实行目的罪的实行行为，但预备行为本身已触犯了另一罪名，并且构成了该种犯罪的既遂犯。例如，为了实施故意杀人罪而盗窃枪支，盗窃后尚未去杀人而被抓获，盗枪行为既构成了故意杀人罪的预备犯，又构成了盗窃枪支罪的既遂犯。

对上述预备犯与既遂犯竞合的情况如何定罪量刑，在刑法学界主要有三种意见。第一种意见认为，应当以独立的数罪，实行数罪并罚①；第二种意见认为，应当按牵连犯处理，从一重论处②；第三种意见认为，应当以想象竞合犯，从一重处断③。

我们认为，对既构成目的罪的预备犯又构成另一犯罪既遂犯的情况，从主观上看，行为人是基于目的罪的故意而实施预备行为；从客观上看，只实施了一个行为，只不过这一行为同时兼有目的罪的预备行为和另一犯罪实行行为的双重性质；从后果上看，由于目的罪的预备行为被迫停留在预备阶段，它只能构成目的罪的预备犯，但由于预备行为本身又构成独立犯罪，所以，一个行为同时触犯了刑法上规定的数个罪名。它完全符合想象竞合犯的特征。因此，应当按照处理想象竞合犯的原则，按其中的重罪定罪量刑。例如，为杀人而盗窃枪支的，应当以故意杀人罪论处；为抢劫而非法进入他人住宅的，以抢劫罪论处。至于有的同志认为，在这种情况下，只按重罪的预备犯处罚，会轻纵犯罪分子。我们认为，这种担心是不必要的。因为，我国刑法对预备犯的处罚，采用的是既可以从轻、也可以不从轻的原则。如果预备行为本身又构成另一较重的既遂罪时，完全可以不考虑预备犯这一从轻情节。

那么，是不是说预备行为在任何情况下，都不能使目的罪与其他犯罪发生牵连关系，从而构成牵连犯呢？不是的。在我们看来，当完成预备行为之后，又进一步实施了目的罪时，当然可以构成牵连犯。例如，为杀人而盗枪，盗枪后又杀人，盗枪行为相对于杀人来说，是一种犯罪手段，其手段行为又触犯了盗窃枪支罪这一罪名，于是与目的行为（杀人）之间，成立牵连犯关系，在处理上，可按牵连犯从一重论处。但在这种情况下，已不是预

---

① 何鹏主编：《刑法概论》，吉林人民出版社，1981 年版，第 100 页。

② 杨春洗主编：《刑法总论》，北京大学出版社，1981 年第 1 版，第184 页。

③ 《河南法学》，1984 年第 1 期，第 10 页。

备犯与既遂犯的竞合关系，因为预备行为并没有发生停顿，而是顺利地进入了实行阶段，很可能是两个独立的既遂罪之间发生的牵连关系。

至于主张按数罪并罚处理的观点，是难以成立的。因为，无论是构成想象竞合犯，还是构成牵连犯，都属于不适用数罪并罚的情况。

第三节 未 遂 犯

一、未遂犯的概念和条件

关于犯罪未遂或未遂犯的含义，在各国刑事立法和刑法理论上，有着不同的规定和见解，广义的未遂犯，除了通常意义上的犯罪未遂外，还包括自动放弃犯罪意图并停止犯罪活动的犯罪中止；而狭义的未遂犯，则仅指由于意志以外的原因而被迫停止犯罪的情况。

我国现行刑法严格区分了犯罪未遂和犯罪中止的界限，并规定了轻重不同的刑事责任。因此，我们所说的未遂犯，当然是狭义的未遂犯。刑法第23条第1款规定："已经着手实行犯罪，由于犯罪分子意志以外的原因而未得逞的，是犯罪未遂。"据此，所谓未遂犯是指，犯罪分子已经着手实行犯罪，由于其意志以外的原因而未能达到犯罪既遂的一种未完成犯罪形态。由此可见，构成未遂犯必须具备下列三个条件：

（一）犯罪分子已经着手实行犯罪

这是构成未遂犯的前提条件，也是区分未遂犯与预备犯的主要标志。那么，什么是犯罪的着手？以及怎样认定犯罪的着手呢？这是在研究犯罪未遂过程中，必须首先解决的两个问题。

1."犯罪着手"的含义

在现代汉语中，"着手"具有"动手"和"开始做某事"的含义。照此解释，犯罪的着手，无非是指"动手犯罪"或"开始犯罪"。但是，自从1810年的《法国刑法典》将"着手"一词引人刑法领域之后，它即从一般意义上的行为特征上升为具有特定含义的法律概念。从世界各国刑法的规定看，或将其作为实施犯罪实行行为的开始，或将其定义为开始实行相当于犯罪构成要件的行为。

我国刑法理论在一定程度上曾受到古典学派刑法理论的影响，因此，在"着手"问题上也反映了形式法学的某些痕迹，因而造成了对"着手"一词所下定义中的瑕疵。纵览目前出版的刑法论著，其解释大同小异。一般都认为，犯罪的着手是指"犯罪分子已经开始实行刑法分则中规定的某种犯罪构成客观要件的行为。"① 这一定义虽然没有原则性错误，但却存在着明显的缺陷。这就是没有明确"着手"行为的特定对象，笼统地说"犯罪构成客观要件的行为"，势必会把预备行为也包括在内，因为尽管作者并无此本意，但预备行为也是犯罪构成客观方面构成要件的行为，这一点按照我国的刑法理论，则是顺理成章的。可见，产生这种缺陷的根源正是受了把实行行为作为构成要件的行为，而把预备行为排除于犯罪行为之外的理论的影响。因此，这一定义是不够严谨的。

由鉴于此，我们认为，犯罪的着手是指，犯罪人开始实施刑法分则条文所规定的具体犯罪的实行行为。它既是实行行为的起点，又是区分预备行为与实行行为的显著标志。着手意味着故意犯罪行为已脱离了预备阶段，而向实行阶段前进。但它决不是预备行为的终点，也不是独立于实行行为之外的一个犯罪阶段，而是在时间和空间上与实行行为密切相接的动作或行为。

2. 犯罪着手的认定

在刑事罪案中，犯罪实行行为的着手，往往在空间位置上表

---

① 高铭暄主编：《刑法学》，法律出版社，1985年版，第176页。

现为短暂的动作，而在时间的延续上又转瞬即逝。这一特点决定了在认定着手问题上的艰巨性和复杂性。也正因为如此，围绕着如何确定着手的标准，古今中外刑法学者提出了各种各样的学说。而科学的犯罪着手理论，正是在不断地批判继承前人的研究成果的基础上发展建立起来的。因此，这里有必要首先对资产阶级刑法理论中关于犯罪着手的学说，作一简要的评介。然后再提出我们认定着手的原则和具体标准。

（1）资产阶级刑法理论中关于着手的学说

在资产阶级刑法理论中，关于认定着手的学说，众说纷纭，莫衷一是。但概括起来，主要有以下三种主张：

一是主观说。这种观点以行为人是否存在犯罪意图为标准，来确定犯罪的着手。其中又分为极端的主观说和变通的主观说。前者认为凡是行为人根据其犯罪意思或犯罪计划，认为自己的行为是犯罪实行行为的开始时，即使在他人看来不是实行行为的起点，也应当认为是犯罪的着手。后者则认为，只有从行为人的行为本身能够识别其犯罪意图时，才能认定犯罪的着手。这两种主张虽然不完全相同，但在以行为人的主观犯意的表露作为认定着手的标准这一点上，则一脉相通。必须指出，主观说在认定着手问题上，重视行为人的主观方面，这一点是值得肯定的。但是，由于其片面强调主观方面，则必然导致主观归罪，混淆犯罪着手实行与犯罪预备的界限，从而将扩大未遂犯的范围，助长法官的主观臆断和司法专横，因而是不足取的。

二是客观说。这种学说主张从行为人所实施的客观行为着眼来认定犯罪的着手。其中又分为"形式的客观说"和"实质的客观说"两种主张。"形式的客观说"从罪刑法定观念出发，以法定的犯罪构成事实为基础，认为只有当行为人实行法定的构成要件行为时才是犯罪的着手。而在"实质的客观说"中，有的将开始实行与构成要件行为具有必要关联性的行为，视为犯罪的着手，称为"必要关系说"；有的则将开始实施对刑法所保护的

440

法益有直接危险的行为，作为犯罪的着手，称为"直接危险说"；还有的把行为人已完成犯罪所不可缺少的行为，并且与犯罪结果的发生具有因果关系时，认定为犯罪的着手，称为"因果关系说"。上述各种主张尽管侧重点有所不同，但都是从客观行为本身去寻求判断犯罪着手的标准。这对于避免主观说的弊端，具有积极意义。但是，由于它把"着手"视为完全脱离行为人主观心理状态的纯粹客观的法律特征，在实践上极易导致客观归罪的倾向，因此，也不是一种科学的理论。

三是折衷说。这种学说主张从行为人的犯罪意图和客观行为两个方面来判断犯罪的着手。认为当行为人实施了具有社会危险性的行为，并明确表露出犯罪意图时即为犯罪的着手。这是对主观说和客观说进行调和的结果。正如我国台湾刑法学者韩忠谟所指出的那样："主观说除极端六论调以外，与客观说之立场，并非两不相容，按其意旨，仅各执着手观念之一端，实可互相印证。"① 折衷说从主客观相结合的立场出发来研究犯罪着手问题，是刑法理论研究方法上的一大飞跃。这种理论在实践上也能够为刑事司法所接受。但是，它还不是一种完全科学的学说，因为，在这种学说中，何谓"必要关系"，何谓"直接危险"，以及在结果尚未发生之前如何判断因果关系的有无等问题，并没有得到正确的解决。

（2）认定犯罪着手的基本原则和方法

我国刑法理论认为，主客观相统一的原则，是我国刑法的基本原则，自然也是研究犯罪构成及刑事责任问题的基本原则。而作为犯罪形态理论中的犯罪实行行为的着手问题，如果脱离了这一原则，就会重蹈资产阶级刑法学的覆辙，而陷入主观唯心主义和客观归罪的困境。因此，对犯罪着手问题的认定，必须在这一

---

① 韩忠谟著：《刑法原理》，台湾雨利美术印刷有限公司，1981年，第107页。

原则的指导下，进行考察和探究。

按照主客观相统一的原则，首先应当明确，犯罪实行行为的着手，是一种表现于外部并能够为人们所认识的客观事实，是人的一种身体动作。这种动作作为犯罪实行行为的起点和有机组成部分，已经超越了为犯罪的实行创造有利条件的预备阶段，并且对具体的犯罪客体造成了现实的威胁。这种客观特征决定了：即使它只是昙花一现的现象，也能够在外界留下蛛丝马迹，并最终能够为人们所认定。其次还应当明确，犯罪的着手是在犯罪意志支配下的一种自觉的有目的的行为，而不是无意识的身体动作和脱离感情色彩的纯粹客观的法律事实。着手不仅使犯罪意图外化为犯罪行为，而且使犯意向着更深更高的层次发展。即在行为人的主观意图中，已经确立了明确具体的犯罪目的，并且在这一目的的支配下，把犯罪急切地推进到能够直接完成犯罪甚至导致犯罪结果发生的阶段。这正是行为人在实施着手行为时真实的主观心理状态。如果看不到这一点，就会把那些没有犯罪意图的行为，也当作犯罪的着手加以认定。因为，认定犯罪实行行为的着手，必须坚持主客观相统一的原则。

那么，在司法实践中，究竟应当怎样具体地去认定行为人是否已经着手实行犯罪呢？对此，刑法学界一致认为，应当以行为人的行为是否与具体犯罪的实行行为紧密相接为标准，判断是否为着手。但是，什么是"紧密相接"呢？对于这个问题，在理论和实践上，认识并不一致。有的认为要看是否接触到犯罪客体或犯罪对象；有的则认为要看它对结果的发生是否有原因力，或者是否实际上已接近结果发生的阶段；还有的认为要看行为本身在时间地点上是否已接近于犯罪的完成。在上述三种观点中，尽管各有一定道理，但都无助于正确地认定着手。首先，对"接触客体或对象说"，且不说犯罪客体无法实际接触，即使在存在犯罪对象的场合，是否接触到犯罪对象，也不是认定着手的标志。接触到犯罪对象固然可能是已经着手，而尚未接触对象（如隔地犯

442

罪）同样也可能是已着手实行犯罪。其次，对"接近结果发生说"，在犯罪结果尚未发生的情况下，要判断它对结果的发生是否具有原因力，以及接近的程度如何，是十分困难的。按照这种观点也难以得出正确的结论。至于根据行为人所实施的行为的时间地点与完成犯罪的接近程度来判断着手，在实践中同样难以掌握。因为对完成犯罪的时间长短和距离远近，无法提出一个科学的标准，它不可能像数学运算那样进行精确计算。所以，这些观点都无法运用于司法实践来解决各种犯罪实行行为的着手问题。

我们认为，对犯罪实行行为着手的认定，应当把握以下几点：

第一，以法律所规定的具体犯罪的罪状为依据。罪状是对犯罪名称和具体犯罪构成特征的描绘和叙述，是定罪的根据和标准。而在认定犯罪着手问题上，之所以要强调以法定的罪状为依据，这既是罪刑法定原则的必然要求，也是正确认定具体犯罪着手问题的客观需要。这是因为，只有明确了法律所规定的具体犯罪的行为特征，才能找出实行行为着手的特点。在我国刑法分则中，法条对各类犯罪的犯罪构成客观方面所要求的行为，采取了三种不同的表述形式。一是以叙明罪状的方式规定的犯罪。在这类犯罪中，条文不仅规定了罪名，而且比较详细地规定了犯罪的行为特征，因此，对这类犯罪，应当按照法律规定来判断实行行为及其着手。例如抢劫罪中的"暴力"、"胁迫"、"强行夺取"，这些行为都属于法定的实行行为，只要开始实行其中一个行为，就应当视为抢劫行为的着手。二是以简单罪状的方式所规定的犯罪。由于刑法分则条文只写出了这种犯罪的罪名，而对于犯罪行为的具体特征则未作描述，因此，就应当依照法律所规定的犯罪行为的性质来确定实行行为及其着手。例如故意伤害罪是故意损害他人身体健康的行为，故一切具有这种性质的行为，都是该罪犯罪构成客观方面所要求的行为。只要开始对他人的身体行凶伤害，不管采用何种手段，都是故意伤害犯罪行为的着手。三是以空白罪状的方式所规定的犯罪。由于分则条文对这类犯罪只写明违反某某法规，而没有具体说明犯罪的构成特征，因此，就需要借助于其他法律规定来确定其实行行为及其着手。如非法采伐、毁坏珍贵树木罪，滥伐林木罪，必须通过森林法的规定，来确定犯罪行为的表现形式，并根据不同形式来判定犯罪的着手。

第二，以实行行为的形式和内容为基础。如前所述，着手是实行行为的开始，是实行行为不可分割的一部分，因此，认定着手，必须以实行行为为基础。实行行为的形式和内容不同，也决定了着手的不同特点。从我国刑法分则条文所规定的各种故意犯罪看，犯罪的实行行为可以分为四大类：一是单一的实行行为，如故意杀人罪、故意投毒罪、故意爆炸罪等。这类犯罪的实行行为，是对该类犯罪中各种不同行为方式的高度概括。法律所要求的是：只要实施了单一的实行行为，不管其犯罪的方式方法如何，犯罪构成客观方面的行为要件即已具备。因此，开始实施这类单一的实行行为，就是该类犯罪的着手。例如，在故意杀人案件中，无论采用毒杀绞杀的方式，还是采用刀杀枪杀的方式，只要其行为具有故意杀人的性质，那么，开始实施任何一种杀人的行为，都成立故意杀人罪的着手。这里特别需要指出的是，不能把单一的实行行为机械地理解为只有一个动作，事实上它仍然是由一系列紧密相联的动作组合而成的，其中最初的动作就是实行行为的着手。例如在枪杀案件中，枪杀行为作为杀人行为是单一的，但枪杀行为本身则是通过一系列动作完成的。持枪逼近被害人、推弹上膛、瞄准目标、扣动扳机，这些动作都是枪杀行为的组成部分，只要实施了其中一个动作，就应当认为是杀人行为的着手，而不能仅仅把扣动扳机的一瞬间作为着手杀人的标志。二是选择的实行行为，如制造、贩卖、运输毒品罪，制作、贩卖淫书淫画罪，组织、运输他人偷越国（边）境罪，以及引诱容留妇女卖淫罪等。在这类犯罪中包含了多种犯罪行为，但是，犯罪的成立并不要求以全部具备各种行为为要件，只要实施了其中一种行为，即构成独立的犯罪。因此，开始实施其中的任何一种行为，都是该种犯罪的着手。三是并列的实行行为，如走私罪的违反海关法规和逃避海关监管的行为，招摇撞骗罪的假冒国家工作人员身份和诈骗行为。这类犯罪的成立要求同时具备两个行为，如果只有其中一个行为，则不能构成该罪。因此，对于这类犯罪只有开始实施两种行为时，才能认为是整个犯罪实行行为的着手。例如行为人虽然冒充国家工作人员的身份，但并未进行任何诈骗活动，或者虽然实施了诈骗行为，但并未假冒国家工作人员的身份，那么，招摇撞骗罪的着手也就无从谈起。四是双重的实行行为，如强奸妇女罪中的暴力、胁迫或其他手段和奸淫行为，抢劫罪中的暴力、胁迫或其他方法和夺取财物的行为等。在这类犯罪中，犯罪构成客观方面所要求的实行行为，是由手段行为和目的行为两部分构成的。而两种行为都具有实行行为的性质，因此，只要开始实行手段行为，就应当视为该种犯罪的着手。而不能以是否开始实行目的行为为标准，来判断犯罪的着手与否。

（二）犯罪行为未能达到既遂状态

这是构成未遂犯的形态条件，又是区分犯罪未遂与犯罪既遂的显著标志。这一特征揭示了犯罪未遂与犯罪既遂的矛盾对立关系，即在故意犯罪行为的发展过程中，犯罪未遂和犯罪既遂二者永远不可能同时共存。当行为的状态已构成犯罪未遂时，它不可能等待时机，再发展到犯罪既遂；同样当犯罪既遂已成为现实时，它也不可能再返回到未遂状态。

那么，区分犯罪未遂和犯罪既遂的界线是什么呢？对于这一问题，刑法学界众说纷纭。有的以犯罪目的是否实现划界，称为"犯罪目的实现说"；有的以犯罪结果是否发生为准，称为"犯罪结果发生说"；还有的以犯罪构成要件是否齐备立据，称为"构成要件齐备说"。目前虽然最后一种观点暂居主导地位，但其他不同观点依然存在。故从学术研究观之，这一问题并无定论。依我们之见，"构成要件齐备说"较为合理。

尽管不是在每一种直接故意犯罪中都可能区分出犯罪既遂和犯罪未遂两种犯罪形态（有的只有既遂形态，而不可能存在未遂），但是，在存在着产生既遂或未遂两种可能性的故意犯罪中，"构成要件齐备说"具有统一的适用性。这种统一性表现在，无论其犯罪类型的属性如何，都可以在其客观方面的构成要素中，找到能够甄别犯罪既遂与未遂的适当"角色"。然而，这种从总体上把握的统一标准，并不排除可以针对不同的具体犯罪，采取完全相异的鉴别犯罪形态的理论模式。事实上，也只有通过对故意犯罪分门别类的研究，才能丰富有关犯罪未遂和既遂的理论。具体来讲，可以分为下列几种情形：

　　1. 在以法定的危害结果的发生作为犯罪既遂标志的犯罪中，应当以法定的危害结果实际上是否已经发生，来区分犯罪的未遂和既遂。如果犯罪行为已经实行完毕，但法定的危害结果并没有发生，则可能构成未遂犯。当然，这种未遂犯，只限于直接故意犯罪。

　　这里有两个问题需要明确：一是危害结果的物质性；二是危害结果的法定性。危害结果的物质性意味着，只有那些对犯罪客体所造成的物质性的、有形的、具体的危害结果，才能作为区分犯罪未遂与既遂的客观要件，否则，就会使对犯罪未遂或既遂的认定，丧失客观标准。因为，非物质性的、无形的、抽象的危害结果，往往颇具弹性，令人难以捉摸，稍有不慎，就会导致主观归罪。而危害结果的法定性则意味着，只有法律条文明文规定或根据立法精神所要求的危害结果，才是区分犯罪未遂与既遂的法律依据。因为，在许多故意犯罪中，犯罪行为往往可能造成多种危害结果。在这些危害结果中，究竟哪一种危害结果是区分犯罪未遂与既遂的结果，不能任意解释，必须依照法律的要求加以确定。例如在盗窃案件中，盗窃行为既可能造成被害人的经济损失，也可能给被害人带来精神痛苦，甚至还会引起被害人的自杀死亡。而就盗窃的数额来说，有的只有几元钱，有的却成千上万。而刑法所要求的危害结果，只是达到一定数额的钱财。因此，只有已经将法定数额的财产非法占为己有时，才构成盗窃罪的既遂犯。如果实行盗窃行为后，未能将达到法定数额的财产据为己有，则可能构成盗窃（未遂）罪。

2. 在以法定危害行为的完成作为犯罪既遂要件的犯罪中，应当以行为人在客观上是否已经将法定的危害行为实行完毕来区分其犯罪的未遂和既遂。如果行为人已着手实行法定的犯罪行为，但由于其意志以外的原因，阻止了犯罪行为的完成，则构成该类犯罪的未遂犯。

应当指出的是，这类犯罪与刑法理论上的举动犯不同。它不是一着手实行，犯罪即告完成，而是要达到法律所要求的一定程度时，才算完成了犯罪行为。例如，在强奸妇女的案件中，只要行为人实行了对妇女的人身强制、精神胁迫等行为，就可以认为已着手实行强奸犯罪行为。但是，仅此还不能视为强奸犯罪行为的完成。而强奸罪完成形态的出现，还有赖于行为人非法性交行为的实行。因此，如果行为人在实施暴力、胁迫行为之后，被迫放弃非法性交行为，则应当以强奸（未遂）罪论处。

3. 在以法定的客观危险状态的出现作为犯罪既遂标志的犯罪中，应当以危害行为在客观上是否达到了法定的危险程度，来区分犯罪未遂与既遂。这类犯罪就是刑法理论上所说的危险犯。从我国刑法所规定的危险犯看，存在犯罪未遂和既遂之别的犯罪，必须具备两个特征：一是直接故意犯罪，故应将过失犯罪和间接故意犯罪排斥在外，因为这两种犯罪无所谓犯罪未遂问题。二是犯罪行为发展到法定的危险程度需要一定的时间，而非一着手实行即具有危险状态。

这里所说的客观危险性，意指行为人所实行的危害行为，尽管尚未发生现实的损害结果，但已经使刑法所保护的社会关系面临着迫在眉睫的严重威胁，随时都可能对人身和财产造成实际侵害。例如，在放火案件中，如果行为人已经点燃了引火物，但并未使其处于独立燃烧状态，由于被人发现，及时扑灭，就不能以放火罪的既遂论处。但是，如果已经使放火的对象独立燃烧，此时，则不可能出现犯罪未遂。

总之，在上述三类犯罪中，只要具备了法律所要求的犯罪构成客观方面的要件，无论其犯罪的完成在何种场合，也不论完成犯罪时间的长短，无一例外地都应当以既遂犯论处。反之，如果尚不具备犯罪构成客观方面的要件，不管犯罪行为距离完成犯罪的远近程度如何，只要已被迫停止其发展进程，都可能是犯罪的未遂形态。

（三）犯罪行为没有达到既遂状态，是由于行为人意志以外的原因

这是构成未遂犯的实质要件，又是区别于中止犯的重要标志。这一特征揭示了未遂犯和中止犯在停止犯罪活动时的两种截然对立的主观心理状态。未遂犯是面对外在的阻力无可奈何而被迫停止犯罪，而中止犯则是出于内心的自由选择而自动放弃犯罪。正如德国著名刑法学家弗兰克所指出的那样，犯罪未遂与犯罪中止的本质区别就在于：前者是企图实施而不能实施，后者是能够实施而不愿实施。也就是我国刑法学者概括的"非不为也实不能也"为未遂，"非不能也实不为者"为中止。

那么，什么是行为人意志以外的原因呢？有的认为仅指客观情况的意外变化，有的认为还包括有碍犯罪既遂的主观因素。就意外原因的种类看，有的将其分为客观原因和主观原因，有的将其分为外在原因、内在原因和内外交叉的原因，还有的区分为外部的物质障碍和内在的心理障碍等等。

我们认为，所谓意志以外的原因，是指违背犯罪人的犯罪意志、并能够阻止犯罪行为达到既遂状态的各种主客观因素。这些因素从性质上看，应当与行为人完成犯罪的主观愿望相矛盾；从作用上看，应当与犯罪行为的发展进程相冲突。至于如何判断这些因素足以使犯罪过程被迫停顿，则应当以行为人自己的主观感

受为标准。

基于以上认识，我们认为，凡是由于下列情形之一而未完成犯罪的，都应当以犯罪未遂论处：

1. 犯罪人意外的客观原因。它包括：（1）遭到被害人强有力的反抗。例如抢劫犯在实施暴力抢劫时，被对方制服而丧失继续侵害能力。（2）遭到第三者的制止或政法机关的拘捕。例如杀人犯在举刀砍杀时，被在场人夺下凶器。（3）被害人有效的逃避。例如犯罪分子持枪追击，被害人躲进公安机关，而使其未能得手。（4）受到自然力的破坏。例如，纵火犯点燃房屋刚离去，适逢天降暴雨将火浇灭。（5）时间地点使犯罪难以继续进行。例如盗枪犯事先潜入武器库，正欲窃枪逃跑时，发现数名持枪警卫向武器库走来，因害怕被发现，遂弃枪跳窗而逃走。（6）遇到了难以克服的物质障碍。例如犯罪人因无法撬开保险柜，空手而回。

相反，如果不是由于上述原因，而是由于其他外部原因，例如被害人轻微的反抗、善意的劝告、苦苦的哀求、严厉的斥责、严正的警告等，虽然对犯罪的完成也有不利的影响，但这些因素并不能阻止犯罪人继续完成犯罪。如果因为这些原因而停止犯罪的，应以犯罪中止论。

2. 犯罪人自身的客观原因。它包括下列两种情况：（1）犯罪人智能低下，犯罪技术拙劣，致使其未能完成犯罪。例如在持枪杀人案件中，有的犯罪分子不懂枪的构造，虽举枪瞄准被害人，但根本不知道如何打响；或者虽然知道如何开枪，但临场精神紧张，射击时非偏即斜，无法中的，故未能将杀人行为进行到底。（2）犯罪时突遇病变，体力不济，致使犯罪活动无法继续进行。例如有的犯罪分子平时患有高血压病，着手实行犯罪时，由于内心激动或精神紧张，使血压突升，心律紊乱、肌肉痉挛，甚至当场休克。在这种情况下，即使犯罪人犯罪之心未泯，但由于事实上已经丧失了犯罪能力，也不得不停止侵害。

3. 犯罪人主观上的认识错误。这是导致犯罪未遂的主观原因。即由于犯罪人对外界客观事实的不正确理解，未能将犯罪行为推进到既遂状态。具体来说，主要包括以下几种情形：（1）对犯罪对象的认识错误。这是指当犯罪人着手实行犯罪时，犯罪行为所指向的具体的人或物，当时并不在犯罪现场，而犯罪人却以为存在着他要侵害的对象。例如，在故意杀人案件中，误以为室内有人而开枪，而当时室内并无人；或者误把尸体当活人，误把禽兽当人杀，都不可能实现其杀人的愿望。（2）对犯罪工具的认识错误。这是指犯罪人误把不能完成犯罪的工具当作犯罪工具来使用，意图借此来完成犯罪活动，但最终却未将犯罪进行到底。例如误把白糖当砒霜，误将空枪当实弹，结果未能造成他人死亡的结果。而这种未遂的出现，正是由于犯罪人对工具选择的错误造成的。（3）对犯罪因果关系的认识错误。即特定的犯罪结果并未发生，而犯罪人却误以为已经发生，因而停止了犯罪活动。例如将被害人推下悬崖，认为其必死无疑而离去，但被害人却因挂在树上而未死。（4）对犯罪时周围客观环境的认识错误。这是指在行为人着手实行犯罪时，周围的客观环境并不足以阻止犯罪的完成，但行为人却由于错误地估计，而停止继续犯罪。例如，在进入工厂行窃时，忽听一阵电铃声，误以为是触发警报系统而逃走，而实际上则是工厂夜间收班拉铃声。在这类案件中，就一般知情者看来，下班铃响并不能阻止已潜入室内行窃的盗窃犯。但在犯罪人方面来看，骤然拉响的铃声，已使其产生了极度的恐惧，摧毁了他完成犯罪的意志。因此，不是其"能为而不为"，而是其"想为而不敢且不能为"。

二、犯罪未遂的分类

关于犯罪未遂的种类，在各国的刑事立法和刑法理论上，存在着各种不同的划分方法。有的以实行行为是否终了为标准，将犯罪未遂区分为未实行终了的未遂和实行终了的未遂；有的以行为的性质在客观上能否完成犯罪为标准，区分出能犯的未遂和不能犯的未遂；还有的根据未完成犯罪的原因，划分出障碍未遂和中止未遂。这种从不同角度对犯罪未遂所作的划分，不仅丰富了犯罪未遂理论，而且也便于执法机关根据不同类型的犯罪未遂的社会危害性的大小，对未遂犯作出正确处理。

目前，在我国刑法学界一致承认未实行终了的未遂和实行终了的未遂这种划分方法，能犯的未遂和不能犯的未遂，在近几年出版的刑法著作中也有所涉及，至于障碍未遂和中止未遂的分类，只见诸于极少数论文①。鉴于我国刑法已将犯罪中止与犯罪未遂严格区分开来，因此，这里只研究前两类犯罪未遂。

（一）实行终了的未遂与未实行终了的未遂

这是根据犯罪行为的实施程度所作的分类。这种划分的意义在于：在同一性质的犯罪中，犯罪实行行为的实施程度，是衡量其社会危害性大小的客观标准。一般来说，实行行为距离犯罪既遂越近，其社会危害性就越大。从这个意义上讲，在其他犯罪情节相同或大致相同的情况下，对实行终了的未遂犯，相对来说应当处以比未实行终了的未遂较重的刑罚。

关于如何判断犯罪行为是否实行终了，在刑法学界，尚无统一意见。概括起来，主要有以下几种主张：

1. 主观说

其中又分为：（1）绝对主观说。这种观点认为，判断犯罪行为是否实行终了，应当完全以行为人的主观认识为标准。至于在一般人看来是否实行终了，则无关紧要。例如有的学者认为，"所谓未实行终了的未遂，是指犯罪人尚未完全实现其认为达到某种危害结果所必要的全部行为，因而没有发生危害结果。所谓实行终了的未遂，是指犯罪人已将其认为达到某种危害结果所必要的全部行为都实行完毕，但由于某种客观原因，没有发生危害

---

① 《法制建设》，1984 年第 5 期，第 15 页。

结果。"① （2）修正的主观说，或称为有限制的主观说。这种观点是在坚持主观说的基础上，又对主观说提出了限制性条件，即"犯罪构成行为要件范围内的主观说"。其含义是"在法定犯罪构成要求所限定的客观行为范围内，行为是否实行终了，应依犯罪分子是否自认为将实现犯罪意图所必要的全部行为都实行完毕为标准"②。

2. 客观说

这种观点认为，判断犯罪行为是否实行终了，应当以一般人对犯罪行为发展程度的客观认识为标准，而不能按照犯罪者本人的认识情况来确定。例如，有的同志指出："行为是否实行终了，不应以主观认识作为一个要件，只要行为人的行为足以或已经危害社会，在这种情况下的未遂就是实行终了的未遂。"③ 这种观点在一些苏联学者的论著中表述得更加明白，例如苏联刑法学者基茨盖维奇明确指出："终了未遂指行为人做完了客观上（不是根据他个人的认识）为把犯罪进行到底而需要做的一切。"④

3. 折衷说

这种观点认为，按照主客观相统一的原则，在考察犯罪行为是否实行终了时，既要考虑犯罪行为发展的客观情况，又要顾及犯罪人的主观认识。因此，"犯罪行为是否实行终了，其标准应该是主客观的统一，即不但要看客观上是否实施了足以造成犯罪结果的犯罪行为，还要看犯罪分子是否将其自认为实现犯罪所必

---

① 杨春洗主编：《刑法总论》，北京大学出版社，1981 年版，第 185 页。

② 赵秉志著：《犯罪未遂的理论与实践》，中国人民大学出版社，1987 年版，第 162 页。

③《法学季刊》，1985 年第 1 期，第 26 页。

④《苏维埃刑法论文选译（第 1 辑）》，中国人民大学出版社，1956 年版，第 59 页。

须的行为都实行完了。"①

我们认为，在上述三种学说中，"主观说"依照犯罪人对犯罪行为的认识来确定实行终了的标准，其立论是正确的。但是，如果脱离了法律对具体犯罪构成客观行为的具体要求，就会使对实行终了与否的认定，丧失了客观的法律评价，从而导致与法与理相悖的错误，因此，绝对主观说是不可取的。如果按照这种观点，就会发生一系列犯罪人的主观认识与法律规定不一致的矛盾。例如，在行为犯、危险犯的场合，按照法律规定，只要完成了法定行为或造成了客观危险状态，即构成犯罪既遂；而从行为人的主观认识看，他可能是意图造成现实的危害结果，才算将犯罪实行完毕。

"客观说"主张按照一般人对犯罪进程的客观判断，来认定犯罪行为是否实行终了，从唯物论的角度看，似乎是正确的。但是，这种学说却忽视了这样一个客观事实，即任何一种直接故意犯罪行为，都是在人的主观意志支配下进行的。如果不考察犯罪者本人的主观认识，而纯粹由一般人置身局外来进行所谓的客观评断，很难得出合乎实际的结论。事实上，一般人进行判断的根据，或者是把犯罪结果的发生作为实行终了的唯一标志，或者是将完整的实行行为分解成支离破碎的动作。其结果是，这种评判模式，不仅无法适用于包括行为犯、危险犯等特殊类型的犯罪在内的一切犯罪形态，而且在特定场合，还容易混淆犯罪未遂与犯罪既遂的界限。因此，"客观说"从根本上来说，是错误的。

"折衷说"试图用主客观相统一的原则，来统帅对犯罪实行终了问题的研究，其出发点是好的。但是，这种观点很难在现实的犯罪案件中得到彻底贯彻。当犯罪人的主观认识与一般人对犯罪事实的客观判断不谋而合时，这一原则无疑得到了生动的体现。然而，当二者的认识不一致时，究竟以谁为准呢？这种矛

---

① 《法学季刊》，1984 年第 1 期，第 22 页。

盾，用折衷说恐怕是无法解决的。

因此，我们认为，惟有"修正的主观说"才是解决犯罪实行终了问题的正确理论。按照这种观点，在分析考察犯罪行为的进行程度时，必须注意两点：（1）以刑法分则条文规定的具体犯罪构成客观要件的行为为基础。这是因为，每一种具体犯罪的实行行为，都是由刑法分则明文规定的。如果抛开法律规定，纯粹按照行为者本人或第三者对实行行为的性质和内容所作的理解，来认定犯罪行为是否实行终了，就会否定法律的严肃性，并且也难以确立一个统一的标准。（2）以行为人当时当地的主观感受为依据。这是因为在故意犯罪过程中，犯罪人的主观意志始终指导和调节着犯罪行为的发展进程，使犯罪行为向着既定目标前进。犯罪行为是否实行终了，行为者本人最清楚。因此，一般情况下，都应当以行为人的主观感受为标准。（3）当行为人的主观认识与法律规定不一致时，应当以法律规定为前提，深入分析犯罪实行当时的客观实际情况，最终作出符合实际的判断。

基于以上分析，我们可以分别对未实行终了的未遂和实行终了的未遂作如下表述：（1）所谓未实行终了的未遂，是指犯罪人已着手实行刑法分则规定的特定犯罪构成客观要件的行为，但由于意志以外的原因，使其尚未将他认为实现犯罪意图所必要的全部行为实行完毕，因而未能达到既遂状态。造成这种犯罪未遂的原因，可以是来自外部的客观原因，也可以是由于行为人的认识错误。例如在故意杀人案件中，法律所要求的构成故意杀人罪的客观要件是剥夺他人生命的杀害行为，而对于犯罪人来说，他不仅认识到自己的行为是非法的杀人行为，而且只有将这种行为推进到造成他人死亡结果的阶段。因此，当一个犯罪分子举刀向被害人头上砍去之时，由于被第三者及时将刀夺去，未能完成预定的杀人行为，故构成未实行终了的杀人未遂。（2）所谓实行终了的未遂，是指犯罪人已着手实行刑法分则规定的特定犯罪构成客观要件的行为，并且自认为已经将实现其犯罪意图所必需的全部行为实行完毕，但由于意志以外的原因，而未达到既遂状态。例如杀人犯将人杀成重伤倒地休克，误认为对方已经死亡而离去。但被害人后遇路人抢救而幸存。在这种情况下，尽管犯罪人已实施了杀人行为，但由于其主观上的认识错误和他人及时抢救，最终避免了死亡结果的发生。因而构成实行终了的杀人未遂罪。

（二）能犯的未遂和不能犯的未遂

1. 划分的意义

关于这种分类有无必要以及有无意义，我国刑法学界还有不同看法。持反对意见的同志认为，我国刑法上并没有关于不能犯问题的规定，从司法实践上看，所谓不能犯的刑事责任，完全可以按照对事实认识错误的原则来解决，而没有必要把它与未遂犯联系在一起。如果硬要沿用资产阶级刑法上的不能犯理论，"无非是在理论上徒增了一道复杂程序，在司法实践上把问题搞得更加复杂而已。"①

我们认为，尽管我国刑法尚无有关不能犯的规定，但从司法实践看，不能犯案件却客观存在。这种不能犯行为，是一种具有社会危害性的行为，应当受到刑罚处罚。但正因为法无明文，在处理上无所适用。从性质上看，这种行为同犯罪未遂并无不同。因此，把它作为未遂犯的一种加以研究，在理论和实践上都有意义。

2. 能犯的未遂

所谓能犯的未遂，是指行为人已经着手实行刑法分则规定的某一具体犯罪构成客观要件的行为，并且这一行为实际上有可能完成犯罪，但由于其意志以外的原因，使犯罪未能达到既遂状态。根据这一定义，在认定能犯的未遂时，必须把握以下几点：

（1）要查明行为人是否已着手实行犯罪。如果犯罪活动还处于预备阶段，不管其准备的程度多么充分，只要尚未开始实行

---

① 《法学季刊》，1985 年第 1 期，第 20~22 页。

犯罪的实行行为，都不能以未遂犯论处。

（2）要查明着手实行行为本身是否具有完成犯罪的实际可能性，如果没有这种实际可能性，则可能构成不能犯的未遂，这正是它与不能犯未遂的一个重要区别。至于如何确定实行行为在客观上是否具有完成犯罪的可能性，则需要从以下几个方面进行分析判断：一是要看行为人所采用的犯罪手段；二是要看行为人所使用的作案工具；三是要看犯罪对象的存在与否及所处的空间位置；四是要看犯罪时的具体环境。如果从上述几个方面能够证明，若其犯罪行为顺利发展，就必然会产生预期的犯罪结果，就可以认定这种行为具有完成犯罪的现实可能性。

（3）要查明未完成犯罪是否是由于犯罪人意志以外的客观原因，这里的客观原因，不仅包括外部的客观障碍，而且也包括犯罪人自身的不利于完成犯罪的客观因素。如果不是由于这些客观原因，而是由于主观上的认识错误导致其未完成犯罪，则构成不能犯的未遂。这是它与不能犯未遂的又一重要区别。

在犯罪性质相同的案件中，一般来说，能犯的未遂由于存在着完成犯罪的现实可能性，因而其社会危害性要大于不能犯的未遂，所以，在处罚上要重于不能犯的未遂。

3. 不能犯的未遂

所谓不能犯的未遂，是指行为人已经着手实行刑法分则规定的具体犯罪构成客观要件的行为，但由于其行为的性质，致使其行为不可能完成犯罪，因而难以达到犯罪的既遂状态。由此可见，构成不能犯的未遂，必须具备下列特征：

（1）行为人已经开始实行某一具体犯罪的实行行为。如果尚未着手实行犯罪，则缺乏构成该种未遂犯的前提条件。因此，那种认为不能犯未遂是指"行为人已经预备或着手实行犯罪，但其行为的性质是不能达到犯罪目的的行为"① 的观点，是错误

---

① 《法学季刊》，1984 年第 3 期，第 45 页。

的。这种对不能犯概念的扩大解释，势必会混淆犯罪预备与犯罪实行的界限，从而将扩大未遂犯的范围。

（2）犯罪行为的性质在客观上无法达到既遂状态。如果这种行为按其客观性质和实际功能，具有完成犯罪的实际可能性，也就丧失了成立不能犯未遂的余地。这一点正是不能犯未遂的本质特征。

在外国刑法理论中，通常根据不能完成犯罪的程度，将不能犯区分为相对的不能犯和绝对的不能犯。前者如用不足量的毒药杀人，未能将人杀死；后者如误将白糖当毒药杀人，未达杀人目的。对相对的不能犯，以未遂犯论处；对绝对的不能犯，则认为不构成犯罪。至于如何判断实行行为能否完成犯罪，有的以行为人的主观认识为标准，有的则以行为的客观危险性为标准，试图以此将能犯的未遂和作为非罪行为的不能犯区别开来。然而，不少外国学者对这种分类提出异议，提出："所谓绝对的不能与相对的不能的区别，由于判断对象的范围所取的方向不同，也可能得出完全相反的结论。例如以杀人的意思开枪时，被害者已经死亡，事后即使被证明，然而试考虑行为之时，向有生存可能的人实施杀害行为的状况，不是绝对的不能，而是相对的不能。反之，因为被害者穿有防弹衣，弹丸不能击穿的场合，限定于该具体的对象来观察，不能不说不是相对的不能，而是绝对的不能。"① 因此，此说"今日在理论上已无人主张"②。

我国刑法并没有对未遂犯和不能犯作具体的区分。通常所说的不能犯，实际上就是未遂犯的一种。对于这种行为，除了情节显著轻微不构成犯罪的以外，都应当以未遂犯论处。

（3）不能完成犯罪的原因，是由于行为人主观上的认识错

---

① 《刑法讲座》（四），有斐阁，1973 年版，第 45~46 页。

② 高仰止：《刑法总则之理论与实用》，台湾五南图书出版公司，1983 年版，第 322 页。

误。在不能犯未遂的场合，行为人主观上具有犯罪的故意，同时对自己所实施的行为是犯罪行为，也有清楚的认识。如果不是由于对事实的错误认识，很可能使犯罪达到既遂状态。这种认识错误主要包括两种情形，一是对作案工具的实际效能产生了错误认识，即由于选择了不能完成犯罪的工具，从而导致了犯罪的不能完成。这就是通常所说的工具不能犯的未遂。例如误将坏枪当好枪、误将食碱当毒药，都不可能造成被害人死亡的结果。二是对作案方法的适当性产生了错误认识，以致使犯罪未能完成。即由于行为人选择的犯罪方法不当，使犯罪行为只能停留在未完成状态。例如意图杀人，但由于距离被害人较远，虽开枪但无法射中；或者投毒杀人，但因毒药剂量太小，无法致人死命。在这类案件中，行为人所用的作案工具并无错误，只是使用方法不当造成的。因此，把它与工具不能犯混为一谈，是不够确切的。不如单列为手段（方法）不能犯的未遂。三是对犯罪对象的特性或犯罪对象是否存在产生了错误认识，以致未能对犯罪对象造成损害。从我国司法实践中已经发生的案例看，主要有误将尸体当活人加以杀害、误将禽兽当活人加以杀害、误将男子当妇女（包括幼女）进行强奸、误将妻子当她人进行强奸、误将自己的财产当作他人的财产进行盗窃、误将空钱柜当作有钱柜进行盗窃等。对这些案件如何定性，往往争议很大，有的认为不构成犯罪；有的虽然认为应当以犯罪论处，但又不知道该怎样从理论上加以解释和如何适用法条。如果引入不能犯未遂的概念，这些问题不就迎刃而解了吗？

通过以上分析，可以看出，在不能犯的未遂的案件中，犯罪人不仅主观上具有犯罪故意，而且客观上已经实施了犯罪行为，只是由于其认识错误，才使得犯罪未能完成。因此，它完全具备了构成未遂犯的诸特征。据此，也就可以将其与司法实践中所发生的迷信犯区别开来。所谓迷信犯，是指由于行为人极为愚昧无知，因而采取在任何情况下都不可能对被害人造成实际损害的迷

458

信手段，意图实现自己所追求的某种危害结果。例如通过烧香念咒的方法，企图将仇人咒死。从主观上看，迷信犯和不能犯的未遂犯都具有犯罪的意图，并且已经通过语言和行动，将犯意表露于外部。但二者的认识内容是截然不同的。迷信犯对自己行为的性质和作用的认识，是违反常识、超乎自然的，这正是其愚昧无知的表现。而不能犯的未遂，行为人对自己行为的性质和功能的认识，是合乎人类认识的客观规律的，如果不是由于其认识上的失误，客观事物就会按照其预想的进程发展，使其犯罪目的最终得以实现。从客观上看，二者所实施的行为在客观上都不能完成犯罪，但它们的性质却有着根本区别。在不能犯未遂的场合，实行行为的实施是以行为人事先对犯罪行为的正确认识为前提的，只是由于意志以外的原因，犯罪未能合乎规律地发展到既遂状态。而在迷信犯的场合，迷信行为的实施是以行为人对事物的违反科学的错误认识为基础的，它在任何情况下，都不可能对外界造成损害。

三、未遂犯承担刑事责任的根据

在现代各国的刑事立法和刑法理论中，处罚犯罪未遂行为，已经成为公认的原则。但是，对于未遂犯承担刑事责任的根据是什么，在理论上则有不同见解。

（一）资产阶级学者的学说

在资产阶级刑法理论中，关于未遂犯的刑事责任问题，存在着"客观主义"和"主观主义"的对立。前者为刑事古典学派学者的主张，后者为近代派学者所倡导。

客观主义侧重于客观的行为及其所造成的结果，以行为的客观危险性、定型性及构成要件的符合性作为理论基础。因此，认为犯罪未遂行为之所以应当承担刑事责任，是由于它是已经表现于外部的危害行为，并且对刑法所保护的法益造成了实际威胁。

主观主义侧重于行为人本身的危险性，着眼于行为人的主观认识、意欲及危险性格的表露。因此，认为犯罪未遂行为之所以应当承担刑事责任，是由于它已经表露出行为人的犯罪故意和人身危险性。

上述客观责任论和主观责任论的对立，反映了两派学者认识角度的差异。但是，"虽然如斯，主观说亦非以未表露于外部之纯粹的主观的意思为依其处罚对象……然依客观说，亦非完全置行为人之主观的意思于不问而得予解决未遂犯问题，因此之故，两说在未遂之解决，未必异其结论，虽异其理论上途径，而其所得之结论完全相同者，事所恒有。"①

（二）前苏联刑法学者的学说

对于未遂犯的刑事责任问题，前苏联学者是从犯罪构成的角度进行研究的。按照前苏联的刑法理论，具备主客观相统一的犯罪构成，是使行为人承担刑事责任的唯一根据。但是，对于未遂犯是否具备犯罪构成的诸要件，前苏联学者却有不同看法。例如，著名刑法学家特拉伊宁认为，未遂行为缺少一个犯罪构成的必要因素，即犯罪结果。并据此提出了一个关于犯罪未遂与犯罪构成关系的著名公式，即"未遂行为＝故意＋是构成因素的行为－结果。"② 可见，在特拉依宁看来，犯罪未遂行为并不具备犯罪构成要件。但是，他同时却又主张对未遂行为应予处罚。这样，就使得他的犯罪构成是使行为人承担刑事责任的唯一根据的理论，未能在未遂犯问题上得到统一而全面的贯彻。

为了解决上述矛盾，前苏联刑法学者又从犯罪的本质特征出发，来解释处罚未遂犯的根据，认为未遂行为本身的社会危害性和行为人的人身危险性，是处罚未遂犯的根据所在。这样，最终

---

① 刁荣华主编：《现代刑法基本问题》，台湾汉林出版社，1982年版，第232页。

② 特拉伊宁：《犯罪构成的一般学说》，中国人民大学出版社，1958年版，第253页。

未能解决犯罪未遂的刑事责任与犯罪构成的关系问题。

（三）我国刑法学者的理论

针对资产阶级的"客观责任论"和"主观责任论"割裂主客观相统一的刑法原则的缺陷，以及前苏联刑法学界在未遂犯刑事责任问题上存在的矛盾，我国刑法学者以主客观相统一的原则为指导思想，以犯罪构成为理论基础，提出了未遂犯承担刑事责任的依据，在于它完全具备了犯罪构成四个方面的要件。如有的学者写道："作为犯罪未完成形态的犯罪未遂，它并不存在一个不同于犯罪既遂四个方面的犯罪构成要件之外的独立的犯罪构成。"[①] "犯罪未遂与既遂在客观方面的区别，只是在于它没有完成犯罪行为或者没有造成法律所要求的特定犯罪结果（而不是绝对没有造成任何具体危害后果），这只是犯罪客观要件中非基本因素的不齐备，而不是整个客观要件或基本客观要件的不具备。"[②]

我们认为，未遂犯承担刑事责任的根据，毫无例外地，是它必须具备犯罪构成要件。但是，未遂犯的犯罪构成与既遂犯的犯罪构成，在具体内容上，毕竟有所不同。特别是从客观方面看，它不仅没有造成法定的危害结果，而且，有的尚未完成犯罪的实行行为（未实行终了的未遂）。如果简单地将其等同于既遂犯的构成要件，从理论上是解释不通的。因此，未遂犯的犯罪构成要件，实质上是对既遂犯构成要件的修正。未遂犯之所以要承担刑事责任，并不是因为它具备了既遂犯的构成要件，而是因为它符合修正的构成要件。

四、未遂犯的处罚原则

（一）学说及立法例

---

①② 赵秉志：《犯罪未遂的理论与实践》，中国人民大学出版社，1987年版，第54，55页。

1. 不减主义（又称同等主义和主观主义）。这种观点认为，刑罚作为防卫社会的手段，应当把犯罪人的主观恶性作为刑罚处罚的重心。刑罚的轻重应当以主观恶性的大小为转移。而未遂犯虽然未能完成犯罪，但其犯罪的恶念依然存在。因此，应当对未遂犯处以与既遂犯同等的刑罚，而不能有所减免。在立法例上，以法国刑法为代表。

2. 必减主义（又称客观主义）。这种观点认为，刑罚处罚的对象是人的行为，处刑的轻重应当以行为所造成的实害大小为标准。而犯罪未遂行为因未达到完成状态，其行为的客观危害性甚小，所以一般不宜处罚；如果需要处罚，也必须比照既遂犯予以减轻。在立法例上，以德国刑法为代表。

3. 得减主义（又称折衷主义）。这种观点认为，未遂犯同既遂犯相比，其行为的客观危害性相对来说较小，因此应予减轻处罚；但是，由于犯罪人主观恶性及犯罪未遂的实际情况不同，如果一概减轻处罚，恐有轻纵罪犯之嫌。因此，对未遂犯应否减轻处罚，应当由审判机关自由裁量，而不宜在法律上作硬性规定。在立法例上，以我国刑法为代表。

（二）我国刑法关于未遂犯的处罚原则

我国刑法第 23 条第 2 款规定，对未遂犯可以比照既遂犯从轻或者减轻处罚。按照这一原则，在解决未遂犯的刑事责任时，应当注意以下几个问题：

第一，对未遂犯应当予以从宽处罚，是我国刑法的原则性要求。立法者使用"可以"一词，就表明其倾向性的态度是：在处理犯罪未遂案件时，审判人员首先应当考虑的是能否给予从轻或者减轻处罚，而不是怎样才不致于使其受到从宽处理。如果把"可以"一词首先理解为"不可以"，是不符合我国刑法关于处罚未遂犯的立法精神的。

第二，对未遂犯可以处以与既遂犯同等的刑罚，并不违背刑法的规定，但这种情况应以犯罪的其他情节严重为必要。换句话

462

说，犯罪人虽然具有犯罪未遂这一法定的从轻情节，但同时又存在着其他应当从重的量刑情节时，对其不应当也不能从轻处罚。这些情节包括：已经构成累犯、在共同犯罪中处于主犯地位、犯罪的性质特别恶劣、犯罪的手段特别残忍、犯罪所造成的后果特别严重等。对于具有这些情节的犯罪分子，其危害程度与既遂犯相差无几，所以应当与既遂犯同等处罚。

第三，对未遂犯应否给予从宽处罚，以及究竟是从轻还是减轻，必须从案件的具体情况出发，全面分析，慎重决定。具体来讲，可以考虑下列各种因素：（1）要看犯罪的性质，即是一般刑事犯罪还是严重刑事犯罪，是危险性不大的犯罪还是危险性较大的犯罪，是单纯侵犯财产的犯罪还是直接危及人身和财产安全的犯罪等。（2）要看犯罪未遂的具体类型，即是未实行完毕的未遂还是实行终了的未遂，是能犯的未遂还是不能犯的未遂。因为未遂的种类不同，反映了犯罪行为距离犯罪既遂的远近程度。（3）要看犯罪行为所造成的危害结果的大小，即是有形的结果还是无形的结果，是一般的损害还是严重的损害。对于已经造成了有形的、严重的危害结果，即使其没有造成法定的既遂结果，也可以不予从轻或减轻处罚。例如杀人未遂行为已经造成被害人重伤的，就不一定要给予从轻或者减轻处罚。（4）要看犯罪人的主观恶性的大小。其中包括犯罪动机是否卑鄙、犯罪意志是否坚决、犯罪以后是否如实交代罪行和是否认罪服法等。

第四节　中　止　犯

一、中止犯的概念和条件

我国刑法第 24 条规定："在犯罪过程中，自动放弃犯罪或者自动有效地防止犯罪结果发生的，是犯罪中止。"据此，所谓中止犯，是指在直接故意犯罪过程中，行为人自动放弃其犯罪行为，或者自动有效地防止了危害结果发生的一种犯罪形态。

构成中止犯，应当具备下列条件：

（一）时间性条件

关于犯罪中止的时间界限，我国刑法明文规定为"在犯罪过程中"，但对于什么是犯罪过程，并没有作明确解释。目前，在刑法学界对犯罪中止时间的认识，主要有两种观点：一是认为，"犯罪中止必须发生在犯罪预备阶段或着手实行犯罪过程中。"① 二是认为，犯罪中止"只能发生在犯罪的预备阶段和未遂阶段"②。而两种观点同时又都认为，在犯意表示阶段和犯罪既遂的情况下，不可能出现犯罪中止。

可见，上述两种主张除了对在犯罪未遂的情况下能否发生犯罪中止的问题存在分歧以外，对犯罪中止只能产生在犯罪预备开始以后、犯罪既遂之前这段时间，则没有不同意见。

我们认为，所谓故意犯罪的过程，是指故意犯罪从产生、发展到完成所经过的程序。它是故意犯罪运动、发展和变化的连续性在时间和空间上的表现。在故意犯罪中，犯罪过程包含了从预备犯罪到完成犯罪活动所经过的各个阶段和各个时期。而在各犯罪阶段上，由于内在的或外在因素的影响，又可能产生不同的犯罪形态。而作为一种未完成形态的犯罪，犯罪中止可以发生在从犯罪预备到犯罪结果发生之前的整个过程中。因此，在下列三种情况下，都可能出现中止犯：

1. 犯罪预备阶段的犯罪中止

这是指行为人已经开始实施犯罪的预备行为，或者已经将预备行为实施完毕，在尚未着手犯罪的实行行为之前，自动放弃犯罪意图，停止犯罪预备行为，不再着手实行犯罪。例如，被告人

---

① 高铭暄主编：《刑法学》，法律出版社，1983年修订本，第181页。

② 张尚鷟编著：《中华人民共和国刑法概论·总则部分》，法律出版社，1983年版，第170页。

在携带犯罪工具奔赴犯罪现场途中，因心中悔悟而返回；或者已经到达犯罪现场，因对被害人产生怜悯之心而未下手，等等。

2. 犯罪实行阶段的犯罪中止

所谓实行阶段的犯罪中止，是指犯罪人在着手犯罪之时或者正在实行犯罪的过程中，自动停止犯罪的实行行为，因而未完成犯罪的情况。例如，在放火案件中，行为人已擦燃火柴，在准备点燃目的物时，自动停止了点火行为；又如在强奸案件中，行为人采取暴力手段，已经使被害妇女处于不能反抗的状态，但是，因被害人的哀求，而未实行奸淫行为。类似这样的案件，都是犯罪着手或实行中的犯罪中止。

这里需要指出，在着手实行犯罪过程中，也可能产生犯罪未遂。但是，这两种犯罪形态是互相排斥的，二者不能同时并存。在已经成立未遂犯的场合，就不可能再构成中止犯，反之亦然。例如，在故意杀人案件中，行为人已经将被害人砍成重伤，后被在场群众送往医院抢救，才幸免于死，对行为人自应以故意杀人未遂论处，而不可能再出现中止犯的情况。那种认为在犯罪未遂阶段也可以中止犯罪的观点，从根本上混淆了犯罪阶段与犯罪形态的界限。

3. 犯罪结果发生前的犯罪中止

这是指犯罪人已经将犯罪行为实行完毕，但是，行为人预期的或者法定的犯罪结果尚未发生，在这种情况下，行为人自动有效地防止了犯罪结果的发生。从司法实践来看，犯罪结果发生前的犯罪中止，通常出现在以下两种场合：（1）通常的结果犯的犯罪结果发生之前的犯罪中止。在这种场合，犯罪人已经完成了实行行为，但是，作为构成该种犯罪既遂标志的法定犯罪结果并没有立即发生，因此，犯罪人还有时间采取措施，来避免犯罪结果的出现。如果最终通过积极有效的努力，使结果没有发生，依法应当以中止犯论处。如果仍然发生了特定结果，则应当以既遂犯论处。例如，在盗窃案件中，行为人已经窃取财物，并且使他人的财物置于自己的非法占有状态，已足以成立盗窃罪的既遂犯。即使此后有主动退赃行为，也不能视为犯罪中止，而只能作为对盗窃既遂行为量刑时的从宽情节加以考虑。（2）实害犯的犯罪结果发生之前的犯罪中止。在这种场合，犯罪人已完成了危险犯的实行行为，但是，实害犯的犯罪结果并没有发生。在此情况下，犯罪人自动采取措施，并且有效地防止了犯罪结果的出现，也应当以中止犯论处。这种犯罪中止案件，大多发生在危险犯中。例如，被告人故意在铁路道轨上放置巨石，意图制造翻车事故。后来因害怕承担刑事责任，赶在火车到来之前，自动将巨石移开，从而排除了危险状态，避免了车毁人亡的悲剧发生。这种情况之所以应当构成中止犯是因为，我国刑法对犯罪中止的时间限制，只要求发生在犯罪过程中，同时，刑法只规定了有效防止危害结果发生，是实行行为完成后成立中止犯的必要条件，并没有对犯罪的类型作具体区分。因此，可以认为，无论何种犯罪，只要存在着发生犯罪结果的可能性，在结果尚未发生之前，都应当给予行为人自动有效地防止结果发生的权利。如果行为人此时能抛弃犯罪意图，千方百计阻止危害结果的发生，不仅说明其主观恶性已经减小，而且行为的客观危险性业已被排除。对这种案件作为犯罪中止论处，不仅不违背我国刑法的规定，而且将有利于鼓励犯罪人自动中止犯罪，尽力减小犯罪行为对社会所造成的实际损害。因此，在犯罪预备之后、危害结果发生之前，都可以成立中止犯。

但是，这里需要说明的是，在后一种情况下，不能认为是对危险犯的中止，而只能作为实害犯的中止处理。因为，当危险犯已构成既遂状态的情况下，是不可能再转化为中止犯的。因此，当遇到这种情况时，就不能再按照危险犯的法定刑处罚，而应当依照刑法条文对实害犯法定刑的规定，以中止犯免除或者减轻处罚。例如，在前述的破坏交通设备案件中，对被告人既不能依照刑法第117条（危险法）以既遂犯论处，也不能适用该条以中止犯论处。而应当按照刑法第119条（实害法）的规定，以中止犯免除或者减轻处罚。

（二）自动性条件

所谓中止犯罪的自动性，是指行为人在确信能够将犯罪进行到底的情况下，基于本人的意志决定而停止犯罪行为，或者主动防止危害结果的发生。自动性的主观内容是犯罪人自愿抛弃了犯罪意图，其客观表现是自动终止犯罪的继续实行，或者积极防止危害结果的发生。

自动性条件不仅是构成中止犯的本质要件，而且也是区分预备犯和未遂犯的主要标志。因此，对自动性内涵的界定和对自动性的实际确认，不仅是构造完整的犯罪中止理论的要求，而且也是甄别不同犯罪形态、划清彼此界限的客观需要。而要正确地认定行为人停止犯罪的自动性，必须从以下两个方面进行认真考察：

1. 行为人自认为自己能够完成犯罪，是认定自动性的基本前提。如果行为人已经意识到不能完成犯罪，即使其客观上停止了犯罪活动，也无自动性可言。这里所要强调的是，犯罪的能否完成，必须是基于行为者本人主观上的自认。也就是说，只要行为人自己确信有条件将犯罪进行到底，即使在他人看来不可能完成犯罪，或者从客观上看其根本无法完成犯罪，也不影响其自动性的成立。例如，在敲诈勒索案件中，由于被害人的报案，公安机关已经派员埋伏，使犯罪活动客观上难以完成。如果犯罪人事前得知这一情况而未敢去索取钱物，当然不是自动停止犯罪；但是，如果犯罪人对此一无所知，在前去约定地点取钱途中，因心中恐惧而返回，则应当以中止犯论处。

相反，在有些案件中，尽管在一般人看来，完全有可能将犯罪进行到底，但是，行为人却认为不能完成犯罪的，则不能成立中止犯。例如，在强奸案件中，有的犯罪分子发现被害妇女正值月经来潮，因缺乏生理常识，误认为无法与其发生性行为，故未实施奸淫行为。对这种案件，应当以强奸未遂论处，而非强奸的自动中止。因此，犯罪中止的自动性，首先意味着犯罪人在确信能够完成犯罪的前提下，而在主观上不愿继续犯罪。反之，如果犯罪人已经对犯罪的前途感到失望绝望，不管其主观认识与客观事实是否一致，都不能成立自动中止。

2. 行为人出于本人的意愿而放弃犯罪，是自动性的实质内容。如果停止犯罪活动不是由于行为人自己的主观意志，而是遇到了自认为无法克服的物质或心理障碍，从而停止犯罪，则是被迫停止，而不是自动放弃。

从司法实践中发生的大量案件来看，无论是在犯罪中止的案件中，还是在犯罪未遂案件中，往往都存在着妨碍犯罪顺利进行的各种主客观原因。而这些原因又在不同程度上，对犯罪人的犯罪意志产生了抑制作用。在这些原因中，除了那些对完成犯罪具有特别明显的客观阻碍作用的原因外，大多是一些比较轻微的不利因素。在后一种因素存在的场合，如果行为人放弃犯罪的意志表现不太鲜明，往往在自动性的认定上发生争议。例如，在抢劫案件中，正准备夺取钱财，因被害人大声呼救而逃跑。究竟是抢劫罪的自动放弃，还是犯罪未遂，实践中经常意见不一。有的认为是犯罪中止，有的则认为是犯罪未遂。

类似上述在存在一定的外界因素的情况下，犯罪没有完成，或者犯罪结果没有发生，到底是不是犯罪中止，目前，在司法机关和理论界仍有不同认识。概括起来，主要有三种观点：（1）绝对自动论。这种观点认为，自动放弃必须是在没有任何外界因素影响的情况下，自我主动放弃犯罪。因此，诸如在被害人的哀求、警告或别人的规劝下停止犯罪活动，都不能成立犯罪中止。（2）内因决定论，这种观点认为，内因是变化的根据，外因是变化的条件，外因通过内因而起作用。按照这一原理，在犯罪案件中，外界因素对犯罪的完成，只是一种条件因素。而最终决定放弃犯罪活动的还是行为者本人。因此，即使客观上存在影响犯罪进行的不利因素（例如被害人的斥责、呼救、认出犯罪人等），只要行为人事实上放弃了犯罪行为，仍应当以中止犯论。（3）主要作用论。这种观点认为，在犯罪过程中，各种外界因素对犯罪人犯罪意志的影响，不可能等同。有的足以迫使行为人停止犯罪，有的却不能改变其犯罪意图。因此，只有查明意外因素在行为人主观意志中所占比重的大小，才能正确判断犯罪的形态。

上述三种观点各有一定道理，但都存在缺陷。"绝对自动论"单纯从"自我主动"这一表面意义上来理解犯罪中止的自动性，是不符合犯罪案件的客观实际的。事实上，在司法实践中，当犯罪分子遇到某些外界因素时，既可能怙恶不悛，继续实施犯罪；也可能幡然悔悟，停止犯罪活动。如果不承认行为人的主观作用，单纯强调外界因素的影响，势必会无限扩大犯罪未遂的范围，同时将无限地缩小犯罪中止的范围。因为，那些在没有任何外界因素影响的情况下而放弃犯罪的中止犯，是非常少见的。之所以会出现这种观点，其原因就在于，长期以来，我们总是把未完成犯罪是否由于犯罪人意志以外的原因这一点，作为区分预备犯、未遂犯和中止犯的标志。认为由于意外原因而未得逞的是预备犯、未遂犯，由于意志以内的原因而未得逞的是中止犯。从表面上看来，这种理论似乎无懈可击，但如果仔细分析，就会发现其致命的弱点，即它根本无法将预备犯、未遂犯和中止犯区分开来。例如，被告人某甲深夜入室行窃，忽听门外叮当一响，以为是主人回来，遂跳窗仓惶逃走。但事实上是行人路过门口，手中东西落地弄出的响声。对这一案件，应定为犯罪未遂，恐怕没有人提出异议。又如，被告人某乙深夜潜入某宾馆服务员休息室欲行强奸妇女，但着手使用暴力将被害人某丙按在床上时，发现某丙是自己的熟人，同时某丙也认出了某乙，被告人遂立即离去。对这一案件的被告人应以强奸中止论处，大概也无人提出异议。但在这两个案件中，无论是门外"叮当"一响，还是认出被害人，对犯罪人来说，都是出乎意料的，而且都是违背其犯罪意志,足以抑止其犯罪意志的原因。如果按照"绝对自动论",势必会将其统统作为犯罪未遂来认定。因而也就难以得出正确的结论。

事实上,无论是在犯罪预备、犯罪未遂案件中,还是在犯罪中止案件中,或多或少地都存在一定的外界因素。而这些外界因素是否能够阻止犯罪的继续发展,往往要取决于行为人的主观意志。也就是说,即使存在外界因素,如果没有犯罪人在心理上的斗争和抉择,并不一定能影响到犯罪的进程。例如,被害人以为行为人介绍对象为条件,求被告人停止强奸行为。在这里似乎是被害妇女的哀求和巧妙周旋起了决定作用,但事实上并非如此。在这种情况下,被告人既可以接受对方的条件,放弃强奸行为;也可以一意孤行,将犯罪进行到底。而最后放弃犯罪,正是行为人自动选择的结果。因此,从一般意义上讲,"内因决定论"是正确的。但是,另一方面,也应当看到,犯罪现象是非常复杂的,伴随犯罪活动而出现的各种有利的不利的因素,也是形形色色的。在不利因素中,有的并不能直接影响犯罪人的犯罪意志,但有的因素却具有不以犯罪人的意志为转移的性质,即不论犯罪人主观上是否愿意,都不得不停止犯罪。在这种情况下,外界因素的强烈反作用,使得行为人主观上失去了选择自己行为的自由,除了停止犯罪,别无出路。例如正在实施犯罪活动被公安人员当场抓获,或被对方致成重伤而无力反抗,等等。因此,那种不分具体情况,一味强调内因的决定作用,而忽视外因的应有作用的观点,是不够全面的。如果片面地理解"内因是变化的根据、外因是变化的条件"这一哲学原理,并把这种错误观点贯彻到诉讼活动中,将会把那些应当定为犯罪未遂的案件,当作犯罪中止来处理。其结果将无限扩大中止犯的范围,从而将不适当地缩小未遂犯的范围。这样,也就无法从根本上划清各种未完成犯罪形态之间的界限。因此,"内因决定论"也不完全可取。

"主要作用论"采取折衷的观点,试图使矛盾得到解决。但这种主张,并没有提出一个认定中止自动性的客观标准。因为,

470

预备犯、未遂犯和中止犯，是不能同时共存的犯罪形态。在一个具体案件中，一个人在构成预备犯或未遂犯之后，就不可能再构成中止犯；反之，在构成中止犯之后，也就不可能再成为预备犯或未遂犯。而在构成不同犯罪形态之后，再去衡量外界因素对行为人形成决定停止犯罪意志的作用大小，是很难得出科学结论的。例如，被告人要去杀人，经别人劝说而未去实施杀害行为。在这里到底是由于别人的劝说而使被告人停止了杀人行为，还是由于被告人自己悔悟而停止杀人行为，抑或是由内心的悔悟和别人的劝告共同发生作用而使其放弃实行犯罪，很难按比重来划分。因此，"主要作用论"亦不足取。

我们认为，在具有外界因素的场合，判断犯罪没有完成或危害结果没有发生，究竟是行为人被迫停止犯罪，还是自动放弃犯罪，既不能纯粹从外界因素方面着眼，单纯考虑外界因素的影响，而不承认犯罪人主观上的决定作用；也不能一味强调犯罪人的意志作用，而忽视外界因素的强制作用。而应当根据犯罪人对事实的认识情况，结合外界因素的性质及表现形式，分别不同情形，加以认定：（1）如果不存在任何外在的物质障碍，行为人也没有因外界因素受到精神强制，在这种情况下放弃犯罪，应当以犯罪中止论。（2）如果存在外界因素，但这些因素并不能直接迫使犯罪人放弃犯罪意图，若行为人放弃犯罪，应以犯罪中止论。这些因素包括被害人或第三者的哭泣、哀求、规劝、警告、轻微的反抗，对象、时间、地点对完成犯罪的轻微影响，等等。（3）外界因素虽然客观上不足以阻止犯罪的进行，但由于行为的认识错误或受到精神上的威胁，因而停止犯罪的，不构成中止犯，应当以预备犯或未遂犯论处。例如，把风吹窗动误认为被人发现而停止盗窃行为，因被害人高声呼救，产生恐惧心理而逃离作案地点等，尽管事实上并没有被人发现，或当时当地并没有人前去救助，但由于其认识错误或外界因素对其形成的心理强制作用，使其不能或不敢将犯罪进行到底。因此，不能以中止犯论处。

（4）外界因素虽然在客观上足以阻止犯罪的进行，但行为人当时并没有意识到这些因素的存在，而是出于害怕、悔悟等动机而放弃犯罪的，应以中止犯论处。（5）外界因素按其性质和作用看，不仅在客观上足以阻止犯罪的发展，而且行为人主观上也认识到难以完成犯罪。在这种情况下未完成犯罪，非犯罪人不愿为，实际上是犯罪人不能为。因此，不能视为自动放弃，而是被迫停止。

（三）有效性条件

所谓犯罪中止的有效性，是指犯罪人彻底抛弃犯罪意图，停止犯罪行为，或者有效地防止了犯罪结果的发生。有效性意味着：犯罪人主观上真正抛弃了某种犯罪意图，而不是恶意犹存，伺机再犯；客观上彻底终止了犯罪行为，或者事实上阻止了犯罪结果的发生，而不是暂时中断或者犯罪结果的发生已经成为现实。

由于犯罪行为的发展阶段不同，对各阶段上中止犯罪的有效性的要求，也不完全一样。具体来讲，可以分为以下三种情况：

1. 在犯罪预备阶段，中止犯罪的有效性表现为：行为人在放弃继续实行犯罪意图的同时，消极地停止了犯罪的预备行为。例如，在已经准备好犯罪工具的情况下，只要未携带犯罪工具前往犯罪现场，就应当认为是有效地停止了犯罪行为；在已经到达犯罪现场之后，只要未着手实行犯罪的实行行为，也应当视为是有效中止。在这一犯罪阶段，要确认是否有效中止，关键在于查明行为人主观上是否已经打消了犯罪意图。如果行为人仍然存在着继续实行犯罪的意图，而只是由于时机、对象、场合暂时有碍于犯罪的实行，因而未马上着手的，则不是有效中止犯罪，而应当以预备犯论处。

2. 在着手实行犯罪阶段，中止犯罪的有效性表现为：行为人不仅在主观上放弃了完成犯罪的意图，而且客观上没有将犯罪行为实行完毕。例如，行为人意图杀人，第一刀把被害人砍成轻伤，本可以继续砍杀，但出于怜悯之情，弃刀离去。对这种情况，就应当以故意杀人罪的有效中止论。在这一阶段，中止的有效性的基本要求是彻底放弃犯罪的继续实行，而不是暂时停止实行，一俟条件成熟，再完成犯罪行为。例如，盗窃犯入室行窃，见保险柜内现金太少，准备等主人从银行提款后，再作大案。对这种案件，则不能以犯罪中止论。这里所谓的彻底放弃，只是就具体案件而言的。并不意味着犯罪人以后永不犯罪。只要行为人能彻底停止现行的犯罪行为，即使其以后重新犯罪，也不影响其在该案中的犯罪中止。

3. 在犯罪行为实行终了以后、犯罪结果尚未发生之前，中止犯罪的有效性表现为：行为人积极采取措施去防止犯罪结果的发生，并且最终由于自己的努力，避免了犯罪结果的出现。可见，在这种时空条件下，由于犯罪结果的迫近，对行为人有效中止犯罪，就提出了更高的要求。

在这种场合，要判断是否为有效中止犯罪，必须把握五条标准：（1）要看行为人主观上是否放弃了犯罪意图。如果其主观上仍然追求犯罪结果的发生，或者主观上虽然不希望犯罪结果的发生，但亦不采取任何措施予以补救，最后只是由于外界因素的介入，使犯罪结果没有发生的，应当以犯罪未遂论处，而不是犯罪中止。（2）要看行为人客观上是否采取了积极措施。如果其在完成犯罪行为之后，采取消极地不作为方式，对犯罪结果的出现无为地等待观望，即使最后未发生犯罪结果，也不能以犯罪中止论处。也就是说，在这种情况下，犯罪人要想有效地停止犯罪，就必须积极地履行阻止犯罪结果发生的义务。否则，断难成立中止。（3）要看事实上是否发生了犯罪结果。如果已经造成了犯罪结果，即使行为人曾经做过不懈的努力，也不能构成中止犯。只有实际上防止了犯罪结果发生，中止犯才可能成立。这里所说的犯罪结果，指法定的危害结果，包括通常的结果犯的危害结果和实害犯的危害结果。前一种情况比较常见，后一种情况，例如犯罪人拆除飞机上的重要零件，意图制造空难事件。一旦行为实行完毕，就构成了破坏交通工具罪的既遂犯。但是，在飞机起飞之前，犯罪人又自动将零件装好，终于使飞行中的危险化为乌有。对这种案件，只要行为人有效地防止了法定危害结果的发生，就应当以破坏交通工具罪实害犯的犯罪中止论处。（4）要看犯罪结果没有发生与犯罪人所采取的预防措施之间，是否具有因果关系。如果二者之间没有因果关系，即使事实上没有造成危害结果，也不能视为犯罪中止。但是，对于这里的因果关系，不能机械地理解为犯罪人完全依靠自己的力量避免了危害结果的发生。事实上，除了非暴力性犯罪以外，在大多数暴力性犯罪案件中，单凭犯罪者一人之力，往往很难防止犯罪结果的发生，因而常常需要他人的协助。在这种情况下，只要犯罪人真心实意地想放弃犯罪，并且确实为防止犯罪结果的发生采取了力所能及的措施，即使有他人的帮助，也不影响其犯罪中止的有效性。例如在故意杀人案件中，在将被害人杀成重伤之后，唯有医生才能挽救其垂危的生命。此时，只要犯罪人能够及时将被害人送往医院抢救，即使被害人转危为安是由于医院的救治，也无碍于行为人犯罪中止的有效性。当然，如果犯罪人是在他人的强制下，消极地将被害人送往医院，则另当别论。（5）要看犯罪结果的发生是否有其他原因的介入。如果犯罪人在犯罪结果发生之前，确实采取了积极的预防措施，而且这些措施在正常情况下足以防止犯罪结果的发生，但是，由于第三者的介入，使本来能够避免的犯罪结果未能避免。对这种情况，则不能令犯罪人对所造成的结果承担刑事责任。例如犯罪人将被害人打成轻伤后，立即将其送往医院抢救，如果及时治疗，肯定不致于死。但由于当班医生故意刁难，拖延治疗，致使被害人失血过多而死亡。对这一死亡结果，当然不能由犯罪者承担故意杀人罪既遂犯的责任。

综上所述，构成中止犯必须同时具备时间性、自动性和有效性三个条件。其中，时间性是前提条件，它把犯罪中止行为与结果犯既遂后的自动挽回行为区别开来；自动性是实质条件，它划清了自动中止犯罪与被迫停止犯罪的预备犯和未遂犯的界限；有效性是限制性条件，它把待机再犯和造成犯罪结果的情况排除在犯罪中止之外。

二、关于放弃能够重复实施的侵害行为的定性问题

（一）放弃能够重复实施的侵害行为的含义及特征

什么是放弃能够重复实施的侵害行为？长期以来，在中外刑法论著中，并没有一个明确、科学的定义。刑法学者往往只举例说明，而不作理论上的概括。其中，最常用、最典型的例子就是：某甲蓄意杀乙，携带数粒子弹，第一次开枪射击未中目标，本有可能再开枪射击，突然改变主意，不再射击，故未发生预期的死亡结果。

随着对刑法学研究的进一步深入，近年来，我国刑法学界对这一问题，展开了争论。通过争论，有的刑法学者从理论的高度，对传统命题作了概括，即"凡犯罪分子使用可以一下子造成犯罪结果的工具（不仅仅限于枪，还包括刀、铁器等），实施了足以发生其所追求的犯罪结果的行为，但是由于其意志以外的原因，使这种结果没有发生（但不一定是任何具体危害结果都没有发生），犯罪分子根据主客观条件认为仍可实施重复侵害，但他却基于某种原因自动放弃了重复侵害，因而使犯罪结果不再可能发生的情况，都应属于放弃重复侵害行为。"[①] 这一定义突破了传统刑法著作只作例释的框框，扩大了人们的视野。为刑法学界全面研究放弃重复侵害行为，开辟了一条新径。

但是，上述定义也有不足之处，一是不够准确，二是不够简练。有鉴于此，我们认为，所谓放弃能够重复实施的侵害行为是指，犯罪人已经着手实行特定的犯罪行为，未能发生预期的危害

① 赵秉志著：《犯罪未遂的理论与实践》，中国人民大学出版社，1987年版，第144~145页。

结果。在能够重复实施同一性质的侵害行为并造成预期危害结果的情况下，放弃了犯罪的继续实行，因而使预期危害结果不再发生的情况。由此可见，放弃能够重复实施的侵害行为的案件，具有以下几个特征：（1）犯罪人已经着手实行犯罪，亦即已经开始实行既定的侵害行为。因此，如果犯罪活动尚处于预备阶段，就不可能发生这里所说的放弃重复侵害问题。例如，在犯罪预备阶段，虽然也可能存在着犯罪人自动放弃能够重复实施的犯罪预备行为的情况，但这不属于本命题所要研究的范围。（2）第一次的侵害行为未能发生预期的危害结果。如果第一次侵害立即造成了预期的危害结果，也就谈不上放弃重复侵害问题。这里的危害结果必须是预期的危害结果，而不是指一切危害结果。例如出于杀死被害人的目的，举刀向被害人砍去，致其重伤，此后本可以继续砍杀，但弃刀抢救被害人。这里虽然造成了重伤的结果，但预期的死亡结果并未发生。因此，也属于放弃能够重复实施的杀害行为的情况。（3）犯罪分子能够继续实施同一性质的侵害行为，即犯罪人根据当时的客观实际情况和自己的主观认识，认为能够继续实施侵害行为，直至造成预期的危害结果。如果当时事实上根本不能再继续实施犯罪，犯罪人对此也有明确认识，那么，也就不符合"放弃能够重复实施的侵害行为"这一既定命题。（4）预期的危害结果始终没有发生。即由于犯罪人放弃重复侵害，最终避免了预期危害结果的发生。因此，如果最终仍发生了预期的危害结果，即使犯罪人客观上停止了能够重复实施的侵害行为，也不能以既定命题来加以解释。例如，第一枪将被害人打成重伤，在能够继续开枪射击的情况下，停止了继续射杀行为，立即将被害人送医院抢救。但终因失血过多，抢救无效而死亡。对此，犯罪人仍应当负故意杀人既遂罪的责任。

上述四个特征缺一不可，凡是不具备上述特征的情况，也就不是我们所说的"放弃能够重复实施的侵害行为"的情形。超出这一范围所进行的争论，也就难以得出统一的结论。

（二）放弃能够重复实施的侵害行为的定性

对于放弃能够重复实施的侵害行为如何定性，是一个争论已久的问题。目前，在我国刑法学界主要有三种不同主张：

1. "未遂论"。这种观点认为，在这种情况下，犯罪行为已经实行终了，预期的危害结果没有发生，是由于犯罪人意志以外的原因所致，因此，完全符合实行终了的犯罪未遂的特征。例如，有的作者指出，在持枪杀人的案件中，"在射击以前，行为人是希望他这一枪击中目标的，主观上具有直接故意，在客观上实施了开枪杀人的行为。尽管这一枪未击中，但这完全是出于行为人意志以外的原因。至此，行为人已经实施了一个完整的犯罪行为……射击杀人行为只需一次动作就可以达到目的，并不是要求由许多连续的行为才能达到目的……若把这未击中的一枪视为中止，岂不是说意志以外的原因也会造成犯罪中止吗？"① 因此，这种情况"不能消除犯罪人已经实施的未遂行为所应负的刑事责任，而只能作为证明犯罪人社会危害性较小的一个情节，在量刑时应当予以考虑，但不能认为是犯罪中止。"②

2. "中止论"。这种观点认为，放弃能够重复实施的侵害行为，从时间上看，它发生在犯罪未实行终了的过程中，而不是在犯罪行为已停止的未遂形态或既遂形态；从主观上看，犯罪分子是自动放弃而不是被迫停止；从客观上看，预期的危害结果没有发生。因此，完全符合我国刑法关于中止犯的构成特征的规定，应当以中止犯论处③。

3. "折衷论"。这种观点认为，按照既定命题，放弃重复侵

---

① 《法学季刊》，1985年第1期，第26页。

② 杨春洗主编：《刑法总论》，北京大学出版社，1981年版，第189页。

③ 赵秉志著：《犯罪未遂的理论与实践》，中国人民大学出版社，1987年版，第141~143页。

害行为，有的可能是犯罪未遂（如开枪杀人未中目标，即使停止继续射击，也构成故意杀人未遂），有的可能是典型的犯罪中止（如用刀杀人，第一刀未刺死，在能够继续砍刺的情况下，出于本人的意愿而自动放弃砍杀行为），还有的可能是"犯罪未遂+犯罪中止"（如甲投毒杀乙，先在乙的饭中放入足以致死的毒药，乙正欲吃饭，发现碗中落入不净之物，顿感恶心，将饭倒掉。至此，甲构成杀人未遂。此后，甲又盛另一碗放有毒药的饭给乙吃，期间因乙诉说夫妻恩爱，甲顿生悔悟之心，遂将饭倒掉。又构成杀人中止）①。此外，还有的学者认为，放弃能够重复实施的侵害行为，总是由两部分构成的，即第一次侵害行为因意志以外的原因未发生预期的危害结果，构成未遂犯；后来放弃能够重复实施的侵害行为，构成中止犯。但在定性上，应当按照重行为吸收轻行为的原则，以未遂犯论处②。

在上述三种观点中，"未遂论"表面上看似乎有道理，但是，经过仔细分析，就会发现其存在着明显的破绽。如果认为被告人不开第二枪是实行终了的故意杀人未遂，就意味着该行为人的杀人行为已全部完成。那么，假如行为人此时继续开第二枪射击，将被害人打死；或者第二枪又未打中，第三枪才把人打死。以此类推，开数枪才致人死亡。能否认为犯罪人构成一个故意杀人既遂罪，同时又构成一个或数个故意杀人未遂罪呢？显然不能得出这样的结论。因此，"未遂论"在逻辑上是站不住脚的。

"折衷论"企图调和"未遂论"和"中止论"的矛盾，但最终又陷入新的矛盾之中而不能自拔。按照某些"折衷论"者的观点，第一次开枪未能打中被害人，已构成实行终了的杀人未遂；此后放弃开第二枪的行为，又构成了杀人中止。那么，如果

---

① 《现代法学》，1988 年第 5 期，第 24 页。

② 见张尚鷟编著：《中华人民共和国刑法概论·总则部分》，法律出版社，1983 年版，第 174 页。

行为人使用自动步枪连续射击造成死亡结果的，只构成一个杀人即遂罪；如果射出一发子弹后未击中目标，此后调转枪口射向别处，避免了死亡结果的发生，能否认为构成故意杀人未遂和中止两个罪呢？当然不能。

我们认为，导致上述分歧的根本原因，在于究竟应当如何认识犯罪实行行为的整体性。正是由于割裂了实行行为的整体性，才对同一个案例的定性问题，得出两个互相矛盾、彼此对立的结论。事实上，许多犯罪的实行行为都是由一系列前后联系的多种具体动作或数个单独行为组成的，它是一个连续的完整的过程。正如前苏联刑法学家特拉伊宁教授所指出的那样："刑法意义上的行为，不仅在质量上与身体动作不同，而且就是在所谓的数量上，一个行为也往往包括几个动作：如举起手枪、对准目标、手握枪机、扳动枪机等等。刑法上的行为所包括的永远不是个别的'动作'或'环节'，而是这些环节的有机结合……"[①] 枪杀的案例之所以被长期引用，并不在于它确有说服力，而在于这种案件具有某种特殊性，即犯罪行为与犯罪结果之间的时间间隔往往非常短暂，犯罪行为内部的连续性表现得不够明显，于是极易造成一种假象和误解：似乎凡属用枪杀人的案件，都必然一枪毙命。只要扣动扳机，杀人行为即告完成。于是就得出了前述"实行终了的未遂"的结论。假如我们换成另一些例子，也许就会使问题比较明朗。例如，被告人用刀杀人，第一刀砍去被对方避开，接着又砍第二刀，将被害人砍成轻伤倒地，因见被害人身上染满鲜血，不忍再下杀手，遂弃刀离去。能否认为被告人构成两个以上实行终了的杀人未遂罪呢？又如，被告人携带作案工具潜入银行行窃，第一次没有撬开保险柜，接着又第二次撬锁，已将保险柜撬开一条缝，但此时心中害怕，遂悄然逃走。能否认为

---

① 特拉伊宁著：《犯罪构成的一般学说》，中国人民大学出版社，1958 年版，第 112 页。

被告人构成两个盗窃未遂呢？如果按照"未遂论"的观点，砍十刀未能致人死亡，岂不构成十个杀人未遂？撬十次保险柜未能盗窃钱财，岂不构成十个盗窃未遂？同样的道理，开十枪未能将人杀死，势必就要以十个杀人未遂论处。这种结论是令人难以接受的。事实上，杀人犯无一不想一枪或一刀致人于死地，但往往却需要连续实施侵害行为，才能如愿以偿；盗窃犯无一不想行窃时犹如探囊取物，轻易得手，但往往需要克服一系列障碍，完成一系列动作，才能实现其犯罪目的，如此等等。而不论是在哪一种犯罪中，重复实施的侵害行为，都是基于一个犯罪故意，出于同一犯罪目的。其中每一个具体的动作和具体的行为，都是整个犯罪行为的一部分，是完成预定犯罪活动必不可少的环节。虽然各个动作具有相对独立性，但同时又存在着内在的结合性。如果看不到它们之间的结合性，就会推导出一些令人啼笑皆非的结论。

即使在用枪杀人的案件中，重复实施的侵害行为之间也存在着有机联系。如果行为人第一枪未能打中，明知被害人未死，同时又不存在足以阻止其继续开枪射击的障碍，自动放弃了再次开枪的行为，没有造成死亡结果，怎么能说杀人行为已经实行终了呢？

"未遂论"的错误不仅在于它割裂了犯罪行为的整体性，而且还在于它从根本上混淆了犯罪未遂与犯罪中止的界限。而产生这种错误的症结就在于，把不利于实施犯罪的外在因素同足以阻止完成犯罪的原因混为一谈。众所周知，在犯罪过程中，存在着各种各样对实施犯罪的不利因素。但是，不是每一种不利因素都能成为"犯罪未得逞"的原因。面对不利因素，不同的犯罪人可能作出不同的反应。有的犯罪分子可能不为不利因素所困，有恃无恐地将犯罪行为进行到底；有的犯罪分子可能犹豫不决、恐惧、怯懦、知难而退；还有的犯罪分子可能为不利因素所刺激，改变其犯罪意志，自动放弃犯罪。例如在开枪杀人案中，第一枪因被害人的躲闪而未能打中，被害人躲闪这一因素，对行为人来说，当然是不利于完成杀人行为的意外原因，但它并不能阻止行为人继续开枪射击。它的作用仅在于：在客观上延长了犯罪人完成杀人行为的时间，而作案时间的延长，既造成了两次开枪行为的间隔，同时又给犯罪人提供了内心斗争和选择的机会。如果其经过思想斗争，最终放弃了再次开枪的行为，决不是因为被害人躲闪这一原因客观上足以阻止第二次开枪行为，而是由于犯罪人主观上的自我选择的结果。因此，某种不利因素能否阻止犯罪的继续实行，只有在整个犯罪过程完结后，才能作出正确判断。在犯罪达到既遂状态之前，只要犯罪人自以为能够将犯罪进行到底而自动停止继续实行，或者自动有效地避免了预期危害结果的发生，就应当认为起决定性的因素是犯罪人的主观意志，而不是外在的不利因素。放弃能够重复实施的侵害行为，正是这种情况。

综上所述，在放弃能够重复实施的侵害行为的场合，完成整个犯罪的实行行为并没有实行终了，预期的危害结果尚未发生，犯罪人完全有时间来停止犯罪活动。如果在能够立即进一步实施侵害的情况下，出于本人的意志，自动中止了实行行为，或者在预期的危害结果发生之前，自动有效地避免了预期危害结果的出现，完全符合犯罪中止的条件，应当以中止犯论处。相反，如果以未遂犯论处，不仅从理论上混淆了中止犯与未遂犯的界限，而且在实践上将不利于鼓励犯罪人在能够实施重复侵害行为的情况下，自动放弃犯罪，以减少和减轻对社会的危害，最终将断绝犯罪人选择从轻之路，不利于预防和减少犯罪。因此，无论是在理论上，还是从刑事政策方面考虑，对放弃能够重复实施的侵害行为，都应当以中止犯论处。

三、中止犯与其他犯罪形态的竞合

（一）中止犯与既遂犯的竞合

所谓中止犯与既遂犯的竞合，是指犯罪人出于特定的犯罪故意，实施预谋的犯罪行为，后来自动中止了业已实施的预备行为或实行行为，或者自动有效地防止了预期危害结果的发生，构成所预谋的犯罪的中止犯，但同时却又构成另一犯罪的既遂犯。例如，被告人出于杀人的目的而盗窃枪支，或为了杀人而首先对被害人实行非法拘禁，但在着手实行杀害行为之前，自动停止了杀人行为，构成故意杀人罪的中止犯，但其杀人的手段行为，却分别构成了独立的盗窃枪支罪和非法拘禁罪的既遂犯。又如，被告人出于杀人的故意而在被害人腿上注射毒剂，注射后不忍目睹被害人的痛苦，遂将一条腿截断，以防止毒性蔓延，有效地避免了被害人的死亡，从而构成故意杀人罪的中止犯，但为避免死亡结果发生所采取的截肢行为，又构成故意伤害罪的既遂犯。对这种在自动中止此罪的同时，其手段或结果又构成彼罪的情况，究竟应当以此罪的中止犯论处，还是以彼罪的既遂犯论处呢？对此，中外刑法学者历来就有不同见解。例如，日本刑法学者久礼田益喜主张按照重罪（杀人罪）吸收轻罪（伤害罪）的原则，以重罪（杀人罪）的中止犯论处。他指出："甲罪的中止犯所产生的现实结果，如果在形式上构成乙罪，乙罪与甲罪之间，则是一种被吸收和吸收的关系。例如，在杀人罪的中止犯产生伤害结果的场合，该种伤害结果为杀人罪的中止犯所吸收，不另构成伤害罪"[1]。与此相反，德国刑法学者李斯特则认为，依照德国刑法，在杀人罪的中止犯产生伤害结果的情况下，不能以杀人罪的中止犯论处，而应当以伤害罪的既遂犯论处[2]。

在我国刑法学界，对上述问题的处理方法，主要有两种观点。一种观点认为，应当以独立犯罪（如盗窃、私藏枪支罪）

---

①② ［日］久礼田益喜：《日本刑法总论》，严松堂书店，1925 年版，第 262 页。

482

的既遂犯论处，而不追究其（故意杀人罪）中止犯的刑事责任①。另一种观点则认为，在中止犯与既遂犯发生竞合的情况下，应当根据重罪吸收轻罪的原则处理。

中止犯与既遂犯的竞合，是两种不同犯罪形态的重叠。在这种情况下，对犯罪形态的选择和认定，直接关系到对被告人行为如何定罪量刑的问题。假如定为中止犯，则必须免除或减轻处罚；如果定为既遂犯，则可能得不到从宽处罚。而这种情况又不能解释为牵连犯，因为无论是手段、结果，都是出于避免预期危害结果的目的而采用或由中止行为所造成的，它既不是基于某种犯罪目的，也不是某种犯罪的手段行为或结果行为，所以不能按照"从一重罪论处"的原则处理。

那么，对这种情况究竟如何处理呢？我们认为，在两种犯罪形态竞合的场合，首先应当承认被告人的行为触犯了两个或两个以上的罪名，都已构成独立的犯罪，依法应当追究刑事责任。但由于数罪是在犯罪中止的过程中产生的，而且往往是出于善意的动机，因此，不宜分别按一罪的中止犯和另一罪的既遂犯定罪量刑，然后实行数罪并罚。这样将会加重被告人的刑事责任，不利于鼓励犯罪人在犯罪过程中尽可能采取多种方式来停止犯罪或努力制止危害结果的发生，同时也不能有效地体现对中止犯应当从宽处理的立法精神。因此，一般情况下，应当以一罪的中止犯论处，对构成既遂犯的另一罪可不予追究。例如，在着手实施杀害行为之前，先对被害人进行非法拘禁，嗣后自动停止了杀害行为，非法拘禁行为为杀人行为所吸收，对被告人以故意杀人罪的中止犯减轻或免除处罚。

但是，另一方面也应当看到，在这种情况下，由于被告人的行为又触犯另一罪名并构成独立犯罪，因此，它与单纯地中止预

---

① 中央政法干校：《中华人民共和国刑法总则讲义》，法律出版社，1957年版，第153页。

谋之罪，并未构成其他犯罪的情况，在社会危害程度上，毕竟有所不同。如果不问具体情况，一概以一罪的中止犯论处，这种做法亦有不妥之处。假如在特定案件中（如中止杀人罪又构成重伤罪），对被告人以中止犯处理，可能会轻纵犯罪分子，有悖罪刑相适应原则时，也可以不考虑中止犯的情况，直接按另一罪的既遂犯定罪量刑。

2. 中止犯与不能犯的竞合

所谓中止犯与不能犯的竞合，是指行为人出于某种犯罪的故意，着手实行犯罪行为，但是，由于行为人对事实的认识错误（主要是手段错误或工具错误），其行为本身根本不可能发生预期的危害结果。然而，行为人仍然基于自己的意志，主动放弃了继续实行犯罪，或者积极采取措施去防止危害结果的发生。例如，被告人张某（男）与杨某（女）长期通奸，后为达到结婚的目的，二人预谋杀死杨某的丈夫。事先商定，由张寻找毒药，杨投毒杀人。张某找到在医院工作的医生钱某，要求提供砒霜。钱问张何用，张不肯讲，后被一再追问，才讲出真情，遂遭到钱某的严辞拒绝。张某见无法如愿以偿，就以揭发钱的隐私相要挟，逼钱拿出毒药。最后，钱某无奈只好交给张某一包硫酸铜（一种会引起呕吐但不能致人死命的药物），谎称是砒霜，骗得张某离开医院。被告人杨某接到张某送交的"砒霜"后，遂即回家在其丈夫王某的饭菜中下毒。王某吃后，呕吐不止，十分痛苦。杨某见状，顿生不忍之心，急忙将王某送往医院抢救。经医生抢救，王某很快便恢复健康。在这一案例中，被告人张某与杨某系故意杀人罪的共犯，对张某应当以故意杀人未遂论处，一般不会发生争议。但对于被告人杨某的行为如何定性，即究竟是故意杀人的不能犯未遂，还是自动中止，在理论和实践中，均有不同意见。有的主张定未遂犯；有的主张定中止犯①。中止犯与不

---

① 参见《法制建设》，1985 年第 2 期，第 40 页。

能犯的竞合，是司法实践中客观存在的复杂犯罪现象。一方面，由于行为人所采用的手段或所使用的工具，在客观上不能产生预期的危害结果，甚至根本无法完成犯罪行为，具有不能犯未遂的性质；另一方面，由于行为人确有中止犯罪的意图，并自动停止犯罪行为，或采取了积极防止危害结果发生的措施，因而又具有犯罪中止的某些特征。但是，由于预期危害结果的没有发生，与手段或工具的客观不能犯性质及犯罪人的自动停止犯罪，存在着直接或间接的联系，因此，它又不同于单纯的犯罪中止和不能犯未遂。对这种犯罪形态的竞合如何处理，必须根据犯罪中止和犯罪未遂的基本特征，同时结合我国刑法对中止犯和未遂犯的立法精神，进行全面分析。

主张对不能犯未遂与中止犯的竞合形态以未遂犯论处的同志认为，在这种情况下，不论犯罪行为是否实行终了，也不论犯罪人是否自动停止犯罪行为，以及是否为防止危害结果的发生作了何种努力，只要犯罪手段和犯罪工具在客观上无法完成犯罪行为或无法产生预期的危害结果，都应当以不能犯的未遂论处。因为，这种认识错误本身，就是导致犯罪没有得逞的意外原因。这种观点虽然有一定道理，但却忽视了在这种场合犯罪人已放弃犯罪意图这一情节。而是否放弃犯罪意图，正是区别未遂犯与中止犯的一个重要标志。换言之，从犯罪人的主观方面看，作为不能犯未遂来认定，并不完全符合未遂犯的主观特征。

主张以中止犯论处的同志认为，在这种场合，犯罪人主观上自动放弃了犯罪意图，客观上停止了继续犯罪，并且最后事实上没有发生预期的危害结果，因此，完全符合犯罪中止的特征。这种观点表面上看来言之有理，符合逻辑，但事实上也经不起仔细推敲。因为，就预期危害结果没有发生而言，尽管行为人为此作出了一定努力，但这种努力与没有发生危害结果之间，并没有必然的联系。换句话说，结果之所以没有发生，并不是因为行为人采取的措施能够有效地防止危害结果的出现，而是由于犯罪手段或犯罪工具本身，根本就不能产生预期的危害结果。质言之，无论是行为人做了积极努力，还是其袖手旁观、无动于衷，最终都不可能发生预期的危害结果。因此，它与那种基于本人所采取的有效措施制止了危害结果发生的典型中止犯，毕竟不能等量齐观。从这一点来看，把它作为中止犯加以认定，也未必能自圆其说。

我们认为，对这种犯罪形态的竞合，应当根据犯罪行为的发展程度，分别不同情形，加以处理。具体来讲，可以分为下述两种情况：（1）在犯罪行为尚未实行终了的情况下，应当以中止犯论处。这是因为，在犯罪人着手实行犯罪之后、犯罪行为尚未实行完毕之前，只要行为人主观上放弃犯罪意图，客观上消极停止犯罪的继续实行，就可以成立犯罪中止。至于犯罪行为本身是否会发生犯罪结果，并不影响中止犯的成立。因此，在这种情况下，关键是犯罪人自以为能够将犯罪行为实行到底而自动停止继续实施，至于这种认识是否符合案件发展的客观进程，亦即行为人所采用的犯罪手段和犯罪工具最终能否导致预期的危害结果，以及其犯罪目的事实上能否实现，完全可以不问。（2）在犯罪行为已经实行终了的情况下，应当以不能犯的未遂论处。这是因为，根据我国刑法对中止犯的有关规定，如果犯罪人已将犯罪行为实行完毕，但在预期的危害结果尚未发生之前，必须采取积极措施，有效地防止了危害结果的发生，才能以中止犯论处。而这里的有效性，是以犯罪人主观上认识到结果发生的可能性和犯罪行为客观上具有发生危害结果的实际可能性为前提的。而且，预期危害结果没有发生，必须与行为人所采取的预防措施之间具有直接的因果关系。也就是说，必须确实是由于犯罪人自己的努力避免了危害结果的发生。如果犯罪人主观上认为犯罪行为已不可能发生预期的危害结果，当然也就谈不上采取积极措施防止结果发生的问题；如果犯罪行为客观上根本不可能发生预期的危害结果，不管犯罪人主观上是否希望结果的发生，以及对结果发生的

486

认识如何，也不管他是否基于善意的动机而采取防止结果发生的措施，都不可能成立中止犯。因为，在这种情况下，犯罪行为已经实行完毕，危害结果的不能发生已经成为不能更改的事实，无论犯罪人是否具有防止结果发生的行为，预期的危害结果都不可能发生。换言之，即使犯罪结果没有发生，也不是由于犯罪人的预防措施所避免的，而是由于意外的客观原因而使犯罪未能达到既遂状态。尽管犯罪人主观上彻底抛弃了犯罪意图，客观上做了积极努力，但这种在放弃犯罪意图之后所进行的积极努力，并不是有效地避免预期危害结果发生的原因。也就是说，这种努力在主观上是自动的，在客观上却是无效的。它虽然符合犯罪中止的自动性条件，但却不具备中止的有效性特征。因此，只能以未遂犯论处，而不能以中止犯论处。当然，这种为防止危害结果的发生所作的努力，在量刑时应当作为酌定的从轻情节加以考虑。

四、中止犯的处罚原则

（一）学说及立法例

关于犯罪中止行为是否构成犯罪，应否给予刑罚处罚，以及怎样处罚，在刑法理论上主要有三种观点。一是"无罪说"。这种观点认为，在自动中止犯罪的情况下，行为人主观上已消除了犯罪的意念，客观已消灭了行为所造成的实害及危险，因此，从刑事政策上考虑，对犯罪中止行为，应认为不是犯罪行为。二是"不罚说"。这种观点认为，犯罪中止行为客观上已达到了实施犯罪的程度，本已构成犯罪且应予处罚，但纯粹从刑事政策角度着眼，在立法上规定不予处罚，亦无不可。三是"折衷说"。这种观点认为，一般情况下，对中止犯可以不予处罚，以达到鼓励犯罪人自动中止犯罪进而减少犯罪的目的。但是，对于那些罪行比较严重的中止犯，如果不予处罚又有悖于立法之目的时，则应予处罚，只不过可以对其予以减轻而已。从立法上看，大多数国家采取后一种主张。即在刑法中规定了对中止犯减轻或者免除处罚的原则。

（二）我国刑法关于中止犯的处罚原则

我国刑法第 24 条第 2 款规定，对于中止犯，没有造成损害的，应当免除处罚；造成损害的，应当减轻处罚。正确适用这一原则，应当注意以下几个问题：

第一，对中止犯必须从宽处罚，是我国刑法关于处罚中止犯的基本精神和立法原则。因此，不论犯罪行为的性质如何，也不论犯罪行为造成的现实危害怎样，只要构成中止犯，就必须对其予以免除或者减轻处罚。

第二，对于中止犯，没有造成损害的，应当免除处罚。因为中止犯既然自动放弃犯罪，表明其主观恶性大为减少；没有造成损害，说明客观上对社会没有造成危害，从而应当免除处罚。并且这样做，可以鼓励实施犯罪行为的人，悬崖勒马，因而有助于防止犯罪结果发生。所谓"没有造成损害"，指没有造成任何危害结果。

第三，对于中止犯，造成损害的，应当减轻处罚。因为造成损害，说明行为人还是具有一定的社会危害性，所以不应免除处罚，而应当减轻处罚。所谓"造成损害"，指造成了一定的危害结果，而没有造成行为人预期的法定结果。例如，甲本拟杀害乙，但没有造成乙死亡，而造成乙轻伤。造成损害的程度可能是大不相同的，与此相适应，减轻刑罚的幅度也应因之而不同。

第五节　既　遂　犯

一、既遂犯的概念和特征

什么是既遂犯？对既遂犯的内涵和外延如何界定？目前国内尚无统一认识。我们认为，作为一种完成形态的犯罪，既遂犯应当是指行为人在犯罪意思支配下所实施的犯罪行为，已经具备了刑法分则所规定的某种犯罪构成全部要件的犯罪形态。因此，既遂犯具有下列主要特征：

1. 行为人必须具有犯罪的意思，这是构成既遂犯的前提条件，也是要求行为人对既遂罪承担刑事责任的主观基础。如果没有犯罪的意思，则无犯罪既遂可言。但是，对于犯罪意思的内容和形式的认识，在刑法理论上却存在不同意见。有的学者认为，这里的犯罪意思仅指犯罪的故意，因此，既遂犯只存在于故意犯罪中，过失犯罪无所谓犯罪既遂问题①。而有的学者则认为，这里的犯罪意思，既包括犯罪的故意，也包括犯罪的过失。因此，既遂犯的概念不仅可以适用于故意犯罪，而且也可以适用于过失犯罪②。

我们认为，在现代汉语中，"既遂"一词，顾名思义，就是"已经遂愿"，即某种愿望得到了满足。而从刑法意义上加以引伸，既遂则意味着行为人的某种犯罪愿望得到了实现。因此，只有在故意犯罪中，才能讨论犯罪愿望是否实现的问题。而对于过失犯罪而言，尽管过失犯罪行为也是一种有意识的行为，但由于行为人并不希望或放任这种行为及其结果的发生，因此，即使发生了某种危害结果，也是与行为人的主观愿望相违背的。所以，也就谈不上其犯罪愿望是否得到了满足。

那么，在故意犯罪中，除了直接故意犯罪以外，能否把既遂犯的概念也适用于间接故意犯罪呢？对于这一问题，刑法学界有不同看法。有的学者认为，犯罪的既遂和未遂是一对范畴，没有犯罪未遂就无所谓犯罪既遂，反之亦然。而在间接故意犯罪的场合，由于本身不可能出现未遂形态，所以也就没有与此相对的既

---

① 叶高峰主编：《故意犯罪过程中的犯罪形态论》，河南大学出版社，1989 年版，第 26 页。

② 蔡墩铭：《刑法总论》，台湾三民书局印行，1978 年第 3 版，第 218 页。

遂形态。我们认为，这种观点是值得商榷的。在间接故意犯罪中，尽管行为人不积极追求危害结果的发生，但也不采取任何措施去阻止结果的出现，其特定的犯罪愿望是显而易见的。如果最终发生了特定的危害结果，从行为者本人的角度来看，并不违背其主观愿望。这是间接故意犯罪与过失犯罪的一个重要区别。因此，在间接故意犯罪中，同样存在着而且永远存在着犯罪的既遂形态。至于认为间接故意犯罪由于无未遂形态就无既遂形态的观点，无论在理论上还是在实践中，都是缺乏立论根据的。事实上，既遂犯与未遂犯，并不是一对不可分割的范畴，二者之间并不存在有此必有彼无此定无彼的关系。在直接故意犯罪中，既可能形成犯罪既遂，也可能出现犯罪未遂；而在间接故意犯罪中，既遂犯并没有对应的未遂形态，它总是以既遂犯这个唯一的犯罪形态而独立存在着。

2. 行为人必须已经着手实行犯罪，这是构成既遂犯的时间条件。如果行为人尚未着手实行犯罪，而仅仅进行了犯罪的准备活动，则不能成立既遂犯。换言之，既遂犯只可能发生在着手实行以后的犯罪过程中。明确这一点，具有重要意义。因为，在刑法分则所规定的各种故意犯罪中，犯罪构成要件的全部实现，都有赖于犯罪的着手实行。如果没有着手实行犯罪构成客观要件的行为，或者实行行为没有实行完毕，也就不可能出现一个完成的犯罪形态。因此，构成既遂犯，客观上要求行为人必须已经着手实行犯罪。

3. 必须齐备了某种犯罪构成的全部要件，这是构成既遂犯的实质条件。这里所说的构成要件的齐备，包括以下几个方面的含义：（1）是指具备了某种犯罪构成的主观和客观方面的全部要件，而不仅仅是指客观要件的具备。因此，即使行为人的行为客观上造成了危害社会的事实，但其主观上既无犯罪的故意也无犯罪的过失，则不构成既遂犯。犯罪既遂与犯罪构成要件之间的关系，实际上就是：既遂犯＝犯罪主体＋犯罪故意＋犯罪客观要件

490

之和。（2）是指齐备了刑法分则条文所规定的特定犯罪构成的全部要件，至于行为人的主观愿望与法定的构成要件是否完全吻合，并不影响既遂犯的成立。例如，行为人意图杀死某甲，但由于对象的认识错误，结果却将某乙杀死。从行为人方面来看，其犯罪计划显然没有完成。然而，依照刑法分则对故意杀人罪的规定，仍然应当以故意杀人的既遂犯论处。（3）构成要件的是否齐备，应当以犯罪的不同类型而定，而不能拘泥于一种固定的模式。不同的犯罪，在犯罪构成具体要件的要求上，也不尽相同。因此，犯罪既遂也必然呈现出各种不同的表现形式。（见本节既遂犯的表现形式）

二、认定既遂犯的标准

对既遂犯的认定，是否存在着一个统一的标准？这一标准究竟应该如何确定？这是我国刑法学界长期争论的一个问题。尽管这一争论目前尚未结束，但是，从各种已经出版的教材、专著和公开发表的有关论文来看，主要有以下三种不同观点：

1. "犯罪目的实现说"。这种观点主张，应当以犯罪目的是否实现，作为认定犯罪既遂的标志。如果行为人实现了其预期的犯罪目的，就构成既遂犯。其理由是：既遂犯只存在于直接故意犯罪中，而直接故意犯罪都有犯罪目的。犯罪目的的实现，既意味着犯罪愿望的满足，也意味着整个犯罪活动的完成。因此，对所有的直接故意犯罪来说，都可以通过对其犯罪目的的分析，来确定其犯罪的既遂和未遂。

2. "犯罪结果发生说"。这种观点主张，应当以犯罪结果是否发生，作为认定犯罪既遂的标志。这里的犯罪结果，一般是指物质性的危害结果。至于这种结果是否具有法定性，则有不同认识。有的认为，是指法定的危害结果；有的则认为，是指行为人预期的危害结果。然而，无论对结果性质的认识有何分歧，在把犯罪结果的实际发生作为犯罪既遂的标志这一点上，则是共同的。

3.“犯罪构成要件齐备说”。这种观点认为，上述两种观点都存在着明显的缺陷，无法将其贯彻运用于我国刑法分则所规定的各种具体犯罪中。因此，主张把行为人所实施的行为，是否齐备刑法分则所规定的具体犯罪的全部构成要件，作为认定犯罪既遂的标志。并据此区分出结果犯、结果加重犯、危险犯、行为犯、举动犯等不同类型的犯罪既遂形态。这是我国刑法学界绝大多数学者的主张，目前占据通说的地位。

在上述各种观点中，“犯罪目的实现说”和“犯罪结果发生说”虽然具有一定的道理，但却存在着明显的缺陷和漏洞，二者都无法解决认定既遂犯的统一标准问题。比较而言，只有“构成要件齐备说”才是一种科学的理论。它为各种故意犯罪既遂形态的认定，提供了统一的标准，从而避免了在犯罪既遂标准问题上长期存在的混乱状况。因而它为现今绝大多数刑法学者所接受。

“犯罪目的实现说”和“犯罪结果发生说”的缺陷主要表现在：

首先，“犯罪目的实现说”从故意犯罪的立场出发，来研究犯罪既遂问题，这一点是值得肯定的。但是，这一观点，无论是在理论上还是在实践中，都无法得到全面彻底的贯彻。这是因为：第一，在我国刑法规定的目的犯中，尽管有一些犯罪可以通过其预期的犯罪结果是否发生（亦即犯罪目的是否达到），来判断犯罪的既遂状态，但在大多数目的犯中，特定的犯罪目的，仅仅是该种犯罪构成主观方面的必要条件。犯罪目的的是否实现，并不是犯罪既遂与否的标志。换言之，在实现犯罪目的的场合，固然可能构成犯罪既遂，因为在这种情况下，往往发生了行为人预期的犯罪结果，例如盗窃犯已实际上非法占有了他人的财物，即是非法占有目的的实现，构成盗窃罪的既遂。但是，另一方面，即使犯罪目的事实上没有实现，也可以成立该罪的既遂形态。如在以出卖为目的的拐卖妇女、儿童罪中，虽然法律规定构

492

成这一犯罪必须以行为人具有出卖目的为必要条件，而且行为人的确也有此种目的，但这类犯罪既遂形态的成立，并不考虑出卖目的事实上是否已经达到，只要客观上完成了相应的犯罪实行行为，就应当以既遂犯论处。因此，"犯罪目的实现说"，并不能用来解决目的犯的犯罪既遂问题。第二，在我国刑法规定的行为犯中，法律条文通常并没有把犯罪目的是否实现，作为认定犯罪既遂和犯罪未遂的标志。如果行为人的犯罪目的已经达到，当然可能构成犯罪既遂；但是，即使其犯罪目的没有达到，只要实行了法定的实行行为，也应当以该种犯罪的既遂犯论处。例如，在奸淫幼女案件中，行为人的目的可能是奸入幼女的阴道甚至在体内射精以满足其性欲，但根据立法精神和我国的司法实践，不管行为人性交的目的是否达到或者能否实现，只要行为人的生殖器与幼女的生殖器有实际接触，就应当以奸淫幼女罪的既遂犯论处。因此，"犯罪目的实现说"不能适用于行为犯的场合。第三，在我国刑法规定的危险犯中，有关的刑法条文，也没有把犯罪目的是否实现，作为区分危险犯既遂和未遂的标准。按照刑法有关各条的规定，只要行为人所实施的危害行为，在客观上已经造成了对刑法所保护的客体的现实的危险状态，就应当追究行为人既遂罪的刑事责任。至于行为人主观上预期的犯罪目的是否变为现实，可以不问。例如在放火案件中，行为人的犯罪目的，可能是要将某幢楼房全部烧毁，甚至希望楼内居民也被烧死。但是，按照立法精神和通行的刑法理论，只要放火者的点火行为，引起了楼房的独立燃烧状态，即使最后未能将楼房烧毁，亦未发生人身伤亡，也同样构成放火罪的既遂犯。因为，在这类危险犯中，法律所关注的是犯罪行为对社会的公共安全所造成的威胁，至于犯罪人具体的犯罪目的是否实现，并不影响既遂罪的成立。因此，"犯罪目的实现说"也无法用来解决危险犯的既遂问题。

其次，"犯罪结果发生说"把犯罪人预期的犯罪结果或者法律规定的犯罪结果的出现，作为认定犯罪既遂的标准，从而为司法实践中正确解决结果犯的既遂和未遂问题，提供了客观依据。由于这种客观标准在处理具体案件上简便易行，具有很大的实用性，极易为司法人员所接受。因此，这种主张对我国的司法实践一直有着深刻的影响，并在刑法学界得到相当一部分人的支持。然而，视野的狭隘性掩盖了这种观点本身的缺陷，使得它与"犯罪目的实现说"犯了同样的错误。即这种学说也不能用来认定行为犯和危险犯的既遂和未遂问题。在这两类犯罪中，尽管行为人的行为本身，可能导致危害结果的发生，甚至已经造成了现实的危害结果。但是，法律条文并没有将这种结果作为犯罪构成客观方面的必要条件，而且也不以危害结果的发生，作为犯罪既遂的标志。如果事实上发生了预期的危害结果，只是从重处罚的量刑情节。例如，在煽动分裂国家罪中，只要行为人出于分裂国家的目的，向群众进行了反动的宣传煽动，就构成了该罪的既遂犯。至于群众是否接受其煽动，以及是否起来抗拒国家法律法令的实施，概不影响既遂罪的成立。因此，"犯罪结果发生说"同样无法贯彻和适用于所有的故意犯罪。

由此可见，只有"犯罪构成要件齐备说"，才是解决犯罪既遂问题的科学理论。这是因为：第一，它避免了"犯罪目的实现说"和"犯罪结果发生说"的缺陷，使得对各种类型的犯罪既遂问题的认定，获得了统一的标准。并据此区分出结果犯、结果加重犯、举动犯、行为犯和危险犯等五种不同犯罪的既遂形态，丰富了犯罪既遂的理论体系。第二，把犯罪构成要件是否齐备，作为认定犯罪既遂的唯一标准，不仅使犯罪构成理论与犯罪既遂问题得到了有机的结合，而且也为研究完成形态的犯罪，找到了正确的基点。因为，长期以来，在我国刑法学界，对犯罪的完成形态与未完成形态的区分，一直找不到一个科学的标准，对"形态"内涵的理解，也存在着糊涂的认识。要么把犯罪人预期的犯罪目的的实现，作为完成犯罪的标志，要么把犯罪人预期的犯罪结果的发生，作为完成形态的同义语。于是，在理论上造成了许多混乱。"犯罪构成要件齐备说"，以法定的犯罪构成要件在事实上是否全部具备，作为区分犯罪既遂和未遂的标准，从而避免了在区分标准上的多元性和随意性。因为，这一标准不仅具有客观性、全面性，而且还具有法定性。

三、既遂犯的表现形式

如前所述，是否齐备犯罪构成的主客观要件，是认定既遂犯的唯一标准。至此，我们揭示了犯罪既遂的实质——构成要件的充足性。但是，由于犯罪的多样性和复杂性，法律条文对具体犯罪构成要件的规定，不可能千篇一律。从而也就决定了，对各种不同类型的犯罪，在认定其犯罪既遂的标准上，必然表现出各自不同的特点。因此，只有通过对各类犯罪既遂的研究，才能建立起犯罪既遂的完整的理论体系。

不过，这里需要说明的是，在下列各种类型的犯罪中，我们着重于从客观方面的要件是否具备，来考察其既遂与未遂的区分。至于犯罪主体、犯罪主观方面的要件，当然是必须具备的。

（一）结果犯的既遂

所谓结果犯，是指以法定的危害结果作为犯罪构成客观方面的必要条件的犯罪。结果犯具有如下几个主要特征：1. 一定的危害结果的出现，是构成既遂罪犯罪构成的必要条件。如果这种危害结果没有发生，则不能成立既遂犯。2. 危害结果的表现形式必须是客观的、有形的、物质性的，无形的、精神性的危害结果，不能作为结果犯中的危害结果加以认定。3. 危害结果必须是法定的，至于这种法定的危害结果与犯罪人预期的危害结果是否一致，并不影响结果犯的成立。4. 危害结果与危害行为之间，必须具有因果关系，否则，也不能构成结果犯。

根据犯罪主观方面的不同，我们可以把结果犯区分为三种，即过失的结果犯、间接故意的结果犯和直接故意的结果犯。在过失的结果犯中，法定的危害结果是构成过失犯罪的必要条件，如果没有发生该种危害结果，犯罪就无从成立。如果发生了法定的危害结果，既是犯罪成立的标志，也意味着犯罪构成要件的实现。但是，由于在过失犯罪中不存在既遂犯问题，故这里不作讨论，而着重探讨后两种结果犯的既遂标准。

首先，在间接故意的结果犯中，如果发生了法定的危害结果，就是该种间接故意犯罪的既遂；如果没有发生法定的危害结果，行为人的行为根本不构成犯罪，而不意味着是间接故意犯罪的未遂。例如，某被告人持枪在公园打鸟，他明知开枪射击有可能伤及游人，但仍开枪，结果将游人打成重伤，当然构成间接故意伤害罪的既遂犯。如果其开枪射击行为没有造成人员伤亡或财产损失，则不能以犯罪论处。由此可见，对于间接故意的结果犯来说，其本身只有一种犯罪形态即犯罪既遂，而不存在犯罪的未遂形态。把间接故意犯罪区分为既遂犯和未遂犯，在理论和实践上，都是站不住脚的。

其次，在直接故意犯罪中，行为人总是通过实施犯罪行为，积极追求危害结果的发生。但是，法律条文并没有把法定的危害结果，作为构成犯罪的必要条件，而只是将法定的危害结果作为区分既遂罪和未遂罪的标准。换言之，对于直接故意的结果犯来说，法定的危害结果是否发生，只影响到对犯罪完成形态的认定，而不影响犯罪的成立。例如，在直接故意杀人案件中，如果行为人所实施的杀害行为，造成了被害人死亡的结果，则构成故意杀人罪的既遂犯；如果其杀害行为没有造成死亡结果，则可能构成故意杀人罪的未遂犯或中止犯。

（二）结果加重犯的既遂

所谓结果加重犯，是指行为人所实施的基本犯罪行为，发生了基本的犯罪结果，同时又造成了法定的重结果，因而刑法对其规定了较重法定刑的犯罪。从法定的危害结果是犯罪构成客观方面的必要条件这一点来看，结果加重犯与结果犯并无不同。但是，从结果加重犯的本质来看，二者又有着显著的差异。这种差

496

异主要表现在：1. 客观方面不尽相同。在结果犯中，危害结果是单一的；而在结果加重犯中，危害结果则是双重的，它除了基本的危害结果以外，还造成了加重的危害结果。2. 主观方面不同。在结果犯中，行为人对危害结果的认识形式是单一的，即要么是故意，要么是过失；而在结果加重犯中，犯罪人却是出于双重罪过形式，即对基本的犯罪结果是出于故意，而对于加重的危害结果，则可能出于过失。因此，结果加重犯实质上是一种复合形态的犯罪。这一本质特征，不仅决定了结果加重犯与结果犯的质的不同，而且，在认定犯罪既遂问题上，二者也不可能采取完全相同的标准。

对结果加重犯是否存在犯罪的既遂形态，刑法学界的认识并不统一。有的学者认为，结果加重犯是一种由双重罪过形式构成的犯罪，由于行为人对加重的结果只能出于过失，而在过失犯罪中不存在犯罪未遂问题，因而相应的也就无所谓犯罪的既遂形态。如果发生了加重的危害结果，也不意味着是犯罪既遂，而只能称为犯罪的成立。而有的学者则认为，在结果加重犯中，行为人对加重的危害结果的认识，并非都是出于过失。从我国刑法的规定来看，既可能是出于过失，也可能是出于故意。在由故意和故意所构成的结果加重犯中，是可以区分出犯罪既遂形态的。

我们认为，不论对结果加重犯的主观罪过形式作何种理解，都不能得出结果加重犯不存在犯罪既遂的结论。正确的结论是：结果加重犯不存在犯罪未遂形态，因为，如果没有发生法定的加重结果，就不成立结果加重犯，当然也就谈不上结果加重犯的未遂，而只能以基本犯罪的既遂犯论处。但是，结果加重犯的既遂形态则有其存在的充分理由。这是因为：1. 结果加重犯虽然是一种由双重罪过所构成的犯罪，但从实质上看，它仍然是一种故意犯罪。如果将行为人对加重结果的认识是出于过失这一点，作为其主观方面的主要内容，事实上等于取消了结果加重犯的固有属性。所以，只有在承认其属于故意犯罪的特殊形式的前提下，才有助于对结果加重犯既遂问题的探讨。2. 加重危害结果是构成结果加重犯的必要条件，如果这一条件变为现实，在符合其他构成要件的情况下，也就意味着齐备了结果加重犯的构成要件，这完全符合认定犯罪既遂的统一标准。3. 犯罪既遂和未遂的相伴关系，并不适用于故意犯罪的一切场合。在单一的直接故意犯罪中，既遂与未遂是两个相对的范畴，二者互相对立。如果构成未遂，就不可能再发展为既遂；反之，如果已构成既遂，也就不会再返回到未遂状态。但是，在复合形态的故意犯罪中，即使就过失的一面看，没有结果加重犯的未遂形态，即要么构成基本犯罪，要么构成结果加重犯。然而，并不能因此否定其既遂形态。例如，我国刑法第257条第2款规定，犯前款罪，致使被害人死亡的，处2年以上7年以下有期徒刑。这是相对于第1款而规定的结果加重犯。按照这一款的规定，如果"死亡"的结果没有发生，就不能按照该款规定处罚，而只能按照第1款规定的一般暴力干涉婚姻自由罪处罚。如果发生了加重的死亡结果，而不承认其是犯罪既遂，那么又叫做什么呢？！因此，结果加重犯不仅具有既遂形态，而且加重结果的发生是认定其犯罪既遂的唯一标准。

（三）举动犯的既遂

所谓举动犯，是指以着手实行刑法分则条文规定的某种具体犯罪的实行行为作为犯罪构成必要条件的犯罪。其特点是，只要行为人着手实行犯罪的实行行为，犯罪即告成立，而不管事实上是否造成了危害结果。因此，对举动犯既遂的认定，关键在于查明行为人是否已经着手实行犯罪，而不在于其犯罪行为是否造成了有形的危害后果。例如，在诬告陷害案件中，只要诬告者用书面的或口头的方式，向司法机关作了告发，诬告陷害行为即已完成。即使其诬告行为没有引起司法机关对被害人的错误追究，也应当以诬告陷害既遂罪论处。如果发生了错误追究的结果，实现了犯罪人的主观愿望，也不是犯罪既遂的标志，而只是在量刑时

498

从重处罚的情节。由此可见,在举动犯这种犯罪中,并不是不会造成有形的或无形的危害结果,而是法律并没有将特定的危害结果,作为犯罪构成客观方面的必要条件。

关于提出举动犯既遂这一概念的意义,有的学者认为是为了区分举动犯的既遂与预备、中止的界限,因为,在举动犯中不存在犯罪的未遂形态①。我们认为,这种观点是不全面的。实际上,在举动犯中,不仅存在着犯罪的既遂、预备和中止形态,而且也存在着犯罪的未遂形态。在这里,既遂犯与预备犯和预备阶段的中止犯的区分标准,主要是看行为人是否已经着手实行犯罪;而既遂犯与未遂犯的区分,则主要在于实行犯罪过程中是否存在着足以抑制其犯罪意思的意外因素。例如,在煽动分裂国家案件中,通常情况下,只要行为人用语言或文字进行了分裂国家的煽动,就构成该罪的既遂犯。即使其刚一开始煽动就被抓获,也不影响既遂罪的成立。但是,如果行为人用外国语进行煽动,而其煽动的对象根本不懂外语,这事实上是一种手段不能犯的未遂,而不宜按既遂罪论处。因此,举动犯着手实行犯罪以后,并不是在任何情况下都构成犯罪的既遂形态。提出举动犯既遂这一概念,对于正确地划清与举动犯未遂的界限,同样具有现实意义。

(四) 行为犯的既遂

所谓行为犯,是指以实行法定的犯罪行为作为犯罪构成必要条件的犯罪。它与举动犯的相同点在于:二者都不以发生实际的危害结果作为犯罪构成的必要条件。二者的区别在于:举动犯的既遂以着手实行犯罪为标志,而行为犯只有当实行行为达到一定程度时,才过渡到既遂状态。这就是说,对于举动犯而言,判断其是否达到既遂状态,关键在于考察行为人是否已经着手实行犯罪的实行行为,至于实行行为究竟达到何种程度,并不影响既遂

---

① 叶高峰主编:《故意犯罪过程中的犯罪形态论》,河南大学出版社,1989年第1版,第33页。

罪的成立。如果犯罪人已经将犯罪行为实行完毕，甚至已经造成了有形的犯罪结果，这些都不是认定犯罪既遂时所要考虑的因素，而是犯罪既遂后的从重处罚情节。

但是，在行为犯中，尽管法律条文并没有将危害结果作为犯罪构成的必要条件，也没有将完成实行行为作为犯罪既遂的标志，但也决不意味着，只要行为人一着手于犯罪的实行行为，就成为犯罪的既遂形态。实际上，在这种犯罪中，既遂形态的形成，有一个由量变到质变的过程。例如在脱逃案件中，并不是只要犯人或人犯一开始脱逃，就构成脱逃罪的既遂犯。而只有当其逃离羁押机关的控制范围以后，才能以脱逃罪的既遂犯论处。

（五）危险犯的既遂

所谓危险犯，是指以危害行为具有造成一定后果的客观危险状态，作为犯罪构成必要条件的犯罪。其主要特征是：1. 行为人必须实行了一定的危害行为；2. 危害行为本身存在着足以造成某种危害结果的客观危险；3. 尚未造成实害犯中的危害结果，如果已经造成了实际的危害结果，则构成实害犯，而不是危险犯。由此可见，危险犯既不同于举动犯和行为犯，也不同于结果犯。首先，危险犯不同于举动犯。在举动犯中，只要行为人着手实行一定的犯罪行为，就构成犯罪；而在危险犯中，不仅要求行为人实行了一定的行为，而且还要求这种行为具有足以造成一定危害后果的危险。其次，危险犯不同于行为犯。在行为犯中，同样是以实行一定的行为作为犯罪构成的必要条件，至于这种行为本身是否具有造成一定后果的危险，并不影响犯罪的成立。再次，危险犯也不同于结果犯。前者仅以行为人的行为具有发生某种危害结果的危险，作为犯罪构成的必要条件；而后者则以危害行为造成现实的危害结果，作为犯罪构成的必要条件。

因此，对危险犯既遂形态的认定，既不同于举动犯和行为犯，也有别于结果犯。判断其既遂的标准只能是行为人所实行的危害行为是否达到了足以造成一定危害结果的客观危险状态。那么，怎样判断行为的客观危险状态呢？对此，在刑法理论上，有的学者把危险犯分为具体的危险犯和抽象的危险犯，分别来确定其危险性。所谓具体的危险犯，是指行为人的行为是否具有足以造成某种后果的危险，需要根据具体案情加以判断的犯罪。例如，在破坏交通工具的案件中，行为人的破坏行为是否具有足以造成交通工具发生倾覆、毁坏的危险，就要看交通工具是否处于正在使用的状态，并根据破坏的手段、部位、程度等具体事实来确定。如果具有这种危险，就构成危险犯，并以既遂罪论处。如果没有客观危险，则属于一般的破坏行为，不构成犯罪。所谓抽象的危险犯，是指只要行为人实施了刑法分则条文所规定的某种具体犯罪客观方面构成要件的行为，就具有产生某种后果的危险，而不需要结合具体案件进行分析判断的犯罪。例如，在放火案件中，只要行为人实施了放火焚烧公私财物的行为，就可以认定其具有造成人身伤亡和财产损失的危险。可见，具体的危险犯和抽象的危险犯的区别就在于：对行为危险性的判断是否需要结合案件的具体事实来进行判断。

我们认为，无论哪一种形式的危险犯，对其危险性有无的确定，都必须既要结合法律规定，又要考虑具体案情。从我国刑法的规定来看，危险犯中的危险性，有的决定于犯罪的危险方法，如放火罪、决水罪、投毒罪、爆炸罪等；有的则决定于特殊的犯罪对象，如破坏交通工具罪、破坏交通设备罪、破坏易燃易爆设备罪等。但是，在具体案件中，并不是只要行为人使用了法定的危险方法，或者侵害了法定的对象，就达到了足以造成某种危害后果的危险状态，或者构成犯罪的既遂。例如在投毒案件中，行为人虽然实施了投毒行为，但是，由于毒药用量过小，根本不能造成人畜伤亡，因而不能构成投毒罪，也就无所谓投毒罪危险犯的既遂问题。因此，对危险犯中的危险性的认定，必须结合案件的具体情况，实事求是地进行分析。只有这样，才能正确地划清罪与非罪、既遂罪与未遂罪的界限。

第八章 共同犯罪

第一节 共同犯罪的概念和要件

一、共同犯罪的概念和立法理由

犯罪是一种复杂的社会现象。就实施犯罪的人数言，虽然大多数犯罪是一个人单独实施的，然而也有不少犯罪是由二人以上共同实施的。据此，刑法分则大多数条文都是以一个人犯罪为标准而加以规定的；但也有一些条文规定了由二人以上的共同行为才能构成的犯罪。这种情况在刑法理论上叫做必要的共同犯罪。从我国刑法的规定来看，必要的共同犯罪有三种形式：一是聚合性共同犯罪，又称聚合犯，即以不特定多数人的聚合行为为犯罪构成要件的犯罪，如武装叛乱、暴乱罪，聚众扰乱公共场所秩序、交通秩序罪等。这种犯罪都有首要分子组织、策划、指挥多人进行犯罪活动，首要分子是打击的重点，至于被裹胁参加的或一般参加的，则不构成犯罪。二是对行性共同犯罪，又称对向犯，即基于双方的对向行为构成的犯罪。对这种犯罪形式，我国刑法规定有两种不同情况：（一）对双方互相对应的各个行为给予同一评价，规定同一的法定刑，如重婚和相婚，都构成重婚罪，法定刑均为"2 年以下有期徒刑或者拘役"（见我国刑法第258 条）。（二）对双方互相对应的各个行为给予不同的评价，对双方规定的法定刑也不相同，如受贿与行贿，分别构成受贿罪与行贿罪，受贿罪的法定刑高于行贿罪的法定刑，（见我国刑法第386 条与第 390 条）。三是集团性共同犯罪，即以组织或参加犯罪集团为构成要件的犯罪。对这种犯罪形式，我国刑法也规定有两种不同情况：（一）只要参加该犯罪集团即构成犯罪，并规定予以刑罚处罚，如参加间谍组织。（二）组织、领导或参加犯罪集团始构成犯罪，并规定相应的法定刑，如组织、领导、参加恐怖组织属之。因为必要的共同犯罪是由刑法分则条文规定的，所以对这类共同犯罪，根据刑法分则规定该种犯罪的条款论罪定刑就可以了。与此不同，刑法分则规定的一个人能单独实行的犯罪由二人以上共同实施的，叫任意的共同犯罪。通常所说的共同犯罪，就是指这类共同犯罪而言。这类共同犯罪各国刑法典都在总则中加以规定，但在刑法典中规定共同犯罪概念的，为数不多。1952 年《阿尔巴尼亚刑法典》、1960 年《苏俄刑法典》规定了共同犯罪的定义，我国刑法即属于这种立法例。

根据我国刑法第 25 条第 1 款规定："共同犯罪是指二人以上共同故意犯罪。"这一定义揭示了共同犯罪必须具备的要件：1. 二人以上，2. 共同的犯罪故意，3. 共同的犯罪行为。它表明共同犯罪是二人以上以共同的犯罪故意和共同的犯罪行为联系起来的犯罪整体，既不缩小也不扩大共同犯罪的范围，是符合社会生活中共同犯罪实际情况的科学概括。

为什么在刑法总则中规定共同犯罪呢？亦即共同犯罪的立法理由是什么，在刑法理论上很少论述。日本刑法学者西原春夫在论及这个问题时指出："……多数构成要件，是预定由一人实施规范违反行为而规定的，从而对单独正犯，适用与该构成要件相对应的法定刑就可以了，这点没有什么问题。有问题的是共犯的场合，亦即规范违反行为实际上不仅由一人实施，而且由数人协力实施的场合不少，并且其协力的形态是多种多样的，对协力的全体成员给予同一的违法评价、以同一的法定刑处断是不妥当的。这样，在刑法各本条的构成要件上，将这种数人实现犯罪的形态详细区别地加以规定，作为立法政策，应该说并非上策。因此，现行刑法在总则中设'共犯'一章，承认由数人协力实施犯罪的形态——'共同正犯'、'教唆犯'、'从犯'的区别。"①
这在一定程度上阐明了共同犯罪的立法理由，但仍感不够充分。
我们认为，在刑法总则中规定共同犯罪，是基于如下理由：

（一）社会生活中存在着共同犯罪的现象，并且共同犯罪较之一个人单独犯罪具有更大的社会危害性。如果说在政治经济学上，协作不等于若干个人劳动的简单相加，而可以产生一种新的集体力量；那末，共同犯罪也不是若干单独犯罪的简单相加，而会对社会造成更大的危害：1.它可以实施个人不能单独实施的重大犯罪，给国家和公民的利益造成更为严重的损失；2.它可以通过密谋策划、互相分工，使犯罪易于实行，并便于对抗侦查，逃避打击。为此，需要将它用立法加以规定，以便依法与之作斗争。

（二）刑法分则中各个条款所规定的犯罪构成，只是限于实行犯，并且除了必要的共同犯罪之外，都是以个人单独犯罪为标本。在这种情况下，涉及共同犯罪的案件，就不便直接适用刑法分则的规定。如果在刑法分则每一条文中，都规定不同种类的共同犯罪行为，又未免失之于繁琐，不宜采用。所以只能在刑法总则中规定共同犯罪的构成，为处理共同犯罪案件提供可资援引的法律依据。日本刑法学者小野清一郎说："共犯与未遂犯同样，也是构成要件的修正形式"②，正是这种情况的说明。

（三）共同犯罪是一种复杂的社会现象，各个共同犯罪人在共同犯罪中所处的地位各异，所起作用大小也可能很不相同。根据罪刑相适应的原则，需要对共同犯罪人区别对待，采用不同的量刑原则，这才符合我国的刑事政策。所以，从惩办与宽大相结合的刑事政策的见地看，对各种共同犯罪人的处罚原则，也应当

---

① ［日］西原春夫：《刑法总论》，成文堂，1978年版，第305页。
② ［日］小野清一郎：《犯罪构成要件的理论》，有斐阁，1959年版，第99页。

在刑法总则中加以规定。

二、共同犯罪成立的要件

如上所述，构成共同犯罪，必须具备如下要件：

（一）从犯罪主体来看，行为人必须是二人以上。这是成立共同犯罪的前提条件，即必须二人以上共同实施犯罪，才能成立共同犯罪。一个人单独实施犯罪，是不可能构成共同犯罪的。同时二人以上的共同犯罪人必须都是达到刑事责任年龄、具有责任能力的人。一个有刑事责任能力的人与一个没有刑事责任能力的人共同实施危害行为，不构成共同犯罪。有责任能力者利用幼年人或者利用精神病人实施犯罪行为，被利用者不构成犯罪，利用者依照实行犯来处理。这种情况在西方刑法理论上叫间接正犯，亦即间接实行犯。由于它与共犯不同，又不是直接正犯，因而根据间接实行犯罪这一点命名，称之为间接正犯。间接正犯是正犯即实行犯的一种，而不是共犯的一种。但二人以上共同利用无责任能力人实施犯罪，构成共同间接正犯。例如，甲、乙共同利用没有是非辨别能力的丙杀死丁，甲与乙共同构成杀人罪的间接正犯。共同间接正犯则是一种共同犯罪。我国刑法理论上没有间接正犯的概念，但社会生活中却存在着这种情况，如教唆小孩盗窃，帮助精神病人杀人等，对此，审判实践中迳依该罪的实行犯定罪处刑。不过，间接实行犯与直接实行犯毕竟还有区别，在理论上自不妨加以研究。

（二）从犯罪的客观要件来看，各共同犯罪人必须有共同的犯罪行为。所谓共同犯罪行为，指各共同犯罪人的行为都指向同一犯罪事实，彼此联系，互相配合，它们与犯罪结果之间都存在着因果关系。

1. 各共同犯罪人所实施的行为，必须是犯罪行为。这就要求：（1）共同犯罪人所实施的行为，必须都是刑法意义上的行为；如果都是在不可抗力下实施的，或者利用他人在不可抗力影响下的身体动静实施危害行为，不构成共同犯罪。（2）各共同犯罪人的行为必须都具有社会危害性，如果各人的行为都没有社会危害性，或者利用他人排除社会危害性的行为危害社会，不构成共同犯罪。（3）各共同犯罪人的行为的社会危害性，都必须达到严重的程度，如果各人的行为均属显著轻微，危害不大，虽然可能构成共同违反治安管理行为，但不构成共同犯罪。

2. 各共同犯罪人的行为形成一个互相配合的统一的犯罪活动整体。即各共同犯罪人的行为，不管它们在共同犯罪中表现形式如何，都不是互相孤立的，而是有一个共同的犯罪目标把它们联系起来，成为统一的犯罪活动，他们每个人的行为都是共同犯罪行为不可或缺的组成部分。共同犯罪行为表现为三种形式：一是共同的作为。如甲、乙共同动手将丙杀死。这是共同犯罪行为的主要形式。二是共同的不作为。如甲、乙两护士互相约定都不按时给病人丙打针，致丙死亡。三是作为与不作为的结合。如盗窃犯甲，按照事前与仓库值班员乙的约定，前往仓库盗窃，乙借故离开，不加制止，事后两人共同分赃。甲的行为是作为，乙的行为是不作为。这一共同盗窃犯罪就是作为与不作为的结合。

按照共同犯罪的分工，共同犯罪行为表现为四种方式，即实行行为、组织行为、教唆行为与帮助行为。各共同犯罪人的共同行为可能是共同实施实行行为，也可能是不同行为的分担。我们决不能把共同犯罪行为仅仅理解为共同实施实行行为，如果认为没有共同实施实行行为就不构成共同犯罪，那就错了。例如，甲教唆乙伤害丙，并表示愿与乙一起到丙家下手，乙听从甲的教唆，但届时甲因故没有去丙家，乙一人前往将丙打成重伤。这里虽然只有乙实施伤害的实行行为，甲、乙两人的行为仍构成共同犯罪。甲虽然没有实施实行行为，但他的行为毕竟是指向同一犯罪——伤害，是共同伤害行为不可分割的一部分，不过行为的方式不同罢了。

3. 共同实施的犯罪是结果犯时，在发生犯罪结果的情况下，每一共同犯罪人的行为都与犯罪结果之间存在着因果关系。需要指出，共同犯罪中的因果关系，不是单个人的行为与犯罪结果间的因果关系，而是两个以上共同犯罪人的行为与犯罪结果之间的因果关系。这里表现了它与一个人单独实施犯罪的不同特性。所以对共同犯罪人的行为应当统一地加以考察，不能孤立地只就某一共同犯罪人本身的行为是否现实地导致结果发生，来认定其行为与结果之间是否存在因果关系。这是因为，在共同犯罪的场合，各共同犯罪人基于共同犯罪意思的联系，彼此互相利用他人的行为而共同实施犯罪。他们的行为是围绕着一个犯罪目标，互相配合，互为条件的。这些行为的总和才导致了犯罪结果发生，是犯罪结果发生的统一的原因。所以他们每个人的行为都是犯罪结果发生的不可分割的原因的一部分。由于共同犯罪行为的方式不同，共同犯罪行为与犯罪结果间的因果关系也有不同的特点，对此，日本刑法学者牧野英一曾经指出："我们认为应从如下两个方面观察共犯关系：其一是因果关系的拓宽问题。在共同正犯的一般场合，犯罪行为互相共同指向一定的犯罪事实。应该说指向其犯罪事实的其数个行为成为共同原因……其二是因果关系的延长问题。在教唆的一般场合，犯罪行为与正犯先后指向一定的犯罪事实。指向其犯罪事实的甲是原因，而乙是原因的原因。"① 我们认为：这种观点是有道理的，问题是需要进一步加以论证。现分别论述如下：

（1）在共同实行犯罪的场合，各共同犯罪人的行为共同指向同一犯罪，因而应将他们的实行行为作为统一体来考察，以确定其行为与犯罪结果之间有无因果关系。如果共同犯罪人中有一人的行为引起犯罪结果发生，其他人的行为虽然没有直接导致犯罪结果产生，由于共同犯罪行为不是互相分割的，而是一个有机

① ［日］牧野英一：《刑法研究》，有斐阁，1928 年版，第 13～14 页。

统一体，因而这种行为也应认为与犯罪结果之间存在有因果关系。例如，甲、乙共谋投石伤害丙，甲投石未击中丙，乙投石致丙左腿骨折。甲、乙均应负伤害罪既遂的责任。不能认为丙的伤害只与乙的行为有因果关系，而与甲的行为没有因果关系，而让甲负伤害罪未遂的责任，只让乙负伤害罪既遂的责任。这可以说是确定共同实行行为与犯罪结果之间因果关系的一般原则。

（2）在共同犯罪人之间存在分工的场合，教唆犯、从犯只是教唆他人犯罪或者帮助他人犯罪，并未参与实施实行行为，其因果关系如何解决，在西方刑法理论上有不同的学说：

其一，因果关系中断说，认为教唆犯、从犯的行为与犯罪结果之间的因果关系，由于实行犯行为的介入而中断，因而教唆行为、帮助行为只能附属于实行犯的实行行为而构成犯罪。这种观点既不符合因果关系中断理论，也不能说明行为人之间如何构成共同犯罪关系。所谓因果关系中断，是说最初有相当原因力的行为实施后，忽有独立的绝对的中间力量介入其中，此种中间力量与先前的行为，又不存在任何条件关系时，最初原因力为之中断，仅此中间力量对该结果有决定的原因力。可是实行犯的实行行为并非与教唆行为或帮助行为无关而独立的绝对中间力量，事实恰巧相反，正是由于教唆行为或帮助行为才引起或促使实行犯实行行为的实施，怎么能说因果关系为之中断呢？同时，按照这种观点，既然教唆行为、帮助行为与犯罪结果之间被实行犯的实行行为介入而中断，这就是说教唆行为、帮助行为与犯罪结果之间没有因果关系，那么教唆犯、从犯与实行犯之间又怎能构成共同犯罪呢？既认为教唆行为、帮助行为与犯罪结果之间没有因果关系，又要教唆犯、从犯从属于实行犯的实行行为对犯罪结果负刑事责任，这岂不是自相矛盾，难于自圆其说？

其二，条件说，认为教唆行为、帮助行为和实行行为都是犯罪结果发生的条件，对犯罪结果的发生具有同样的原因力，因而与犯罪结果之间都有因果关系。这里虽然认为教唆行为和帮助行为是犯罪结果发生的原因，但它对作出这一结论的理由的论述是不科学的。我们认为考察共同犯罪的因果关系，一方面要从共同犯罪行为整体进行考察，同时也要从共同犯罪人的不同行为加以考察。从共同犯罪行为整体看，正是各共同犯罪人的行为围绕一个目标，互相配合、互为条件而结成的共同犯罪整体，是导致犯罪结果发生的统一原因。从各共同犯罪人的不同行为看，教唆行为、帮助行为同实行行为相比，对犯罪结果发生的原因力还是有区别的，它们并不直接引起犯罪结果的发生，而是引起或促使实行犯实行犯罪，只有实行犯的实行行为才导致产生犯罪结果。因而把各个共同犯罪人的行为，看作是引起危害结果发生的同等原因，也是不符合共同犯罪中因果关系的实际情况的。

其三，原因说，认为教唆行为与帮助行为对于犯罪结果的发生，仅起单纯条件的作用，其间并无因果关系，只有实行行为才是犯罪结果发生的原因。这是将共同犯罪人的行为互相孤立地加以考察，而不是统一地加以考察的结果。诚然，教唆行为或帮助行为不可能直接引起结果的发生，它们永远要通过实行犯的实行行为才能导致发生犯罪结果。如果孤立地加以考察，似乎他们只是为实行犯实行犯罪创造条件；而共同犯罪是把各共同犯罪人的行为结合成一个整体，正是由于这个犯罪行为的整体，才造成犯罪结果的发生。所以，每一共同犯罪人的行为都与犯罪结果之间存在着因果关系。当然，每一共同犯罪人的行为，在导致犯罪结果发生中所起的作用还是有主要次要、直接间接的区别的。

我们认为，在共同犯罪人存在分工的情况下，共同犯罪行为与犯罪结果之间的因果关系具有如下特点：组织犯、教唆犯、帮助犯的行为引起或者促使实行犯实行犯罪，实行犯的实行行为直接引起犯罪结果的发生。组织行为、教唆行为、帮助行为是犯罪结果发生的间接原因，实行行为是犯罪结果发生的直接原因。它们作为共同犯罪行为的统一体，都与犯罪结果之间存在因果关系。

由此可以得出结论：事后的帮助行为，如果不存在事前或事中通谋时，对犯罪结果的发生就不存在因果关系，因而不构成共同犯罪。例如，事后帮助湮灭罪迹、窝藏赃物、隐匿罪犯等，在有些国家刑法中叫做隐匿犯或事后从犯，认为是共犯的一种，这种观点为我们所不取。但事前或事中通谋的事后帮助行为，对犯罪结果的发生存在因果关系，且有共同故意，自应成立共同犯罪。所以我国刑法第 310 条规定，窝藏或者包庇犯罪分子的，构成窝藏、包庇罪。同时规定："犯前款罪，事前通谋的，以共同犯罪论处。"这一规定是符合共同犯罪的理论的。不过我们认为这里所说的事前通谋，应解释为包括事中通谋在内。

（三）从犯罪的主观要件来看，各共同犯罪人必须有共同的犯罪故意。所谓共同犯罪故意，指各共同犯罪人通过意思联络，认识他们的共同犯罪行为会发生危害社会的结果，并决意参与共同犯罪，希望或者放任这种结果发生的心理态度。

在国外刑法理论中，对共同犯罪的主观要件，特别强调共同犯罪人之间的意思联络。如日本刑法学者牧野英一指出："共犯的主观要件是意思联络。由于甲的意思与乙的意思互相联络，其两者的行为，才产生法律上统一观察的结果。"[1] 前苏联刑法学家特拉依宁强调说："不要求各共犯之间有一定的主观联系，就必然把刑事责任建立在几个人的不同的行为客观巧合的基础上，也就是说必然会导致所发生结果的客观归罪。"[2] 这里所说的主观联系，也就是意思联络。意思联络是共同犯罪人以明示或暗示的方法表明愿意共同实施某种犯罪。正是通过意思联络，各共同犯罪人的个人犯罪故意，才结成一体，转化为共同的犯罪故意。需要指出：共同犯罪人之间的意思联络，并不要求所有共同犯罪

---

① ［日］牧野英一：《刑法研究》，有斐阁，1928 年版，第 34 页。
② 特拉伊宁：《犯罪构成的一般学说》，中国人民大学出版社，1958 年版，第 233 页。

人之间都必须存在。只要实行犯与其他共同犯罪人之间存在着意思联络就够了。教唆犯和帮助犯之间就不一定存在意思联络。对共同犯罪来说，有无这种意思联络，并不影响它的成立。

共同犯罪故意不同于个人的犯罪故意，但它的内容同样可以从认识因素与意志因素两个方面来分析：

1. 共同犯罪故意的认识因素，包括如下内容：（1）共同犯罪人认识到不是自己一个人单独实施犯罪，而是与他人互相配合共同实施犯罪。（2）共同犯罪人不仅认识自己的行为引起的结果，而且认识其他共同犯罪人的行为会引起某种犯罪结果。（3）共同犯罪人预见到共同犯罪行为与共同犯罪结果之间的因果关系。不过，对因果关系的预见，并不要求预见其发展过程的一切细节，而只要预见到由于共同犯罪行为会产生某种或一定的犯罪结果就够了。在司法实践中，共同犯罪人对共同犯罪结果的预见，通常有两种情况：一是预见特定的犯罪结果，即某一具体犯罪的结果。如甲教唆乙杀丙，乙接受教唆持枪向丙射击。甲、乙均预见到他们的共同犯罪行为会造成丙死亡的结果。二是预见概括性的犯罪结果，即所预见的犯罪结果并非某种具体的结果，而可能是某几种犯罪结果或其中一个结果。如甲教唆乙对丙实行报复，报复的内容可能是伤害丙、杀害丙或毁坏丙的财物等，随后乙将丙打成重伤。只要这种犯罪结果包括在预见的范围之内，共同犯罪人之间就存在共同的犯罪故意。

2. 共同犯罪故意的意志因素，它包括如下内容：（1）行为人决意参与共同犯罪。当行为人认识到自己的行为难以独立完成犯罪，需要与他人合作共同实施犯罪时，经过自由意志的选择，决意与他人一起共同犯罪。这是共同犯罪故意的意志因素的最初表现。（2）共同犯罪人希望或者放任自己的行为引起的结果和共同犯罪行为会发生某种犯罪结果。例如，甲教唆乙强奸丙。甲希望自己的教唆行为引起乙产生强奸丙的意思，并且希望发生丙被强奸的结果。共同犯罪的意志因素只能是希望，或者也可能是放任，在我国刑法理论上存在着争论。我们认为共同犯罪人一般是希望共同犯罪行为所引起的犯罪结果发生，但在个别情况下也可能是放任危害结果发生。有的同志提出："共同犯罪故意包括了共同直接故意犯罪、共同间接故意犯罪和共同犯罪人中有些是直接故意、有些是间接故意等三种情况。"① 这在理论上是合乎逻辑的，不过在司法实践中后两种情况却比较少见，它们不过是共同故意犯罪的特殊情况。

共同犯罪故意使各共同犯罪人的行为在它的支配下成为一个统一整体。因之，要成立共同犯罪，二人以上除了具有共同的犯罪行为外，还必须具有共同的犯罪故意；否则就不可能构成共同犯罪。由此可以作出如下结论：

1. 同时犯不是共同犯罪。所谓同时犯，指二人以上的行为者没有共同实行犯罪的意思联络，同时或在近乎同时的前后对同一目标实行同一犯罪的情况。关于同时犯成立的范围，在国外刑法理论上存在着争论。有的主张没有共同故意的两个故意犯之间、两个过失犯之间以及一个故意犯与一个过失犯之间，均可成立同时犯。有的则主张只有在没有意思联络的两个故意犯之间才能成立同时犯。学者大多以后说为宜。例如，甲、乙都拟杀害丙，两人没有意思联络，一日各自埋伏丙经过的路旁，甲开枪向丙射击未中，接着乙开枪将丙击毙。甲、乙的行为就是同时犯。同时犯不过是同时实行犯罪的两个以上的单独实行犯，因而负刑事责任的原则与共同犯罪不同。上例如果甲、乙是共同犯罪，两人都应负杀人既遂的责任。而同时犯，行为人各人只对自己的行为负刑事责任。就上例而言，乙的行为造成丙的死亡结果，负杀人既遂的责任，甲的行为不是丙死亡的原因，只负杀人未遂的责任。

2. 同时实施犯罪，故意内容不同的，不构成共同犯罪。二

---

① 《法学季刊》，1985 年第 4 期，第 20 页。

人以上同时故意实施犯罪，甚至故意对同一对象实施犯罪，但由于故意内容不同，不具有共同犯罪故意，因而不构成共同犯罪，而只能按照各人所构成的犯罪分别处理。例如，张某（女）与同村李某通奸，后张拒绝与李往来，李仍常去纠缠。张为了制止李上门，与丈夫王某商议：如果李再来，就将腿打断。某夜10时许，李又去张家。张听见门有响声，将王叫醒。王遂拿把铁锹闯出门外，见李躲在山墙下，愤恨剧增，遂萌打死李某念头。当即举起铁锹照李头部猛击，将李打倒。当李挣扎欲逃时，张拿着扁担赶到。王、张各执凶器照李腿部、臀部猛打，直至将李打倒在大门口，方才住手。李被抬回家后，次日凌晨死亡。经法医鉴定：严重脑挫伤是主要致命伤，因失血较多，挤压综合症，加速了李的死亡。由于张、王事前商议将李打伤，王临时产生杀人意图，张不知道。王出于杀人的故意猛击李某头部，张当时也不在场，随后张仍是基于伤害的故意，只用扁担打李的腿部、臀部。由于两人的故意内容不同——一个是杀人故意，一个是伤害故意，因而不构成共同犯罪。王某构成故意杀人罪，张某则构成故意伤害罪。

3. 超出共同故意之外的犯罪，不构成共同犯罪。二人以上在共同故意实施犯罪过程中，有的共同犯罪人超出共同的犯罪故意，单独实施另外犯罪的，除就共同故意实施的犯罪构成共同犯罪外，其单独实施的另外犯罪，由于原来的共同犯罪人之间对此缺乏共同故意，不成立共同犯罪，而只能由实施该种犯罪的人负责，其他人对此不负刑事责任。例如，某厂放映员刘某，邀该厂工人陈某同去偷厂声像室内的照像机、录音机等物品，陈表示同意。次日凌晨1时许，两人一起前往，陈在围墙外观察动静，刘跳入厂内破窗入室，盗出录音机五部、照像机六架。刘离开前，见室内有一个五百瓦的电炉子，即产生纵火破坏现场的恶念，便将电炉子放进办公桌的格柜内，并在电炉子周围放了破纸，接通电源后，刘离开声像室，与陈携带赃物回宿舍。随后，声像室起火，烧毁公私财物，价值 26 000 余元。在本案中，刘、陈只构成盗窃罪的共同犯罪，刘所实施的放火行为，由于是临时产生犯意并单独实施的，超出了他与陈的共同犯罪故意之外，因而不成立共同犯罪，仅由实施犯罪的刘某负责，陈某则不负放火罪的刑事责任。

4. 共同实施犯罪时各人罪过形式不同的，不构成共同犯罪。因为一方面是故意，另一方面是过失，各人相互间不可能形成共同犯罪所要求的主观要件——共同犯罪故意。对此，应当根据各人的行为分别论罪。这可能表现为两种情况：一是过失行为帮助了他人故意犯罪，这应当根据各人行为的性质分别处理。例如，某甲将一份重要国家机密文件带回家中，没有妥善保管，潜伏特务某乙伺机将该文件盗走。甲构成过失泄漏国家机密罪，乙则构成特务罪。二是故意利用他人的过失行为实施犯罪。这里故意利用者构成间接实行犯，过失行为者可能构成某种过失犯罪。例如，甲将装上子弹的手枪交给乙，谎说其中没有子弹，让乙对丙开枪吓唬他。乙信以为真，未加检查，将手枪对着丙扣动板机，致其中弹身亡。甲构成故意杀人罪（间接实行犯），乙则构成过失杀人罪。上述两种情况，都不能以共同犯罪论处。

三、有关共同犯罪成立要件问题的争论

围绕共同犯罪的要件，在刑法学界还存在一些争论。这里拟就两个问题，介绍一下争论的情况，并谈谈我们的看法，以便加深对共同犯罪成立要件的理解。

（一）关于"片面共同犯罪"问题

所谓片面共同犯罪，通常称片面共犯，指共同行为人的一方有与他人共同实施犯罪的意思，并协力于他人的犯罪行为，但他人却不知其给予协力，因而缺乏共同犯罪故意的情况。不知情的他人，不构成共同犯罪，仅就自己的行为负应有的刑事责任，这点没有异议。但能否成立片面共犯，以及片面共犯成立的范围如

何，在外国刑法理论上一直存在着争论，在我国刑法学界意见也很不一致。

1. 能否成立片面共犯，有肯定说与否定说两种见解。肯定说认为能够成立片面共犯。日本刑法学者牧野英一说："共同加功的意思属于犯人心理的事项，其互相交换或共犯者的双方有此交换，不过是外界的事项。所以我们认为，作为共犯的主观要件的这种意思，即使在其片面的场合也可成立。在该场合，对于有这种意思的一方，产生共犯的效果。"① 前苏联刑法学者特拉依宁亦持肯定说的见解。我国刑法学界也有人主张此说。如有的青年刑法学者说："应该肯定在我国刑法中存在片面共犯。"② 与此相反，否定说认为根本不存在片面共犯。如日本刑法学者植松正说："共犯以共犯者间的意志联络为要件……所谓片面的共犯，由于欠缺共犯成立的重要条件，著者认为应当完全否定它。"③ 我国刑法学界也有一些同志持否定说的观点。如有的同志说："作者否认片面共犯的存在，其主要理由是：（1）'片面共犯'者的片面认识，仅说明有片面联系，但不能说明双方一致的主观联系……（2）认识是产生意志的前提，没有同一的认识，就无共同意志可言……（3）承认'片面共犯'，无疑会导致'客观归罪'……（4）否认'片面共犯'的成立，并不会放纵罪犯。所谓'片面共犯'者，如果其行为的主客观方面都符合一定的犯罪构成，完全可以成立单独的犯罪。"④

2. 片面共犯成立的范围如何？主要有四种不同看法：（1）

---

① ［日］牧野英一：《日本刑法》（上），有斐阁，1939 年版，第 444 ~445 页。

② 《法学研究》，1985 年第 1 期，第 50 页。

③ ［日］植松正：《再订刑法概论·1 总论》，劲草书房，1974 年版，第 381 页。

④ 《全国刑法硕士论文荟萃》，中国人民公安大学出版社，1989 年版，第 356~357 页。

片面帮助犯、片面教唆犯和片面实行犯说。如我国有人撰写论文指出："在片面合意的共同犯罪中，不仅帮助犯和教唆犯可以构成片面共犯，实行犯也可以成为片面共犯。"① （2）片面共同正犯和片面从犯说。如日本刑法学者佐伯千仞既肯定片面共同正犯存在，又肯定片面从犯存在②。（3）片面帮助犯和片面教唆犯说。如我国有的青年刑法学者认为，片面共犯"这种情况不仅发生在帮助犯和实行犯之间，还发生在教唆犯和实行犯之间。"③ （4）片面从犯说。如我国台湾刑法学者高仰止说："……加功于其他不知情之共犯者，为片面共犯，如帮助不知情共犯是。共同正犯与教唆犯皆无片面共犯之可言，只有帮助犯始有片面共犯之情形发生。"④

我们认为片面共犯是可能存在的。片面共犯确实只有单方面的意思联络，因而缺乏彼此共同的意志。也正因此，它不可能是全面共犯，而只能是片面共犯。暗中故意帮助他人实施故意犯罪，被帮助者虽不知情，但帮助者既与他人有共同犯罪的故意，又有共同犯罪的行为，根据主客观相一致的原则，按片面共犯论处，是比较适宜的。怎么能说这是'客观归罪'呢？相反地，如果以单独犯罪论处，岂不与实际情况大相径庭？至于片面共犯的范围，我们认为只有片面帮助犯（从犯）才能成立。暗中故意给实行犯以帮助，在社会生活中并不少见。如甲明知乙将丙诱进房中，企图杀害他，遂暗中将房门从外面锁上，以防丙逃走，结果丙被乙杀死。对甲如不加以处罚，将会轻纵犯罪；如要处

---

① 《政法论坛》，1986年第3期，第40页；参见张明楷著：《刑法学》（上），法律出版社，1997年版，第282页。

② 见［日］团藤重光主编：《注解刑法·总则（3）》，有斐阁，1981年版，第809页。

③ 《法学研究》，1985年第1期，第49页。

④ 高仰止：《刑法总则之理论与实用》，台湾五南图书出版公司，1983年版，第392页。

罚，自然以片面帮助犯论处为宜。至于片面共同实行犯（共同正犯），在实际生活中很难发生，即使发生了，可根据各个实行犯的情况分别处理，无需以片面共同实行犯论处。日本刑法学者大塚仁说："片面共同正犯的观念应予否定；并且即使否定片面共同正犯的观念，对肯定说所举片面共同正犯的事例，刑法的处理没有任何障碍。"① 应当说这种看法是符合实际的。教唆犯教唆他人实施犯罪，他人由于受到教唆而产生了犯罪故意并实行了犯罪，彼此就存在着犯罪的意思联络，即使被教唆者不知道是被人教唆，也无碍于共同犯罪的成立。因而我们认为不可能成立片面的教唆犯。在立法例上，1912 年旧中国暂行新刑律第 34 条规定："知本犯之情而共同者，虽本犯不知共同之情，仍以共犯论。"本条对片面共犯的范围未加限制。1935 年旧中国刑法第 30 条规定："帮助他人犯罪者，为从犯。虽他人不知帮助之情者，亦同。"本条改正了暂行新刑律的有关规定，对片面共犯只限于片面从犯（帮助犯）。现行《泰国刑法》第 86 条规定："于他人犯罪前或犯罪时，以任何方法帮助或便利其犯罪者，为从犯……犯罪人不知帮助或便利之情者，亦同"。本条只限于片面从犯（帮助犯）。日本刑法学者西原春夫指出："通说和判例肯定片面的从犯的存在。"② 这些情况可供我们研究片面共犯成立范围时参考。

（二）关于过失罪能否成立共同犯罪问题

二人以上共同过失犯罪，能否成立共同犯罪？刑法理论上也有不同的见解。

1. 肯定说，认为某种犯罪的成立，只要有数人的共同行为，主观上即使出于过失，也可成立共同犯罪。但在肯定说中，关于过失共同犯罪成立的范围，仍有三种不同的意见。一是认为不论

---

① ［日］大塚仁：《犯罪论的基本问题》，有斐阁，1982 年版，第 327 页。
② ［日］西原春夫：《刑法总论》，成文堂，1978 年版，第 334 页。

共同正犯（实行犯）、教唆犯或从犯（帮助犯），都可能以过失而成立。如日本刑法学者木村龟二既"承认过失犯的共同正犯"，同时认为"由于（日本）刑法第61条及第62条没有明文要求教唆及帮助须故意实施，也就没有理由否定出于过失的共犯。"① 二是认为不可能构成过失教唆犯，可能构成过失共同正犯和过失从犯。如我国台湾刑法学者翁国梁说："有谓过失犯亦可成为教唆犯者，非的论也。"② "惟就事实与理论而言，故意与过失均为犯罪形态之一种，犯罪之出于共同过失，非不可能。例如甲乙二人共抬一物，登山失手，伤及行人，甲乙二人皆为过失之共同正犯是。"③ "事实上过失犯有时亦可构成从犯之形态。"三是认为过失犯只可能构成共同正犯，不存在过失教唆犯和过失从犯。如1928年旧中国刑法第47条规定："二人以上于过失罪有共同过失者，皆为过失正犯。"而对过失教唆犯和过失从犯则并未加以规定。

2. 否定说，认为共同犯罪以二人以上具有共同犯罪故意为要件，而过失罪不具备共同犯罪成立的要件，因而不能成立共同犯罪。这种观点为很多刑法学者所赞同。如苏联刑法学者 H. A. 别利亚耶夫等认为"过失犯罪时不可能有共同犯罪。"④ 日本刑法学者西原春夫说："由于在过失犯的场合，不应当援用共犯规定而适用一部行为全部责任的法理，并且没有那样的必要，因而我认为应当否认出于过失的共犯或者对过失犯的共犯。"⑤

我们同意后一种观点。理由如下：1. 过失共同犯罪不具有

---

① ［日］木村龟二：《刑法总论》，有斐阁，1984年增补版，第406、412页。

②③ 翁国梁：《中国刑法总论》，正中书局，1970年版，第158、156页。

④ H. A. 别利亚耶夫等主编：《苏维埃刑法总论》，群众出版社，1987年版，第221页。

⑤ ［日］西原春夫：《刑法总论》，成文堂，1978年版，第336页。

共同犯罪的本质特征——共同犯罪行为是一个统一的有机整体。现代刑法理论一般认为：共同犯罪故意是共同犯罪成立的必要条件。因为正是由于二人以上具有共同犯罪故意，通过互相意思联络，才使各行为人围绕一个共同的犯罪目标而活动，从而才使各个人的行为形成一个不同于个人单独犯罪的行为整体——共同犯罪。而共同过失犯罪，彼此缺乏意思联络，不可能使各个人的行为形成一个互相支持、互相配合的统一体，因而各个行为人只可能分别构成过失犯，而不可能是共同犯罪。2. 过失共同犯罪不存在行为人在共同犯罪中所具有的那样的分工和所起的不同作用。在刑法总则之中所以规定共同犯罪，如前所述，是因为各共同犯罪人的行为形态在刑法分则中未加规定，他们在共同犯罪中所起作用大小也不同，需要特别规定它们的犯罪构成和量刑原则，以便据以对各共同犯罪人定罪量刑，而过失共同犯罪，不存在组织犯、教唆犯、实行犯的分工，也无主犯、从犯、胁从犯的差别，只要根据各人的过失犯罪情况论罪科刑就可以了，不需要按照共同犯罪的规定来处理。《意大利刑法典》第 113 条虽然承认"过失犯罪的共犯"，但规定："数人协力为过失犯罪时，各科以规定之刑。"实际上无异否定过失犯的共同犯罪。

我国刑法根据主客观相一致的刑法基本原则，不承认过失犯的共同犯罪，于第 25 条第 2 款规定："二人以上共同过失犯罪，不以共同犯罪论处，应当负刑事责任的，按照他们所犯的罪分别处罚。"这一规定科学地解决了过失犯有无共同犯罪的争论。根据这一规定，共同过失犯罪的责任，不是采取共同责任原则，而是采取独立责任原则。因而解决每个行为人的责任时，应当根据各行为人过失程度的轻重，以及各人过失行为对犯罪结果原因力的大小来确定，有的负主要责任，有的负次要责任，有时也可能负同样的责任；但不能不加分析地在任何情况下一律负同等的责任。

第二节 共同犯罪的形式

一、共同犯罪形式的概念和分类

(一) 共同犯罪形式的概念

什么是共同犯罪的形式,刑法学界表述很不一致:1. 结构或联系形式说,认为"共同犯罪的形式是指二人以上共同故意犯罪的结构或共同犯罪人的联系形式。"① 2. 结构、形态和存在方式说,认为"共同犯罪的形式,就是指共同犯罪的结构、形态及其存在的方式。"② 3. 类型说,认为"共同犯罪的形式,就是根据一定的标准,从不同的角度,在刑法理论上把共同犯罪划分为几种不同的类型。"③ 4. 组织结合形式说,认为"所谓共同犯罪的形式是指共犯者组织结合的形式,或者表述为: 所谓共同犯罪的形式,是指共同犯罪的组织形式。"④ 5. 结构形式说,认为"共同犯罪的形式,是指共同犯罪的结构形式。"⑤ 6. 结构或结合方式说,认为"共同犯罪的形式是指两人以上共同犯罪的结构或者共同犯罪人之间的结合方式。"⑥ 此外还有一些提法,大同小异,不再一一列举。共同犯罪形式的表述如此分歧,说明

① 杨春洗主编:《刑法总论》,北京大学出版社,1951年版,第197页。
② 高格主编:《刑法教程》,吉林大学出版社,1984年版, 第146页。
③ 杨敦先主编:《刑法学概论》,光明日报出版社, 1985年版, 第180~181页。
④ 林文肯等:《共同犯罪理论与司法实践》,中国政法大学出版社,1987年版, 第56页。
⑤ 王作富主编:《中国刑法适用》,中国人民大学出版社, 1987年版, 第174页。
⑥ 徐逸仁等主编:《简明刑法教程》,复旦大学出版社,1988年版,第131页。

这确实是刑法理论上需要研究的问题。

怎样看待上述对共同犯罪形式的各种表述呢？我们认为，第一和第二种表述，虽然也揭示了共同犯罪形式的某种特点，但不够准确。在表述中提出的"联系形式"或"存在方式"都失之于广泛。它将不属于共同犯罪形式的共同犯罪种类也包括进去了。第三种表述将共同犯罪形式与共同犯罪类型等量齐观，这就将共同犯罪的形式与共同犯罪的种类混为一谈。实际上这是两个不同的概念，后者大于前者，前者不过是后者的一部分。第四和第五种表述，突出揭示了共同犯罪形式的一个重要特征，但却忽视了另外的特征，不能概括全部的共同犯罪形式，未免失之于偏狭。我们基本赞同第六种表述，因为它全面地揭示了共同犯罪形式的特征，既可以概括所有的共同犯罪形式，又不至将非共同犯罪形式的共同犯罪种类包括在内。

研究共同犯罪形式的定义，不仅要从社会生活中共同犯罪的实际出发，而且要在理论上符合"内容与形式"的基本观点。"内容是事物的内在诸要素的总和，形式是内容的存在方式，是内容的结构和组织。"① 共同犯罪的内容是共同犯罪的诸构成要件的总和，共同犯罪的形式则是二人以上共同犯罪的内部结构或者共同犯罪人之间的结合方式。共同犯罪的内部结构指共同犯罪内部有无分工，亦即共同犯罪由什么样的共同犯罪人组成，是由共同实行犯罪的人组成，还是由不同分工的共同犯罪人组成。共同犯罪人的结合方式，指共同犯罪是否具有组织形式。我们赞同用"结合方式"，而不赞成用"组织形式"来表述。因为"组织形式"仅指有组织的共同犯罪的不同组织形式，而不能包括无组织的共同犯罪。实际上无组织的共同犯罪是相对于有组织的共同犯罪的一种共同犯罪形式，不应将之排除在共同犯罪形式之外。而"结合方式"既可以概括有组织的共同犯罪，也可以概

---

① 《辞海》（缩印本），上海辞书出版社，1979 年版，第 195 页。

括无组织的共同犯罪。这就弥补了用"组织形式"表述的缺陷。还应指出，必须将共同犯罪的形式与共同犯罪的种类两个不同的概念区别开来。共同犯罪的种类，是指按照不同的标准，对共同犯罪进行的分类。它包括非共同犯罪形式的共同犯罪（如必要共同犯罪和任意共同犯罪等），也包括各种共同犯罪的形式（如一般共同犯罪和特殊共同犯罪等）。苏联刑法学者 H. A. 别利亚耶夫等写道："对共同犯罪进行系统分类时要以这两个方式为依据，应当把犯罪参加者之间的内部联系作为共同犯罪种类的基础，而划分共同犯罪的形式则必须以对各个共犯活动的不同性质为依据。由此可以得出结论，共同犯罪的种类有：1. 无事前协议的共同犯罪；2. 事前有协议的共同犯罪。而后者又可以区分为有初级形式的事前协议的共同犯罪和有犯罪组织的（犯罪集团）的共同犯罪。"① 这里有些提法未必尽妥，但它明确地将共同犯罪的形式与共同犯罪的种类区别开来，值得我们借鉴。

（二）共同犯罪形式的分类

共同犯罪可以分为哪几种形式？我国刑法学界也存在很大分歧：1. 四分法：认为共同犯罪的形式，依不同的标准划分，可有以下几种：（1）任意共同犯罪和必要共同犯罪，（2）事前无通谋的共同犯罪和事前通谋的共同犯罪，（3）简单共同犯罪和复杂共同犯罪，（4）一般共同犯罪和特殊共同犯罪。这种观点为很多学者所赞同。2. 三分法：复有旧三分法和新三分法的不同。旧三分法认为，共同犯罪的形式可以归纳为：无事前通谋的共同犯罪、有事前通谋的共同犯罪和犯罪集团三种形式。新三分法认为，根据刑法规定和司法实践，共同犯罪可以划分为：一般共同犯罪、犯罪团伙和犯罪集团三种形式。3. 二分法，认为共同犯罪的形式，实际上只有结伙犯罪（即一般共同犯罪）和集

---

① H. A. 别利亚耶夫等主编：《苏维埃刑法总论》，群众出版社，1987 年版，第 225 页。

团犯罪（即特殊共同犯罪）两种。

我们认为，任意共同犯罪和必要共同犯罪，是以刑法分则是否规定犯罪行为必须由数人共同实施为标准来划分的。而刑法分则是否规定并非划分共同犯罪形式的标准，而只是划分共同犯罪种类的一个标准。它没有涉及共同犯罪的内部结构或结合方式问题，因而不可能把共同犯罪的形式区别开来，如任意共同犯罪和必要共同犯罪都具有犯罪集团这样的共同犯罪形式就是例证。事前无通谋的共同犯罪和事前通谋的共同犯罪，是以事前有无通谋为标准来划分的；这一标准虽然也能区分共同犯罪的种类，同样不可能划分共同犯罪的形式。因为是事前通谋还是事中通谋只是通谋的时间问题，并不能说明共同犯罪形式的不同。顺便指出，"事前无通谋的共同犯罪"提法也不科学。因为"事前无通谋"一词，既包括事中通谋，也包括事后通谋，而事后通谋根本不可能构成共同犯罪，实际上"事前无通谋"只是指"事中通谋"而言。因而我们认为这两种共同犯罪宜改称为事前通谋的共同犯罪与事中通谋的共同犯罪。一般共同犯罪与特殊共同犯罪（犯罪集团），是以共同犯罪人的结合方式即有无组织形式为标准来划分的，它符合共同犯罪形式的特征，并得到刑法学者的广泛承认，自应属于共同犯罪的形式，无须赘言。简单共同犯罪和复杂共同犯罪，是以共同犯罪内部有无分工即内部结构为标准来划分的，它同样符合共同犯罪形式的特征。在这两种共同犯罪中，不仅主观要件有所不同，而且客观要件也很不一致，呈现出显然不同的形式，把它们排除在共同犯罪形式之外，似属不妥。并且这两种共同犯罪形式，如同前两种共同犯罪形式一样，在司法实践中经常出现，需要在理论上加以反映。因而我们认为，共同犯罪的形式宜分为如下两类：

1. 简单共同犯罪与复杂共同犯罪

简单共同犯罪，指二人以上共同故意实行犯罪行为。这种共同犯罪形式，在理论上和实践上存在不少问题值得研究，下面专门加以论述。

复杂共同犯罪，指共同犯罪人之间存在着一定分工的共同犯罪。这种分工表现为：有的教唆他人产生实行犯罪的故意，有的帮助他人实行犯罪，有的直接实行该种犯罪构成客观要件的行为。在这种共同犯罪形式中，由于各个共同犯罪人在共同犯罪中的分工不同和参与实施犯罪的程度不同，自然他们在共同犯罪中所起作用大小也不相同。因而各共同犯罪人的刑事责任问题，应当根据他们在共同犯罪中所起作用大小和社会危害程度，依照刑法有关共同犯罪的规定来解决。

2. 一般共同犯罪和特殊共同犯罪（犯罪集团）

一般共同犯罪，指二人以上没有组织形式的共同犯罪。其特点就在于共同犯罪人之间没有组织，他们只是为了实施某一具体犯罪而临时结合在一起，该一具体犯罪实施完毕，其共同犯罪形式也就解体了。一般共同犯罪可能表现为事前通谋的共同犯罪或者事中通谋的共同犯罪。前者指共同犯罪人在着手实行犯罪之前形成共同犯罪的故意；后者指共同犯罪人在着手实行犯罪时或在实行犯罪过程中形成共同犯罪的故意。二者的区别在于共同犯罪故意形成的时间不同；但就没有组织形式来说，二者是相同的。如果共同犯罪人事前通谋建立犯罪组织，那就不是一般共同犯罪，而是特殊共同犯罪了。在一般共同犯罪情况下，对共同犯罪人，应根据他们在共同犯罪中所起作用大小和社会危害程度，分别以主犯、从犯或胁从犯处罚。

特殊共同犯罪（犯罪集团），指共同犯罪人之间建立起组织形式的共同犯罪。在我国刑法中它有两种情况：一是必要共同犯罪中的犯罪集团，如刑法第 120 条规定的恐怖组织、第 294 条规定的黑社会性质组织，这种犯罪集团由刑法各论来研究。一是任意共同犯罪中的犯罪集团，如盗窃集团、贪污集团等，这种犯罪集团属于刑法总论研究的范围。由于它是一个复杂的问题，下面作为专题加以探讨。

二、简单共同犯罪

（一）简单共同犯罪的概念和要件

简单共同犯罪，如前所述，指二人以上共同故意实行犯罪行为，即二人以上共同故意实行某一具体犯罪客观要件的行为。在刑法理论上又叫共同正犯（共同实行犯）。对此我国刑法没有明文规定；但这种共同犯罪形式在司法实践中经常出现，并且它与共同犯罪人之间存在分工的复杂共同犯罪又有区别，因而如何认定这种共同犯罪形式和解决其共同犯罪人的刑事责任，值得加以研究。

构成简单共同犯罪，除了犯罪主体是两个以上达到法定年龄具有责任能力的人以外，还必须具备如下条件：

1. 从客观要件看，各共同犯罪人必须共同实行犯罪。怎样才是共同实行？刑法理论上有各种学说："（1）共同原因说，认为对结果共同给予原因者为共同正犯……（2）共谋说，此说认为二人以上协议或策划犯罪，其中一人实施现实举动时，即使他人没有实施现实举动，也是共同正犯……（3）共同举动说，此说以（日本）刑法第60条中有"共同实行"的规定，所以如果不是共同者的全体实施现实举动，不得叫共同正犯。"[1] 我们认为，第一说不能说明行为犯，因为行为犯不以犯罪结果的发生为犯罪构成要件。第二说把谋议和实行混为一谈，与各国关于共同犯罪的立法不相符合。第三说较之第二说虽有一定的合理性，即它提出了共同举动的要求，但举动的概念却比较笼统含混，因而也没有对共同实行作出科学的说明。在我们看来，共同实行就是共同实施某一犯罪构成客观要件的行为。换言之，在简单共同犯罪中，每个共同犯罪人都是实行犯，不存在一部分人是实行犯，

---

① ［日］冈田庄作：《刑法原论·总论》，明治大学出版部，1934年版，第397~401页。

另一部分人是教唆犯或帮助犯的分工。所以，如果只是引起他人产生实行犯罪的故意，或者对他人实行犯罪提供帮助，那就不是共同实行。

共同实行表现有以下几种情况：1. 各个共同犯罪人实行同样的犯罪构成客观要件的行为。如甲、乙合谋潜入仓库盗窃，共同秘密窃取库存货物。2. 各共同犯罪人实行不同的行为，但都属于犯罪构成客观要件的行为。如甲、乙共同对丙实行敲诈勒索，甲对丙进行威胁，乙接受丙交付的财物。3. 各共同犯罪人共同实施某一犯罪，但分别对不同的对象实行犯罪行为。如甲、乙相约杀害丙、丁夫妇，二人分工，甲杀死丈夫丙，乙杀死妻子丁。上述几种情况，同样都是简单共同犯罪。

在简单共同犯罪中，各共同犯罪人共同直接实行犯罪，他们的行为互相结合，成为一个共同犯罪行为的整体。所以在解决简单共同犯罪中行为与结果的因果关系时，应当从共同犯罪行为的整体来考察，只要共同犯罪人中一人的行为造成犯罪结果发生时，全体共同犯罪人的行为，都与犯罪结果发生之间存在因果关系。这一基本原则已为我国刑法学者所普遍承认。

2. 从主观要件看，各共同犯罪人必须具有共同实行犯罪的故意。共同实行犯罪的故意，可以从意识因素与意志因素两方面考察：（1）其意识因素包括如下内容：（甲）共同犯罪人对所共同实施的具体犯罪有共同的认识。例如，都认识到共同实行甲罪，否则，一人认识是实行甲罪，另一个认识是实行乙罪，二人之间不成立简单共同犯罪。（乙）共同犯罪人认识到自己与他人共同直接实行犯罪。如果只是帮助他人实行犯罪的意思，给他人实行犯罪提供便利条件，那就不是共同实行犯罪的故意。（丙）共同犯罪人互相认识到他人与自己共同实行犯罪。如果一人有共同实行犯罪的认识，另一人没有共同实行犯罪的认识，简单共同犯罪就不能成立。因而我们认为不存在所谓片面共同正犯。（2）其意志因素包括如下内容：（甲）共同犯罪人互相愿意与他人共同实行犯罪。共同实行犯罪的意愿，不以明确地进行意思交换为必要，共同犯罪人即使互相暗示、彼此领会就足以成立。如果缺乏共同实行犯罪的意思联络，而同时同地对同一对象实施同一性质的犯罪，只能是各自独立负责的同时犯，而不构成简单共同犯罪。（乙）通常每一共同犯罪人都希望共同犯罪结果的发生，但有时也可能放任共同犯罪结果的发生。

共同实行犯罪的故意，大多是事前形成，但也可能是事中形成，如突发性共同实行犯罪。不 论事前形成或者事中形成，不影响简单共同犯罪的成立。

（二）简单共同犯罪中各共同犯罪人负刑事责任的原则

我国刑法没有明文规定简单共同犯罪，因而在司法实践中对简单共同犯罪如何处理颇不一致："一是只做同案处理，不引用共同犯罪条款，二是笼统称共犯，不做具体分析，三是以共犯论处，根据二人作用均定主犯。"[①] 应当怎样处理呢？我们认为，应从简单共同犯罪的具体情况出发，根据我国刑法的有关规定，来探讨解决其中各共同犯罪人的刑事责任需要遵循的原则。这些原则可以概括如下：

1. 各共同犯罪人对共同实行的犯罪行为整体负责，而不只是对自己所参与实行的犯罪行为负责。如甲、乙共谋对丙实施抢劫，甲用棍把丙打伤倒在地上，致丙不能反抗，乙乘机将丙身上的财物抢走。甲、乙都应对抢劫罪负责，不能让甲只对伤害罪负责，乙只对抢夺罪负责。

2. 各共同犯罪人只能对共同故意实行的犯罪负责。共同犯罪人在共同故意实行某一具体犯罪（如甲罪）过程中，如果有人超出共同故意范围之外，实行别的犯罪（如乙罪），共同犯罪人只能共同对甲罪负责，对乙罪应由实施该犯罪行为的人单独负刑事责任。

---

① 《人民检察》，1984 年第 7 期，第 20 页。

3. 结果加重犯的重结果，由共同犯罪人中的部分人的行为所造成时，其他共同犯罪人对此重结果的发生也应负责任。

4. 根据共同犯罪人在共同实行犯罪中所起的作用和社会危害程度，分别按主犯、从犯或胁从犯予以处罚，并引用我国刑法规定的有关条文。如果都是起主要作用，可以都按照主犯处罚。

5. 参酌各共同犯罪人的人身危险程度和犯罪后的态度，实行区别对待。具备从重、加重或从轻、减轻、免除处罚的情节时，对具有这些情节的共同犯罪人在量刑时应充分考虑这些情节。因而各共同犯罪人即使都是主犯，量刑也难免没有差别。

（三）所谓共谋共同正犯

共谋共同正犯，指二人以上共同谋议实行犯罪行为，而由谋议者中的一人或部分人直接实行犯罪，参加共谋的其他成员，即使未参与直接实行犯罪，也作为共同正犯负刑事责任。共谋共同正犯的观念是日本刑事审判上的传统见解，其理论基础——共同意思主体说[1]，为日本刑法学者草野豹一郎所提出。1974 年日本《刑法修改草案》第 27 条第 2 款规定："二人以上谋议实行犯罪，谋议者中一人基于共同的意思谋议时，其他共谋者也是正犯。"这表明了在日本共谋共同正犯观念立法化的趋势。

构成共谋共同正犯，必须具备如下条件：

1. 二人以上共谋实行犯罪。所谓共谋指二人以上共同协议决定实行犯罪。详言之，共谋指"二人以上者，为了实施特定的犯罪，在共同意思下成为一体，互相利用他人的行为，以实行各自意思为内容的谋议。"[2] 仅仅认识他人实行犯罪的事实还不

---

[1] 共同意思主体说，认为二人以上共同犯罪，必先有实现一定犯罪的目的的存在，在此目的下，二人以上既变为同心一体，就成立共同意思主体，如果其中一个着手实行犯罪，即成立共同正犯。

[2] ［日］团藤重光主编：《注释刑法·总则（3）》，有斐阁，1981年版，第 751 页。

能说就有共谋。不仅互相认识是在实施犯罪，并且预先商量如何实行犯罪，才能认为是共谋。但共谋不要求必须谋议犯罪的时间、地点、手段以及具体实行方法的细节。因而即使不知道这些情况，只要参加犯罪基本问题的谋议，就可以是共谋。

2. 共谋中一部分人直接实行犯罪。在一部分人直接实行犯罪时，没有参与实行的共谋者，给实行者以一定的援助，固然是共同正犯；即使完全任凭实行者实行，自己什么也不实施的，也是共同正犯。没有参与实行的共谋者，不需要详细认识实行者实行行为的内容；只要关于共谋的核心问题，共谋者的认识与实行者的实行之间不存在不一致时，共谋共同正犯即可成立。

共谋共同正犯的理论，在日本刑法学者中遭到有力的批判。这些学者认为，共谋共同正犯的观点不符合现行刑法关于共同正犯的明文规定，并且它注重团体责任，与现代刑法的个人责任原则相违背。我们认为共谋共同正犯论不仅确实存在上述缺陷，而且共谋共同正犯概念也没有反映出共谋者的行为的不同社会危害程度，从而也没有提出对各共谋者如何给予相应的处罚。这不利于同共谋共同正犯这类犯罪现象作斗争，因而为我国刑法所不取。

不过，共谋共同实行犯罪的现象在我国社会生活中也是存在的。对于这种共同犯罪现象应当怎样处理呢？根据我国刑法的规定，总结司法实践经验，在共同谋议实行犯罪的场合，不论其是否直接参与实行行为，都应根据其在共同犯罪中所起的作用处罚。即所起的作用是主要作用，按主犯从重处罚；所起的作用是次要作用，则按从犯比照主犯从轻、减轻或者免除处罚。

三、犯罪集团

（一）犯罪集团的概念和要件

我国刑法第26条第2款规定："三人以上为共同实施犯罪而组成的较为固定的犯罪组织，是犯罪集团。"构成犯罪集团，必须具备如下条件：

1. 由三人以上所组成。这是在人数上犯罪集团成立的条件。在司法实践中一般认为，二人共同进行犯罪活动的，是一般共同犯罪；三人或三人以上共同进行犯罪活动的，才可能是犯罪集团。实际生活中犯罪集团远远不止三个人参加，根据有关材料，犯罪集团的成员多达几十人，少者也有六、七人，只有三人的，是极为个别的情况。这里把三人列为构成犯罪集团的最低人数，以便据以划分犯罪集团与非犯罪集团的界限。

2. 具有一定程度的组织性。所谓组织性指成员之间存在着领导与被领导的关系，也就是既有首要分子（组织者、领导者、指挥者），又有普通成员，首要分子领导、指挥普通成员进行犯罪活动。犯罪集团性质不同（如间谍组织、恐怖组织、黑社会性质组织、走私集团、盗窃集团等），组织严密程度大不一样。间谍组织、黑社会性质组织最为严密，并用反动纪律约束自己的成员；其他犯罪集团则可能不具有严密的组织性。但构成犯罪集团并不以"具有严密的组织"、"内部有一定的纪律"为必要条件。只要成员之间有首要分子与一般成员的分工就够了。同时，犯罪集团的性质不同，所采用的组织形式也不一样。间谍组织往往采取政府机构的组织形式，层层封官委职；黑社会性质组织则往往采取封建帮会形式，等级森严。只要具有一定的组织性，不管采取什么组织形式，都无碍于犯罪集团的成立。

3. 具有共同实施某种犯罪的目的性。犯罪集团是三人以上以共同实施某一种或几种犯罪为目的而结合在一起的。否则，如果只是基于追求低级趣味或出于封建习俗而结合在一起，或者基于某种反动思想或落后思想而结合在一起，则不能认为是犯罪集团。所以，对那种经常一起吃喝游荡，仅有流氓习气，而没有犯罪行为的，就不能当作犯罪集团处理。其中个别人或少数人单个进行犯罪活动，对于从事犯罪活动的人，自应依法处理，但不能因此认定他们所结成的团体是犯罪集团。需要指出，共同的犯罪

530

目的可能通过成员之间口头或书面互相通谋而确定，也可能通过共同实施犯罪行为而形成，并非要求每一犯罪集团必须有一个书面的共同实施犯罪的纲领。

4.具有相当程度的固定性。犯罪集团是三人以上为了实施多次或不定次数的犯罪而联合起来的。在实施一次犯罪后，该种联合体仍继续存在，以便继续实施犯罪。所谓固定性，就是指以实施多次犯罪为目的而联合，联合体准备长期存在，而不以事实上实施了多次犯罪为必要。所以，只要查明各共同犯罪人是为了实施多次或不定次数犯罪为目的而联合起来的，即使他们只实施了一次犯罪或根本没有来得及实施任何犯罪，都不影响犯罪集团的成立。当然，如果共同犯罪的目的不是经过互相通谋确定的，而是通过共同实施犯罪行为形成的，自然要有两次或两次以上的犯罪事实，才能认定该种联合是犯罪集团。反之，如果三人以上只是为了实施某一具体犯罪而结合在一起，某一具体犯罪实施完毕，该种犯罪的联合即行解体，这种犯罪的联合就不是犯罪集团；即使所实施的是一个情节恶劣、后果严重的犯罪，一次临时性的纠合，也不宜认定为犯罪集团。

在实际生活中，犯罪集团由于人数较多，或者有累犯参加，因而行动诡密，犯罪频繁；或者横行无忌，手段凶残，具有疯狂的破坏性和极大的危害性，是最危险的一种共同犯罪形式，所以历来是我国刑法打击的重点。认真研究犯罪集团的要件，有助于我们正确地区分犯罪集团与非犯罪集团，准确地打击犯罪集团。

犯罪集团，根据不同的标准可以作不同的划分，但我们认为，主要可以根据刑法分则所规定，分为任意的犯罪集团和必要的犯罪集团。前者指刑法分则条文对该种犯罪未规定为犯罪集团，而实际构成这种犯罪的集团，如走私集团，盗窃集团，拐卖妇女、儿童集团，贪污集团等，对于这类犯罪集团是否成立，需要根据刑法第26条第2款的规定来认定。后者指刑法分则条文明文规定的犯罪集团，如间谍组织、恐怖组织、会道门、邪教组织及黑社会性质组织，对于这类犯罪集团是否成立，主要根据刑法分则中有关条文的规定来认定。

（二）关于犯罪团伙

犯罪团伙原是公安机关在实际工作中使用的概念，用来表示三人以上共同实行犯罪的共同犯罪形式。但究竟什么是犯罪团伙，含义并未定型。如何理解，更是众说纷纭，争论不已。归纳起来，有以下几种观点：

1. 犯罪团伙就是犯罪集团。如有的同志认为："团伙都是具有某种程度的组织，是一种地道的犯罪集团。"或者说："团伙在刑法上讲就是犯罪集团。"①

2. 犯罪团伙是介于一般共同犯罪与犯罪集团之间的共同犯罪形式。如有的同志指出："一般地说，犯罪团伙与犯罪集团都是共同犯罪的特殊形式，都同一般的共同犯罪有区别。法律规范中的'犯罪集团'与政策概念中的'犯罪团伙'，没有本质上而只是程度上的区别。'犯罪集团'一般是指组织程度相对较高即组织比较严密的犯罪组织，而'犯罪团伙'一般是指组织程度比较松散的犯罪组织，从这个意义上说，它们之间又有一定的差别。因此，又不能把两者完全等同起来。"②

3. 犯罪团伙是犯罪集团和犯罪结伙的合称。如有的同志说：团伙就是指集团和结伙。或者说："犯罪团伙既可以指组织比较牢固的犯罪集团，也可以指纠合比较松散的犯罪结伙。"③

4. 犯罪团伙包括犯罪集团与一般共同犯罪。如有的同志提出："团伙犯罪应该根据具体案件的情况，有的应该认定为一般共同犯罪，有的应该认定为集团犯罪，绝不能将团伙或一概说是集团，或一概视为非集团。"④

对犯罪团伙的观点如此分歧，那么，我们究竟应当怎样看待

---

①②③④　参见赵秉志主编：《刑法争议问题研究》（上卷），河南人民出版社，1996年版，第441～442页。

呢？我们认为：

第一种观点是值得商榷的。因为：第一，司法实践中所说的犯罪团伙，并不都符合犯罪集团构成的条件。犯罪集团是三人以上为了多次实施某种犯罪而联合起来的犯罪团体，它具有一定的组织性和稳固性。而许多三人以上临时纠合性的犯罪，并不具有稳固性，这种团伙就不能认为是犯罪集团。第二，既然社会生活中的犯罪团伙，不都是犯罪集团，把犯罪团伙与犯罪集团完全等同起来，就会把不是犯罪集团的犯罪团伙作为犯罪集团处理，从而就会扩大打击面，不利于分化瓦解犯罪团伙。

第二种观点也是不恰当的。因为：第一，这实际上是把共同犯罪的形式分为一般共同犯罪、犯罪团伙与犯罪集团三种。而我国刑法只规定了一般共同犯罪与犯罪集团，并无介于两者之间的中间形式，因而这种划分不符合刑法的规定。第二，司法实践中所说的犯罪团伙，并非指一种独立的共同犯罪形式。犯罪集团与临时纠合性的一般共同犯罪，都认为是犯罪团伙。所以这种观点也不符合使用这一概念的实际。

第三种观点虽然基本上正确，但提法还不够科学。因为这一观点除了犯罪团伙的概念之外，又提出了犯罪结伙，可是犯罪结伙如同犯罪团伙一样，也不是法律概念。如果把犯罪结伙看作介于犯罪集团与一般共同犯罪之间的一种共同犯罪形式，那就陷入与第二种观点相同的失误。如果把犯罪结伙看作一般的共同犯罪，那就与第四种观点相同，但没有第四种观点那样提法明确。

最可取的是第四种观点。因为：第一，它符合法律的规定。我国刑法既有犯罪集团的规定，也有一般共同犯罪的规定。根据具体情况，将犯罪团伙，分别按照犯罪集团或一般共同犯罪处理，就都有可资引用的法律依据。第二，它符合审判实际。如根据某市审理的 30 起流氓犯罪团伙的情况调查，定为流氓集团的有 11 起，按一般共同犯罪处理的有 19 起。其他一些地方的审理情况，大体如此。因而可以说第四种观点有坚实的实际根据。

基本上述理由，我们是主张第四种观点的。申言之，犯罪团伙指三人以上结成一定组织或纠合比较松散的共同犯罪形式。它可能是犯罪集团，也可能是一般共同犯罪。在处理犯罪团伙案件时，应当根据情况，具体分析，分别加以认定：

1. 如果它符合犯罪集团的条件，例如，犯罪团伙中有首要分子和一般成员，成员的结合通过一定的组织形式，并具有共同长期实施犯罪的目的；或者共同多次实施犯罪行为，团伙存在的时间比较长等，应当认定为犯罪集团。

2. 如果它不具备犯罪集团的要件，例如，数人成帮结伙，经常一起吃喝玩乐，东游西逛，但不是进行犯罪活动，也没有共同犯罪的预谋或策划，由于突发性事件或偶然的机会，同伙纠集一起，或者临时纠集一伙，共同实施某种犯罪，则应当认定为一般共同犯罪。

（三）对犯罪集团和犯罪团伙的处理

1984年6月15日最高人民法院、最高人民检察院、公安部《关于当前办理集团犯罪案件中具体应用法律的若干问题的解答》（以下简称《解答》）指出：办理犯罪集团案件，"应根据犯罪分子在犯罪活动中的地位、作用及危害大小，依照党的政策和刑法、全国人大常委会有关决定的规定，实行区别对待。对犯罪集团的首要分子和其他主犯……应依法从重严惩，其中罪行特别严重，不杀不足以平民愤的，应依法判处死刑。"对犯罪集团的从犯，"应根据其不同的犯罪情节，比照主犯依法从轻、减轻或者免除刑罚。对于胁从犯，应比照从犯依法减轻处罚或免除处罚。犯罪情节轻微，不需要追究刑事责任的，可以免予起诉或由公安部门作其他处理。"

《解答》还指出："办理团伙犯罪的重大案件，应当在党的方针政策指导下，依照刑法和《全国人民代表大会常务委员会关于严惩严重危害社会治安的犯罪分子的决定》的有关规定执行。鉴于在刑法和全国人大常委会的有关决定中，只有共同犯罪

534

和犯罪集团的规定，在法律文书中，应当统一使用法律规定的提法。即：办理团伙犯罪案件，凡其中符合刑事犯罪集团基本特征的，应按犯罪集团处理；不符合犯罪集团基本特征的，就按一般共同犯罪处理，并根据其共同犯罪的事实和情节，该重判的重判，该轻判的轻判。对犯罪团伙既要坚决打击，又必须打准。不要把三人以上共同犯罪，但罪行较轻、危害较小的案件当作犯罪团伙，进而当作'犯罪集团'来严厉打击。"上述司法解释，虽然由于修订的刑法的施行已经失去法律效力，并且有的提法也已过时（如可以免予起诉），但我们认为它的精神仍然值得参考。至于仅有违法行为的违法团伙，不能看作共同犯罪，更不能视为犯罪集团，应当着重于教育，可以按照具体情况，给予适当的批评或行政处罚，不应当给以刑罚制裁。

第三节　共同犯罪人的种类及其刑事责任

一、共同犯罪人种类的划分

（一）关于共同犯罪人分类的立法例

在世界各国刑法关于共同犯罪的立法中，只有少数国家如挪威、奥地利等采用"排他的正犯概念"，不规定共同犯罪人的分类。如《奥地利刑法典》认为"行为的参与人皆为正犯"，第12条规定："直接实施犯行、唆使他人实施犯行或其他加功于犯罪行为之实行者，均为实施犯罪行为之人。"绝大多数国家的刑法，均对共同犯罪人的种类加以划分，并分别予以规定。因为各共同犯罪人在共同犯罪中的地位和作用不同，他们的社会危害程度不同。为了有效地同这种犯罪现象作斗争，需要根据一定标准进行分类，据以确定不同的刑事责任。但由于各国性质和国情不同、法律文化传统不同、采用的学说不同等原因，各国刑法关于共同犯罪人的分类存在着很大差异。了解关于共同犯罪人分类的立法例，有助于更好地研究我国刑法中关于共同犯罪人的分类问题。

共同犯罪人分类的标准，从各国刑法关于共同犯罪的立法例来看，约有以下几种：1. 以共同犯罪人在共同犯罪活动中的分工为标准，2. 以共同犯罪人在共同犯罪活动中所起的作用为标准，3. 以共同犯罪人的主观犯罪意思为标准，4. 以共同犯罪人的行为对犯罪结果产生的原因力为标准，5. 以共同实施犯罪的时间或是否在现场为标准等。多数国家采用的，主要是前两种。至于共同犯罪人种类的划分，更不一致：

1. 二分法，即把共同犯罪人分为两种。具体划分，又有不同：（1）分为首犯和从犯。如《唐律疏议·名例》中对"共犯罪者条"解释说："共犯罪者，谓二人以上共犯，以先造意者为首，余并为从。"（2）分为正犯与从犯。如1810年《法国刑法典》采用这种分类，其所谓从犯包括帮助犯与教唆犯。（3）分为主犯和从犯。如英国刑法1967年以前，将重罪案件中的共同犯罪人分为主犯和从犯。主犯又分为一级主犯和二级主犯；从犯分为事前从犯和事后从犯。1967年《刑事法令》颁布以后，上述划分方法已取消。

2. 三分法，即把共同犯罪人分为三种，具体划分，也不一致：（1）分为正犯（或共同正犯）、教唆犯和从犯。如《德意志民主共和国刑法典》第22条第2款规定："凡有下列行为之一的是共犯，应负刑事责任：1. 蓄意唆使他人决心犯罪的（教唆犯）；2. 故意与他人共同实施犯罪行为的（共同正犯）；3. 故意帮助他人犯罪的，或者事先答应给予犯罪者以帮助的（从犯）。"《日本刑法》、旧中国刑法亦有类似规定。（2）分为共同正犯、隐匿犯和从犯。如《葡萄牙刑法典》把教唆犯包括在共同正犯之内，于其刑法典第23条另设隐匿的规定，认为一切帮助犯人免除刑事制裁的行为，都是隐匿犯。（3）分为实行犯、教唆犯和帮助犯。如1922年《苏俄刑法典》第15条规定："实施犯罪行为的时候，实行犯、教唆犯和帮助犯都要判处刑罚。"第16

条分别对实行犯、教唆犯和帮助犯下了定义。1926 年《苏俄刑法典》、1969 年《罗马尼亚社会主义共和国刑法典》等都采用这种划分法。

3. 四分法，即将共同犯罪人分为实行犯、组织犯、教唆犯和帮助犯四种。如 1952 年《阿尔巴尼亚刑法典》第 13 条规定："除实行犯和组织犯外，教唆犯和帮助犯也是共犯。"然后对各种共同犯罪人分别作了解释。1960 年《苏俄刑法典》、1961 年《蒙古人民共和国刑法典》等所采共同犯罪人分类法与此相同。

上述共同犯罪人的分类，大多是以行为人在共同犯罪活动中的分工为标准进行的，有的以在共同犯罪活动中的作用为标准或以其他标准来划分。这些分类，有的反映了共同犯罪人在犯罪活动中的地位和所从事的活动，但未能明确显示出共同犯罪人所起作用大小和社会危害程度；有的虽然反映了共同犯罪人在共同犯罪活动中的作用，但把共同犯罪人的复杂情况简单化。因而我们感到如何对共同犯罪人进行分类，还是一个值得认真研究的课题。

（二）我国刑法学界关于共同犯罪人分类的争论

在我国刑法中对共同犯罪人怎样分类，刑法学界长期存在着争论。特别是在刑法起草过程中，意见分歧很大。归纳大家所提方案，大体有五种分类法：

1. 根据共同犯罪人在共同犯罪活动中所起的作用分类。认为这样分类符合我国的历史传统和习惯，明确表现了对犯罪分子区别对待的政策，便于根据其社会危害性的大小确定其刑事责任，集中力量打击最危险的共同犯罪人，分化瓦解共同犯罪中的次要分子或胁从分子。根据上述理由，先后提出两种分类方案：（1）分为主犯、从犯、胁从犯；（2）分为主犯、从犯、其他积极参加犯罪的（指主犯、从犯间的一般犯）、胁从犯。

2. 根据共同犯罪人在共同犯罪中的分工分类。认为这样分类体现了共同犯罪人各自的作用，可以避免不是主犯便是从犯的简单化缺陷，便于根据刑法总则对各共同犯罪人规定的修正构成要件定罪，同时可以解决教唆犯这一复杂问题。根据上述理由，提出两种分类方案：（1）分为正犯、教唆犯、帮助犯、胁从犯；（2）分为正犯、教唆犯、帮助犯、胁从犯和组织犯，但在条文中只写为"直接实行犯罪的"、"帮助他人犯罪的"、"教唆他人犯罪的"等。

3. 综合采用按作用分类和按分工分类两种方法，以按分工为主分类。认为这样分类兼有上述两种分类法的优点，既可解决定罪问题，又可解决量刑问题。据此，提出的分类方案是：分为组织犯、实行犯、教唆犯和帮助犯，然后再把主犯、从犯的分类加以吸收。

4. 基本上按作用分类，同时增加教唆犯。认为按作用分类虽然有优越性，但不能把教唆犯包括在内，而教唆犯有其复杂性，不专门规定，其定罪和刑事责任问题都不好解决。根据上述理由提出三种分类方案：（1）分为主犯、要犯、从犯、教唆他人犯罪的、胁从犯；（2）分为主犯、从犯、其他积极参加犯罪的（即一般犯）、胁从犯、教唆他人犯罪的；（3）分为主犯、从犯、胁从犯、教唆他人犯罪的。

5. 把共同犯罪分为两个类型：集团性共同犯罪和一般共同犯罪，按照不同类型对共同犯罪人进行分类。认为两种不同类型的共同犯罪，其共同犯罪人的分类是不同的，不应混为一谈；并且我们政策上所说的主犯、从犯，主要是就犯罪集团中的共同犯罪人而言的，一般共同犯罪中的共同犯罪人很难区分主从。据此，提出如下分类方案：集团性共同犯罪人分为主犯、从犯，一般共同犯罪人以分工为标准，分为正犯、教唆犯、帮助犯①。

以上意见，经过反复研究比较，刑法草案第 33 稿采用了第

---

① 高铭暄：《中华人民共和国刑法的孕育和诞生》，法律出版社，1981 年版，第 52~54 页。

四种分类法的第（3）方案，于第 23 条至第 26 条分别规定了主犯、从犯、胁从犯、教唆犯及其刑事责任。1979 年 7 月通过的刑法，在共同犯罪人的分类上，接受了刑法草案第 33 稿的规定，只是个别地方稍微作了修改。

我国刑法施行之后，刑法学界普遍认为，我国刑法对共同犯罪人的分类是采用新的四分法，即分为主犯、从犯、胁从犯和教唆犯。这种分类方法主要是以共同犯罪人在共同犯罪中所起的作用为分类标准，同时也照顾到共同犯罪人的分工情况。特别是刑法条文另外划分出教唆犯这一类，有利于正确地定罪；而且该条又明确规定，对教唆犯应当按照他在共同犯罪中所起的作用处罚，这样就将教唆犯这一分类，纳入以"在共同犯罪中所起的作用"为分类标准的分类体系中，从而获得了分类的统一性①。

有的同志不同意上述观点，认为按分工分类与按作用分类是两种不同的分类方法，不能结合起来。因为划分标准不同，划分结果也不同，将以不同标准划分出来的共同犯罪人混杂在一起，一定会出现一个罪犯同时具有并列的双重身份的现象。当一个人教唆他人犯罪时，如果他在共同犯罪中起主要作用，他既是教唆犯，又是主犯；如果起次要作用，则他既是教唆犯，又是从犯。这样就出现分类重叠的逻辑错误。因而只能说教唆犯分别归属于主犯或从犯，而不能与主犯、从犯并列。结论是：我国刑法采用按作用分类方法，将共同犯罪人分为主犯、从犯、胁从犯三类，教唆犯不是共同犯罪人中的独立种类②。

我们认为，上述两种观点都有一定道理，又都有值得商榷之处。我国刑法确实规定了主犯、从犯、胁从犯和教唆犯，前三种是按作用为标准分类的，教唆犯则是按分工为标准分类的共同犯

---

① 高铭暄主编：《新中国刑法学研究综述》，河南人民出版社，1986 年版，第 358 页。

② 《法学研究》，1986 年第 3 期，第 42~44 页。

罪人之一，尽管其刑事责任是按作用为标准，分别依主犯或从犯处罚，但这一共同犯罪人种类却不是按作用为标准划分的，因而也就谈不到"获得了分类的统一性"。所以认为我国刑法是采用新的四分法，而将教唆犯与主犯、从犯、胁从犯并列，似属不妥。在这一点上，否定说的看法是可取的。但否定说认为我国刑法中的共同犯罪人只有主犯、从犯、胁从犯三种，否定教唆犯是独立的共同犯罪人，这就不免从一个极端走向另一个极端。我国刑法在共同犯罪一节明文规定了"教唆犯"，在立法过程中，之所以特别规定出教唆犯，就是因为教唆犯不能按作用为标准来分类，而它本身在共同犯罪中又有其特殊性，不作规定，就不便于对教唆犯定罪量刑。我国刑法第 29 条第 1 款规定："教唆他人犯罪的，应当按照他在共同犯罪中所起的作用处罚。""教唆他人犯罪"，是刑法规定的教唆犯的构成要件，便于据以对教唆犯定罪；"按……作用处罚"，是对教唆犯处罚的一般原则，用以解决教唆犯的刑事责任。不能因为他可能依主犯处罚也可能依从犯处罚，就否认他在定罪上的独立性。否认教唆犯是共同犯罪人中的独立种类，既有背于规定教唆犯的立法精神，也不符合刑法"共同犯罪"一节规定的实际情况，因而在这一点上我们又不同意否定说的见解。

我们认为，主犯、从犯、胁从犯是按作用分类的共同犯罪人的基本种类，而教唆犯则是按分工分类的共同犯罪人的特殊种类。我国刑法虽然按分工分类只规定教唆犯，但理论上在共同犯罪中教唆犯是以实行犯存在为条件的。没有实行犯犯罪，就没有作为共同犯罪人的教唆犯，而"像组织犯、实行犯、帮助犯，在条文中已内涵了。"① 这就是说，组织犯、实行犯、帮助犯在我国刑法条文中实际也是有所反映的，只是没有组织犯、实行

---

① 高铭暄：《中华人民共和国刑法的孕育和诞生》，法律出版社，1981 年版，第 54 页。

犯、帮助犯的概念。同时考虑到"在我国司法实践中，司法机关在认定共犯人行为的社会危害性程度大小时，一般是先看行为人是实行犯、帮助犯，还是教唆犯、组织犯，然后再分析他们在共同犯罪中所起的作用大小，即是主犯、还是从犯或胁从犯。"①由此，我们认为在刑法理论上可将我国刑法中的共同犯罪人分为两类：第一类，以分工为标准分为组织犯、实行犯、帮助犯、教唆犯；第二类，以作用为标准分为主犯、从犯、胁从犯。这样可以使共同犯罪人的分类在我国刑法理论上更趋于完善，同时又便于司法实践解决共同犯罪人的定罪量刑问题。当然，在论述以分工为标准的分类时，应当指明除教唆犯外，组织犯、实行犯、帮助犯都不是法定的共同犯罪人种类。

二、组织犯、实行犯、帮助犯、教唆犯

在论述组织犯、实行犯、帮助犯、教唆犯的构成要件时，是否仅限于他们的客观活动的特征？苏联刑法学者与我国刑法学者之间存在着不同看法。H. A. 别利亚耶夫等学者说："苏维埃刑法认为，客观标准即共犯行为的性质，是划分共犯种类的基础……的确，划分共犯种类的主要标准是活动的特征，而不是主观方面的特征，因为所有共犯的主观方面都可能是一样的。"② 我国刑法学者认为，每一共同犯罪人的构成要件都是客观要件和主观要件的统一，他们不仅客观活动的特征不同，而且作为主观要件的故意内容也不相同。例如，实行犯的主观要件是直接实行犯罪的故意，而教唆犯的主观要件是自己不参加实行犯罪而唆使他人犯罪的故意。怎么能说所有共同犯罪人的主观故意都是一样的呢？我们同意后一种观点。在我们看来，共同犯罪人的客观活

---

① 《法学研究》，1986 年第 3 期，第 43 页。

② H. A. 别利亚耶夫等：《苏维埃刑法总论》，群众出版社，1987 年版，第 228 页。

动，总是在其主观故意支配下进行的，可以说共同犯罪人如果不具备某种主观故意，就不可能实施某种客观活动。换言之，共同犯罪人的某种客观活动，不过是他们的某种主观故意的反映。因而我们在分析各共同犯罪人的构成要件时，不仅论述他们的客观活动的特征，也要阐述他们的主观要件的内容。需要说明的是，这里的任务只是分析各共同犯罪人构成要件的特殊性，因而有关犯罪构成要件的一般问题，原则上于此不再论述。

（一）组织犯

组织犯这一共同犯罪人的种类是苏联刑法学者提出来的。1952年《阿尔巴尼亚刑法典》最早将它在立法上加以反映，随后为1960年《苏俄刑法典》所采用。《苏俄刑法典》第17条第4款规定："组织实施犯罪或者指导实施犯罪的是组织犯。"我们感到这一定义是否科学，还值得研究。我国刑法没有明文规定组织犯的概念，但在刑法条文中确实可以说是包含组织犯的规定的。如我国刑法第23条第1款前段规定："组织、领导犯罪集团进行犯罪活动的"，这实际上就是指的组织犯。又如我国刑法第86条规定："本法所说的首要分子是指在犯罪集团或者聚众犯罪中起组织、策划、指挥作用的犯罪分子。"其中也包括有组织犯。"聚众犯罪"则是刑法分则规定的必要共同犯罪的一种形式，其首要分子，是该罪的犯罪构成要件或加重处罚条件，不属于刑法总论上的组织犯范围。由此可以作出结论，我国刑法理论上的组织犯，是指组织、领导犯罪集团或者在犯罪集团中起策划、指挥作用的犯罪分子。其构成要件如下：

1. 从客观要件看，必须实施犯罪的组织行为。犯罪的组织行为，即在犯罪集团中起组织、领导、策划、指挥作用的行为。根据我国刑法规定的精神，组织犯的组织行为，是针对犯罪集团而言的，在一般共同犯罪中，则不发生组织犯问题。我们首先应当明确这一点，然后才可能正确理解各种组织行为。所谓"组织行为"包括组织、领导、策划、指挥。"组织"指根据一定的犯罪目的，将分散的个人串连起来，按照一定形式，建立起相对稳固性的犯罪集团。简言之，就是建立犯罪集团和集团成立后发展成员。"领导"是指犯罪集团的头子率领并引导该集团的成员实施预谋的犯罪活动。犯罪集团的头子是犯罪集团的核心，犯罪集团的成员都根据他的犯罪意图进行活动，因而能够形成一个相对稳固的犯罪活动集体。"策划"是指对建立犯罪集团进行谋划或者拟制犯罪集团进行犯罪活动的计划。"指挥"是指对犯罪集团成员发号施令，使他们根据自己的意思进行犯罪活动。进行上述任何一种组织行为，都可能构成组织犯。

组织犯可能有各种名称，也可能没有名称；可能是一人，也可能不止一人；可能只从事组织活动，不参与直接实行犯罪，也可能既从事组织活动，也参与直接实行犯罪。但不论哪种情况，只要实施了组织行为，就具备了组织犯的客观要件。

2. 从主观要件看，必须有组织犯罪的故意。即行为人明知自己的行为是组织、领导犯罪集团或在集团犯罪中指挥、策划犯罪活动，并且希望犯罪集团成立或有组织的犯罪所造成的社会危害结果发生。关于组织犯的主观要件是否限于直接故意，意见不一。苏联刑法学者 H. A. 别利亚耶夫等认为，"从主观方面来说，组织犯的行为只能是直接故意实施的"①。但我国有的同志认为，组织犯的故意是希望或者放任这种结果发生的心理态度，这就是既可能出于直接故意，也可能出于间接故意。我们认为，组织犯的组织行为是一种有目的的活动，其组织、领导犯罪集团正是他的意志所追求的表现，而指挥、策划犯罪活动，也是基于一种积极的心理态度，不可能是出于听之任之的心理态度。况且间接故意往往是在追求一种结果，而放任另一种结果的情况下发生。指挥、策划犯罪行为，正是行为人所追求的，怎么可能是间接故意

---

① H. A. 别利亚耶夫等：《苏维埃刑法总论》，群众出版社，1987 年版，第 235 页。

呢？因之我们同意前一种观点，即组织犯的主观要件只能是直接故意。

组织犯可能不直接参加实行犯罪，在这种情况下，他对实行犯的了解可能不那么具体；但只要实行犯实行的犯罪是组织犯预谋的，他对实行犯的情况了解是否具体，不影响组织犯的成立。组织犯应对犯罪集团成员所实施的他所预谋的全部犯罪行为负责。但如果实行犯所实行的犯罪超出了组织犯预谋的犯罪之外，组织犯对这种犯罪不负刑事责任，而只能由实行犯对其所实施的犯罪承担责任。

组织犯历来是我国刑法打击的重点。对组织犯应按我国刑法第 26 条规定的主犯处罚。

（二）实行犯

作为共同犯罪人种类之一的实行犯在 1919 年《苏俄刑法指导原则》中已经明文加以规定，并给实行犯下了定义，即"参加实施犯罪行为的人不问其参加内容如何，都认为是实行犯。"（第 22 条）这一规定以后为 1922 年《苏俄刑法典》所沿用。第二次世界大战后建立的社会主义国家，其刑事立法大多借鉴苏联的经验，在刑法典中规定了实行犯。"实行犯"在西方国家和旧中国刑法中叫正犯。1810 年《法国刑法典》使用了正犯一词，但未给正犯下定义。1871 年《德国刑法典》规定了共同正犯，即"数人共犯一罪时，各以正犯处刑。"（第 47 条）这一规定对大陆法系国家的刑事立法以很大影响，旧中国刑法中都有共同正犯的规定。随着刑法理论研究的进展，在西方国家刑事立法中除共同正犯外，又增设了单独正犯。1976 年西德刑法典第 25 条第 1 款规定："自任犯罪行为之实行，或假手他人以实行之者，依正犯处罚之。"前者叫直接正犯，后者叫间接正犯。我国刑法没有明文规定实行犯或正犯，但在条文中还是暗含了的，并且在理论上经常使用这一概念，因而需要予以阐明。我们认为，所谓实行犯，是自己直接实行犯罪构成客观要件的行为，或者利用他人作为工具实行犯罪行为。其构成要件如下：

1. 从客观要件看，必须自己实行犯罪。所谓实行犯罪，即实行刑法分则规定的某一犯罪的客观要件的行为。例如，潜入他人住宅，秘密窃取他人财物，就是盗窃罪的实行犯。需要指出的是，我们这里所说的实行犯，不是与共同犯罪无关的单独实行犯，而是作为共同犯罪参加者的实行犯。它在如下两种共同犯罪形式中出现，具有不同的意义：

（1）简单共同犯罪，即共同实行犯，也就是每一共同犯罪人都直接参加实行某一犯罪构成客观要件的行为。前面已经论述，兹不复赘。这里需要补充说明的是，对共同实行犯罪，不能作过于狭隘的理解，好像共同杀人，只能是共同用刀杀害他人或共同用枪射击他人。事实上，凡在直接实行某一犯罪构成要件行为过程中实施的必要分工的行为，都应当认为是实行犯罪。例如，俞某与杨某（女）共谋杀害杨的丈夫杜某。1980 年 2 月某日晚 10 时，俞窥视杜已熟睡，即上床骑在杜胸部，用双手卡住杜的脖子，杜拼命挣扎，杨则按住杜的双腿，制止其反抗，致杜窒息死亡。在本案中，俞某固然是实行犯，杨某也是实行犯，二人构成共同实行犯，不能把杨某按住被害人双腿的行为看作是帮助行为。因为杨某的行为是实行杀人过程中的分工，是杀人行为的一部分，与事前或事中提供工具等的帮助有本质的区别。日本刑法学者冈田庄作将这种行为叫做妨害排除行为，与直接侵害行为同样认为是实行行为。他说："实施直接侵害行为而有妨害侵害行为时，即不能实施直接侵害行为，从而就不可能实现犯罪要素；所以妨害排除行为，也应认为是一种实行行为。"① 这一观点在符合前面我们所说的条件下是正确的，可供参考。

（2）复杂共同犯罪，在这种情况下，可以说实行犯是共同

---

① ［日］冈田庄作：《刑法原论·总论》，明治大学出版部，1934 年版，第 403 页。

犯罪的核心。教唆犯的教唆行为，帮助犯的帮助行为，都只有通过实行犯的实行行为才能完成共同预期的犯罪；没有实行犯，就不可能有复杂的共同犯罪的存在。复杂共同犯罪可能由教唆犯和实行犯构成，或由帮助犯和实行犯构成，也可能由教唆犯、帮助犯和实行犯共同构成，但不论哪一种情况，都不能没有实行犯。国外有的刑法学者将实行犯叫做正犯，而将教唆犯和帮助犯（从犯）合称从属犯，说明了实行犯在共同犯罪中所处地位的重要性。

"不仅直接实行一定的行为是实行犯，而且间接造成犯罪结果，即利用别人作为犯罪工具的人也是实行犯。"① 利用他人作为犯罪工具实行犯罪的人，即在本章第一节中提到的间接正犯。间接正犯与共同犯罪人有相似之处，即都是利用他人进行犯罪，但两者有根本的区别：在前者，被利用的他人一般不构成犯罪；而在后者，被利用的他人则构成犯罪。因而间接正犯究竟是正犯还是共犯，就存在不同的看法。但现在认为间接正犯是正犯之一的观点，已经成为通说。日本刑法学者大谷实明确指出：间接正犯"并非正犯以外之物，不外是正犯的一种形态。"②

间接正犯通常在如下场合成立：

（1）利用完全缺乏是非辨别能力者。这是间接正犯最常见的一种形态。具有是非辨别能力，是使行为人负刑事责任的必要条件，完全缺乏是非辨别能力者的活动，即使对社会造成一定的危害，由于他对自己行为的意义和后果根本不了解，因而不负刑事责任。利用这种人的身体活动造成危害社会的结果，与利用其他工具进行犯罪，如利用手枪杀人，并无本质的区别，所以理论上认为应视同用自己的手实行犯罪，例如，唆使未满 14 岁的儿

---

① H. A. 别利亚耶夫等：《苏维埃刑法总则》，群众出版社，1987 年版，第 229 页。

② ［日］大谷实：《刑法讲义总论》，成文堂，1994 年第 4 版，第 420 页。

童杀人，就是杀人罪的间接正犯。

（2）利用非行为的他人的身体活动。刑法上所说的行为是基于意思支配可能的人的身体动静。如果人的某种身体动静不是自己的意志所能支配，如反射运动、在绝对强制下的动作等，都不是刑法上的行为。利用这种身体活动能否成为间接正犯，虽然在理论上有否定说与肯定说之争，但很多刑法学者支持肯定说。例如，甲突然猛推站在丙旁边的乙，乙立脚不稳，向丙站处倾倒，丙受碰撞跌落台下，致成重伤。甲构成伤害罪的间接正犯。需要指出，利用对他人的强制，并非当然构成间接正犯，而应根据这种强制是否能够抑制被利用者的意思而确定。如果利用者的强制完全抑制了被利用者的意思，被利用者不过成为利用者的工具，这时利用者构成间接正犯。否则，利用者的强制不是以抑制被利用者的意思，基于这种情况实施的犯罪，利用者不构成间接正犯，而可能构成教唆犯。

（3）利用缺乏犯罪构成要件故意的他人。这种情况需要分别考察。第一，利用被利用者的无过失行为，这属于间接正犯，在学者中间没有异议。所谓利用不知情的他人场合的隔离犯，是典型的事例。如把捏造事实、毁谤他人名誉的封口信托人转交，受托人根本不知道该信是一封诽谤信而将它转交给被害人，利用者构成诽谤罪的间接正犯。第二，利用被利用者的过失行为。对此能否成为间接正犯，虽然存在着否定说与肯定说的争论，但大多数学者赞同肯定说。如日本刑法学者西原春夫说："被利用者确实陷于过失而实现犯罪事实的场合，在这种情况下，应该承认由利用者对被利用者一方的利用关系。因此，通说承认因利用有过失者成立间接正犯的立场是正确的。"①

（4）利用有故意的工具。所谓有故意的工具，指被利用者具有责任能力且故意实施某行为，但缺乏目的犯中的必要目的

---

① ［日］西原春夫：《刑法总论》，成文堂，1978年版，第310页。

（无目的有故意的工具），或缺乏身份犯中所要求的身份（无身份有故意的工具）的情况。利用这样的被利用者的行为，应认为是间接正犯还是教唆犯，虽然存在很多争论，但认为是间接正犯，现在已经成为通说。第一，利用无目的有故意的工具，指利用目的犯中被利用者缺乏该种目的的行为。目的犯是以一定的目的为犯罪构成要件的犯罪，缺乏一定的目的，该种犯罪就不能成立。有此目的的利用者利用无此目的的被利用者的行为实施犯罪，构成这种目的犯的间接正犯。第二，利用无身份有故意的工具，指利用身份犯中被利用者缺乏该种身份的故意行为。身份犯一般以一定的身份为犯罪构成的要件，缺乏一定的身份，该种犯罪就难于成立。有此身份者利用无此身份的被利用者的故意行为实施犯罪，构成这种身份犯的间接正犯。

（5）利用实施排除社会危害行为的被利用者。即利用者利用被利用者的正当防卫行为、紧急避险行为、执行上级命令行为等而实施犯罪的情况。例如，甲拟杀丙，知道乙善于射击，并随身带有手枪，便唆使丙用刀砍乙，甲预期乙会实行正当防卫射击丙。结果不出甲所料，乙在受到丙危及生命的攻击时，实行正当防卫将丙杀死。乙是正当防卫，不构成犯罪。甲利用乙的正当防卫行为杀死丙，构成杀人罪的间接正犯。

利用他人为工具实施犯罪，也可能由二人以上进行。在这种情况下，构成共同间接正犯。

2. 从主观要件看，必须具有实行犯罪的故意。简单共同犯罪的场合，实行者应当与其他实行者互相有意思联络，即不仅认识到自己实行犯罪，而且认识到与他人一起共同故意实行犯罪，并希望或放任共同实行行为会引起社会危害结果的发生。在复杂共同犯罪的场合，实行者不仅认识到自己的实行行为，并希望或放任社会危害结果的发生；而且认识到自己的实行行为是由他人所引起或受到他人的帮助。

在间接实行犯的场合，利用者明知被利用者是他作为犯罪的工具（无责任能力或缺乏犯罪构成要件的故意等），通过犯罪工具的活动，实现其预期的犯罪。

对实行犯，依照其在共同犯罪中所起的作用，分别按主犯、从犯、胁从犯处罚。

对间接正犯，按照犯罪的单独实行犯论处，对共同间接正犯，依照其在共同犯罪中所起的作用，分别按上述对实行犯的处罚原则处罚。

（三）帮助犯

1919 年《苏俄刑法指导原则》中即规定了帮助犯，并给它下了一个外延很广的定义。1922 年《苏俄刑法典》也采用了帮助犯的概念，但给它所下定义外延稍窄一点，其第 16 条第 3 款规定："以建议、指点、排除障碍、藏匿犯罪人或湮灭罪迹等的方法，帮助实施犯罪的是帮助犯。"这一定义基本上为 1926 年《苏俄刑法典》所沿用，并对第二次世界大战后建立起来的社会主义国家刑事立法以积极的影响。帮助犯在西方国家和旧中国刑法中叫从犯。1810 年《法国刑法典》使用的从犯概念包括帮助犯和教唆犯。1871 年《德国刑法典》规定的从犯则仅指帮助犯。其第 49 条规定："知犯重罪或轻罪，而以助言或行为帮助者，以之为从犯而罚之。"这一规定为不少大陆法系国家的刑事立法所借鉴。旧中国刑法中也都规定有从犯，实际即帮助犯。我国刑法没有明文规定帮助犯，但规定了从犯，并且在从犯的规定中暗含着帮助犯。刑法第 27 条所谓"在共同犯罪中起……辅助作用的"从犯，所指就是帮助犯，只是没有使用帮助犯的概念。所谓帮助犯，是指故意帮助他人实行犯罪。其基本特征是自己不直接实行犯罪，在他人产生犯罪决意之后，为他人实行犯罪创造便利条件，帮助他人完成犯罪。构成帮助犯，应具备如下条件：

（1）从客观要件看，必须实施帮助实行犯罪的行为。所谓帮助实行犯罪，意思是在他人实行犯罪之前或实行犯罪过程中给予帮助，使他人易于实行犯罪或易于完成犯罪行为。帮助犯既是帮助实行犯罪，所以帮助犯的成立，以有被帮助的实行犯的存在为前提，没有实行犯实行犯罪，就不成立帮助犯。帮助行为只能是犯罪构成客观要件以外的行为。如果所实施的是犯罪构成客观要件的行为，则是实行行为，而不是帮助行为。帮助行为通常是作为，但也可能是不作为。例如，仓库保管员答应盗窃犯到仓库进行盗窃时，佯装不知，不予制止，以利其盗窃。帮助行为可能是精神的、无形的帮助，如协助拟制犯罪计划、指点实施犯罪时机等；也可能是物质的、有形的帮助，如提供作案工具，排除实施犯罪障碍等。不论有形或无形的帮助，都不失为帮助犯。帮助通常是在事前即实施犯罪之前进行的，如给抢劫犯提供武器，以便他前往银行抢劫。也有在事中即实行犯实行犯罪之际予以帮助，如甲欲强奸乙（女），乙拼命反抗，甲将乙按在床上，又让经常与其一起鬼混的丙（女）按住乙的腿，终于强奸了乙。丙即属事中帮助。事后藏匿罪犯、湮灭罪迹的，有些国家的刑法认为是事后帮助犯，这不符合共同犯罪的原理。我国刑法将这种情况作为独立的犯罪加以规定（刑法第310条）；只有事前或事中通谋事后藏匿罪犯、湮灭罪迹的，才认为构成帮助犯。缺乏事前或事中通谋的，只能构成刑法分则规定的单独的犯罪。对此，最高人民法院在《关于窝藏、包庇罪中"事前通谋的，以共同犯罪论处"如何理解的请求答复》（1986年1月15日）中作了详细明确的解答："我国刑法第162条第3款，所说的'事前通谋'，是指窝藏包庇犯与被窝藏、包庇的犯罪分子，在犯罪活动之前，就谋划或合谋，答应犯罪分子作案后给以窝藏或包庇……因此，如果只是知道作案人员要去实施犯罪，事后予以窝藏、包庇或者事先知道作案人员要去实施犯罪，未去报案，犯罪发生后又窝藏、包庇犯罪分子的，都不应以共同犯罪论处，而单独构成窝藏、包庇罪。"这一《答复》虽然是对1979年刑法第162条第3款所作的解释，今日已失去效力，但仍有重要的参考价值。

（2）从主观要件看，必须具有帮助他人实行犯罪的故意。

帮助故意具有如下的内容：第一，认识自己的行为是帮助他人实行犯罪，而不是自己直接实行犯罪；第二，认识自己所帮助的实行犯有犯罪的故意，并将要或正在实行犯罪；第三，认识自己的帮助行为使实行犯的犯罪容易实行或促使其结果的发生；第四，希望或者放任实行犯所实施的犯罪结果的发生。帮助犯与实行犯之间有无互相的意思联络，并非成立帮助犯的必要条件。只要帮助者故意帮助实行犯实行犯罪，即使实行者并不知道有人给予帮助，也无碍于帮助犯的成立。此予片面帮助犯，前面已有论述，兹不赘言。

帮助犯与实行犯如何区别，西方刑法理论上学说纷纭，莫衷一是。综合言之，可有以下几种观点：

（1）主观说，主张以行为人的意思为区别的标准。又可分为三说：第一，犯意说，主张以自己犯罪的意思参加犯罪的，是实行犯；以帮助他人犯罪的意思参加犯罪的，是帮助犯。第二，目的说，主张为了自己的目的参加犯罪的，是实行犯；为了他人的目的参加犯罪的，是帮助犯。第三，利益说，主张为了自己的利益参加犯罪的，是实行犯；为了他人的利益参加犯罪的，是帮助犯。此说完全以行为人的主观意思为标准，根本不可能将实行犯与帮助犯区别清楚。因为犯罪是行为人行为的客观要件与主观要件的统一，仅根据一方面的要件，不仅不能将两者区别开来，有时甚至会得出荒谬的结论，因而为绝大多数学者所不取。

（2）客观说，主张以犯罪行为的客观事实为区别的标准，复分为如下三说：第一，重大影响说，认为共同犯罪人的行为对犯罪的完成有重要影响的，是实行犯；仅有轻微影响的，是帮助犯。具体言之，此说以因果关系论中的原因说为基础，主张对犯罪结果的发生给予原因力的，是实行犯；仅起条件作用的，是帮助犯。此说以行为是犯罪结果发生的原因或条件为根据来划分，实际上什么是原因什么是条件，资产阶级学者并未解决，因而也就很难据以区分实行犯与帮助犯。同时，犯罪分为行为犯与结果犯，对犯罪构成要件中不要求犯罪结果发生作为要件的行为犯来说，就不便用因果关系理论来说明。第二，参与时间说，主张以实行犯罪的时间为区别的标准，认为在他人实行犯罪行为时参与加功犯罪的，是实行犯；在他人实行犯罪行为前参与加功的，是帮助犯。此说区分标准虽然简单明了，但不能科学地解决问题。因为在他人实行犯罪行为时参与加功犯罪的，未必都是实行犯，例如，在他人实行盗窃时答应事后代为销赃，即为盗窃罪的帮助犯，不是实行犯。第三，实行行为说，主张以是否实施实行行为为区分的标准，认为直接实行犯罪构成客观要件的行为的，是实行犯；实施犯罪构成客观要件之外的加功行为的，是帮助犯。此说以是否由自己直接实行犯罪构成客观要件的行为为区分的标准，为区分帮助犯与实行犯提供了比较科学的根据，是值得肯定的；但它忽视两者在主观要件上的区别，则是此说的缺点。

（3）目的行为支配说，也叫行为支配说，以有无支配意思和支配能力为标准区别实行犯与帮助犯。行为人对于犯罪的全过程居于支配地位的，是实行犯；不具备这种支配能力而处于实行犯支配之下实施犯罪的，是帮助犯。此说以目的行为论作为区分的理论基础，但这种行为学说本身就不科学，因而并未为多数学者所接受。并且实行犯并不一定都对犯罪的全过程居于支配地位，中途参加实行犯罪构成客观要件行为的，就不是帮助犯，而是实行犯。

我们认为，犯罪是犯罪构成客观要件与主观要件的统一，区分帮助犯与实行犯，应当以客观要件与主观要件的统一为依据，不能只根据一个方面，而忽视另一方面。由此可以得出结论：以实行犯罪的意思，直接实行犯罪构成客观要件的行为的，是实行犯；以帮助他人犯罪的意思，实施犯罪构成客观要件之外的行为的，是帮助犯。

帮助犯，在我国刑法中属于从犯，应当比照主犯从轻、减轻处罚或者免除处罚。

552

（四）教唆犯

作为共同犯罪人种类之一的教唆犯，在 1810 年《法国刑法典》中就有规定，只是把它与帮助犯一起列为从犯。1871 年《德国刑法典》则将教唆犯与从犯、共同正犯并列加以规定，这种分类方法为很多国家的刑事立法所仿效。旧中国刑法关于共同犯罪人的分类也是采用的这种方法。1919 年《苏俄刑法指导原则》将教唆犯与实行犯、帮助犯并列加以规定，还对教唆犯下了定义："劝诱实施犯罪行为的人是教唆犯。"这一规定以后也为 1922 年《苏俄刑法典》所沿用。第二次世界大战后建立的社会主义国家，大多借鉴苏联刑事立法的经验，在自己的刑法典中规定了教唆犯。我国在刑法起草过程中，也曾采用过正犯、教唆犯和帮助犯的分类（如刑法草案第 22 稿），但 1979 年通过 1997 年修订的现行刑法，则采用以共同犯罪人在共同犯罪活动中所起作用为标准，将共同犯罪人分为主犯、从犯、胁从犯的基本分类，同时规定教唆犯的办法。我国刑法第 29 条规定："教唆他人犯罪的，应当按照他在共同犯罪中所起的作用处罚。"这样，教唆犯就成为我国刑法按分工分类的唯一法定的共同犯罪人种类。所以它可以说是我国刑法中共同犯罪人的特殊类型。它在理论上或实践上存在很多争论，下面我们较为详细地加以论述。

1. 教唆犯的性质

教唆犯是从属于实行犯的从属犯，还是不从属于实行犯的独立犯，历来为刑法学者所争论。

关于教唆犯的性质，有以下不同看法：

（1）教唆犯从属性说：认为教唆犯在共同犯罪中处于从属的地位，它从属于实行犯。实行犯构成犯罪，教唆犯亦构成犯罪；实行犯不构成犯罪时，教唆犯即不能成立。所以教唆犯是从属犯的一种。例如日本学者岛田武夫说："所谓从属犯，指从属于正犯而没独立性的犯罪。属于从属犯的，为教唆犯和从犯。从属犯与正犯不同，然而从属于正犯。所以离开正犯，则无所谓从属犯。"①

（2）教唆犯独立性说：认为教唆犯在共同犯罪中处于独立的地位，教唆犯并不从属于实行犯。教唆行为本身就是独立的犯罪，被教唆人是否实施犯罪，对教唆犯的成立不发生影响。如有的同志认为根据刑法第 29 条第 2 款规定……教唆犯不具有从属性，大概没有人会提出异议。根据刑法第 29 条第 1 款规定……处罚根据明明是指他在共同犯罪中所起的作用，这种作用，无疑是指教唆犯的作用，而不是指实行犯的作用，教唆人是被处罚的独立主体，而没有丝毫从属于被教唆人的含义……可见，刑法第 29 条第 1 款的立法精神，同该条第 2 款一样，都是体现确定教唆犯刑事责任的独立性，并不对实行犯存在任何从属性②。

（3）教唆犯两重性说：认为教唆犯既有从属性，又有相对独立性。两重性说，尚有抽象的两重性说与具体的两重性说之分。抽象的两重性说，系根据教唆犯的一般特性，论述教唆犯具有两重性。如我国刑法学者伍柳村同志说："教唆犯的犯罪意图既然必须通过被教唆人的决意，并且去实施所教唆的犯罪行为才能发生危害结果或者达到犯罪目的，否则，是不可能发生危害结果或者达到犯罪目的的。所以，就教唆犯与被教唆人的关系来讲，教唆犯处于从属地位，教唆犯具有从属性……但是……教唆犯的教唆行为……已显示出教唆他人犯罪这一行为本身对社会危害的严重程度，无论被教唆人是否去实行犯罪，教唆行为本身都应该认为犯罪……所以，从这个意义上讲，教唆犯在共犯中又处于相对的独立地位，教唆犯又具有相对的独立性。"③ 具体的两重性说，则根据刑法对教唆犯的不同规定，说明在某种情况下教唆犯具有从属性，在另一情况下教唆犯则具有独立性。如我国台湾刑法学

---

① ［日］岛田武夫：《日本刑法新论》，1924 年，第 368 页。
② 《安徽大学学报》（哲社版），1983 年第 2 期，第 63 页。
③ 《法学研究》，1982 年第 1 期，第 17 页。

者郑健才说:"教唆人与被教唆人成立共犯时,教唆犯有从属性,即依其所教唆之罪处罚之。视被教唆人犯罪既遂或未遂,使教唆犯亦受既遂或未遂之处罚。设被教唆人未着手于犯罪行为之实行……在教唆犯言,其所教唆之罪,被教唆人并未着手于实行,彼此不成立共犯。此时,教唆犯并无从属性,而有独立性。"①

(4) 教唆犯两重性否定说:认为我国刑法中的教唆犯不存在从属性和独立性的两重性。此说又有以下两种不同主张:其一,只有单一性,否定两重性说。如有的同志指出:"……独立性说和从属性说的基本理论表明,对于认定教唆犯的刑事责任,从立论根据、分析方法乃至如何适用刑罚,都是根本不同的;应用到具体案件上,结论有时甚至是相反的。在一部刑法里,要么采取独立性说,即完全以教唆人所教唆之罪作为定罪基础;要么采取从属性说,即完全以被教唆人所实施之罪作为定罪基础。很难想象,在一部刑法里可以合二而一,或者说具有所谓'二重性'。"② 其二,从属性、独立性、两重性一概否定说,如有的同志认为:我国刑法中的教唆犯既无从属性,又无独立性,更无二重性可言。我国刑法对教唆犯的规定完全摒弃了所谓的从属性说与独立性说。而且,根据我国刑法的规定,也不能得出所谓二重性的结论③。

那么,怎样看待教唆犯的性质呢?我们认为,教唆犯从属性说与教唆犯独立性说,虽然都有一定的道理,但都不免于片面性。教唆犯两重性说突破了教唆犯从属性与独立性的传统争论,是很有见地的。不过,抽象的两重性说,没有结合刑法的规定来

---

① 郑健才:《刑法总则》,三民书局,1985 年版,第 221 页。

② 《安徽大学学报》(哲社版),1983 年第 2 期,第 63 页。

③ 高铭暄主编:《新中国刑法学研究综述》,河南人民出版社,1986 年版,第 368 页。

论述，未免给人以不足之感。具体的两重性说，虽然根据刑法的不同规定加以说明，但以被教唆人着手实行犯罪与否作为是否构成共犯的标准，也还值得商榷。两重性否定说，无视我国刑法规定的实际情况，看不到我国刑法关于教唆犯的规定确实反映了教唆犯的两重性，因而难以认为妥当。我们赞同教唆犯的两重性说，但认为应当结合我国刑法的规定进行论述，并且认为教唆犯的两重性对我国刑法规定的教唆犯来说，也不是彼此相等的。在我们看来，教唆犯固然是一种社会现象，但它毕竟是一个法律概念，论证它的独立性或从属性，不能不结合一个国家的刑法规定来进行。如1810年《法国刑法典》第60条第1款规定教唆犯以从犯论，这里的教唆犯就不具有独立性。又如1974年《奥地利刑法典》第12条规定："直接实施犯行、教唆他人实施犯行或其他加功于犯罪行为之实行者，均为实施犯罪行为之人。"这里规定的教唆犯就不具有从属性。可见教唆犯的从属性或独立性往往因刑法对教唆犯规定的不同而不同。其次，要论证教唆犯的从属性或独立性，应当了解从属性指的是什么？从属性通常包括犯罪的从属性和处罚的从属性两个方面。前者指教唆犯因被教唆人实施犯罪而构成，被教唆人未实施犯罪，教唆犯即不成立。被教唆人犯罪既遂、未遂或预备，教唆犯也是犯罪既遂、未遂或预备。后者指对教唆犯依照实行犯的刑罚来处罚。刑法规定的教唆犯完全符合上述情况的，就是具有从属性，不符合或不完全符合上述情况的，就是具有独立性或一定的独立性。据此，我们认为我国刑法规定的教唆犯，确实具有两重性，但独立性是主要的。具体言之，刑法第29条第1款规定的教唆犯，只有在被教唆人实施犯罪时才能成立。这时教唆人与被教唆人构成共同犯罪关系，被教唆人实施的犯罪行为是犯罪预备、未遂或既遂，教唆犯也是犯罪预备、未遂或既遂，这就是教唆犯犯罪的从属性。但这一款规定的教唆犯的刑事责任，则是依其在共同犯罪中的作用处罚，而不是依照实行犯的刑罚处罚，这就是教唆犯处罚的独立

556

性。第 29 条第 2 款规定的教唆犯,是被教唆人没有犯被教唆之罪的情况。在这种情况下,教唆犯与被教唆人根本不成立共同犯罪关系,刑法却仍然对之规定了刑事责任。这里的教唆犯既无犯罪的从属性,也无刑罚的从属性,亦即只有独立性。这就是我国刑法对教唆犯规定的实际情况,怎么能不顾这些实际情况,否认我国刑法中的教唆犯具有两重性呢?

2. 教唆犯的要件

根据我国刑法第 29 条的规定:"教唆他人犯罪的",是教唆犯。构成教唆犯,需要具备如下要件:

(1) 从客观方面说,必须有教唆他人犯罪的行为,或者教唆行为引起被教唆人实施所教唆的犯罪。根据我国刑法的规定,构成教唆犯,以实施了教唆行为为已足,不以被教唆人实施了所教唆的犯罪为不可缺少的要件。因此,有的教材中说:"即使具有教唆行为,如果被教唆者的犯罪行为和教唆者的教唆行为之间没有因果关系,也不能认定构成教唆犯。"这种论断是不完全符合我国刑法关于教唆犯的规定的。因为它对于刑法第 29 条第 1 款的规定来说,固然是正确的;但对该条第 2 款的规定来说,就不适合了。

所谓教唆,就是唆使没有犯罪意图的人产生犯罪意图。这是教唆犯的本质特征,而为学者们所公认。至于对已经具有犯罪意思尚在犹豫不决的人,再用言词鼓励或激发,促其下定犯罪决心,是否构成教唆犯,则有肯定说和否定说的对立。持肯定说者认为:"对于犯意尚不坚定的人实施教唆行为,促其坚定犯意,应以教唆犯论处。"[1] 持否定说者认为:"对于一个已经具有了某种犯意的人,再用言词去激发他,以促其实现犯罪的决心,也

---

① 《中国政法大学学报》,1983 年第 2 期,第 68 页。

不能构成教唆犯。在这里，应以帮助犯论处为宜。"① 我们认为肯定说比较妥当。因为教唆犯的本质特征是促使他人实施犯罪，他要解决的是被教唆人是否实施犯罪的问题；帮助犯的本质特征是便于他人实施犯罪，他要解决的是已经决心犯罪的人如何实施犯罪的问题。而坚定犯意仍是促使他人实施犯罪，解决他人是否实施犯罪的问题，而不是便于他人实施犯罪，解决如何实施犯罪的问题。因而自应构成教唆犯，而不是构成帮助犯。

教唆行为的方式是多种多样的，它可能是口头的，或书面的，甚至可能是示意性的动作，如使眼色、做手势等。实施教唆的方法也是不一而足的，如收买、劝说、威胁、命令、强迫、请求、激将等，都是教唆犯所使用的教唆方法。教唆犯无论采用何种形式或方法进行教唆，都无碍于教唆犯的成立。但是教唆的方法，如果使被教唆人丧失了自由意志，完全成为教唆犯手中的工具，那就不再是教唆犯，而成为间接正犯（间接实行犯）了。

构成教唆犯，只要求实施唆使他人产生犯罪故意的教唆行为就够了，不要求提供犯罪的方法。如果不仅教唆他人犯罪，而且传授他人犯罪的方法。例如，不仅教唆他人盗窃，而且传授他人盗窃技术，那就应当按照传授犯罪方法罪独立地加以处罚。如果既教唆他人犯甲罪，又传授他人犯乙罪的犯罪方法，则应当按照甲罪的教唆犯与传授犯罪方法罪数罪并罚。

按照共犯从属性的理论，必须被教唆人由于教唆犯的教唆而实施所教唆的犯罪，才能成立教唆犯。我国刑法并未采取这种观点。根据我国刑法规定，被教唆人由于受人教唆而实施犯罪行为，构成我国刑法第 29 条第 1 款规定的教唆犯；被教唆人未实施教唆人所教唆的犯罪时，构成我国刑法第 29 条第 2 款规定的教唆犯。这表现了我国刑法关于教唆犯的规定的特点。

---

① 华东政法学院：《中华人民共和国刑法总则讲义》，1981 年，第 116 页。

（2）从主观方面说，必须有教唆他人犯罪的故意。教唆犯的故意正如普通犯罪一样，包括有意识因素与意志因素。其意识因素就是：其一，认识到他人尚无犯罪故意，或者犯罪决心还不坚定。如果认识到他人已有犯罪决心，从而为之提供犯罪的计划、步骤的，构成从犯；对其传授犯罪技术的，构成传授犯罪方法罪，均不构成教唆犯。如果教唆人不知被教唆人已有犯罪决心，而仍然对其进行教唆的，则不影响教唆犯的成立。其二，认识到被教唆的他人是达到一定刑事责任年龄、具有责任能力的人。这是"教唆他人犯罪"这一要件所要求的。未达一定年龄、没有责任能力的人的行为，不构成犯罪。明知他人未达一定年龄、没有责任能力而对其进行教唆，不构成教唆犯，而构成间接正犯（间接实行犯）。如果教唆人误认为未达一定年龄、没有责任能力的人为达到一定年龄、具有责任能力的人而对其进行教唆，仍然构成教唆犯。因为这种误认对教唆犯的故意不发生影响。其三，预见到自己的教唆行为将引起被教唆人产生某种犯罪的故意并实施该种犯罪。如果不是这样，例如开玩笑的"教唆"，他人信以为真，因而产生某种犯罪故意，并进而实行该种犯罪行为，由于行为人并无引起他人实施犯罪的故意，并且这种情况亦非行为人所预见，因而不构成教唆犯。

根据我国刑法规定，构成教唆犯，从主观方面来说，只要有教唆他人犯罪的故意就够了，至于被教唆人是否因其教唆而产生犯罪的故意，则不影响教唆犯的成立。如果被教唆人因教唆而产生犯罪故意，并进而实行犯罪时，被教唆人的犯罪故意内容应与教唆犯的教唆故意内容相一致，在这种情况下才能成立该种犯罪的教唆犯。否则，如果教唆人教唆甲罪，被教唆人却犯乙罪，两者故意的内容不一致，例如某甲教唆某乙去偷某丙的东西，某乙潜入某丙家中，没有实施盗窃，却强奸了某丙的妻子，教唆人只能是他所预见的犯罪（就上例说是盗窃罪）的教唆犯，而不能是他所未预见的犯罪（就上例说是强奸罪）的教唆犯。

教唆犯故意的意志因素是希望，这是大家所公认的，但是不是也包括放任的态度呢？即这里的故意是仅限于直接故意，还是也包括间接故意？刑法学界的认识就不一致了。有的同志认为，教唆犯的故意只能是直接故意。如有的教材说："构成教唆犯的主观要件是直接故意。这是由于教唆犯是希望被教唆人去实行某种犯罪活动，并希望犯罪结果发生这一心理状态特点所决定的。间接故意和过失均不能构成教唆犯。"① 有的同志认为，教唆犯的故意既包括直接故意，也包括间接故意。如《刑法学》写道："教唆的故意，通常是直接故意，但也不排除间接故意的可能。如教唆犯知道自己的行为可能引起他人实施犯罪的意图，而对此采取放任的态度。"② 笔者原则上同意后一观点。但认为应作进一步的分析，这就是：构成刑法第 29 条第 2 款的教唆犯只能出于直接故意。因为在这里被教唆人没有犯被教唆的罪，也成立教唆犯。如果是出于间接故意，即对被教唆人是否犯被教唆的罪采取放任态度，那么，被教唆人没有犯被教唆的罪，就没有违背教唆人的意愿，又怎能认定构成教唆犯呢？构成刑法第 29 条第 1 款的教唆犯，通常是出于直接故意，但也可能出于间接故意。自然，这种情况只是个别的，并且只能在明知自己的教唆行为可能引起他人实施该种犯罪的意图，并对此采取放任态度，他人因而实施了该种犯罪时才能成立。

由于过失的"教唆"，能否成立教唆犯？在资产阶级刑法理论中存在着争论。日本刑法学者牧野英一、宫本英脩、木村龟二等持肯定说，泷川幸辰、小野清一郎、团藤重光等持否定说，双方争论不休。但从我国刑法看来，由于过失的"教唆"，即由于过失而引起他人产生犯意，是不能成立教唆犯的。因为教唆犯是

① 华东政法学院：《中华人民共和国刑法总则讲义》，1981 年，第 116 页。

② 高铭暄主编：《刑法学》，法律出版社，1984 年版，第 202 页。

560

故意唆使他人犯罪，无意而引起他人犯罪的，不符合教唆犯的法律特征。同时，承认由于过失的教唆犯，将极大地扩大教唆犯的范围，与我国稳、准、狠地打击犯罪，以准为关键的要求不相符合。

3. 教唆犯的刑事责任

我国刑法第29条对教唆犯的刑事责任分作三种情况加以规定：

（1）教唆他人犯罪的，应当按照他在共同犯罪中所起的作用处罚。对照第29条第2款，这里指的是被教唆人已经犯了被教唆之罪的情况。所谓被教唆人已经犯了被教唆之罪，指被教唆人已经进行犯罪预备，或者已经着手实行犯罪而未遂，或者已经完成犯罪而既遂。在这种情况下，条文既没有规定"处以正犯之刑"，也没有规定"按所教唆的罪处罚"，而是规定按"所起的作用处罚"，这固然表现了共同犯罪量刑上的实质原则；同时也说明对教唆犯的处罚，不是以实行犯为转移，而是独立地依照教唆犯自身在共同犯罪中所起的作用的大小为转移。教唆犯所起的作用如果比实行犯大，教唆犯就作为主犯处罚；反之，就作为从犯处罚。实际上教唆犯是犯意的发起者，没有教唆犯的教唆，就不会有该种犯罪发生，因而教唆犯在共同犯罪中往往起着主要作用，特别是用威胁、强迫、命令等方法的教唆犯，教唆之后又提供重要帮助的，更是如此。所以在审判实践中对共同犯罪中的教唆犯，一般都作为主犯处罚。在少数情况下，教唆犯也可能在共同犯罪中起的作用是次要的，如教唆他人帮助别人犯罪，在教唆人的威胁下接受教唆然后再去教唆他人犯罪等。正因为在实际生活中存在着比较复杂的情况，所以我国刑法没有规定教唆犯一律按主犯处罚。如果教唆犯不仅教唆他人犯罪，而且积极参与实行犯罪，那就应当根据他在犯罪行为中所起的作用，直接以主犯论处，无需再以教唆犯论。

（2）教唆不满18岁的人犯罪的，应当从重处罚。这是因为未成年人思想还不成熟，可塑性很大，受到良好的教育，可以培育成才；而受到不良的影响，就可能走上犯罪的道路。为了保护青少年的健康成长，防止犯罪分子对他们的侵蚀，所以对教唆未成年人犯罪的教唆犯，应当从重处罚，此其一。其次，一些老奸巨滑的犯罪分子，为了逃避人们的耳目，往往自己躲在幕后，教唆未成年人实施犯罪。这些教唆犯不仅教唆了他人犯罪，而且腐蚀了未成年人的思想，自己恶性较大，危害后果严重，因而也应当从重处罚。条文规定未满18岁的人犯罪，应当如何理解呢？因为按照刑法规定，未满18周岁的人的刑事责任年龄分为几个阶段，是不是教唆任何刑事责任年龄阶段的未成年人都应依刑法第29条第2款作为教唆犯处罚呢？我们认为，对此应当具体分析。即：教唆16周岁以上未满18周岁的人犯任何罪，都应依照刑法第29条第2款的规定，作为教唆犯从重处罚；教唆已满14周岁未满16周岁的人犯故意杀人、故意伤害致人重伤或者死亡、强奸、抢劫、贩卖毒品、放火、爆炸、投毒罪，也按照教唆犯从重处罚；"教唆"已满14周岁未满16周岁的人犯刑法第17条第2款规定的以外之罪，以及"教唆"未满14周岁的人犯任何罪，应当如何处理？刑法学界存在着不同意见。有的认为应按间接正犯（间接实行犯）论处。如有的同志说："从本质上看，教唆不具备责任能力的人犯罪同教唆者直接实施犯罪是一样的。既然从本质上看具有行为直接实施犯罪的性质，当然不成立教唆犯，而成立间接实行犯。"[1] 有的则认为仍应按教唆犯论处。如有的同志说："我国刑法这一规定中的'不满18周岁的人'应当包括14周岁以下的，教唆未满14周岁的无责任能力人的，可以从过去所说的间接正犯中分离出来，作为一种例外，按教唆犯从重处罚。"[2] 笔者同意前一看法，认为后一观点值得商榷。因为它与

---

① 北京市法学会：《刑法学论集》，1983年，第134页。

② 吴振兴：《论教唆犯》，吉林人民出版社，1986年版，第76页。

刑法学上教唆犯、间接正犯的理论相矛盾。教唆犯的特点是使本无犯罪意思的人产生犯罪意思，未达刑事责任年龄的人不能产生犯罪意思，"教唆"这种人犯罪，又怎能构成教唆犯呢？实际上"教唆"未达刑事责任年龄的人犯罪，教唆者不过是利用其作为犯罪工具实行自己的犯罪，它与利用其他工具犯罪并无根本差异，这完全符合间接正犯的条件，将它分离出来作为教唆犯处罚，在理论上实在缺乏根据。至于认为教唆未满 14 周岁的人犯罪，按间接正犯处理不能从重处罚，在理论上难以自圆其说，在实践上有害无利，虽然有一定的道理，但问题在于对利用未达刑事责任年龄者犯罪，不是不可以从重处罚的。由于这种情况，行为人既实施了一定犯罪，又腐蚀了少年儿童的健康成长，显然较行为人自己直接实行犯罪社会危害程度要大，因而可依刑法第 61 条的规定予以从重处罚。自然在这里利用未达刑事责任年龄者实施犯罪，仍然不是法定从重情节，但在现实立法的情况下，这样处理，既不会与教唆犯、间接正犯的理论发生矛盾，也不致于轻纵罪犯，实不失为比较妥当的解决办法。据此，我们认为"教唆"未达刑事责任年龄者实施犯罪，不能构成教唆犯，应当按照间接正犯（在实践上即按照实行犯）处理，并从重处罚。

（3）如果被教唆的人没有犯被教唆的罪，对于教唆犯可以从轻或者减轻处罚。如前所述，这表现了教唆犯的独立性。至于如何理解"被教唆的人没有犯被教唆的罪"，认识也不尽一致。有的同志认为，这是指教唆犯进行教唆之后，被教唆人没有进行任何犯罪活动。有的同志认为，上述理解确为'被教唆的人没有犯被教唆的罪'这句话所包括的一个内容，但不是全部内容。被教唆者犯了罪，但所犯的不是被教唆的罪，而是非被教唆的罪，这也是这句话所包括的一个内容。笔者基本同意后一观点，但感到其概括还不够全面。具体言之，所谓被教唆的人没有犯被教唆的罪，包括以下几种情况：

（甲）被教唆人拒绝教唆犯的教唆；

（乙）被教唆人虽然当时接受了教唆，但随后又打消了犯罪的意思，并未进行任何犯罪活动；

（丙）被教唆人当时接受了教唆犯所教唆的犯罪，但实际上他所犯的不是教唆犯所教唆的罪；

（丁）教唆犯对被教唆人进行教唆时，被教唆人已有实施该种犯罪的故意，即被教唆人实施犯罪不是教唆犯的教唆所引起，也应理解为"被教唆的人没有犯被教唆之罪"的情况。

由于这几种情况，实际上并未造成危害结果，或者虽然造成了危害结果，但与教唆犯的教唆行为没有因果关系，所以刑法规定："可以从轻或者减轻处罚。"

三、主犯、从犯、胁从犯

以在共同犯罪活动中所起作用为标准，将共同犯罪人分为主犯、从犯、胁从犯，是我国长期审判实践经验的科学总结，也是"惩办与宽大相结合"的刑事政策的具体体现。新中国建国初期颁布施行的《惩治反革命条例》、《惩治贪污条例》等单行刑事法律，虽然没有共同犯罪人分类的一般规定，但在分则性条文或有关条文中，对共同犯罪人的种类即强调根据所起作用加以区分。如首要分子、主谋者、指挥者、情节重大者和被胁迫、欺骗、确非自愿者等。对于前者，规定重刑直至死刑；对于后者，则规定酌情从轻、减轻或免予处刑。在审判实践中一直以上述法律规定为准绳处理共同犯罪人的责任问题。"惩办与宽大相结合"的政策，是党制定的一项重要的对敌斗争政策。在中华人民共和国成立初期，毛泽东同志就曾明确指出："……必须实行镇压与宽大相结合的政策，即首恶者必办，胁从者不问，立功者受奖的政策，不可偏废。"对首恶者和胁从者区别对待，是惩办与宽大相结合的政策的重要内容。我国刑法将共同犯罪人的基本种类区分为主犯、从犯、胁从犯，正是这一政策的重要内容的法律化。如何解决共同犯罪人的刑事责任问题，归根结底，必须确定共同犯罪人是主犯，或是从犯，或者是胁从犯。因而研究以作用为标准的上述共同犯罪人的分类，在我国刑法中具有特别重要的意义。

（一）主犯

我国刑法第 26 条第 1 款规定："组织、领导犯罪集团进行犯罪活动的或者在共同犯罪中起主要作用的，是主犯。"据此，主犯分为两种：

1. 组织、领导犯罪集团进行犯罪活动的分子，通常叫犯罪集团的首要分子，也就是组织犯。这种主犯只有在犯罪集团这种特殊形式的共同犯罪中才存在。犯罪集团是最危险的共同犯罪形式。这种主犯建立、领导犯罪集团，指挥犯罪集团成员进行犯罪活动，是犯罪集团的核心。没有这种主犯，就没有犯罪集团的成立，也就不会发生这种特殊形式的共同犯罪；犯罪集团的成员都听命于这种主犯的领导，在其指挥下进行有组织的犯罪活动。所以这种主犯比起其他主犯具有更大的社会危害性，历来是我国刑法打击的重点。犯罪集团的这种主犯，可能只有一人，也可能不止一人，究竟哪些人是这种主犯，应以事实为根据，依照刑法第26 条的规定来确定。

2. 在共同犯罪中起主要作用的分子，相对于犯罪集团的首要分子，又称其他主犯。组织领导犯罪集团进行犯罪活动，当然是在共同犯罪中起主要作用，这里所说的起主要作用，应理解为除上述活动之外在共同犯罪中起主要作用。在司法实践中，这种主犯有以下两种情况：（1）积极参加犯罪集团的分子。即虽不是犯罪集团的组织者、领导者，但在犯罪集团中出谋划策，特别卖力地进行犯罪活动。（2）在一般共同犯罪中直接实行犯罪起主要作用的分子，即在共同犯罪中起主要作用的实行犯。它可能表现为以下几种情况：在共同犯罪中直接造成严重危害后果，献计献策在完成共同犯罪中起着关键作用，在共同犯罪中罪恶重大或情节特别严重等。具有上述情况之一的，即可以构成一般共同犯罪中的主犯。

除第 26 条外，我国刑法第 97 条规定：“本法所称的首要分子，是指犯罪集团或者聚众犯罪中起组织、策划、指挥作用的犯罪分子。”根据上述规定，首要分子具有如下特点：（1）它是在刑法分则条文中明文规定的概念，而由刑法总则条文对这一概念专门加以解释。刑法第 97 条明确提出“本法所称的首要分子”，意思就是指刑法分则条文（包括单行刑事法律中分则性条文）中明文规定的首要分子。可见“首要分子”并非就任意共同犯罪而言。在规定任意共同犯罪的总则“共同犯罪”一节没有首要分子的概念。（2）首要分子也有两种：一是在犯罪集团中起组织、策划、指挥作用的犯罪分子。这种首要分子与刑法第 26 条规定的第一种主犯相当，但由于它是刑法分则所规定的，因而在处理有关犯罪的首要分子时，应当直接援引刑法分则的有关条文，无需引用刑法总则第 26 条。如刑法第 104 条规定，组织、策划、实施武装叛乱或者武装暴乱的，对首要分子……处无期徒刑或者 10 年以上有期徒刑。”在处理武装叛乱、暴乱的首要分子时，直接引用刑法第 104 条就可以了。而如果处理任意共同犯罪中组织、领导犯罪集团进行犯罪活动的分子，如处理盗窃集团的组织者、领导者，则应当引用刑法第 26 条，定为主犯。二是在聚众犯罪中起组织、策划、指挥作用的犯罪分子，即聚众犯罪中的首要分子。这种首要分子与主犯的关系如何？刑法学界认识不一。概括起来，约有三种不同观点：（甲）第一种主犯说，认为聚众犯罪的首要分子是与犯罪集团的首要分子并列的第一种主犯之一。如有的同志说：“主犯是指首要分子与主要实行犯……首要分子有两种：一种是犯罪集团中的组织者、策划者、指挥者……一种是在聚众犯罪中起组织、策划和指挥作用的犯罪分子。”[1]（乙）独立主犯说，认为主犯分为三种：即犯罪集团的首要分

---

　　[1]　梁世伟编著：《刑法学教程》，南京大学出版社，1987 年版，第 206 页。

子、聚众犯罪的首要分子和其他主犯在犯罪集团或一般共同犯罪中起主要作用的犯罪分子①。即把聚众犯罪的首要分子看作是两种主犯之外的一种独立的主犯。（丙）第二种主犯说，认为聚众犯罪的首要分子完全包括在第二种主犯即在共同犯罪中起主要作用的犯罪分子之中。如有的同志说："凡属首要分子都是主犯，比如，犯罪集团中的组织、领导者属于第一种形式的主犯；聚众犯罪中起组织、策划、指挥作用的犯罪分子是属于第二种形式的主犯。"② 如何看待这些观点呢？甲说原来也为笔者所赞同，但现在分析起来，感到它缺乏法律根据。首要分子确实可分两种，但刑法第 26 条规定的第一种主犯，是组织、领导犯罪集团进行犯罪活动的分子，而没有在聚众犯罪中起组织、策划、指挥作用的犯罪分子。众所周知，聚众犯罪与犯罪集团迥然不同，所以组织、领导犯罪集团进行犯罪活动的分子，只能概括为犯罪集团的首要分子，不能把聚众犯罪的首要分子包括在内。乙说认识到聚众犯罪既不同于犯罪集团，又不同于一般共同犯罪的特点，因而将聚众犯罪的首要分子列为一种独立的主犯，但同样没有法律根据。因为刑法第 26 条只规定了两种主犯，并未列举在聚众犯罪中起组织、策划、指挥作用的犯罪分子。并且聚众犯罪是必要共同犯罪，而刑法第 26 条规定的，是任意共同犯罪。把必要共同犯罪中的首要分子与任意共同犯罪中的主犯并列，这就将不同的共同犯罪种类混为一谈。不仅如此，聚众犯罪的首要分子，可能是主犯，也可能不是主犯。例如，刑法第 317 条规定的组织越狱罪的首要分子，可以说是主犯；而第 291 条规定的聚众扰乱公共场所秩序、交通秩序罪的首要分子，则是构成犯罪的必要条件，

---

① 见何秉松主编：《刑法教科书》，中国法制出版社，1997 年版，第 389 页。

② 高格主编：《刑法教程》，吉林大学出版社，1984 年版，第 152~153 页。

不是首要分子，就不构成该种犯罪。所以这里首要分子是构成犯罪与否的界限，而不是主犯。因而将聚众犯罪的首要分子列为一种独立的主犯，那就把不是主犯的首要分子也包括在主犯的范围，显然不大科学，并且没有法律根据。比较起来，丙说似乎是可取的。因为刑法第 26 条规定的第二种主犯，是在共同犯罪中起主要作用的犯罪分子。共同犯罪是一个外延较广的概念，它既可以包括一般共同犯罪，也可以包括犯罪集团；既可以包括任意共同犯罪，也可以包括必要共同犯罪。作为必要共同犯罪形式之一的聚众犯罪的首要分子，自然可以为它所包括。但是认真加以分析，它仍然把必要共同犯罪与任意共同犯罪混淆在一起。必须明确，聚众犯罪是必要的共同犯罪，聚众犯罪的首要分子是必要的共同犯罪的概念，他只要依照刑法分则条文规定的刑罚处理就可以了，而不必援引总则关于主犯的规定，因为刑法总则中的主犯是任意共同犯罪的概念，两者属于不同的范围。如果需要认定聚众犯罪中的某个首要分子是主犯，那就只能依据刑法第 26 条关于"在共同犯罪中起主要作用的，是主犯"的规定来认定，并不是他当然属于第二种主犯。

由于主犯有两种，在解决主犯的刑事责任问题时，刑法根据两种不同的主犯，分别加以规定。

第一种主犯的刑事责任。刑法第 26 条第 3 款规定："对组织、领导犯罪集团的首要分子，按照集团所犯的全部罪行处罚。""所谓集团所犯的全部罪行，应理解为首要分子组织、指挥的全部犯罪"①。这些犯罪，首要分子在客观上与集团成员有共同犯罪行为，即他们组织、指挥集团成员实行犯罪；在主观上与集团成员有共同犯罪故意，即他们预见到集团成员实施的犯罪，并希望或放任该危害结果发生，符合犯罪构成的主客观相一

---

① 赵秉志主编：《新刑法教程》，中国人民大学出版社，1997 年版，第 216 页。

致的原则，因而首要分子应对集团所犯的全部罪行负刑事责任。但是，如果集团的某个成员实行了集团首要分子组织、指挥的犯罪以外的其他犯罪，对这种犯罪，只能由行为人负责，首要分子对之不负刑事责任。例如，盗窃集团成员甲，实施首要分子拟制的盗窃计划，夜间潜入某家盗窃时，乘机强奸了该家的妇女。甲实施的强奸罪，只能由其本人负责，盗窃集团的首要分子对之不负责任，而只对集团盗窃的总数额负刑事责任。

第二种主犯的刑事责任。刑法第 26 条第 4 款规定："对于第3 款规定以外的主犯，应当按照其所参与的或者组织、指挥的全部犯罪处罚。"这种主犯，相对于犯罪集团的首要分子，也称其他主犯。条文所说"第 3 款规定以外的主犯"，即犯罪集团首要分子以外的主犯，他们或者在犯罪集团首要分子组织、指挥下参与某种犯罪，积极进行犯罪活动；或者在一般共同犯罪中积极参与某种犯罪，在犯罪活动中起主要作用；或者组织、指挥一部分同伙进行某一或某些犯罪，但还不构成犯罪集团。与非主犯的共同犯罪人相比，他们具有较大的社会危害性与人身危险性，但与犯罪集团的首要分子相比，其社会危害程度与人身危险程度，没有那样严重，因而在对其他主犯处理时，虽然应当从重处罚，但应较犯罪集团的首要分子为轻。所以刑法规定其他主犯应按其所参与的或者组织、指挥的全部犯罪负刑事责任。当然，其他主犯对不是他所参与的或者不是他所组织、指挥的犯罪，自应不负刑事责任。

这一规定是对原来单行刑法立法的改进。1988 年 1 月 21 日的《关于惩治贪污罪贿赂罪的补充规定》第 2 条第 2 款规定："对其他共同贪污犯罪的主犯（按：即贪污集团首要分子以外的其他主犯），情节严重的，按照共同贪污的总数额处罚。"在其他单行刑法中也有类似规定。对此，在讨论刑法修订草案过程中，曾提出不同意见："有些单行刑法规定，对其他主犯，情节严重的，按照共同犯罪的全部罪行或者共同犯罪的总数额处罚，有代人受过之嫌。因为他可能没有参与全部犯罪活动，还是应以参与的犯罪为限，以体现罪责自负、罪刑相适应原则。"① 这一意见是正确的，在修订刑法时为立法机关所采纳。

在一般共同犯罪中，共同犯罪人往往有主从之分，但也有可能都是主犯。在有两个以上主犯的情况下，不同主犯之间，社会危害程度一般也有所不同，应当区别对待；但也有可能两个或两个以上主犯，社会危害程度不相上下，在处理时可能受到同样处罚。如胡某、程某绑票杀人案就是适例。胡为报复其科长黄某（女），遂起意绑架、杀害黄的女儿韩某，并勒索钱财，复将上述歹意告诉其同学程某，程积极赞同。随后，由胡起草，程修改并誊写了向韩某之父索取现金 3 万元的匿名信。1989 年 5 月某日中午，程利用韩放学回家之机，将韩骗至胡的住处，二人动手将韩杀死，并将尸体肢解。地区中级人民法院将胡某、程某均判处死刑立即执行。

需要指出：刑法第 26 条第 3 款、第 4 款所规定的主犯的刑事责任，是针对任意的共同犯罪中主犯而言；对必要的共同犯罪中的主犯，刑法分则条文已明文规定了相应的法定刑。如刑法第104 条规定："组织、策划、实施武装叛乱或者武装暴乱的，对首要分子或者罪行重大者，处无期徒刑或者 10 年以上有期徒刑……" 第 120 条规定："组织、领导和积极参加恐怖活动组织的，处 3 年以上 10 年以下有期徒刑……" 对于这类刑法分则明文规定了法定刑的主犯，只要按照刑法分则条文规定的法定刑处罚即可，无需再援引刑法第 26 条第 3 款或第 4 款的规定。

（二）从犯

我国刑法第 27 条第 1 款规定："在共同犯罪中起次要或者辅助作用的，是从犯。"据此，从犯也分为两种：

---

① 周道鸾、单长宗、张泗汉主编：《刑法的修改与适用》，人民法院出版社，1997 年版，第 114 页。

1. 在共同犯罪中起次要作用的分子。它表现为，在犯罪集团的首要分子领导下从事犯罪活动，但罪恶不够重大或情节不够严重；或者在一般共同犯罪中直接参加实行犯罪，但所起作用不大，行为没有造成严重危害后果等。这种情况，就是通常所说的次要的实行犯。由此可见，那种笼统认为从犯就是帮助犯的观点是不正确的。有人认为：所谓从犯（亦称帮助犯），是指在他人实施犯罪行为之前、之后或行为中帮助实施犯罪行为的人，从犯与主犯的主要区别在于二者的行为不一样，从犯不直接参加实施和完成犯罪行为，从犯的行为都只是帮助行为，而不是直接实施和完成犯罪行为①。这种观点用于将共同犯罪人分为共同正犯、教唆犯、从犯三分法中的从犯，无疑是正确的；但是却不符合我国刑法关于从犯的规定。

2. 在共同犯罪中起辅助作用的分子。辅助作用，当然也是次要作用。这里所以特别提出辅助作用，因为按分工对共同犯罪人分类中存在着帮助犯。帮助犯的行为不是直接实行犯罪构成客观要件的行为，而是为实行犯罪提供方便条件的行为。如果说条文中的"次要作用"是指次要的实行犯，那么，"辅助作用"则是指帮助犯，为此，条文特别以"辅助作用"对这种情况加以概括。帮助行为的表现形式，在前面"帮助犯"项内，已经阐明，不再赘述。这里需要指出的是，传授犯罪方法，如传授盗窃技术，本来也是一种帮助行为，但由于《关于严惩严重危害社会治安的犯罪分子的决定》第 2 条将这种行为规定为传授犯罪方法罪，因而现在这种行为已经成为独立的犯罪，对传授犯罪方法的，应当根据《决定》以传授犯罪方法罪论处，不能再作从犯处理。

帮助犯能否成为主犯？在我国刑法学界也存在不同看法。肯定说认为："在大多数犯罪场合，帮助犯属于从犯，但在个别特

---

① 见高铭暄主编：《新中国刑法学研究综述》，河南人民出版社，1986 年版，第 362 页。

殊情况下，帮助犯可能在共同犯罪中起主要作用。"① 否定说则认为："由于帮助犯在共同犯罪中只是居于辅助性的地位，因此不可能起主要作用，只能是从犯。"② 我们认为，帮助犯是以不直接实行犯罪为前提，而仅仅为实行犯罪提供帮助，因而起不了主要作用，不可能成为主犯。所以我们赞同否定说。同时，我们感到肯定说为了论证自己的论点，对所举案例的分析也是值得商榷的。限于篇幅，这里不拟一一评述。

在处理共同犯罪案件时，要注意把从犯与主犯区别开来。一般说来，从犯与犯罪集团的首要分子是不难区别的。问题在于从犯与其他主犯的区别。区别的根据是他们在共同犯罪中所起的作用是主要作用还是次要或者辅助作用。这要综合考虑其在共同犯罪中所处的地位、实际参与程度、具体罪行情节以及对危害结果原因力的大小等各方面的因素来确定。例如，任某（18岁）、孔某（19岁）于某日晚8时左右，到市公园游逛，发现两名男女青年在一起，任让孔在后面等着，随叫随到，自己持蒙古刀走上前去，对两名男女青年说："借点钱花！"男青年反抗，任即喊孔，男女青年见势丢下自行车跑了，任即骑上这辆自行车带着孔逃离现场约一百米后，将自行车扔掉。又一日晚6时左右，孔、任商议后，任携带蒙古刀，孔在路上捡了一截向日葵杆，在公园东边马路上将一骑自行车男青年截住，任亮出蒙古刀，将男青年吓跑。又一日晚8时左右，任、孔在某路东侧，见从胡同中走来一中年妇女，任持蒙古刀，孔拿短棍，赶上去向该妇女逼要财物，劫得其钱包一个，内有人民币十余元及少数粮票、布票等。当晚9点半左右，任、孔又窜到一研究所附近，发现两名男女青

---

① 林文肯主编：《共同犯罪理论与司法实践》，中国政法大学出版社，1987年版，第84页。

② 王作富主编：《中国刑法适用》，中国人民公安大学出版社，1987年版，第182页。

年在一起，便尾随其后，任持蒙古刀窜上前去，将男女青年拦住，向其逼要财物，孔在一旁助威。被劫男青年（警察）当即掏出手枪，鸣枪警告，将任、孔抓获。在该案讨论过程中，一致认为任、孔构成共同抢劫罪，但对要不要区分主犯、从犯问题上存在着争论：一种意见认为，任、孔具有青少年犯罪一哄而起的特点，在进行第一次抢劫前没有经过周密的预谋，以后几次抢劫尽管事先商议过，也比较简单，看不出谁负组织领导责任，从主观犯意上也难以区分任、孔谁是主犯，因而本案不必区分主从。另一种意见认为，从任、孔10天内几次抢劫行为看，他们所起的作用明显不同，任起了主要作用，孔起了辅助作用，主要根据是：第一，任每次抢劫都持蒙古刀，孔则就地取材捡一些向日葵杆之类的短棍，在实施暴力胁迫手段上，任比孔重；第二，每次抢劫都是任主动先持刀对被害人进行威逼，并进行搜身行劫，孔则在一旁接应，说明在抢劫财物上所起的作用任比孔大；另外，任占有了抢得的全部赃物赃款，孔则一无所得。据此，应将任定为主犯，孔定为从犯，这有利于区分罪责，宽严适当，较好地体现我国刑罚的基本精神。我们同意后一观点。因为从本案的实际情况看，任、孔的行为在共同犯罪所起的作用确有明显的差别，任实施犯罪的手段重，孔实施犯罪的手段轻；任每次抢劫都主动先行，并亲自实施，任则听候召唤，从旁配合。在共同犯罪中任起着主要作用，孔起着次要作用，自应区分主从，分别予以量刑。

关于从犯的刑事责任，由于采用的学说不同，各国关于从犯科刑的立法例也不一致。概括起来，可有三种：1. 必减说。这种理论是由贝卡里亚的各依行为的轻重负其罪责的客观主义理论推演而来。认为刑罚的对象是行为，行为的轻重是刑罚轻重的标准。行为造成的危害重，刑罚应重；反之，行为造成的危害轻，刑罚应轻。从犯对于结果的发生仅仅起了帮助或促进作用，实行犯的行为则直接导致危害结果的发生。因而对从犯应当比照实行犯减轻处罚。如现行《日本刑法》第 63 条规定："从犯的刑罚，比照正犯的刑罚减轻判处。"2. 同等处罚说。主观主义刑法理论认为，无论实行犯或从犯都同样要求实现犯罪的结果，他们的犯意没有什么差别，并且不论从犯的行为怎样轻微，都有利于整个犯罪行为的进行。所以，从犯必须与正犯负同等的责任，而不应当有轻重的差别。如现行《法国刑法典》第 59 条规定："重罪或轻罪之从犯，应处以与正犯相同之刑；但法律另有规定者，不在此限。"3. 得减说。这是一种折衷主义的主张，认为应就各行为人本身个别地加以考察。由于从犯个人的情况千差万别，有时其主观恶性可能较大，如果一律减轻其刑罚，不免有悖于刑罚个别化原则，不符合刑法发展的趋势，所以，对于从犯，可以比照正犯减轻处罚。如 1971 年《瑞士刑法典》第 35 条规定："故意帮助他人犯重罪或轻罪者，得减轻处罚。"如何评价上述三种立法例呢？我们认为，上述立法例都是以分工为标准对共同犯罪人进行分类的。正犯即实行犯并非都在共同犯罪中起重要作用，从犯即帮助犯，就其行为而言，固然其对犯罪结果发生的原因力不如实行犯行为，但其人身危险性并非永远都小于实行犯，因而其社会危害性并非在任何情况下比实行犯都小。所以不论必减说或同等处罚说，都不大符合实际，相对而言，得减说较为可取。

我国刑法采用主犯、从犯、胁从犯的分类，不是根据分工，而是根据作用来划分的。从犯在共同犯罪中所起作用较小，只起次要或辅助作用，因而刑法第 27 条第 2 款规定："对于从犯，应当从轻、减轻处罚或者免除处罚。"1979 年刑法规定"比照主犯从轻、减轻处罚或者免除处罚"，修订的刑法删去了"比照主犯"四字。"因为通常情况下，共同犯罪中的从犯比主犯的地位、作用和罪行都要轻一些，处罚自然要比主犯轻，这点不言自明。而且，从犯作为共同犯罪人中的一类独立的分类，也应有独立的处罚原则。因此，应当按照从犯在共同犯罪中所处地位、实际作用和所犯罪行，包括具体犯罪事实、情节与危害后果等，从轻、减轻处罚或者免除处罚，不必规定'比照主犯'如何处罚。"① 对从犯的处理，从宽的幅度较大，既可以从轻，也可以减轻，甚至可以免除处罚。在什么情况下从轻，或减轻，或免除处罚呢？这要考虑他所参加实施的犯罪性质和情节轻重、参与实施犯罪的程度以及他在犯罪中所起作用的次要程度来确定。如果参与实施的犯罪性质很严重，例如参与实施了致人死亡的抢劫罪，对从犯就不宜免予处罚。如果参与实施了普通伤害罪，对只提供较小帮助的从犯，就可以免予处罚。需要说明的是，这里所论只是就从犯所参与实施的犯罪及其在共同犯罪中的作用而言的，并未考虑法定或酌定的量刑情节。实际上在量刑时是不能不考虑这些情节的，因而对从犯实际的处刑与上面论述的情况，可能就不尽相同了。

（三）胁从犯

根据我国刑法第 28 条的规定："被胁迫参加犯罪的"，是胁从犯。在刑法中规定胁从犯，是我国"惩办与宽大相结合"政策中"胁从不问"在刑事立法上的体现和发展，表现了我国刑法关于共同犯罪人分类的特殊性。所谓被胁迫参加犯罪，指受到威胁被迫参加犯罪。构成胁从犯，应具备如下条件：1. 行为人参加了犯罪，即客观上参与实施了犯罪行为，既可能是参与实行犯罪，也可能是参与帮助犯罪，或者兼而有之。2. 行为人主观上认识到所参与实施的是危害社会的行为；否则，如果确实不知道所参与行为的社会危害性，那就不构成胁从犯。3. 行为人是在他人胁迫下参加的犯罪，胁迫即威胁强迫，被胁迫者虽不愿意参加犯罪，但由于受到威胁而处于恐吓之中，才作出参加犯罪的选择。换言之，他知道自己参加的是犯罪行为，但为了避免遭受现实的危害或不利才不得不参加犯罪。在这种情况下，被胁迫者还是有自由意志的，他参加犯罪仍然是他自行选择的结果，这就

① 周道鸾、单长宗、张泗汉主编：《刑法的修改与适用》，人民法院出版社，1997 年版，第 114 页。

是胁从犯应负刑事责任的理论根据。例如，郎某，某镇商店值班员，一日邹某手持尖刀、凿子、锤子等作案工具，窜到该商店，威逼郎某开门，说如不开门，进去将他杀死。郎只好将门打开。邹进去后，又威胁说："我们的人已把商店包围了，我叫你干啥就干啥，不听话，就砍掉你的脑袋。"郎即答应。邹撬不开金柜，就叫郎找铁锤，郎找来后交给邹，邹又让郎扶着金柜，邹用铁锤把金柜撬开，从中取出1 800元人民币，给郎100元，又指使郎破坏现场。在本案中，郎某明知自己参加的是犯罪行为，但却是在邹某胁迫下参加的，郎在共同犯罪活动中是被动的，所起作用较小，罪行较轻，因而郎某是胁从犯。

原来刑法规定胁从犯还包括"被诱骗参加犯罪的"分子，对此，刑法学界颇有争议。修订刑法时，考虑到"对于'被诱骗'如何理解，是开始时被诱骗还是一直被诱骗，被诱骗到什么程度，是思想糊涂受骗上当，还是对犯罪行为的后果根本没有认识，对此常有歧见；同时，如何正确地认定'被诱骗'，也较难掌握；还有人认为：'被诱骗'与'被胁迫'是不同内容的两个概念，'被诱骗'不是胁从犯的特征，因此，在立法上删除'被诱骗'，只留'被胁迫'，构成胁从犯的条件更明确、易理解、好认定。"① 所以修订的刑法删去了'被诱骗'词语，只规定"被胁迫参加犯罪的"分子是胁从犯。

胁从犯，主观上不愿意或不大愿意参加犯罪活动，客观上在共同犯罪中所起的作用较小，其社会危害性也较轻，因而刑法第28条规定，对胁从犯，"应当按照他的犯罪情节减轻处罚或者免除处罚。"原来刑法规定对胁从犯"比照从犯减轻……处罚"，修订的刑法删去"比照从犯"四字，因为'比照从犯'的提法不够准确。一是这类共同犯罪案件，往往只有胁迫者和被胁迫

---

① 周道鸾、单长宗、张泗汉主编：《刑法的修改与适用》，人民法院出版社，1997年版，第109页。

者，没有从犯可供比照；二是胁从犯的罪责，如果作为一类共同犯罪人的罪责，一般比从犯小些，但作为个案的共同犯罪人的罪责不一定比从犯小，因此，这种比照难以通用于不同的案件；三是在共同犯罪的分类上，既然胁从犯是独立的一类，那就应当有自己独立的处罚原则，所以，不宜'比照从犯'减轻……处罚。"① 至于对胁从犯是减轻或是免除处罚，应当综合考虑其参加实施犯罪的性质，被胁迫程度的轻重以及在共同犯罪中所起的作用等情况，然后加以确定。

在社会现实生活中，有的共同犯罪人原来是被胁迫参加犯罪的，后来变为自愿或积极从事犯罪活动，甚至成为骨干分子。对这种共同犯罪人，不能再以胁从犯处理，而应按照他在共同犯罪中实际所起的作用确定其刑事责任。如果是起主要作用，则应以主犯论处，如果是起次要或辅助作用，则应以从犯论处。

第四节　共同犯罪与身份

一、概说

1952 年公布实施的《中华人民共和国惩治贪污条例》第 12 条规定："非国家工作人员勾结国家工作人员伙同贪污者，应参照本条例第 3、4、5、10、11 各条的规定予以惩治。"这虽然只限于贪污罪这一具体犯罪，但却是我国刑法关于共同犯罪与身份的最早立法。我国现行刑法总则还没有关于共同犯罪与身份的一般规定，而在外国刑法和旧中国刑法中有不少这方面的立法例。如《德意志联邦共和国刑法典》第 28 条规定："（1）正犯之可罚性取决于特定之个人要素（第 14 条第 1 项），而共犯（教唆

---

① 周道鸾、单长宗、张泗汉主编：《刑法的修改与适用》，人民法院出版社，1997 年版，第 114 页。

犯或帮助犯）欠缺此要素者，共犯之刑依第49条第1项减轻之。
（2）法律规定刑罚因行为人特定之个人要素而加重、减轻、或免除者，其规定仅于具此要素之共同加功者（正犯或共犯）适用之。"现行《日本刑法》第65条规定："（一）凡参与因犯人身份而构成的犯罪行为的人，虽不具有这种身份，仍是共犯。（二）因身份致刑罚有轻重时，没有这种身份的人，仍判处通常的刑罚。"此外，1974年《奥地利刑法典》第14条、1971年《瑞士刑法典》第26条、1956年《泰国刑法》第89条、1975年韩国刑法第33条、1928年旧中国刑法第45条、1935年旧中国刑法第31条等均有类似规定。这些规定对研究我国刑法中共同犯罪与身份问题颇有参考价值。

　　什么是身份？在刑法理论上解释不一。有人认为："所谓'身份'者，系指专属于犯人所具有之特定资格及人身关系而言。"① 或者认为："现行刑法关于身份犯之共犯拟制规定中，所称之'身份'乃指行为人所具有之特定资格而言。"② 还有人认为："在这里所指的身份，不受男女性别、国内外人之别、亲属关系、公务员资格之类关系所限，而是指的所有与一定犯罪行为有关犯人的人的关系这种特殊地位或状况。"③ 这是根据日本判例所作的解释，得到日本广大刑法学者的承认。刑法理论上对身份的解释有广义、狭义之分，最广义的解释甚至把目的、动机这些犯罪的主观要件也包括在内。上述几种对身份的解释，虽然都揭示了身份的某些特点，但都没有揭示出身份的基本特征，因而为我们所不取。

---

　　① 高仰止：《刑法总则之理论与实用》，台湾五南图书出版公司，1983年版，第425页。

　　② 林山田：《刑法通论》，三民书局，1986年版，第239页。

　　③ ［日］福田平、大塚仁：《日本刑法总则讲义》，辽宁人民出版社，1986年版，第183页。

我们认为，刑法中的身份，指行为人所具有的影响定罪量刑的特定资格或人身状况。析言之，身份具有如下基本特征：

（一）事实特征，即行为人具有的特定资格或人身状况。所谓特定资格，指实施某种犯罪所要求的一定资格，如伪证罪中的证人、鉴定人、记录人、翻译人等。所谓人身状况，指有关行为主体的事实情况，如男女的性别、精神病患者等情况。至于行为人的主观状况，如目的、动机应否认为是身份，在日本刑法学界则存在着不同意见。1967 年日本最高裁判所判决认为，麻醉药取缔法第 64 条第 2 项的"营利的目的"也是"身份"，而小野庆二法官、植田重正博士则认为，身份必须多少具有继续的性质，动机或目的这样的一时的心理状态不是身份①。我们赞同后一种意见。因为身份属于主体的范畴，动机或目的是犯罪构成的主观要件，不宜认为是身份。

（二）法律特征，即这种特定资格或人身状况影响定罪或量刑。所谓影响定罪，即这种特定资格或人身状况影响某种犯罪能否成立。例如，邮政工作人员的身份，是私自开拆、隐匿、毁弃邮件、电报罪的构成要件，不具有邮政工作人员的身份，这种犯罪就不能成立。所谓影响量刑，即这种特定资格或人身状况影响对行为人判处刑罚的轻重以至是否免除刑罚。例如，我国刑法第 19 条规定："又聋又哑的人或者盲人犯罪，可以从轻、减轻或者免除处罚。"又聋又哑的人、盲人都是影响量刑的身份。某种特定资格或人身状况，如果不影响定罪量刑，就不是刑法上所说的身份。例如，未婚夫、未婚妻、农民、学生等身份，就是如此。

刑法上的身份，根据不同的标准，可以分为以下几种：

（一）以身份何以形成为标准，可以分为法律身份与事实身份。前者指基于法律所赋予而形成的身份，如国家工作人员、现

---

① ［日］见西田典之：《共犯与身份》，成文堂，1979 年版，第 167~168 页。

役军人、证人、鉴定人、记录人、翻译人等；后者指基于一定的事实情况或关系而形成的身份，如男女性别、亲属关系等。

（二）以身份对定罪量刑的影响为标准，可以分为犯罪构成要件的身份、影响刑罚轻重的身份、排除行为犯罪性或可罚性的身份。由于一定身份而成立的犯罪或影响刑罚轻重的犯罪，在刑法理论上叫做身份犯。犯罪构成要件的身份，又叫构成身份，即这种身份是一定犯罪的犯罪构成的要件，如果不具备这种身份，犯罪就不能成立。以一定身份为犯罪构成要件的犯罪，在刑法理论上叫真正身份犯或纯正身份犯。例如，渎职罪的犯罪主体，必须是国家机关工作人员；军人违反职责罪的犯罪主体，必须是现役军人以及执行军事任务的预备役人员和其他人员。影响刑罚轻重的身份，又叫加减身份，即具有一定的身份犯某种罪时，法律规定予以从重、加重或从轻、减轻处罚。由于一定的身份影响刑罚轻重的犯罪，在刑法理论上叫不真正身份犯或不纯正身份犯。例如，诬告陷害罪，任何人都可以构成，但我国刑法第 243 条第 2 款规定："国家机关工作人员犯前款罪的，从重处罚。"排除行为犯罪性或可罚性的身份，又叫消极身份，即这种身份使所实施的行为不具有犯罪性或可罚性。例如，《日本刑法》第 257 条规定，直系血亲、配偶、同居的亲属及这些人的配偶之间，犯收受赃物、搬运、窝藏、故买赃物或代销赃物罪的，免除其刑罚。我国刑法没有类似的规定，但在司法实践中则有对共同生活的家属之间的盗窃免除处罚的实例。

无身份者不可能单独构成某种身份犯，这是不言而喻的。那么，能否与有身份者一起构成身份犯的共同犯罪？对于无身份者与有身份者共同实施犯罪应当怎样处罚？下面根据不同的身份，分别加以研究。

二、共同犯罪与犯罪构成要件的身份

（一）无身份者教唆、帮助有身份者实施或与其共同实施真

正身份犯的问题

1. 无身份者能否构成有身份者实施的真正身份犯的教唆犯、帮助犯或共同实行犯？

无身份者可以构成有身份者实施的真正身份犯的教唆犯或帮助犯，这为刑法学者所公认，我国司法实践也不例外。1984 年 4 月 26 日最高人民法院、最高人民检察院、公安部《关于当前办理强奸案件中具体应用法律的若干问题的解答》中指出："妇女教唆或帮助男子实施强奸犯罪的，是共同犯罪，应当按照她在强奸犯罪活动中所起的作用，分别定为教唆犯或从犯，依照刑法有关条款论处。"这虽是对强奸罪而言的，但表明了我国刑法认为无身份者可以成为真正身份犯的教唆犯或从犯。至于无身份者能否与有身份者构成真正身份犯的共同实行犯，则存在着不同的见解：（1）肯定说，认为无身份者与有身份者可以构成共同实行犯。日本刑法学者植松正指出："第 65 条全文，其适用范围，在学说上存在着争论，可分三说：（一）仅适用于共同正犯说，（二）仅不适用于共同正犯说，（三）共犯三形态都适用说。"在对上述三说逐一进行评论之后认为："这样看来，应以第三全面适用说为正当是显然的。此说不仅有上述所长，而且在法律条文上，不论此规定或共同正犯的规定，都在'共犯'章下，第 65 条第 1 项文词上也是'仍是共犯'。其所谓'共犯'，也包含共同正犯，用语上是明白的。"① 我国《惩治贪污条例》第 10 条的规定，即非国家工作人员勾结国家工作人员伙同贪污者，应参照本条例的有关规定予以惩治，可以说是在立法上对无身份者与有身份者共同实行贪污罪的承认。1935 年旧中国刑法第 31 条将共同实施与教唆、帮助并列，明示其承认无身份者与有身份者可以构成共同实行犯。（2）否定说，认为无身份者与有身份者不

---

① ［日］植松正：《刑法概论·I 总论》，劲草书房，1974 年版，第 385~387 页。

能构成真正身份犯的实行犯，而只能构成它的组织犯、教唆犯或帮助犯。如苏联著名刑法学者特拉伊宁说："……非公职人员可以是渎职罪的组织犯、教唆犯或帮助犯，但是渎职罪的执行犯却只能是公职人员。所以有这个特点，是因为在实际中只有公职人员才是公务职能的执行者，由他们发布命令，签署文件等等。因此，事实上，也只有他们才能构成渎职罪。因此，职务行为的唯一执行者——公职人员——自然也就是渎职罪的唯一执行犯。由此得出结论：在渎职罪的共犯中，非公职人员只能作为组织犯、教唆犯或帮助犯负责。"① 我国台湾刑法学者刁荣华说："按刑法上固有的身份犯系以身份或其他特定关系为犯罪构成要素，因此，一般法理认为苟行为人欠缺此身份或特定关系，即系可罚性不备，无从成罪。在数人共同加功之情形，依通说，无身份之人教唆或帮助有身份者实施身份犯罪，尚非不可想像，但若无身份者居于共同实施之地位，则不能构成身份犯之共同正犯。"② 1912 年旧中国暂行新刑律第 32 条第 2 款、1959 年联邦德国刑法草案第 34 条（1）、1969 年联邦德国刑法第 28 条（1）所称的共犯，都指教唆犯或从犯（帮助犯），而不及于共同实行犯。我们认为，从理论上看，否定说是有道理的。因为真正身份犯，只是具备该身份的人才能实施，但在立法上，有的立法例明文规定"共同实施"；在实际上，某些真正身份犯，无身份者并非不可能实施部分实行行为，在这种情况下，完全否认无身份者与有身份者构成共同实行犯的可能性，似与法律规定和实际情况不合。因而我们主张，无身份者与有身份者能否构成真正身份犯的共同实行犯，应当根据具体情况，区别对待。凡无身份者能够参与真

① 特拉伊宁：《关于犯罪构成的一般学说》，中国人民大学出版社，1957 年版，第 244 页。
② 刁荣华主编：《刑法修正若干问题》，台湾汉林出版社，1976 年版，第 192 页。

正身份犯的部分实行行为的，可以与有身份者构成共同实行犯；凡无身份者根本不能参与真正身份犯的实行行为的，即不能与有身份者构成共同实行犯。前者如非国家工作人员勾结国家工作人员伙同贪污的，构成贪污罪的共同实行犯。因为贪污罪的客观要件是，国家工作人员利用职务上的便利，侵吞、盗窃、骗取或者以其他方法，非法占有公共财物的行为。非国家工作人员不可能自己利用职务上的便利，但可以实施侵吞、盗窃、骗取或者以其他方法非法占有公共财物的行为，并可以利用所伙同的国家工作人员职务之便，我国过去的司法解释，也未排除内外勾结贪污，构成贪污罪的共同实行犯的可能性。后者如外国人不可能与中国人一起构成背叛国家罪的共同实行犯。因为背叛国家罪的客观要件是，勾结外国、阴谋危害中华人民共和国的主权、领土完整和安全的行为。外国人不具有中国国籍，中国不是他的国家，因而实际上不可能实施背叛国家罪的客观要件的行为。我国现行刑法没有共同正犯的规定，而将共同犯罪人分为主犯、从犯、胁从犯和教唆犯。据此规定，无身份者与有身份者不仅可以构成真正身份犯的教唆犯、从犯、胁从犯，也可以构成主犯。所以无身份者与有身份者共同实行某种真正身份犯的行为，例如，非国家工作人员的妻子与其国家工作人员的丈夫共同收受贿赂，则不发生按照受贿罪的共同实行犯定罪问题，而应按照无身份者在共同犯罪中所起的实际作用，分别定为某种犯罪（这里是受贿罪）的从犯、胁从犯或者主犯。

2. 无身份者与有身份者共同实施犯罪，根据什么来确定所共同实施犯罪的性质？

对此，我国刑法学界也有不同意见。一种意见认为，应当根据主犯犯罪的基本特征来决定。1985 年 7 月 8 日最高人民法院、最高人民检察院《关于当前办理经济犯罪案件中具体应用法律的若干问题的解答（试行）》说："内外勾结进行贪污或者盗窃活动的共同犯罪……应按其共同犯罪的基本特征定罪。共同犯罪的基本特征一般是由主犯犯罪的基本特征决定的。如果共同犯罪中主犯犯罪的基本特征是贪污，同案犯中不具有贪污罪主体身份的人，应以贪污罪的共犯论处……如果共同犯罪中主犯犯罪的基本特征是盗窃，同案犯的国家工作人员不论是否利用职务上的便利，应以盗窃罪的共犯论处。"另一种意见认为，两高《解答》所提出的以谁是主犯为根据来定罪的主张很值得商榷。"首先，刑法理论认为，共犯人在共同犯罪中所起的作用只是量刑的情节，而不是对共犯人的定罪根据，定罪的根据只能是具体的犯罪构成。行为人的行为符合什么罪的犯罪构成就定什么罪，而对共犯的定罪则是根据二人以上的故意犯罪行为所符合的具体罪的犯罪构成……其次，如果按照教唆犯在共犯中所起的作用来定罪，那么，当教唆犯和实行犯在共犯中所起的作用相同或者被教唆人没有实施所教唆的罪时，对教唆犯又该如何定罪呢？所以，《解答》的主张一是在刑法理论上说不通，二是不能适用于在司法实践中所出现的各种不同情况。"我们认为，故意犯罪的性质，是根据实行犯的实行行为的性质来决定的。认为共同犯罪应按主犯犯罪的性质来决定，虽有其合理的因素，但是不够科学。如果实行犯是主犯，按主犯犯罪的性质定罪与按实行犯的实行行为定罪是一样的，这自然不发生问题。如果教唆犯是主犯，按主犯犯罪性质定罪，即按教唆犯犯罪性质定罪，那就与刑法理论不合。因为实行犯的犯罪性质只能根据其实行行为的性质来决定。如果教唆犯与实行犯都是主犯，根据谁来定罪，就会不知所从。因而我们的结论是：无身份者教唆、帮助有身份者实施或与之共同实施真正身份犯时，应依有身份者的实行犯的实行行为来定罪，即依有身份者所实施的犯罪构成要件的行为来定罪，即使无身份者是主犯，也不影响上述定罪的原则。例如，张某、李某是棉花采购站工作人员，分别从事打包、棉检工作，在收购棉花时，又担任入库工作。两被告乘机互相勾结，利用农民兑换自留棉之机，在他们管理的空白皮棉检验入库单和皮棉结算码单上，虚构

584

入库皮棉和码单，然后与相好的社员王某、秦某密谋，由他们到会计室冒领票、款，计布票 3 000 多尺。款 4 000 多元。两被告分给王某、秦某各 400 元后，余下票、款，二人均分。本案张某、李某定贪污罪，王某、秦某应以贪污罪的共犯论处。这里有身份的张某、李某是主犯，同时也是实行犯，根据张某、李某的行为定罪，自然不发生问题。如果无身份者是主犯，但不是实行犯，那就不宜根据主犯定罪了。例如，商店出纳员温某（女），利用职务之便先后数次挪用公款 700 余元，借给其恋爱对象李某挥霍，李因无钱归还，多次动员温某窃取公款，并与王某密谋窃款办法，让温去办。温在李的唆使下，按照李交待的办法，于某日下午下班时窃走自己经管的保险柜内的现金 1 000 余元。当晚，李与王潜入商店，伪造被盗现场。温窃取的全部赃款，都交给了李某，李分给王某 120 元。本案按照在共同犯罪中所起的作用，显然李某大于温某，因为李某是教唆者，没有李的教唆，温不会产生窃取公款的犯意；李又是如何窃款的筹划者，温完全按照李的安排行事；李还事于伪造现场，转移侦查视线；最后温所窃公款，都交给李处理。李应是本案的主犯。但本案却不宜以非身份者李某的行为定为盗窃罪，因为他未参与实行犯罪构成要件的行为。温在本案中虽然是被动的，但她是实行犯，她利用职务之便，监守自盗，亲自将公款窃走，即实施了贪污罪客观要件的行为，因而应依有身份者温某的行为，将本案定为贪污罪，李为本案主犯，温也是主犯，王为从犯。这样处理既符合刑法理论，也符合案件的实际情况。

（二）有身份者教唆、帮助无身份者实施真正身份犯的问题

这就是有身份者加功于无身份者的场合，例如，国家工作人员教唆、帮助非国家工作人员收受贿赂，能否构成共同犯罪？应当如何处理？对此刑法理论上也有不同意见：1. 无身份者也成立正犯（实行犯）说。共同意思主体说首倡者草野豹一郎认为："非公务员与公务员，共同实行因公务员的身份而构成的犯罪，

由于在意思联络之下成为一体，应看作取得了公务员的身份。"①因而他主张非公务员应以真正身份犯的实行正犯处罚。2. 无身份者作为正犯（实行犯），有身份者是教唆犯说。认为在有身份者加功于无身份者的场合，有身份者没有分担实行行为，直接行为者是无身份者，其行为也可能实现可罚的违法类型。因而将无身份者作为正犯，有身份者作为教唆犯处罚是适宜的。3. 有身份者作为教唆犯、无身份者是从犯说。认为在被教唆者由于教唆犯的教唆而实施犯罪行为时，从被教唆者的立场看，不是犯罪的实行，从教唆者本身的立场看应当解释为犯罪的实行。因此，"例如，公务员依赖非公务员收受贿赂的场合，单独考察非公务员的行为，因为欠缺作为要件的身份，不能说是收贿的实行；但从公务员的立场看，上述行为恰恰是收贿的实行，从而公务员不是收贿的正犯，当然成为教唆犯。而这种场合，非公务员的行为，因为其本身不是实行，根据刑法第65条第1项，应认为构成帮助犯。"②4. 有身份者构成间接正犯、无身份者是从犯说。认为由于无身份者不具有犯罪构成要件上所要求的资格，所以即使知情，也不能成为身份犯的实行者，而不过是"无身份有故意的工具"。有身份者利用这样的工具，成立间接正犯；无身份者应认为是从犯③。怎样评价上述诸说呢？第一说认为无身份者因与有身份者共同犯罪，即变为同心一体，应视为取得了身份，是没有根据的。因为一定的身份，或由于法律所赋予而形成，或由于本身存在一定的事实情况而形成。这些客观特征是离开人的主观意识而独立存在的。无身份者不可能由于与有身份者存在意思联络就取得真正身份犯的身份，因而也就不可能成为真正身份

①② 转引自［日］团藤重光主编：《注释刑法·总则（3）》，有斐阁，1981年版，第839、840页。

③ 见［日］大谷实著：《刑法讲义总论》，成文堂，1994年第4版，第470页。

犯的实行犯。第二说认为无身份者是正犯，有身份者是教唆犯，实有悖于刑法理论。无身份者虽然能够实施真正身份犯的某种行为，但由于缺乏真正身份犯的身份，就不可能单独成为实行行为者，从而也就不会构成正犯。教唆犯是以预定实行犯的存在为前提的，无身份者既不可能是正犯，加功于无身份者的有身份者，也就不可能成为教唆犯。第三说将有身份者作为教唆犯，无身份者作为从犯（帮助犯），同样不符合刑法理论。在将共同犯罪人分为实行犯、教唆犯、帮助犯的刑法中，教唆犯和帮助犯（从犯）都是相对于实行犯而言的。教唆犯是对实行犯的教唆，帮助犯是对实行犯的帮助。本说既然否定实行犯的存在，那么，有身份者又向谁教唆？无身份者又对谁帮助？教唆犯和帮助犯岂不是都成了无源之水，无本之木？第四说在刑法理论上是可以成立的，无身份者既不能成为真正身份犯的实行者，有身份者教唆或帮助他犯罪，不过是把他作为"无身份有故意的工具"来利用，这正符合间接正犯的要求。间接正犯也是正犯，便利于间接正犯犯罪行为的实施，符合帮助犯的要求。所以将有身份者作为间接正犯、无身份者作为从犯（帮助犯）是能够自圆其说的。因而我们基本上赞同此说，但感到还需要进一步分析和补充。

我们认为：1. 有身份者教唆或帮助无身份者实施真正身份犯的情况，不是在任何真正身份中都可能存在的。如前所述，身份有自然身份和法律身份之分。由自然身份构成的真正身份犯，不具有该种身份者就不可能实行该种真正身份犯。例如，妇女由于其生理特征，不可能单独实施强奸罪的奸淫行为，因而有身份者就不可能构成无身份者实施这种真正身份犯的教唆犯、从犯以至间接正犯。由法律身份构成的真正身份犯，不具有该种身份者虽不能构成该种真正身份犯的实行犯，但在事实上还是能够实施该种犯罪的部分实行行为的。例如，非国家工作人员的妻子，可以代其国家工作人员的丈夫收受贿赂或索取贿赂。在这种情况下，有身份者能够教唆或帮助无身份者实施某种真正身份犯。2.

有身份者加功于无身份者实施真正身份犯的场合，有身份者构成间接正犯，无身份者构成从犯或胁从犯。例如，国家工作人员甲利用职务之便为他人谋取利益，而暗示或迫使其非国家工作人员的家属乙向他人索取贿赂或收受贿赂。甲构成受贿罪的间接正犯，依受贿罪的主犯论处；乙则分别情况构成受贿罪的从犯或胁从犯。

三、共同犯罪与影响刑罚轻重的身份

由于身份影响刑罚轻重时，刑罚的轻重只适用于具有这种身份的共同犯罪人。这是刑法理论和刑事立法公认的原则。如1968年民主德国刑法典第22条第5款规定："如果法律规定，由于个人的特殊情况可以加重、减轻刑罚或免除刑事责任的，只能适用于存在这些情况的正犯和共犯。"我国刑法没有类似的规定，对于上述问题，只能按照刑法理论上公认的原则，结合我国的实际情况予以解决。按照我国刑法的规定，影响刑罚轻重的身份有两种情况：

（一）身份不影响犯罪的性质，仅仅影响刑罚的轻重。即不论有身份者或无身份者实施某种行为，犯罪的性质相同，只是有身份者从重、加重处罚或者从轻、减轻处罚，无身份者按照通常的刑罚处罚。例如，我国刑法第243条规定："……国家机关工作人员犯前款罪的，从重处罚。"这就是说国家机关工作人员与非国家机关工作人员捏造事实诬告陷害他人的，均构成诬告陷害罪，国家机关工作人员的身份并不改变这种犯罪的性质，只是在量刑上从重处罚，非国家机关工作人员则按照通常的刑罚处罚。又如，我国刑法第17条第3款规定："已满14周岁不满18周岁的人犯罪，应当从轻或者减轻处罚。"未成年人与成年人共同实施犯罪，均构成同样性质之罪，未成年人的身份并不改变这种犯罪的性质，只是在量刑上应当从轻或者减轻处罚，成年人则按照通常的刑罚处罚。

（二）身份影响犯罪的性质，同时影响刑罚的轻重。对此，我国刑法学界有人提出异议，认为这是构成身份，而不是加减身份。其实，这是在刑法理论上早已解决了的问题。日本学者大谷实曾指出："关于加减身份，非身份者加功于身份者时，正犯与共犯是独立的，非身份者科以通常之刑。例如甲与乙共同遗弃甲的父母，两人虽成立共同正犯，但甲负保护责任者遗弃的罪责，乙负单纯遗弃的罪责。"① 即有身份者的行为与无身份者的行为，分别论以不同之罪。台湾刑法学者张灏讲得更为明确。他说："……尤须注意第二项所谓"科以通常之刑"，非仅为无身份或特定关系之人定刑之标准，即论罪亦应包括在内，不能将其分离为二，此为量刑不可分之原则。故共犯中科以通常之刑者，即应论以通常之罪名。例如甲与乙共同杀死乙之父母，乙应依杀直系血亲尊亲属论罪科刑；而甲……无身份关系，自应依普通杀人罪论处。"② 由此可见，所谓加减身份，也指由于具有这种身份以致构成与无身份者不同的犯罪，因而影响刑罚的轻重。而所谓构成身份，则是指由于具有该种身份才构成犯罪，而没有该种身份根本不构成犯罪。认清两者的区别，就不会将上述加减身份认为是构成身份了。

所谓身份影响犯罪的性质同时影响刑罚的轻重，这就是无身份者实施某种行为，构成一种犯罪；有身份者实施该种行为，构成另一种犯罪，有身份者所犯之罪的法定刑较无身份者所犯之罪的法定刑为重。例如，无特定身份的人员犯侵占罪，处 2 年以下有期徒刑、拘役或者罚金（我国刑法第 270 条）；公司、企业等单位的人员犯职务侵占罪，处 5 年以下有期徒刑或者拘役（我国刑法第 271 条）。在无身份者参与有身份者共同实施这种犯罪时，应当怎样处理，值得研究。

---

① ［日］大谷实：《刑法讲义·总论》，成文堂，1986 年版，第 449 页。
② 张灏：《中国刑法理论及实用》，三民书局，1980 年版，第 257 页。

1. 无身份者教唆、帮助有身份者实施或与之共同实施不真正身份犯，应当按照什么罪定罪科刑？刑法理论上有两种不同见解：一是分别定罪说，即无身份者按照无身份者的行为定罪科刑，有身份者按照有身份者的行为定罪科刑。例如，日本刑法学者西原春夫认为："关于不真正身份犯，无身份者加功于有身份者时，根据第 65 条第 2 项，无身份者科以通常之刑。例如，甲乙共同遗弃甲的父母的场合，两人虽然成立共同正犯，但甲负保护责任者遗弃的责任，乙负单纯遗弃的责任。乙教唆甲遗弃甲的父母的场合，甲负保护责任者遗弃的实行正犯的责任，乙负单纯遗弃的教唆犯的责任。"① 二是共同定罪、分别科刑说，即无身份者与有身份者共同按照不真正身份犯定罪，无身份者按照无身份者行为构成之罪科刑，有身份者按照不真正身份犯科刑。例如，业务上的占有者与非业务上的占有者一起侵占其共同占有的他人之物时，中谷瑾子认为，"根据判例、通说，不论业务上的占有者或非业务上的占有者都是业务上侵占罪的共同正犯，只是非业务上的占有者根据第 65 条第 2 项科以单纯侵占罪之刑。"② 上述两种观点，各有一定道理，也可供参考，但并不完全适合我国情况。根据我国的司法实践和刑法理论，我们认为这一问题可分为两种情况来解决：第一，无身份者与有身份者共同实施不真正身份犯的情况。这应根据无身份者是否参与有身份者利用职务之便的行为，区别对待。如果无身份者参与有身份者利用职务之便的行为，无身份者与有身份者构成不真正身份犯的共同实行犯，对有身份者按照不真正身份犯之刑处罚，对无身份者从轻处罚。例如，普通公民甲勾结邮政工作人员乙，一起将乙保管的一批邮件私自开拆、隐匿和毁弃。由于甲利用乙邮政工作之便共同实施犯罪，甲、乙均应以私自开拆、隐匿、毁弃邮件、电报罪的

---

① ［日］西原春夫：《刑法总论》，成文堂，1978 年版，第 360 页。

② ［日］青柳文雄等编：《刑法事典》，立花书房，1981 年版，第 125 页。

共同实行犯论处，乙因有邮政工作人员身份可以较甲从重处罚。如果无身份者并未利用有身份者的职务之便，共同实施某种不真正身份犯的行为，无身份者按照无身份者行为构成的犯罪定罪和科刑，有身份者按照有身份者行为构成的犯罪定罪和科刑。例如，未取得医生执业资格的非法行医人邀请医务人员，与其一起共同医治就诊人员，由于他们严重不负责任，造成就诊人死亡。医务人员由于具有执业资格，应依刑法第 335 条规定的医疗事故罪定罪处罚；非法行医人员则依刑法第 336 条第 1 款规定的非法行医罪定罪处罚。第二，无身份者教唆、帮助有身份者实施不真正身份犯的情况。在共同犯罪理论中，教唆犯按照他所教唆的犯罪定罪和处罚，帮助犯按照他所帮助的实行犯实施的犯罪定罪和处罚。这些原理对上述场合应当同样适用。因而我们认为，无身份者应依不真正身份犯的教唆犯或从犯定罪科刑。例如，普通公民甲教唆或帮助现役军人乙盗窃、抢夺枪支、弹药、爆炸物的，甲不是构成刑法第 127 条规定的盗窃、抢夺枪支、弹药、爆炸物罪的教唆犯或从犯，而是构成刑法第 438 条规定的盗窃、抢夺武器装备、军用物资罪的教唆犯或从犯。但在量刑时，可以考虑甲不具有现役军人身份而予以从轻处罚。

2. 有身份者教唆、帮助无身份者实施不真正身份犯，应当如何处理？意见也不一致。在日本，"关于这一点，判例以前采积极说，常习赌博者帮助非常习者的他人赌博的场合，负单纯赌博罪的从犯的罪责。然而，其后改变态度转而采消极说，对同种事件，负常习赌博罪的从犯的罪责。从而，例如儿子教唆他人杀害其父母的场合，他人虽是普通杀人的实行犯，但儿子应负杀尊亲属的教唆犯的责任。多数学者赞成这一结论，但一部分学者对此仍然反对。"[①] 根据前面所述教唆犯和帮助犯如何定罪的原理，我们认为，有身份者教唆或帮助无身份者实施某种非身份犯的犯

---

① ［日］西原春夫：《刑法总论》，成文堂，1978 年版，第 360 页。

罪，有身份者应以非身份犯的教唆犯或从犯论处。例如，现役军人甲教唆或帮助普通公民乙偷越国（边）境，甲应依刑法第322条，以偷越国（边）境罪的教唆犯或从犯论处，而不应因为甲有现役军人的身份，而使其以军人叛逃罪的教唆犯或从犯负责。当然，他的现役军人身份可以作为从重情节，在量刑时加以考虑。

四、共同犯罪与排除行为犯罪性或可罚性的身份

有排除行为犯罪性或可罚性的身份者的行为，即有消极身份者的行为，不构成犯罪或免除刑罚。无消极身份者教唆或帮助有消极身份者实施某种行为或与之共同实施某种行为，如何处理？也存在着分歧意见。我们认为，应当根据具体情况，对无消极身份者分别以间接正犯、教唆犯或某种犯罪的实行犯论处，情节显著轻微，危害不大的，不以犯罪论处。例如，不满14周岁的人的危害行为不构成犯罪，成年人甲教唆或帮助幼年人乙实施盗窃，甲构成盗窃罪的间接正犯。又如，实施犯罪行为湮灭自己实施犯罪的罪证，不另构成犯罪，未参与实施犯罪行为者甲教唆、帮助实施犯罪行为者湮灭罪证，或与之共同湮灭罪证，甲构成包庇罪；如果情节显著轻微，危害不大，可不以犯罪论处。与此相反，有消极身份者教唆、帮助无消极身份者实施某种行为或与之共同实施某种行为，如何处理，值得研究。我国刑法没有直系血亲、配偶及同居的亲属之间犯盗窃罪免除其刑罚的规定，但1984年11月最高人民法院、最高人民检察院《关于当前办理盗窃案件中具体应用法律的若干问题的解答》中指出："要把偷窃自己家里或近亲属的，同在社会上作案的加以区别。" 1985年3月最高人民检察院《对〈关于"要把偷盗自己家里或近亲属的，同在社会上作案的加以区别"如何理解和处理的请示报告〉的批复》中更明确指出："对此类案件，一般可不按犯罪处理；对确有追究刑事责任必要的，在处理时也应同在社会上作案的有所区别。" 修订的刑法施行后，1997年11月4日最高人民法院

《关于审理盗窃案件具体应用法律若干问题的解释》第 1 条规定："偷拿自己家的财物或者近亲属的财物，一般可不按犯罪处理；对确有追究刑事责任必要的，处罚时也应与在社会上作案的有所区别。"这为处理这类案件提供了司法依据。实际上在司法实践中对家庭成员之间的盗窃，一般也不作为盗窃罪处理。如果某家庭成员甲，教唆或帮助非其家庭成员乙盗窃其家中的财物，或与之共同盗窃其家中的财物，数额较大，应当如何处理呢？我们认为，甲虽然是乙实施盗窃罪的教唆者、帮助者或共同实行者，但因其具有家庭成员的身份，可不以盗窃罪论处，但对非家庭成员乙，仍应以盗窃罪论罪科刑；根据具体情况，如果情节显著轻微，危害不大，自然不应追究其刑事责任。

第五节　共同犯罪的若干特殊问题

一、共同犯罪与犯罪未遂、犯罪中止

在故意犯罪过程中的犯罪形态一章，我们论述了犯罪未遂与犯罪中止，那是以单个人犯罪为标准论述的。实际上，犯罪未遂、犯罪中止不仅在单个人犯罪中存在，而且在共同犯罪中也存在。共同犯罪不同于单个人犯罪，共同犯罪的犯罪未遂、犯罪中止同样有其特殊性，因而需要专门加以研究。

（一）简单共同犯罪与犯罪未遂、犯罪中止

如前所述，简单共同犯罪，又称共同正犯（共同实行犯），即共同犯罪人共同故意实行某种犯罪客观要件的行为。由于共同犯罪人各人的实行行为，互相配合，成为一个共同犯罪行为的整体，对他们每一个人的行为应从整体上加以考察，所以在他们的共同实行行为共同未能得逞时，共同犯罪人都构成犯罪未遂，自不发生问题。例如，甲、乙二人开枪射杀丙，两人都未命中，致丙趁机逃走，甲、乙均构成杀人未遂。如果共同犯罪人中一人的行为造成危害结果发生，其余共同犯罪人的行为对危害结果的发生没有起什么作用，就上例而言，如果只是甲开枪将丙杀死，乙未命中，根据共同实行犯"部分行为全体责任"的原则，不仅甲依犯罪既遂论处，乙同样依犯罪既遂论处。这一观点也为我国刑法学者所公认。但对具有一定特殊情况的共同犯罪——亦即亲手犯（在犯罪性质上通过他人的行为不能成为实行犯的犯罪）的共同犯罪，似不宜按照上述原则处理。因为亲手犯只有具有一定身份或特殊情况的人亲身实行犯罪行为，才能完成犯罪。对亲身犯的共同实行犯来说，如果有人未完成犯罪，有人完成了犯罪，就应分别情况，对完成犯罪者论以犯罪既遂，对未完成犯罪者论以犯罪未遂，这才与亲手犯的原理相符合。例如，在押犯甲、乙共谋将牢房墙壁挖穿脱逃，共同在山墙上挖了个洞，甲穿洞逃走后，乙正着手穿洞逃跑时因被发觉而未得逞。甲构成脱逃罪既遂，乙构成脱逃罪未遂。

共同实行犯的犯罪中止，情况较为复杂。共同实行犯中一人在共同实行犯罪过程中自动放弃犯罪，并且劝说其他共同实行犯放弃犯罪，以致共同停止实行犯罪，共同犯罪人均构成犯罪中止；如果在共同犯罪过程中自动放弃犯罪者，劝说其他共同实行犯放弃犯罪无效，转而采取防止措施，避免了危害结果发生，则自动放弃犯罪者构成犯罪中止，其他共同实行犯则构成犯罪未遂。这些在刑法理论上均无异议。存在争论的是：当在共同实行犯中一人自动放弃犯罪，并竭力阻止其他共同实行犯继续犯罪，但终因力所不及，未能阻止危害结果发生，这时自动放弃犯罪者能否依犯罪中止处理？对此存在着不同的观点和立法。客观说认为，犯罪中止以彻底放弃犯罪或有效防止犯罪结果发生为必要条件，犯罪结果之所以没有发生，必须是由于其中止行为所致；否则犯罪结果未能被阻止，或者犯罪结果虽然没有发生，而是由于其他原因所致，自动放弃犯罪者就不能构成犯罪中止。韩国刑法第 26 条规定："行为人已着手犯罪行为之实行，而因己意中止，或防止其结果发生者，减轻或免除其刑。"这是客观说的立法例之一。主观说认为，刑法对犯罪中止之所以规定减轻或免除处罚，是因为中止犯的主观危险性已经减少，所以共同犯罪人中某人放弃其犯罪行为，即使未能防止结果发生，也应依犯罪中止处理。1976 年联邦德国刑法典第 24 条第 2 款规定："数人加功于犯罪，其中因己意而防止犯罪之完成者，不受未遂犯之处罚。犯罪非因中止者之所为而不完成，或犯罪之遂行与中止者以前之参与行为无关时，如有因己意防止犯罪完成之诚挚努力，亦足免罚。"这一规定虽然原则上采客观说，但也吸取了主观说的观点。我国刑法没有类似联邦德国刑法典的规定，按照我国刑法，中止犯罪者如果未能防止犯罪结果的发生，不能以犯罪中止处理；但中止行为和行为人为防止犯罪结果发生所作的诚恳努力，可以在量刑时作为酌定从轻情节予以考虑。

（二）复杂共同犯罪与犯罪未遂、犯罪中止

如前所述，复杂共同犯罪是指共同犯罪人之间存在着实行犯、教唆犯、帮助犯分工的共同犯罪。在这种共同犯罪形式中，实行犯的犯罪未遂、犯罪中止对教唆犯、帮助犯有何影响？教唆犯、帮助犯是否存在犯罪未遂、犯罪中止？如果存在，它对实行犯有何影响？需要分别加以研究。

1. 实行犯的未遂或中止。实行犯着手实行犯罪而未遂时，对于教唆犯或帮助犯来说，如果实行犯未遂也是出于他们意志以外的原因，教唆犯或帮助犯与实行犯同样都构成犯罪未遂。实行犯在犯罪过程中中止犯罪时，教唆犯是构成犯罪未遂还是构成犯罪中止，在我国刑法学界存在着不同看法。一种意见认为构成犯罪中止，理由是：在被教唆者犯了被教唆罪的情况下，应当把被教唆者的行为的社会危害性程度看作是与教唆者共同造成的，因此，应当根据被教唆者在犯罪过程中的犯罪形态，来相应地确定教唆者的犯罪形态。另一种意见认为构成犯罪未遂，理由是：被教唆者在实行犯罪过程中中止犯罪，是出于教唆者意志以外的原因，因此，教唆者应认为是犯罪未遂。我们同意后一种观点，但认为需要进一步加以分析。实行犯在犯罪预备阶段或实行阶段中止犯罪时，这种中止，对教唆犯来说，如果是出于其意志以外的原因，那就不符合犯罪中止的条件，实行犯中止的效力不应及于教唆犯。教唆犯应分别以预备犯论处（实行犯在预备阶段中止犯罪时），或者以未遂犯论处（实行犯在实行阶段中止犯罪）。如果实行犯的中止，也出于教唆犯的意志，教唆犯也应构成犯罪中止。实行犯中止犯罪时，对从犯（帮助犯）的处理，与对教唆犯的处理相同。

2. 教唆犯和从犯（帮助犯）的未遂或中止。教唆犯和从犯（帮助犯）的未遂或中止与实行犯的未遂或中止的关系，已如前述。问题在于被教唆的人没有犯被教唆的罪时，教唆犯是否构成未遂？对此，我国刑法学界也有不同看法：（1）预备说，认为在这种情况下应以预备犯论。主要理由是：教唆犯对被教唆人实施教唆行为，与为了犯罪寻找犯罪同伙本质上是相同的，而寻找犯罪同伙正是犯罪预备的一种表现形式；已经着手实行犯罪是构成犯罪未遂的一个必要条件，被教唆者没有实行犯罪的情况下，犯罪行为还是处于着手实行犯罪以前的行为，只能属于犯罪预备。（2）未遂说，认为在这种情况下构成教唆犯的未遂。主要理由是：教唆犯的着手实行犯罪，是指教唆犯把教唆他人犯罪的目的付诸实施，被教唆人未实行教唆的犯罪，对教唆犯来说是意志以外的原因，在这种情况下，教唆犯完全符合我国刑法规定的犯罪未遂的特征；教唆他人犯罪，他人没有犯被教唆的罪时，刑法规定从轻或者减轻处罚，与刑法对未遂犯处罚的规定相同，可见立法者把这种情况下的教唆犯视为未遂犯。（3）特殊教唆犯说，认为在这种情况下，教唆犯不构成共同犯罪，是一种特殊教唆犯，应根据其本身的犯罪事实、犯罪性质、情节和社会危害程度，从轻或减轻处罚。这不但与特殊教唆犯的定罪原则保持了一致性，而且更符合特殊教唆犯本身的特点。我们同意后一看法，因为它符合我国刑法的规定。我国刑法第29条第2款规定："如果被教唆的人没有犯被教唆的罪，对于教唆犯，可以从轻或者减轻处罚。"在被教唆的人没有犯被教唆的罪时，我国刑法只规定如何处罚，并未规定"以未遂犯论"，因而对于这种情况，只要依教唆犯定罪，根据刑法第29条第2款从轻或减轻处罚就可以了，无需定为教唆犯的未遂或犯罪预备。被帮助的人没有犯被帮助的罪时，帮助者应当如何处理？我国刑法没有明文规定。我们认为，这种情况可以参照犯罪预备论处。如果情节显著轻微，危害不大，应当不认为是犯罪。

不过，教唆犯和从犯（帮助犯）都会发生犯罪中止问题。在教唆犯、从犯教唆、帮助他人犯罪后，他人已预备犯罪或已着手实行犯罪时，自动放弃犯罪，阻止了他人继续犯罪或有效地防止了犯罪结果的发生。教唆犯、从犯构成犯罪中止，实行犯构成犯罪未遂。如果实行犯经教唆犯、从犯的劝说，也自动放弃犯罪时，教唆犯、从犯、实行犯均构成犯罪中止。如果教唆犯、从犯虽然自动放弃犯罪，实行犯也没有完成犯罪，但其原因不是由于教唆犯、从犯的放弃中止，而是由于他们意志之外的障碍，教唆犯、从犯、实行犯都构成犯罪未遂。如果教唆犯、从犯虽然自动放弃犯罪，但未能有效地防止犯罪结果发生时，教唆犯、从犯、实行犯都构成犯罪既遂。但教唆犯、从犯的自动放弃行为，可以作为酌定从轻情节在量刑时予以考虑；如果实行犯接受劝说，积极防止犯罪结果的发生，但未能防止时，实行犯的这种防止犯罪结果发生的积极态度，在量刑时也应置于考虑的范围。

二、共犯的共犯

共犯的共犯又称间接共犯，是与直接共犯相对而言的。直接共犯指教唆或帮助实行犯的共犯，即大陆法系刑法理论上所说狭义的共犯（广义的共犯指包括共同正犯、教唆犯、从犯（帮助犯）在内的共犯）。间接共犯指教唆或帮助教唆犯或从犯（帮助犯）的共犯。共犯的共犯是以分工为标准对共同犯罪人进行分类的刑法上规定的犯罪形态。我国刑法基本上以作用为标准对共同犯罪人进行分类，没有规定共犯的共犯，但这种犯罪形态在社会生活中还是存在的。为了便于司法机关对这种犯罪形态的处理，需要借鉴已有的立法例和研究成果，对它的定性和处理原则加以探讨。

在刑法理论上，除个别学者外，大都将共犯的共犯分为四种形态。为了论述的方便，我们也按照四种形态逐一进行分析：

（一）教唆教唆犯，或称教唆犯之教唆犯，指教唆他人，再由他人教唆第三者实行犯罪。《日本刑法》第 61 条规定："（一）教唆他人犯罪的，按照正犯论处。（二）教唆教唆犯的，亦同。"教唆教唆犯有两种情况：1. 相继教唆：即教唆他人去教唆第三者实行犯罪。例如，甲教唆乙，让乙教唆丙杀丁。甲构成教唆教唆犯，依照教唆犯处理。2. 间接教唆：即教唆他人犯罪，他人不自行犯罪，转而教唆第三者实行犯罪。例如，甲教唆乙杀丁，乙自己不去杀丁，转而教唆丙杀丁。对这种情况如何处理，意见不一。一种意见认为，"此时，甲教唆乙犯杀人罪，而非教唆乙犯教唆罪；乙不自杀人而教唆丙杀人，实非甲之本意。亦即甲不能对乙之教唆行为负责；无论丙已否将丁杀死，甲只能以杀人未遂犯论（因乙并未着手杀丁）。"① 另一种意见认为，这种情况仍应按照相继教唆处理。其理由是："第一教唆行为与犯罪实行之间有因果关系，并且因为其实行不出于第一教唆者预期的结果之外，其间虽有第二教唆行为介入，但不能说因果关系为之中断。"② 我们认为第一种意见是不对的，因为按照第一种意见，当第三者将人杀死时，第一教唆者只能以杀人未遂论处，在理论

---

① 郑健才：《刑法总则》，三民书局，1985 年版，第 234 页。

② ［日］牧野英一：《日本刑法》（上），有斐阁，1939 年版，第 481 页。

上既不免于牵强，在实践上又会放纵犯罪。第二种意见，从犯罪客观要件存在有因果关系，犯罪主观要件符合教唆者对结果的原有的故意来论述，立论正确，诚为可取。

上述两种情况，日本刑法学者多统称之为间接教唆。间接教唆，适用关于教唆犯的规定"按照正犯论处"。此外，在刑法理论上还有"再间接教唆"。所谓再间接教唆，指教唆间接教唆者的情况。再间接教唆者及其以上的间接教唆者叫做连锁的教唆。对连锁的教唆者能否处罚，存在着否定说与肯定说之争。否定说认为，再间接教唆者及其以上的间接教唆者是不罚的。因为刑法只规定教唆教唆犯，按教唆犯论处，这是对间接教唆的限制。如果对再间接教唆者及其以上的间接教唆者追究责任，那就会无限制地追究正犯的背后关系，会有害于法的确实性，因而是不妥当的。肯定说认为，教唆犯处罚的规定是修正的构成要件，教唆教唆犯的规定不是限制的规定，而是引起注意的规定，因而应当理解为再间接教唆者可以根据间接教唆者的规定予以处罚。而且如果直接教唆实行犯犯罪的加以处罚，第一个教唆者即再间接教唆者，直接引起犯意，反而不受处罚，未免失当。

关于教唆教唆犯，我国刑法没有明文规定，但我国刑法第29条对教唆犯的规定是："教唆他人犯罪的，应当按照他在共同犯罪中所起的作用处罚。"这里的表述是"教唆他人犯罪"，而不是"教唆他人实行犯罪"，因而教唆他人去教唆第三者犯罪，也可解释为"教唆他人犯罪"，因而应认为构成教唆犯，量刑时同样应按照其在共同犯罪中的不同作用分别处罚。至于再间接教唆，我们认为原则上应采肯定说，但也要具体分析。最先教唆者，是犯罪意思的发起者，没有他的教唆，就不会使他人产生犯罪意思。一般说来在共同犯罪中起着主要作用，应当作为主犯处罚。最后教唆者教唆他人实行犯罪，直接引起他人犯罪行为的实行，一般说来在共同犯罪中也起着主要作用，也应作为主犯处罚。中间教唆者，只是起着中转的作用，在共同犯罪中所起作用较小，可以作为从犯处罚；情节显著轻微的，可以不予处罚。

（二）教唆从犯（帮助犯），或称帮助犯之教唆犯，指教唆他人，使他人帮助第三者实行犯罪。《日本刑法》第 62 条规定："（一）帮助正犯的，是从犯。（二）教唆从犯的，按照从犯论处。"例如，甲教唆乙向丙提供杀害丁用的手枪。教唆从犯的性质如何？存在着意见分歧。一种意见认为是教唆犯。理由是教唆犯的根本特征在于引起他人帮助实行犯罪的故意，本质上与教唆犯的特征相符合，因而应视为教唆犯；但由于教唆的内容是帮助他人犯罪，因而应依从犯（帮助犯）处罚。另一种意见认为是从犯。论者说："……教唆帮助犯罪，其本质自仍系从犯，而非教唆犯……盖教唆犯罪，有独立处罚规定，而帮助犯罪则否；故教唆帮助犯罪，不能与教唆教唆犯罪相提并论也。"[①] 我们同意第一种观点。因为教唆帮助犯，其性质符合教唆犯的根本特征，所以应认为是教唆犯，不能因为未规定独立处罚，就否定它的教唆犯性质。同时他只是教唆他人对实行犯提供帮助，所起作用是次要的，因而依从犯处罚是合理的。

关于从犯的间接教唆，刑法没有规定。对此，日本刑法学者植松正认为："关于从犯的间接教唆，缺乏规定，尽管法规关于正犯的间接教唆载于明文，但因为关于从犯的间接教唆没有任何规定，一看就理解不承认从犯的间接教唆的旨趣。"[②] 教唆帮助犯，是按从犯处罚，因为其社会危害性显然较教唆教唆犯为轻，从而不宜无限扩大教唆帮助犯的范围，自以不承认从犯的间接教唆为妥。

关于教唆从犯（帮助犯），我国刑法同样没有规定。但根据我国刑法关于教唆犯的规定，系表达为"教唆他人犯罪"，教唆

---

① 郑健才：《刑法总则》，三民书局，1985 年版，第 235 页。

② ［日］植松正：《刑法概论 I 总论》，劲草书房，1974 年版，第 384 页。

他人帮助第三者犯罪，解释上也可以包含在内。需要指出，我国刑法中的从犯，包括帮助犯和起次要作用的实行犯，这里所说的教唆从犯，是指教唆帮助犯而言，因为教唆起次要作用的实行犯，仍然是教唆实行犯，不发生共犯的共犯问题。自然，对这种情况的教唆犯，由于他起的是次要作用，可以作为从犯予以处罚。教唆他人帮助第三者实行犯罪的人，在共同犯罪中所起的作用同样较为次要，应当作为从犯处罚，自不待言。

（三）帮助从犯（帮助犯），或称帮助犯之帮助犯，指对帮助他人犯罪者给予帮助，因而又称间接帮助或相继帮助。1912年旧中国暂行新刑律第 31 条第 2 款规定："教唆或帮助从犯者，准从犯论。"1928 年旧中国刑法第 44 条第 2 款仅规定："教唆从犯者，以从犯论。"而删去帮助从犯的规定。从帮助从犯在立法的变化上，可以看出两个立法例对帮助从犯的不同态度。在刑法理论上对帮助从犯有积极说和消极说的不同见解。积极说肯定帮助从犯的成立。如日本刑法学者泉二新熊认为："从犯的帮助，理解为间接帮助正犯的从犯是正当的，例如乙为了帮助甲犯罪，正在向犯罪场所搬运器具，丙知其情后，协助乙搬运时，丙也解释为对甲的从犯，是适当的。"① 与此相反，消极说则否认帮助从犯的成立。如龙川幸辰等认为，尽管刑法对从犯的教唆特别设有规定，但对从犯的帮助则沉默未置一词，由于其价值太小不足以认为是刑法上的问题，应解释为从犯的帮助不可罚②。上述见解虽然各有一定的道理，但都不免失于片面性。我国刑法没有帮助从犯的规定，对帮助从犯能否作为从犯处理，我们认为应根据具体情况区别对待，既不宜一律作为从犯处理，也不宜一律否定能够成为从犯。我国刑法第 27 条规定："在共同犯罪中起次要或者辅助作用的，是从犯。"这里只说从犯在共同犯罪中起次要

①② 引自 ［日］团藤重光主编：《注释刑法·总则（3）》，有斐阁，1981 年版，第 819 页。

或辅助作用，并未限制帮助从犯（帮助犯），事实上帮助帮助犯所起的作用当然是辅助性的，从理论上说，并非不能作为从犯处理。实际上对严重犯罪的帮助帮助犯，例如对帮助劫持飞机者以帮助，如不作为从犯处罚，就会轻纵犯罪。但一般说来其帮助行为毕竟是较轻的，对结果的原因力也是较小的，所以即使作为从犯处理，也应比直接从犯处理更轻。至于那些情节显著轻微的帮助帮助犯，自然可以不作为从犯论处。

（四）帮助教唆犯，或称教唆犯之帮助犯，指帮助他人教唆第三者实行犯罪。例如，甲拟教唆乙杀害丁，但不知如何教唆才能成功，遂求计于丙，丙告诉甲：乙为人贪财，如果赠以重金，乙必效命。甲依计而行，乙果然接受教唆，致将丁杀死。丙即属帮助教唆犯。帮助教唆犯刑法没有规定，其是否具有可罚性，在解释上也有积极说与消极说的对立。主张积极说者如牧野英一认为，"关于帮助教唆者、帮助从犯者，应解释为亦准用此规定（按：指日本刑法第 62 条第 2 项）。"① 主张消极说者如韩忠谟认为，帮助教唆犯，不应认为是共犯，理由有二：（1）刑法无明文准用共犯的规定，即不得加以处罚。（2）"教唆之帮助，较之教唆之教唆，帮助之教唆，对于犯罪之关系尤为疏远，不仅无处罚之必要，且罚之恐易滋纷扰……"② 对上述两说，我们与对帮助从犯的积极说与消极说的评价持同样的观点，认为不宜一律否定帮助教唆犯成立从犯的可能性，应像对帮助从犯一样，根据具体情况，采取具体分析、区别对待的原则来处理。

三、共同犯罪人的认识错误

刑法上的认识错误，如前所述，分为法律上的认识错误和事

---

① ［日］牧野英一：《日本刑法》（上），有斐阁，1939 年版，第 480 页。
② 韩忠谟：《刑法原理》，台湾雨利美术印刷有限公司，1981 年版，第 292 页。

实上的认识错误两类。前者不影响行为人的刑事责任；后者有的不影响刑事责任，有的影响刑事责任。共同犯罪人的认识错误，自然应当根据刑法上的认识错误的原则来解决。由于法律上的认识错误不影响刑事责任的原理，完全适用于共同犯罪人的认识错误，所以在研究共同犯罪人的认识错误时，不需要再研究法律上的认识错误。事实上的认识错误，在共同犯罪人的认识错误上，则有其特殊表现，需要专门加以研究。因而共同犯罪人的认识错误，是指某个共同犯罪人所认识的犯罪事实与其他共同犯罪人所实行的犯罪事实不相一致。

（一）共同实行犯的认识错误，即共同实行犯中某人所认识的犯罪事实，与其他实行犯所实行的犯罪事实不相一致。通常表现为如下两种情况：一是所认识的犯罪事实与所实行的犯罪事实，虽不相同，但性质相近，例如甲、乙共同用铁器殴击某丙，甲认识的是实行伤害，乙实行的则是杀人；一是所认识的犯罪事实与所实行的犯罪事实性质完全不同，例如甲乙共同强奸某丙，而乙在实施强奸过程中又抢劫了某丙的手表，对于乙的抢劫行为，甲则全然不知。由于共同实行犯，只能在各实行犯的认识与其实行的犯罪事实相符合的范围内才能成立，因之，各共同实行犯只能在其认识与实行的犯罪事实相符合的范围内负刑事责任。上述第一种情况，甲负伤害罪的刑事责任，乙负杀人罪的刑事责任；第二种情况，甲乙共同负强奸罪的刑事责任，乙独自另负抢劫罪的刑事责任。

（二）教唆犯、帮助犯（从犯）与实行犯或实行者之间的认识错误，可分为以下两种情况：

1. 教唆或帮助他人犯罪事实的认识错误，即实行犯所实行的犯罪事实与教唆犯或帮助犯所认识的犯罪事实不相一致。这种认识错误可以表现为以下几种：

（1）相同犯罪构成要件范围内的认识错误，即这种错误只是具体事实的不相一致，但在法律上作为犯罪构成要件并无差别。

目标错误（或叫对象错误）就属于这种错误。例如甲教唆乙去杀丙，乙误认丁为丙，将丁杀死。杀害的对象不论是丙还是丁，对杀人罪的成立不发生影响，乙应负杀人既遂的责任。至于是否影响教唆犯的成立，在外国刑法理论上有不同见解：一种是肯定说，认为目标的错误不影响犯罪的故意成立，甲依然不免于构成杀人罪的教唆犯。一种是否定说，认为在这种情况下不成立共犯。我们认为解决事实上的认识错误，应当采取构成要件符合说的观点，即基本的构成要件范围内的认识错误，不影响行为人的故意成立，也不影响共犯的故意的成立，因之，目标的错误，对教唆犯的成立不发生影响。就上例而言，实行犯已构成杀人既遂，甲构成杀人罪既遂的教唆犯。在实行犯发生目标错误的情况下，对帮助犯（从犯）也应当如教唆犯一样解决。打击错误（或叫行为的差误），不是认识的错误，而是由于行为人在犯罪方法上的失误，以致侵害了不是预期的犯罪对象。例如意图杀死丙，因枪法不准，竟击中丙旁的丁，致丁死亡。如果甲教唆乙去杀害丙，或提供武器帮助乙去杀害丙，乙因打击错误，杀死了丁，对教唆犯或帮助犯甲来说，也是所认识的犯罪事实与所实行的犯罪事实不相一致。在这种情况下，对教唆犯或帮助犯如何处理呢？也存在不同看法，多数学者认为，在实行犯发生打击错误的情况下，实行犯构成故意犯罪未遂与过失犯罪（或间接故意犯罪既遂）的想象竞合犯，就上例言，构成故意杀人未遂与过失杀人（或间接故意杀人既遂）的想象竞合犯，教唆犯应按教唆杀人未遂处理。但也有部分学者认为，对于打击错误，同样属于基本构成要件范围内的错误，从构成要件符合说的观点来看，杀害丙或杀害丁，对杀人罪的成立并无影响，因而实行犯应构成犯罪既遂，就上例言，应构成杀人既遂。教唆者构成杀人既遂的教唆犯，帮助者构成杀人既遂的帮助犯（从犯）。我们同意后一观点。

（2）不同犯罪构成要件之间的认识错误，即实行犯所实行的犯罪事实与教唆犯、帮助犯（从犯）所认识的犯罪事实，不只是具体犯罪事实不相一致，而且作为犯罪构成要件的事实也不相同。这种认识错误大体上可分为两种：其一是犯罪构成虽然不同，但有部分重合关系。例如教唆者或帮助者，教唆或帮助他人实施抢夺，实行犯则实施抢劫。抢劫罪与抢夺罪犯罪构成要件不同，但有部分重合关系，如都以非法占有为目的，都攫取他人财产；但由于抢劫是使用暴力或胁迫手段，所以抢劫罪重于抢夺罪。在这种情况下教唆者或帮助者与实行者构成共犯关系，不过教唆者或帮助者构成抢夺罪既遂的教唆犯或从犯，实行犯则依抢劫罪既遂论处。相反地，如果教唆者或帮助者教唆或帮助他人实施抢劫，实行者只是实施抢夺。在这种情况下，教唆者或帮助者与实行者同样构成共犯关系，不过教唆者或帮助者构成抢劫罪未遂的教唆犯或帮助犯，实行者应依抢夺罪既遂论处。其二是两种犯罪构成完全不同，没有重合关系可言，例如教唆者或帮助者教唆或帮助他人实施盗窃，而实行者却实施强奸，在这种情况下，被教唆者并未犯所教唆之罪，因而教唆者与被教唆者不构成共犯关系，应依刑法第 29 条第 2 款对教唆者处罚，独立按盗窃教唆犯负责。但对这种情况下的帮助者如何处理，刑法未加规定。对此，前面已有论述，可以参阅。至于实行者应当依强奸罪论处，自不待言。

（3）关于结果加重犯的认识错误，即教唆者或帮助者教唆或帮助他人实施基本的犯罪构成要件的行为，实行者实施的行为却发生了基本犯罪构成要件的结果以外的重结果。例如教唆者或帮助者教唆或帮助他人实施伤害行为，实行者实施的行为却是伤害致人死亡。在这种情况下，教唆犯应当如何处理呢？意见亦不一致，一种意见认为教唆者即使对加重的结果没有认识，也不能免于对加重的结果负刑事责任。另一种意见认为限于共犯者对加重的结果没有过失，才不成立结果加重犯的共犯。第三种意见认为教唆者仅对被教唆者所实施的基本犯罪行为负责，而对其造成的加重的结果则不承担刑事责任。我们同意第二种观点，教唆者虽然没有认识到实行者会造成加重的结果，如果应当预见这种加重结果发生时，即应当对加重的结果负刑事责任。对于实施了结果加重犯的帮助者，也应按照同样的原则处理。

2. 教唆或帮助对象的认识错误，即教唆者或帮助者所认识的教唆或帮助对象与所教唆或帮助对象的实际情况不相一致。又可分为以下两种：

（1）教唆或帮助的对象是有无责任能力者的认识错误，即教唆者或帮助者认为所教唆或帮助的对象是有责任能力者，实际上是无责任能力者，或者相反，教唆者或帮助者认为所教唆或帮助的对象是无责任能力者，实际上是有责任能力者。教唆或帮助有责任能力者实施犯罪，构成教唆犯或帮助犯，而教唆或帮助无责任能力者实施犯罪，是利用他人为工具自己实行犯罪，构成间接实行犯（或称间接正犯）。对教唆的对象，在认识错误时应当如何处理，资产阶级学者中有三种不同的主张：一是主观说，认为应以教唆者的意思为判断的标准，教唆者主观上认为所教唆的对象是有责任能力者时，构成教唆犯；认为是无责任能力者时，构成间接实行犯。二是客观说，认为应以所教唆对象的实际情况为判断的标准，所教唆的对象实际上是有责任能力者时，教唆者构成教唆犯，实际上是无责任能力者时，构成间接实行犯。三是折衷说，认为应把行为者的主观方面与客观方面结合起来考虑，然后加以判断。根据这一观点，不论教唆者认为所教唆的对象是有责任能力者，实际上是无责任能力者，或者相反，认为所教唆的对象是无责任能力者，实际上是有责任能力者，都构成教唆犯。我们认为，根据我国刑法对教唆犯的规定和事实上的认识错误不影响犯罪故意成立的原则，在教唆者、帮助者误认为所教唆或帮助的对象是有责任能力者，实际上是无责任能力者，被教唆或被帮助者实施了所教唆或所帮助的犯罪时，教唆者构成教唆犯，应依刑法第29条第1款的规定，根据其在犯罪中所起的实际作用，作为间接实行犯处罚，帮助者应作为从犯处罚。在教唆者、帮助者误认为所教唆或帮助的对象是无责任能力者，实际上是有责任能力者，被教唆或被帮助者实施了所教唆或所帮助的犯罪时，教唆者、帮助者均应以间接实行犯论，教唆者可按主犯处罚，帮助者可按从犯处罚。

（2）教唆的对象是实行者或是直接教唆者的认识错误，即教唆者认为他所教唆的对象是实行者，实际上是直接教唆者。这就是教唆者教唆他人实行犯罪，实际上他人转而教唆第三者实行犯罪。或者相反，教唆者认为他所教唆的对象是直接教唆者，实际上是实行者。这就是教唆者唆使他人教唆第三者实行犯罪，实际上他人却自己实行犯罪。对这种认识错误如何处理呢？我们认为这种认识错误，不过是教唆犯构成要件内部的因果关系的错误，不应当影响教唆的故意，因而无碍于教唆犯的成立。

帮助的对象是实行者或间接帮助者的认识错误，应当与上述教唆对象的认识错误同样解决。

第九章　一罪与数罪

第一节　概　　说

一、罪数的概念和意义

罪数，指行为人的危害社会的行为构成犯罪的单、复。危害社会的行为，构成单一罪的，是一罪，构成两个以上复数罪的，是数罪。简单地说，罪数，即一罪与数罪的犯罪个数。

具体的犯罪，关系一罪与数罪的，情状复杂，形态不一。行为人犯一罪的情形，有一行为构成一罪，有数行为构成一罪；行为人犯数罪的情形，有一行为犯数罪，也有数行为犯数罪；有并合关系的（犯罪竞合）数罪，理论上称并合犯，它又可分并数罪为一罪的罪的并合和并数刑为一刑的刑的并合。于是，怎样确定一行为与数行为，什么是一罪与数罪，如何评价、处断并合犯等等，就发生了刑法上的罪数问题。

在刑法理论上，对于罪数观念，因刑法理论（客观主义与主观主义）不同而重视程度有异。客观主义基于古罗马法"刑罚应与犯罪之数相称"的传统思想，主张"一罪一刑"，数罪应科以数刑的报应刑主义，坚持严格的罪数观念。主观主义则认为犯罪的本质表现在"主体性"上，行为，是行为人的行为，要根据行为人的意思或性格，先定其恶性程度，然后处以相当刑罚，一人虽犯数罪，以刑罚改善其主体个性，实与一人犯一罪情形相同，没有必要过分重视犯罪的次数，所以主张"一人一刑"，即目的刑主义。报应刑与目的刑主义是相互对立的；然而现时的各国刑事立法，一般说来，既未置客观主义于不顾，也未绝对采用主观主义，一般仍以"行为中心"为基础，兼采主观主义的优点。奥地利刑法第 28 条第 1 项"行为人以单一或多数独立行为，而犯数个同种或异种可罚性行为，并同时判决时，如其所竞合之法规，仅规定自由刑或罚金者，应从一重之自由刑或罚金而为处断"的规定，则只是基于目的刑主义所采的"一人一刑"制度。

研究一罪与数罪的理论，称罪数论。罪数论在刑法理论中的地位如何，有两种不同的态度，一是附属在刑罚理论中论述。理由是，现今刑法在刑法总则的"刑罚"部分多以重要条、款设有数罪并罚的明文，而在"犯罪"部分很少有判断罪数的规定，同时，刑罚处罚犯罪，罪数是适用刑罚的时候才发生的问题。二是在犯罪论体系中单列一个独立的单元进行研究。理由是，罪数的确定与刑罚的科处，并非同时并立的现象，犯罪在先，刑罚在后，先有罪数的确定，而后才有刑罚的科处。

罪数论的地位，因罪数论本质的观念不同，在学说上有"犯罪本质观"与"科刑目的论"之争。前者认为罪数是重要的犯罪形态问题，罪数论应当是犯罪理论体系的组成部分；后者认为一罪与数罪的意义主要在刑罚的适用上体现出来，罪数论是刑罚理论，而不是犯罪理论。

在我们看来，罪数本来兼有犯罪与刑罚的双重问题，罪数的确定与刑罚的科处，有不可分离的关系，不宜将二者绝对分割。罪数理论是在犯罪论领域中或是在刑罚论领域中研究，各国刑法学应当根据自己的刑事立法、理论发展趋势以及司法实践的经验来确定。

我国刑法学关于罪数论的研究，由刑罚论领域转向了犯罪论领域。法律出版社 1982 年版高等学校法学试用教材《刑法学》以及同一时期的一些刑法专著、教程等，都在刑罚论编中将罪数问题安排在数罪并罚一章内阐述。自 80 年代后期，随着我国刑法学研究的进展，已经把罪数看作是一种犯罪形态，这一时期的刑法论著和高等学校文科教材《中国刑法学》（1989 年）都将罪数问题列入犯罪论编内设专章研究。

基于下述理由，我们在犯罪论体系中确定罪数理论的地位：（1）罪数理论内容丰富、问题繁多，许多问题和内容，刑罚理论不能包括。现时，罪数问题的研究，一方面，已经推出了一些重要成果，同时，也显示出很多问题有待深入探讨，从而，形成了在犯罪论而不是在刑罚论体系中发展和完善罪数理论的迫切性和现实性。（2）突出罪数理论的研究是我国司法实践的迫切需要。具体的犯罪，情状万千，其中，罪数形态各种各样，数罪的处罚关系比较复杂，确定某种犯罪事实是一罪还是数罪？数罪事实，是一罪论处还是数罪并罚？都是司法实践中经常遇到而且必须加以解决的问题。（3）罪与刑这一对现象，罪，是前提，刑，是法律后果。罪质、罪量都是刑罚适用的依据，刑罚的裁量，或轻或重，是罪数确定后的相应结果。因此，即使从科刑观念上考虑，也应当突出罪数理论的意义和地位。（4）重视罪数论，可以为立法机关提供理论和实际资料，从而有利于刑事立法的不断发展和完善。

罪数论列入犯罪论体系，体现了我国刑法理论与实践发展的规律与特色，深入研究罪数论，使我国刑法理论更趋完善，更为合理。研究罪数理论的意义主要表现在三个方面：

1. 与适用刑罚直接相关。一人犯一罪，以一罪论处，是毋庸置疑的，而一人犯数罪，则分别发生三种情形：（1）依一罪处断。此种情形，须解决成立何种犯罪及如何科处刑罚的问题。（2）实行数罪并罚。数罪并罚是我国刑罚具体运用的一项重要制度，它以构成数罪为前提，没有数罪就谈不到数罪并罚。数罪并罚不是将数罪合并为一罪，而是合并数罪分别有吸收、加重、相加三种不同的处罚方法并合处罚。（3）一人犯有累次关系的数罪，应从重或加重处罚。累次犯罪都是有罪判决后的再犯或累犯，数罪的社会危害性，尤其是行为人屡犯数罪的主观危险性更为严重，因而，在立法上，有更加从严的规定，在司法实践中，正确认定这类数罪，对依法从重、加重处罚有直接意义。

2. 关系到刑法上的一些重要制度的适用。连续或继续实施的犯罪，如连续犯、继续犯和多次、反复实施的犯罪，如牵连犯，都与刑法的空间效力、时间效力、追诉时效、赦免等有直接的关系。

3. 与刑事诉讼法的适用有重大关系。犯罪总是一定时间、一定地点的犯罪。一个或数个犯罪行为隔时隔地实施，如何确定犯罪的时与地，与诉讼管辖有直接的关系。罪数，还关系公诉、审判的范围，对于包含数个行为的裁判上或实质上一罪，如果公诉机关仅就其中一部分起诉，人民法院对未起诉部分可以依据法律的规定或一定的理论原则确定审判范围。

二、区分一罪与数罪的标准

决定一罪与数罪的标准，在刑法理论上，历来有多种学说：

（一）行为标准说。认为行为是具体存在的客观事实，仅有犯意而没有行为，不成立犯罪；犯罪侵害法益，必先有行为表现，因行为才发生法益的侵害结果；刑法分则就各种犯罪行为，一一加以规定，可见行为是犯罪的首要因素。所以行为标准说主张，区分一罪与数罪，应以行为个数作为计算标准，即一行为的是一罪，数行为的是数罪。所谓行为，分为两种：（1）独立的行为；（2）不独立的行为。不独立的行为须与独立的行为相结合，才能形成独立的行为。

行为的观念，又分为二说：

1. 自然行为说，又称通俗的行为观念，即依社会一般日常生活的见解，人的一个动作或举动为一个行为。行为就是自然的一个行为。按照此说，数个动作，即使是同时、同地发生的，应认为是数个行为；一个动作，纵然发生数个结果，也是一个行为。

2. 法律行为说，即犯罪行为，依法律观念认定，与自然行为不同，一个动作，有时与数个构成要件相当，在法律观念上，可以成立数个犯罪行为，如一枪同时击死某甲和击伤某乙；数个动作，有时只能组合成法律上的一个犯罪行为，如为杀人每次投以少量毒药而多次实施，多次投毒的动作，就只能是法律上的一个行为。

自然行为说把一个自然事实的动作，用来决定行为的单复，难免疑义重重，且在具体适用上，与法律行为说有明显冲突，如以数个动作杀一人，从生理上的自然动作上看是数个行为，而在法律上观察，是一个行为。法律行为说的行为观念，与通俗见解上的行为不同，法律上的一个行为，包含有自然事实的一行为（一自然动作）和自然事实的数个行为（数个自然动作）。事实上的一行为，法律上视为一行为的，自可以成立一罪；事实上的数行为，法律上有视为一行为的，也有视为数行为的，前者成立一罪，后者则成立数罪。

作为热心的目的刑论者又是主观主义者的德国刑法学者李斯特，关于罪数论，则主张行为标准说。他主张："一个意思活动，是为一个行为。一个结果，亦是为一个行为。犯罪者，行为也，一个行为，则构成一个犯罪。一罪数罪之标准，惟有以行为之个数定之。"① 此外，日本刑法学者冈田庄作、大场茂马等也主张行为标准说。

（二）法益（结果）标准说。认为犯罪在实质上，是侵害法益的行为，而刑法的目的，在于保护法益；犯罪是应受刑罚制裁的行为，法律之所以加刑罚于犯罪人，是因为犯罪人的行为侵害了法益；法律对于各种法益侵害设有刑罚处罚的规定，足见法益侵害实是形成犯罪行为的基本要素。因而，应以侵害法益的个

---

① 转引自王觐著：《中华刑法论》，北平朝阳学院，1933 年，第 735 页。

数，决定犯罪单、复的标准。关于法益单、复的确定，又因法益性质（种类）不同，区分为下列三种：（1）个人专属法益，又称人格法益，如生命、身体、自由、名誉、信用等，凡与个人一身有不可分离的关系者皆是。侵害个人专属法益的，以法益所有人计算单、复。（2）个人非专属法益，又称财产法益，指财产的监督权。法益单、复以监督权个数而不以该法益所有权个数为区别的标准。例如，窃取为一人监督的数个所有物，只成立一个盗窃罪，如果窃取数人监督的一个所有物，则反成立数个盗窃罪。（3）国家或社会法益，即不属于个人的公共法益，如国家、政府及其权力、社会秩序、社会风尚等。公共法益是概括的法益，性质上为单数，凡侵害公共法益的犯罪，不问同时侵害个人法益的个数多少，因为是一个公共法益，只成立一罪。

（三）因果关系标准说。认为因果关系是最重要的犯罪构成要件，犯罪事实中行为与结果之间，有一个因果关系的为一罪，有数个因果关系的为数罪，虽有数个行为或数个结果，如果只有一个因果关系，仍应为一个犯罪。此说以因果关系的个数决定犯罪的个数。

（四）犯意标准说。认为犯罪是犯人恶性的表现，犯罪行为是表明犯人恶性的手段，结果则不过是证明犯人恶性的条件，犯罪行为和结果均非犯罪的本质，所以，罪数应由犯罪意思的个数来决定。不过这里所谓犯罪意思，不限于故意，过失也包括在内。依照此说，基于一个犯罪意思实施的行为，成立一罪，基于数个犯罪意思实施的行为为数罪。此说在日本为刑法学者牧野英一所提倡，他主张应以主观的见解论犯罪的单、复。据此，他认为想象竞合犯、牵连犯与连续犯，由于都是出于一个犯意，因而都是一罪①。木村龟二也持这种见解，他说："……以犯罪的意

---

① 〔日〕牧野英一:《日本刑法》，有斐阁，1939 年第 64 版，第 542~544 页。

思的单复为犯罪单复的标准是最妥当的。从而，根据单一的意思（决意）而实施的犯罪，是一罪；并合罪为一罪的复数，是数罪。"①

（五）法规标准说。主张以犯罪行为触犯法条的个数，作为确定一罪数罪的标准。其理由是，犯罪由刑法规定，应依法条的单、复决定犯罪的单、复，虽一行为而触犯二个法条，应认为是二罪。有论者认为，所谓数罪，"是指数个独立的犯罪，不是数个同一的犯罪。一罪与数罪的区别，不能简单地看行为人实施犯罪行为的次数，关键是看行为人实施犯罪行为触犯刑法所规定的罪名来确定。当行为人一次或二次以上个别行为而触犯一个罪名或同一罪名，就是一罪；当行为二次以上个别行为而触犯二个以上的独立罪名，就是数罪。"② 这是法规标准说在我国刑法理论上的表现。

（六）构成要件标准说。主张罪数应以刑法分则或其他刑罚法规中规定的构成要件为区别的标准。据此标准，犯罪单、复，决定于犯罪行为符合法定构成要件的次数，一次符合构成要件为一罪，数次符合为数罪，即以构成要件事实的个数为犯罪的个数。在日本，刑法学者小野清一郎首先提出这一主张。他在1932 年《刑法讲义》、1943 年《犯罪的单复与构成要件》和1953 年《犯罪构成要件的理论》中反复阐明他的论点。他说："就罪数论来说，我提倡以构成要件为标准，即如有一次充足构成要件的事实，是一罪；二次充足构成要件的事实，是二罪。"③日本当代刑法学者西原春夫、青柳文雄均赞同此说。

---

① 〔日〕木村龟二：《刑法总论》，有斐阁，1984 年增补版，第 429~430 页。

② 《湖北财经学院学报》，1980 年第 3 期，第 82 页。

③ 〔日〕小野清一郎：《犯罪构成要件的理论》，有斐阁，1959 年版，第 130 页。

（七）广义法律要件说。此说以构成要件说为根据，将完成二个以上的构成要件的行为事实（如牵连犯），因在刑法法规上规定以一罪论处，或在适用上包括的作为一罪处断，而例外作为一罪。即本来是数罪，因为是一人实施，在观念上视为一罪。

上列各种主张的理论基础原本未超出客观主义和主观主义。行为说、法益说、因果关系说、法规说、构成要件说、广义法律要件说均属于客观主义的罪数论，犯意说则属于主观主义的罪数论。各种学说各执一端，所谓行为、结果、因果关系、犯意、构成要件，不过是犯罪的某一部分要素，孤立地以任何一个要素或某一部分作为决定一罪与数罪的标准，都只能是以偏概全的理论。因此，各说都无济于罪数问题的合理解决。为了试图克服各说的缺陷，一些学者综合前列各说，提出了"混合标准说"，认为，应对结果、行为、犯意、构成要件等加以综合判断才能解决决定罪数标准的问题。以下论述是混合标准说的基本含义："犯罪是有责、违法侵害法益的可罚行为，一方面有侵害法益的事实，所以不能将行为与结果，置之不问，他方面行为是基于人的意思发动，从而即不能将'意思'摒之度外"[1]；"凡以单一犯意而为发动，实行单一有责行为，发生一个法益侵害之结果，一次相当于特定构成犯罪事实者，为一个犯罪，反之，以复数之犯意，实施数个独立有责行为，发生数个法益侵害之结果，数次相当于特定构成犯罪事实者，即为数个犯罪，可见犯罪之单复应就犯意行为结果三者包括的决定之。"[2] 混合标准说从吸收主义立场出发，兼收前述各种学说的可取成分，重视犯罪的主、客观要素，与仅执一端的各说相比较，其优点是很显然的。然而，认真

---

① 蔡墩铭主编：《刑法总则论文选辑》（下），台湾五南图书出版公司，1984 年版，第 687 页。

② 韩忠谟：《刑法原理》，台湾雨利美术印刷有限公司，1981 年版，第 375 页。

分析，此说也难以认为是确凿无误的理论。由于各说立论的根据不同，混合的各要素之间，常常不具有一致性，在发生以下情况：一犯意数行为时，数行为侵害一个法益或一行为侵害数个法益时，一犯意危害数法益或数犯意危害一法益时，混合标准就不能合理确定犯罪的个数。

自刑法学创立犯罪构成理论后，在许多国家，如前苏联、东欧一些国家以及我国都主张以犯罪构成作为决定罪数的标准。犯罪构成在决定罪数上的含义表现为：（1）犯罪的成立，必须具备犯罪构成，没有犯罪构成，谈不到罪数问题；（2）符合一个犯罪构成的为一罪；（3）"多罪概念中的每一行为都应具有独立的犯罪构成"[①]。

犯罪构成标准说不同于混合标准说。犯罪构成的理论把成立犯罪的一切必要要件组合成一个统一的有机整体；而所谓混合，只是多种成分、要件的掺合，它不能形成一个确定的概念，从而，也就不能科学地说明罪数问题。

犯罪构成标准说与构成要件标准说也不同。西方刑法学者把构成要件看成是刑法所设立的犯罪的客观轮廓，它只是犯罪成立的指导形象（观念形象）。依照这样的理论，犯罪的成立要素被割裂为构成要件符合性、有责性、违法性三个条件。这就是说某种行为事实与法定的抽象观念符合，还不足以确定构成犯罪，需要进一步考察行为的有责性和违法性，才能确定是否成立犯罪。显而易见，以构成要件为区分一罪与数罪的标准，就在标准中排斥了犯罪的主观要件，这是不能解决罪数问题的。犯罪构成说不仅不排斥主、客观任何一方的要件，而且揭示了主、客观要件不可分离的统一性。

我国刑法学界普遍公认，犯罪构成是区分一罪与数罪的标

---

① 别利亚耶夫等主编：《苏维埃刑法总论》，群众出版社，1987年版，第249页。

准，犯罪构成是犯罪客体、犯罪客观方面、犯罪主体、犯罪主观方面的要件的统一。犯罪事实具备一个犯罪构成的为一罪，具备两个以上犯罪构成的为数罪。具体地说，行为人以一个或概括的犯罪故意（或者过失），实施一个或数个行为，符合一个犯罪构成的为一罪，以数个犯罪故意（或者过失）实施数个行为，符合数个犯罪构成的为数罪。在我国刑法学中，以犯罪构成决定犯罪个数，是有充分依据的：（1）理论依据。辩证唯物主义主、客观相一致的基本原理揭示了社会犯罪现象自身的规律，即人的犯意支配人的犯罪行为，人的犯罪行为反映人的犯罪意思。这种规律表明，任何犯罪，都是行为人主观上的要件和客观上的要件所构成的有机统一；主、客观要件统一在有机体之中，某种行为如果缺少主观的或者客观的要件都不可能是犯罪行为。我国犯罪构成的学说正是基于这个原则确立起来的。也正因为如此，划清罪与非罪，区分此罪与彼罪，计算一罪与数罪，都可以通过犯罪构成来解决。（2）立法依据。从我国刑事立法看，任何犯罪都是主观要件和客观要件的统一。具体说，犯罪构成四个方面的要件，在《中华人民共和国刑法》的总则、分则中，分别有明确具体的规定。总则第 13 条规定了犯罪概念。犯罪概念表明，犯罪是危害社会依法应受惩罚的行为，任何犯罪都是侵犯了刑法所保护的社会关系，第 14、15 条规定了行为的罪过形式，第 17、18、19 条规定了行为人的刑事责任年龄与刑事责任能力。这些要件是每个犯罪都不可缺少的要件。刑法分则各本条规定了各具体犯罪的犯罪构成要件。根据总则、分则的规定，每个具体的罪，都在刑法上表现为一定的犯罪构成，其构成整体正是犯罪客体、犯罪客观方面、犯罪主体和犯罪的主观方面的要件的统一。据此决定犯罪的个数，是我国刑法规定的充分体现。

三、罪数的分类

符合一个犯罪构成的一罪与符合数个犯罪构成的数罪是罪数最简单的分类。然而，具有研究价值的是一罪的分类和数罪的分类。基于各种不同的分类理论或出发点，在罪数分类问题上呈现着复杂的状况。一行为数罪，数行为一罪，数行为数罪的犯罪形态，是一罪，还是数罪？刑法学者因立论标准不同而见解不一。例如，法国学者在理论上承认实在竞合、观念竞合、连续犯、继续犯、集合犯的概念，除实在竞合数罪外，其余都视为一罪；意大利学者将数罪形态分为实在竞合、观念竞合、法条竞合与连续犯，观念竞合仍认为是数罪。对于一罪的分类，更是众说纷纭，在日本学者中就有三种不同的分类：（1）四分法，即把一罪分成单纯一罪，特种一罪（吸收犯、结合犯、继续犯），处断上的一罪（想象竞合犯、连续犯、牵连犯），包括的一罪（常业犯、惯犯）；（2）三分法，把一罪分为单纯一罪、包括一罪、处断一罪；（3）二分法，即单纯一罪、处断一罪。我国学者也有主张将一罪分为单纯一罪、理论一罪或单纯一罪、处断一罪二分法的①。

高等学校试用教材《刑法学》数罪并罚一章内，在论述三类不适用数罪并罚的情况时，将一罪划分为：（1）一行为在刑法上规定为一罪或处理时作为一罪的情况；（2）数行为在刑法上规定为一罪的情况；（3）数行为在处理时作为一罪的情况。

罪数可以根据不同的标准进行分类。上列几种分类各有其特点和理由。我们认为，在犯罪论体系中研究罪数的分类，需要注意以下四个问题：（1）罪数首先是犯罪形态的问题，分类时，首先应当在犯罪形态上而不是在刑罚惩罚上是否数罪并罚求其根据；（2）分类必有其意义，分类的意义也应当统一在研究罪数意义之中，使前述实体上和程序上的罪数意义，在罪数分类上体现出来；（3）作为区分一罪与数罪标准的犯罪构成，应当是分类的重要标志；（4）在分类上既要具有理论概括性，也要反映刑法的规定性，以求简洁、明确，在具体适用法律上易于把握。

---

① 见顾肖荣：《刑法中的一罪与数罪问题》，学林出版社，1986年版，第11页。

据此，我们主张依照我国刑法规定，从有利于司法实践出发，对罪数作以下分类：

（一）关于一罪的分类

1. 单纯一罪。指行为人实施法律规定的某种犯罪行为，具备一个犯罪构成，构成一罪的情况，如继续犯、法规竞合等。

2. 实质一罪。指行为人实施数个行为，或实施一个行为产生加重结果，形式上具备数个犯罪构成，实质上构成一罪的情况，如结合犯、结果加重犯、吸收犯等。

3. 裁判上一罪。指行为人实施一个犯罪行为，触犯数个罪名，或者实施数个犯罪行为，具备数个犯罪构成但作为一罪处分的情况，如想象竞合犯、连续犯、牵连犯等。

（二）关于数罪的分类

1. 并发关系的数罪。指行为人以数个犯罪的意思，实施数个行为，分别构成犯罪，具备数个犯罪构成，其先后或同时发生的犯罪，并合发生在判决宣告前的情况，分别有：(1)在判决宣告前实行数罪并罚的数罪(刑法第69条)；(2)一罪宣告后在刑罚执行过程中又发现漏判之罪实行数罪并罚的数罪(刑法第70条)。

2. 累次关系的数罪。指行为人犯罪后再犯罪，具备数个犯罪构成，其先后犯罪间，具有依法加处或重罚情节的累次关系的情况，分别是：(1)一罪宣告后在刑罚执行过程中又犯新罪，数罪并罚时实行"先减后并"原则的数罪(刑法第71条)；(2)先犯的罪经宣告后在刑罚执行完毕或者赦免后，法定期内又犯应处一定刑罚之罪，依累犯情节从重处罚的数罪(刑法第65、66条)。

第二节　单 纯 一 罪

一、继续犯

《中华人民共和国刑法》总则第89条的规定中表述有"……

犯罪行为有……继续状态的"，指的就是继续犯。刑法分则规定某具体罪，该犯罪行为在犯罪既遂后有继续状态的，是继续犯，如刑法第 238 条的非法拘禁罪，第 316 条的脱逃罪，第 310 条的窝藏罪，第 312 条的窝赃罪，第 128 条的非法持有、私藏枪支、弹药罪，第 261 条的遗弃罪，第 253 条的私自隐匿邮件、电报罪，等等。无论是哪一种具体犯罪，犯罪既遂后不发生继续状态的，不是继续犯。

（一）继续犯的概念

继续犯，又称持续犯，指一个已经实现犯罪既遂的行为，在既遂后的相当时间内持续侵犯同一或相同客体的犯罪。继续犯的基本特征可以概括为：

1. 继续犯是一个犯罪行为

继续犯是一个犯罪行为所构成的犯罪，在主观上，支配行为的犯意是一个，无论行为延续时间多长，其行为始至行为终是一个犯意；在客观上，持续行为的起始到终了，只是一个行为，并不因行为的持续，行为地的转移，犯罪既遂形态的延长而可以认为是数个行为。例如，非法拘禁罪，拘禁被害人的时间 1 个月、3 个月、半年，或前一段时间拘禁被害人于甲地，后一段时间拘禁被害人于乙地，都只是一个非法剥夺他人自由的犯意所支配的一个拘禁行为。继续犯的一个行为，可以是作为，也可以是不作为，如遗弃罪。犯罪之始为作为，行为继续中也可以转为不作为，例如，私藏枪支弹药的犯罪，始为藏匿的积极行为（作为），藏匿中被发觉令其交出仍拒绝不交的消极行为（不作为）。

继续犯既然仅限于是一个行为，凡是数个行为的，就不是继续犯。继续犯与连续犯不同。连续犯系连续数行为，数行为个别考察，有独立个性，不能视为一个行为。两者行为单、复不同，不能混淆。

继续犯是一个行为，但并非凡一个行为构成的犯罪都是继续

620

犯，应同时考察其他构成特征的不同点将二者区别开来。接续犯是一个行为，但不是继续犯。接续犯是多次举动或行为接续实现的一个犯罪，二者在一个行为的特征上相同，而在下述第3个特征上有明确的区分界限，即接续犯是实行行为的接续，继续犯是犯罪状态的继续。

2. 继续犯是持续侵犯同一或相同客体的犯罪

继续犯对刑法保护客体的持续侵害是既遂后行为延续的重要特征，如果在犯罪既遂的同时，行为对客体的侵害也已经完结，不成立继续犯。继续犯的行为在既遂前和既遂后是贯通的一个行为，因而行为在既遂前和既遂后所侵害的客体也当然是不变的，如果在既遂时被侵害的客体发生变化，变化后和变化前的行为既不能认为是一个行为，也不能成立继续犯。具体犯罪的继续犯侵害的是直接客体，直接客体是简单客体时，继续犯持续侵害的是一个客体，是复杂客体时，持续侵害则是二个或二个以上的客体。例如，遗弃罪既侵害家庭成员间的平等权利，同时又侵犯被害人的人身权利。所以，继续犯不能以一个客体为限。认为继续犯仅仅是"持续的侵害一个法律所保护的利益"或"持续的侵害一个法益"①，这就不能解释一个行为可以持续侵害刑法所保护的二个以上客体的继续犯。

3. 继续犯是犯罪既遂后，犯罪状态在继续中

一个行为持续侵害刑法保护的客体，必然导致犯罪状态继续，即行为与不法状态都在继续中。根据这个特征可以把继续犯与即成犯（又叫即时犯）区别开，即成犯是指实施某种行为或发生一定结果的犯罪，行为终了时，犯罪即告完成，或者说犯罪既遂时，犯罪状态同时终了。例如，盗窃罪窃取他人财物并置于自

---

① 高格主编：《刑法教程》，吉林大学出版社，1984年版，第218页。

己支配之下，犯罪已告完成，就不可能对该项被盗财物再进行窃取。故意毁损公私财物罪，财物被毁损，即犯罪既遂，对已被毁损之物，就不能有再次毁损的余地。继续犯则是在犯罪既遂后，犯罪状态并未终了而仍在继续中，例如，明知是赃物而予以窝藏，窝藏两个月，窝赃罪，其犯罪状态在两个月之内继续存在。

继续犯是犯罪既遂状态的继续，在犯罪未遂形态中，实行行为的持续，不能成立继续犯，例如犯杀人罪，持续开三枪杀人，均未击中。又如犯聚众劫狱罪，多次聚众而尚未实施劫狱行为，前一例是结果犯的未遂，后一例是行为犯的未遂，未达既遂，就谈不上犯罪状态的继续。

有论者将继续犯划分为纯粹的继续犯和不纯粹的继续犯，纯粹继续犯由继续行为构成，"不可能有既遂未遂之分"。不纯粹的继续犯"即可由继续行为构成，也可由即时行为构成犯罪，非法拘禁、非法侵入他人住宅、非法管制、重婚等罪均属此类"。"犯罪未遂只能存在于不纯粹的继续犯中"[①]。可以理解论者主张在即时行为构成的继续犯中有犯罪未遂。

从即时行为构成的继续犯存在犯罪未遂的见解中，可以提出两个疑点：（1）即时行为构成的犯罪究竟有没有继续犯？（2）在即时行为构成的非法拘禁、非法侵入他人住宅、非法管制、重婚等罪中，怎样确定区分犯罪既、未遂的标志？在这类犯罪中的犯罪未遂形态，是否在司法实务上有实例可证？

继续犯是犯罪既遂后，犯罪状态仍在继续中，如果对这一特征持肯定态度，上述问题的答案都只能是否定的：第一，即时行为的继续犯不能成立。所谓即时行为，是实行行为的一种分类，是相对经常的、多次的、一贯的实行行为而言的，实施即时行为未完成犯罪的是犯罪未遂，谈不到犯罪的继续，完成犯罪的是犯

---

① 叶高峰主编：《故意犯罪过程中的犯罪形态论》，河南大学出版社，1989年版，第148页。

罪既遂，既遂后无继续状态的也不是继续犯。即时行为与即时犯是相对的概念，实施即时的行为，行为终了时犯罪即完成是即时犯，即时行为在犯罪完成的前或后都不要求行为的继续性，完成犯罪的同时，行为也就终了了，故即时行为无继续犯。第二，在非法拘禁、非法侵入他人住宅、非法管制、重婚罪中，所谓犯罪的既、未遂是难以划分的，这类行为如果对客体未造成实际损害，即明显的是"情节显著轻微，危害不大"，不能认为是犯罪，"刚把他人拘禁起来，几分钟就被解救出去"这个例子在外国法学上有认为是未遂的，而在我们看来，只能有两种结论，一是综合其他情节，行为有可罚性时，可以认为构成了犯罪且犯罪已经既遂，一是"几分钟"的侵害，危害性没有达到犯罪的程度，不能认为是犯罪。以"几分钟"作为区分既、未遂的标志，显然是不确定的，也是不科学的。在司法实践中，认定未遂的非法拘禁罪，迄今尚无一例，至于非法侵入他人住宅也莫不如此，更难以设想可以在重婚罪中找到犯罪的未遂。

在理论上，我们不否认即时行为的未遂犯，例如开枪杀人，枪击是即时行为，未击中是未遂。但是，（1）即时行为无继续犯；（2）未遂犯无继续犯，这是"犯罪状态仍在继续中"合乎逻辑的结论。

继续犯有无中止犯？答案也只能是否定的。自动中止犯罪状态的继续行为，其中止已是既遂的犯罪，不过是继续行为的停止，仍成立既遂，无中止犯可言。也就可以肯定，中止犯无继续犯。

4. 继续犯是犯罪行为在相当时间内的持续

继续犯以犯罪行为在犯罪既遂后具有时间继续性的要素为成立要件。每一种犯罪，都有犯罪的时间，不存在没有犯罪时间的犯罪，犯罪的实行和犯罪的完成都需要时间，一分一秒，一月一日，都是时间的单位，什么样的时间单位能够说明时间继续性呢？一般认为，时间太短了不行，比较长或相当长才能说明有时间的继续性，但有论者反对把"犯罪行为处于继续状态的时间比较长"作为继续犯的一个独立特征，认为"继续时间的长短不影响继续犯本身的构成"。

犯罪行为的"时间继续性"，包含两个要素，一是时间，一是时间的继续。一切犯罪都发生于一定时间，时间要素只具有一般意义，作为特殊形态的继续犯，时间的继续就具有构成要件的特殊意义，没有时间的继续，不能构成继续犯。问题在于，如何理解时间继续性，对这一问题需要寻求新的认识。我们认为，所谓时间继续性，是犯罪行为在相当时间内的持续。犯罪行为在犯罪既遂后相当时间内的持续，构成继续犯。某种具体犯罪，从犯罪的性质、情节、危害上看，构成继续犯所需要的时间，就是"相当时间"，遗弃的行为，构成犯罪，成立继续犯需要的时间，通常比非法拘禁、非法管制要长些，各种犯罪构成继续犯的时间延续长度，根据各种犯罪的具体情况可能不同，但都可以认为是在相当时间内。

（二）犯罪继续状态与"状态犯"

在犯罪既遂后继续进行中的犯罪状态与"状态犯"不同，某一具体罪的犯罪状态在相当时间内继续进行的全过程中，每一段持续状态的形态都符合该罪的犯罪构成。也就是自犯罪既遂到行为继续终了，是一个犯罪构成，而"状态犯"指的是犯罪完成后的一种不法状态，例如，盗窃他人财物后非法占有，犯罪既遂时，窃取行为终了，既遂后非法占有他人财物就是一种不法状态。两者相同点，都是一种状态，都有时间的延续，在犯罪继续状态中除行为持续外，也有不法状态的持续；两者不同点，犯罪继续状态是犯罪构成的行为与不法状态同时持续，"状态犯"仅仅是不法状态的持续，不存在犯罪状态的持续。

我们在这里对状态犯使用了引号。所谓"状态犯"，并不是一种犯罪，犯罪后的不法状态，行为终了，已无犯罪要素，将犯罪后的不法状态分类为"状态犯"是不确切的，"状态犯"一词

624

与犯罪状态一词并用，如不加具体说明，仅就字面含意似乎相同，常常有人将"状态犯"解释为违法状态、不法状态、犯罪状态，易生误解。上列继续犯之继续状态与既遂犯之不法状态，实际并非"状态犯"。

重婚罪是不是继续犯？刑法学界讨论中有不同意见。肯定说认为，重婚行为"之所以构成重婚罪，在于它侵犯了一夫一妻制的婚姻关系。重婚登记，固然是侵害了一夫一妻制的表现形式……以夫妻关系非法同居的行为同样也侵害了一夫一妻制，因此也是重婚行为的表现形式。一经登记……构成了重婚既遂，但以夫妻关系的非法同居的行为没有结束。"① 否定说则认为，"在行为人完成重婚手续或可以确认其构成事实上的重婚关系时，犯罪行为即已完成，以后是否继续同居，可以不问。"② 肯定说与否定说的分歧在于：前者确认，重婚行为构成犯罪既遂后，一夫二妻或一妻二夫的非法关系的继续，继续的不单是不法状态而且也同时是犯罪状态。后者确认，继续的仅仅是不法状态而不是犯罪状态。两种意见都强调在追诉时效上找根据，肯定说指出，对于那些重婚后，不论犯罪分子重婚时间延续多长，追诉时效期限应从双重夫妻关系终了之日起计算；否定说则批评这无异于宣布重婚罪不受时效的限制，会发生于情于理于法相悖的结果。

对于重婚罪，时效制度的运用、期限的起算显然是重要的，但是，追诉时效不是成立继续犯的条件，如私藏枪支弹药、窝藏、窝赃等罪都可以构成继续犯，不能说承认这类犯罪是继续犯，就违背了时效制度的立法精神。在我们看来，不论何种犯罪，是否继续犯，应当在继续犯的构成特征上求其标准。就重婚罪说，重婚既遂后，双重婚姻关系中的非法婚姻状态，是不法状

---

① 《法学》，1984 年第 3 期，第 18 页。

② 顾肖荣：《刑法中的一罪与数罪问题》，学林出版社，1986 年版，第 30 页。

态的继续，而不是犯罪状态的继续。重婚罪是即成犯，行为人一经实施重婚行为（含结婚登记与事实婚姻），重婚罪即已既遂，因此，构成重婚罪，以结婚登记和事实重婚为行为要件，这种行为在犯罪既遂时已经终了，其后，只是非法婚姻存续，不是犯罪行为继续。正因为如此，对重婚犯罪追究刑事责任时，刑罚惩罚的是重婚行为，而对重婚形成的非法婚姻关系，则任何时候都可以依法宣告解除。当然，事实重婚行为的确定，如何判断事实重婚行为终了，在实践中非常困难，这个问题有待继续探讨。

（三）继续犯的意义与作用

继续犯是单纯一罪类型中的特殊犯罪形态，其在共同犯罪关系的发生、量刑的轻重、追诉时效以及诉讼管辖、刑法适用范围等问题上有特殊的意义和作用。

共同犯罪关系的发生。二人以上共同故意的犯罪行为一般发生在犯罪既遂以前，继续犯则不同，在犯罪既遂后犯罪状态继续进行中，二人以上仍可以发生共同犯罪的关系。例如，先有甲单独实施拐骗儿童行为，在已经成立拐骗儿童罪后，有乙在犯罪状态继续中参与，帮助藏匿、转移、持续加害于被拐儿童，甲、乙构成共同犯罪。

量刑上的作用。继续犯犯罪状态持续时间中犯罪客体一直被侵害，持续时间的长短，与行为社会危害性的程度直接相关，因而，持续时间是裁量刑罚时应当予以斟酌的情节。

追诉时效上的意义。我国刑法第 89 条规定："追诉期限从犯罪之日起计算；犯罪行为有连续或者继续状态的，从犯罪行为终了之日起计算。"可知确定某种犯罪是否继续犯，在追诉时效的起算上，有重大关系。即成犯的追诉期限从犯罪之日起计算，如果将继续犯误为即成犯，即可能发生时效提前消灭，致犯罪分子脱免制裁；反之，将即成犯误为继续犯，又可能发生已过时效而错误追究。

诉讼管辖上的关系。继续犯的继续行为地常有变动、转移，在发生一个犯罪数个不同的行为地（犯罪地）时，依犯罪地的诉讼管辖制度，几个同级人民法院都有权管辖的案件，由最初受理的人民法院审判。必要时，可以移送主要犯罪地的人民法院审判。继续犯的主要犯罪地一般应根据行为实现犯罪既遂时的地点确定，但也不排除将犯罪状态继续进行中特别严重的犯罪事实发生地确定为主要犯罪地的可能。

刑法适用上的关系。继续犯的犯罪行为开始实行至行为继续状态终止的全过程时间，都是继续犯的犯罪时，如行为的继续跨于新、旧法间，或犯罪结果发生于新法生效后，均应视为是新法施行时的犯罪，此种情形，不适用旧法而应适用新法。

罪数与并罚上的问题。继续犯无论继续的时间多长，因为是一个行为的继续，全过程的犯罪状态仅符合一个犯罪构成，其罪数类型为单纯一罪，依法以一罪论处；犯罪状态继续中的行为另触犯他罪名时，已超出一个行为，后行为又符合一个犯罪构成，前后行为成立数罪，如后行为没有不罚的理由，应实行数罪并罚。

二、法规竞合

法规竞合是刑事立法上的法规重合现象。刑法保护特定范围的社会关系，其对象、内容十分广泛，刑法规定犯罪与刑罚，被规定的犯罪与刑罚现象也十分复杂，两个方面相互交织，随着刑事立法的发展，就会发生法规重合现象。刑事立法愈是发达，法规重合现象愈是不可避免，例如，因法律特别规定，会发生普通法与特别法的重合关系，因法律补充规定会发生基本法与补充法的重合关系。一般说，法条重合决定于两个基本因素：（1）一个国家的刑事立法现状。最基本的问题是立法上的错杂规定，这类法规越多，法条竞合的机会越频繁，两者成正比例关系。（2）立法上的错杂规定与一国刑事立法技术、立法实践密切相关。立法机关往往根据需要，于普通法外设特别法，于基本法外设补充法，于单纯法外设复杂法，于常态法外设变态法，于实害法外设危险法，于轻法外设重法，于单纯刑事法外在非刑事法律中设犯罪与刑罚的法规，等等。于是，相应的各种类型的重合关系应运而生。

（一）法规竞合的实质

法规竞合，是一种犯罪因法律错杂规定，仅有触犯数个法条的外观，而不具有触犯数个犯罪的实际内容，即表面上触犯数法条，实际上并没有数个犯罪构成，故法规竞合在实质上为单一罪质，成立单纯一罪。法规竞合只是表面触犯数法条，是外观上的法条竞合，因是单一罪，不发生数罪问题，又可称刑罚竞合。外观上的法条竞合与观念上的竞合如想象竞合犯不同，观念竞合是一种事实竞合，有数个犯罪的性质，涉及数罪，是犯罪竞合。明确法规竞合的实质是单纯一罪，是研究法规竞合问题的前提和基础。

研究法规竞合的任务在于：（1）透过法规的重合现象，揭示法规竞合的犯罪为单纯一罪；（2）在竞合的不同罪名或条款中，分别情况依一定的原则，确定一罪名，适用一法条。

（二）法规竞合的概念与特征

法规竞合又称法条竞合，指一个犯罪行为，因法律错杂规定，致有数法规（或法条）同时可以适用，但只在数法条中适用一法条，而排斥其他，成立单纯一罪的情况。

法规竞合具有以下两个基本特征：

1. 一个犯罪行为同时触犯了数个法条

一个犯罪行为是基于一个犯意所实施的一个行为。犯意的形式可以是故意，例如盗窃枪支、弹药、爆炸物，基于故意的一个犯罪行为同时触犯盗窃枪支、弹药、爆炸物罪与盗窃罪的两个法条；也可以是过失，例如重大责任事故致人死亡，基于过失的一个犯罪行为同时触犯重大责任事故罪与过失杀人罪的两个法条。如果是数个行为，如先实施暴力抢劫行为，随后杀人灭口实施杀人行为，两个行为触犯抢劫罪、杀人罪两个条文，是实质上的数罪，非法条竞合。一个行为，可以是一种具体犯罪的一个单一行为，如盗窃行为；也可以表现为一个行为过程，过程的前段行为吸收于后段行为，如危险犯的行为，行为过程进入实害犯，前段行为被吸收，仍是一个行为。一个行为过程为一个行为，是依法律的吸收观念评价的，它对于判定法规竞合，有直接的重要作用。但需要指出，这里讲的吸收，是行为的吸收，不涉及犯罪的吸收，犯罪的吸收，在罪数类型上是吸收犯。

基于一个犯罪行为所触犯的数个法条，可以是同一刑事法律的不同法条，前列二例都是我国刑法中的不同法条；也可以是相异刑事法律之间的不同条款。

2. 数法条相互间有重合关系

刑法理论上把法规竞合称为法条关系论。法规竞合究竟是一种什么法条关系呢？有三种不同的说法：重合说、交叉说、包含说。其实，交叉、包含是重合的形式，法规竞合的法条关系，应当概称为重合。法条的重合关系是法规竞合的本质特征，没有法条的重合，即没有法规竞合。

重合，是数法条的重合。怎样理解数法条呢？根据我国刑事立法的特点，一个法律条文的数款或数个犯罪的规定，也应认为是数法条。前者，如刑法第 425 条第 1 款规定擅离、玩忽军事职守罪，第 2 款规定战时犯前款罪；后者，如刑法第 332 条关于"引起检疫传染病的传播，或者有传播严重危险的"的规定，有实害犯与危险犯两个犯罪形态，应视为两个法条。这类条、款，具备法条重合关系的，可以形成法规竞合。但是一个法条中，构成要件的规定为选择性立法方式者，无论是单层、双层或者多层选择，实际是一个性质的犯罪构成，在构成要件上的选择，不能视为数法条。这类法条无法规竞合问题。

数个法条的内容，必须是关于犯罪与刑罚的规定，只能在关于犯罪刑罚规定的数法条中，研究一个犯罪行为是否触犯了数个法条。

数个法条必须是在施行期具有法律效力的法条，在已经失效的法条间，无法规竞合的问题。

（三）法规竞合的两种基本形式

1. 全包含关系的法规竞合。这种竞合，以两个法条犯罪构成性质的同一性为前提，对犯罪构成的一个或数个要件进行外延范围量的比较，范围大的包含范围小的，就形成了两个法条的犯罪构成包含的重合关系。即所谓"一法条的全部内容为他一法条的内容的一部分"。

全包含关系的法规竞合，又可叫绝对的竞合或典型的竞合，只需通过对竞合的条文所明示的犯罪构成及其构成要件的内容即可见到二者的重合关系。

两个法条的包含关系，可以用以下图表示，图中 A、B 表示两个犯罪构成。

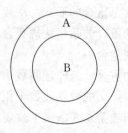

上图是 A 包含 B，例如，刑法第 398 条规定的泄露国家机密罪（A）全部包含刑法第 432 条规定的军人泄露军事机密罪（B），两法条的犯罪构成性质具有同一性，但 A 罪的犯罪主体和犯罪对象两个构成要件的外延范围大于 B 罪。

2. 两个法条各自一部的构成互为交叉重叠的法规竞合。重叠部分的构成同一，没有重叠的另一部构成则互相冲突。这种竞合关系又叫相对的竞合或特殊的竞合，它是两个不同的条文明示的全部内容不完全相重合，而条文全部内容的一部可以相重合，即所谓"一法条的内容的一部分为他一法条内容的一部分"的交叉重合。交叉重合必须通过行为实际表现出来的具体构成内容才可以见到二者的重合关系，也就是说，仅仅从条文上尚不能确认重合关系，还要同时有实际的犯罪行为这个附加条件才能判定，故称相对竞合。相对竞合可以用下图表示，图中 a 为 A 的一部分构成内容，b 为 B 的一部分构成内容。

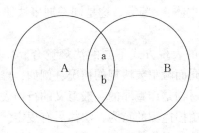

A 与 B 相互冲突，不能发生法规竞合，如交叉出现 a 与 b 的重合，法规竞合可以成立。例如，诈骗罪（刑法第 266 条）与招摇撞骗罪（刑法第 279 条）两个法条的全部构成内容不能形成相互包含的重合关系，当招摇撞骗行为（B 罪）的构成仅仅只表现为诈骗财物 b 时，即可以与诈骗行为（A 罪）的一部分构成 a 形成重叠的重合关系。当 a 与 b 重合时，就可以说有的招摇撞骗（骗取财物的）罪是诈骗罪，从而形成法规竞合。需要指出，招摇撞骗的犯罪与诈骗犯罪既有联系，也有区别，虚构事实、隐瞒真象，骗取他人财物是它们的共同点，但招摇撞骗的行为骗取非财产利益则不能包含在诈骗罪之内。如果一个招摇撞骗的行为在骗取非财产利益的同时又诈骗了数额较大的财物时，则应视为一行为触犯数罪的犯罪竞合，因而可以说，凡一行为已经构成事实上的竞合，是想象竞合犯，非法规竞合。

（四）法规竞合的形态

1. 犯罪主体不同的法规竞合。一种犯罪行为，既可以由一般主体实施，也可以由特殊主体实施，当特殊主体实施时，就同时触犯了两个法条。下列法条竞合关系，均属于这种类型：刑法

第 252 条规定的侵犯通信自由罪（一般主体）与刑法第 253 条规定的私自开拆、隐匿、毁弃邮件、电报罪（特殊主体）；刑法第 233 条规定的过失致人死亡罪与第 133 条、第 134 条规定的因责任事故致人死亡的犯罪（特殊主体）；刑法第 235 条规定的过失致人重伤罪与第 133 条、第 134 条规定的因责任事故致人重伤的犯罪（特殊主体），等等。这是同一刑事法律中的因主体不同的法规竞合。

2. 因行为的表现方式不同的法规竞合。一种犯罪，因行为的表现形式不同而触犯数法规的情况，例如，虚构事实、隐瞒真象、骗取他人财物是诈骗罪的一般意义的行为表现方式，而冒充国家工作人员招摇撞骗的行为，法律另有规定，以这种具体的行为方式，实现骗取财物数额较大时，就同时触犯了诈骗罪与招摇撞骗罪。

3. 犯罪对象不同的法规竞合。一种犯罪，行为的表现形式相同，因侵犯对象不同而触犯数法规的情况，例如，盗窃或抢夺枪支弹药的行为，同时触犯了刑法第 127 条和刑法第 264 条、第 267 条；破坏军人婚姻而与军人配偶重婚的行为，同时触犯了刑法第 258 条和刑法第 259 条。

4. 犯罪时间不同的法规竞合。因犯罪时间的特殊性，法律对犯罪时间另设特别规定，例如，刑法第 432 条第 1 款规定泄露军事机密罪，第 2 款规定战时泄露军事机密的犯罪，军人战时泄露军事机密的行为，同时触犯第 1、2 两款的规定。

5. 危险犯与实害犯重合的法规竞合。两个法条规定的主体、客体、客观上的行为均相同，因一法条规定危害结果已经发生另一法条规定有发生的危险所形成的竞合，例如，刑法第 116 条规定，破坏火车、汽车、电车、船只、航空器，足以使其发生倾覆、毁坏危险，尚未造成严重后果的，即认为构成犯罪，是危险法；第 119 条规定，破坏交通工具，造成严重后果的，始认为构成犯罪，是实害法。一行为如果同时触犯实害法与危险法时，形成法规竞合。

（6）由于其他条件形成的特别法与普通法的法规竞合。例如，刑法第 133 条交通肇事致人死亡，对于刑法第 233 条过失致人死亡罪，是特别法，刑法第 233 条规定："本法另有规定的，依照规定。"法律明确指出了遇有过失致人死亡的另外规定时，适用另外规定的特别法，不适用本条的普通法。

（五）非法规竞合的两种情况

1. 犯罪构成要件全同，非法规竞合。立法者一般不会将一个犯罪构成的犯罪用两个法条规定在同一刑事法律中，但也有例外，例如，1979 年刑法第 151 条、第 152 条都规定了诈骗罪和盗窃罪。随着刑事立法的演进，一个犯罪构成的犯罪，也就会出现在不同的刑事法律中，如《关于惩治走私罪的补充规定》、《关于惩治贪污罪贿赂罪的补充规定》、《关于惩治泄露国家秘密犯罪的补充规定》、《关于严惩严重危害社会治安的犯罪分子的决定》、《关于严惩严重破坏经济的犯罪的决定》等等，都和 1979 年刑法有关犯罪的规定是同一犯罪构成。前者和后者的共同之处都是法条相异，犯罪构成全同。数法条的犯罪构成全同，构成要件也没有差别，不能形成包含或一部重叠的重合关系，也就不能形成法规竞合。

同一罪名有无法规竞合呢？不能一概而论。应当以犯罪构成是否同一作为标准分别加以判断。当数法条的犯罪构成全同，罪名同一，非法规竞合，上列各例都是。立法者将罪名相同的一个犯罪构成规定在两个或数个法条之中，一般说，不外乎是基于两个原因：一是基于立法技术的需要。一种犯罪，法律除规定基本构成外，还需在基本构成的基础之上，就情节、结果、数额、后果的不同而设加重或减轻的规定，从而出现了情节加重犯、情节减轻犯、结果加重犯，数额加重和后果加重的条、款，所有这些，仅仅只是同一犯罪的基本构成与加重、减轻构成的关系，而没有犯罪构成的交叉或包含。二是由于对刑法的补充与修改。一种犯罪，立法者根据客观形势的发展和需要，对刑法典本来已有规定的犯罪，在情节和法定刑上进一步设补充、修改的条、款，但犯罪构成仍然与刑法的规定相同。当罪名同一，构成要件外延范围不同，是法规竞合。1979年刑法与《惩治军人违反职责罪暂行条例》都规定了玩忽职守罪，这是立法者予普通法外，就军人的玩忽职守的行为在特别法中也作了规定，普通法与特别法的罪名相同，因犯罪构成要件的重合关系而形成法规竞合。所以，根据我国刑事立法的实践，"同一犯罪不发生法规竞合"，同一犯罪指的是同一犯罪构成，而不是同一罪名。

2. 犯罪构成全异，非法规竞合。这是两个法条犯罪构成性质不同一的情况。例如下述几种情况都不能形成法规竞合：故意杀人与过失致人死亡，两罪分别为两个法条规定，都是非法剥夺他人生命的行为，也都是侵犯的同一客体，但是，故意与过失是有根本性质区别的罪过形式，法律很少设处罚过失行为的规定，即使规定为犯罪，过失犯罪的社会危害性特别是行为人的主观恶性根本不同于故意犯，我们不能在规定故意杀人与过失致人死亡的两个法条中，去确认它们的竞合关系。放火与杀人，两罪同是故意罪，也都是一般刑事犯罪，放火罪侵犯的客体也可以包含他人的生命，似乎有较多的共同点，但两罪侵犯的客体，一是社会的公共安全，一是个人的生命权，性质是不同的，即使"以放火的手段实现杀人之目的"如果只侵犯了个人生命权，是杀人罪而非放火罪，只有在一个放火的行为，既危害公共安全，又实现了预谋的杀人时，才涉及两个法条，但这不是法规竞合，而是一行为触犯数罪名的想象竞合。侮辱与诽谤，两个罪除行为不同外，犯罪构成的其他构成要件全部相同，看起来相似，然而，似是而实非，侮辱的行为方式是暴力或其他方法，诽谤则是捏造并且散布虚构的事实，两罪犯罪构成仍然是全异关系，一行为犯侮辱罪，则不可能又与诽谤罪相竞合。

判断犯罪构成性质，既不可以对构成要件分割开来进行孤立

634

考察，因为它的性质的同一性，不取决于个别相同的构成要件；也不可以忽视个别要件对于性质的决定意义，因为它的不同一性，取决于具有决定作用的个别要件。

交叉形式的重叠关系可以形成法规竞合。但是，一部构成要件的非重合的交叉，如放火与杀人，不能形成法规竞合。有论者认为，"当犯罪分子以放火为手段实现其杀人之目的时，法条的交叉就显而易见了，杀人罪的放火之杀人和放火罪的杀人之放火具有重叠性，两者都是法条的题中应有之义。"① 这是值得研究的，如果把"杀人罪的放火之杀人和放火罪的杀人之放火"作为法规竞合的一个定式，照此套用，杀人罪的爆炸（决水、投毒、其他危险方法）之杀人和爆炸罪的杀人之爆炸，都是法规竞合，再进而推演，杀人罪的破坏交通工具（交通设备、通讯设备）之杀人和破坏交通工具罪的杀人之破坏交通工具，伤害罪的放火之伤害和放火罪的伤害之放火……此等法规竞合比比皆是，不仅有一行为的法规竞合，也还有如像放了火，杀了人这类两个行为的法规竞合，这就全部乱套了。我们以为，交叉的重合与非重合的交叉，是混淆不得的。交叉的重合，是甲法条所规定的犯罪，在犯罪构成交叉重叠时，是乙法条所规定的犯罪，非重合的交叉，是甲法条所规定的犯罪，不论是什么构成条件的交叉，都不是乙法条所规定的犯罪，例如放火与杀人，其法条关系只能是，放火罪不是杀人罪，或者说，杀人罪不是放火罪。故在放火罪与杀人罪之间不能形成法规竞合。

（六）法规竞合的法律适用原则

法规竞合是一个犯罪行为，因法条的错杂规定，以致同时触犯数个法条，但在法律适用上，只在数法条中适用一法条而排斥其他法条的适用。

---

① 高铭暄等主编：《新中国刑法的理论与实践》，河北人民出版社，1988 年版，第 373 页。

1. 外国刑法中法规竞合的适用原则

许多国家刑法中法规竞合现象比较繁杂。在法条的各种不同竞合关系中，有各种各样的法律适用原则，战后日本刑法学者主张较为一致的适用原则有：

（1）特别关系。两个以上刑罚法规互相有普通法与特别法的关系，特别法排斥普通法，适用特别法，不适用普通法，如日本刑法第200条的杀尊亲属罪就是对第199条的杀人罪的特别法，这种竞合关系，根据特别法优先于普通法的原则，依杀尊亲属罪论处，而排除普通杀人罪法条的适用。

（2）补充关系。基本法与补充法的一种关系。补充法是补充基本法所设的条文，适用原则为基本法排斥补充法，适用基本法，不适用补充法。例如，日本刑法第199条规定杀人罪、第201条规定预备行为的杀人罪，前一专条为基本法，后一专条为补充法，法规竞合时，应适用基本法的杀人条款。

（3）吸收关系。一法条构成要件的内容超过他法条，前者吸收后者，适用吸收法，排斥被吸收法。例如：甲教唆乙杀丙，又帮助或参与实行，其后行为吸收前行为。吸收关系的含义特别广泛：杀人吸收伤害；既遂犯吸收未遂犯、未遂犯吸收预备犯；窃盗吸收销赃；杀人吸收遗弃尸体；实害犯吸收危险犯；全部法吸收一部法等等，都可被解释为吸收与被吸收关系。

（4）择一关系。一个犯罪行为，与数法条的规定相似，同时有数法条可以适用，就数法条中选择最相当的一法条而排斥其他法条。如日本刑法第247条关于背信罪的规定，行为人背信处分他人委托之动产，又触犯第252条关于侵占罪的规定，对该特殊的背信行为，适用第252条最相当，应以侵占罪处断。

在外国刑法理论中，一种法条竞合关系的法律适用原则，特别关系可以解释，吸收关系也可以解释，有时以补充关系、择一关系解释也似乎并无不可。之所以如此，主要原因是：立法现状错综复杂，需要在多种关系中，研究法条适用原则的灵活性与合

636

理性；各家学派的立论依据不同，学者间见解不一，从而导致了多元的解释论。

2. 我国刑法中法规竞合的法律适用原则

我国刑事立法注重系统性和稳定性，在立法技术上讲究原则性和确定性，从而，在我国刑法中，法条的错杂规定，总的说来，比国外的刑法要少的多，法规竞合也自然不会像一些国家的刑法那样复杂。具体说，我国刑法中的法规竞合有两个特点：一是在法规竞合的形式上，主要形式是包含关系，包含关系的法规竞合多，交叉关系的比较少；二是竞合的特别关系多，其他较为复杂的竞合关系少。包含关系的法规竞合是典型的竞合，容易考察，竞合的特别关系通常是在包含关系的竞合中表现出来，所以，法规竞合的法律适用原则问题也就容易解决。我国刑法中法规竞合的法律适用原则有三：

（1）特别法优于普通法。在具有普通法与特别法关系中的法律适用原则。普遍适用的法规是普通法；以普通法的规定为基础，有适用于何人、何事、何行为、何时等限制性规定的法规是特别法。普通法与特别法竞合，特别法优于普通法；适用特别法，不适用普通法。

普通法与特别法关系可以分为：其一，相异法律之间的普通法与特别法的关系，即普通刑法与特别刑法的关系。例如，1979年《中华人民共和国刑法》与《惩治军人违反职责罪暂行条例》，前者是普通法，后者是特别法，在 1979 年《刑法》与《条例》之间发生的竞合关系，就是普通法与特别法的关系，军人偷越国（边）境外逃的行为，同时触犯了 1979 年《刑法》第176 条和《条例》第 7 条所规定的犯罪，此一犯罪的法律适用，《条例》优于《刑法》，应适用《条例》。其二，同一法律内部条文之间的普通法与特别法的关系。分别有两种情况：一是普通刑法中的一般规定与特别规定，例如，刑法第 252 条规定侵犯通信自由罪，第 253 条规定私自开拆、隐匿、毁弃邮件、电报罪，

637

前者为普通法，后者为特别法；一是特别刑法中的一般规定与特别规定，例如，上列《条例》第6条前款规定逃离部队罪，后款规定战时逃离部队罪，前者为特别刑法中的普通法，后者为特别刑法中的特别法。普通刑法与特别刑法中的特别关系，都适用特别法优于普通法的原则。

（2）吸收法优于被吸收法。具有吸收法与被吸收法关系的法律适用原则。吸收关系，不能广泛解释，前面讲到，法规竞合只能是行为与行为的吸收，而不能是此一犯罪与彼一犯罪的吸收。在法条的竞合中，一法条规定的行为，对他法条规定的行为有吸收关系，即排斥被吸收法的适用。实害法优于危险法，就是这种关系的典型。一行为同时具有实害行为与危险行为，如先破坏交通设备足以使交通工具发生倾覆、毁坏危险，后倾覆、毁坏交通工具造成严重后果，应依实害法，以破坏交通设备罪论处。

（3）重法优于轻法。罪刑相适应是我国刑法的基本原则，当一种犯罪行为触犯两个以上法条，如依据特别法优于普通法、吸收法优于被吸收法原则适用法律有悖于基本原则而适用重法优于轻法原则又符合基本原则时，应适用重法，排斥轻法。这种情况通常发生在交叉重合形式的法规竞合中。例如，刑法中的招摇撞骗罪和诈骗罪交叉发生法规竞合时，应当适用重法优于轻法的原则。

重法优于轻法原则和刑法第12条规定体现的从旧兼从轻原则不同，前者属于法规竞合中法律择一适用的理论范畴，后者则是在新法旧法中依法解决刑法溯及力问题的法律效力范围。二者都不发生与罪刑法定基本原则相冲突的问题。

第三节　实　质　一　罪

实质一罪与单纯一罪有共同点即都是一罪，但有区别，单纯一罪是一个犯意，一个行为，符合一个犯罪构成，成立一罪。单纯一罪的构成要件具有单一性。一个犯意，数个行为，或数个犯意，一个行为，形式上符合数个犯罪构成，但基于法律的明确规定如结合犯、结果加重犯、集合犯或事实上的理由如吸收犯，而合成为一罪的情况，是实质上的一罪。实质一罪是特殊形态的一罪。

一、结合犯

（一）结合犯的概念

关于结合犯，在有关论著表述的概念中，著者关注的内容不尽相同。前苏联学者 H. A. 别利亚耶夫等指出："结合的（复杂的）犯罪是由两个相互联系的、不同种类的行为所构成。结合罪中的任何一个行为根据现行立法规定都可以看做是独立的犯罪构成。"[①] 他们注重结合罪中两个行为的犯罪构成的独立性、不同一性和关联性。学者陈文彬指出："结合犯，系合手段行为与结果行为，而成第三之罪名。"[②] 他强调了犯罪结合的牵连关系。学者杨春洗等指出："把容易同时发生的两个独立的罪结合在一起……是结合犯。"[③] 他们强调了犯罪结合的时空关系。这些见解对于深入研究结合犯，是有积极意义的，但我们认为，结合犯的本质，是两个以上独立成罪的行为，法律合成为一个犯罪。就本质上而言，结合犯的基本构成要素有二：一是原为数行为且各自独立的数罪，二是通过刑法规定另定一个新罪。结合中外刑事立法、刑法理论，根据我们的理解，结合犯的概念可作如下表述：

结合犯，又称复杂罪。指将本来是刑法上各自独立成罪的数

---

① 别利亚耶夫等主编：《苏维埃刑法总论》，群众出版社，1987 年版，第 250 页。

② 陈文彬：《中国新刑法总论》，商务印书馆，第 215 页。

③ 杨春洗等：《刑法总论》，北京大学出版社，1981 年版，第 266 页。

个行为由法律明文规定结合成为一罪的情况。

结合犯包含的一系列构成要素，诸如数行为；数行为各自独立成罪；数个独立罪的罪名不同；不同一罪名的犯罪结合成新罪；新罪由另一法条规定等，在许多论著中有所阐述，但结合罪是否必须以故意犯为要件，学者间有不同观点，我们主张依立法例作具体分析，在概念中不作限制。

（二）结合犯的构成特征

结合犯的构成特征有三：

1. 必须是数个独立成罪的犯罪行为的结合

结合犯所结合的犯罪是数个独立的犯罪。数个独立的犯罪，指数个行为均因刑法有规定而各自独立成罪。例如，在日本刑法中，第 241 条规定了强盗强奸罪，第 236 条规定了强盗罪，第 177 条规定了强奸罪，强盗、强奸的行为在该刑法上均各自独立成罪。

数个独立的犯罪，只能是不同种的犯罪。刑法将数个独立的不同犯罪组成结合犯，在犯罪构成的主、客观方面有其特殊的性质。

从主观上看，大多数立法例表明，合成结合犯的数个独立的犯罪都是故意犯，即故意犯与故意犯的结合。联邦德国刑法典第 251 条关于"犯强盗罪（第 249 条、第 250 条）过失致人于死者"的规定，是强盗罪与过失杀人罪（第 222 条）的结合犯，该条指实施故意的强盗罪，发生了被害人的死亡结果，行为人对死亡结果有过失的罪过而成立过失杀人罪，依照该法律规定，构成结合犯。结合的一罪为故意，一罪为过失，仅此一例。立法上没有合成两个过失犯的结合犯。

从客观上看，必须是数个行为触犯数个不同的罪名，一行为触犯数个罪名，成立想象竞合犯，而不是结合犯。复合行为的犯罪，是否可以构成结合犯，应分别依照法律的规定认定。一种犯罪，其犯罪构成要件行为有数个行为的表现形式，这种犯罪就是复合行为的犯罪。在复合行为中，一行为是现行刑法规定的犯罪，他行为不是，不能构成结合犯，例如，根据我国刑法第263条的规定以暴力、胁迫方法抢劫他人财物的行为，复合的行为表现为暴力、胁迫、其他方法和抢劫，刑法没有暴力罪、胁迫罪的规定，实施暴力、胁迫抢劫财物的行为只构成抢劫罪的单一犯，而不能构成结合犯。《苏俄刑法典》第91条、第146条所规定的强盗行为，该刑法典没有暴力罪、胁迫罪的规定，根据上述理由，该两条规定也不是结合犯。在日本现行刑法上有暴力罪、胁迫罪的规定，其暴力胁迫行为则可以同他一犯罪合成为结合犯，如实施暴力、胁迫的脱逃罪（《日本刑法》第98条）是结合犯。总之，一种犯罪是不是结合犯？在不同国家的刑法中，因刑法的规定不同，结论可能相反。在数个独立犯罪的数个行为中，必须是每一个行为独立成罪，才能构成结合犯。某种行为在法律上规定是独立的犯罪，依附这种行为的结果、加重结果或某种后果，不能另外成立独立的犯罪。例如，我国刑法第236条第3款第5项关于犯强奸罪"致使被害人重伤、死亡"的规定，在解释上，既不能认为另外构成故意重伤罪、故意杀人罪，也不能认定另外成立过失重伤罪、过失杀人罪，实施强奸行为又故意杀人是数罪类型，实施强奸行为故意使人重伤或者过失导致被害人重伤或死亡的，是本款所规定的结果加重犯类型，无论就那一种情形看，这条规定不是结合犯。

2. 必须是数罪结合为一个新的犯罪

数个独立的犯罪结合后，就构成了一个统一整体的新罪。新罪应当有一个反映出结合罪的新罪罪名。

数罪结合为一个新罪，通常有两种情况：（1）结合的新罪罪名，反映了被结合的原来数罪的罪名。如甲罪与乙罪结合成新罪，明确反映了甲罪与乙罪，但它既不是甲罪，也不是乙罪，而是复杂的甲乙罪，一个统一整体的新罪。强盗与故意杀人相结合，成为强盗杀人罪的结合犯，是这种情况的适例。可以用公式表述为：甲罪+乙罪=甲乙罪的结合犯。（2）结合的新罪罪名，未反映被结合的原来数罪的罪名。如甲罪与乙罪结合成新罪，新罪名既未反映甲罪罪名，也未反映乙罪罪名，而是全新的罪名。暴行、胁迫与夺取财物相结合，成为强盗罪的结合犯①，是这种情况的例子。可以用公式表述为：甲罪+乙罪=丙罪的结合犯。

数个独立的犯罪，结合为第三罪，其结合以具有刑法上所规定的结合关系为限。这里所说的结合关系，指结合的数罪相互之间所具有的必要的联系。因为具有这种关系，立法者将其合成为一罪。没有结合关系的数罪，在实质上和形式上都是数罪，立法上不会将没有结合关系的数罪合成为一罪。考察结合犯的立法例，刑法上所定的结合关系有三：

（1）牵连关系，即数个犯罪行为之间的目的行为与手段行为或结果行为的关系，行为人目的在实施一罪，而以另一犯罪行为作为手段，或者目的在实施一罪，结果行为又构成一罪，前者如《日本刑法》第236条的规定：以暴力或胁迫抢劫他人财物的强盗罪，抢劫他人财物是目的行为，暴行或胁迫是为抢劫他人财物的"目的"所实施的手段行为，后者如我国台湾地区现行"刑法"第223条"犯强奸罪而故意杀被害人"的规定。

牵连关系的数罪刑法未规定为结合犯时，可解释成立牵连犯，或者构成实质的数罪。

（2）并发关系，即数个犯罪行为之间在时空上的联系，行为人犯甲罪，在同一时间和地点或在相当密接的时间、地点并发乙罪，如《日本刑法》所规定的强盗强奸罪。并发的数罪刑法未规定为结合犯时，成立实质数罪。

（3）因果关系，即数个犯罪行为之间，有原因与结果的联系，行为人实施甲罪，因甲罪行为的作用，发生的结果又触犯另一罪名，如联邦德国刑法典所规定的强盗过失杀人罪。

---

① 〔日〕西原春夫：《刑法总论》，成文堂，1978年版，第374页。

因果关系和目的、结果间的牵连关系不同，前者是行为的作用而直接产生的结果，后者是因行为的目的而实施结果的行为。有因果联系的数个故意罪刑法未规定为结合犯时，符合牵连犯构成的，成立牵连犯；否则，构成实质数罪。因行为的作用导致法定加重结果时，成立结果加重犯。

需要指出，故意犯结合故意犯的情形，无论是上列哪一种结合关系，因结合犯是法律规定的一罪，行为人在实施犯罪时，主观上具有合并实行数个不同犯罪的故意。在包括的故意支配下，实施本来是数个独立的犯罪，方能认为是符合结合犯的犯罪构成。

3. 必须是结合与被结合的罪由刑法明文规定

结合犯是法定一罪的情况。究竟应如何理解法定一罪的表现形式？刑法学界公认甲罪结合乙罪，甲乙罪由刑法规定这种形式是典型的结合，因而没有争议，除此而外，理论上尚有几种不同的见解：

（1）默示说。主张在结合犯的构成要件上，不仅有明示的结合犯，而且也有不明示或默示的结合犯。"结合犯尚可分为明示与默示二种，前者不难从刑法对于犯罪规定之方式予以窥见……后者例如强奸……强盗……是。"① 显然，其所谓明示，指结合与被结合的犯罪罪名都在法律上有明文规定，例如原分别为强奸罪和杀人罪，而在法律上结合成为强奸杀人罪；所谓默示，指法律上所规定的一种罪，把两个不同的罪包括在该种罪之中，包括的罪名，法律上未明确规定。在前苏联刑法中，《苏维埃刑法总论》的作者认为，"强盗行为，也就是以攫取财产为目的，使用危害被害人生命或健康的暴力，或者以使用这种暴力相威胁而进行的侵袭行为（《刑法典》第91条，第146条）可以作

---

① 蔡墩铭：《刑法基本理论研究》，台湾汉林出版社，1980年版，第13页。

为结合罪的例子。这种犯罪由两个侵犯行为构成，一个是侵犯人身，另一个是攫取财产。"① 苏俄刑法没有"侵犯人身"罪的具体规定，如果"侵犯人身"指的是苏俄刑法上的伤害罪或杀人罪，那么，《总论》作者在这里是基于"默示"而将强盗罪解释为结合犯的。我国刑法学界，也有相似观点，例如，有论者主张如下文所述的类似说、不典型说均包含有"默示"的含义。

（2）类似说。主张结合犯分别有"完全的结合犯"与"类似结合犯"。数个不同性质的独立的犯罪行为，根据刑法的规定，结合而成为另一个独立的犯罪，是完全的结合犯，而依照刑法规定，某种犯罪，当它自身又包括另一罪时，即是类似结合犯。"我国刑法中规定的罪，没有……完全的结合犯的罪，但有类似的罪。""既然抢劫罪和强奸罪的构成是以使用暴力或者暴力相威胁为客观要件，那么，犯罪分子在抢劫、强奸过程中，就往往会给受害人造成伤害或者死亡的后果，它已包括在抢劫犯罪和强奸犯罪行为之中，类似结合犯的犯罪形态。"②

（3）不典型说。主张结合犯分别有典型的结合犯与不典型的结合犯，通过刑法规定将原来各自独立成罪的几个行为合并另立一个犯罪，是典型结合犯。所谓不典型，指结合犯构成要件的行为不完全同一或者结合的新罪规定的不规范，故不典型结合犯又可分为：（甲）行为不完全同一的结合犯。如我国刑法第263条规定的抢劫罪，有学者认为，在本条的规定中，既包括夺取行为，又包括使用暴力致人重伤、死亡的行为。这就把刑法第267条规定的抢夺罪和第234条规定的故意伤害罪（致人重伤或者死亡）结合而成为一个独立的罪，即抢劫罪。但抢夺是公然夺

---

① 别利亚耶夫等主编：《苏维埃刑法总论》，群众出版社，1987 年版，第 250 页。

② 林准主编：《中国刑法讲义》（上册），全国法院干部业余法律大学印，1986 年，第 244、243 页。

取的行为，与抢劫往往使用暴力不同，所以，这里的抢劫罪又不是典型结合犯②。（乙）新罪不规范的结合犯。有学者指出："目前在我国刑法中，还没有典型的结合犯"，但对 1979 年《刑法》第 191 条第 2 款的规定，"可以认为是结合犯"，该款规定的"窃取财物，应是第 151 条盗窃公私财物的犯罪行为"，"以邮电工作人员身份私自开拆或者隐匿、毁弃邮件、电报，而又从中窃取财物，这就把两个独立的犯罪行为结合成为第 191 条第 2 款的犯罪，而'依照第 155 条贪污罪从重处罚'。即是说，把破坏邮电通讯罪和盗窃公私财物罪结合起来定为贪污罪"（引文均见注①）。

（4）一行为二个以上犯罪后果说。前苏联学者指出，结合犯区分为两种形式："以二个以上行为为基础的结合犯（法律所考虑的实质合并）；以一个行为引起了二个以上犯罪后果为基础的结合犯（法律所考虑的想象合并）。"② 后一种形式，如放火致人死亡。

上列各说在解释的方向和内容上各有自己的特点，而将某种犯罪根据法律的规定只要可以认为包含另一种犯罪就是结合犯，则基本是各说的共同之处。但正是这个原因，究竟用什么标准在多大范围内来认定结合犯？不仅难以把握，而且避免不了理论上的异议。从我国刑法看，一种犯罪包含他种犯罪的条文是比较多的，以"致人死亡"的规定为例，有"致人死亡"规定的涉及"危害公共安全罪"、"侵犯公民人身权利、民主权利罪"和"侵犯财产罪"三章，具体罪有 10 余种，"致人死亡"在某些犯罪中，例如抢劫、放火、爆炸、投毒罪等，可能是一种故意杀人的

---

① 高铭暄主编：《中国刑法学》，中国人民大学出版社，1989 年版，第 220、221 页。

② 马尔科夫：《数罪合并》，喀山大学出版社，1974 年俄文版，第 92 页。

行为，如果把它看成是一种独立的犯罪，那么，这一类有"致人死亡"规定的犯罪，就是结合犯；刑法上还有 10 余种罪有"致人重伤"的规定，以相同的解释，这一类规定自然也就包括在结合犯之内。有论者甚至将 1979 年《刑法》中关于刑讯逼供，以肉刑致人伤残的，以伤害罪从重论处；关于聚众"打砸抢"致人伤残、死亡的，以伤害、杀人罪论处；毁坏或者抢走公私财物的首要分子以抢劫罪论处；关于故意破坏界碑、界桩或者永久性测量标志；关于 1979 年《刑法》第 153 条以抢劫罪论处等等所有这些规定，都认为是结合犯。这就明显地发生一个问题，即很不适当地扩大了结合犯的范围。一些学者认为有悖于法理，对此持否定立场。

我们认为结合犯是对法律所规定的某一类犯罪类型的解释，它本来是数个独立犯罪，通过刑法规定合为一罪，这里有两个明确的含义：其一，每一个犯罪，它本身完全具备刑法所规定的犯罪构成，其二，法律将两罪合为一罪，两罪的形式，一罪的实质，集中体现在二个以上犯罪构成的复数性上。因此，法律条文本身完全可以作为正确解释结合犯的根据。只有依据条文中的复数犯罪构成的明文规定才能对结合犯赋予科学的说明。

结合犯复数犯罪构成的形式，恰当的稳妥的解释是甲罪+乙罪=甲乙罪或丙罪，确切地说，构成结合犯，必须是结合与被结合的罪由法律明文规定。凡是不符合这一特征的，结合犯不能成立。

法律明文规定结合与被结合的罪，可以是明确的罪名规定，也可以是确定的罪状描述。从立法上看，绝大多数的结合犯的罪名规定是明确的，例如有些刑法所规定的强盗强奸罪、强盗杀人罪、强盗放火罪、强奸杀人罪、侵入住宅强盗罪等都是适例。1979 年《刑法》第 191 条第 2 款关于"犯前款罪而窃取财物的"规定，是确定的罪状描述。罪状是刑法分则所规定的以具体罪行为状况包括罪名在内的条文表述方式，本条第 2 款规定，是两个

646

罪状，也包括两个罪名，"犯前款罪"是一个罪状单位，援引前款，罪状是邮电工作人员私自开拆或者隐匿、毁弃邮件、电报，罪名称私自开拆、隐匿、毁弃邮件、电报罪；第 2 款 "……窃取财物" 是第二个罪状单位，援引前款，罪状是邮电工作人员私自开拆、隐匿、毁弃邮件、电报而窃取财物，罪名是贪污罪。根据现行刑法第 264 条第 2 款的规定，邮电工作人员私自开拆、隐匿、毁弃邮件、电报而窃取财物的，罪名是盗窃罪，这样本罪就不可能是结合犯。

在我国刑法中，条文所规定的下列情况，并不具有复数犯罪构成：一罪包含另一罪，只是一个犯罪构成；"致人重伤"、"致人死亡" 只是依附于一个犯罪构成的加重结果；一种犯罪，因犯罪性质的转化，法律明确规定以××罪 "论处"，依照、比照××罪 "处罚"，其犯罪构成的单一性并无变化；一种犯罪，实际可能包括数个独立的犯罪，例如，持械聚众叛乱罪，不论它可能包括几个犯罪，已被包括或者已被吸收，仍然只是法律上的一个犯罪构成。总之，凡是不具有二个以上犯罪构成的，都不能认为是结合犯。

上述结合犯构成的三个特征，必须同时具备，缺其一，结合犯不能成立。按照以上所阐述的理由，我们主张，所谓明示与默示、完全与不完全、典型与不典型结合犯、一行为的或类似的结合犯的分类是不科学的，这些分类在立法上缺乏依据，在理论上不具有确定性，均不可取。我国刑法中结合犯问题的讨论，众说纷纭，莫衷一是，究其原因，与这些分类不无关系。

（三）结合犯的未遂与既遂

未遂犯须有实行行为的着手。结合犯是具有两个以上犯罪构成的行为，行为人只要开始实行其一个犯罪构成的行为，即视为结合犯的着手，也就是说，着手结合犯的一部行为，即为结合犯的全体的着手。尚未着手实行其任何一个行为的，谈不到结合犯的未遂与既遂问题。

用什么标准判定结合犯的未遂与既遂，理论上历来有不同见解：

甲说：结合的两个犯罪，有一罪是既遂，以既遂论，两罪都是未遂，定未遂。

乙说：结合的两个犯罪都是既遂，才能定既遂，其一罪是未遂，以未遂论。

丙说：结合的两个犯罪，以被结合的他罪的既遂或未遂为准，与结合的基本罪无关①。

丁说：结合的两罪，"原则上以全部既遂为既遂，但有时其重点部分既遂，非重点部分未遂者，仍为结合犯之既遂。"②

我国刑法学界，有作者赞同乙说，认为结合犯的构成要件"是所结合数罪各自构成要件的总和。那么，结合犯既遂所要求的全部构成要件的齐备也理所当然是其中数罪所包括的各个要件的完全齐备，无论其中任何一罪的要件未齐备，结合犯都不可能达到既遂状态。"③ 另有作者主张"当结合犯中既有既遂罪，又有未遂罪时，应以重罪为准"，"与轻罪的既遂、未遂无关"④，此说即所谓重罪标准说。

我们认为，应以被结合的他罪的既遂或未遂为认定标志。即以丙说为准，丙说较其他各说更为恰当合理。首先，结合犯是结合两个以上的犯罪为一个整体的罪，其犯罪的发展过程通常是由结合的基本罪到被结合他罪的全过程，这是一个始自基本罪终至被结合他罪的整体过程，整体过程结束，才可能有结合犯的既

①② 蔡墩铭主编：《刑法总则论文选辑》（上），台湾五南图书出版公司，1984 年版，第 357、531 页。

③ 叶高峰主编：《故意犯罪过程中的犯罪形态论》，河南大学出版社，1989 年版，第 177 页。

④ 顾肖荣：《刑法中的一罪与数罪问题》，学林出版社，1986 年版，第 39 页。

遂，即使过程中的前行为是既遂，如果过程中的后行为是未遂，结合犯就不可能是既遂，这就表明被结合他罪未遂形态对于结合犯的完成形态是否成立具有决定意义；其次，本来是数个独立的犯罪，由法律特别规定结合为一罪，探讨立法精神，立法者所注意的正是被结合的他罪，因此，即使过程中的前行为是未遂，如果过程中的后行为是既遂，应视为是结合犯的完成形态，结合犯的既遂可以成立；再次，丙说可以吸收重罪标准说或重点部分说的合理成分，纵观中外刑法关于结合犯的立法例，一般地说，被结合的他罪是重罪或者是重点部分，例如强盗杀人罪、侵入住宅强盗罪等，判定结合犯的既、未遂，以结合犯全过程中作为重罪的后一行为的既、未遂为标准，可以更实际地体现罪与刑相当的基本原则，以强盗强奸为例，两罪都是既遂或者两罪都是未遂，以既遂或未遂论罚，不成为问题，如果强盗未遂强奸既遂，按乙说，只能以强盗强奸未遂论，就有轻纵犯罪之嫌。需要指出，重罪或重点部分标准说有缺陷，有时结合的两个罪并无轻重或重点与非重点之分，结合犯的既、未遂就无从判定。

以被结合的他罪为判定结合犯既、未遂的标准，对故意犯结合故意犯适用，例如，以抢劫杀人罪的立法例来说，应以抢劫罪所结合的杀人罪是否既遂为标准，抢劫罪未遂，杀人罪也是未遂，或者，抢劫罪既遂，杀人罪未遂，都是抢劫杀人罪的未遂，如果杀人罪既遂，即无论抢劫罪是否既遂，是抢劫杀人罪的既遂。

（四）结合犯的共同犯罪

共同犯罪以客观上的共同行为和主观上的共同故意为构成要件，结合犯共同犯罪主、客观要件的构成关系因结合犯是特殊类型犯罪而与一般共同犯罪不同，其主要特征是，共同犯罪人对全部结合的犯罪须有犯意联络，如果共同犯罪人只对一部分的结合罪有犯意联络，就不能成立结合犯的共同犯罪。

甲、乙二人共同实行犯罪，甲具有结合犯的犯罪故意，乙不具有结合犯的犯罪故意，但与甲所犯结合罪中的一独立罪有共同故意，甲构成结合犯，同时甲、乙对该独立罪构成共同犯罪。

教唆他人犯结合犯之罪，只要被教唆人实行了被教唆的罪，不论教唆人是否实行犯罪，或者教唆人实行了其中一个罪，均成立结合犯的共同犯罪；教唆他人犯一种罪，被教唆人实行被教唆的罪并构成结合犯，教唆犯与被教唆犯只对教唆的罪成立共同犯罪，而不能成立结合犯的共同犯罪。

在没有结合犯犯意联络时，主犯实行的是结合犯，从犯与胁从犯只对他所参与的独立罪负责，而不以结合犯的从犯或胁从犯论处。

共同犯罪是二人以上共同故意犯罪，故意犯与过失犯构成的结合犯，就不可能有结合犯的共同犯罪的问题发生。

（五）关于结合犯的立法思考

结合犯不仅是理论上的重要概念，而且，也是一项必要的法律制度。在刑法上明文规定结合犯的积极意义在于：（1）结合犯类型的犯罪，社会危害性比单一犯罪要严重得多，在刑法上明文规定结合犯，使独立成罪而又联系在一起的多个犯罪的社会危害性，在整体上受包括的评价；（2）两个以上独立成罪的犯罪通过法律结合为统一的罪行，（实质一罪）只需依照刑法对结合犯所规定的法定刑按一罪适用刑罚，而不必实行数罪并罚；（3）立法上将通常容易同时发生的多个犯罪规定为一罪，在刑事诉讼上带来一并审理的方便。

许多国家的刑法都有结合犯的规定。日本刑法由现行刑法的4条（第98条，第236条之（一），第240条、第241条）到刑法修改草案增加至6条（第300、321、325、327、328、329条），充分反映了该国对结合犯立法的重视。我国刑法关于结合犯的规定"屈指可数"，为了适应司法实践和刑法理论发展客观形势的需要，在我国有必要完善结合犯的刑事立法。

根据国内现实的犯罪现象，借鉴国外立法例，可以在刑法分则中以专门条款增设：

抢劫重伤罪

抢劫杀人罪

强奸重伤罪

强奸杀人罪

侵入住宅盗窃罪

侵入住宅抢劫罪

二、结果加重犯

（一）结果加重犯的概念与本质

结果加重犯又叫加重结果犯，或"特殊的结果犯"。什么是结果加重犯？中外刑法学者有许多表述，概括地说，大体可分为广义与狭义两说：

广义说认为，故意或过失实施一个基本的犯罪，又故意或过失地造成了加重结果，刑法规定了加重法定刑的情况，是结果加重犯。日本学者龙川幸辰对结果加重犯的表述是："所谓结果加重犯，即超过基本犯罪，而更以发生属于行为者的预见或可能预见之范围的结果为要件的犯罪。"① 他是主张广义说的。按照广义说，结果加重犯是多元型的，即：（1）基本犯为故意，加重结果也为故意（故意+故意）；（2）基本犯为故意，加重结果为过失（故意+过失）；（3）基本犯是过失，加重结果是故意（过失+故意）；（4）基本犯是过失，加重结果也为过失（过失+过失）。

《联邦德国刑法典》第18条规定："法律就犯罪之特别结果加重其刑者，此加重规定对于正犯或共犯，至少关于犯罪结果，须犯罪人具有过失，始适用之。"《奥地利刑法典》第7条第2

---

① 《龙川幸辰刑法著作集》第2卷，世界思想社，1981年版，第61页。

款规定："犯罪行为有结果加重之规定者，以行为人至少对此结果有过失时，始予以加重处罚。"条文中至少须有过失，就是不限于过失，包含故意在内。两条都是广义解释论的适例。

狭义说认为，因基本的故意行为而发生了超过其故意的加重结果，刑法规定了加重法定刑的情况，是结果加重犯。"所谓加重结果犯，一般系指行为人犯一定犯意之犯罪行为（构成要件上所规定之基本行为、即基本犯）而发生其未预期之重结果。因法律别有加重刑之规定，而使负担较基本犯罪为重之处罚情形而言。"① 即是狭义说的定义。按照狭义说，结果加重犯只有基本犯为故意，加重结果为过失的一种类型。

我国现行刑法总则上没有结果加重犯的法定概念，仅在刑法分则中有一些对具体罪发生重结果加重其刑的规定，根据分则的规定，对结果加重犯可下定义如下：

结果加重犯 是指故意实施基本的犯罪构成要件的行为，发生基本犯罪构成结果以外的重结果，刑法对重结果规定加重法定刑的犯罪。

在我国刑法中，结果加重犯结构的基本形式和内容是：

基本的犯罪构成+重结果+重于基本犯的加重法定刑。

这种结构表明，一方面，基本犯罪中不包含重结果，但重结果与基本犯罪的关系不可分离；而另一方面，基本犯与结果加重犯是可区分的，结果加重犯毕竟不同于基本犯罪。因此，可以认为，结果加重犯是一种新的犯罪形态，是一种有别于一般结果犯的"特殊结果犯"。

结果加重犯是一种特殊的犯罪类型，它包含了基本的和加重的两个构成，刑法既规定了基本的法定刑，也规定处罚重结果的加重法定刑，但实际上，它是一罪，而不是数罪。虽然是一罪，

---

① 陈朴生等：《刑法总则》，台湾五南图书出版公司，1982 年版，第 99 页。

又不同于单纯的一罪，或者说，是形式上的数罪，实质上的一罪。这也就是它的本质所在。

（二）结果加重犯的构成

1. 须具有基本的犯罪构成

结果加重犯，必须具备基本的犯罪构成，以基本构成（以下简称基本犯）为前提。行为人实施基本犯的行为，基本犯与基本犯构成以外的重结果的结合，行为人对重结果负刑事责任时，成立结果加重犯。

（1）基本犯构成的客观方面

行为人实施一个行为，触犯一罪名的犯罪，足以成立基本犯。

基本犯的客观方面要件须有行为，但是否必须有结果，有不同意见。一种意见认为，加重结果是基于结果犯的加重结果，不然就不成为加重结果，故基本犯以结果为其构成要件，即基本犯必须是结果犯，日本学者正田满三郎说："所谓结果加重犯，指产生一个构成要件相当的结果之后，在发生超过行为者预见的一定结果（重结果）的场合，加重刑罚的犯罪。"① 他主张基本犯须是结果。另一种意见认为，加重结果是基于基本犯的加重结果，基本犯不必一定是结果犯，有结果无结果的基本犯都可以成立结果加重犯。日本学者大塚仁说：结果加重犯"是作为一定的基本的构成要件被实现之后，由于进一步发生某种一定的结果，刑事责任被加重的场合"②，并认为伤害致死罪（日本刑法第205条），遗弃致死、伤罪（日本刑法第219条），是其适例。他主张除结果犯外，危险犯也可以作为加重结果的基本犯。

---

① 〔日〕正田满三郎：《刑法体系总论》，良书普及会，1979 年版，第 110 页。

② 〔日〕大塚仁：《注解刑法·第一编总则》，青林书院新社，1977年版，第 133 页。

根据我国刑法的规定，在具备重结果并加重其刑的条款中，其重结果所依附的条款限于结果犯。从一般法理解释，较重结果，相对另一较轻结果，才可以称为重结果，如果基本犯构成不是结果犯，无论出现了什么样的结果，仅仅是一结果，结果的轻重无从比较，这种情形，本来就是结果犯，而不是结果加重犯。同时，一个行为过程，先阶段触犯危险犯，后阶段进而构成实害犯，依实害法吸收危险法，成立法规竞合的单一罪，而不构成结果加重犯。

（2）基本犯构成的主观方面

基本犯的主观方面须有犯罪的故意。刑法学界普遍认为，基本犯只能由故意构成，过失犯罪无加重结果犯。根据我国刑法规定，结果加重犯的基本犯只能是故意犯。例如，强奸致人重伤、死亡，抢劫致人重伤、死亡等。

结果加重犯的基本犯由过失构成，在国外刑法中有适例，如联邦德国刑法典第 309 条失火因而致人于死，第 314 条过失溢水致死罪，第 326 条过失损坏水事工作致死罪；奥地利刑法第 170 条失火致人于死或多数人重伤或致多数人陷于穷困状态者或导致多数人死亡等。在我国刑法中，没有这一类的规定。

2. 须有加重结果

（1）加重结果的客观特征

加重结果是结果加重犯的必要要件之一。所谓加重结果，是指刑法专门规定的行为人在实施某种基本犯罪构成的行为时，又发生了基本犯罪构成以外的重结果。一方面，它不是基本犯罪构成要件的结果，另一方面，又不是可以与基本犯罪构成相分离的结果，它基于基本犯罪构成，而在基本犯罪构成以外发生。相对基本的犯罪构成，加重结果具有客观的因果性和依附性，也就是说，没有基本犯，加重结果没有存在的余地。加重结果不仅基于基本犯，而且在性质上不同于基本犯构成要件的结果，在危害程度上，重于基本犯构成要件的结果。因此，加重结果与基本犯构成要件的结果可以明确加以区分，如果某一严重的结果是某种结果犯犯罪构成客观方面所应具备的结果，它就不是结果加重犯的重结果。在一个单一的犯罪构成中，即使条文规定性质相同的两个结果，其中加重处罚的结果，也不是"重结果"。我国刑法中，性质相同危害不同的两种结果的规定，分别有以下几种表现形式：后果+重后果，例如，刑法第136条规定："违反爆炸性、易燃性、毒害性、腐蚀性物品的管理规定，在生产、储存、运输、使用中发生重大事故，造成严重后果的，处3年以下有期徒刑或者拘役，后果特别严重的，处3年以上7年以下有期徒刑。"条文中特别严重的后果，虽然也规定了加重法定刑，但不是"重结果"；较大数额+巨大数额，例如，刑法第264条规定的盗窃罪，条文前段规定处3年以下有期徒刑、拘役或者管制，中段规定处3年以上10年以下有期徒刑，中段规定的数额巨大，不是"重结果"；一般伤害+重伤害，例如，刑法第234条规定的故意伤害罪，第2款前段"致人重伤"，是故意重伤罪，重伤和一般伤害都是本条伤害罪的结果要件，一般伤害处3年以下有期徒刑、拘役或者管制，致人重伤的，处3年以上10年以下有期徒刑，法律加重处罚，但重伤也不是"重结果"。为什么法律加重处罚的结果不能认为是结果加重犯的"重结果"呢？因为法律规定的两个结果，在一个单一构成中只可能有一个，发生了重后果、巨大数额、重伤害时，就不再存在一般后果、数额、伤害，以伤害罪来说，一个伤害行为只可能造成一种伤害结果，或者是一般伤害，或者是重伤，重伤和一般伤害，不可能并存，无论发生的是重伤，或者是一般伤害，都只是故意伤害罪客观方面的结果要件，而不能认为是结果加重犯的加重结果。

根据我国刑法的规定，在一些犯罪中致人重伤、致人死亡或者引起重伤或死亡是性质上不同于基本犯结果的重结果，例如，刑法中的故意伤害致死，抢劫致人重伤、死亡，强奸致人重伤、死亡，非法拘禁致人重伤、死亡，暴力干涉婚姻自由引起被害人

655

死亡，虐待引起被害人重伤、死亡等，其重伤、死亡都有加重法定刑的规定，都是"重结果"，这些犯罪造成重伤、死亡结果的，都是典型的结果加重犯。需要强调指出，在刑法中，"致人重伤、致人死亡"在此一条款中如第 114 条的放火、爆炸、投毒、决水致人重伤、死亡是结果犯（实害犯）构成要件的结果，而在彼一条款中则是结果加重犯的加重结果，如何区分结果犯的结果和结果加重犯的加重结果，须就条文的整体结构把握立法本意进行判断。

加重结果与基本犯构成要件的行为之间具有刑法上的因果关系，在基本犯已发生犯罪结果的情况下，基本犯的行为同时与基本犯构成要件的结果和加重结果具有因果关系，即一个原因双重结果；在基本犯未发生犯罪结果的情况下，基本犯的行为与加重结果的因果关系表现为一因一果，行为与加重结果的因果关系一般是直接的，个别情形也可以是间接的，如虐待行为引起被害人重伤、死亡。

不具有刑法上因果关系的某种重结果，不成立结果加重犯。

加重结果是结果加重犯构成的必备要件。发生了加重结果，即使基本犯构成要件的结果未出现，不影响结果加重犯的成立；无加重结果，不构成结果加重犯，因此，结果加重犯无犯罪未遂问题。

加重结果必须具有法律规定的重于基本犯罪基本法定刑的加重法定刑。上列重结果被法律以加重法定刑处罚时，才能认为是结果加重犯的加重结果，如果法律没有规定加重法定刑，就不能认为是结果加重犯的加重结果。

（2）加重结果的主观要件

行为人对加重结果必须在主观上有罪过，没有罪过，因意外事件或者不可抗力而发生的结果，不成立结果加重犯。

关于结果加重犯加重结果的罪过形式，学者间有不同观点：过失说，认为行为人对加重结果的罪过形式是过失，故意不能成立结果加重犯；故意说，认为加重结果仅仅是加重处罚的条件，其罪过形式只能是故意；基本过失例外故意说，认为在大多数情况下，行为人对加重结果只能由过失构成，但不排除有故意的情况。我们认为，对于我国现行刑事立法来说，以上三说中的任何一说，都不具有普遍意义，在全局上，三说都与我国立法实践不相符合。

我国现行法的立法实践表明：加重结果的罪过形式在一些条文中只限于过失，而在另一些条文中，既可以是故意、也可以是过失。因此加重结果的罪过形式，须在条文的整体内容上，依据立法本意确定：故意伤害致死，行为人对被害人的死亡结果只具有过失，如果是故意，就构成故意杀人罪；犯抢劫罪而"致人重伤、死亡"，重结果的罪过形式既可以是故意，也可以是过失，但重伤、死亡必须是作为犯罪手段（暴力、其他方法）所导致的结果，如果是抢劫后又实施杀人或伤害的，构成实质数罪；犯强奸罪而致人重伤，行为人对重结果的重伤既可以是故意，也可以是过失，强奸而致人死亡，行为人对重结果的死亡，只能是过失，强奸而故意杀人，则构成实质数罪；犯非法拘禁罪而致人重伤、死亡，行为人对重结果只能是过失；刑法关于暴力干涉婚姻自由罪、虐待罪所规定的"引起被害人重伤、死亡"的加重结果，罪过形式明显是限于过失的。

关于加重结果的罪过形式，有论者肯定过失而否定故意，认为，如果行为人对重结果的发生在主观上是持一种追求的心理态度，即使是放任的心理态度，这时就已不是成立结果加重犯的问题了，而应成立加重结果的故意犯罪。以这种见解解释过失的加重结果是可行的，然而，上述抢劫、强奸一类的犯罪，故意使重结果发生，并不另成立他种故意罪，这种情形，加重结果过失论，就解释不通了。

总之，基本结论是：加重结果的罪过形式，少数罪限于过失，多数罪既有故意也有过失。

综合上述，我国刑法中的结果加重犯有两种类型：

（1）基本犯为故意，加重结果为过失；

（2）基本犯为故意，加重结果为故意。

法律解释论是立法实践的认识范畴，立法实践是第一性的，法律解释应当立足于立法实践；尤其是现行法的解释，必须以现行法规范的实际内容为根据。这就是我们所以作出上述基本结论立论的基本原则和立场。

（三）结果加重犯与结合犯

结果加重犯与结合犯的联系是比较密切的，二者都是法定一罪的范畴，具有一些类似或相同的特征：（1）在客观上，都以两个以上的结果及其与行为的两个以上的因果关系为构成要件；（2）在主观上，都具有罪过的复合或混合形式；（3）刑法加重处罚。但结果加重犯与结合犯有根本区别：（1）前者是单独的一个罪，其因果关系表现在基本犯的一个行为分别与基本犯的结果和加重结果间；后者是数个独立成罪的犯罪行为结合为一罪，其因果关系表现在数行为分别与数结果间。（2）前者是一个独立的罪名，是加重处罚重结果而不改变原罪名，即重结果为基本犯罪的当然结果，不另成立新罪；后者则是以数个独立的罪名或罪状为必要，结合后成立新罪名。（3）前者，加重结果发生，成立既遂犯，加重结果未出现，结果加重犯不能成立，因而也就不可能有未遂犯和预备犯的形态；后者在犯罪过程的发展阶段中，可能成立预备犯、未遂犯、中止犯和既遂犯。

我国刑法学界比较深入地研究了结果加重犯、结合犯的理论问题，学者间各抒己见，对结果加重犯与结合犯是否包含相同的内容而发生竞合或重合关系，争论最为激烈。在故意杀人而抢劫财物的定性问题上，集中反映出三种不同的观点：（1）认为抢劫致人死亡的主观要件只能是过失，抢劫财物而致人死亡是结果加重犯，如果故意杀人劫财的，定抢劫罪和故意杀人罪，成立实质数罪；（2）认为"致人死亡"包括故意杀人，故意杀人而劫财的，定抢劫罪，是抢夺罪与杀人罪的结合犯；（3）认为杀人抢劫而致人死亡既是结合犯，也是结果加重犯，是二者的竞合，并且主张某些结果加重犯是结合犯，或者结果加重犯是结合犯的一种。

看来，界定结果加重犯与结合犯的概念是解决以上争议的根本所在，我们主张将二者严格区分开来。当然，解决这个问题，有赖于完善立法。"法律是肯定的明确的普遍的规范。"① 法律的规范性对于统一理论的认识，至关重要。

（四）关于结果加重犯立法修订的考虑

结果加重犯是在大陆法系国家的刑事立法、刑法理论中出现的。早期，对犯罪出现某种结果加重其刑，受"结果责任主义"原则的支配，无论行为人是否有罪，有结果即负刑事责任，结果责任是客观归罪的理论基础。20 世纪以后，刑法观念的变化和演进，客观主义的结果责任论逐渐为主观主义的意思责任论取代，它要求行为人对他实施的行为所造成的结果负责任，必须在主观上具有罪过。1902 年国际刑法学会在美国召开的"万国刑法会议"宣布："犯人在其可预见或能预见的范围外，不得以其自己行为的结果为理由而受处罚。"意思责任论对结果加重犯的立法和理论具有重大的影响，一些国家如挪威、德、奥、日、波兰、希腊等主张，结果加重犯以行为人对结果至少须有过失或者以能预见（注：专指过失）才负刑事责任。我国刑法反对客观归罪，行为在客观上造成损害，只有主观上具有罪过时，才认为是应负刑事责任的犯罪行为。

结果加重犯是一行为一罪的犯罪类型，其加重结果的罪过形式，在理论上，我们主张仅以行为人有过失为限，理由是：

---

① 《马克思恩格斯全集》第 1 卷，第 71 页。

第一，故意使加重结果发生，不宜成立结果加重犯。故意实施基本行为的犯罪，对重结果也持故意态度，常常已经超越一行为一罪的范围，例如，强奸故意致人死亡，已是二个以上的行为二个以上的罪；就抢劫罪来说，劫取财物故意重伤或者故意杀人，只是在解释上认为抢劫的暴力包括重伤、杀人，才认为是一行为，但也有认为是二个行为或二个罪的。因此，就结果加重犯一行为一罪的本质而言，所谓故意的结果加重犯有悖于法理。

第二，对加重结果限于过失的责任已是中外立法和刑法理论的发展趋势。许多国家的立法，明确规定行为人对加重结果有过失或者能预见，才能适用结果加重犯的规定。1902 年的挪威刑法第 43 条规定："可罚行为，非因故意而惹起的结果，法律规定加重其刑者，以行为人对结果可能预见，或者对结果能防止而不为防止者，始得适用加重其刑。"1912 年奥地利刑法草案（政府案）第 7 条规定："法律上之可罚行为，发生一定之结果而科以加重刑者，仅在因行为人之过失而引起其结果之情形下适用之。"联邦德国先后于 1953、1959、1969 年的刑法改正草案以及现行刑法第 18 条都明文规定，因特别结果加重其刑，须犯罪人具有过失始适用。日本刑法改正草案规定因结果而加重其刑之罪以行为人能预见结果的发生为限。在刑法理论上，各国都有越来越多的学者主张加重结果过失责任说。我国刑法学界，赞同过失责任原则的，也居多数。

关于结果加重犯，在立法上明确加重结果的过失责任，已势在必行，建议在刑法总则中增设下列处罚加重结果通则性专条：

"因故意犯罪致发生一定结果，有加重刑规定的，以行为人有过失，始加重处罚。"因犯罪而故意使一定加重处罚的结果发生，如果加重结果是刑法上的独立罪，可以通过立法途径列入结合犯的范畴。例如，设抢劫杀人罪，那么，抢劫"致人死亡"就只能是过失的结果加重犯，而抢劫故意致人死亡的，成立结合犯。

如能经过立法的完善，在我国刑法学上，内容确定、含义清晰、界限分明的结合犯和结果加重犯的理论概念将应运而生，从而，理论与实践中的争端也将获得圆满解决。

三、集合犯

(一) 集合犯的概念

集合犯是指以一定的意思倾向，反复实施同种犯罪行为，依法律特别规定，成立一罪的犯罪。

刑法上的常业犯、常习犯、惯犯、惯行犯、职业犯、营业犯等可以包括在集合犯中，它们都是集合犯的具体形式，基于惯习的意思倾向的犯罪称惯习的集合犯，基于营利意思倾向的犯罪，称营利的集合犯，基于以某种犯罪为常业的意思倾向的犯罪，称常业的集合犯，等等，故集合犯是学理上的一个总称，它概括因惯习倾向、反复实施同种行为的各种具体形式的犯罪。集合犯的具体形式由刑法明文规定，例如，依照联邦德国刑法规定，有职业犯、营业犯、常业犯三种，日本刑法的集合犯有惯行犯、营业犯、职业犯三种，我国台湾地区现行"刑法"规定有职业犯、营业犯、惯习犯三种，统称常业犯，韩国刑法将所有惯习倾向的犯罪统称常习犯。

集合犯是具有主观犯罪倾向特殊性质的犯罪，因而，在立法上，有时以主体为标志，规定实施集合犯行为的人是惯犯者、常习犯人，如果法律以客观要件为标志，则是犯罪行为的规定。

中华人民共和国成立以来，在司法实践中，十分重视同集合性的犯罪作有效斗争。1979年的《中华人民共和国刑法》分则部分有4个条文规定了7种具体犯罪，即刑法第118条规定的以走私、投机倒把为常业，第152条规定的惯窃、惯骗，第168条规定以赌为业，第171条第2款规定的一贯制造、贩卖、运输毒品都属于集合犯。其中，惯窃、惯骗，一贯制造、贩卖、运输毒品是惯习的集合犯，以走私、投机倒把为常业，以赌博为业是常业的集合犯。

我国刑法学将上述刑法规定的惯习犯、常业犯统称为惯犯。刑法"条文中所谓'为常业''为业''一贯',无论从文理解释还是从论理解释,都应该理解为'惯犯'。"① 一般认为,以某种犯罪为常业,或以犯罪所得为主要生活来源或腐化生活来源,或者犯罪已成习性,在较长时间反复多次实施同种犯罪行为的,是惯犯。

惯犯的构成,在刑法理论上有客观主义和主观主义之争。

客观主义偏重犯罪行为,认为惯犯须有反复实施同一的数行为,行为人主观上是否有惯犯的意思倾向或概括故意,不影响惯犯的成立。主观主义偏重犯人意思,认为惯犯以反复实施同一犯罪的意思倾向为必要要件,行为人是否反复实施数行为,可以不过问。

采客观主义,立法上的惯犯构成,以客观结构为特征,如德国1933年公布的《关于危险性惯犯法》规定,凡曾两次犯罪者,再次犯有"应处以剥夺自由的新的故意犯罪"为惯犯。又如,美国俄亥俄州1885年的《习惯犯罪者法》规定,"因重罪受二次有罪宣告,并刑之执行者"为常习犯人。在客观主义看来,前行为或前科的次数,是惯犯构成的唯一要件或主要要件。采主观主义,立法上的惯犯构成,以主观结构为特征,如意大利刑法典第102条规定:"10年内,三次分别触犯非过失之同种犯罪,其宣示之徒刑合计超过10年,自该最后犯罪完成时起10年内再犯非过失之同种犯罪"称常习犯,该法第103条规定法官可以斟酌犯罪人的犯罪情状,"认其有犯罪倾向时得宣告其为常习犯"。又如联邦德国刑法典第66条第1款之3规定:"就行为人及其行为综合衡量,其人因有为重大犯罪之性向……堪认为对

---

① 高铭暄主编:《中国刑法学》,中国人民大学出版社,1989年版,第219页。

于公众发生危险者”为性向犯。在主观主义看来，犯人主观的意思倾向性、惯习性、危险性，是惯犯构成的主要要件或唯一要件。

客观主义和主观主义，是西方国家刑法认定惯犯的两种主要理论观点，他们各执一面，不能科学地说明和解释惯犯。我们认为，惯犯的构成，是主观要件和客观要件有机的统一。行为，是意思的行为，犯人反复实施同种犯罪行为，必须是由犯人的主观意思倾向（危险性）所支配时，才能认定构成惯犯。否则，割裂它们的统一性去认定惯犯，不是不适当地扩大惯犯的范围，就是对罪犯的宽纵。

我国刑法对惯犯的构成要件未作明文规定，修订后的刑法删去了“惯窃”、“惯骗”、“以走私、投机倒把为常业”、“一贯制造、贩卖、运输毒品”的规定，保留了“以赌博为业”构成赌博罪。另在许多条文中增加了“多次”犯罪从重、加重处罚的规定，行为人有多次实施犯罪的主观恶性，或恶习成性，或贪得无厌，或屡教不改，都是主观恶性的明显表现。因此，根据现行刑法的规定，刑法中尚有“常业”和“多次”形式的集合犯。

（二）累犯与再犯

1. 累犯

累犯是指因故意犯罪被判处有期徒刑以上刑罚，刑罚执行完毕或者赦免以后，在法定期间，又犯某种法定的故意罪的犯罪。我国刑法中的累犯分为一般累犯和特别累犯两种。累犯的特征：（1）在犯罪的次数上都具有多发性和反复性，都是故意犯；（2）在人格特征上都具有继续犯罪的恶性；（3）累犯必须是被判处过刑罚的人；（4）累犯前后罪可以是一罪名或数罪名。一般累犯的后罪必须发生在法定期内，法定期以后的犯罪，不再成立累犯。

累犯如果具有犯罪习性或者以某种犯罪为常业的称常习累犯。常习累犯，是集合犯形式的一种。

2. 再犯

广义地说，犯过罪，又犯罪是再犯，再犯有两种：（1）法定再犯，如《关于处理逃跑或者重新犯罪的劳改犯和劳教人员的决定》中所规定的再犯，"劳改犯逃跑后又犯罪的，从重或者加重处罚，刑满释放后又犯罪的，从重处罚。"依据《决定》的这一条规定，有逃跑再犯和释放再犯两种。释放再犯符合累犯构成的，同时是累犯。《决定》已经失效，现行刑法已无再犯的规定。（2）一般再犯，指在犯罪的次数上具有多发性、反复性，在人格特征上具有继续犯罪的恶性，其表现是：再犯有前科；再犯的多次犯罪，罪过形式、犯罪种类，法律无限制规定；再犯是刑罚确定后或执行后的又犯罪。

一个行为人的犯罪，是再犯，又具有屡次再犯的恶性，也是集合犯的类型。

集合犯的社会危害性大，是我国刑法打击的锋芒所向，但其犯罪情况十分复杂，在刑事政策上兼顾一般预防与特殊预防，根据集合犯的罪行、主观恶性及其危害程度，分别情节，区别对待，掌握从严惩处的方针。

四、吸收犯

（一）吸收犯的概念与本质

吸收犯是指数个不同的犯罪行为，依据日常一般观念或法条内容，其中一个行为当然为他行为所吸收，只成立吸收行为的一个犯罪。例如，犯人在监所内毁坏门窗，破坏监狱设施后逃跑，是故意毁损公物罪与脱逃罪的犯罪事实，脱逃吸收毁损，只成立脱逃罪。

在刑法上，吸收一词被广泛使用。以吸收的性质或内容为标准，刑法上的吸收可区分为刑的吸收、罪的吸收、行为的吸收三类。刑的吸收，是数罪之刑为一罪之刑所吸收，例如，数罪并罚中，有一罪判处死刑或无期徒刑，依法吸收其他各罪的刑罚，只执行一个死刑或无期徒刑。刑的吸收是数罪之刑的合一。罪的吸收，是数罪中，一罪应为他罪所吸收，即在罪的观念上，一罪当然包括他罪，如前述脱逃罪吸收毁损公物罪的情形是其适例。罪的吸收是数行为数罪的合一。行为的吸收，是犯一罪的行为，吸收他行为而成为一行为，例如，破坏交通设备的实害行为吸收危险行为，成为实害的一个行为。行为的吸收是行为的合一。吸收犯是在不同的犯罪事实之间，一罪行吸收他罪行，自然是属于罪的吸收。罪的吸收与刑的吸收内容明显不同，不会发生混同，然而，犯罪，以行为为主，有时，犯一罪的行为应为犯他罪的行为所吸收，即可能发生既可以认为是罪的吸收，也可以认为是行为的吸收，此时，应以罪的吸收为认定标准，例如，杀人致被害人伤害，行为人有杀人而无伤害的犯意，不另成立伤害罪，是行为的吸收；但如果有伤害与杀人的犯意，在同时同地先伤害后杀人，伤害罪与杀人罪并存，伤害罪被杀人罪吸收，即犯伤害罪的行为应为犯杀人罪的行为吸收，也不另成立伤害罪，这是罪的吸收。可见，两种情形，只成立一罪的结果相同，但行为吸收与罪的吸收则不能不加区分。行为吸收行为，吸收后的效果不过是行为的合一，与罪数无关，罪行吸收罪行，吸收后的效果是成立吸收罪的罪名，被吸收的失去独立存在的意义，不另成立他罪名，就成了罪的合一。行为的吸收，是单纯一罪，如果因法律错杂规定而触犯数法条，则形成法规竞合。

吸收犯的罪数本质学者间见解不一，大体有两种观点：

1. 实质上数罪处断上一罪论。认为吸收犯虽然只成立吸收行为的犯罪，但它毕竟是两罪吸收而成，应认为是实质的数罪处断上一罪。现有一些刑法论著，一般将吸收犯与想象竞合犯、连续犯、牵连犯同时列为数罪或数行为处理时作为一罪的情况，即作为裁判上的一罪。

2. 一罪论。认为在吸收犯的情况下，虽然有数个犯罪行为，但由于行为间的吸收成了一罪。一罪论又可分为两说：一是单纯一罪说。台湾学者林山田认为："一行为在本质上即当然包括另一行为，或一行为足以吸收另一行为者，则仅论以一罪，即为已足，而与通常之单纯一罪无异。"① 二是实质一罪说。认为吸收犯的此一罪行可构成彼一罪行的一部分，从而成为实质上的一罪。

我们赞同吸收犯是实质一罪。一方面，吸收犯是具备两个犯罪构成的犯罪，不是单纯一罪；另一方面，一罪将另一罪吸收，被吸收的又失去独立的意义，它又不是数罪。吸收犯是罪的吸收，与行为的吸收不同。犯一罪的若干行为的吸收，自始都不影响罪的单一性；而在两个犯罪之间，此罪行吸收彼罪行，罪的复数合而为一，它不仅在实质上不是数罪，即使在外观上也不是数罪。但它是由数罪吸收而成，应是实质的一罪。

刑法对吸收犯以一罪论，不实行数罪并罚。

（二）吸收犯的构成要件

1. 须有事实上的数个不同的犯罪行为

事实上数个犯罪行为是指每个行为可以独立成罪，它们都符合刑法条文所规定的犯罪构成，如果是一个犯罪构成要件的行为，可以表现为各种不同的行为形式，就不能认为是事实上的数个犯罪行为，例如抢劫罪的行为，有暴力、胁迫、抢夺等几种行为形式，其一种行为形式，在自然行为意义上，又可以表现为各种方法，如捆绑、殴打都是暴力的方法，概括地看，这些行为都是符合一个犯罪构成的事实。事实上的数个犯罪行为必须是不同罪名，如果是同一罪名，行为人以连续故意反复实施同一罪名的犯罪，成立连续犯，或者无连续故意反复实施数个同种罪名，成立数罪，都不可能成立吸收犯。

2. 须有数个犯罪行为的吸收关系

数个行为的吸收关系，是罪与罪吸收，即一罪吸收他罪。一经吸收，被吸收的犯罪不再独立存在，因而，只成立吸收行为的一个犯罪。如果不是罪与罪的吸收，不成立吸收犯。例如，盗窃

---

① 林山田著：《刑法通论》，三民书局，1986年版，第353页。

财物而销赃，对于犯罪分子，销赃不独立成罪，这就不能认为是盗窃吸收销赃，即盗窃罪和销赃行为不构成吸收关系，因为，它们不是一罪吸收他罪。

吸收犯的吸收关系基于一般经验（一般观念）判断，一罪当然包括他罪，或者基于法条内容，一罪足以吸收另一罪而形成：（1）一般经验上的吸收关系，即依据犯罪性质，一罪为他罪当然实行的方法或当然发生的结果，也即所谓"前行为可能是后行为发展的所经阶段，或者后行为是前行为发展的当然结果。"① 例如，伪造印章（必经阶段）而伪造有价证券，盗枪而私藏（当然结果），两例均可以根据一般社会观念而形成吸收关系。（2）法条内容上的吸收关系，即根据法律的规定，一罪的犯罪构成为他罪所当然包括，或者不特定的若干犯罪可以包含于一个犯罪，前者如以营利为目的，伪造车、船票后诈骗出售，诈骗罪包括于伪造罪；后者如军人在军事行动地区掠夺、残害无辜居民罪等，可以包含杀人、伤害、放火、抢劫、抢夺等一类的暴行，不论包含是哪几个罪，被包含的，不另成立罪名。法条内容上的吸收关系，须从犯罪构成的整体上进行判断，即两个犯罪行为，主、客观上有当然包括的一致内容；客观一致，主观不一致，或者相反，都不存在吸收关系。例如，伪造车、船票和出售伪造的车、船票的诈骗行为，客观上可以断定，伪造后，当然出售，主观上营利的意思也完全一致，所以两个犯罪行为间有吸收关系。

吸收犯吸收关系的形式可以归纳有三种：（1）重罪吸收轻罪，以法定刑或者以犯罪的事实、情节、危害程度比较罪的轻重，上列案例，如果诈骗数额巨大，诈骗罪则成为重罪；（2）前行为吸收后行为，即"当然结果"的行为被吸收；（3）后行为吸收前行为，即"必经阶段"的行为被吸收。以上三种吸收

---

① 高铭暄主编：《中国刑法学》，中国人民大学出版社，1989 年版，第 224 页。

形式，都只限于由现行法规定的不同犯罪事实的罪与罪吸收关系。否则吸收犯与法规竞合就没有区分的界限了。

（三）吸收犯与法规竞合的吸收关系

法规竞合中的吸收关系，是一个事实的犯罪行为，有数个可以适用的法条，依吸收关系，择一适用的法条，当然排斥其他法条的适用。吸收犯与法规竞合都有吸收关系，应就以下几个方面将二者严格区别开来：（1）前者是解决犯罪行为的个数问题，即两个犯罪行为，因为吸收，成立一罪；后者解决法条的适用问题，即犯一罪的两个以上的行为，有数法条可以适用，因为吸收，适用其一法条而排斥他法条的适用。（2）前者是此一罪吸收彼一罪，合为一罪，称实质上的一罪；后者是一罪的此一行为吸收他一行为，合为一行为，而成为单纯一罪。（3）前者不须法律明文规定，只依一般法理便可以知道应适用的法条；后者是事实上的一行为触犯数法条，依吸收规则，从错杂规定中选择一个适用的法条。（4）前者吸收关系依罪的观念，一罪当然包括他罪而形成；后者依行为的通常观念，一行为当然包括他行为而形成。

（四）吸收犯与结合犯、结果加重犯

1. 吸收犯与结合犯的区别

原来各自成罪的几个行为，依照法律规定，合成为一个犯罪，是结合犯。吸收犯与结合犯都是由数个犯罪合成的实质一罪，但二者有以下区别：（1）前者不需法律条文明确规定，后者必须通过法律规定。（2）前者的吸收关系是基于一般观念和法条内容所作的判断，后者的结合关系由法律明示而直接确定。（3）前者吸收关系的结构是一罪包括他罪，即罪与罪的包括关系，后者结合关系的结构是一罪结合他罪，即罪与罪的并存关系。（4）前者被吸收的罪失去独立成罪的意义；后者被结合的罪，可能仍然在结合整体中保持原有的罪名。（5）前者被吸收的罪可以作为量刑情节考虑，后者是数罪结合，法律明文规定加重处罚。

2. 吸收犯与结果加重犯的区别

发生基本犯以外的重结果，法律加重处罚的犯罪是结果加重犯。吸收犯与结果加重犯都是实质的一罪，但二者有明显的区别：（1）前者可以根据一般观念和法条内容判断认定，后者须由法律明文规定。（2）前者是数个犯罪行为的吸收关系，后者是基于一个行为的基本构成与加重构成的因果关系。（3）前者在一种犯罪吸收其当然结果的犯罪时，不得加重处罚；后者在发生基本犯以外的重结果时，法律对重结果规定了加重处罚的法定刑，应加重处罚。

（五）吸收犯与牵连犯

牵连犯属于后述裁判上一罪所研究的范畴。鉴于吸收犯与牵连犯有更多的相似之处，在这里，从论述吸收犯角度，先简要阐明其密切关系和界限的划分。

牵连犯是犯一罪其方法与结果触犯他罪名的犯罪，而依据罪的性质当然吸收的吸收犯，在所犯罪为他罪必然使用的方法（必经途径）或当然的结果时，二者极其一致。前述毁损公物而脱逃，似乎也有目的与方法行为的牵连关系。对于侵入住宅盗窃、侵入住宅强奸这类实例，在解释上，有的学者认为是吸收犯，有的则认为是牵连犯。

吸收犯与牵连犯确有密切关系，正因为如此，有学者认为，"在某种意义上，牵连犯往往都是吸收犯"①。

吸收犯与牵连犯，都是罪数论完整体系中各自具有特定内容和意义的犯罪形态，不同犯罪形态的概念确定分界清晰，是理论科学性的客观要求，因此，在看到吸收犯与牵连犯密切联系的同时，尤其需要划清二者的界限。我们认为，构成牵连关系的二罪，如果依据犯罪性质及一般经验判断，可以认为一犯罪行为在本质上当然包括或足以吸收另一犯罪行为，不必就两个犯罪按牵

---

① 王作富主编：《中国刑法适用》，中国人民公安大学出版社，1987年版，第209页。

连犯处断时，是吸收犯。反之，没有当然包括或足以吸收的关系时，应成立牵连犯。对于牵连二罪的吸收关系，应当同时依据具体案件的实际案情具体分析认定。以入室盗窃、入室强奸为例，通常情形，是吸收犯，以一罪论处，而不必认定为牵连犯后，再于裁判上从一重罪处断。在审判实践中，这也是通行的解释。

第四节　裁判上一罪

裁判上一罪指一行为构成数个犯罪或者数行为构成数个犯罪，在刑罚的处断上，依一罪科处的情况。也就是说，本来犯了数罪，而在诉讼上与裁判上，作为一罪，以一罪科处刑罚，所以裁判上一罪又叫诉讼上或处断上一罪，也有的称科刑上一罪。

裁判上一罪源自数罪。古代刑法，基于结果主义刑法思想，凡是数罪，都处以数个罪的刑罚。现代刑法，以责任主义刑法思想为核心，排斥结果主义刑法。责任刑法，以责任为刑法的基础，基于符合行为主体犯意责任的立场，在罪数上，区别为实质竞合和观念竞合，并且相应实行数罪并罚和裁判上一罪的刑罚制度。实质竞合在法国、意大利等国又称实在竞合，指实际的数罪；观念竞合，有的认为就是一罪，也有仍认为是数罪，仅科以一加重刑。观念竞合的形态一般是指想象竞合犯，也有将牵连犯包括在观念竞合内。各家学术观念暂且不说，就中外刑法理论和刑事立法的历史发展看，从数罪中划分出裁判上一罪，是法律文明进步的重要进程。

我国刑法以犯罪构成主、客观一致的理论为核心，在辩证唯物主义基本原理的指导下，充分重视裁判上一罪的研究。我们认为，犯罪的社会危害性统一在人的犯意和犯意支配的危害行为之中，不考察行为，犯意和犯人恶性不能判定；但行为不是判断社会危害性的绝对标准，不能因为是多数的行为，认定社会危害性就一定大，也不能因仅有单一行为，认定社会危害性就一定小，犯罪的社会危害性只有在主观和客观的统一整体上进行评价，才可能实现评价的公允性和客观性。罪是刑的前提，刑是罪的后果，对罪的评价公允、客观，也才有可能权衡刑罚的公正和有效，在一行为数罪名，数行为一罪名，因一罪牵连的数个不同罪名的犯罪形态中，裁判上一罪的理论与实践，对于罚当其罪实现罪与刑的均衡，具有至关重要的意义。

在我国刑法中，裁判上一罪有想象竞合犯、牵连犯和连续犯三种不同的形态。

一、想象竞合犯

（一）想象竞合犯的概念和本质

想象竞合犯是指一个犯罪行为而触犯数个罪名的犯罪。具体的说，是指基于一个犯意的发动，实施一个犯罪行为，侵犯数个客体，成立数个罪名的情况，例如开一枪击毙一人击伤一人，即是一行为而触犯杀人罪与伤害罪两个罪名。此种犯罪，与以独立的犯意，分别实施多个独立犯罪行为而成立实质数罪显然不同。想象竞合犯又称"观念的竞合"，"想象上数罪"，"一所为数罪"。在刑事立法上，《日本刑法》第54条、1926年《苏俄刑法典》第49条、1942年《蒙古人民共和国刑法典》第47条、1950年《朝鲜民主主义人民共和国刑法》第50条、1871年《德国刑法典》第73条等对想象竞合犯都有明文规定。我国现行刑法对想象竞合犯尚未作规定，但在刑法理论上进行了研究，在审判实践中已实际运用，因为这种犯罪形态在犯罪活动中经常发生。

关于想象竞合犯的本质，有三种不同学说：

1. 想象的犯罪竞合说。此说认为，想象竞合犯是一个行为，外观上具有数个犯罪行为的性质，是数个犯罪行为在想象上的竞合。因重视外观上的"数个犯罪行为"，此说主张，法院审判时，应当将其数个罪都进行有罪宣告并择一重罪处断。德国学者巴尔（V. Bar）、贝林格（Beling）、日本学者山冈万之助、大场茂马均主张此说。在立法上，《朝鲜民主主义人民共和国刑法》第50条规定："同时审理由一种行为构成的数个犯罪……对每个犯罪分别地确定相当刑罚后，依照规定最重刑罚的条文，判处最重的刑罚。"此例所采用的理论即"想象的犯罪竞合说"。

2. 实质上数罪竞合说，又称实体上的数罪竞合说。此说认为，虽然仅一个犯罪行为，但与犯罪结果间有数个因果关系，即为数罪，如开枪杀死一人、重伤一人，开枪的行为与死一人、伤一人有两个因果关系，是两个实体上的犯罪行为相竞合，构成两个独立的犯罪。此说为德国刑法学者布黎（V. Buri）、日本刑法学者小野清一郎、岛田武夫等所主张。小野清一郎说："就立法政策言，虽应极力避免一个行为在刑法上作双重的评价，然若无适当的构成要件可以评价一个行为时，则依两个构成要件以评价该行为，不仅可能，抑且正当。故余认为观念竞合（想象上数罪），系真正的犯罪竞合；惟其处罚则不能依据'实在的竞合'（并合罪）之例处理之也。"[1] 岛田武夫直截了当地说："我以为想象的数罪是实体数罪。"[2]

3. 法律竞合说。此说基于"行为之数须与犯罪之数一致"的观点，极力主张一行为一罪，数行为数罪，决不能认为一个行为可以触犯数个犯罪，故认为想象的数罪是一个行为触犯数个罪名，是数罪名的竞合，而不是数个犯罪。罪名竞合即法律竞合。此说为德国刑法学者李斯特（V. Liszt）、迈耶（M. E. Meyer）、日本学者泉二新熊等所主张。李斯特说："一个行为，触犯数罪名时，非数罪竞合，而为数个刑罚法之竞合，即法规竞合，而非犯罪竞合。"[3] 泉二新熊也认为："刑法第54条明确规定想象竞

---

[1] 〔日〕小野清一郎：《新订刑法讲义总论》，第274~275页。

[2] 〔日〕岛田武夫：《日本刑法新论》，1924年，第398页。

[3] 转引自王觐著：《中华刑法论》，北平朝阳学院，1933年，第758页。

合犯为一罪，这不过是明确指明了它是纯粹的法条竞合关系而已。"①

上述三说，不仅在罪数本质观念上相异，在处罚上的主张也各不相同：

想象的犯罪竞合说认为想象竞合犯是实质的数罪，但因是一行为，处罚时，对数罪一一宣告其刑，适用重罪之刑吸收轻罪之刑的原则从重处断。

实体的数罪竞合说认为想象竞合犯是实质的数罪，是"真正的犯罪竞合"，应以数罪论处，实行数罪并罚。

法律竞合说认为想象竞合犯是实质一罪，在处断上依照法规竞合的法律适用原则以一罪论处。

想象的犯罪竞合说和实体的数罪竞合说源于罪数问题上的法益说、因果关系说或者构成要件说；而法律竞合说则明显的是出自行为说或意思说。因而，三种学说各有所偏，都难以对想象竞合犯进行全面的科学的解释。

想象的犯罪竞合说，正确地说明了想象竞合犯是一个行为外观上具有数个犯罪行为的性质，提出了从重罪处断的原则；但是，它主张对数个罪名进行有罪宣告，以实体数罪论罪，实际上将想象数罪和实体数罪同样看待。实体的数罪竞合说，将一个行为外观上具有数个犯罪行为性质，看成是实质的数罪，并且数罪合并处罚，这就将想象数罪和实质数罪完全等同起来。法律竞合说，注意到了想象竞合犯与法规竞合相同之处，却忽视了二者之间的差别，混淆了二者的界限。

正因为如此，三种学说均未能揭示想象竞合犯的法律本质。

想象竞合犯，在中外刑法理论上解释为科刑上的一罪，已基本形成通说，而在立法上，想象竞合犯和牵连犯、连续犯通常又是列入数罪并罚章内明文规定的，由此推理，想象竞合犯应认为

---

① 〔日〕泉二新熊著：《日本刑法论》，第23版，第492页。

是形式上数罪并合处罚的一种。形式上的数罪，即外形上成立两个以上的罪名，但因只有一个行为，与实质上数罪有数个行为不同，形式数罪，裁判上以重罪论处，实质数罪，实行数罪并罚，二者都含有数罪内容，但有形式与实质的严格区别，所以我们认为，所谓科刑上一罪，即将一行为触犯数罪名的情况，仅视为数罪，其含义是诉讼上仍然以数罪名对一行为进行评价，处罚时，从一重罪论刑，它既不是实质一罪，也不是实质数罪。这也就是它的本质所在。

（二）想象竞合犯的构成要件

1. 须实施一个行为

一个行为，是指一个犯罪行为。想象竞合犯的一个行为，可以是一个故意行为，也可以是一个过失行为。出自一个故意而实施犯罪，因同一行为过失地造成另一犯罪结果，也只是一个行为，例如，投毒故意杀害某甲，而过失致某乙中毒死亡。

行为人出自故意实施一行为，因行为差误（打击错误），而发生故意以外的过失结果，是一行为触犯数罪名，例如，意图杀害特定人而进行攻击，但错误击中他人致死，应成立杀人罪（未遂）和过失致人死亡罪两个罪名。

数人共同犯罪，共同犯罪人以共同的犯意实施各自分担范围内的行为，形式上似乎是数行为，实际仍为共同犯罪的一行为。

想象竞合犯只能是一个行为触犯数罪名，如果是数行为触犯数罪名，则是实际的数罪，不发生想象竞合犯问题。

2. 行为人的一行为必须触犯数罪名

数罪名，指具备刑法分则上的数个犯罪构成，所谓一行为触犯数罪名，指一行为在形式上或外观上同时构成刑法分则规定的数个犯罪。以数个举动完成一个犯罪构成（接续犯）；实施一个基本犯罪构成的行为，出现基本犯罪构成以外的重结果，行为人负加重罪责的犯罪（结果加重犯），或者一行为触犯数罪名，是由于法律的错杂规定所造成，仅仅是法律适用问题（法规竞合），

674

这些都不具有数罪名的特征，不是想象竞合犯。实施一种犯罪，作为犯罪手段的行为或结果行为触犯他罪名的犯罪（牵连犯）和实施具备两个以上犯罪构成的行为，由法律结合规定为一罪的犯罪（结合犯），也不是想象竞合犯。

（三）想象竞合犯的种类

想象竞合犯在刑法理论中可分为异种和同种想象竞合犯两种。

1. 异种竞合。指一行为触犯数个不同罪名。这一类有两种情况：（1）一行为产生数个不同的结果，触犯数个不同的罪名，如开一枪杀死一人（杀人罪）伤害一人（伤害罪）；（2）一行为虽未产生数个不同结果，但符合数个不同犯罪构成，而触犯数个不同的罪名，如一个投毒行为，故意毒杀仇人某甲未遂，而过失致某乙中毒死亡，触犯了杀人罪（未遂）和过失杀人罪两个不同的罪名，又如为杀人而盗枪，盗枪是杀人的预备，触犯了杀人罪（预备）和盗枪罪（既遂）两个不同的罪名。

2. 同种竞合。指一行为触犯同种的数罪名。如一次投毒故意杀死3人，触犯了3个杀人罪；一段打行为伤害2人，触犯了两个伤害罪；同时抢劫数人财物，触犯了数个抢劫罪等。在以法益决定罪数的资产阶级刑法理论中，他们按照法益的性质决定法益数。专属法益，如生命、健康，以所有者的个数，决定法益数；非专属法益，如财产，以管理者的个数，决定法益数；公法益，如国家、社会利益、公共安全等，一种类为一法益，因而依种类是否同一决定法益数。无论是何种性质的法益，一行为触犯同种数法益，就是同种的想象竞合犯。侵害公法益的犯罪，往往也同时侵犯私法益，如放火行为，既危害公共安全，也会侵犯个人的生命、健康、财产，因公法益是包括的一法益，而不构成想象竞合犯。

以法益个数决定犯罪个数，自然认可同种竞合。如果以犯意个数决定犯罪个数，则认为同种竞合的分类是不必要的，"然而以犯意为基础考虑时，在被害法益为复数的场合，可以认为其犯意是符合该法条的单一的犯意。如此解释时，同种类的竞合的观念，可谓无用。"① 可见，竞合的数罪名是否包含同种罪名，学说上本来存在分歧。

我国刑法学界对同种数罪名能否构成想象竞合犯，观点也不一致，有肯定、否定两说。

肯定说认为，可以构成，理由是：（1）"一行为触犯数罪名"，就定义而言，包含异种和同种；（2）想象竞合犯实质上是数罪，对想象竞合犯应当用数罪名来评价，才能正确反映"一行为"的本质；（3）竞合的同种罪名也有轻重之分，法定刑相同，每一罪名的情节仍有轻重，尤其是某种犯罪的法定刑有法定档次时，由情节而引起的量刑轻重就更为明显了。

否定说认为，同种罪名不构成想象竞合犯，理由是：（1）数个不同的罪名，才是数罪名；（2）按照我国刑法规定一个犯意，一个行为，触犯一个罪名，只定一个罪；（3）在我国，"承认想象的数罪，目的在于在行为触犯的数罪名中，解决应按哪一个罪名定罪量刑的问题。同种类的想象的数罪，在确定行为的罪名上不发生任何疑问，因而把它作为想象的数罪，对审判工作也没有什么实际意义。"

我们赞同否定说。在我国，法益说、犯意说都不可能是我们确定行为或罪数的原则，根据犯罪构成的理论，行为和罪名的单复，须就犯罪构成的各方面要件坚持主、客观一致的原则，进行全面的综合的判断。以一次投毒故意杀死三人的例子说，这只是出自一个概括故意，而同时同地侵犯数个对象的一个行为，行为仅有一个，不能就对象的不同，个别地去考察它侵犯了数个客体，而应当就不同对象所体现的社会关系，包括地认定它侵犯了

---

① 〔日〕牧野英一：《日本刑法》（上卷），有斐阁，1939 年第 64 版，第 507 页。

一个客体。一行为一客体，定罪上就是一罪名。从处罚上考察，从一重处断是想象竞合犯的处罚原则，一行为触犯了三个杀人罪，如果认为是想象竞合犯，那么，哪一个杀人罪是重罪？于是，有论者提出，以"情节"求其轻重标准，这种主张至少有三个明显的缺陷：其一，"情节"在犯罪事实中是一个相当复杂的因素，要在所谓同种竞合的相同罪名中，在"情节"上区分轻罪或重罪，不是没有可能，但是，更大的问题是，这将给司法实际工作带来无所适从的困惑。其二，与司法实践脱节，我国司法实践认定犯罪情节是否严重，也不能不对犯罪构成进行综合考察，就犯罪结果这一方面，通常以结果的多少或者大小作统一的判断，一个行为杀死了三人，是情节严重的杀人罪，而不致认为是三个不同情节的杀人罪。其三，有轻纵犯罪之嫌，本来的一个罪，用同种竞合分割为数罪，并且，按照处罚原则，又只能以从数罪中分割出来的"一罪"论处，即使杀了三个人，在三个杀人罪中，只能从一个重的杀人罪处断，其效果将是宽纵犯罪无疑。如此看来，同时用同种数罪名对一行为进行评价，才能正确反映"一个行为的本质"，这种见解，很难令人信服。

总之，在我国，同种竞合，在法律上没有规定，在理论上无从论证，在实践中没有现实意义，这就是应当否定同种竞合的基本结论。

（四）想象竞合犯与有关罪数形态的关系

想象竞合犯，不是实质的一罪，也不是实质的数罪，而是外观的数罪，科刑上的一罪。这种复杂状态的犯罪，与罪数中的其他有关形态，有一定联系与区别，以下分别略加说明。

1. 想象竞合犯与法规竞合

想象竞合犯与法规竞合有联系。两者的联系表现在：（1）都是一行为。（2）都是一行为触犯了数个法规。（3）处理上，都只适用一法规并受一罪而不是数罪的惩罚。但是，两者有严格的区别：（1）想象竞合是一个行为，外观上触犯数罪名，犯罪本身是

677

形式上的数罪；法规竞合，是一个犯罪行为，犯罪自身是单纯的一罪。（2）想象竞合是一行为符合数个犯罪构成或发生数结果，触犯数罪名的竞合；法规竞合是一行为符合一个犯罪构成或发生单一结果，成立一罪名，而有数种法规可以适用。（3）想象竞合的数法规之间，仅有行为的同一；法规竞合的数法规之间，则是犯罪构成的重合。（4）想象竞合是裁判上的一罪，应就其触犯的数罪名中，从一重处断，不排斥竞合的轻罪；法规竞合是单纯一罪，在竞合的法条中，择一适用，而排斥其他法条的适用。

2. 想象竞合犯与继续犯

两者均是一个行为，其区别在于：（1）想象竞合是触犯数罪名，继续犯只成立一罪名。（2）想象竞合是形式上的数罪，处刑上的一罪，继续犯是单纯一罪。（3）想象竞合是侵犯数个客体，具有复数犯罪构成，继续犯是侵犯一个客体。（4）在处罚上，想象竞合从重罪处罚，继续犯依行为持续的危害程度酌量刑罚。

3. 想象竞合犯与结合犯

两者都符合两个以上的犯罪构成，区别是：（1）前者是一个行为数个罪名，后者是数个行为一个罪名。（2）前者为形式上的数罪，后者为实质上的一罪。（3）在处罚上，前者从一重罪处罚，后者依照法律对结合犯所规定的刑罚处罚。（4）前者是罪的吸收，后者是罪的结合。

4. 想象竞合犯与吸收犯

两者都是一个行为，其区别有四：（1）前者是一行为触犯数法条规定的罪名，后者是一个犯罪行为吸收他法条规定的犯罪，并且只成立吸收行为的犯罪。（2）前者是一行为数罪名，后者是一行为一罪名。（3）前者是科刑上的一罪，后者是实质的一罪，（4）前者在数罪名中从一重罪处断，后者依法以一罪论处。

（五）想象竞合犯的处罚

想象竞合犯在外观上既是数罪，以一罪论处的根据是什么？关于这个问题，学者间的解释并不一致，基本可分为三种见解：

1. 主观责任说。此说自行为人主观方面，寻求之所以将想象数罪视为一罪的根据。认为，行为人以一行为触犯数罪名，比较以数行为实施数个独立的犯罪，其犯罪动机（反社会性）或恶性要轻些，因而，"责任之非难"也相应为轻，故有必要从一重罪处断而予以宽恕。

2. 客观的违法性论。此说从行为的违法性方面，求一罪论的根据。认为，想象竞合犯仅是一行为，与数个独立行为比较，"在道义上应受较轻的非难"①，故在科刑上作一罪处断，是自然的事。

3. 行为单一性说。此说从行为的数量上寻求以一罪论的根据。认为，想象的竞合犯只是单一行为，所以在科刑上以一罪处断，实属理所当然②。

其实，对想象竞合犯从一重罪处断，其根据在于主、客观两个方面，主观上仅有一个犯意，客观上仅有一个行为，从主、客观统一观察，纵然外观上是数罪，应以一重罪处断，法理公允，裁判衡平，足以充分体现罪与刑相适应的基本原则。

从一重处断，就是在所触犯的数罪中，按最重的一罪处罚。在数罪中比较轻重，以法定刑为标准。在比较轻罪或重罪时，需注意三点：

（1）各罪在刑法总则或其他刑法法规中，如具有加、减情节，属于科刑的范围，不能以此影响法定刑的轻重，不得在加减之后，再行比较。例如，故意投毒杀甲未遂而过失致乙死亡，犯故意杀人（未遂）及过失杀人罪，故意杀人罪是重罪，应以故意杀人罪（未遂）论处。

（2）各罪在刑法分则或其他刑法法规中，具体罪刑条、款设有基本犯、情节加重犯或情节减轻犯并相应有基本法定刑、加

---

①② 见洪福增：《刑法理论之基础》，刑事法杂志社，1977 年版，第 413 页。

重或减轻法定刑的规定，该项法定刑则应当是在各罪间比较轻罪和重罪的标准，例如，盗窃电力设备的行为，触犯盗窃罪和破坏通讯设备罪，一般盗窃罪的法定刑为有期徒刑 5 年以下，轻于破坏通讯设备罪有期徒刑 7 年以下或 7 年以上的法定刑，如果依事实盗窃行为情节特别严重，其情节加重犯的法定刑则是有期徒刑 10 年以上或者无期徒刑直至死刑，那么，盗窃罪就是重罪了。

（3）竞合的两罪，法定刑无轻、重差别，可以参照各罪犯罪事实、情节、危害程度等进行轻罪和重罪的比较。

从一重处，是在已成立的数罪中，择一重罪，所以一行为触犯的数罪名，都必须是能确认应受刑罚处罚时，才有重罪的选择，如果行为本来就不成立数罪，或者成立数罪，其中有不得追诉或不得受理的，就只能按应受处罚的犯罪作一罪处理。

二、牵连犯

（一）牵连犯的概念与本质

牵连犯是指犯一罪，其方法或结果行为触犯他罪名的犯罪。具体说，行为人的目的，仅意图犯某一罪，实施的方法行为或实施的结果行为，另外触犯了其他不同罪名，其方法行为与目的行为，或原因行为与结果行为之间具有牵连关系，这种犯罪现象，就是牵连犯。

行为人所实施的目的行为，独立成罪，目的行为的方法或结果行为，也独立成罪，数行为，触犯数个罪名，本来可以成立数罪，但因两个行为间具有方法与目的，或原因与结果的牵连关系，所以在刑法上不同于实质的数罪，而认为是处断上的一罪。牵连犯与想象竞合犯都是处断上一罪，但其本质不同，前者本质上是复数行为，行为人实施了两个以上可以独立成罪的行为，因行为间有"牵连关系"，而认为是处断上一罪；后者，是单一的行为侵犯了复数的客体，仅发生想象上的竞合，其一行为数罪名，虽然也成为处断上一罪，但并无行为间或数罪间"牵连关系"的存在。

牵连犯是行为人以犯一罪为目的的主观意思而实施数个犯罪行为，在客观上，独立成罪的各行为，彼此为犯一罪密切地联系在一起，从牵连性的主、客观方面考察，牵连犯触犯了数罪名，既不是单纯一罪，也不是实质的数罪，其主观方面的恶性、客观行为的社会危害性，比单纯一罪大，较数个独立的犯罪要小。所以，牵连犯"不发生数罪并罚问题是容易理解的"①。

我国现行刑法尚未明文规定牵连犯，但在刑法理论上进行了学术研究，在司法实践中也普遍承认，并从实际司法工作中，积累了运用牵连犯理论的丰富经验。对某些容易经常发生的牵连犯罪，为了正确适用法律，我国最高司法机关有针对性地进行了司法解释，例如，在《关于当前办理盗窃案件中具体应用法律的若干问题的解答》中，明确规定行为人出于盗窃目的而采用投毒或爆炸方法实施又触犯他罪名的，只定一罪；如果同时构成违反危险品规定肇事罪或者非法制造、买卖、盗窃弹药、爆炸物罪的，按其中的一重罪从重处断；因盗窃而破坏珍贵文物、名胜古迹的，按一重罪从重惩处。

（二）牵连犯的构成条件

1. 须有两个以上的行为

两个以上的行为，指可以独立成罪的行为，即原因行为与结果行为，或者方法行为与目的行为，都是具有犯罪构成各自独立的可罚行为。例如伪造公文、证件、印章诈骗他人财物，前者是方法（手段）行为触犯伪造公文、证件、印章罪，后者是目的行为触犯诈骗罪，两个行为均是独立成罪的可罚行为。两个以上行为如有一行为不能独立成罪，不成立牵连犯，例如盗窃而窝藏所盗赃物，盗窃行为犯盗窃罪，窝赃是盗窃罪完成后的不法状

---

① 高铭暄：《中华人民共和国刑法的孕育和诞生》，法律出版社，1981年版，第106页。

态，不独立成罪。一行为而发生数个结果，也不可能成立牵连犯。二个犯罪行为因牵连的结合关系由法律规定为一罪的，不是牵连犯。

牵连犯中两个以上的行为，必须是各个行为间彼此不属于同一犯罪构成要件。如果属于同一犯罪构成中的要件，例如，以杀人的手段抢夺他人财物，杀人、抢夺都是抢劫罪犯罪构成概念中所包含的行为要件，这就构成了一个抢劫罪，不成立牵连犯。因此，要注意将牵连犯构成的目的行为、方法行为、结果行为与单纯一罪或实质一罪犯罪构成中的目的、行为、结果等要件区别开来：（1）牵连犯的目的行为与单纯一罪的犯罪目的不应当混淆，如伪造税票掩护走私的，构成走私罪（目的行为）和伪造税票罪（方法行为）的牵连关系，不能以伪造税票罪具有"以营利为目的"的构成要件，就判定伪造税票是"目的行为"。（2）牵连犯的手段行为与单纯一罪的犯罪手段不应当混淆，如以暴力手段阻碍国家工作人员执行公务，暴力手段是妨碍公务罪的构成要件，实施暴力造成国家工作人员轻伤而妨碍其执行公务，仍然是单纯的一罪（轻伤是暴力手段的当然结果），不能以其成立轻伤罪，认为是妨碍公务罪的"方法行为"。如果暴力造成国家工作人员重伤而妨碍公务，重伤是否构成"手段行为"成立牵连犯，应当根据具体案件，作具体分析，行为人实施一般暴力手段还不足以实现妨碍公务，同时又实施重伤行为而实现妨碍公务的目的，已是两个行为触犯两个罪名，成立牵连犯。在这里，一般暴力手段是妨碍公务罪的构成要件，而重伤行为则是实施目的行为即妨碍公务的"手段行为"。如果仅以重伤行为而妨碍公务，或者妨碍公务后又以另一个犯意实施重伤行为，均不能构成牵连犯。前者是一行为数罪的想象竞合犯，后者是数行为数罪的并合犯。（3）牵连犯的结果行为与单一犯罪的犯罪结果不应当混淆，如危害公共安全的放火行为致人重伤、死亡，致人重伤死亡是放火罪的犯罪结果，不应认为是与放火罪相牵连的"结果行为"。

2. 两个以上的犯罪行为须有牵连关系

在目的的犯罪行为与方法的犯罪行为，或目的的犯罪行为与结果的犯罪行为之间，有牵连关系，才可能成立牵连犯。

什么样的情况可以认为有牵连关系，即依据什么标准来确定牵连关系，在刑法理论上，历来有两种不同学说：

（1）主观说，又称犯意说，或犯意继续说。此说认为，犯一罪而其方法或结果行为犯他项罪名，有无牵连关系，应以行为人主观意思为根据，行为人认为有牵连关系，就是牵连犯。或者说，行为人以继续的犯意，实施方法行为或结果行为并且另成立犯罪的情况，是牵连犯。

（2）客观说，又称直接关系说。此说认为，在客观上的数个行为即目的行为与方法行为或结果行为之间，事实上具有直接密切关系或者事实上具有不可分离的关系，就是牵连犯。行为间有无直接关系或不可分离关系，以纯事实的客观标准为根据。

客观说的学者认为主观说是无法成立的，"若据犯人意思而决定牵连关系之有无时，是同一犯罪，此犯人犯之，则为牵连犯，彼犯人犯之，则为非牵连犯，其可乎？"①

两说立论根据不同，依两说判断实例，是否成立牵连犯，结论正好相反，例如，某甲以实施强奸的意思侵入妇女某乙住宅时乙不在，甲将乙家财物盗走，此种事实，构成侵入住宅罪、盗窃罪。依客观说，侵入住宅是盗窃的手段行为，两罪有牵连关系；依主观说，盗窃行为、侵入住宅行为无同一主观意思的继续，两罪无牵连关系。

我们认为，任何犯罪，都是主、客观两方面的要件的统一，缺其一方面，犯罪就不能成立。这个原理，对于牵连犯，同样适用，所以一种犯罪事实的两个行为有无牵连关系，应以行为人主

① 转引自王觐著：《中华刑法论》，北平朝阳学院，1933年，第774页。

观意思和犯罪行为的客观事实为标准来进行考察。行为人主观上是为了实施一种犯罪，而采取某种方法行为或因实施一种犯罪而采取某种结果行为；并且所实施的犯罪，同触犯其他罪名的方法行为或结果行为之间，事实上具有直接的不可分离的关系，才认为有牵连关系。如果主观方面和客观方面统一不起来，如像后述两种情形，就没有牵连关系。（1）数行为数罪，主观上有同一的主观意思，但客观上数行为各自独立而无不可分离的关系，如某甲亲属乙犯盗窃罪，甲为其窝藏赃物，乙被追查中，又窝藏其人，公安机关侦查中，为乙作假证明进行包庇，在法院审判中，又作伪证。这里，某甲的数个行为触犯了法律规定的掩饰、隐瞒犯罪所得、犯罪所得收益罪，窝藏、包庇罪和伪证罪三个罪名，三罪主观上共为一个包庇犯罪的主观意思，客观的四个行为虽具有某种关联，但它们之间没有目的行为、方法行为、结果行为间的直接的不可分离的牵连关系，故此例不构成牵连犯。（2）数行为数罪，客观上的行为具有某种手段、结果关系，但主观上非出于犯一罪的主观意思，如某甲强迫某乙（女）与其结婚，暴力将乙抢回家中，乙不从，甲知成不了亲，强奸了某乙，某甲的两个犯罪行为，触犯了暴力干涉婚姻自由罪与强奸罪，非出于犯一罪的主观意思，牵连关系不能成立，此例也不构成牵连犯。

牵连犯是目的性的犯罪现象，几个犯罪牵连在一起，是由于行为人在主观上有犯一罪的目的，即数个犯罪都因为此目的而实施。各个行为共同地具有犯一罪的主观意思，客观上才可能发生直接的不可分离的牵连关系，上列第二例，某甲的两个行为，正因为是主观上缺乏犯一罪的意思，而客观上的行为也不认为有牵连关系。因此，行为之间，目的罪的意思联络对于牵连犯的成立是必不可少的。

犯一罪的主观意思，使各个行为在主观上发生的意思联络，不能取代各个行为本体的犯罪构成，即各个独立成罪的行为，犯罪构成的要件仍然要依法律的规定认定。例如，以犯诈骗罪为目的，伪造公文证件实行诈骗，两个独立行为，分别具备各自的犯罪构成，方可认定行为人犯了妨害公文证件罪和诈骗罪而构成牵连犯。有论者认为，牵连犯是"出自一个犯罪故意"，这恐怕是将犯罪故意和犯一罪的意思联络混为一谈了。实际上，牵连的各个行为，侵犯不同的客体，实现不同的结果，犯罪故意各不相同，并非仅有"一个犯罪故意"。"一个犯罪故意"而牵连数个犯罪构成，是不能自圆其说的。

3. 两个以上的行为，须触犯不同的罪名

有牵连关系的数个行为，分别触犯不同的罪名，才能成立牵连犯，牵连犯目的行为固然触犯一罪名，而与其具有牵连关系的方法行为、结果行为必须触犯他项罪名，即牵连的目的、方法、结果等行为，必须触犯不同罪名。各行为触犯的罪名，以现行刑法的规定为依据。如杀人而遗弃尸体，我国刑法有杀人罪的规定，而没有遗弃尸体罪的规定，不发生触犯数罪名的问题，不能成立牵连犯。如果该种行为发生在其他国家，触犯了依照该国刑法规定的罪名，（如日本刑法对杀人罪、遗弃尸体罪有明文规定）就可能成立牵连犯。所谓不同罪名，是指犯罪构成不同。同一犯罪构成，法律列举若干构成要件，因择一要件而认定的罪名有差别，应视为罪名相同，例如，某甲先盗窃军用枪支，后又抢夺民兵枪支，先后两个犯罪行为，同属于刑法第 127 条规定的盗窃、抢夺枪支、弹药、爆炸物、危险物质罪。罪名相同的行为间不成立牵连关系，不可能构成牵连犯。

(三) 牵连犯的两种形式

1. 目的行为与方法行为的牵连

以犯一罪的意思而实施犯罪，其使用的方法行为触犯他项罪名，即目的行为与方法行为的牵连，如为了实施诈骗而伪造公文，并以伪造的文书实施诈骗，目的行为犯诈骗罪，方法行为犯伪造公文罪。目的行为与方法行为的牵连，行为人可以先实施方法行为，后实施目的行为，也可以是目的行为、方法行为同时实施，但如果犯一罪实施完成，再发生的行为就不能认为是方法行为了。

犯一罪而实施方法行为，目的行为只能是单数，但方法、手段可以是多数，即一目的行为可以有多种方法行为。既是牵连犯罪，无论方法行为有多少，因与目的行为相牵连，只构成科刑上的一罪。

牵连犯的目的行为、方法行为都必须是故意犯罪，目的行为只能出于故意不需赘述；使用一种方法实现一项目的，自然方法行为只能是故意实施，而不可能由过失构成。如某甲入库场重地行盗，用火燃烧拴麻袋口的绳子，意图烧断结头获取袋内财物，行为过程中，因不慎火头燃着库场所有物资，造成重大损失，此案的失火行为，就不能判定是盗窃行为的方法。

2. 原因行为与结果行为的牵连

以犯一罪的主观意思实施犯罪，采取的结果行为触犯他项罪名，即原因行为与结果行为的牵连，如盗窃邮政部门包裹，而后将其中一包信件毁弃，目的行为犯盗窃罪，而后采取的结果行为触犯了侵犯他人通讯自由罪。

原因行为与结果行为的牵连，具有因果的顺序性，结果行为不会先于原因行为，也不会是两种行为同时发生；只能是先发生原因行为，而后发生结果行为，但结果行为仍不具有独立存在的性质，结果行为因原因行为而存在，没有原因行为，就无所谓结果行为，否则，就构成数行为数罪的并合犯，而不是牵连犯了。一牵连犯只有一个目的行为，但可以有多种结果行为，如盗窃一批珍贵文物，将其部分盗运出口，部分故意加以毁坏，结果行为就触犯了走私、故意损毁文物两个罪名。结果行为也不能由过失构成，因为过失犯罪的主观意思和故意的主观意思不可能统一在牵连犯之中，上述盗窃库场物资发生失火行为，不能认为失火行为是盗窃行为的结果行为，两者无法构成主观上犯罪意思的联络，在客观上也无法成立不可分离的牵连关系。

目的行为与方法行为、原因行为与结果行为都是相对应的两行为间的牵连，是通常的牵连形式，其中尤其以目的行为与方法行为的牵连最为常见。这两种形式除在相对应的两行为间发生外，也可以在三行为间混合交叉发生，即一个行为同时与方法行为、结果行为并存，该行为相对方法行为时，是目的行为，相对结果行为时是原因行为。例如，某犯罪分子为了诈骗某军警机关的枪支、弹药，伪造了公文、证件，在诈骗枪支、弹药后又予以私藏，此案行为人实施的伪造证件、诈骗枪支、弹药（诈骗罪）、私藏枪支、弹药的三个行为，共存于一个牵连犯中，是混合交叉的牵连，相对伪造证件（方法行为），诈骗是目的行为，相对私藏枪支（结果行为），诈骗是原因行为。

在牵连犯的几个犯罪行为中，必有一个行为居主要地位而发生牵连关系，即因主行为而实施他行为。目的行为是相对方法行为的主行为，原因行为是相对结果行为的主行为。同时与方法、结果行为并存的主行为只有一个。一般说来，主行为触犯的罪比方法行为或结果行为触犯的罪要重。但有时也会出现方法行为和结果行为触犯的罪比主行为触犯的罪重的情况。

（四）牵连犯的处罚及其与预备犯未遂犯的关系

1. 从一重处断

牵连犯是数行为触犯数个罪名，因为行为人在主观上出自犯一罪而在客观上行为间又表现为不可分离，而在处罚上采取吸收主义，按数罪中的重罪论罪并处以重罪之刑，轻罪被重罪吸收，所以牵连犯的处罚原则是"从一重处断"，虽然是数个行为，但不实行数罪并罚。但如果法律明文规定互相牵连的两种犯罪实行数罪并罚时，则应依法实行数罪并罚，从一重处断。重罪的确定，在审判实践上分别有两种方法：（1）在数罪中按照法定刑的轻重选择较重法定刑的罪论处，确定重罪一般以法定刑的最高限度为根据，最高限度相等时，以法定刑低限为根据进行重或轻的比较。（2）在数罪中依犯罪行为的性质、事实、情节及其危害程度，选择重罪论处，这种方法是按犯罪的具体事实和情况在采用前一方法不能体现从一重论处时适用。例如，郑某伪造印章、公函实施诈骗，诈骗罪的法定刑高，但诈骗行为的事实、情节一般，比较妨害公文、证件、印章的犯罪，诈骗罪轻，某人民法院裁判时以伪造公章罪论处。这两种方法，都符合罪刑相适应和从一重处断的原则，通常是适用前一方法，例外情形，也可取后一方法。

无论采用哪一种方法，罪的轻重不能一律按刑法分则对某一罪所规定的所有刑罚中的最高刑比较，如果分则规定有若干罪刑单位（如加重或减轻构成）的法定刑时，应当用犯罪行为所符合的那一个罪刑单位的法定刑进行比较。否则，容易造成轻重倒置的谬误。

2. 预备犯与牵连犯及其处罚关系

犯一罪（主行为），其方法行为触犯他罪名，如果方法行为并不包含于主行为犯罪而是主行为的预备行为时，因方法行为触犯他罪名，应从一重处断；如果仅有方法行为而尚未着手实行主行为的犯罪时，是一行为触犯数罪名，依想象竞合犯从一重处断。犯一罪（主行为），其结果行为触犯他罪名，必须是主行为的罪已完成（既遂），才可能有结果行为，且结果行为已着手实施，如果是预备实施，就谈不上是结果行为，故犯一罪其结果行为触犯他罪名，与预备犯没有关系。

3. 未遂犯与牵连犯及其处罚关系

牵连犯是数个犯罪行为，每个犯罪行为分别有犯罪的既遂和未遂问题，就牵连犯全部考察，全部行为的既遂，也就是牵连犯的既遂，不发生牵连犯未遂问题，但如果牵连的全部行为中，一部行为既遂一部行为未遂时，应以何种标准决定其既、未遂的形态呢？解决这个问题，取决于牵连犯中的重罪，因为"从一重论处"，重罪既遂，牵连犯是既遂，重罪是未遂，牵连犯也是未遂。

（五）牵连犯与相关罪数形态的关系

1. 牵连犯与继续犯不同

在犯罪既遂后，犯罪行为的状态继续的犯罪是继续犯。继续犯的继续行为是在继续的犯意支配下实施的，这与牵连犯犯一罪并以继续犯意实施他罪，在主观上不无相似之处，但牵连犯与继续犯不同：（1）前者是数行为触犯数罪名；后者是一行为触犯一罪名；（2）前者侵犯的客体为复数；后者侵犯的客体是单数；（3）前者是数罪而在裁判上以一重罪论处；后者是单纯一罪，继续行为时间长短是量刑的酌定情节，对犯罪的个数不发生影响。

2. 牵连犯与结果加重犯不同

实施基本犯罪构成的行为，发生基本构成以外的重结果，法律加重其刑的犯罪是结果加重犯。结果加重犯由法律明文规定，是基本构成和加重构成形成的犯罪，其在主观上具有二个以上的罪过，在客观上可能发生复数的犯罪结果，这与牵连犯相似，但牵连犯与结果加重犯不同：（1）前者是数行为数罪，裁判上的一罪；后者一行为一罪，是单纯的一罪。（2）前者在主观上是一行为一个罪过，数行为即具有二个以上的罪过；后者是行为人一个行为的基本构成和加重构成复合罪过。（3）前者数个行为基于数个故意，不可能有犯罪的过失；后者，犯罪的过失也可以构成，对加重结果的罪过形式通常是过失。（4）在处断上，前者从一重罪论处；后者以一罪处罚。

3. 牵连犯与吸收犯不同

一罪名的观念中当然包含他罪是吸收犯。吸收犯的吸收是犯罪行为吸收犯罪行为，与牵连犯因主行为而发生方法或结果的他行为，同是二个以上行为之间的关系，但牵连犯与吸收犯不同：（1）前者是数个行为分别独立成罪；后者是一行为吸收他行为，仅成立吸收行为的犯罪。（2）前者是罪名的复数，罪名之间不能吸收，处理时只认定重罪的罪名；后者是罪名的单数，此罪吸收彼罪，只成立吸收行为的罪名。（3）前者是裁判上一罪，从一重处断；后者是实质一罪，从一般法律规定上，直接适用应当适用的法条。

4. 牵连犯与结合犯不同

数个独立的犯罪，依照刑事法律的规定，结合成为一罪是结合犯。结合犯的结合，须有二个以上的犯罪行为，且行为之间通常有牵连关系而形成结合，就犯罪行为的个数和牵连关系而言，与牵连犯同，但牵连犯与结合犯不同：（1）前者二个以上行为之间只有牵连关系而不互为结合；后者有牵连关系并且因牵连而构成行为间的结合关系。（2）前者在法律没有明文时可以依据法理解释；后者则必须以法律规定为解释的根据。（3）前者是数行为触犯数罪而在裁判上从一重处断；后者是数行为数罪名由法律组成新的第三罪，在处罚上，依法律规定以结合的一罪论处。

（六）牵连犯与起诉、审判、追诉时效和刑法效力的关系

1. 牵连犯与起诉、审判

牵连犯是数个犯罪行为的牵连，犯罪有重轻、全部与一部之分，且在处断上只是一罪，所以在起诉、审判上应当注意：（1）公诉案件，人民检察院应就全部犯罪事实提起诉讼，如果人民检察院仅起诉牵连的重罪，人民法院得就牵连犯的全部犯罪事实进行审判，如果作为主要犯罪事实的重罪未起诉时，起诉机关应就重罪再进行侦查起诉；在牵连犯的数个犯罪行为中，有告诉才处理而未经告诉或者告诉又撤回的，只审判不是告诉才处理的他罪，他罪有二个以上时，仍然应比较轻重，从一重处断。（2）人民法院对数个犯罪作裁判上一罪审理，其确定判决的法律效力及于全部犯罪事实，公诉和审判机关在重罪处断后，不得再分离轻罪而另行起诉或裁判。（3）从一重处断，是择较重的法定刑，在法定刑幅度内根据情节裁量刑罚，并不是必须以法定刑的最高限科刑；人民法院对重罪裁量刑罚，他罪仍不失为犯罪，他罪所触犯罪名，应当在判决理由内予以述明，必要时，他罪应作为量

刑情节，在重罪的法定刑幅度内从重处罚；如果法律对轻罪规定有附加刑，无论重罪有无附加刑规定，在对犯罪分子适用主刑的同时，可以适用轻罪的附加刑。（4）牵连犯的量刑幅度一般以重罪法定刑为依据，当轻罪法定刑下限重于重罪法定刑下限时，则应以重罪法定刑的上限和轻罪法定刑的下限为幅度，因为，对牵连犯不能判处低于轻罪法定刑下限的刑罚，否则，就有悖于从一重处断的处罚原则。（5）牵连犯的法定量刑情节，属于科刑轻重的范围，在牵连犯的全部犯罪事实中，无论是重罪或是轻罪的法定情节，都应在科刑时综合全案依法裁量刑罚。

2. 牵连犯与追诉时效、刑法效力

时效应依重罪的法定刑计算，不能以各罪时效期间合并计算，这是从一重处断的当然结果。例如以强奸为方法行为，同时实施暴力干涉他人婚姻的目的行为，强奸罪是重罪，应以强奸罪的法定刑为依据计算追诉时效。

牵连犯的各个行为在当时当地完成，行为后法律变更，除法律有从新原则的特别规定而适用新法或者新法对行为人有利而适用新法外，应适用行为时行为地的法律；如果牵连的各行为跨于新旧法时期，其重罪行为成立于新法时期，应适用新法，重罪行为成立于旧法时期，且旧法规定比新法轻时，则应适用旧法。

牵连犯的一部分行为在我国领域外实施，一部分行为完成于我国领域内的，应认为是在我国领域内的犯罪。

三、连续犯

（一）连续犯的概念与本质

连续犯是指行为人出自连续的同一故意，连续实施数个独立成罪的行为，触犯同一罪名的犯罪。如某甲，以杀乙全家的意思，反复实施杀人行为，将乙及其父、子、兄、弟分别杀死，某甲的数个杀人的行为就是连续犯。连续犯是行为人实施一连串同一种类犯罪的犯罪现象。

连续犯罪的理论概念，源于中世纪意大利法学，因认为对于同一客体反复实施犯罪，刑罚上适用并科主义，失之过苛，甚不合理，为了避免并科的缺点，所以承认连续犯罪的理论，但并不是犯罪单复问题，而是刑罚单复的问题，即连续犯数个罪名，仅科以一个刑罚。连续犯一语，首见于1913年费尔巴哈（Feuer-bach）起草的德国《巴伐利亚刑法典》，其含义是"犯罪如对于同一客体或同一人实行数次时，连续该数次行为，认为单一事实，但量刑应予加重。"① 德国一些邦的刑法典相继设连续犯的规定，如：Bayern刑法典、Baden刑法典、Hessen刑法典、Hannorer刑法典均设其并科主义的例外规定，但1871年《德国刑法典》规定，数个独立行为，数次犯同一之重罪或轻罪，因而应受数个有期自由刑者，"应将各刑中之最长期刑再予加重，作为并合刑而宣告之"，则是按实质数罪，采加重主义，并合处罚。现行联邦德国刑法典，也无连续犯的规定。法国仅在学说和判例上承认连续犯，法律未加规定。1968年修正的《意大利刑法典》第81条第2、3款明定："基于同一犯罪意思，而以多数作为或不作为，重复触犯同一法律规定"为"单一之犯罪行为"，是连续犯的专条。日本旧刑法原无连续犯的规定，新刑法（1908年）规定后又于1947年删除，现行日本刑法已无连续犯规定。1960年的《苏俄刑法典》第165条是规定连续犯的，在1978年的刑法典（修订）中，就不再有连续犯的规定了。我国自大清新刑律至1935年旧中国刑法均有连续犯的规定，但也屡有变更、修改。当前，从讨论、修改《中华人民共和国刑法》的形势看，有些学者明确提出建议，应当在刑法上明文规定连续犯。纵观中外刑事立法，连续犯是存是废，尚处于矛盾、冲突之中，废止是某些国家立法的既成事实，存置则为另一些国家的立法所坚持。

---

　　① 高仰止：《刑法总则之理论与实用》，台湾五南图书出版公司，1983年版，第356页。

废止与存置两个方面，都有各自的理由。

废止说。理由是：（1）连续数行为都独立成罪，仅论以一罪，有鼓励犯罪之嫌；（2）将连续犯作为一个整体的犯罪看待，欲查清广泛的全部犯罪事实，延长侦审时间，难于迅速审结，势必妨害人权，影响司法信誉；（3）"既判力"的适用，审理一部犯罪，判决效力及于他部，有悖于罪刑相当原则；（4）连续实施数个独立的犯罪，不仅在实质上是数罪，而且在诉讼上也是数罪，并无以一罪论处的理由。

存置说。理由是：（1）连续犯是客观上存在的法律事实，无消灭的必要；（2）删除连续犯，允许超法律的解释，易生弊端；（3）对连续的犯罪以数罪合并处罚，裁判主文将不胜枚举；（4）对漏罪事实，又得随时追诉审判，影响司法的稳定，且对被告不利；（5）对同一客体反复实施犯罪，实质上是一行为或一罪，只应科以一罪之刑。

德、日两国在废除连续犯后的判例，对连续犯的概念，引起更多的分歧。日本一些学者认为，将连续的每个行为都作为独立犯罪来处理，在诉讼程序上，多余地产生一些困难。他们对连续犯的理论仍然持肯定态度，在判例上也并未放弃连续犯的适用。德国刑法虽无连续犯的明文，但在习惯上仍认为反复实施同种行为，为构成连续犯罪的要件（本质上一罪），他们以缓和刑罚或者以有实际必要性为实质上的根据，说明、论证和承认连续犯的存在。

我国刑法是承认连续犯的，刑法第 89 条关于追诉时效的规定中提到"犯罪行为有连续……状态"是我国刑法承认连续犯的法律依据，但是，什么是连续犯又未明文规定。刑法立法起草过程中，第 22 稿第 73 条曾规定："连续几个行为犯一个罪名的，按照一个罪论处"，修订中把这一条删除了。高铭暄教授在说明删除理由时指出："但何谓'连续行为'，认识上不太一致，法律上规定了，容易引起争论，不如由学理上去解释，更灵活些。"① 于是，自 1979 年刑法施行以来，关于连续犯的研究也就成为我国刑法理论与实践的重大课题之一。

连续犯罪数的本质问题，在刑法理论上长久以来为学者所争论，学者间因立论基点不一而观点各异，基于罪数的行为标准说、构成要件说，认为连续犯须有数个独立构成犯罪的行为，应是数个犯罪；基于罪数的意思说，认为连续数行为出自一个意思，数行为而犯同一罪名，连续犯不失为一罪。可见，注重客观方面，主张连续犯是数罪，注重主观方面，则主张是一罪。

我们认为，连续犯是独立成罪的数个行为的犯罪，在本质上是数罪，因连续关系，刑法上以一罪论，裁判上科以一罪之刑。

连续犯的成立以数个犯罪行为的连续关系为前提。因学派理论分歧，决定连续关系的标准，分别有下述三种主张：

1. 主观说。主张构成连续犯以行为人的意思或决意（目的）是否单一为标准。犯罪，是恶性的表现，恶性决定于犯罪人主观方面的犯意，如果客观方面的行为是由于一个意思所实施的，可以成立连续犯。

2. 客观说。主张构成连续犯以行为人客观上实施的行为是否连续为标准。刑罚惩罚的是犯罪行为，客观方面的行为是一罪数罪的一般标准，客观上的行为有连续性的，就足以成立连续犯；如果以犯罪人的意思来决定是不是连续犯，同样的犯罪事实，因为犯罪人不同，有时是连续犯，有时又不是连续犯，可见，主观说很不恰当。客观说就行为的客观方面求标准，因侧重面不一，具体又可分为：时间说（犯罪时间和地点有联接的）；结果说（结果单一）；方法说（行为的方法、手段同一）；机会说（利用同一机会）；类似说（行为外部有相类似特征）；法益

---

① 高铭暄：《中华人民共和国刑法的孕育与诞生》，法律出版社，1981 年版，第 107 页。

说（侵害同一法益）；罪质说（罪质同一）等等。

3. 折衷说。主张用主、客观两个方面的要素确定连续关系，即犯罪的意思与犯罪的结果都必须单一，才能成立连续犯。

上列三说，都有所偏向，主观说仅在行为人的意思上求标准，忽视了客观行为的连续性。客观说只注重客观行为的连续，对行为人主观意思的连续置于不顾。折衷说虽有意克服主、客观两说的片面性，但以意思单一和结果单一局限，显然过分狭窄，意思单一，含义并不十分清楚，严格要求结果单一，无结果的犯罪，将一概被排斥在连续犯之外。三说都与连续犯的本质不相符合，从而，不能科学的解释连续犯构成的连续关系。

我国刑法坚持犯罪构成的原理，立足在主、客观要件统一的整体上，研究连续犯的本质及其构成，连续犯是重于一罪、轻于数罪的犯罪类型，确定连续关系的标准过宽，有纵容犯罪之嫌，太窄，对犯人失之过苛，所以不可以简单对待。应当参考中外立法例，兼收各种学说的合理成分，总结司法实践的经验，揭示连续犯构成的科学标准。总的说来，数个独立的犯罪行为，只论以一罪，适用面不能太宽，需要从主、客观的构成要件上加以必要限制。

（二）连续犯的构成要件

1. 须有连续的同一犯罪故意

在主观方面，犯罪分子对于数个犯罪行为，必须有连续的同一故意，才能构成连续犯。所谓连续的同一故意有两层意义：一是故意是同一的，而不是多种的；二是同一的故意，具有连续犯罪的意思。对连续犯的主观条件，在理论上有"犯意联系"、"犯意继续"、"犯意连续"、"概括故意"、"同一故意"、"单一决意"、"一贯犯意"等各种用语，这类用语有的仅仅指犯罪的同一（或单一、一贯、概括）故意（或犯意、决意），有的仅仅指犯罪的连续（或联系、继续）意思，都只是一层意义。为了说明连续犯主观条件的确切内涵，有必要强调对数个犯罪行为的同一故意具有连续实施的意思。同一故意而不具体连续意思，不能构成连续犯，如某甲上一月以谋财害命杀一人，本月以报仇泄愤杀一人，两个杀人行为，主观上的杀人故意虽然相同，但缺乏连续杀人的意思，这就不是连续犯。

在一些论著中，有将连续犯主观要件表述为"一个故意"、"意思单一"，就有更大的缺陷，连续犯是数个独立的犯罪，一个故意或者意思单一的犯罪，不可能是数个独立的犯罪。

故意同一与一个故意有别，故意的同一是故意的复数，一个故意是故意的单数。故意的单复与具体的犯罪构成的单复是相互一致的，一个故意只可以成立一个具体的犯罪构成，具体的犯罪构成是复数，故意则不可能是单数。有人认为，分别强奸数人是数个故意，多次强奸一人是一个故意，这正好是混淆了二者的界限。分别强奸数人，多次强奸一人，犯罪构成都是复数，犯罪故意怎么能一是复数，一是单数？这两种犯罪事实，在主观上都同样地具有犯罪故意的复数，是故意的同一，而不是一个故意。故意同一，又有连续犯意的犯罪行为，可以构成连续犯；故意同一，没有连续犯意的犯罪行为，可以构成数罪。

什么是连续意思呢？犯罪分子以连续的数行为实施犯罪，在主观上，于开始实施犯罪时，为了完成一个预定的犯罪计划，或为了实现一个总的目的（目标），或预见总的犯罪结果，这就是连续意思。这种意思在德国称单一的整体故意，德国最高法院称"总犯意"，其含义是犯意初，就有预先包括全体犯罪结果的意思。犯罪分子自始预定一个总犯意，在总犯意支配下，反复实施犯罪，不论犯罪次数，都是犯罪的连续，成立连续犯。连续意思，不是在犯罪中途也不是在犯罪结束而是在犯罪一开始就预定了。如果中途有预定以外的新的犯意发生，就不是连续意思；当犯罪分子实施了他所预定的最后一个行为，连续犯罪完成，连续意思也就终了，在这以后，再发生的犯意，也不是连续意思，在预定以外发生的犯意，即使犯罪故意同一，也不能成立连续犯。

696

2. 须连续实施数个可以独立成罪的行为

连续实施数个独立的犯罪行为是成立连续犯必须具备的客观方面的要件。

数个独立成罪的行为必须是连续实施，即行为间具有连续性。判断数个行为间是否具有连续性，对各种不同案件的具体情况（如犯罪的时间、地点、行为的方法、手段，侵害的客体、对象）要进行具体分析。比如，连续实施的行为，在时间上必有间断，在分析时间的因素时，对于时间上紧接，或在时间上保持有连续关系，或者数个行为在时间上有先后次序可分，都可以认为具有连续性；对时间没有间断的，属一行为，不发生连续性问题，例如，同时同地的数个动作伤害数人，就是适例。

所谓数个独立的犯罪行为，是指连续的各行为，独立构成犯罪，即各自具有具体犯罪构成的全部要件，因而以数个举动实施一个犯罪行为，如接续犯，或一个行为具有继续性，如继续犯，都不是数个独立行为，不发生连续性问题。称连续犯的数个独立的犯罪行为与称吸收犯的数行为不同，一行为吸收另一行为，仅成立吸收的一个犯罪行为，是吸收关系，而非连续关系。行为被吸收，就不独立了。有人认为，连续犯只须连续行为而不一定"独立"，如经济方面的犯罪，多次连续的行为，累计数额构成犯罪时即可成立连续犯，这种观点会导致两个难题：（1）这样的"连续犯"与接续犯、继续犯、吸收犯无从区别；（2）当连续的行为仅仅构成一个犯罪时，如果也是"连续犯"，那么，对连续犯以一罪论处就毫无意义了，实际上也就取消了连续犯。我们认为，无论何种犯罪，如果以连续犯论，其连续的只能是具备犯罪构成而独立成罪的行为。经济方面的犯罪，往往是以多次行为实施犯罪活动，多次行为中，有的行为是独立的犯罪行为，如某次盗窃行为，具备了"数额较大"条件；有的行为则可能不成为独立的犯罪行为，如某几个盗窃行为都未达到"数额较大"。经济犯罪与连续犯的关系可作以下具体分析：（1）多次行为都独立

697

构成犯罪的，行为有连续性。（2）多次行为就个别行为说都不构成独立的犯罪行为，而累计数额，又构成犯罪的，以一个犯罪构成看待，无连续性问题。（3）多次行为中，有的是独立的犯罪行为，其行为间有连续性，有的不是独立的犯罪行为，行为间无连续性。总之，不可以笼统地说凡经济犯罪都是连续犯。

3. 须触犯同一罪名

什么是同一罪名？国外刑法理论有几种学说：同一法益说；同种法益说；同一罪质说；结果单一说；同一构成要件说；同名说；同条说；同章说。在他们的理论体系中，这些学说都和"法益"这个概念密切相关，因而，罪名同一性的确定，必定有宽有窄。侵害同种法益较侵害同一法益宽；侵害个人专属法益（如生命、自由、人格、名誉等）较侵害个人非专属法益（如财产所有权）窄。

所谓同一罪质说，指法益的性质同一，根据同一罪质说，同一罪名的范围，尤其可以扩宽，他们甚至认为抢夺与盗窃、抢劫与盗窃、诈骗与敲诈勒索、受贿与行贿、杀人与伤害等犯罪都是同一罪名，于是，同一罪名的范围，不限于分则规定的同一法条、同一章次，进而扩张到不规定在同一章次的不同罪名，凡属同一法益性质的犯罪，不问罪的名称，都可以成立连续犯。

同一罪名的范围过宽，是一些国家（如德国、日本）现行刑法理论中问题的主要方面，他们检讨这个问题时，也承认连续一罪的适用，起了鼓励犯罪的作用，犯罪分子可能认为犯了此一罪，还可以犯彼一罪。因为反正是数罪并为一罪，只受连续一罪的惩罚。

我国刑法，同一罪名以犯罪性质完全相同为准。

我国刑法中犯罪客体的概念，对于决定犯罪性质的同一性有直接的意义。一般说，犯罪行为侵害的直接客体是确定犯罪性质的依据。但是，我们强调同一罪名的标准必须是犯罪性质完全相同。根据《刑法》分则犯罪分类的特点，某些犯罪，如侵犯财产一类的犯罪，可能侵害的直接客体是相同的，而犯罪的性质并不完全相同。这一类的犯罪，犯罪性质的确定，还必须同时以犯罪行为所表现的方式为依据。如盗窃、诈骗、抢劫、抢夺、敲诈勒索等罪，侵害的直接客体都是公私财产，但各罪行为的方式不同，犯罪性质也不完全相同。因此，所谓犯罪性质完全相同，可以分别按下列几种情形具体确定：

（1）罪名名称完全相同。刑法中，一般是一条文一罪名，二个以上的行为触犯相同罪名，犯罪性质也就完全相同。

罪名名称相同的犯罪，基本犯及其加重减轻形式，普通犯与特别犯，实害犯与危险犯，单独犯与共犯，既遂犯与未遂犯、预备犯都可以成立连续犯。但是，过失犯与故意犯之间，如故意杀人罪、过失致人死亡罪，不能成立同一罪名。

（2）犯罪名称类同，在同一条内，另有一款从重、加重规定，两款即使名称不完全相同，也是同一罪名。如刑法第 234 条第 1 款伤害罪，第 2 款伤害致人重伤、致人死亡的规定，第 236 条第 1 款强奸妇女罪，第 2 款奸淫幼女、第 3 款轮奸妇女等情节提高法定刑的规定等，属同一罪名。

（3）犯罪名称不同，犯罪构成同一，可以成立同一罪名。在立法技术上，立法者往往对犯罪构成相同而将不同的犯罪名称作列举规定，这一类的条文，即使罪名名称不同，也应视为同一罪名，如"非法制造、买卖、运输枪枝弹药……"的规定，"伪造、变造或者盗窃、抢夺、毁灭……公文、证件、印章……"的规定，"走私、制造、贩卖、运输鸦片、海洛因、吗啡或其他毒品……"的规定等，在我国刑法中，这一类的条款较多。但是，法律将不同的犯罪构成列举在一个条文中，例如第 114 条的放火、爆炸、投毒、决水罪，不能视为同一罪名。

（4）不同条或款的某些犯罪，法律明确规定，甲条、款规定的犯罪，以乙条、款规定的犯罪"论处"、"处罚"，两条、款间可以成立同一罪名。如第 263 条规定抢劫罪，第 269 条规定犯盗窃、诈骗、抢夺罪，为窝藏赃物，抗拒逮捕或者毁灭罪证而当场使用暴力或者以暴力相威胁的，依抢劫罪定罪处罚等，可以成立同一罪名。

综合上述，出自连续的同一故意，反复实施的数个独立行为间须有连续性，数行为须触犯同一罪名是构成连续犯的必要要件，三个要件缺一不可，必须同时具备，才能构成连续犯。连续犯的构成，我们所主张的是主、客观的构成要件一致说。

（三）连续犯的处罚

1. 立法例

连续犯有数个犯罪行为，因为基于概括的犯意，以一罪论，犯人恶性与行为的社会危害性比实际的数罪小，比单一的犯罪大，所以在处罚上，不实行数罪并罚，只须较单一罪加重或从重处罚，这是公认的立法理论基础。立法上对连续犯处罚的规定，分别有三种制度：（1）得加制。一般采取得加制，但加重幅度并不一致，《意大利刑法典》第 81 条第 3 款规定："得加重其本刑至 3 倍"；1935 年旧中国刑法第 56 条但书规定："但得加重其刑至 1/2"。一为本刑 3 倍，一为本刑的 1/3，相差甚大。但均是得加，加与不加，加重程度的重、轻，由审判机关斟酌具体事实，例如犯人恶性、犯罪次数、危害大小，依照应适用的法定刑裁定。得加制不排斥减轻法条的适用，如依犯罪事实、情节不应加重，可以依法酌量减轻处罚。（2）必加制。个别法例采取必加主义。我国台湾地区现行妨害兵役治罪的有关规定中规定："加重其刑至 1/3"，此一特例，仅规定在特别刑法中，触犯本条，必须加重处罚，无酌量余地。（3）从重制。如我国刑法草案第 22 稿第 73 条 "但可以从重处罚" 的规定。

2. 我国刑法中的处罚原则

连续犯既是裁判上一罪的范畴，不实行数罪并罚，是当然的定论。但对连续犯究竟如何处罚，我国刑法无明文规定。我国刑法理论与实践认为，对连续犯以一罪论，在裁判上从重处罚，即把它看作是一个量刑的从重情节。依照刑法第 62 条"犯罪分子具有本法规定的从重处罚、从轻处罚情节的，应当在法定刑的限度以内判处刑罚"的规定精神，量刑的从重情节也只能限制在法定刑幅度内据情裁量。因而，不允许于法外加重处罚。

对连续犯在裁判上实行从重处罚原则，须注意下述问题：

（1）要区分基本罪与加重罪。根据犯罪的事实、情节及危害程度，连续犯可分为基本罪与加重罪，如有明文规定，应分别适用。刑法分则的许多条文，有的在一个条文中，条文前部分（或前款）是基本罪的规定，条文后部分（或后款）是相对于基本罪的加重罪的规定，有的是在两个条文中分别作出规定，如条文规定"情节特别严重"、"情节特别恶劣"、"造成严重后果"、"致人重伤、死亡"、"数额巨大"等都是加重罪的条、款。在定罪量刑时，一般的连续犯罪应适用基本罪条、款，严重的连续犯罪应适用加重罪条、款。如多次犯抢劫罪的连续犯，因多次、连续的犯罪事实和情节，应适用刑法第 263 条加重罪第 4 项规定，不应分割就个别犯罪作一般的连续犯论处。我国司法实践，对连续犯从重处罚，无论是一般的或是严重的连续犯，都应在法定刑的幅度内从重处罚。如果在一个连续犯中，同时有基本罪和加重罪，加重罪吸收基本罪，重罪本刑吸收轻罪本刑，应以加重罪加重刑论罪处刑。

（2）要区分重罪与轻罪。连续数行为触犯同一罪名的犯罪，在可以划分为基本罪与加重罪之外，尚有重罪与轻罪区分的必要。重罪吸收轻罪，适用重罪之刑，例如故意杀人，情节严重的杀人相对情节较轻的杀人为重罪。连续数行为的犯罪，同时有既、未遂或犯罪中止，因只论以一罪，应以既遂罪论，如果轻罪既遂而重罪未遂时，仍以既遂论，但裁判上不排斥从轻处罚。刑法总则、分则规定的其他重罚或轻罚的法定情节，无论重罪、轻罪，应依法在实行从重处罚原则的同时，综合裁量，决定应执行的刑罚。

（3）经济性的连续犯，如连续受贿、连续贪污、连续盗窃、连续诈骗等，作为裁判上的一罪，应以作案的经济总数额为定罪科刑标准。

（4）跨越于无责任能力的行为，不能成为连续一罪的行为。例如，不满 14 岁以前有抢劫行为，满 14 岁又犯抢劫罪，前后行为虽然客观上具有连续关系，但不满 14 岁的行为不罚，因而，不满 14 岁的行为与已满 14 岁的行为不能构成连续的一罪。同理，不满 16 岁的不罚行为与已满 16 岁的犯罪行为，也不应以连续犯论。

（四）连续犯与相关罪数形态

1. 连续犯与同种数罪和相关一罪形态的关系

（1）连续犯与同种数罪

不具有连续犯连续关系的数行为，触犯数个同种罪名，是同种数罪。连续犯与同种数罪都是数个独立成罪的行为触犯同一罪名，两者的区别是：前者，主观上只能是故意并且有连续意思；后者因分别起意，意思不具有连续性，罪过形式不限于故意，过失犯也可以成立。前者，数行为间有连续性，是反复实施的连续行为；后者实施的数行为间，没有连续性。前者以一罪论，是实质的数罪，处断上的一罪；后者是并合论罪。根据我国刑法分则规定，同种数罪可以像连续犯一样，以一罪适用法律条文，从重处罚；"情节严重"、"情节特别严重"、"情节特别恶劣"等加重构成，适用加重处罚的条、款。

（2）连续犯与接续犯

以多次举动接续进行，而实现一个犯罪构成的犯罪是接续犯，如某甲杀乙，本可一次行为剥夺乙的生命，却以多次投毒致乙逐渐中毒死亡，某甲投毒的多次举动是一个杀人的行为。接续犯的接续行为与连续犯的连续行为都是多次分别进行的，但连续犯与接续犯不同：前者主观上是同一故意，故意内容具有连续犯罪的意思；后者是一个故意，虽每个举动是故意实施的，但只是一个犯罪行为的故意。前者在客观上是数个独立成罪的行为，反复实施的行为间，有连续性；后者是多次举动或并不独立成罪的行为，多次实施而实现的一个犯罪。前者是实质的数罪，裁判上一罪；后者是单纯一罪。

（3）连续犯与继续犯

继续犯是一个犯罪行为既遂后，行为继续较长时间而完成犯罪目的的犯罪。连续犯与继续犯，行为的连续意思与继续意思相似，但二者不同：前者是数行为具有同一故意，且有连续的意思；后者是一行为自实行犯罪到既遂后的继续意思，是一个故意的持续。前者是数个独立犯罪行为的连续；后者是一个犯罪既遂后，行为仍继续一段时间。前者是裁判上一罪，数行为的犯罪作为一罪，一般从重处罚；后者是单纯一罪，一般不从重处罚，只是在一行为继续的时间长且造成更严重后果时从重处罚。

（4）连续犯与结合犯

结合犯是数犯罪行为结合成为一个犯罪，连续犯是数犯罪行为以一罪论，为二者相似之处。但连续犯与结合犯不同：前者是实质数罪在裁判上的一罪；后者是本来的数罪，法律上的实质一罪。前者，法律未作处罚规定，为处罚上一般从重的条件；后者，依新成立罪名的法定刑处罚，不发生从重问题。前者属于裁判上的科刑范围；后者属于犯罪成立的问题。

（5）连续犯与常业犯、惯犯

多次的实施同一罪名的犯罪，以犯罪为常业或者具有习惯的犯罪，与连续犯同样是多次的实施同一罪名的犯罪。但连续犯与常业犯、惯犯有明显区别：前者由法律规定或由法理解释，对分别成立的罪名，只论以一罪；后者法律明文将数行为集合规定为一罪。前者为数行为本来独立成罪，因连续关系，成为连续犯；后者或因连续实施或因一贯习性，因而不须再有连续犯的适用。前者为裁判上一罪，一般从重处罚；后者是犯罪的特殊形态，依照加重法定刑处罚。

2. 连续犯与想象竞合犯、牵连犯的关系

（1）连续犯与想象竞合犯

连续犯与想象竞合犯区别有四：前者为连续数行为触犯同一罪名；后者为一行为触犯数罪名。前者触犯的罪名，基本犯罪构成必须相同；后者，同与不同，没有限制。前者以一罪论，但应是刑罚的从重事由，一般从重处罚；后者从一重处断，重罪轻罪竞合，轻罪被重罪吸收，可以不从重处罚。前者只能是故意犯；后者不排斥在故意犯中同时竞合过失犯。

（2）连续犯与牵连犯

连续犯与牵连犯区别有三：前者是数行为之间的连续关系；后者则是牵连关系。前者触犯的罪名，必须同一；后者则必须不同一。前者以一罪论，是刑罚的从重事由，得从重处罚；后者牵连的数罪从一重处断。

（五）连续犯的起诉与裁判

连续犯的数个犯罪行为，因反复实施，犯罪事实有先后顺序、全体与一部，以及主要与次要之分，起诉、裁判过程，对下列实体、诉讼的有关问题，应分别处理：

（1）人民检察院起诉犯罪事实的一部，人民法院得就全体进行审判，起诉后，又有连续行为发生，也应就全体一并进行审判，如果对犯罪事实的主要部分未起诉的，起诉机关得再进行侦查起诉。

（2）犯罪事实的一部分经判决确定后，他部分再被发现的，如判决确定的是主要的部分，遗漏的他部分即次要部分不再审判，如遗漏主要部分，出现判刑畸轻的结果，可撤销原判决，依审判监督程序再审。因为，连续犯是以一罪论处，不可同时存在两个有效的判决。

（3）判决前后的连续犯，其判决前的犯罪事实受有罪宣判，前后的犯罪连续即因有罪判决而中断。中断的连续犯罪事实以再犯或累犯论处。如果甲决意伤害乙、丙，因伤害乙被判刑1年，刑满，又伤害丙，甲伤害丙的行为，连续关系中断，构成累犯。如某甲在宣判后刑罚尚未执行或刑罚执行过程中伤害丙，连续也中断，以再犯新罪论。总之，连续性的犯罪事实，是否全部发生在起诉前，可以不问，但必须限于发生在有罪判决前，才能以连续犯论处。

（4）连续一罪自首的认定。犯罪分子如果就连续犯罪事实的主要部分进行自首，可成立自首，依法可以从轻、减轻或免除处罚。反之，自首次要部分，而隐瞒主要部分，不成立自首。

（5）连续犯刑法效力的适用。连续犯的犯罪时、犯罪地应就连续的各行为所成立的犯罪，分别确定，即连续各行为的行为时，为各该行为的犯罪时，连续各行为的行为地及结果发生地，为各该行为的犯罪地，因连续犯以一罪论，连续各行为的犯罪时与犯罪地，应视为连续犯全体的犯罪时与犯罪地。鉴于这个理由，连续犯在刑法效力的适用上，自有其特定的内容和作用：连续犯的犯罪事实，一部在国内和一部在国外，依连续一罪适用我国刑法；连续犯有一部行为在新法时期实行，应适用新法，不可以一部分犯罪事实适用旧法，又同时以另一部分犯罪事实适用新法。

（6）连续犯追诉时效的计算。根据刑法第89条"追诉期限从犯罪之日起计算；犯罪行为有连续和继续状态的，从犯罪行为终了之日起计算"的规定，连续犯在追诉期限上，有特殊的作用。连续犯的各个犯罪行为，犯罪的实施时间各不相同，因是连续一罪，所以追诉时效应以连续行为中最后一次行为终了之日起计算，即最后一次行为的时效尚未完成，其他行为的时效也未完成。如果数行为中有加重罪或重罪，其时效期间较他罪长时，应以加重罪或重罪的时效期间为计算的标准。连续犯与即成犯在计算追诉期限上有根本区别，两者不可混淆。如将连续犯误为即成犯起算期限，就有可能使未过期限的部分连续犯罪事实逃脱制裁，如将即成犯误为连续犯起算期限，就有可能使已过期限的即成犯受到惩罚。

第 三 编
排除犯罪性行为

第十章 正当防卫

第一节 正当防卫的概念和意义

一、正当防卫的概念

我国刑法中的正当防卫，是国家立法机关依据马克思主义刑法理论，结合同违法犯罪作斗争的实际需要，赋予公民的一项重要权利。而且，这种权利是通过给正在实施不法侵害的行为人造成某种损害来实现的。

刑法第 20 条规定："为了使公共利益、本人或者他人的人身和其他权利免受正在进行的不法侵害，而采取的制止不法侵害的行为，对不法侵害人造成损害的，属于正当防卫，不负刑事责任。"刑法的这一规定是对正当防卫的主要特征或者主要条件作了明确的规定，说明正当防卫不负刑事责任，而不是正当防卫的明确定义。确定正当防卫的定义必须依据我国的刑事立法精神、刑法的规定和司法实践的具体情况来定。它必须包含有这样几个内容：(1) 正当防卫是法律赋予公民的一项权利；(2) 正当防卫的本质特征及其表现方式；(3) 法律对正确行使正当防卫权的限制要求。因此，正当防卫是指为了使公共利益、本人或者他人的人身或其他权利免受正在进行的不法侵害，对不法侵害人以损害其某种利益的方式所实施的必要的防卫行为。正当防卫不负刑事责任。这是因为，犯罪乃是反对统治关系的斗争，统治阶级为了维护自己的统治，把危害其阶级利益和统治秩序的行为规定为犯罪，并给予刑罚处罚。因此，犯罪的最本质特征是行为的社会危害性，某种行为对于统治阶级的阶级利益和统治秩序不具有任何社会危害性，那就不能认为是犯罪了，当然就不应受到刑罚的处罚。而在社会的现实生活中，常有这样的情况：有的行为从表面上看好像是犯罪行为，但它们实际上都是有利于统治阶级的；这样的行为，不仅不应受到法律的制裁，相反，它应当受到法律的保护、支持和鼓励。正当防卫正是这样的行为。从客观方面看，正当防卫是同违法犯罪作斗争，保护国家、社会和人民利益的行为，是正当合法的，而非危害社会的行为。从主观方面看，实施这种行为的动机目的，是由于行为人面对不法侵害的情况，为了保护公共利益、本人或他人的合法权益而采取的一种反击行为，以抵抗或限制不法侵害的发生，行为人不存在危害社会的故意或过失。正基于此，我国刑法才明确规定正当防卫不负刑事责任。

二、正当防卫的实质

现代意义上的正当防卫制度，是自法国资产阶级革命胜利后才完全确立的。而这一制度的确立，受到了资产阶级启蒙思想家（如卢梭、孟德斯鸠）的理论的极大影响。1791 年的法国刑法典将正当防卫作为人的一项权利在法律上予以确认，其第 6 条规定："防卫他人侵犯自己或他人之生命即为杀人行为时，不为罪。"接着，1810 年的法国刑法典则将正当防卫规定在分则中，其第 328 条规定："由于正当防卫……不以重罪或轻罪论。"从此以后，正当防卫便广泛适用于不法侵害的场合，形成了一个完整的刑法制度。其后，各国刑事立法竞相仿效，正当防卫开始成为世界性的法律规范。

随着正当防卫制度在资产阶级刑事立法上的全面确立，资产阶级关于正当防卫的理论也逐步建立起来，自古典刑事学派到现代各资产阶级刑法学派，关于正当防卫的理论学说是多种多样的，对正当防卫的实质有着种种不同的解释。但是，它们都有一个共同的特点，那就是在正当防卫的问题上，总是极力回避掩盖正当防卫这一法律制度的阶级性，不敢承认正当防卫归根到底是有利于统治阶级的统治关系和统治秩序，是为统治阶级的阶级利益服务的这一根本实质。也正因为如此，它们不可能从根本上解决正当防卫的本质这一重要问题。

从马克思主义刑法学的观点看，在刑法中所以规定正当防卫制度，是同统治阶级的利益密切相关的。各国刑法之所以规定正当防卫不罚或不为罪，是因为统治阶级认为正当防卫有利于维护自己的统治关系。

我们认为，正当防卫作为一种权利，同别的权利一样，是由统治阶级在自己的法律中赋予公民的。尽管从权利享受者的主观愿望看，行使正当防卫权利是为了维护自身的利益，这可能与法律所规定的性质有所不同。但是，从权利的客观性质上看，这一权利的性质其实就是法的性质，是统治阶级阶级意志的反映。统治阶级所以会在一定条件下赋予一部分人以正当防卫的权利，主要是出于下面诸方面的考虑：一是在于体现统治阶级对一部分人法定权益的保护；二是让这部分人能够在急迫时及时保护自身的利益；三是希望通过这部分人行使正当防卫权来保护统治阶级的整体利益和根本利益，因为通过正当防卫，制止不法侵害，可以消除社会中的某些不稳定因素，从根本上来看，有利于统治阶级的统治关系和统治秩序。这后一种的作用是主要的、经常的。但是，由于不同类型的统治阶级的不同，正当防卫所维护的阶级利益也就不同。所以，不同社会制度的不同国家，正当防卫也就有着不同的阶级实质。

社会主义的法律，从来就不否认正当防卫制度的阶级性。刑法规定的正当防卫制度，是为实现社会主义刑法的任务服务的，目的在于及时地、有效地鼓励和支持广大人民群众同侵犯社会主义社会关系的不法行为作斗争，制止违法犯罪活动，预防犯罪，巩固社会主义法制，维护社会主义的社会秩序，保证社会主义事业的顺利进行。同时，由于在社会主义国家，保护公共利益和保护个人合法利益是一致的，没有公共利益，个人利益就得不到保障；不保护个人利益，公共利益就会受到损害，二者是相辅相成的，而且都有赖于社会主义法制的健全和巩固。这种一致性，决定了任何不法侵害在客观上都是对个人利益、公共利益和社会主义法制的损害。因此，社会主义刑法在规定正当防卫时，不只是考虑保护个人的人身权利和财产权利，而且注重保护公共利益，注意维护社会主义法制的统一性和完整性。所以，社会主义刑法中的正当防卫，其本质必定是制止不法侵害，保护合法权益，维护社会主义法制这三项任务的有机统一。这是社会主义刑法中正当防卫同一切剥削阶级法律中的正当防卫的本质区别。

三、我国刑法中正当防卫的意义

我国刑法中的正当防卫制度，是为实现刑法的任务服务的。其目的在于及时有效地同侵害我国社会主义社会关系的一切不法行为作斗争，以制止和预防犯罪，保护合法权益，维护社会主义法制，促进社会主义现代化建设事业的顺利进行。因此，正当防卫是法律赋予公民的一项合法权利，受法律保护，是同违法犯罪行为作斗争的重要手段。同时，正当防卫也是公民的一项社会义务和道德义务，对某些人甚至是法律义务。具体说，我国刑法规定正当防卫制度，有以下重要意义：

（一）规定正当防卫制度，是在法律上确认了合法权益的不可侵犯性。刑法规定正当防卫制度，使广大公民知道，只要有侵犯合法权益的违法犯罪行为发生，人人都可起来进行防卫。这无形中在合法权益周围增加了一道人民力量的屏障，震慑社会上的不法分子不敢轻举妄动，更加确保合法权益的不可侵犯性。

（二）刑法明确规定正当防卫制度，就把正当防卫这一合法权利明确赋予公民，使公民在面临不法侵害时能及时有效地保护合法权益不受侵犯。

（三）刑法规定正当防卫制度，是社会主义道德和正义的要求和体现，是鼓励和支持人民群众勇于且善于同违法犯罪行为作斗争，以保护人民、打击不法分子的锐利武器。正当防卫是鼓励、支持、保护公民履行社会道德和社会正义对其提出的要求，在危急时刻，敢于挺身而出，为保护合法权益而勇敢地同不法侵害作斗争。同时，我国刑法规定的正当防卫制度，还明确告诉人们，行使正当防卫权不是毫无节制的；相反，它有一系列的条件限制，不能滥用正当防卫权而给社会带来不应有的危害。这就使得公民在面对不法侵害时，不但敢于与之作斗争，而且必须善于与其作斗争，做到既要制止不法侵害，保护合法权益，又要使自己的防卫行为有节制，不至因超过防卫的必要限度而造成不应有的损害，危害社会。

（四）规定正当防卫制度，是维护社会主义法制所必需，是巩固人民民主专政的政权和社会主义制度的需要。正如前面所言的，我国的正当防卫制度，其根本实质在于保护社会主义社会关系和社会秩序的安定。人民群众通过实施正当防卫，反击、制止一切危害我国的政权和社会制度的不法行为，也就确保了正常的社会关系和社会秩序不受损害，维护了社会主义法律制度的尊严，从根本上说，也就巩固了人民民主专政的政权和社会主义制度，确保了安定团结的政治局面，保护了社会主义现代化的顺利进行。

第二节　成立正当防卫的条件

作为公民正当防卫的权利，并不是一种独立的、终身享有随时可用的权利；相反，正当防卫为的是使公共利益或公民个人利益免受正在进行的不法侵害，因而是在一种紧急状态下才产生的权利。可见，它是为保护其他合法权益而派生出来的一种辅助性的非独立的权利。法律规定的正当防卫权利，尽管是公民的一项重要的合法权利，但是，在不存在其他的合法权益需要保护的时候，它仍只是一种期待的可能的权利。只有在其他合法权益遭受到正在进行的不法侵害而需要保护的时候，它才能由期待的可能的权利转变为现实的权利，才取得了存在的基础和理由，并由防卫人实施的一定的防卫行为得以实现。因此，正当防卫作为一种特定的权利，只有正确地、恰当地行使，才能达到刑法规定正当防卫的目的。相反，如果滥用或不正确、不恰当实行正当防卫，则会使事物走向反面，会侵犯公共利益和他人的合法权益，危害社会、构成犯罪。因此，实施正当防卫必须符合一定的条件。

所谓正当防卫的条件，是指制约和决定防卫行为符合法律规定的诸要素，它决定着防卫是否正确，是否合法，是区分一个行为是正当防卫还是危害社会的行为的标准。

那么，正当防卫必须具备哪些条件才能成立呢？这在我国刑法理论界并没有形成一致的看法。概括起来有如下三种提法：

（一）我国传统的刑法理论一般认为正当防卫应当具备以下四个条件：（1）正当防卫只能针对不法侵害实施，对任何合法行为，都不能实行正当防卫；（2）必须是正在进行的不法侵害行为，即是说，不法侵害必须是现实存在、正在进行的，而不是想象的、推测的，也不是已经结束的或者尚未发生的；（3）防卫必须是对不法侵害者本人实行，不能损害第三者的利益；（4）防卫不能超过必要的限度。我们可把这一通说归纳为"四要件说"①。"四要件说"层次简单容易记忆，且对于正当防卫必须具备这四个条件，人们的认识是统一的。但是，"四要件说"存在这样几个方面的缺陷：第一，它仅从客观方面来认识正当防卫的条件，而忽略了在主观方面对防卫人的要求，违背了主客观相一致的原则。第二，同刑法第 20 条第 1 款的规定相比较，可以明显看出，它疏漏了法律明确规定的正当防卫是为了保护合法权

---

① 见高铭暄主编：《刑法学》，法律出版社，1984 年版，第 164~166页。

益这一最为关键的条件，忽略了刑法规定正当防卫的根本宗旨。第三，仅从其所提出的客观方面的四个条件来说，也尚未能充分论证和全面阐明这四个条件所必须具备的内容。

（二）有的学说把正当防卫的条件首先分为二类，然后再加以分析。他们把正当防卫必须具备的要件分为正当防卫的先决条件和实行正当防卫的合法界限（合法条件）二类，然后在各类之内提出具体条件。他们认为，正当防卫成立的先决条件，是决定正当防卫行为能否发生而成立的要件，包括二方面的内容：第一，实行正当防卫，必须有来自对方不法侵害行为的发生；第二，实行正当防卫，必须是不法侵害行为已经着手实行或者已经明显地威胁着受法律保护的某种权益的时候。在实行正当防卫先决条件存在的场合下，还必须考虑正当防卫的合法界限问题，包括如下方面：第一，正当防卫是为了制止违法或者犯罪的侵害行为，只能以对不法侵害者本人的利益造成某种损害的方法来实施，而不能针对第三者实行；第二，正当防卫是为了保护公共利益、公民的人身和其他权利；第三，实行正当防卫不能超过必要的范围①。可把其归纳为"二类要件说"。它明确提出了对正当防卫的目的条件的要求，遵守了主客观相一致的原则，比"四要件说"全面、准确得多。但是，正当防卫的条件是指决定和制约防卫行为是否合法的要素，也就是说，正当防卫的条件实质上是正当防卫的合法性条件，缺少其中的任何一个条件，都不能成立正当防卫。而"二类要件说"似乎认为只有正当防卫的合法界限方面的条件才能决定防卫行为是否合法，对于其先决条件决定正当防卫合法成立的作用，却没有予以充分的重视。

（三）还有的学说吸收外国刑法理论的经验，把正当防卫的条件概括为侵害方面的条件和防卫方面的条件两个方面。认为侵

---

① 见李光灿主编：《中华人民共和国刑法论》（上），吉林人民出版社，1984年版，第251～256页。

害方面的条件包括：第一，必须有不法侵害行为，才能进行正当防卫。第二，必须有实际存在的正在进行的不法侵害，才能进行正当防卫。防卫方面的条件包括：第一，正当防卫必须对不法侵害者本人进行；第二，正当防卫行为不能超过必要限度，造成不应有的危害①。这一观点与"四要件说"一样，对于正当防卫的主观因素问题没有给予正确的、足够的认识，因此亦不全面。

在认识正当防卫的条件时，首先必须依据刑法的规定和立法精神，解决依据什么因素来确定这些条件。我们认为，这些因素是：（1）公民在什么情况下才能将法律所赋予的可能的期待的正当防卫权付诸实施。因为正当防卫是一种为保护其他合法权益而派生出来的，不是公民任何时候都可享有的非独立性的权利，它只有在存在某种特定客观事实，非实施正当防卫不可时才能行使，这就是要解决实行正当防卫的基础条件的问题。（2）公民在具备了行使正当防卫权的基础后，应当在什么时候实施和怎样实施这种权利行为，这就需要解决正当防卫的对象和时机等问题。（3）在实施正当防卫时，公民在主观上是如何认识防卫权的行使的性质以及使自己的防卫行为符合法律要求的，这就要解决防卫人在主观上应当具备什么目的以及如何把握自己的防卫行为的问题等。根据上述诸方面的因素，正当防卫应当具备如下要件才能成立：（1）正当防卫的基础条件；（2）正当防卫的时机条件；（3）正当防卫的对象条件；（4）正当防卫的主观条件；（5）正当防卫的限度条件。下面就这五个条件的具体内容分别予以论述。

一、实施正当防卫的基础条件——必须有不法侵害存在

（一）不法侵害的概念及其特征

---

① 见高格：《正当防卫与紧急避险》，福建人民出版社，1985年版，第21~34页。

正当防卫是为使公共利益或公民个人利益免受正在进行的不法侵害而产生的权利，因此，不法侵害的存在，乃是实行正当防卫的客观基础条件，如果没有不法侵害的存在，则不产生合法权益需要运用正当防卫予以保护的问题，也就无从谈起正当防卫了。

但是，对于如何认定和理解不法侵害，是仅指犯罪行为，还是兼指违法行为，我国刑法没有作出明确规定，刑法理论和司法实践也存在着分歧。从我国的刑事立法沿革上看，作为正当防卫基础条件的不法侵害，曾有过不同的规定。1950年的《中华人民共和国刑法大纲（草案）》第9条规定："下列行为，不成为犯罪：一、因防卫国家政权、国家财产或自己、他人正当权利的现实不法侵害，而未超过必要限度者。"1954年的《中华人民共和国刑法指导原则草案初稿》第5条第1款规定："为了防卫公共利益或者个人的人身和权利免受正在进行的犯罪侵害，不得已而对犯罪人实行的正当防卫行为，不认为犯罪。"1957年的《中华人民共和国刑法草案（初稿）》（即第22稿）又恢复了1950年刑法大纲（草案）的提法，该草案第17条规定："为了使公共利益、本人或者他人的人身和权利免受正在进行的不法侵害而采取的正当防卫，不负刑事责任。"1979年7月颁布的《中华人民共和国刑法》也是把不法侵害作为正当防卫的前提条件。1997年3月修订的现行刑法，则更加明确规定了正当防卫是制止不法侵害的行为。

由于现行刑法未对什么是不法侵害作出具体解释，因而在刑法理论界，对于不法侵害的理解就产生了较大的分歧。

有的认为，正当防卫中的不法侵害包括一切违法行为和犯罪行为在内①。

还有的认为，"正当防卫所适用的不法行为应是违反我国刑

---

① 见高铭暄主编：《刑法学》，法律出版社，1983年版，第164页。

法规范，侵害刑法所保护的对象之行为。"① 也就是说，不法侵害必须是属于犯罪行为，否则就会扩大打击面，不利于正当防卫的正确实施。持这种看法的个别观点还强调，正当防卫中的不法侵害，一般是指犯罪分子有预谋、有准备的正在进行的犯罪活动。把不法侵害限于直接故意犯罪的范围内②。

上述两种观点，或是扩大了正当防卫中不法侵害的外延，或是人为地缩小了不法侵害的范围，均有失偏颇。对于正当防卫中的不法侵害，必须根据我国刑事立法的精神以及刑法的规定，参考司法实践中的实际情况，运用刑法的有关理论，才能正确解决其内涵和外延。

侵害，顾名思义，就是对某种权益或权利的侵袭和损害，或者说是对某种权利的攻击。侵害包括合法的侵害和不法的侵害二种。合法的侵害，是法律所要求或允许的行为，如公安人员依法逮捕罪犯，城市建设规划部门照章拆除违章建筑等都是合法行为，对其不能进行正当防卫。不法侵害行为，是指违反法律规定，实质上危害社会的行为。这里不法侵害的"不法"，是违法或者非法的同义词，均指某行为是为法律所禁止的，它包括违反刑事法律规范在内的一切法律规范及由这些法律规范所建立的我国的法律秩序。正是由于不法侵害行为违反了我国的法律秩序，侵害法律所保护的客体，给我国法律所保护的权益带来了具体的、现实的危害性，使法律确立的秩序处于不稳定的状态，从而危害国家和人民的利益，所以，我国刑法才规定，对于不法侵害行为，公民有权实行正当防卫。

虽然我们说一切违反法律规定、危害社会的行为均属不法侵害，但并不认为对所有的不法侵害均可实施正当防卫。这是因为，我国法律规定的合法权益的范围是十分广泛的，而对各种合

---

① 《江海学刊》，1983年第5期，第54页。

② 《河北法学》，1984年第2期，第37页。

法权益的保护方法又因各种权益性质、表现形式的不同而多种多样，正当防卫只是其中之一。由于正当防卫是针对侵害者正在进行的不法侵害行为而采取的积极的且有暴力性质的紧急行为，因此，就决定了它所能保护的合法权益的内容只是法定权益的部分而不是全部。也正因为合法权益的范围之广，决定了不法侵害的范围和内容很广泛，除了犯罪行为外，还有民事违法行为、违反治安管理处罚条例的行为、行政违法行为、经济违法行为等等。这些不同类型的不法侵害，在性质、侵害强度、危害程度上有很大的差别。其中，某些性质不严重、行为强度不大、损害程度微小、危害性小的不法侵害，可以通过民事诉讼、调解、行政处分等手段予以处理，就不能也不必采取正当防卫的措施。因此，我们认为，正当防卫中的不法侵害，主要是指那些性质严重、侵害程度强烈、危险性较大的具有积极进攻性的行为。概括起来，可以对之适用正当防卫的不法侵害，必须具备以下几个要件。

第一，不法侵害必须是人的行为，而且只限于自然人的行为，对于法人的不法行为，不能对法人整体进行正当防卫，只能对以法人名义实施不法侵害的自然人进行。因为正当防卫只能针对不法侵害人进行，不得殃及无辜的第三者，强调不法侵害必须出自人的行为，就使人的行为与人的行为以外的侵害事实区别开来。

第二，不法侵害必须是客观上会给社会带来某种物质危害后果的行为，并且这种行为与危害结果之间的关系是紧密相联的，即不法侵害行为一经实施，危害结果就随之发生。如对杀人、盗窃、抢劫、强奸、伤害等不法侵害行为可实行正当防卫。对那些虽然危害社会、却不会带来物质危害后果的不法侵害，如伪证、诬告陷害等犯罪，就无须也不能实行正当防卫。

第三，不法侵害的行为通常是积极作为的行为，并且这种积极作为的行为往往带有暴力的或侵袭的性质。如对贪污、行贿、受贿等一类不法侵害，就不能实行正当防卫。因为这些不法侵害一般都是在见不得人的场合里秘密进行的，当时不易为人们所发觉，它们往往都是在事后才被有关机关或知情人所揭露，并不带有公开的积极进攻的性质，可通过其他措施予以制止和追究行为人的法律责任，无须采用正当防卫这种具有暴力性质的紧急行为。

第四，不法侵害的行为必须达到一定的强度才能实行正当防卫。这种强度的标准就在于看不法侵害的行为是否威胁到公民的人身安全，身体健康、重大的公私财产的安全以及重要的公共利益的安全。若已达到足以危害生命健康的安全、危害重大公私财产的安全以及重要公共利益的安全的程度，那么，对这种不法侵害就可以采取正当防卫。否则，对一般危害不大、轻微的不法侵害，不能实行正当防卫。如邻里之间的一般纠纷，就不能以此为由而实行正当防卫。

第五，一般说来，不法侵害的行为人主观上具有故意的罪过形式，正当防卫主要是对这种故意的积极的不法侵害实施。但是，在个别情况下，不法侵害人主观上可能出于过失的罪过形式或主观上毫无罪过而实施了表面上是积极的不法侵害行为，已经给某种合法权益带来损害或即刻可造成损害。在这种情况下，对行为人采取的制止其侵害行为的措施，应当属于正当防卫。

不法侵害的内容、范围，资本主义国家刑法与社会主义国家刑法的解释是不同的。不少资本主义国家刑法对不法侵害的内容、范围只规定本人或他人的利益受到侵害时才能实行正当防卫，而未规定公共利益遭受侵害时，也可以实行正当防卫。

社会主义国家刑法关于不法侵害的内容、范围，不仅不限于本人的人身权利或者财产利益遭到侵害的场合，也包括对公共利益、本人或他人的合法权益遭受到不法侵害的场合。这是因为正当防卫是维护公共利益、本人或他人的合法权益而向违法犯罪行为作斗争的一种手段，并不仅是保护自己利益的工具，这是社会主义刑法与资本主义刑法的重要区别之一。

（二）不法侵害的种类

不法侵害，可以根据其侵害的合法权益的不同，分为以下几种类型：

1. 对公共利益的不法侵害。所谓公共利益，应当是指广泛的，为维护和巩固统治阶级的统治关系和统治秩序所必需的社会利益。我国的公共利益是公民个人合法权益的基础。公共利益的安全与否，也直接关系到公民个人的合法权益能否得到保障。因此，同剥削阶级法律本质上不同的是，我国刑法明确规定，保护公共利益免受正在进行的不法侵害，是正当防卫的首要任务。我国的公共利益在现实生活中可以表现为：国家的军事国防利益、公共财产所有关系、社会主义社会的公共安全、稳定的社会主义社会秩序等等。凡是危害到此类合法权益的不法侵害，均属于危害公共利益的不法侵害。但是，司法实践表明，侵犯公共利益的不法侵害，又往往是以针对某一公共利益的物质表现形式或其主体实施，因而，侵犯公共利益的不法侵害，也常会侵犯公民的合法权益。

2. 对于生命、身体健康的不法侵害。生命权和健康权，是公民人身权利中最基本的最重要的权利，是公民行使其他合法权利的基础和前提。不法侵害的多数，都是直接或间接的针对公民的生命和健康权利的。因此，对生命、健康的不法侵害是正当防卫中不法侵害的主要部分。

3. 对于人身自由的不法侵害。人身自由，也是公民一项重要的法定权利。在现实生活中，经常发生非法拘禁或其他妨害自由的侵害行为。对于这类不法侵害，理所应当地允许实行正当防卫。

4. 对于名誉的不法侵害。人的名誉，是一个公民的社会地位和道德品质的象征，是人们进行各种社会活动所必不可少的。而对名誉的不法侵害，则又可以以多种行为表现出来。如以诬告陷害的方式、侮辱的方式、诽谤的方式等等。就其行为的表现方式而言，又可以有书面的、言词的、暴力性质的等等。对此类不法侵害，并不是都可实行正当防卫。由于防卫是针对现在的、急迫的不法侵害进行，因此，只有那些以暴力形式出现的损害他人名誉的行为，才可以实行正当防卫。以书面、言词或秘密方式侵害他人名誉的，可通过其他措施予以制止，无须实行正当防卫。

5. 对于财产的不法侵害。对于财产的不法侵害，表现在对合法财产所有关系的损害上面，又可分为对公共财产的不法侵害和对私有合法财产的侵害二种。对于财产的不法侵害可表现为抢劫、抢夺、盗窃、诈骗、敲诈勒索、故意毁坏公私财物等等。此类不法侵害，亦是正当防卫的主要指向之一。

（三）有关正当防卫中不法侵害的几个问题：

1. 关于"不法"的理解

前面我们已说过，"不法侵害"中的"不法"，是违法或非法的同义词，是指某种行为危害社会，为现行法律所不容许。但是，对"不法"的理解，亦即"不法"是仅指客观上的违法，还是除了客观上的违法，行为人主观上亦须有不法的认识，历来有客观说与主观说之争。客观说认为，不法侵害是指在客观上危害社会并且违法的行为，不以侵害人是否具备责任能力和责任意思为要件。主观说认为，行为是否不法，不能仅就行为本身来认定，而且应当根据行为人的主观情况来认定，即必须是客观上危害社会，而主观上又具备罪过，行为人具有责任能力，其行为才能构成不法侵害。

我们认为，基于发生正当防卫的特殊情况，对不法侵害中的不法，应当作客观的理解。因为，第一，正当防卫中的不法侵害之"不法"，不应包括行为人的主观方面及其责任能力的内容。违法是指行为人的行为在客观方面对法律所保护的权益的侵害。众所周知，法律是国家用于维护和发展国家赖以生存的社会关系，建立和维护符合统治阶级利益的法律秩序的。这个法律秩序，是社会上全体公民进行正常的生活、工作、学习和其他社会

722

活动的保障。因此，行为是否违法，应取决于该行为是否违反法律所确定的法律秩序的范围和内容，是否会给法律保护的权益带来危害。所以，只要行为人的行为对法律所保护的权益具有损害的危险，就是违法。我们在认识正当防卫中的不法侵害时，绝不能机械地套用刑法中犯罪的特征和犯罪构成要件的理论。按照我国刑法理论，犯罪的违法性是主客观相统一的，即行为人客观上实施危害社会的行为，主观上必须有罪过且须具有责任能力。但是，在正当防卫的场合里，不法侵害并不等于犯罪行为，其在质的规定性和量的范围上都要比犯罪行为广泛得多，不能将两者混同，更不能以认定犯罪的要求来认定正当防卫中的不法侵害。在实际生活中，在正当防卫的紧急状态里，也不可能确定实施急迫的侵害行为的行为人主观上对不法的认识如何。因而在正当防卫的场合里，对于侵害的"不法"，只能从客观上认定，只要该行为实际威胁或危害了合法权益，就应确定为不法侵害，防卫人即可实施正当防卫。第二，如果认为不法侵害必须是不法侵害人具备责任能力且对自己的不法行为有所认识，势必会严重限制正当防卫的范围，使正当防卫的权利得不到充分的行使。因为按照主观说的观点，势必要求正当防卫人在实行正当防卫之前，必须了解侵害人是否具备责任能力和主观认识。然而，正如苏联学者基里钦科所说的："……侵袭者的侵犯是由于故意，还是由于可以原谅的错误，以及侵袭者有无责任能力，对于防卫者防御侵袭来说，是没有区别的。侵袭者侵犯合法权益，而这种侵犯行为又是不法的，那么，这种侵犯对防御者来说，就是一种犯罪，而对这种犯罪是容许实施正当防卫的。"[1]

又如日本刑法学者木村龟二所说："所谓不正的侵害，意味着违法的侵害，关于违法的意义，虽然不是没有解释为主观的违

---

[1] 转引自多马欣：《苏维埃刑法中的紧急避难》，法律出版社，1957年，第45页。

法的意思，但解释为客观的违法是适宜的。从而，即使对无责任能力者的侵害，也可能实行正当防卫。"① 况且，正当防卫是在不法侵害行为正在进行之际，损害的危险迫在眉睫，稍微迟缓就会发生的情况下实施的，正当防卫人不可能也无义务去查明不法侵害人是否具备责任能力和主观认识。因此，只要不法侵害在客观上是现实的，正在进行的，如果不及时制止，让其发展下去，势必会对法律所保护的权益造成损害，那么，任何公民为了保护公共利益、本人或他人的合法权益不受侵害，对该不法侵害均可进行正当防卫，而不问不法行为人主观意识如何。

2. 防卫过当行为是否属于不法侵害，对之能否实施正当防卫

防卫行为如果不能正确把握分寸，就有可能超过防卫的必要限度，造成不应有的损害而成为防卫过当。按照刑法第 20 条第 2 款的规定，防卫过当应负一定的刑事责任。既然防卫过当是一种危害社会的行为，会损害合法权益，那么，它也就是一种不法侵害，这是防卫行为由正当合法的一面转化为不当的非法的一面。那么，对于防卫过当的行为能否进行正当防卫呢？防卫过当是由正当防卫转化而来的，其本身仍带有防卫行为的某些本质特征，诸如是在不法侵害正在进行时，针对不法侵害人而为，是为了保护合法权益免受侵害等等。因此，对于原不法侵害人来说，防卫过当行为仍不失为防卫行为，且这一行为是由其自身的不法侵害所引起。防卫行为是否过当，在当时的具体条件下，也是难以分清的。因而，原不法侵害人无权对防卫过当人进行所谓的"正当防卫"。如果允许原不法侵害人对防卫过当的行为人实施正当防卫，那无疑就是等于使其以防卫为借口，继续实施原来的

---

① 〔日〕木村龟二：《刑法总论》，有斐阁，1984 年增补版，第 258~259 页。

不法侵害行为或实施新的不法侵害行为，这是为法律所不容许的。

3. 对于过失的不法侵害能否进行正当防卫

有一种观点认为，对于出于过失的不法侵害，不能进行正当防卫，这是值得商榷的。正如前面所说的，不法侵害中的"不法"是指某行为在客观上违反了法律，危害了合法权益，给社会带来危害后果。至于行为人主观上对"不法"是否认识或是否应当认识，只是决定其应负法律责任的基础，防卫人无义务也不可能在实施防卫行为之前，去查清不法侵害人的主观罪过。况且，过失的不法侵害同故意的不法侵害一样，会危害社会，给合法权益带来损害。因此，从原则上讲，对于过失的不法侵害，应当允许实施正当防卫。但是，我们又必须考虑到，过失毕竟不同于故意，行为人对于其行为可能产生的危害结果，是持不希望的否定的心理态度的。而且过失犯罪，法律有规定的才负刑事责任。从刑法分则有关具体的过失犯罪的规定上看，过失行为只有在已经造成人身伤亡、重大公私财产损失等情况下，才构成犯罪。因此，在确定对过失的不法侵害可以进行正当防卫的前提下，又必须对此作出一定的限制。这就是说，依照有关法律的立法精神，对于过失的不法侵害，只有在该过失行为是以积极作为的形式实施，已经给公民人身、重大公私财产和其他重大公共利益带来了紧迫的危险或已经造成部分损害，且该过失行为仍在继续进行之中，将会造成更为严重的危害后果的情况下，才能实施正当防卫。

4. 假想防卫

正当防卫成立的基础条件是有不法侵害的存在。而在实际生活中，有时客观上并不存在不法侵害，但防卫人却误以为不法侵害已经来临，或虽有不法侵害存在，却将第三者误认为是不法侵害人，而对想象中的不法侵害人实行"防卫"行为，这就是假想防卫的情形。可见，假想防卫是指一个人由于认识上的错误，把实际不存在的侵害行为，误认为存在，因而错误地实行"正当防卫"，造成他人无辜的损害。假想防卫由于不是针对正在进行的实际存在的不法侵害行为，缺乏成立正当防卫的条件，所以不是正当防卫，也就谈不上防卫过当了。

假想防卫应当属于刑法理论上的事实认识错误。

假想防卫，主要是行为人对行为性质发生错误认识。个别情况下是对自己行为的对象发生错误认识。造成假想防卫的原因，主要是由于假想防卫人精神紧张或神经过敏，而对客观事实的认识产生了错误的理解所致。

从司法实践情况来看，如果以假想防卫人的假想前提的不同来分，可以把假想防卫分成以下几种：

（1）无侵害前提的假想防卫。即在客观上并没有侵害行为的存在，假想防卫人对于侵害事实的有无，却存在认识上的错误，误以为有侵害行为的存在，因而采取了"正当防卫"的行为，造成了他人的无辜伤害。例如，妇女甲某在深夜下班时，路过一段无灯的街道，见对面走来一个男青年乙某，甲便误以为乙是强奸犯，以为乙将对其实施强奸行为，便在乙走近其身边时，用所带的雨伞伞尖猛刺乙的腹部，致乙腹部受到重伤。

（2）无不法侵害前提的假想防卫。即假想防卫人把外表上似乎是正在进行的不法侵害，但实际上是行使正当防卫或其他排除社会危害性的行为，误认为是正在进行的不法侵害，因而采取了"正当防卫"的行为。

（3）对象错误的假想防卫。即客观上虽然受到了不法侵害，但防卫人对不法侵害人发生认识上的错误，弄错了对象，而对无辜的第三者实行"正当防卫"行为。例如，赖某（男，27岁）在一日傍晚于其家附近，见有两个男青年侮辱其女朋友，即上前指责，遭其中一青年殴打而被迫自卫。在对打过程中，穿着便服的民警黄某路过，见状为制止斗殴而抓住赖某的左肩，由于黄某没有表明身份，赖误认为是对方的同伙前来帮凶，便拔出牛角刀刺黄某的左肩，致成轻伤。

假想防卫一般都会产生致人伤害或死亡的结果，由于其不属于正当防卫，因而应当追究假想防卫人的刑事责任。但是，具体应如何处理假想防卫呢？

假想防卫是由于对事实认识的错误而引起的，因而，对于假想防卫的定性，应该按照犯罪构成主观方面关于事实认识错误的处理原则来分析认定。首先，假想防卫不属于故意犯罪，因为，虽然假想防卫人是"故意"地实施假想防卫行为，但这种"故意"不是犯罪的故意。因为行为人不知道自己的行为会发生危害社会的后果，相反，他是认为自己在行使"正当防卫"，是对社会有益的行为。所以，假想防卫人缺乏刑法上要求的犯罪故意的认识内容，因而不存在故意犯罪。其次，在多数假想防卫的案件里，在当时的具体情况下，假想防卫人在主观上对于无不法侵害的存在或防卫行为所针对的对象不是不法侵害人完全应该预见而且能够预见到的，但是，由于他过于自信或疏忽大意而对客观事实产生了错误的认识，从而实施"防卫"导致了无辜的损害结果的发生。因此，假想防卫人在主观上就存在过失的罪过，其行为致人死亡的，应以过失杀人罪论处；致人伤害的，以过失伤害罪论处。最后，在某些场合里，由于客观条件的限制，假想防卫人根本不可能预见到不法侵害实际不存在或者无法确定对方不是不法侵害人。在这种情况下，他对其所实施的假想防卫行为所发生的危害后果，主观上不存在罪过，因而，其行为就不构成犯罪，不能追究他的刑事责任。

综上所述，存在正在进行的不法侵害，是实行正当防卫的基础条件。但是，这一条件只是实行正当防卫的必要条件，而非充分条件，并非对一切不法侵害行为均可实行正当防卫。正当防卫中的不法侵害具有特定的特征，对于某些不法侵害诸如贪污、贿赂、诬告陷害、遗弃等犯罪，如果用正当防卫的办法去制止，并不能达到防卫的目的；相反，它们只能用正当防卫以外的检举、揭发、扭送等方法、措施加以制止。

二、实施正当防卫的时机条件——必须是不法侵害正在进行之时

根据我国刑法第 20 条的规定，正当防卫只能在不法侵害正在进行的时间内实行防卫行为，才是正当合法的，这是法律对实行正当防卫所作的时机条件的限定。因此，如何理解"正在进行的不法侵害"，即怎样确定不法侵害的开始和结束的时刻，是确定正当防卫行为是否适时，并进而确定防卫行为是否正当合法的关键之一。

我国的刑法理论界一般认为，所谓"正在进行的不法侵害"，包含着两层含义：第一，是指不法侵害是实际存在的，不是推测的，也不是假想的；第二，是指不法侵害是正处于实际进行过程之中，既不是过去了的，也不是尚未发生的①。因此，如果在不法侵害尚未发生时或者在不法侵害已经结束时，防卫人采取防卫行为，那就违背了刑法中所规定的时机条件的要求，不能成立正当防卫。日本学者木村龟二指出："所谓急迫的侵害，意味着是现在的侵害。因而对过去的侵害或者仅仅止于预见将来能发生的侵害，都不可能有正当防卫。所谓侵害是现在的，意味着在与防卫行为之时的关系中，侵害的危险正在逼近的场合，侵害现正进行的场合以及尚在继续的场合……"② 所谓正在进行，是指侵害已经开始并且尚未结束的状态。从侵害开始到侵害的继续，直至侵害的结束，是一个在时间上不断发展的过程。如果说侵害的开始和侵害的结束是以某一瞬间为标志的话，所谓正在进行，则是以侵害开始到侵害结束两个时刻间的持续状态为标志。

---

① 见高铭暄主编：《刑法学》，法律出版社，1983 年版，第 165 页。
② 〔日〕木村龟二：《刑法总论》，有斐阁，1984 年增补版，第 257～258 页。

在这里必须明确，不法侵害的起止时间问题，并不等于故意犯罪阶段上的犯罪形态问题。不法侵害的开始、正在进行和已经结束，是指不法侵害在时间上的持续运动状态和发展过程。而故意犯罪中的预备、未遂、既遂，则通常是指犯罪过程中已经出现的结局，是一种相对静止的状态，二者有着显著的区别。如果犯罪预备已经形成侵害的危险正在逼近的状态，则对该预备行为可实行正当防卫。同时，侵害是否结束与它作为犯罪是否既遂，也没有必然的联系。如盗窃犯已窃得财物，是为既遂。但只要他们在作案现场，则失主或其他人为夺回财物、抓住盗窃犯而实施反击行为，仍是正当防卫。由此可见，要正确理解正在进行的含义，关键在于确定不法侵害的开始和结束的时刻。

（一）不法侵害的开始

如何理解不法侵害的开始时刻，在刑法理论中存在三种观点：

1. 以侵害是否着手为标准。认为"不法行为的开始就是不法行为的'着手'。正当防卫是在犯罪行为着手时进行的。"[1]

2. 以侵害者是否进入侵害现场为标准。认为只要不法侵害进入现场，实行侵害的危险性已经存在，被侵害者直接面临着威胁，即为不法侵害的开始，防卫者可以实行防卫[2]。

3. 折衷的观点。多数人认为，侵害行为必须是正在进行的，一般说来，就是侵害行为已经着手实施，开始侵害合法权益，这自应开始防卫行为。但是，在侵害者实施某一侵害行为的直接威胁已十分明显，合法权益直接面临危险的状态，遭受到现实的威胁时，不采取正当防卫的手段，就会立即造成危害社会的后果，

---

① 周国钧等：《正当防卫的理论与实践》，中国政法大学出版社，1988年，第53页。

② 见辽宁省法学会：《辽宁省刑法理论座谈会论文汇集》，1980年，第196~197页。

在这种情况下，可以实行正当防卫。这一观点是较为合理的。

不法侵害行为的开始，乃是公民取得实行法律所赋予的正当防卫权的适当时机。也就是说，刑法所规定的公民的正当防卫权，在一般情况下，只是一种可能的期待的权利，只有在面临着正在进行的不法侵害时，这种可能期待的权利才能转化为现实的权利，通过实施正当防卫行为得以实现。确定不法侵害开始的时刻，必须依据侵害的实际事实，防卫人对这些事实的主观认识和司法实践的经验等方面来确定。

不法侵害的开始，一般是指不法侵害已经着手实施，但同时还应包括侵害已经直接面临不可避免的某些状态。也就是说，侵害行为的着手之时，即是不法侵害的开始，对之即可实行正当防卫，这是毫无疑义的。但是，对不法侵害的开始时刻，应作更进一步的理解。某些危险的犯罪行为，虽然还未曾着手，但依照当时的全部情况，现实的对合法权益的威胁已迫在眉睫，在此时，应当允许实行正当防卫，亦即对于某些危险性大的不法侵害，在其预备行为临近转入着手实施的时刻，就应认为是不法侵害的开始。如强奸犯潜入受害妇女的住房，即将实施强奸行为，此时即可对其实行防卫。

由于不法侵害的手段、强度、侵害的合法权益的性质以及不法侵害人的主观罪过的不同，确定不法侵害的开始，不可能有一个笼统的、统一的标准。可以根据不同情况分为如下几种情况，来确定开始实行正当防卫的适当时机。

1. 对于某些故意实施的带有明显的攻击性的严重犯罪，诸如强奸、伤害、杀人、放火、爆炸等犯罪行为，由于此类犯罪行为一经着手实施，就会造成严重的物质损失，给公共安全、公民的人身安全和重大公私财产的安全带来严重的危害。只要犯罪分子进入现场，并准备着手实施犯罪，其犯罪意图已十分明显，合法权益已经处于被严重威胁的状态，就可以认为是不法侵害的开始。此时实施防卫行为，是合乎时机的。

730

2. 对于一般的故意的犯罪行为，如盗窃、抢夺、敲诈勒索等犯罪，由于它们只有着手实施，才能显示出犯罪分子的意图，才能真正地对合法权益构成现实的威胁或危害，因此，只有此类犯罪已经着手实施，才是实行正当防卫的适当时机。

3. 对于其他的非犯罪的故意不法侵害，如民事行为、违反治安管理处罚条例的行为等。由于这些不法侵害的强度较弱，性质也较轻，对合法权益的现实危害不是十分紧迫和重大，因而，在能够采用其他方法制止，避免侵害时，一般可不用实施正当防卫行为。即使在当时的情况下，有必要实施正当防卫行为，也必须是这些不法侵害开始着手实施之时，才是开始正当防卫的适当时机。

4. 对于出于过失的不法侵害。虽然我们强调对于过失的不法侵害也可以实行正当防卫，但由于其主观心理上的特殊情况，在开始实施防卫行为的时间上应该有比较严格的要求，这是过失的不法行为的特殊性决定的。对于过失的不法侵害，即使其已经实施，但在尚未造成危害后果，还可以采取其他方法予以制止或避免时，一般可不实行正当防卫。只有在过失行为是以积极作为的形式出现，且已经严重威胁到重大合法权益的安全时，方可实行正当防卫。而且开始实行防卫的时间必须限于该过失行为已经实施并正在进行之中，对某种合法权益已造成部分损害或者即将带来严重的损害时。只有此时，才是开始实施正当防卫的恰当时机。

（二）不法侵害的结束

不法侵害的开始，是开始实施正当防卫的时刻，而不法侵害的结束，则是停止正当防卫的时刻。那么，什么是不法侵害的结束，应当以什么作为标准呢？对此有不同观点。

1. 以不法侵害的危险状态是否排除为标准。认为正当防卫是否结束，应该以不法侵害的危险状态是否排除为准，只有在危险状态排除之时（如侵害者业已逃避，或者凶器已被夺取），防卫才能结束。侵害行为停顿时，不能断定侵害者是否再继续实施侵害，被侵害者的危险状态并未排除，所以仍可以进行防卫。

2. 以侵害行为是否停止为标准。认为侵害行为停止下来，即为不法侵害的结束，防卫行为也应随之结束。如盗窃犯停止盗窃行为，抢劫犯停止抢劫行为等。

3. 以不法侵害者是否离开现场为标准。不论不法侵害本身的状况如何，行为人离开了犯罪现场，即应看作侵害结束，就不得对之进行防卫。

4. 以侵害状态是否继续为标准。认为犯罪造成的危害处在继续状态之中，是未结束；不在继续状态中，就是结束。

正当防卫中的不法侵害，其实际结束的时刻，同行为在法律上完成的时刻并不是同一概念，二者之间往往不相一致。仅以犯罪为例，犯罪在刑法上的完成，是指犯罪活动进入最后阶段，即犯罪的既遂状态。一个人的行为只要符合刑法分则所规定的某种犯罪构成的全部要件，不管该行为的社会危害性是否排除，均认为是犯罪的既遂。可见，不能把犯罪的既遂同不法侵害的结束混为一谈。不法侵害结束的时刻，从实际的考察看，是指这样一种情形：从不法侵害着手进行之后，已经发展到这样的一个时刻，在这个时刻里，一方面危害后果已经造成，即使实行正当防卫，也不能阻止危害后果的发生或者即时即地挽回损失。另一方面，即使不再实行正当防卫，也不会再发生危害后果或者危害后果不再扩大。在这种时刻，我们就可以认为，不法侵害已经结束了，就不能对之实行防卫行为。

从实际情况上看，不法侵害的结束，具体表现为如下几种情况：

第一，侵害行为已经实施完毕，危害结果已经发生，无法挽回。

第二，由于不法侵害者的自动中止，而使不法侵害中途归于消失。

732

第三，不法侵害人被防卫人所制服，失去了继续进行侵害的能力。

第四，由于不法侵害人意志以外的其他原因，使其未进行到底的不法侵害不能继续进行。

上述几种情况，都明显地表明不法侵害已经结束。在此时，防卫人实施的防卫行为也就应随之而结束。如果对已经结束的不法侵害进行"防卫"，则不能成立正当防卫，可根据不同的情况分别处理：

1. 如果不法侵害在客观上已经结束，但防卫人主观上认为其还处于正在进行之中而继续实行防卫行为，那就是由于主观上的认识错误而产生的假想防卫，按照刑法中的认识错误的处理原则予以处理。

2. 如果不法侵害已经实施完毕，危害结果亦已发生，无法挽回，而防卫人为了报复又有意继续实施"防卫"行为，那就是由正当防卫转化为故意侵害了，应当以故意犯罪论处。例如，在某钢铁厂发生的一个案件：李某系该厂厂长，其妻妹张某长期同他们夫妻生活在一起，平时李某对张某就常有挑逗的举动。一天李某之妻生病住院，家中只剩张、李二人。当夜，李某潜入张某卧室，对张某欲行强奸，张某极力反抗，但终因力不抵敌，被李某塞住嘴，捆住手，致被奸污。李某实施完强奸行为后，即在张某的身旁躺倒大睡。张某乘机弄开绳子，跑到厨房拿了一把菜刀，对熟睡中的李某连砍数刀，当场将其杀死。在审理这一案件时，当地司法机关有二种意见：一种意见认为，李某作案后仍未离开现场，而且其睡醒后仍可再次进行强奸行为，因而张某杀死他的行为，仍属正当防卫，不负刑事责任。另一种意见认为张某的行为是事后报复，构成故意杀人罪。我们同意后一种意见。因为在张某实行杀人行为的当时，李某的强奸行为已经实施终了，强奸结果亦已造成，张某的行为并不能制止李某的强奸行为，无法避免已形成的自己的人身权利受侵犯的危害结果，因而张某的

733

行为不符合正当防卫的时机条件。然而，不法侵害虽然已实施完毕，危害后果也已造成，但如果该危害后果在当时还来得及挽回时，应当允许实施正当防卫。如盗窃犯已盗得财物，但还没有离开现场或刚逃离现场不远，此时失主或其他人采取措施制服罪犯，夺回财产，挽回失主的财产损失，完全是可能的，这种行为应当认为是正当防卫。

3. 对于像继续犯一类的不法侵害，虽然不法侵害一经实施即为既遂，但是，该不法侵害行为与其所造成的不法状态是同时继续的，在不法状态改变之前，不法侵害的行为始终处于继续之中，如非法拘禁的行为，对于这类不法侵害，只要不法状态还保持着，不法侵害就仍正在进行，就可以实施正当防卫。只有在不法状态结束之时，才是停止实施正当防卫的时刻。

综上所述，侵害是否已经结束，应当以侵害是否尚在继续之中，能否即时排除作为标准。这既与犯罪是否既遂不完全相同，也与犯罪状态的继续有所差别。不法侵害行为虽然完毕，但其侵害状态还在继续中，可以即刻予以排除的，仍不失为正在进行的不法侵害。但侵害状态是否尚在继续之中，能否即时排除，则因侵害行为的对象及其形态不同而有差异。具体说：

（1）对于生命、身体的侵害。对于人的生命、身体所进行的不法侵害，如果侵害者已经逃避，或因其他情形（如凶器已被夺取）已经没有反复攻击的可能性，那么，其侵害就已结束。侵害者是否已失去攻击力，或放弃攻击的意图，应当依客观情形观察，视其对于被害人所加之危险是否已经消失为准。

（2）对于自由的不法侵害。非法拘禁或其他妨害自由的行为，在被害人脱离侵害者实力支配前，其侵害即在继续之中。但如果被害人已经离去，或者已经从被拘束的状态中救出，则该不法侵害已经结束。非法侵入他人住宅或在侵入之后已被要求退出而仍无故滞留的，其侵入他人居住安全的状态仍在继续之中。虽然是不作为，但该侵害仍没有结束，可以实行正当防卫。

(3) 对于名誉的不法侵害。侵害他人名誉的方法，可以有用言词、书面、暴力行动等。以言词、文字妨害他人名誉的，由于其行为方法不具有暴力的性质，采用某种措施停止其行为，如销毁其侮辱文字、强行将侵害人拉离现场等，不属刑法上的正当防卫行为。但如果行为人是以暴力方式侮辱、诋毁他人名誉的，只要其暴力行为还在继续进行，自可实行正当防卫行为。

(4) 对于财产的不法侵害。侵害财产的行为虽然已经终了，但其侵害状态仍在继续之中，可以即时排除者，仍认为是正在进行的不法侵害。如盗窃犯盗得财物刚逃离现场，失主即行追击并夺回财物。如果该侵犯财产的行为已经终了，即使其侵害权利的不法状态仍在继续之中（如财产仍在侵害人手中），但这不是侵害状态的继续，那么，该侵害就已经结束。

(三) 与防卫的时机条件相关的问题

1. 防卫不适时。防卫不适时是指在不法侵害处于预备阶段，尚未付诸实施或者在侵害行为已经结束或已被制止的情况下，防卫人对不法侵害人实行损害其一定权益的行为。具体说，防卫不适时有三种表现形式，对于防卫不适时的处理，亦应根据不同情况而定。

(1) 事前防卫。事前防卫就是指在不法侵害处于预备阶段，侵害人是否着手实施不法侵害还处于一种或然的状态，对于合法权益的威胁并未处于现实状态之时，即对不法侵害人采取反击行为，损害其一定的权益。对于事前防卫，由于它所针对的是未来的不法侵害，而不是正在进行的不法侵害，亦即不法侵害尚未开始，还不具备实施正当防卫的时机，因而，事前防卫不是正当防卫，而是一种"先下手为强"的故意犯罪。如周某因与汪某有私仇而扬言要杀掉汪某，一天，两人在吵嘴后，周某带一把锄头路过汪某家门口，汪某见状便以为周某是想杀他，便先下手为强，从门后取出一把铁矛等周某走到门前时，突然用铁矛猛刺其胸，当场把周某杀死。汪某的这一行为，显然是在欠缺防卫时机的情况下实施的，因而是故意杀人。

（2）事后防卫。事后防卫是指在侵害已经结束，危害后果已经造成且无法即时挽回的情况下，仍对不法侵害人所实施的损害其一定权益的行为。这种行为，已经不具备正当防卫的时机条件，也不能避免合法权益的损害，因而不是防卫行为，而是事后故意报复。

（3）延长防卫。延长防卫是指防卫人在实施防卫行为的过程中，不法侵害已经停止或已为他的防卫行为所制止，但防卫人由于主观上认为不法侵害尚未结束而仍继续实施他在不法侵害正在进行时开始实施的防卫行为。这种情况实际上是防卫人由于主观认识的错误而导致侵害人的无辜损害，是假想防卫行为的一种，按处理假想防卫的原则予以处理。

2. 预先防范措施。在现实生活中，存在着为预防未来可能的侵害，而预先采取防范措施的情形。如为预防盗窃而在门上装置自动枪，或在墙上插上玻璃片、拉上电网等。这就涉及到了所谓在正在进行的不法侵害，是仅指进行防卫行为当时的时间呢，还是包括了防卫行为发生防卫效果的时候。刑法之所以规定正当防卫，是用其来抵制不法侵害，保全合法权益。如果防卫人担忧未来侵害的到来，而预先采取必要的防范措施，在侵害发生之前作防卫的准备，以便在发生不法侵害时予以反击，发生防卫效果。这种情况，我们认为是应当允许的，防卫的效果也是针对正在进行的不法侵害，应当认为是正当防卫。当然，也只有在预防措施的效果是对不法侵害的发生而产生的，才是正当防卫。如果不是对不法侵害行为发生了效果，造成无辜人员的伤害或财产损失，则不能作为正当防卫，而应依具体情况对该危害行为追究相应的法律责任。

三、实施正当防卫的对象条件——必须对不法侵害人实施

正当防卫是为了制止正在进行的不法侵害，以保护合法权

益。而为了制止不法侵害，只有反击、抵制不法侵害人，使其停止侵害行为或丧失侵害能力，才有可能达到正当防卫的目的。因而，正当防卫必须针对不法侵害人进行，不法侵害人始终是正当防卫行为所直接指向的目标，而不可能是第三人。这一点，是毫无疑义的。

(一) 不法侵害人的概念

所谓不法侵害人，是指实施某种危害社会、违反法律的侵害行为的行为人。作为不法侵害人，应具备以下条件：

第一，不法侵害人必须是自然人。我们所说的不法侵害，必须是出自自然人的行为，只有自然人，才有可能成为防卫行为的对象。法人、动物及其他自然现象，不能作为正当防卫行为的指向。

第二，必须是实施不法侵害行为的自然人。某人只有实施危害社会的行为，违反了法律，给合法权益带来危害，才会产生应当制止其行为，不让其危害社会的问题。因此，对于没有实施不法侵害行为的任何第三者，都不能进行正当防卫。

第三，必须是直接实施正在进行的不法侵害的自然人。如果某人虽然有侵害的意图和预备行为，但尚未开始侵害，或者他的侵害行为已经成为过去，那么，对于该人，就不能再进行正当防卫了。同样，在共同犯罪的场合，只能对实行犯，即直接实施犯罪构成要件行为的行为人，才能进行正当防卫。而对于教唆犯、帮助犯，由于他们没有直接实施犯罪行为，故不能对他们实行正当防卫。

总而言之，凡是正在实施在客观上危害社会、违反法律的行为的自然人，均属于不法侵害者，都是正当防卫的对象。

对于不法侵害人，其责任年龄和责任能力有什么要求？也就是说，对于精神病人和未成年人能否实行正当防卫？对此存在有不同看法。持违法性主观说者认为，不法侵害的成立，除了行为在客观上危害社会、违反法律外，行为人必须具备责任能力和主观罪过。也就是说，按照这一观点，精神病人和未成年人的侵害行为，不属不法侵害，一般不能进行正当防卫。我们认为这是值得商榷的。第一，正如我们前面在论述不法侵害的"不法"时所说的，不法侵害中的违法不包括行为人主观方面及其责任能力的内容。只要行为人的行为对法律所保护的权益具有现实的危害性，就是违法，其行为就属不法侵害行为。第二，如果按照主观说的观点，那么，对于不法侵害人的责任能力和责任年龄又该以什么标准来确定呢？正如多数意见所同意的，不法侵害不仅包括犯罪行为，而且也包括其他违法行为。对犯罪行为的侵害人当然可以依刑法规定的责任年龄和责任能力来确定，但对于非犯罪行为的不法侵害人，又该依什么标准来确定呢？这是难于找出一个统一标准的，如果在司法实践中贯彻这一主张，必然会引起混乱。第三，主张不法侵害人必须是具备责任能力和主观罪过的观点，势必严重限制实施正当防卫的适当时机，使正当防卫的权利得不到充分的实施，因为在可实行正当防卫的场合里，其不法侵害行为一般都是正在进行，损害的危险迫在眉睫，在这种情况下，要求防卫人在实行防卫前，必须了解侵害人是否具备责任能力和主观罪过，无疑是不可能的。因此，防卫人不可能也无义务去查明不法侵害人是否具有责任能力和主观罪过。只要不法侵害是现实的、正在进行的，如果不及时制止，让其发生下去势必会对法律保护的权益造成损害，那么，任何公民为了保护公共利益和公民合法权益，都可进行正当防卫，而不问不法侵害人的主观情况如何。当然，考虑到无责任能力人主观方面的特殊情况和未成年人的体力状况，从社会道义出发，在知道他们是无责任能力人的前提下，对他们的不法侵害，不宜采取过于强烈的防卫手段。如果无责任能力人和未成年人的侵害行为不是非常强烈，危险性也不是很大，能够采取其他方法予以避免的话，一般宜采取其他措施予以免除，可不进行正当防卫。但是，这不等于说公民对于实施不法侵害的无责任能力人和未成年人不能实行正当防

738

卫。

（二）对物防卫

所谓对物防卫，是指对来自物、特别是对来自动物的侵害实行正当防卫。我们前面已经谈到，正当防卫的对象只能是实施不法侵害的自然人，因而，对来自物，特别是来自动物的侵害，能否进行正当防卫，就有必要进行探讨。

在日本刑法理论中，关于能否允许对物防卫，存在着二种不同的意见：

1. 对物防卫肯定说。肯定说同意除了违法行为之外，还存在着不承认法律秩序状态的"违法状态"这一观念。主张对物，尤其是来自于动物的侵害，如果是来自于他人的物所产生的"违法状态"，那么，不论是来自于违法行为的侵害，还是来自于违法状态的侵害，被害人都没有理由非得甘心忍受其侵害不可。所以，来自于违法状态的侵害也相当于"不正"的侵害，允许对其进行正当防卫①。

2. 对物防卫否定说。此说认为不是基于人的故意或过失行为的动物的举动，由于是在违法判断的范围之外，因此，如果不是相当于"不正"的侵害（福田平《刑法基础知识（1）》第130页），或者如果不是侵害"行为"（团藤重光《刑法纲要总论》第164页），则只允许紧急避险，而不存在正当防卫的问题②。

对来自物，特别是来自于动物的侵害，能否进行正当防卫，应当根据不同情况予以确定。下面仅以动物的侵害为例：

第一，对于来自无主动物的自发侵害，如野狗撕咬，对人进行伤害。这种情况属于自然现象，不属于不法侵害，所以不发生正当防卫的问题。对该侵害动物采取逃避或反击的措施，不属于正当防卫的范围。对此，没有必要来论述成立正当防卫与否。

---

①② 见〔日〕藤木英雄等编：《刑法的争点》，有斐阁，1987年新版，第54页。

第二，对于来自国家所保护的珍贵野生动物或有主动物的自发侵害进行反击的情况。这种反击行为，无疑是违反国家保护珍贵野生动物的法律规定或侵害了物主的所有权的。但这种反击行为又是为保护人身安全或其他合法权益所必需的。在这种情况下，只能解释为是为了保护公民的合法权益而在不得已的情况下损害国家保护珍贵野生动物的利益或损害物主的所有权，是一种紧急避险的行为，而非正当防卫。

第三，如果动物是出于被人唆使或由于主人的过失而进行侵害，如饲养者唆使自己的狗去咬他人，或者是饲养者由于不注意忘了用锁链把狗拴好而咬了他人，在这种来自动物的侵害是基于人的故意或过失行为的情况下，这种来自动物的侵害就应当认为是人的"行为"的侵害，当然对该动物可以实施予以反击的防卫行为。问题在于，对于故意唆使动物伤人的行为人，能否进行正当防卫呢？我们认为这是应当允许的。因为在这种情况下，动物的侵害举动只是唆使人进行不法侵害的一种工具，唆使人是以动物的侵袭来达到自己的非法目的的，所以，对该唆使人进行防卫，制止其唆使动物的行为，对其造成适当的损害，也应当属于正当防卫。

（三）对不法侵害人实施的防卫行为

正当防卫是针对不法侵害者实施的，而且是以防卫人实施一定的积极的行为表现出来，因此，防卫是对侵害作出相应的反应。没有不法侵害就没有防卫行为，而引起防卫行为的又只能是侵害行为，且防卫行为亦只能对实施不法侵害人的行为人进行。所以，侵害与防卫的关系，是前者引起后者，后者反击前者的对立统一的关系。

对不法侵害者实行防卫，就是对不法侵害人造成某种损害。这种损害的范围，刑法上并没有明确规定，但从司法实践来看，主要是损害侵害人的生命、身体健康、人身自由，有时也附带损害侵害人的财产权利。

740

正是由于防卫行为是以损害侵害人的人身权利为主要特征的，决定了防卫行为只能是一种以积极作为实施的暴力行为。这种积极的暴力行为针对不法侵害人进行，就是要强迫侵害者放弃侵害意图，使其服从法律意志，停止侵害，或者是使其失去侵害的能力，甚至为阻止其侵害行为而结束其生命，只要这是为保护重要合法权益所必需。因此，某些行为诸如斥责、劝说、乞求等，虽然也有可能使不法侵害者放弃侵害的意图而停止侵害，但由于这些行为本身并不是针对不法侵害人的人身进行的暴力行为，因此不能认为是防卫行为。同样，如果某种消极的不作为，即使在一定程度上避免侵害，排除或减轻危害结果的发生，但是如果并没有积极地与侵害行为作斗争，也没有给侵害人造成任何事实上的损害或痛苦，而使其放弃侵害意图的话，也不能视为是防卫行为。例如，在面临不法侵害时，采取逃避的行为；面临抢劫行为而隐藏财物或拒不交出的行为等。

作为防卫行为，在现实生活中，是以多种形式表现出来的。具体说，它主要表现为以下几种形式：

（1）抵抗行为。在面临不法侵害时，多数防卫人首先都是以自身的力量抵御不法侵害，不使合法权益遭受损害。这种行为是在面临不法侵害的情况下，被动地作出的反应。如妇女在遇到了强奸行为时，以自身的力量与强奸犯进行搏斗，反抗其强奸行为，使强奸犯不能得逞便是。

（2）反击行为。不少防卫人，在面临不法侵害时，不仅仅只是被动地抵抗不法侵害人，而且是主动地对侵害者实行反攻和打击，以给其人身的利益造成损害，使其丧失侵害能力来保护合法权益。如在杀人犯持刀行凶时，受害人奋起反击，操起锄头对杀人犯进行反击，将其杀死即是。

（3）捉拿行为。这种防卫行为主要出现在对盗窃、抢劫等犯罪的防卫上。也就是说，当不法侵害人以秘密窃取或突然夺走的方式非法取得财物，失主和其他群众多采取紧追不舍，将罪犯抓获，送交司法机关，并夺回财物的行动。

综上所述，正当防卫中的防卫行为，是在制止不法侵害的过程中，防卫人对不法侵害者进行抵抗、反击、捉拿，以使不法侵害人被迫停止不法侵害或失去侵害能力的一种暴力行为。这种行为是针对不法侵害人的人身实施的，并且主要是以造成不法侵害人的人身权利损害来保护合法权益。

既然防卫行为只能针对不法侵害人进行，不能损害第三者的利益，那么，也就不能允许对不法侵害人以外的任何第三者进行所谓的"防卫行为"。但是，在现实生活中，又经常出现因为实施防卫行为而损害第三者的情况，对此应根据不同的情况作出不同的处理。如果防卫人在实施防卫行为过程中，是在不得已的情况下损害了第三者的利益，而且被损害的第三者的利益又小于防卫人所要保护的利益，应当按照紧急避险处理。但是，如果防卫人是把无辜的第三者误认为是不法侵害者而对之实行"防卫"行为的，则是事实认识的错误，按照刑法上认识错误的处理原则来决定防卫人应负的法律责任。

四、实施正当防卫的主观条件——防卫行为须出于防卫的认识和防卫的目的

（一）问题的提出

从我国刑法第 20 条第 1 款的规定来看，公民必须是为了保护公共利益、本人或他人的人身权利或其他权利免受正在进行的不法侵害，才能实行正当防卫。这一规定把正当防卫的主观因素摆在显要的位置，作为成立正当防卫的重要条件之一，同时，也是正当防卫行为排除犯罪性，不负刑事责任的主观根据。但是，长期以来，我国刑法理论界在论述成立正当防卫的必要条件时，却从根本上忽视了正当防卫的主观条件这一重要问题。因此，全面分析研究正当防卫的主观条件是非常必要的。

关于正当防卫的成立，需要以防卫的主观意图为必要条件与否，在日本刑法理论界历来存在着两种不同的学说：

1. 防卫意思不必要说。此说认为，正当防卫是在急迫的情况下实施的，只要从客观上看是具有防卫的效果即可。在多数情况下，行为人不可能有明确的防卫意思。如果强调防卫意思，便会将正当防卫的范围限制过窄。例如，该学说的代表者平野龙一、植松正等认为，在不知道对方将要侵害自己，单纯地具有侵害对方的意思而实施的侵害行为，只要是在结果上客观地达到了防卫行为效果的场合下，也应认为成立正当防卫。其主张的根据，有以下几点：即违法性的有无，本来是仅就行为的客观方面而言的，因此，即使是涉及到考虑阻却违法性，也应判断它与行为人的主观内容无关，因而就不需要防卫意思①。显然这种观点是错误的。防卫意思存在与否，是正当防卫能否成立的合法化要素，而不能同不法侵害中的主观违法要素相混同。况且，这种主张，对于防卫挑拨行为之所以不是正当防卫，也就不可能作出合理的解释。

2. 防卫意思必要说。这种学说从日本刑法第 36 条规定的正当防卫就是从紧迫的不法侵害中防卫自己或他人的权利免遭侵害而不得已实施的合法化了的行为出发，认为依照法律规定，正当防卫应当以具备防卫意思作为成立条件之一。例如木村龟二说："因为违法性不仅是结果的无价值，而且是行为的无价值；所以，没有防卫意思的单纯侵害行为是违法的，防卫行为解释为以防卫的意思为必要是妥当的。防卫的意思属于'主观的正当化要素'，防卫行为以防卫意思为必要并且以它的存在为充分条件。因而即使同时存在例如愤激、憎恶等其他道德的动机，这些动机

---

① 见〔日〕藤木英雄等编：《刑法的争点》，有斐阁，1987 年新版，第 53 页。

对防卫意思的存在没有任何影响。"① 这一主张是比较正确的。

再从已有的正当防卫的法律规定看，我们可以得出这样一个结论，自正当防卫的法律观念形成起，行为人的主观意图便是确定某种暴力行为是否正当防卫的重要根据。这一点，从中世纪后期的《卡洛林纳法典》规定的正当防卫的概念，到 1871 年的德国刑法典第 53 条的规定，直至现行的日本刑法典第 36 条的规定，都是明确的例证。

防卫的主观因素（亦即正当防卫的主观条件）对认定正当防卫的成立有着不可低估的意义。正当防卫所以被立法者视为排除犯罪性的行为，不仅在于客观上保护了社会利益，而且在于主观上有防卫合法权益的意思。正如任何犯罪，不仅表现为客观上有危害行为，而且主观上还有罪过，道理是完全相同的。因此，在认定正当防卫的时候，我们必须把防卫的主观意图作为一个重要的条件予以考虑。不符合正当防卫主观条件的行为，不能认定为成立正当防卫。

（二）正当防卫主观条件的概念及其内容

正当防卫的主观条件，亦即防卫意图，是指防卫人在实施防卫行为时对其防卫行为以及行为的结果所应具有的心理态度。这种心理态度应当包含着两个方面的内容，即防卫的认识和防卫的目的。

1. 防卫的认识。防卫的认识是指防卫人在面临着正在进行的不法侵害时，对不法侵害的诸多事实因素的认识。作为防卫认识，应当包括以下基本内容：

第一，防卫人必须认识到正在进行的不法侵害的存在，并确定实行正当防卫的适当时机。也就是说，必须认识到不法侵害的开始和结束的时刻，从而才有可能把自己的防卫行为约束在正当

---

① 〔日〕木村龟二：《刑法总论》，有斐阁，1984 年增补版，第 261 页。

防卫的时机限度之内。

第二，防卫人必须认识到某种合法权益受到正在进行的不法侵害的危害，并确定不法侵害人，从而才可能产生防卫动机，形成防卫目的，并能明确防卫行为应针对的对象。

第三，防卫人还必须认识到所要求保护的合法权益的性质及不法侵害行为的特性，确定该不法侵害是否属于那些具有紧迫性、破坏性、积极进攻性的危害行为，是否将给重大的合法权益带来损害。只有确定了该不法侵害具有上述特性的前提下，才有必要实行正当防卫。

第四，防卫人对自己的防卫行为的强度，所应使用的手段，将会造成的后果应当有一个大致的认识，从而将自己的防卫行为控制在刚好足以制止侵害人的不法侵害行为，不会给其造成不应有的损害的范围内。

以上是防卫认识的主要内容。防卫认识中不应当要求包括防卫人对不法侵害行为主体的责任能力情况的认识。那种认为"对侵害主体的责任能力情况认识与否，也决定着防卫人的防卫意图正当与否"的观点是不妥的[①]。

所谓防卫的动机，就是防卫人在防卫认识的基础上，促使其实施防卫行为的内心起因。从实际情况看，防卫的动机是多种多样的。防卫动机驱使，防卫人产生防卫目的，并进而实施防卫行为。但是，防卫的动机并不是防卫的主观条件必须具备的内容，它只是决定着防卫目的的强弱，不能左右防卫行为的合法成立。

2. 防卫目的。所谓防卫目的，是指防卫人在防卫认识的基础上，并在防卫动机的驱使下，实施防卫行为所希望达到的结果的心理愿望。具体说，按照我国刑法第 20 条第 1 款的规定，防卫目的是制止正在进行的不法侵害，保护国家、公共利益、本人或者他人的人身、财产和其他权利免受侵害。进一步分析，我们

---

① 《法学研究》，1984 年第 6 期，第 23 页。

可以发现，正当防卫的目的可以分为两个层次：第一层次是防卫的直接目的，即防卫行为针对不法侵害人实施，是为了制止其正在进行的不法侵害，使该不法侵害被迫停止或归于失败。这是防卫人实施防卫行为所希望达到的直接效果。第二个层次是防卫的根本目的，即通过制止不法侵害，保护国家、公共利益和公民个人合法权利的安全。直接目的对于根本目的来说，只是一种手段，而根本目的则是直接目的所欲达到的最终效果。也就是说，制止不法侵害是为了保护合法权益，而合法权益得以保护又有赖于不法侵害被制止。二者是相辅相成、密不可分的有机统一体，共同构成完整的正当防卫的防卫目的。

可见，防卫的认识与防卫目的是构成防卫意图并决定其性质必不可少的两个因素。二者结为一体，相互影响，紧密相关。防卫认识是防卫意图的前提，起基础的作用；而防卫目的则是防卫意图的核心，起着决定防卫行为正确合法的关键作用，二者缺一都会使防卫意图——正当防卫的主观条件不能成立。但防卫的动机则只是防卫目的的内心起因，决定防卫目的的强弱，对防卫的主观条件不起决定作用。这同在犯罪的主观方面的因素中，犯罪动机不是其构成要件的必要因素的道理是一样的。

总之，无论在理论上，还是在实践中，都已证明防卫人的主观意图是确定正当防卫行为的不可缺少的要件。其对于正确贯彻我国刑法中的正当防卫制度，对于发动广大人民群众敢于且善于同违法犯罪行为进行积极有效的斗争，是有十分重大的现实意义的。所以，完全忽视正当防卫的主观条件，只强调防卫的客观效果的观点固然是错误的；而脱离法律的规定，违背心理学的基本理论，无视司法实践的现实情况而对防卫意图作想当然的解释也是不可取的。我们只有在遵照立法本意，运用心理学的基本原理，结合司法实践的基础上，才有可能全面而正确地揭示出正当防卫主观条件的真正内容。而且，我们也完全能够查明防卫人的主观意图如何，因为辩证唯物主义告诉我们，人们实施一定的行为，总是受其思想意识支配的。对于司法审判活动来说，行为人当时的主观心理状态，是客观存在的，一定会通过其行为的外部活动表现出来。所以，只要我们在处理防卫案件时，一切从客观实际出发，深入调查研究，对案件的全部事实情节，如不法侵害的客观表现、行为人的防卫手段、实施过程、防卫对象与目标、防卫行为产生的后果以及实施防卫的时间、地点、条件、背景等进行客观的、全面的、本质的分析，是能够正确得出该案件的行为人是否具备正当防卫的主观条件的结论的。

（三）不存在正当防卫的主观条件的行为及其处理

在司法实践中，常发生一些从客观上看符合正当防卫的客观条件，但因行为人不具备正当防卫的主观条件而不能确定为正当防卫的案件。具体说，这类行为有如下几种：

1. 防卫挑拨行为，亦称之为防卫的挑拨。是指行为人不是出于防卫的意图，而是出于侵害的意图，故意挑逗他人对自己进行侵害，然后以"正当防卫"为借口而对他人加以侵害的行为。例如，刘某（男，27岁）与邻居邵某（男，35岁）不和，并有时撕打。刘某与其妻商量："要好好教训教训姓邵的。"其妻出主意说："先打人的无理，咱不能先动手，将来不好办，想办法让姓邵的先动手。"一天，刘某在公用厨房把邵家刚煮好的稀饭锅打翻，烫伤邵妻之脚。邵某在气愤之下，用锅盖把刘某的头部打破，刘某遂用一根扁担将邵打倒在地，致成重伤。对于这一案件，如果仅从正当防卫的客观基础（即四要件说）上看，刘某的行为就极难认定为不法侵害，似乎可以视为正当防卫行为。但是，如果从正当防卫的主观条件考察，问题就迎刃而解了。很显然，整个案件事实表明，刘某早就蓄意加害邵某，在主观上根本就不存在防卫的意图；相反，却是在预谋侵害意图的驱使下，先以自身的行为挑逗邵某的气愤，让其动手伤害自己，然后再借此机会，用扁担将邵某打成重伤，从而达到了其泄愤报复的目的。所以，刘某的这种防卫挑拨的行为不是正当防卫，而是一种故意犯罪。由此可见，挑拨防卫与正当防卫的根本区别不在防卫行为的客观表现上，而在行为人的主观意图中。挑拨防卫不是正当防卫，它是利用正当防卫的形式来实施自己预谋的犯罪活动，因而不能按正当防卫处理，而应该以故意犯罪论处。

但是，如果实际情况表明被侵害者并不是故意挑起侵害行为，也不是想借正当防卫之名而对不法侵害者实行侵害，而是由于自己无意的行动挑起了或引起了不法侵害人的侵害行为，那么，就不能认为其无意的行动是防卫挑拨，应当允许其对不法侵害进行正当防卫。这就是说，引起不法侵害发生的原因，不是认定能否成立正当防卫的必然因素。我们不能因侵害者的行为是由于被侵害者的行为所引起的，就不问具体情况如何，一概认为被侵害者的行为是防卫挑拨，而剥夺他们应有的防卫权利。

2. 各以侵害对方的故意而互相侵害的行为，如互相斗殴。在互相故意侵害的场合中，双方都不存在成立正当防卫的问题。就以互相斗殴为例，在互相斗殴中，斗殴双方都具有殴击、伤害对方的故意，也就是说，双方都是以侵害对方为目的，实施积极的侵害行为，根本就不存在正当防卫的前提条件和合法目的。所以斗殴双方的任何一方都不能主张正当防卫的权利。但是，如果在斗殴过程中，互殴的一方已经放弃斗殴并向另一方求饶或逃走，就应当认为其已经终止了自己的侵害行为。如果在这种情况下，另一方却不肯住手，紧逼不放，继续向求饶或逃跑的一方进攻的话，对于已经终止斗殴行为的一方来说，对方的攻击行为就已经成为一种正在进行的不法侵害，其为了保护自己的人身权利不受损害而对该不法侵害人进行反击、抵抗的行为，应当认为符合正当防卫的条件，属于正当防卫。

3. 出于故意侵害对方的心理实施侵害，客观上与防卫效果偶合的行为。例如，阿某（男，25岁）想把经常辱骂自己母亲和弟弟的继父休某（男，50岁）杀死，当阿某手持斧头进入休某的卧室时，背对门口的休某从抽屉里拿出手枪，欲射杀妻子，

748

并已勾上板机，阿某并未发现这一点，跑上前去，一斧头砍在休某的头上，救了母亲的性命。休某被砍致死，而手枪也射出子弹，打在墙上。这一案件表明，阿某的杀人行为虽然在客观上确实取得了防卫效果，保护了母亲的生命，但是，其行为并不是在面临不法侵害时，出于防卫的意图而为的；相反，他是在想报复杀害休某的意图的支配下实施了杀人行为，只是其行为恰好与防卫的效果发生偶合。由于其欠缺防卫的认识，也就谈不上防卫目的了，因而不具备正当防卫的主观条件，所以其行为不构成正当防卫，而是故意犯罪。

4. 行为人在行为过程中防卫意图转化为犯罪意图的场合。在司法实践中，还曾经出现过这样一种现象：即行为人先是出于防卫的意图而对正在进行的不法侵害实施防卫行为，但在其行为的过程中，又产生了报复侵害对方的故意，因而在制止了对方的不法侵害后还继续对其施加侵害行为。此时，行为人的主观心理态度已由防卫意图转化为故意侵害，其行为也已由防卫行为转化为侵害行为，而成为故意犯罪行为了。

五、实施正当防卫的限度条件——防卫行为不能超过必要的限度

它决定着防卫行为是正当还是过当的重要问题，也就是决定着防卫行为是合法有益的正当防卫还是非法有害的过当防卫的关键。由于防卫的必要限度总是同防卫过当的问题紧密联系在一起的，因而，为了论述的方便，将防卫的必要限度置于本章第三节一并论述。

第三节　防卫过当及其刑事责任

防卫过当是正当防卫制度中的一个重要问题，也是同正当防卫的成立条件密切相关的问题，关系到防卫行为是合法的正当防卫还是违法的危害行为的问题。而且，司法实践中所遇到的防卫案件，绝大部分也是要求确定其是正当防卫还是防卫过当。因而，正确解决防卫过当的问题，会有利于罪与非罪界限的划分，打击犯罪分子，保护公共利益和公民的合法权益，维护和巩固社会主义法制。

一、防卫过当的概念及表现形式

（一）防卫过当的概念及特征

关于防卫过当的规定，各国的刑法有所不同。如日本刑法第36条第2款规定："超过防卫限度的行为"，即是防卫过当。又如苏俄刑法典第13条第2款规定："防卫行为同侵害的性质和危害程度显然不相当的，就认为是超过正当防卫的限度。"即防卫过当。

我国刑法关于防卫过当的规定是比较科学的。刑法第20条第2款规定："正当防卫明显超过必要限度造成重大损害的，应当负刑事责任。"即是防卫过当。也就是说，要求防卫过当只有在客观上具备了明显超过防卫的必要限度，造成了重大损害的条件下，才可能构成，不是仅指只要防卫行为超过了必要限度，就是防卫过当，而是要求必须把防卫行为的强度及其造成的后果等诸方面结合起来加以考察，认定是否构成防卫过当。因此，我国刑法中的防卫过当，就是指防卫人在实施防卫行为时，防卫行为明显超过必要限度，给不法侵害人造成重大损害。正因为如此，防卫行为由正当合法的有益行为转化为违法的危害社会的行为，因而应负刑事责任。

那么，防卫过当具备有什么特征呢？当前学术界对这一问题有不同的看法。

有的认为，"防卫过当具有二个特征：一个是行为的防卫性；一个是结果的过当性。"① 有的认为，防卫过当是超过必要

---

① 《法学》，1984年第8期，第25页。

限度的行为，主要特征是：（1）防卫过当行为具有防卫强度的非相适应性，即在制止不法侵害时，不约束防卫的强度，任意地防卫，使防卫强度超过不法侵害的强度；（2）防卫过当还具有罪过性，即防卫过当人在主观上具有故意或过失的罪过；（3）防卫过当的行为，必须是具有犯罪特征的行为，防卫过当，必须是危害社会的行为，而且危害程度已达到触犯刑法应受刑罚处罚的程度①。上述两种关于防卫过当的特征的观点，各有其独到之处，但均不全面。第一种观点强调防卫过当具有防卫性和过当性，无疑是正确的；但是，它没有从主观上寻找防卫过当的特征，而仅从客观方面进行探讨，难免有违背主客观相一致原则之嫌，故有失片面。而第二种观点，在强调防卫过当客观上的过当性和主观上的罪过性时，却对防卫过当具有的防卫性质避而不谈，实际上是将其等同于一般的犯罪行为，这既不符合实际情况，也难于为人接受。

我们认为，要确定防卫过当的特征，必须抓住两个环节：一是防卫过当同正当防卫的联系和区别，二是坚持主客观相一致的基本原则。据此，防卫过当具有下述两个显著的特征：

1. 防卫过当同正当防卫一样，具有行为的防卫性，这是二者的相同之处。所谓行为的防卫性，是指防卫过当同正当防卫一样，均属于防卫行为的范畴之内，防卫过当的最初必定是进行防卫。它也是在存在正在进行的不法侵害的前提下，针对不法侵害人，为制止不法侵害，保护合法权益而实施的。因而，防卫过当在一般情况下同样具备正当防卫成立的基础、时机、对象和主观诸条件。正是因为这一特征，立法者在规定防卫过当时，才确认防卫过当不同于一般的犯罪行为，而是在其危害社会的同时又具有有益于社会的一面，因而规定对防卫过当应当酌情减轻或者免除处罚。

---

① 参见《法学研究》，1981 年第 1 期，第 16~18 页。

2. 防卫过当同正当防卫相异的一个特征，就是防卫过当具有客观的危害性和主观罪过性，这是其同正当防卫的本质区别。从客观上看，防卫过当是在行为的强度、后果上，明显超过了防卫的必要限度，给不法侵害人造成了重大损害，从而危害了社会，违犯了法律对防卫行为合法化的限度要求。从主观上看，防卫过当人在实施防卫行为时，对防卫过当的结果持有放任或过失的心理态度，因而主观上具有罪过。也正是因为这一特征，防卫过当才会同正当防卫形成本质的区别，防卫行为由正当合法转化为过当非法，并因其危害社会、触犯刑律，构成了犯罪，因而对防卫过当的行为人要追究刑事责任。

有一种观点认为："防卫过当是正当防卫中一种特殊（而非例外）情况。就其性质而言，防卫过当仍属正当防卫。"① 这一观点是值得商榷的。诚然，并非防卫行为一实施就是防卫过当，在防卫人针对正在实施不法侵害行为的不法侵害人开始防卫行为时，其行为的发展就存在着二种可能：一是行为刚好制止住不法侵害，没有超过防卫的必要限度，因而就成立正当防卫。另一种可能是其防卫行为虽然制止了不法侵害，但是却明显超过了必要限度，给不法侵害人带来了重大的损害，从而构成防卫过当。也正因为如此，我们认为防卫过当亦具有防卫性，与正当防卫同属防卫的范畴。但是，这并不等于说防卫过当也是正当防卫，二者在性质、强度、造成的后果以及行为人的主观心理上是有着本质的区别。从法律的规定看，正当防卫是正当合法的有益于社会的行为，受到法律的保护和支持。而防卫过当却是过当非法的危害社会的行为，刑法明确规定其应负刑事责任。一为合法行为，一为犯罪行为，怎么能说二者的性质相同？防卫过当也属于正当防卫又从何谈起？再从实际情况上看，正当防卫是在必要限度内，制止了不法侵害，保护了合法权益；而防卫过当却是既在客观上

---

① 《江海学刊》，1983 年第 5 期，第 56 页。

造成了重大危害后果，行为人主观上又具有罪过。二者的区别是明显的。因此，不能认为防卫过当也是正当防卫的一种（不论是否特殊情况），也不能说二者的性质是相同的。

（二）防卫过当的表现形式

防卫过当在客观上的表现形式是什么？也就是说，依据怎样的客观事实证明防卫行为过当呢？对此，学术界有不同的意见。

苏联刑法学者沙尔高罗斯基在其《侵犯人身罪的责任》一书中说："被认为是超过正当防卫限度"而成立防卫过当的，有下列两种情况：（1）防卫人所采取的防卫措施，其强烈程度与侵袭行为的强烈程度很不相称；（2）防卫不适时。"①

在我国的刑法学界中，对防卫过当的表现形式的理解，有三种不同的意见：

1. 认为防卫过当的表现形式是行为过当与结果过当的统一，仅有其中之一，不能构成防卫过当，只有二者同时具备，才是防卫过当，并指出，坚持行为过当与结果过当的统一，要抓住两个环节：一是要正确把握行为过当与结果过当；二是要正确理解和认定两者之间的关系。这种关系体现为，首先，对于立法关于防卫行为限度和结果限度的理解是一致的；其次，行为的过当并不意味着结果就一定过当，反之亦然②。

2. 认为行为过当是靠结果过当表现出来的。防卫过当主要表现为防卫行为所造成的后果明显超过了必要限度所允许的后果，形成了重大的损害。其中有的同志还认为："从理论上讲，因防卫过当而造成的损害，可以分为两部分，一部分是必要的、正当的，防卫人对此不负刑事责任；另一部分是超过了必要的限度，是不必要的、过当的，防卫人仅仅对于这一部分损害负刑事

---

① 沙尔高罗斯基：《侵犯人身罪的责任》，法律出版社，1957 年版，第 36~37 页。

② 《中国社会科学》，1984 年第 2 期，第 206 页。

责任。"① 亦即把防卫过当归于结果过当上，并认为在防卫过当的损害中，可分为正当必要的部分和不必要的而过当的部分。

3. 认为防卫不适时，尤其是在侵害行为结束后，防卫行为没有随即终止而继续进行的，也应当看作是防卫过当的一种表现形式②。

我们认为，就防卫过当的每一具体案件的表现形式而言，是多种多样，千差万别的。但是，它们表现在客观上的一个共同的特征，就是防卫行为明显超过了必要限度，造成了重大的危害后果。防卫行为的强度超过必需的强度，与在后果上造成重大的危害，二者的互相统一，才能构成防卫过当。在这里，对于防卫的必要限度是仅指防卫行为强度的限度呢？还是包含着结果的限度？按照我们对必要限度的理解，二者必须统一于防卫的必要限度之内。把防卫过当划分为行为过当与结果过当的观点，实质上是认为防卫的必要限度是仅指行为强度的限度，重大的危害结果只是防卫行为超过强度限度而导致的产物，并不包含在必要限度之内。这种人为的划分方法，是不妥当的。首先，防卫过当是一个统一的概念，它既包含着行为的形态，也包含着行为造成的结果状态，二者是不可分割的。其次，从理解防卫的必要限度的角度出发，防卫的必要限度应当是指防卫行为的强度刚好足以制止不法侵害，没有给不法侵害人造成不应有的损害。也就是说，防卫的必要限度是包括行为强度的限度和结果的限度在内的。只有防卫行为的强度明显超过了制止不法侵害所必需的强度，才会在后果上给不法侵害人带来重大的损害。防卫强度不超过"必需"，则不可能给不法侵害人造成重大的损害结果；而防卫行为没有造成重大的损害，也就说明防卫行为的强度刚好是为制止不法侵害所必需的。换言之，只有防卫行为的强度超过了"必需"

---

① 《法学杂志》，1983 年第 1 期，第 24 页。

② 见《法学研究》，1981 年第 1 期，第 17 页。

的限度，才会造成重大的危害结果，而防卫行为造成重大的损害，则是由于防卫行为超过必需的强度所致，二者是相辅相成、缺一不可的。不可能存在所谓的"行为过当而结果不过当"或"结果过当而行为不过当"的情形。

此外，那种认为在防卫过当造成的损害中，可分为正当必要的部分和过当的不必要的部分的观点也是不可取的。正如我们强调行为与结果的统一一样，防卫过当所造成的损害结果也是一个统一的形态。难道我们能说，在防卫过当致人死亡中，致人死亡这一危害结果，有一部分是正当的、必要的，而有一部分又是不必要的过当的？死亡结果只有一个，要怎样来划分？进一步说，是否必须将防卫过当的行为划分为正当的必要的部分和不必要的过当的部分？这在司法实践中显然是行不通的。即使从理论上讲，一个行为引起了某一结果的发生，这一结果就是该行为所造成的，二者具有因果关系，该行为人就应当对这一结果负责。具体到防卫过当上来说，由于防卫人的防卫行为明显超过了必要限度，造成了重大的危害结果，这一重大的危害结果，就是由防卫过当的行为所引起的，二者之间具有因果关系。如果防卫人的行为不过当，就不会导致这一重大的危害结果的发生。可见，在防卫过当中产生的重大危害后果，不可能有正当的必要的部分和有过当的不必要的部分之分。它应当是全部属于防卫过当行为所造成的重大危害后果，防卫过当的行为人应对整个危害后果负刑事责任。

认为防卫不适时属于防卫过当的表现形式之一的观点是错误的。防卫不适时只能或者是一般的故意犯罪，或者是假想防卫行为，而不是防卫过当。

二、认定防卫过当的标准、原则和方法

（一）认定防卫过当的标准的争论

根据我国刑法的规定，防卫行为明显超过必要限度造成重大

损害的，是防卫过当。但是，什么是必要限度？刑法却没有明确的规定。而必要限度既是区分防卫行为是适当（即正当）还是过当的关键，又是依法追究防卫过当刑事责任的法律依据，换言之，衡量一个防卫行为是否过当的标准就是防卫的必要限度。因之，对于什么是必要限度，学术界和司法实践都予以极大的重视，展开了充分的讨论，至今仍没有定论。

在国外，在关于防卫的必要限度以及防卫过当的认定标准上，有不同的学说。概言之，有如下几种主张：

1. 法益相当说。这种观点以受侵害的法益与防卫行为所加害的法益，在价值上保持平衡作为认定的标准。如果受侵害的法益轻微，而防卫行为损害他人的法益重大，则认为超过必要限度，属于防卫过当。

2. 不得已说。认为正当防卫必须是为避免不法侵害之唯一的方法，如果有其他方法可以避免不法侵害，防卫行为即为过当。也就是说，是以"不得已"作为正当防卫的必要限度。

3. 必要说。认为应当以客观上有无必要，作为衡量防卫行为是否过当的标准。理由是，在行使防卫权时，往往是事出紧急，防卫人自然无法衡量反击的结果与受侵害的法益是否相当，也不能要求只有在别无他法，唯有实施防卫行为才能避免侵害的情况下方能实施正当防卫。

在我国现行刑法颁布之前，由于1979年的刑法规定为："正当防卫超过必要限度造成不应有的危害的……"含义不明确，从而使关于如何理解防卫的必要限度，产生了如下不同主张：

1. 基本相适应说。认为正当防卫的必要限度是防卫行为的性质和强度大体上相当于侵害行为的性质和强度。相当并不等于"半斤对八两"，也就是说对不法侵害者造成的危害无须比防卫者可能遭受的损害要轻，而只是要求大体上相适应①。

---

① 辽宁省法学会：《辽宁省刑法理论座谈会论文汇集》，1980年，第14~15页。

2. 需要说。认为正当防卫的必要限度，就是指能够有效地制止住不法侵害所必要的应有强度。也就是说，为了制止不法侵害，正当防卫必须具有足以有效制止侵害行为的应有的强度。只有是为了制止侵害行为所需要的，就不能认为是超过了必要的限度，纵使此时防卫的强度大于侵害的强度，也是在必要限度之内，应当允许①。

3. 必需说。认为正当防卫应该是以制止住不法侵害的必需行为作为必要的限度。在考虑到正当防卫的必要限度时，首先应把制止住不法侵害的必需行为作为防卫的限度，同时，在制止不法侵害的基础上，要把防卫的方法、强度和损害程度尽可能地降低到最低程度②。

4. 适当说。这种观点可以说是"基本相适应说"和"必需说"有机结合而归纳出来的观点。认为所谓"必要限度"，即以"必要"为限度，防卫行为的质和量都应为确实有效地制止不法侵害所必要。超过了这个"必要"，即为过限，这样给不法侵害者造成的危害即成为重大损害，就是防卫过当。并认为，正当防卫的必要限度可作如下的理解和掌握：第一，从正当防卫是一项鼓励公民勇于行使的合法权利的立法意义出发，应综合考察防卫情况发生的时间、地点、环境和侵害的性质、侵害者的各种情况（人数、体力、手段、工具、强度、造成的后果或可能造成的后果等），考虑到防卫者处于突然受害、紧急应变的弱势，允许较激烈的手段、较大强度，因而导致比正常情况下严重的后果。第二，从正当防卫法律规定的目的性出发，它只能是被迫实行的，只能以达到抵御、制止或排除不法侵害为目的，不是报复性或惩罚性的行动。因而，在一般情况下，防卫强度应该与不法侵害的强度大体相当，基本相适应。不允许为了较小的利益而造成重大

①　《政治与法律》，1984 年第 6 期，第 59、60 页。
②　《中国社会科学》，1984 年第 2 期，第 202、205 页。

的危害①。这一观点是比较恰当的，也为现行刑法所采纳，并充分体现在法条之中。

（二）对必要限度的理解

我国刑法第 20 条第 2 款规定："正当防卫明显超过必要限度造成重大损害的，应当负刑事责任……"从条文的字面意义上理解，"造成重大损害"是防卫行为超过正当防卫必要限度的标志，因而如果防卫行为造成的危害是应有的、必要的，那就是没有超过正当防卫的必要限度，就属于正当防卫了。因此，防卫的必要限度，是指防卫人的防卫行为正好足于制止不法侵害人的不法侵害行为，而没有对他造成重大损害。那么，怎样来判断防卫人的防卫行为是"正好足于制止不法侵害"，没有给不法侵害人造成重大损害呢？亦即应当怎样来确定防卫的必要限度呢？

首先，从我国刑法规定正当防卫制度的目的看，正当防卫是一种正义合法的行为，其作用就在于抵御、制止或排除不法侵害。为了达到这一防卫效果，就必须允许防卫行为具备这样的一个强度，即足以制止不法侵害行为所必需的强度。如果防卫行为不具备这一强度，就不能避免不法侵害。

同时，我们又必须看到，法律在赋予面对不法侵害的公民以正当防卫权的同时，又反对防卫权的滥用，要求防卫行为不能超出一定的限度，不能造成不应有的危害。否则，防卫行为就会由正当转变为过当。因而，防卫人的防卫行为在强度上只能是刚好足以制止住不法侵害，而不能超过这一强度要求，这是由防卫的目的性所决定的。如果防卫人的防卫行为是出于报复性或惩罚性的行动，而不顾行为会给不法侵害人造成严重的不应有的危害，其行为强度也远远超过了制止不法侵害所必需的强度，那么，该行为就会过当。

其次，从防卫权的性质上看，正如我们前面所指出的，正当

---

① 《河北法学》，1984 年第 6 期，第 49~50 页。

防卫的目的在于使公共利益和公民的个人利益免受正在进行的不法侵害，因而是一种在紧急状态下才产生的一种被动的权利。行使这一权利的防卫行为，只能是被迫实施的，也只能以达到制止不法侵害、保全合法权益为限。因而，在防卫行为的强度上，就不能允许其明显超过侵害行为的强度，也不能允许为了保护微小的利益而损害重大的利益。例如为了保护自留地里的花生而重伤不法侵害人，显然是不适当的。

再次，从现实生活中实施正当防卫行为的具体情况看，正当防卫往往是在防卫人面临着紧迫的正在进行的不法侵害行为的紧急状态下实施的。防卫人在仓促之间面临着严重威胁，对于不法侵害的性质、强度等，往往不可能作出准确的判断，也来不及周详考虑采取何种防卫措施最为妥当。因而，对防卫行为的必要限度的要求就不能过于苛刻，应当允许其以比不法侵害较为激烈的手段、略大的强度来实施防卫行为，只要这是为足以制止不法侵害所必需的。

据上所述，可以看出，防卫的必要限度包含着两层含义：

1. 它是指防卫人的防卫行为正好足以制止不法侵害人的不法侵害行为。而所谓的"正好足以制止"，是指防卫行为的强度是为制止不法侵害行为所必需的，并且防卫行为的强度同侵害行为的强度是基本上相适应的。而要确定这一点，可以根据不法侵害人和防卫人双方的人数、工具、杀伤力、体力、环境等情况全面考虑，予以认定。可见，防卫行为是为制止不法侵害所必需且基本相适应的，就是正当防卫。

2. 它是指防卫人这种必需的防卫行为，没有给不法侵害人造成不应有的重大损害，也就是说，只有在防卫行为没有造成不应有的重大损害的情况下，它才是在必要的限度之内。那么，什么是"没有造成不应有的重大损害"呢？所谓"不应有的重大损害"，是跟"应有的损害"相对而言的。如果防卫行为所造成的后果，是为制止不法侵害所必需的，也是该防卫行为所必然会产生的结果，且这一结果是同不法侵害可能造成或正在造成的危害后果是基本上相适应的，并没有超出为抵御、制止、排除这种危害后果的发生所必需的程度，这种防卫的后果就是"应有的损害"，也就是没有造成不应有的重大损害。只有在防卫者给侵害者造成的损害与侵害者可能造成的危害显然的不相适应时，才能认为其防卫行为超出了必要的限度。

上述防卫必要限度的两层含义，是相辅相成、缺一不可的。前者是后者的前提和原因，而后者是前者的表现和结果。没有前者，不可能产生后者；而不存在后者，也难于证明前者的成立。二者的有机统一，构成完整的防卫必要限度。

正当防卫中的必要限度，只是一个大致的、相对的衡量尺度，而不是一个事先确定的绝对统一的标准。在每一具体案件中，对于确定防卫的必要限度，必须以立法原则为前提，从具体案件的分析、研究中才能得出正确的结论。具体说，在认定防卫的必要限度时，必须注意以下几点：

第一，在理解、掌握和判断防卫行为是否超过必要限度，必须以防卫行为是否为刚好足以制止不法侵害所必需为前提条件，以其是否给不法侵害人造成不应有的损害为充足条件，对防卫行为和侵害行为双方的一系列事实情况进行分析、研究和对比，从而得出结论。对于防卫强度大于侵害强度的案件，就必须分析其是否为制止不法侵害者的侵害行为所必需。所造成的后果是否该防卫行为为制止不法侵害所必然产生的后果。如果是，该防卫行为就没有超过防卫的必要限度，属于正当防卫。如果不是，而是超过了必需的强度，造成显然不相适应的重大损害，就是防卫过当。

第二，在当前，有的司法工作者往往以防卫者是否造成侵害者的死亡来判断防卫行为是否超过必要限度。一个案件，如果防卫人没有造成不法侵害人的死亡，就是正当防卫。如果造成了不法侵害人的死亡，即使其本来是属于正当防卫，也简单地归结为行为超过了必要限度，是防卫过当。这种做法显然不当，应予纠正。

第三，在判断一行为是正当防卫还是防卫过当时，对正当防卫的行为不宜过于苛求，对防卫人不宜要求过严。因为不法侵害多是突然袭击，防卫人在仓促之间很难准确判断侵害行为的性质和危害程度，更不可能周全慎重地选择防卫的手段。在审理有关案件时需要考虑这一具体情况。

在这里，还有必要指出，刑法第 20 条第 2 款的某些文字表述是不科学的。该款规定："正当防卫明显超过必要限度造成重大损害的……"我们认为，一个防卫行为，如果其没有超过防卫的必要限度，则是正当防卫。但若超过了防卫的必要限度，就不是正当防卫，而是防卫过当了。正当防卫同防卫过当是有着本质的区别的。而按刑法该条款的规定，似乎防卫过当也是正当防卫的一种，这是不妥当的。遗憾的是，这一文字表述上的不当之处，现行刑法把旧刑法的规定仍照搬过来。因此，建议在下次修改刑法时，将该款修改为："防卫行为明显超过必要限度造成重大损害的，是防卫过当，应当负刑事责任；但是应当酌情减轻或者免除处罚。"

（三）防卫过当的认定原则和方法

认定防卫过当的总原则是：防卫人如果用轻微的方法足以制止不法侵害，而采用较严重的方法并产生了相应的后果，便属于防卫过当，如用重伤的方法防卫小偷小摸的行为即是；如果用较轻微的方法不足以制止不法侵害，尽管采取在方式、强度、后果等方面较重的方法，仍然认为属于正当防卫。

要认定防卫过当，必须依据对防卫必要限度的理解，坚持主观与客观相统一的原则，才有可能正确区分防卫行为是正当还是过当。具体说，认定正当防卫，在上述总原则的基础上，可以从以下几个方面考虑：

1. 不能脱离案件发生的具体事实情节，也就是说，要根据发生案件的当时情况，结合刑法的有关规定，进行全面的分析、比较。如果在当时的情况下，除了防卫人采用的防卫行为外，再也没有其他比之轻微的方法可以制止不法侵害，则防卫人采取的防卫行为应当认为是当时为制止不法侵害所必需的行为，这一行为就没有超过必要限度。但是，如果在当时的具体情况下，确实存在着用较轻微的防卫方法制止住不法侵害的现实可能，而且防卫人能确认或已经认识到这一点，且完全能够采取这一方法，但防卫人竟采取较严重的防卫方法，并造成不应有的损害后果，其行为就属于防卫过当。然而，如果在当时的情况下，防卫人不可能认识到可用较轻微的方法制止不法侵害，那么，即使其采用较严重的方法，并造成相应的后果，也不能认定为防卫过当。因为其主观上不能且无法认识，则对其行为所造成的损害后果，只能当作意外事件处理。

2. 认定防卫过当，必须坚持主客观相一致的原则。也就是说，在认定某一防卫行为是否属于防卫过当时，不能仅从客观上分析防卫人的防卫行为是否超过了防卫的必要限度，造成不应有的损害；还必须从防卫人的主观方面考察其对于客观上的危害后果是否持有罪过的心理态度。如果防卫行为在客观上确实超过了必要限度，造成了不应有的危害，且防卫人主观上对此危害后果能够预见或已经认识，却放任或过失地让其发生，其行为就属于防卫过当，防卫人应当负刑事责任。相反，如果防卫人由于当时客观条件的限制，在主观方面对防卫过当的结果根本不能认识，其主观上就不存在罪过心理，即不能以防卫过当来追究其刑事责任。

3. 认定防卫过当，还不能离开正当防卫的其他条件。亦即在认定某一行为是否属于防卫过当时，首先必须确定其是否属于防卫行为的范畴，因而必须考察其是否具备防卫的基础、对象、时机、目的等诸种防卫合法性的条件。只有在该行为具备上述条件的场合，才有可能出现防卫过当。如果说该行为连上述防卫条

762

件都不具备，则其本身就不属防卫行为，也就谈不上是否防卫过当了。

4. 认定防卫过当，应当在具体案件中，将防卫行为同不法侵害就各自的性质、手段方法、强度和后果，以及防卫人与不法侵害人的主体条件等进行全面的分析比较，从而正确认定在各种不同的主客观条件下存在的各种可能性，进而确定当时防卫行为的必要限度，确定防卫行为是否属于防卫过当。

总而言之，只有在全面深入调查，完全掌握整个案件事实情节的基础上，才能根据案件的具体情况，运用刑法规定的有关精神和司法实践的经验，正确认定防卫行为是否防卫过当。

（四）关于特殊防卫权

刑法第20条第3款规定："对正在进行行凶、杀人、抢劫、强奸、绑架以及其他严重危及人身安全的暴力犯罪，采取防卫行为，造成不法侵害人伤亡的，不属于防卫过当，不负刑事责任"。这是刑法对1979年刑法在正当防卫制度上的重大补充和完善。本款规定实际上是对第1款的补充，即进一步明确对正在进行的严重危及人身安全的暴力犯罪采取防卫行为，不论造成何等严重的伤亡后果，均属正当防卫，不构成防卫过当，防卫人不负刑事责任。

在1979年刑法颁布后，至此次刑法修订前，针对司法实践中对防卫案件有相当数量是按防卫过当追究防卫人刑事责任的情况，不少学者都指出，这种处理一方面打击了广大群众同违法犯罪分子进行斗争的积极性，另一方面助长了违法犯罪分子的嚣张气焰，是社会治安形势得不到根本好转的一个重要原因。为此建议，从打击犯罪，扶持正气，净化社会风气，维护社会治安秩序这一立法本意来说，应当明确规定，对具有紧迫性、暴力性的严重刑事犯罪实行防卫不负刑事责任。立法者在修订刑法时，充分考虑了这种意见，作出了上述新的补充规定。对此款的规定，有的学者称之为"绝对正当防卫"或"无限防卫权"，但我们认为称"特殊防卫权"更妥。

如何理解刑法对"特殊防卫权"的规定？我们认为，行使特殊防卫权，同样必须具备一般意义上的正当防卫的诸个要件。同时，还必须注意下面几点：

第一，特殊防卫行为的指向只能是正在进行的严重危及人身安全的暴力犯罪。亦即只能对正在行凶、杀人、抢劫、强奸、绑架以及其他严重危及人身安全的暴力犯罪实施。因为这些严重的暴力不法侵害行为的性质严重，且强度大，情况紧急，而防卫人通常是在毫无准备的情况下遭到不法侵害的，心理上处于高度紧张状态，要求防卫人即时采用适宜的手段进行防卫，显然过于苛刻。因而，对这些暴力犯罪行为采取防卫行为造成不法侵害人伤亡和其他后果的，属于正当防卫，不应当负刑事责任，就能极大地鼓励、支持人民群众积极主动地同违法犯罪行为进行斗争。

所谓"其他严重危及人身安全的暴力犯罪"，我们认为，是指与行凶杀人、抢劫、强奸、绑架的性质相类似、强度相当的暴力犯罪行为，诸如在公共场所实施爆炸犯罪、武装掩护走私抗拒缉拿、严重危害公共安全的故意犯罪等等。

第二，特殊防卫权的"特殊"不是"无限"的，也不是"绝对"的，而是有条件的。比如说，采用投毒方式进行杀人，利用迷魂药、麻醉药抢劫的，行为的暴力手段不明显，甚至不为人所知，如何行使特殊防卫权？又如"行凶"，法条这一用词的含义就不太明确，动手打人一拳、推人一把从广义上也可称之为行凶，但为此可以将不法侵害人打死打伤，恐怕亦难于理解。因此，我们认为："行凶"最起码必须是持械进行的伤害等足以严重危及公民生命、健康的犯罪行为。可见，对于刑法第20条第3款的理解和适用，也必须坚持实事求是，具体情况具体分析的原则，绝对不能搞形而上学的"一刀切"。

三、防卫过当的刑事责任

（一）防卫过当的主观罪过形式

在防卫过当的场合里，行为人对于防卫过当的结果所持的是什么样的主观心理态度呢？对此，各国刑法的立法例以及我国刑法理论界都有着不同的见解。

当前，世界各国刑事立法关于防卫过当的立法例，基本上有以下四种形式：第一种立法例是在刑法总则中规定防卫过当的概念及量刑的一般原则，并没有明确规定防卫过当的主观罪过形式，如日本刑法。第二种立法例是在刑法分则中明确规定防卫过当独立的罪名和量刑幅度，也没有明确指出防卫过当的主观罪过形式，如法国刑法典的规定即是。第三种立法例是在刑法总则中明确规定防卫过当的罪过形式和量刑的一般原则，如巴西刑法典第 21 条附款规定："行为人过失地超越合法防卫的限度，如果实施的行为应受过失罪惩罚的，应当负刑事责任。"第四种立法例是既在刑法总则中规定了防卫过当的一般概念，又在刑法分则中明确规定了具体的罪名和量刑幅度，认为不管是出于故意或过失，只要是防卫过当，就按该规定定罪处刑，如苏俄刑法典第 13 条第 2 款规定："防卫行为同侵害的性质和危害程度显然不相当的，就认为是超过正当防卫的限度。"同时，在分则第 105 条和第 111 条中，分别规定了防卫过当杀人、防卫过当重伤或伤害的罪名和量刑幅度。可见，防卫过当的罪过形式，由于不同国家的立法不同，而有较大差异。以上四种立法例，就立法技术的科学性而言，应推第四种立法例为佳。它集前三种立法例之长处，较好地处理了防卫过当的罪过形式和处罚原则及量刑幅度等问题，在实际执行中有一个具体统一的标准，从而防止了在防卫过当问题上定罪不准、量刑不当的弊端，是较为可取，值得借鉴和学习的。

我国刑法没有规定防卫过当的罪过形式，在认识上颇不一致。概括起来，有以下三种观点：

1. 故意说。认为不法侵害行为在任何情况下都是故意的行为。正当防卫人为了合法权益免受正在进行的不法侵害所采取的制止不法侵害的正当防卫行为也是故意的。防卫过当，是防卫人把自己的防卫行为发展下去，超过了必要限度，这也是故意的。所以，防卫过当的罪过形式只能是故意犯罪。表现为防卫人明知自己的防卫行为会超过正当防卫的必要限度，发生不应有的损害，并对此持希望或者放任的态度。因而，防卫过当可以由直接故意或间接故意构成①。

2. 过失说。认为防卫过当的罪过形式只能是过失。理由是，同正当防卫一样，在防卫过当的场合，防卫人的目的同样是为了保护合法权益。这一防卫目的决定了防卫过当只能构成过失犯罪，而不能构成故意犯罪②。在这一主张中，还有个别同志认为，防卫过当的主观罪过形式只能是疏忽大意的过失③。

3. 故意与过失并存说。认为"防卫过当的罪过形式，既存在故意（直接故意和间接故意）也存在过失（疏忽大意过失和过于自信过失），但不存在无罪过的情况。其中，疏忽大意过失犯罪的情况占绝大多数，过于自信过失犯罪的情况占少数，故意犯罪的情况只是极个别的。"④

4. 间接故意与过失并存说。认为防卫过当的罪过形式不可能是直接故意，而可能是间接故意和过失。并指出：防卫过当的罪过形式，大多数情况下是疏忽大意的过失；在极个别情况下，

---

① 江西省法学会：《法学论文选》，第 117~118 页。

② 《法学季刊》，1984 年第 3 期，第 24~25 页。

③ 《法学评论》，1984 年第 2 期，第 65 页。

④ 周国钧等：《正当防卫的理论与实践》，中国政法大学出版社，1988 年版，第 161 页。

可能是过于自信的过失①。

上述前三种观点虽然各有一定的道理，但都尚未能正确解决防卫过当的主观罪过形式问题。它们或是扩大了防卫过当的范围或是人为地缩小了防卫过当的范围，从而影响到正确认定防卫过当，正确定性量刑。

"故意说"认为在防卫过当中存在直接故意的罪过形式，这是欠妥的。因为我们在前面已经强调，正当防卫的成立，在主观上，防卫人必须是出于制止不法侵害，保护合法权益的目的。如果行为人不是出于这一防卫目的而是出于其他犯罪目的，那么，即使其行为符合正当防卫的客观条件，也不能够成立正当防卫。而在防卫过当中，防卫人仍只能以防卫为目的。因而，如果行为人在实施反击行为时，是出于故意犯罪的动机和目的，例如是为了报复教训不法侵害人，进而认识并追求反击行为可能导致的危害结果的发生，那么，其行为就欠缺了成立正当防卫所必需的主观条件，也就不是防卫行为，而是一般的故意犯罪。在这种情况下，怎么谈得上是防卫过当呢？况且在现实生活中，防卫过当大多数是由过失构成的，怎么能不顾客观存在的实际情况，片面地认为防卫过当只能是由故意犯罪构成的呢？

"过失说"抓住了司法实践中多数防卫过当案件的主观罪过形式的共同点。但却因此而忽视了在某些场合里，防卫人虽然认识到自己的行为可能会造成"过当"的危害结果，但由于追求防卫目的而对此持漠不关心、放任不管的心理态度，因而也有失片面。

从总体上看，"故意与过失并存说"是较符合司法实践中的防卫过当案件的处理情况的。但是，它认为在防卫过当中存在直接故意，如同在评论"故意说"时所指出的那样，这是不妥当

---

① 见陈兴良：《正当防卫论》，中国人民大学出版社，1987年版，第231~236页。

的。

我们赞同第四种观点，即"间接故意与过失并存说"。我们认为，在确定防卫过当的主观罪过时，必须把防卫的心理态度同刑法中的犯罪故意区分开来。刑法中的犯罪故意指行为人明知自己的行为会发生危害社会的结果，并希望或放任这种结果的发生。其中的"明知"包含着二层含义：一是预见行为会引起的结果，二是预见结果的社会危害性。只有第一层含义，不能构成犯罪故意。而在防卫过当中，同正当防卫一样，防卫人的目的仍是为了制止不法侵害保护合法权益。在这种心理支配之下，防卫人虽然预见到自己的行为会发生不法侵害人死、伤等结果，并且是持希望的态度，但是，防卫人一般并不认为防卫行为所造成的结果是危害社会的，相反，他们认为造成这种结果乃是有益于社会，是为了保护合法权益所必需的，即或是防卫人认识到行为可能会过当而造成不应有的损害，但他也不可能具有希望防卫行为发生危害社会结果的故意。也就是说，由防卫过当的防卫性，决定了防卫过当不可能由直接故意构成。防卫人在追求保护合法权益免受正在进行的不法侵害这一防卫的目的时，对于过当的危害结果，在主观上可能出现以下四种心理状态之一：

1. 防卫人认识到自己的行为会超过必要限度，给不法侵害人造成不应有的损害，但是，由于他正处于防卫的紧急状态中，为了追求达到防卫的目的而放任了这一结果的发生。也就是说，他在追求一个合法正当的目的的同时，导致了对可能出现的危害后果的放任态度。可见，防卫过当可能由间接故意构成。

2. 防卫人在实施防卫行为时，虽然预见了行为可能过当会带来的危害后果，但他却轻信自己在行为的过程中有能力把握住行为的强度，使其不超过必要限度，避免发生不应有的危害，结果却未能避免，从而导致了防卫过当的发生。这就是出于过于自信的过失的防卫过当。

3. 在实施防卫行为的当时当场的具体情况下，防卫人应当而且有条件能够预见到防卫行为过当的可能性，但由于在实施防卫行为时，为了达到防卫的效果而对此粗心大意，没有预见到，从而造成了防卫过当。防卫人对于过当的危害结果所持的心理态度就是疏忽大意的过失。

4. 在某些防卫的场合里，虽然防卫行为超过了必要的限度，造成了不应有的损害，但由于当时当地的客观条件的限制，防卫人根本无法预见到防卫行为可能超过必要限度，造成危害后果；或者他虽然预见到，但却无法避免结果的发生。那么，防卫人对于危害后果来说，主观上就不具有罪过。因而，不能认定其行为构成防卫过当。因为不应有的危害结果的发生，对于防卫人来说，只能是一种意外事件，防卫人对此不负刑事责任。

综上所述，防卫过当的主观罪过是防卫人对其行为造成不应有的危害后果所持的心理态度，它主要是出于过失，也可以出自间接故意，但不存在直接故意，如果是出于直接的故意而追求危害后果发生的话，纵使其行为符合防卫的客观诸条件，也不是防卫过当，而是一般的故意犯罪。

（二）防卫过当的定罪量刑

1. 防卫过当应负刑事责任的理由

在资产阶级刑法中，有些国家的刑法规定了防卫过当应当负刑事责任。其理由是：在正当防卫的场合，由于行为阻却违法，所以正当防卫不负刑事责任。而在防卫过当的场合，由于防卫人的行为超过了防卫的必要限度，造成了危害，因而，已由合法转变为非法，已经不能阻却违法，它对于不法侵害来说，是以不法对不法，故此应负刑事责任。但是，由于无限防卫权的思想的影响，也有某些国家的刑法中没有规定防卫过当的条款，如法国刑法典即是。

我们认为，防卫过当之所以要负刑事责任，就在于它同正当防卫有着本质的区别，已经具备了我国刑法中犯罪构成的要件。

正当防卫行为由于是排除犯罪性的行为，因而不具备犯罪的特征，缺乏犯罪的构成要件，因而，对正当防卫不能追究刑事责任。然而，防卫过当则与正当防卫不同。我们在论述防卫过当的特征时已指出，防卫过当同正当防卫有着本质的区别，这种区别表现为：

第一，防卫过当在客观上有明显超过防卫必要限度的行为，并造成重大损害结果，因而，它侵犯了我国刑法所保护的社会主义社会关系。不过，与一般犯罪不同的是，防卫过当所侵犯的是不法侵害者某些受法律保护的利益。诚然，为了同违法犯罪作斗争，法律允许公民在正当防卫的条件下对不法侵害人加以一定程度的损害，以示法律对不法侵害者的某些权益减少保护，目的在于使不法侵害者慑于法律的威力而不敢轻举妄动、胡作非为。但是，国家允许对不法侵害者实施防卫，并不是说对不法侵害人的一切权益都完全不予保护。而防卫过当，正是侵害了不法侵害人仍受法律保护的权利和利益，从而使防卫从对某种社会关系的合法保护，转变为对另一合法社会关系的侵害，也就使行为从有益于社会的正当防卫转化为危害社会的侵害行为了。由于防卫过当具有社会危害性，而且这种危害性已经触犯了刑法的有关规定，因而，也就成为了违犯刑法的行为。

第二，从防卫过当人的主观上看，他对防卫过当是有罪过的。也就是说，在实施防卫行为的场合，防卫人本来完全具备控制自己的行为在必要限度内行使，不给社会带来危害的能力和意志。但他由于放任自己的防卫行为或是对防卫过当的出现有过失的心理态度，以致防卫行为明显超过必要限度，造成重大损害。

防卫过当既然具有社会危害性，并违犯了刑法规定，具备了犯罪构成的主客观全部要件，就理应受到刑罚处罚，因而，我国刑法规定，防卫过当应当负刑事责任。但是，考虑到防卫过当的特殊情况，刑法在规定防卫过当应当负刑事责任的同时，又规定应当酌情减轻或者免除处罚。之所以对防卫过当要从宽处理，主要是：（1）由防卫行为的防卫性决定。如前所述，防卫过当的

770

成立，同样必须具备正当防卫的基础条件、时机条件、对象条件和主观条件。正是由于防卫过当的这一防卫性质，决定了防卫过当不同于一般的犯罪行为，其社会危害性和防卫者的主观罪过比一般犯罪要轻得多。(2) 由防卫情况的复杂性决定。我们知道，防卫者一般是在紧急的情况下开始防卫行为的。在这一过程中，情况千变万化、错综复杂，因此，在具体案件中，防卫人对不法侵害的性质、强度往往难于准确地予以判断。况且，不法侵害往往是有预谋的主动进攻的行为，而防卫者是被动的，是在不法侵害来临之际仓促进行防卫的，一般不可能从容地选择防卫的手段和工具，来不及准确判断不法侵害的强度。即使防卫者一开始就选择了恰当的工具，对不法侵害的强度也作了基本正确的判断，然而，在不法侵害正在进行的过程中，侵害的强度是会不断变化的，而防卫行为的强度也只能随之变化，因而，在实施防卫的过程中，防卫人也不可能完全自由地自始至终地准确把握防卫的强度。由于这样的原因，防卫行为也就很容易超过防卫的必要限度而造成不应有的损害。基于此原因，至少可以说，防卫过当的行为人在客观上有"情有可原"的一面。(3) 由我国刑罚的目的所决定。防卫过当是防卫者为保护合法权益、同违法犯罪行为作斗争的过程中发生的，虽然其防卫行为造成重大损害，但防卫者主观上并不追求这一结果的发生，而是由于追求防卫的目的而放任或过失地让这一结果发生，因而其主观恶性较小。既然防卫过当的社会危害性相对于不法侵害和一般犯罪来说要小得多，根据我国刑法中罪刑相适应的基本原则，对防卫过当人的量刑就应当从宽处理。

2. 防卫过当的定罪处刑

由于对防卫过当的主观罪过形式的理解不同，因而在防卫过当的定罪量刑上，司法实践的具体做法极不统一。在处理防卫过当造成死亡或重伤的案件时，有的将其定为"防卫过当致人死亡罪"或"防卫过当致人重伤罪"，有的定为故意伤害致死罪或故意伤害罪，有的定为故意杀人罪或故意伤害罪，也有的以过失杀人罪或过失重伤罪来定罪。而由于定性的不一致，也就造成了对防卫过当的处刑的轻重不一。这种现象，不利于社会主义法制的统一和尊严。

在刑法理论界，由于对防卫过当的主观罪过形式认识不一，在对防卫过当的定性量刑上，也有不同的意见。

由于防卫行为是以暴力的形式针对不法侵害人的人身实施的，因而防卫过当的案件，其所造成的危害后果，主要是致不法侵害人重伤或者死亡。但是，由于刑法并没有明确规定防卫过当致人死亡、重伤的具体罪名，并且因为对防卫过当的主观罪过形式存在着不同的理解，因而，就出现了在防卫过当定性问题上的多种做法和不同意见。根据对防卫过当主观罪过形式的分析，结合司法实践的具体情况，我们认为，在刑法未对防卫过当的规定进行修改补充之前，如果防卫过当造成了不法侵害人重伤或者死亡的结果时，可以根据防卫过当的行为人的不同心理态度，结合刑法第 20 条第 2 款的规定，分别以下几种情况定罪处刑：

（1）对于防卫过当造成不法侵害人死亡的案件。如果行为人对于死亡的结果已经预见到且持有放任的间接故意时，定为"故意杀人罪"；如果行为人只预见到可能造成重伤的危害后果且放任这一结果发生，但由于重伤而导致不法侵害人死亡的，定"故意伤害致人死亡罪"；如果行为人对于死亡的危害结果是由于过失而造成的，定"过失致人死亡罪"。

（2）对于防卫过当造成不法侵害人重伤的案件。如果防卫人对于重伤的结果有间接故意的罪过的，定为"故意伤害罪"；如果防卫人对于该重伤结果是出于过失的心理态度，则定为"过失重伤罪"。

我国刑法虽然对防卫过当规定了应当酌情减轻或免除处罚的两种选择性规定，但具体怎么"酌情"来从宽量刑，却没有明确规定。那么，如何解决这一问题呢？在刑法未作出明确的规定

772

之前，只能依据防卫过当的不同情况，根据所定罪名的相应条文的量刑幅度，依照刑法对防卫过当的立法精神，在该条款法定刑的最低刑期或刑种以下减轻处罚或者免除处罚。

当然，这种做法只是一种权宜之计，并不能彻底解决在防卫过当定罪量刑问题上的混乱状况。要从根本上解决这一问题，必须根据我国的实际情况，参考外国刑法的立法例，对防卫过当的罪名和量刑幅度在刑法分则中作出明确的规定。从国外立法例看，尽管各国对防卫过当的规定有所不同，但是，在有规定防卫过当的具体罪名和量刑幅度的刑法典中，如果把它和同一法典中的过失杀人、过失重伤的法定刑相比较，就不难看出，它们具有一个共同的特点：即其最高法定刑一般都是等于甚至略低于一般情节的过失杀人、过失重伤的最高法定刑。例如，《蒙古人民共和国刑法典》第72条规定："过失杀人和超过正当防卫限度杀人的，处5年以下剥夺自由。"第74条规定："过失重伤他人身体或者超过正当防卫的限度重伤他人身体的，处2年以下剥夺自由，或1年零6个月以下劳动改造。"又如《苏俄刑法典》有关条文规定，防卫过当杀人、致人重伤或伤害的最高法定刑略低于过失杀人罪、过失重伤或伤害罪的最高法定刑。借鉴上述立法例，在我国修改刑法时，应对防卫过当致人死亡或致人重伤作为具体罪名在刑法分则中加以规定，其量刑幅度最高法定刑可等于刑法第233条过失致人死亡罪与第235条过失致人重伤罪的最高法定刑；并可增设两个条文，分别置于过失致人死亡罪的条文和过失致人重伤罪的条文之后。具体条文可规定为："因超过正当防卫限度杀人的，处7年以下有期徒刑；情节较轻的处3年以下有期徒刑。""因超过正当防卫限度致人重伤的，处3年以下有期徒刑或者拘役。"

3. 处理防卫过当案件应注意的问题

（1）我们前面所论述的防卫过当，都是指简单的防卫过当，亦即由一个防卫人实行防卫行为而造成防卫过当的情形。但是，在司法实践中，经常出现有两人以上共同对同一不法侵害进行防卫，因超过必要限度而造成不应有的危害的情况，这就出现了复杂的防卫过当。其中，实行防卫行为的，既可能同是被侵害人，也可能同是非被侵害人的其他第三者，也可能既有受侵害者，也有非受侵害者。过当结果的发生，既可能是由一个人的行为造成，也可能是由多人的行为所造。那么，对于这种复杂的防卫过当，该如何追究防卫人的刑事责任呢？我们认为，根据案件的具体情况，如果查明危害结果的发生是由其中的某个防卫人的行为所致的话，那么，只有该人的行为同危害结果之间有因果关系，只能由该人负防卫过当的刑事责任，其他防卫人的行为均属正当防卫，不负防卫过当的刑事责任；如果查明不应有的危害结果是由数个防卫人的行为造成的，那么，每个防卫人的行为对防卫过当的危害结果，都存在因果关系，就应当根据各个防卫人的行为同危害结果之间的因果关系来分别确定他们应负的刑事责任。但是，如果在当时的具体情况下，无法查明防卫过当的结果是由谁的行为所致，那么，又该怎样来确定防卫过当的刑事责任由哪些防卫人负责呢？对此，日本刑法第 207 条"同时伤害的特例"中规定："二人以上施加暴力致他人受到伤害，在不能辨认所加伤害的轻重或不能辨认是何人所为时，虽非共犯也应依共犯的规定处断。"这一规定可以作为我们解决上述问题时参考。

（2）在司法实践中，还经常存在这种做法，即防卫行为构成防卫过当时，司法机关往往只追究防卫过当的行为人的刑事责任，而把不法侵害人看作受害者，对其不法侵害行为不加处理。这种做法是不妥的。不能因为防卫过当的发生就忽视了不法侵害人应负的法律责任。因为尽管防卫人的防卫行为过当，也不能改变不法侵害人之不法侵害行为的违法性和现实危害性。不法侵害人也不会因防卫过当的发生就丧失其为不法侵害行为主体的身份。因此，在防卫过当的场合里，除了对防卫过当的行为人应依法追究刑事责任外，对不法侵害人，也应根据其所实施的不法侵害行为，依法追究其应负的法律责任。

（3）在处理防卫过当案件时，应根据主客观相一致的原则，决不能因为客观上防卫行为造成了严重的后果就追究防卫人的刑事责任，而应当分析研究防卫行为与危害结果之间有无因果关系，防卫人主观上有无罪过。只有在行为与结果之间具有因果关系，行为人主观上又有罪过的条件下，才能追究该防卫过当人的刑事责任。否则，防卫人不负刑事责任。

（4）在外国刑法对防卫过当的规定中，经常有防卫过当如果是由于防卫人的惶惑、恐怖、激奋等原因所致，则不予处罚的规定。如联邦德国刑法第 33 条规定："行为人由于惶惑、恐怖、惊愕，致逾正当防卫之限度者，不罚。"瑞士刑法第 33 条第 2 款规定："……因过于激奋或惊惶失措而防卫过当者不罚。"这样的规定有其合理之处，这就是考虑到防卫人在突然遇到紧迫的现实的不法侵害行为的严重威胁时，由于精神上毫无准备往往会因受到突然刺激而惶惑、惊恐或惊慌失措，并因而导致其发生一定程度的精神障碍，使其控制自身行为的意志力出现减弱或消退的现象。在这种精神状态下实施防卫行为，防卫人对于防卫行为的强度和后果往往是无法把握的，其对于不法侵害的性质和危害程度的认识也是不会准确的，因而，防卫行为超过防卫的必要限度形成防卫过当，也就在所难免。在这种情况下，防卫过当既然事出有因，情有可原，所以应当不予处罚。我国刑法在修改时，不妨参考这些立法例，补充规定有关的内容，使对防卫过当的立法更趋完善化，同时，司法实践中在处理防卫过当的案件时，也应当把防卫过当人在实施防卫行为时所产生的精神状态作为量刑的酌定情节之一。

第十一章　紧急避险

　　紧急避险，同正当防卫一样，是我国刑法明文规定的排除犯罪性的行为之一，紧急避险制度，也是当今世界各国刑事立法上的一个制度。在外国刑法中，紧急避险又称紧急避难，有的刑法理论还称之为"救护急难的行为"。

　　作为一项法律制度，紧急避险是随着人类文明的发展和社会的进化，伴随着私有制、阶级、国家与法律的出现而逐渐产生、演变和发展起来的，最后，成为当代刑事立法中的一项完整的法律制度。而且，由于各国的法律文化传统以及国家性质的不同，在紧急避险的立法和理论上，也存在着或多或少的差异。立足于我国刑法中的紧急避险制度和司法实践，参考外国刑法中有关规定和理论，对紧急避险进行系统的、比较的研究，对于进一步认识紧急避险的实质内容，完善我国紧急避险制度的立法，确保在司法实践中正确认定紧急避险，鼓励和支持人民群众善于运用法律所赋予的合法权利，将具有十分重要的意义。

第一节　紧急避险的概念

一、紧急避险的定义

　　《中华人民共和国刑法》第 21 条第 1 款规定："为了使国家、公共利益、本人或者他人的人身、财产和其他权利免受正在发生的危险，不得已采取的紧急避险行为，造成损害的，不负刑事责任。"这是我国刑法对紧急避险制度的立法规定。这一规定，对紧急避险的主要特征或者说主要条件作了明确的规定，但不是紧

776

急避险的明确定义。那么，什么是紧急避险呢？对此，我国刑法理论有着不同的看法。

较为普遍的观点认为，紧急避险是为了使国家公共利益、本人或者他人的人身和其他权利免受正在发生的危险，不得已而采取的损害另一个较小合法利益的行为①。

另一种意见认为，"紧急避险是指行为人在遇到某种危险的情况下，为了防止国家公共利益、本人或者他人的合法权益遭受损害，不得已而采取的侵犯法律所保护的公共利益的行为。例如，为了避免匪徒的侵袭，而破坏他人的门户，逃入避险；为了防止火灾蔓延，而拆除火区周围的部分建筑物等等，都属于紧急避险行为。"②

还有一种意见认为，刑法第21条第1款的规定就是紧急避险的定义，即紧急避险是"为了使国家公共利益、本人或者他人的人身和其他权利免受正在发生的危险，不得已采取的紧急避险的行为。"

我们认为，上述三种定义中，第二种定义虽然指出了紧急避险的性质、特征，但对其限度要求却没有明确叙述；而第三种定义则犯了逻辑上概念重复的错误，即紧急避险是……紧急避险行为。相比之下，第一种定义是较为规范和科学的，它既叙述了紧急避险行为的起因、实质内容，又明确提出避险限度的要求等，揭示了研究对象的本质特征，所以我们同意这一定义。

在外国刑法中，也普遍对紧急避险作了明确的规定。如日本刑法第37条第1款规定："对于因避免自己或他人生命、身体、自由或财产的现实危险，而出于不得已的行为，如果由其行为所

---

① 高铭暄主编：《中国刑法学》，中国人民大学出版社，1989年版，第155~156页。

② 杨春洗主编：《刑法总论》，北京大学出版社，1981年版，第175页。

产生的危害，不超过其所欲避免的危害限度时，不处罚。但超过限度的行为，根据情节，可以减轻或免除其刑罚。联邦德国刑法第 34 条规定："为避免自己或他人的生命、身体、自由、名誉、财产或其他法益现所遭遇无他法可以避免之危难，所为之行为，非属违法，但须衡量有关之对立法益及危害程度之轻重，所保全之法益应显然重于牺牲之法益，且以其行为系避难之适当方法为限，始适用本规定。"又如苏俄刑法典第 13 条规定："某种行为的实施，是为了排除在当时的情况下，不能用其他方法避免的危难，如果这种行为所造成的损害，比所要预防的损害轻的时候，也不应当适用社会保卫方法。"在当今世界各国的刑法典中，几乎都有关于紧急避险的规定。

二、紧急避险的实质

各国刑事立法都对紧急避险作了规定，并明定其不为罪或不负刑事责任。但由于各国统治阶级的性质不同，指导思想的差异而有不同的认识。即使是同类性质的国家，对此也有不同的观点。就资产阶级的刑法理论来说，它们对紧急避险的实质就有着几种见解：

（一）客观说，又称公平说或人情说。认为紧急避险与正当防卫作为权利行为，两者在性质上是不同的。因为在紧急危难的状态下，当事者双方的法益，既然不能两全，而法律对于双方法益，又不能同时予以保护，则法律只有采取放任一途，听任当事人自行解决。并且指出，人们遇到危险就想避免，这是人之常情，所以刑法上对紧急避难不予处罚，乃是考虑人情的弱点，特别放任之而不追究其行为，并不是说其行为是合法的行为。这正如中国古话所说的："人情莫不厚于爱己，薄于爱人。"因此，法律对于避难行为，既不加以保护，也不加以禁止，从而避难行为，既非违法，也非合法，而是介于违法与合法之间的一种行为，所以，持这种观点的学者又将紧急避难称之为放任行为。我

778

们认为，这种观点是不能成立的。法律既然明定紧急避险不为罪或不罚，就表明它是法律赋予公民的一项权利，当然应视为合法行为。"客观说"实际上是资产阶级自私自利、损人利己的道德观在紧急避险问题上的直接表现。

（二）主观说，又称意思丧失说。认为在紧急状态下，行为人因突发的危难，迫于眉睫，已经丧失自由意思，在其实施为避免自己或他人的危险，而牺牲无辜第三者利益的行为时，实非基于意思的活动，与无意思的行为并无差异，所以不应加以处罚。这种观点是荒谬的。我们仅从实际情况考察，就绝大多数的紧急避难而言，行为者并未因危险而丧失其意思的自由，对于危险的认识，对于避难行为的方式、手段、结果等的选择，仍是由行为人的主观意志支配的。退一步说，即使有因遇难而致丧失意思自由的情况存在，行为人在这种状态下所实施的行为，已经属于无意思支配的动作，当属于非刑法上的行为，自然不能构成犯罪。如果是这样，法律也无须再规定紧急避难了。

（三）权利行为说。认为在紧急危险之际，自救或救护他人，乃是权利的行使，与正当防卫行为并无差异，所以不应加以处罚。我们认为，这种观点明确指出紧急避难是公民的一种合法权利，有其合理之处。但是，对于紧急避难为什么是一种权利行为？在其背后所隐藏的实质是什么？这一学说却没有加以说明。

（四）利益量定说。认为双方利益相互冲突，不能两全之时，利益小者不可不为利益大者牺牲，以保全较大的利益，这是世间的惯例。基于这一原则，持这一学说的学者们指出：紧急避难行为是合法行为，行为者因避免自己利益的危难（紧急状态），对于他人的利益（在不超过自己利益的限度内）有侵害的权利。这种权利就是紧急避难权。按照这一观点，受害者对紧急避难行为不得主张防卫的权利，只能因之再实行紧急避难行为而已。这一学说，明确提出紧急避难是一种在紧急危险的状态下，以权衡两种利益大小为前提而实行的合法行为，且指出避难行为

779

所损害的利益不得大于所要保护的利益，这是正确的见解。然而，对于紧急避难行为为什么是合法行为，这种学说也未能作出科学的解释。

在日本刑法理论中，关于紧急避难不罚的根据，学者们也是见解各异，大致可以分为违法性阻却说、责任阻却说、差别说三种。违法性阻却说认为，从日本刑法第27条第1项的紧急避难规定看，法律承认为他人法益而进行的紧急避难，并且把法益的均衡作为紧急避难成立的要件。从这些规定可以看出，紧急避难本是违法行为，但由于法律规定其为违法阻却的行为之一，而使其成为合法行为。这一学说在日本刑法中是通说。责任阻却说认为紧急避难是侵害了第三者的法益，固然是违法的，但由于难以期待行为人能采取其他方法，所以阻却责任。差别说认为紧急避难有阻却违法和阻却责任的情况，并具体划分了实际中存在阻却违法性或阻却责任的若干种情形。

上述学说，虽然企图对紧急避险不罚的实质进行解释，但都没有能够正确认识紧急避险的实质。这是与资产阶级法律的虚伪性与欺骗性相一致的，因为他们不敢承认资产阶级刑法中的紧急避险是为资产阶级利益服务的，是维护和巩固资产阶级统治秩序的工具。

我国是社会主义国家，我国法律是人民意志的集中体现，是人民民主专政的重要工具。作为法律制度之一的紧急避险，同其他法律制度一样，都是为了维护和巩固人民民主专政，促进社会主义建设，服务于广大人民群众的根本利益的。我国刑法之所以规定紧急避险并视其为排除犯罪性行为之一，就在于紧急避险行为所用的手段虽然也损害了受法律保护的某种权益，但却是旨在保护较之更为重大的公共利益或公民个人合法权益的活动。正如苏联刑法学者多马欣所说："对紧急避难状态下实施的行为作评价时，应当从行为对整个社会的（而不仅仅从它对个别人的）危害或利益出发。当然，在紧急避难状态下所实施的行为，对蒙受直接损失的个人来说，是有害的，但是这种行为对整个社会来说，是不会有危险和损害的，因为它保护了更重要的权益。"①

众所周知，紧急避险行为，通常是在发生危险之时，两种合法的权益发生冲突，但只能保存一个合法权益的状态下实施的。在这种情况下，法律允许行为人保护较大的利益而牺牲较小的利益。

从客观上看，紧急避险行为虽然会对社会带来一定的损害，但是，它的最终结果却是保护了某种更大的合法利益，因而，它实际上是一种对社会有益的行为。从主观方面看，行为人实施紧急避险行为，是在迫不得已的情况下，为了保护更大的利益而不得不损害较小的利益，其目的是正当的。也就是说，行为人在主观上不存在犯罪的故意和过失。因此，从社会整体上看，紧急避险的行为同正当防卫一样，是有益于社会的合法行为，不仅不应该承担刑事责任，而且应当受到鼓励和支持。

第二节　成立紧急避险的条件

在我国，权利与义务是相一致的，紧急避险是我国法律赋予公民的一项权利，但这种权利不是公民可以随时随地、毫无限制地使用的，它只能在某种紧急状态下，为保护合法权益，采用恰当的方法实施，并将损害后果控制在适当的范围内。因此，如同正当防卫一样，我国法律对实施紧急避险的条件作了明确规定。

我国刑法理论对于实施紧急避险的条件，大致上有三种观点：

（一）"三要件说"。这是我国刑法理论传统的观点。认为成立紧急避险，必须符合下列三个条件：1. 必须是合法的权益受

---

① 多马欣：《苏维埃刑法中的紧急避难》，法律出版社，1956年版，第5~6页。

到正在发生的危险的威胁。首先，这种危险的存在是真实的，不是想象或推测的。其次，从时间上看，正在发生的危险必须是迫在眉睫，对法律所保护的权益直接发生了威胁，也只能在这时候才能实行紧急避险。对尚未到来或者已经过去的危险，都不能实行紧急避险。2. 必须是没有其他方法可以避免危险时，才能允许紧急避险，亦即只有刑法第 21 条所规定的"不得已采取的紧急避险行为"，才是合法的。3. 紧急避险的行为不能超过必要的限度而造成不应有的损害，限度的标准应是：紧急避险行为所引起的损害应小于所避免的损害①。

（二）"四要件说"。认为根据刑法第 21 条的规定，紧急避险的成立，必须具备以下四个条件：1. 必须是在遇到危险的紧急情况下，为了避免公共利益、本人或者他人的人身和其他权利遭受损害，才能实行紧急避险。2. 必须是正在发生的危险。这是实行紧急避险的事实根据。3. 必须是在迫不得已的情况下，才允许紧急避险。4. 紧急避险所造成的损害必须小于所避免的损害，因为紧急避险是通过损害一个合法利益来保护另一个合法利益，因此，法律要求避险所造成的损害，既不能大于也不能等于所要保护的利益，只有所损害的利益小于所要保护的利益，才能认为是合法的②。

（三）"二类要件说"，亦称"五要件说"。把成立紧急避险的条件分为前提条件和合法性条件两大类，每类又各含几个条件。1. 紧急避险成立的前提条件是：（1）必须是合法利益受到危险的威胁；（2）必须是正在发生的危险。2. 实施避险行为的合法性条件是：（1）避险行为必须是为了使合法利益避免正在

① 见高铭暄主编：《刑法学》，法律出版社，1982 年版，第 169~170 页。

② 林准主编：《中国刑法讲义》（上册），全国法院干部业余法律大学印，1986 年，第 104~105 页。

782

发生的危险而实施; (2) 必须是危险不能用其他方法来避免;
(3) 避险行为不能超过必要的限度造成不应有的损害①。

我们认为，上述三种观点基本上是正确的，但都未能全面、详细地论述紧急避险所必备的全部条件，并且某些提法还值得商榷。

紧急避险虽然同正当防卫一样，都是排除犯罪性行为的一种，但是，由于它是采用损害某种合法利益的方法来保护一种合法利益免受危险的损害，法律对于它的限制更加严格，因而，成立紧急避险的条件，要比成立正当防卫的条件严格得多。根据刑法第 21 条的规定和司法实践，我们认为，紧急避险必须具备以下七种条件才能成立：即起因条件、时机条件、主观条件、对象条件、主体限制条件、方法限制条件以及限度条件。

一、紧急避险的起因条件——现实的危险存在

前面我们谈到，紧急避险与正当防卫一样，只是一种在紧急状态下才产生的权利，如果没有紧急状态的存在，这种权利就只能是可能的期待的权利。只有在某种紧急状态实际发生时，它才能转成为现实的权利，并通过公民实施的避险行为而予以实现。因此，现实的紧急状态是实施避险行为的起因和基础。紧急避险中的紧急状态，就是指客观上有现实危险的存在。

紧急避险中的危险，是指公共利益、公民的人身和其他权利所实际面临的危险，即法律所保护的利益可能立即遭受损害和危害的一种事实状态。公民只有在存在这样一种状态时，才能实施紧急避险。紧急避险中的危险，必须是客观真实的，而不是想象或推测的。这种现实存在的危险使行为人认识到，如果不实行紧急避险，某种合法权益就会遭受危险的损害，从而促使行为人采

---

① 高铭暄主编：《中国刑法学》，中国人民大学出版社，1989 年版，第 156~159 页。

取避险行为，避免损害结果的发生。

现实的危险的来源比起正当防卫中的不法侵害来说，范围要广得多。按照各种危险来源的不同，可以将其分为以下几种：

（一）来自大自然自发力量的危险。自然界发生的自发力量，往往会给人类带来巨大的损失。如山崩、海啸、水灾、天灾、风暴、地震等种种自然灾害，都能给合法权益带来危害。在自然灾害正在发生之际，为保护重大的合法利益免受损失，采取紧急避险行为，完全是正当的。如轮船在海上航行时，骤遇风暴袭击，轮船载重，面临着沉没的危险。在此紧要关头，船长下令将轮船所装载的货物抛入海里，以减轻轮船重量，使轮船得以安全脱险。船长的这种行为，就是一种紧急避险行为。

（二）来自人的侵害行动的危险。既包括有责任能力人的不法行为，也包括无责任能力人的侵害行为。各种违法犯罪行为，都会使某种合法权益处于危险的状态，在别无他法可以避免的情况下，采取紧急避险是适宜的。不但对正在发生的违法犯罪行为可以实行紧急避险，对于无责任能力人、未成年人及普通人在事实错误的影响下所实施的侵害行为，也应当认为是紧急避险状态的危险来源，可以实行紧急避险。

"人的行动即使是适法行为也可以，然而有忍受侵害的义务时则不允许。例如，受刑罚的执行时，因为有忍受义务，对之不能紧急避险。"①

（三）来自人的生理、病理原因所引起的危险。例如，由于饥饿、疾病、口渴等原因使生命受到严重的威胁，在这种紧急状态下，可以实施紧急避险。例如，为了抢救重危病人，强行拦阻过往汽车将病人送往医院。又如，徒步旅行者在大沙漠里迷路，随身所带的粮、水都已用完，饥渴难当，此时，发现前面有一帐篷，里面有粮食和饮用水，进去不但吃饱喝足，而且还带上一些离开，对此，就不能认为是偷盗行为，而应当看作是紧急避险行

---

① ［日］山中敬一著：《刑法总论》I，成文堂1999年版，第490页。

为。

（四）来自动物袭击的危险。紧急避险中的危险，有不少是来自动物的侵袭，如野兽的追噬，恶狗的扑咬，等等。由于动物的侵袭，使某种合法权益处于危险的紧急状态，为保全这一利益，实施紧急避险是应当的。"但如果动物的侵袭是动物所有人利用动物作为侵害的工具所造成的，防卫人为了自己的利益而将侵袭的动物杀死，则是正当防卫，因为在这种情况下，侵害是来自人的不法行为，损害的是不法侵害人的利益。"①

综上所述，紧急避险中危险的来源是多方面的，只要存在上述原因引起的危险，即可实行紧急避险。

此外，与存在现实的危险这一起因条件相关的一些问题也值得研究。这些问题是：

1. 假想的避险。假想的避险是指客观上并没有现实的危险存在，但行为人由于对客观事实认识的错误，而误以为有这种危险存在，因而实施了"避险行为"，给某种合法权益带来了危害。假想避险在现实生活中有两种情形：一是把本来不存在的危险错误地认为存在着，二是把合法行为误以为是不法行为，从而认为会带来危险。

对于假想避险，由于不存在实行紧急避险的基础条件——现实危险的存在，因而不能成立紧急避险。对于假想避险中行为人的责任，应当按照刑法中事实认识错误的处理原则解决。

2. 自招危险。所谓自招危险，是指危险是由行为人自身的行为引起的。对于此种危险，能否实行紧急避险，国外刑法理论有两种观点：一种观点认为，由于危险是行为人自身行动所招致的，他就不能因此而去损害另一无辜的利益，因而不能实行紧急避险。另一种观点认为，在这种场合可以实行紧急避险。

---

① 高铭暄主编：《中国刑法学》，中国人民大学出版社，1989年版，第156页。

我们认为，在一般情况下，实施紧急避险，是以存在现实的急迫的危险为前提，至于导致危险发生的原因，则不是成立紧急避险的条件，因此，在自招危险的场合，如果行为人是出于无意间的行为或过失行为导致危险的发生，一般应当允许实施紧急避险。但是，如果行为人是出于某种非法目的，故意地实施某种行为而引起危险发生，并以此为借口实行"避险"行为以实现其非法目的的，不能成立紧急避险，对其行为所造成的损害应当依法追究其故意犯罪的责任。

3."连锁避险"。外国刑法理论中，有一种观点认为，甲对乙实行紧急避险，乙可以因此对丙实施紧急避险，并以此类推，直至危险消失。我们认为，这种观点是合理的，因为紧急避险虽为合法行为，但其毕竟会损害无辜第三者的利益。而作为第三者，他自然不能对合法的避险行为实施防卫行为，但并无义务承受因他人的避险行为所造成的自身权益的损害。在这种情况下，他为保护自身的权益不受损害，转而对他人实施紧急避险，应认为是正当合法的。

二、紧急避险的时机条件——危险正在发生

根据我国刑法第 21 条的规定，只有危险正在发生时，才能实施紧急避险行为，这是我国刑法为成立紧急避险所设立的时机条件。

所谓危险正在发生，是指合法权益所面临的危险已经开始出现，危险迫在眉睫，对法律所保护的权益已经直接发生了威胁。

如果把危险分为危险的出现、危险的持续、危险的结束三个阶段的话，那么，危险正在发生就是指从危险的出现到危险结束以前这样一个时间过程。只有在这个过程里，才能实施紧急避险。可见，危险的出现与危险的结束这两个时刻的确定，是认定避险行为是符合时机条件的关键。

危险的出现，是指这样一种状态，即由于某一危害事实的发

生，合法权益即将或者已经受到损害，如果这时不实行紧急避险，合法权益就必然遭受损害或造成更大的损害。如山洪爆发，洪水已经逼近，某重要粮食仓库即将受淹，在这关键时刻，组织人力将洪水引向附近的低洼农田，结果保住了粮仓，但农田受灾。此避险行为就完全符合紧急避险的时机条件。

危险的结束，是指这样一种状态，即实施不实施紧急避险，都对受危险损害的合法权益不起作用。实施了避险行为，不能保全合法权益，不实施避险行为，也不会使合法权益再遭损害或造成更大的损害。所以，危险结束后再实行避险行为，就不符合紧急避险的时机条件，不能成立紧急避险。具体说，危险的结束在实践中一般表现为：

1. 由于危险的发生，合法权益已经遭受损害，危险已经成为过去，权益的损害已经无法避免或无法挽回。如大火已经将仓库的一切物品都烧毁殆尽，重大损失已经造成，大火已经熄灭。

2. 由于某种原因，危险已经消灭，不复存在。如动物在对人袭击时，因受惊吓，已经逃逸；不法行为的实施者自动中止不法侵害等等，已使危险自行消失。

3. 由于避险行为人或其他人的努力，危险已经消失。如火灾已经为消防队扑灭；被野兽追而逃避的行人，已经摆脱了野兽的追袭；不法侵害人已经被群众所制服等等。

综上所述，避险行为只有在危险正在发生时实施，才是正当合法的。若是对尚未到来或者已经过去的危险实行避险行为，则因不具备时机条件而不能成立紧急避险。

紧急避险的"紧急"之意，就是指危险正在发生，如果不存在这种紧急状态，则避险也就无从谈起。若在无紧急状态的情况下实施"避险"行为，那就是"避险不适时"。"避险不适时"，是指在危险不是正在发生时候，实行"避险行为"。它主要有三种情形：（1）危险尚未出现，行为人就实施"避险行为"，我们称之为"提前避险"。（2）危险已经过去，损害已经造成，再在此时实施"避险"行为，此为"拖后避险"。（3）"延迟避险"是指行为人在危险到来时开始实施避险行为，而且其避险行为已经使其所要保护的合法权益免受损害，危险已经过去。但是由于行为人主观上错误地认为危险仍然存在，因而继续实施避险行为，对无辜的第三者造成了不应有的损害。

"提前避险"和"拖后避险"，由于其不具备紧急避险的时机条件，故不能成立紧急避险。行为人对其行为所造成的合法权益的损害，应当承担刑事责任。对于"延迟避险"，有的学者认为是"避险过当"，这是错误的。因为在危险已经过去的情况下，行为人还误认为危险仍然存在，从而才会造成不应有的损害。其行为不是超过了紧急避险的限度，而是欠缺紧急避险的时机条件，因而不能成立紧急避险，更谈不上避险过当了。实际上，行为人是由于对事实的认识错误而导致不应有损害发生的，因而，对于其责任，应当按照刑法上的事实认识错误的处理原则解决。

三、紧急避险的主观条件——必须是为了使合法权利免受正在发生的危险

从我国刑法第 21 条第 1 款规定来看，公民必须是为了保护国家、公共利益、本人或他人的人身、财产权利或其他权利免受正在发生的危险，不得已而实施紧急避险。这一规定把紧急避险的主观因素摆在重要位置，作为成立紧急避险的重要条件之一，同时，也是紧急避险排除犯罪性，不负刑事责任的主观根据。然而，长期以来，我国有些刑法论著在阐述成立紧急避险的必要条件时，往往忽视了紧急避险的主观条件，只强调了紧急避险的客观条件，仅提出了避险行为的客观有益性，因此，深入地分析紧急避险的主观条件是非常必要的。

我们认为，避险的意图（亦即紧急避险的主观条件），对认定紧急避险的成立有着不可低估的意义。立法者之所以视紧急避险为排除犯罪性的行为之一，不仅因为其客观上保护了重大的社

会利益，而且在于行为人在主观上也符合统治阶级的需要。正如任何犯罪不仅表现为客观上的有害行为，而且主观上还需要罪过的道理是完全相同的。因此，在认定紧急避险时，应当把避险的主观意图作为一个重要的条件予以考虑。不符合紧急避险的主观条件的行为，不能认为是紧急避险。

（一）紧急避险主观条件的概念及其内容

紧急避险的主观条件，亦即避险意图，是指避险人在实施避险行为时对其行为以及行为的后果所应具有的心理态度。这种心理态度从刑法意义上讲，应当包含着两个方面的内容，即避险的认识和避险的目的。

1. 避险认识，是指避险行为人在面临着正在发生的危险时，对该危险诸多事实因素的认识。作为避险认识，应当包括以下基本内容：

（1）避险人必须认识到正在发生的危险存在，并已至实施紧急避险的适当时机。也就是说，不仅必须认识到危险的真实存在，而且必须认识到危险的开始和结束的时刻，从而才有可能把自己的避险行为约束在紧急避险时机限度内。

（2）避险行为人必须认识到某种重大合法权益已经受到正在发生的危险所威胁，以及危险的来源。在此基础上产生避险的意思，形成避险的目的。并且行为人还必须认识到避险行为所指向的对象。

（3）避险行为人还必须根据正在发生的危险的急迫程度以及自己所处的客观环境的条件，认识到不可能有其他方法避免危险对合法权益的危害，从而出于迫不得已的心理去实施避险行为。

（4）行为人还必须认识到受危险威胁而需要保护的合法权益的性质，在此基础上确定为避险所必须牺牲的其他合法权益的性质，并认识到只有牺牲这一法益，才能保全正受危险威胁的利益。

（5）避险人对自己避险行为的强度，所应使用的手段，将会造成的后果应当有一个大致的认识，从而将自己的避险行为控制在牺牲较少的利益，保护了较重大的利益，不会造成不应有的损害的范围内。

避险人在上述认识的基础上，就会产生避险动机。所谓避险动机，就是避险人在避险认识的基础上，促使其实施避险行为的内心起因。从实际情况看，避险动机是多种多样的，如避险人因突然而来的危险刺激而引起的激愤、恐惧等本能反应，或者出于高度的责任感等等。正是在这些动机的驱使下，避险人产生避险目的，并进而实施避险行为。但是，避险的动机并不是紧急避险的主观条件所必备的内容，它只是决定着避险目的的强弱，不能左右紧急避险的成立。

3. 避险目的，是指避险行为人在避险认识的基础上，由于避险动机驱使，实施避险行为所希望达到有益结果的内心愿望。即行为人实施避险行为的目的在于使合法权益免受正在发生的危险的危害。避险目的可以分为两个层次：第一层次是避险的直接目的，即避险行为是为了避免正在发生的危险；第二层次是避险的根本目的，即通过避免正在发生的危险，保护国家公共利益和公民个人的合法权利。下面具体分析：

（1）避险的直接目的。当急迫的危险到来之际，行为人首先面临的是应如何避免危险。在别无他法的情况下，只能采取损害另一个合法利益的途径来达到避免危险的目的。从这种意义上说，行为人为了避免正在发生的危险，是故意地实施了损害无辜的他种合法利益的行为。但是，由于避险的根本目的的存在，决定了这种故意不是刑法意义上的犯罪故意，而只能对其从心理学上的故意来认识。

（2）避险的根本目的，是为了保护国家公共利益和公民的合法权益。为避免危险而故意地损害他种法益，最终是为了保全正在受到危险威胁或危害的重大法益。由于这一根本目的的存在，也就使紧急避险对他种法益的损害成为正当合法的行为。可

790

以说，行为人在实施紧急避险行为时，认识到自己避免危险的行为，会损害别的合法权益，但在不得已的情况下，他为了保护已经受到正在发生的危险威胁的较为重大的权益的安全，又必须实施这种避险行为。虽然其行为结果导致了较小的合法权益的损害，但却保护了较为重大的合法权益，从根本意义上说，行为人的行为是有益的，正因为如此，其主观意图也就是正当合法的了。

避险的直接目的对于根本目的来说，只是一种手段，而根本目的则是直接目的欲达到的最终结果。这就是说，损害某种较小的权益来避免危险是为了保护较为重大的合法权益。而这一重大合法权益得以保护又有赖于较小权益的损害而避免危险。二者是相辅相成，密不可分的有机统一体，共同构成完整的紧急避险目的。

综上所述，避险认识与避险目的，是避险意图的主要内容。而避险人的避险意图又是成立紧急避险不可或缺的要件。

（二）缺乏紧急避险主观条件的行为及其处理

所谓缺乏紧急避险主观条件的行为，是指行为人没有避免某种合法权益遭受危害的目的，而其行为却在客观上避免了某种合法权益遭受危害。这种行为在表面上看符合紧急避险的客观要件，但因行为人不具备紧急避险的主观意图，所以不成立紧急避险的行为。在司法实践中，这类行为主要有以下两种：

1. 避险挑拨行为。指行为人不是出于避险的目的，而是出于侵害的意图，故意引起某种危险的发生，然后以"紧急避险"为借口而对他人加以侵害的行为。例如，庞某与熊某都是饮食个体户，两人的摊档相邻，平日因争抢生意而不和，庞因而想教训熊。一日，住在附近的精神病患者黄某手持木棍从家中逃出，来到庞某、熊某的摊档前。庞某即走到黄某的面前，以语言、动作刺激黄某，致黄某病状急发，手舞木棍欲打庞某，庞某趁此机会躲进熊某的摊档里，黄某见状，即追入熊之摊档，挥舞木棍乱扫乱打，将熊某摊档上的炊具、盘碗、桌椅等物件毁坏殆尽。庞某的行为就不能认为是紧急避险。因为他是有意要对熊某进行报复，利用黄某是精神病人，无辨认和控制行为的能力，故意挑逗黄某引起危险，再将危险（黄某手持木棍乱打）转嫁到熊某身上，从而达到其报复的目的。可见，庞某主观上不具备避险的意图，他的行为实质上是利用无责任能力人作为"工具"，实施对熊某的侵害，应当以"间接正犯"对待，按照刑法第156条的规定，以故意毁坏公私财物罪论处，并应赔偿熊某的经济损失。

但是，如果实际情况表明行为人并不是故意引起危险的发生，不是想借紧急避险之名而对他人法益实行侵害，而是由于自己无意的行为引起危险的发生，那么，就不能认为其无意的行动是避险挑拨，应当允许其进行紧急避险。

2. 各以侵害对方的故意而相互侵害的场合，不能实行紧急避险。如甲、乙二人在饭馆里斗殴，乙为了抵挡甲，损坏了店主的电视机，由于甲、乙两人是故意的互为不法侵害，乙的主观上根本就不存在避险的意图，而是为了斗殴而损害他人的财物，所以乙的行为不是紧急避险，其应当赔偿店主的经济损失，并应对其追究法律责任。

四、紧急避险的对象条件——避险行为只能对第三者合法权益实施

紧急避险是为了避免正在发生的危险，以保护合法权益。而其保护合法权益免受正在发生的危险所采取的途径，是通过对另一合法权益的损害来实现的，因此，避险行为只能对第三者的合法权益实施。在这一点上，紧急避险与正当防卫有着很大差别。正当防卫是通过反击，抵制不法侵害人来达到防卫的目的，防卫行为始终是针对不法侵害人进行。紧急避险却不是针对危险的来源实施，而是当危险正在发生的情况下，把避险行为指向其他合法权益，通过对他种合法权益的损害来保全正受危险威胁的合法

792

权益。如果行为人是针对危险的来源来实施对抗行为，例如，是针对实施不法侵害的行为人进行反击，那就不是紧急避险而是正当防卫了。

（一）第三者合法利益的范围

紧急避险行为所侵害的第三者的合法利益，既可以是公共利益，也可以是公民的合法权利，包括财产权利、人身权利等。为了有别于避险行为所要保全的合法权益，我们将其称之为第三者合法利益。这类合法利益具有如下特征：1. 第三者的合法利益，是正当合法，受到法律保护的权益。这就是说，在法律意义上，它与紧急避险所保全的合法权益的性质是一样的，都属于法律上确认并受法律保护的利益。2. 就每一具体的紧急避险场合而言，被损害的第三者合法利益相对于所保全的合法利益来说，则是较为微小和次要的权益。3. 为了保全较重大的合法利益免受正在发生的危险，法律允许将较次要的利益作为避险行为的牺牲品，通过对这种合法利益的损害，达到重大合法利益保全的目的。4. 第三者合法利益的被损害，是迫不得已和无可奈何的。

综上所述，紧急避险中被损害的第三者的合法利益，具有合法性、次要性、被迫性和牺牲性等特征。

因为牺牲了较小的合法利益而得到保全的合法利益，在我国刑法规定中是十分广泛的，只要是公共利益、公民的人身权利及其他权利受到正在发生的危险威胁时，在迫不得已的情况下，均可以采用紧急避险来加以保护。几乎所有社会主义国家的法律都如此规定。但是，资本主义国家的刑事立法却对紧急避险保全的法益作了种种限制。有的规定仅仅限于他人的财产受到侵害时可实施紧急避险，如丹麦刑法典第40条就是这样规定的；有的规定实行紧急避险只限于自己或他人身体、生命陷于紧急危难的场合，如意大利刑法典第54条就是这样规定的；有的规定，自己或他人的生命、身体、自由或财产陷于现在危难时，都能避险，如日本刑法第37条就是这样规定的。此外，还有一些不同的规定，如联邦德国刑法典规定，自己或近亲或其他密切关系者生命、身体或自由遭遇到现在的危难时，才能紧急避难。上述资本主义各国立法例尽管存在不少差别，但他们有一点是相同的，即都未将公共利益列入紧急避险保护的范围。这是资本主义国家刑法与社会主义国家刑法在紧急避险规定上的显著区别之一。

（二）避险行为的性质

紧急避险行为是为了避免正在发生的危险而针对第三者合法利益实施的。从这一角度而言，避险行为是一个矛盾统一体，它对于正在发生的危险来说，不是积极地去消除危险，而是采取躲避的行动，因而是一种消极的行为。但它对于被损害的第三者合法利益而言，又是采取一种积极的行动，通过这种行动将危险引向较小的合法利益身上，而最终消除危险。因此，避险行为是介于正在发生的危险与被损害的第三者合法利益之间的媒介，没有危险的发生，就没有避险行为，而没有避险行为，第三者的合法利益就不会受到损害。而反过来说，如果不是迫不得已去损害第三者的合法利益，避险行为就达不到消除危险，保全重大利益的效果。

避险行为究竟可以损害哪些方面的第三者合法利益，对此，我国刑法并没有作明确的规定。但是，从我国的刑法理论和司法实践看，紧急避险所损害的第三者合法利益一般是限于财产权利和某些人身权利（如健康、自由等）以及某些较次要的公共利益等。我国刑法绝对不允许为保护自己的生命权利免受危险而去侵害他人的生命权利。这一点，与资产阶级的刑法是大相径庭的。资产阶级刑法及其理论认为，在紧急避险的场合，为保全自己的生命，而牺牲他人的生命，二者是均衡的，因而是合法的。这其实是资产阶级自私自利、损人利己的又一表现。

五、紧急避险的主体限制条件——必须是职务上、业务上不负有特定责任的人

紧急避险与正当防卫的又一明显差别，就在于后者对于行为人没有任何身份条件的限制，只要有正在进行的不法侵害的存在，任何人都可以实行。紧急避险却与此不同，法律要求某些特定身份的人在特定的场合里，不得实行紧急避险，从而对紧急避险的行为主体作了限制的规定。行为人在特定场合里，其本人的身份只有不符合这一限制条件的要求，他所实施的紧急避险行为才是正当合法的。

我国刑法第21条第3款规定："第1款关于避免本人危险的规定，不适用于职务上、业务上有特定责任的人。"在日常生活中，一般是正在发生的危险危及到本人时，行为人才会实施紧急避险行为。但是，某些在职务上、业务上负有特定责任的人，由于其职责本身的特性，决定他们在危险发生之际，不能为了自己的利益而逃避躲闪，而必须临危不惧，迎险而上，勇敢地采取积极行动，履行职责，去阻止危险对合法利益的危害。因此，在一般情况下，要成立紧急避险，行为人必须是在职务上、业务上不负有特定责任的人。

特定责任，又可以称为特定义务，它是指由于法律、命令或其他条例的规定，从事某类公务或业务的人本身所负有的应当面对危险的特定义务。负有这种特定义务的人，自然不能为了安全而进行紧急避险，否则，就是违背了职责。这种主体包括如下两类：

（一）在职务上负有特定义务的人。主要是指依法令从事公务的国家工作人员、武装部队指战员等。这些主体，由于其特定的职务要求，其在某些危险的场合负有特定义务，不能为避免自身危险擅离职守。例如，消防队员不能借口避免烧伤而拒绝参加救火行动；公安人员不得以避免罪犯的侵害而听任犯罪分子行凶

杀人，等等。因为扑灭火灾，制止犯罪等，是这些人员负有的特定义务，法律不容许他们借口紧急避险而不履行自己的特定义务。如果这些特定主体借口紧急避险而不履行自己的特定职责，其行为不但不能成立紧急避险，而且要依法追究他们玩忽职守等法律责任。

在这方面，我国刑法分则第十章"军人违反职责罪"中规定得最为明确。其第434条规定："战时自伤身体，逃避军事义务的，处3年以下有期徒刑；情节严重的，处3年以上7年以下有期徒刑。"第424条规定："战时临阵脱逃的，处3年以下有期徒刑；情节严重的，处3年以上10年以下有期徒刑；致使战斗、战役遭受重大损失的，处10年以上有期徒刑、无期徒刑或者死刑。"第423条第1款规定："在战场上贪生怕死，自动放下武器投降敌人的，处3年以上10年以下有期徒刑；情节严重的，处10年以上有期徒刑或者无期徒刑。"这是因为，军人是国家军事义务的承担者，负有抵御侵略、保卫国家和人民安全的重大职责。在战争中，绝不能为了自己的安全而自伤身体、逃避战斗；也不允许军人畏惧战斗、临阵脱逃；更不能贪生怕死，主动投降敌人。所有这些行为，都不是"紧急避险"，而是违反军人职责的严重犯罪行为。

当然，并不是说这些职务上负有特定责任的人在任何时候、任何情况下都不能实施紧急避险行为，而是仅仅限于他们不能借口避免本身危险而不履行国家赋予他们的职责。如果他们在履行职务时，为了保护重大的公共利益或其他合法利益免受危险损害，而不得不去损害较小的第三者的利益，应当肯定其行为成立紧急避险，不负法律责任。例如，消防队员为了防止火灾蔓延，阻止损失扩大，在火区周围拆除一些建筑物。这种行为，就是紧急避险行为。

（二）在业务上有特定责任的人。某些人由于从事的业务活动的性质而负有特定的责任，在业务活动的过程中，面临正在发生的危险时，不能为避免自身的危险而不履行其业务上的职责。例如，从事交通运输业务的工作人员，负有保证交通运输安全的特定义务；从事托儿所、幼儿园看护的工作人员，负有保护幼儿、儿童人身安全的义务；从事医护工作的人员，负有保护伤病员生命安全的职责，等等。他们不能在从事业务的过程中，因危险的发生，为避免本身危险，而放弃职责，不履行义务。例如，轮船失事，船长及船员不能不顾乘客的安全，私自乘救生艇逃走；飞机在空中发生了故障，飞行人员应当采取紧急措施，排除故障，不能不顾乘客的安全，私自跳伞逃离飞机；托儿所的保育员，在托儿所失火时，不能不顾幼儿的安全，私自逃命等等。这些业务上负有特定职责的人，假如在业务活动中因危险的发生，为避免本人危险而不履行职责，造成重大危害的，应依法追究他们的法律责任。

六、紧急避险的方法限制条件——必须是在别无他法可以避免危险时，才允许紧急避险

我国刑法第 21 条第 1 款所规定的"不得已采取的紧急避险行为"，就是要求行为人在危险正在发生之际，必须是在别无他法可以避免危险时，才能实施紧急避险行为。这就是说，"除了损害另一个合法利益外，别无其他方法来保全此一合法利益时，才能实施避险行为。换言之，这种避险行为是出于不得已而实施。"① 当代世界各国的刑法，对紧急避险的实施往往规定了"不得已"这一条件。这是由紧急避险的性质、特征所决定的。我国刑法之所以要求只有在别无他法可以避免危险时，才能实施紧急避险，是因为紧急避险行为一经实施，必然会给另一合法权益造成损害，因而，不得不严格限制。只有在紧急避险是免除危

---

① 高铭暄主编：《中国刑法学》，中国人民大学出版社，1989 年版，第 158 页。

险的唯一办法时，才能实施。众所周知，紧急避险行为，是避免正在发生的危险，以保护国家公共利益、公民本人或者他人的生命、身体、自由、财产等权利免受损害的行为。避险行为或积极地救护，或积极地逃避，或二者兼而有之，都必然损害第三者合法利益。为了避免行为人滥用紧急避险权利，给第三者利益造成无辜的损害，法律要求紧急避险只有在"不得已"情况下才容许实施。所谓"不得已"，就是指除实施损害第三者合法利益的避险行为外，没有其他办法可以避免危险。任何避险行为，都必须符合这一条件，才能成立紧急避险。

如果在危险正在发生之际，除紧急避险的方法以外，还有其他的机会或办法去避免或排除危险时，就不存在"不得已"的条件。如果能够采取其他方法，如逃走或无需加以损害等，即可以保全其利益时，那就不容许紧急避险。也就是说，法律不允许在尚有他法可以避免危险的情况下，不采取其他方法，而选择紧急避险这一途径，以致损害第三者的合法利益。行为人在这种情况下，如果是借口紧急避险，而损害了无辜的第三者的合法利益，其行为不但不成立紧急避险，还应依法追究其故意犯罪的刑事责任。

如何认定在紧急避险的场合里的"别无他法"呢？我们认为，总的原则是要根据危险发生的场合、环境、紧急程度，以及行为人的自身能力、主观认识等几方面综合起来加以分析认定。

首先，从客观上考察，在危险发生之际，危险是否极为紧急，在当时的客观环境和其他诸种客观因素（时间、地点等）下，有无采取其他方法避免危险的可能？若有这种可能，则行为人实施避险行为就是不当；如果没有这种可能，则行为人在别无他法的情况下，实施避险行为，是不得已而为之，成立紧急避险。例如，轮船在海上遇上风暴，面临倾覆的危险，这时就要根据轮船所处的地理位置的客观条件来研究是否"别无他法"。如果轮船所处的位置的附近有避风港，则船长就应将船开进避风港，躲避风暴的袭击，而不能采取紧急避险行为。如果轮船是处于茫茫大海之中，附近没有任何可以避风的地方，在这种别无他法的情况下，船长不得已下令实施紧急避险，则是正当、合法的。

其次，要从避险人的自身生理条件和主观认识等方面来加以考虑。面临同一种危险，不同的人会有不同的要求。比如说，在遭到野兽的侵袭时，如果是身强力壮者，则完全可以采取反击野兽的办法，避免危险。但如果是身残体弱者，则不具备这一可能，唯有采取紧急避险这一途径来免除危险。可见，对于紧急避险中的"不得已"，不能不视行为人的自身条件而强求一律。另外，行为人的主观认识也决定着能否采取其他办法可以避免危险。经验丰富、沉着冷静的行为人，在面临危险时，能临危不惧，沉着应付，运用其丰富的经验和智慧，采取多种方法去避免危险，而不一定采取紧急避险的行为。而有些行为人，由于初次面临紧急危险，在危急面前惊慌失措，失去方寸，对于有无其他方法可以避免危险，在当时情况下根本无法考虑，我们也不能要求其全面考虑。也就是说，即使在客观上存在其他方法，可以避免危险的可能，但由于行为人自身主观的认识条件限制，其不可能认识到这种可能，在不得已的情况下，实行紧急避险，亦应当认为是合法的。

最后，在别无他法可以避免危险，不得已而紧急避险，只是法律规定的一个原则条件。在司法实践中，紧急避险行为是多种多样的，不能死板地强求一律。同时，考虑到紧急避险中的紧急状态，行为人一般不可能从容考虑，慎重选择，所以，对于这一条件，在认定时不能要求过于严格。只要避险人在大体上难于用其他方法来避免危险，则其实施紧急避险就应当认为是必需而合法的。

七、紧急避险的限度条件——避险行为不能超过必要的限度而造成不应有的损害

紧急避险是以损害另一合法利益的方法来保护这一法益免受危险损害。正是由于这一特点，决定了对紧急避险不能不加以严格限制。因而要求紧急避险既要避免危险对重大合法利益的损害，同时也必须将对第三者合法利益的损害尽可能控制在最小的范围内。只有这样，紧急避险才符合法律规定的宗旨。如果避险人为了免受危险的损害，而毫无节制地对第三者的合法利益造成与其所保护的合法利益极不相称的重大损害，则其避险行为也就失去了社会意义，违背了法律规定紧急避险的根本目的。所以，当代各国刑事立法在规定紧急避险时，都明确规定紧急避险不能超过必要限度，造成不应有的危害。

在国外，关于紧急避险的必要限度如何确定的问题，学者们存在不少分歧观点，归纳起来，大体上有以下几种学说：

1. 均衡说。这种观点主张避险行为所造成的第三者法益的损害，不得超过由紧急避险所造成或可能造成的损害。也就是说，避险行为所损害的法益必须是小于或等于避险行为所保护的法益，前者如果超过后者，就是超过避险的必要限度，构成避险过当。例如，日本刑法学者大塚仁、福田平认为，避险人"其行为所产生的危害应不超越他想避免的危害程度（法益的均衡）。尽管比较法益大小，往往是困难的，却不外乎根据法律秩序的整体精神去做客观的合理的判断。关于这一点，存在着牺牲他人生命是否能以拯救自己生命这一深刻的问题。但对人的生命，在法律上都认为价值完全相等，因此，将可以肯定它属于紧急避难。"① 在这里，持均衡学说的学者认为，为保护自身的生

---

① 〔日〕福田平、大塚仁著：《日本刑法总论讲义》，辽宁人民出版社，1986年版，第97—98页。

命而牺牲他人的生命，可以成立紧急避险。对于这一点，实质上是资产阶级自私自利的道德观在紧急避险限度问题上的表现。

2. 必要程度说。这种学说主张避险行为只要不超过必要程度，就不论其所保护的法益与避险行为所损害的法益是否相等，均成立紧急避险。至于必要程度的确定，应该根据当时紧急危险的状态与避难措施实行的情形，从客观上的各种关系出发，依社会的评价来决定。也就是说，这种学说认为，只要依紧急危险的状况，行为人所采取的避险行为是必要的，则不管该避险行为所造成的损害与其所保护的法益之间是否均衡，都成立紧急避险。即使造成的损害与所保护的法益显然不相均衡，也在所不问。我们认为，这种学说实际上是把紧急避险与正当防卫同样看待，这是不符合刑法基本理论的，是不可取的。

我国刑法所规定的紧急避险与资产阶级国家规定的紧急避险有着根本不同的性质和意义。我国刑法规定的紧急避险是以社会主义集体主义精神为指导思想，要求一个人在面临危险时，在不得已的情况下，牺牲局部的、较小的利益以保护整体的、较大的利益，亦即使国家、公共利益、本人或他人的合法权益免受损害或减少损害。我国刑法决不允许牺牲他人的生命来保全自己的生命，不允许为保全局部的、较小的利益去牺牲整体的、较大的利益。正是基于这一共同的认识，虽然我国刑法对避险的必要限度的标准并没有作出明确的规定，但刑法理论界与司法实践对紧急避险的必要限度的认识极为一致，这就是：根据紧急避险的性质和目的，避险的必要限度的标准是，紧急避险行为所引起的损害应小于所避免的损害。这是因为紧急避险是两个权益的冲突，只有以牺牲较小的利益来保护较大的利益，才有益于社会，才符合我国刑法规定的紧急避险的目的。

那么，在紧急避险的场合里，应如何比较两个利益的大小呢？尤其是当两种利益的性质不同时，要以什么标准来衡量两者的大小呢？对此，我国刑法没有作出规定，只能从理论上和司法实践的经验中来加以归纳。

1. 同性质的利益大小之比较，是较为容易和明显的，一般是以数量、质量及其所处的地位来加以比较确定。例如，财产权益的大小，可以用财产的价值来进行比较，价值大的财产权益为大，价值小的财产权益为小。在人身权利中，生命处于至高无上的地位，其次是人身健康，再次是人身自由等等。我国法律既不容许以牺牲他人的生命来保护自己的生命，更不容许为了保护一个人的健康而牺牲另一个人的生命。在公共利益的场合，对于两个公共利益的大小，要根据两个公共利益自身的特性，及其在国家、社会生活中所处的地位、所具有的影响等来加以确定。

2. 不同性质的利益之间大小的比较。这是一个比较复杂的问题，难以用绝对的标准来确定，而只能就社会的一般价值观念来加以认识。一般来说，重大的公共利益大于个人利益；全局性的利益大于局部性的利益；人身权利大于财产权利等等。

总之，实际生活是复杂多样的，而各种具体的紧急避险情况又是千差万别的。因此，衡量两个权益的大小，不能绝对地以某一标准来确定，而必须就事件的全部具体情况进行全面的分析、鉴别，从而才有可能作出正确的判断。

我国刑法第 21 条第 2 款规定，紧急避险超过必要限度造成不应有的损害的，应当负刑事责任，但是应当减轻或免除处罚。

以上我们论述了成立紧急避险所必须具备的七个条件。这七个条件是有机统一，互相补充的，缺乏其中任何一个条件，避险行为都不能构成紧急避险，而只能是一般的犯罪行为或者是避险过当的行为，都要负刑事责任。因此，公民在行使紧急避险的权利时，一定要按照法律的规定，谨慎地实施避险行为，使自己的行为符合紧急避险的全部条件，只有这样，其行为才是正当合法，有益于社会和国家的，才能得到社会和法律的承认。

第三节　有关紧急避险的两个问题

一、避险过当及其刑事责任

（一）避险过当的概念和特征

从广义上讲，避险行为以其是否超过必要限度可以分为两个方面，如果避险行为在紧急避险的必要限度之内，则成立紧急避险；若超过紧急避险的必要限度，造成不应有的损害，则构成避险过当。可见，避险过当是紧急避险制度中一个重要问题，也是同紧急避险成立条件密切相关的问题，关系到避险行为是合法还是违法的问题。深入研究我国刑法中规定的避险过当，对于教育和支持公民正确行使法律赋予的权利，划清罪与非罪的界限，保护公共利益和公民的合法权益，维护和巩固社会主义法制，均有重要意义。

我国刑法第21条第2款规定："紧急避险超过必要限度造成不应有的危害的，应当负刑事责任，但是应当减轻或者免除处罚。"这是我国刑法对避险过当的明确规定。但是，该款的文字表述有不妥之处。我们已经说过，避险行为有紧急避险和避险过当两种形式。如果成立紧急避险，则符合紧急避险的全部要件，不存在过当问题。因此，建议将该条修改为："避险行为超过必要限度，造成不应有的危害的……"这样就更为科学和明确，从立法上清楚地把紧急避险与避险过当划分开来。

可见，我国刑法中的避险过当，就是指避险人在实施避险行为时，避险行为超过必要限度，造成不应有的危害。也就是说，避险行为超出了所损害的利益应比所保全的利益较小的避险限度，而使损害等于或大于所要保护的利益，从而该行为由正当合法的有益行为转化为违法的危害社会的行为。所以，避险过当行为应负刑事责任。

避险过当行为，从其实质来看，有两个方面的特征：

1. 避险过当同紧急避险一样，具有行为的避险性，这是二者的相同之处。这就是说，避险过当同紧急避险一样，均属于避险行为的范畴之内。避险过当也是在存在正在发生的紧急危险情况下，为了避免危险，保护合法利益而不得已实施的。因而，避险过当在一般情况下同样具备紧急避险成立的基础、时机、对象、方法、主观等诸要件。正是因为这一特征，我国刑法才确认避险过当不同于一般的犯罪行为，而是在其危害社会的同时，又具有有益于社会的一面，因而规定对避险过当酌情减轻或免除处罚。

国外刑法学界有一种观点认为，不是出于不得已实施紧急避险，而对他种法益造成损害的，也是避险过当。我们认为，这种观点是错误的。因为只有在别无他法避免危险的情况下，才能实施紧急避险行为，否则，该行为就不能成立紧急避险，也就谈不上是否避险过当的问题。

2. 避险过当具有客观危险性和主观罪过性，这是其与紧急避险的本质区别。从客观上看，避险过当是在行为的强度、后果上超过了为避免危险所必需的限度，给受损害的利益造成了不应有的损害，从而危害了社会，违背了法律对避险行为合法化的限度要求。从主观上看，避险过当的行为人在实施避险行为时，对避险过当的结果持有放任或过失的心理态度，因而主观上具有罪过性。正因为如此，对避险过当行为要追究刑事责任。

避险过当在客观上一般表现为行为人的行为所造成的损害与所要保护的利益相等或者是大于其所要保护的利益，而这一过当结果的发生，又是行为人在实施避险行为时，由于不慎重考虑危险的危害程度和行为方法的强度，在放任或过失的心理态度支配下造成的。

（二）避险过当的刑事责任

1. 避险过当的主观罪过形式

世界各国的刑法典对避险过当的主观罪过形式规定不尽相同，有的只规定为过失，适用关于过失犯罪的规定，如意大利刑法典第 55 条；有的在总则中规定避险过当的一般特征，在分则中具体规定了避险过当的有关罪名，量刑幅度一般等于或稍低于与之相类似的过失犯罪的量刑幅度，如苏俄刑法典第 105 条、第 106 条；还有的就仅在刑法总则中规定避险过当要负刑事责任的总原则，如我国刑法第 21 条第 2 款的规定。

由于我国刑法未对避险过当的主观心理态度作出明确的规定，因而在司法实践中对避险过当的处理就不一致。有的以故意犯罪论处，有的以过失犯罪论处，缺乏一个明确的统一认识，因此，有必要对避险过当的主观罪过作专门探讨。

我们认为，在确定避险过当的主观罪过时，必须把避险的心理态度同刑法中的犯罪故意区分开来。避险行为是行为人故意针对第三者利益实施的，但这种故意不同于刑法上的犯罪故意。因为行为人是为了保护合法利益免受正在发生的危险的危害而不得已实施的，行为人是出于正当合法的目的，对避险过当的危害结果，主观上不可能持有希望、追求的心理态度。亦即由避险过当的避险性，决定了避险过当不可能由直接故意构成。所以，认为避险过当也存在直接故意犯罪的情形是不妥的。

那么，避险过当的主观罪过形式是什么呢？从刑法理论和司法实践结合起来分析，避险过当人在追求保护合法权益免受正在发生的危险这一合法目的时，对于过当的危害结果，在主观心理上会出现下面四种心理状态之一：

（1）避险人认识到自己的行为可能会超过必要限度，给第三者的合法利益造成不应有的损害。但是，由于他正处于避险的紧急状态中，为了追求达到避险目的而放任了这一结果的发生。在这种情况下，避险过当行为人对过当结果所持的心理态度是间接故意。

（2）避险人在实施避险行为时，虽然预见到过当行为可能会带来的危害结果，但他却轻信自己在行为过程中有能力把握住行为的强度，使其不超过必要限度，避免发生不应有的危害，结果却未能避免，从而导致了避险过当的发生。这就是出于过于自信的避险过当。

（3）在实施避险行为当时的情况下，避险人应当而且有条件预见避险行为过当的可能性，但由于其为达到避险的效果而对此疏忽大意，未能预见到，以致导致了避险过当结果的发生。此种情形，避险人对于过当的危害结果所持的心理态度就是疏忽大意的过失。

（4）在某些避险场合里，虽然避险行为超过了必要限度，造成了不应有的损害，但由于当时当地的客观条件的限制，避险行为人根本无法预见到避险行为可能会超过必要限度，造成危害后果；或者虽然已经预见到，但其自身能力已无法避免危害结果的发生。那么，避险人对于危害后果来说，主观上就不具有罪过。不应有的损害结果，对于他来说，只能是一种意外事件，行为人对此不负刑事责任。因而，这种情况不能认定是避险过当。

综上所述，避险过当的主观罪过是避险行为人对其行为超过紧急避险的必要限度，造成不应有的损害所持的心理态度。它主要是出于过失，也可能是出于间接故意，但不存在直接故意。如果行为人是出于直接的犯罪故意去追求损害结果发生的话，则其行为是一般的故意犯罪，而谈不上紧急避险或避险过当的问题。

2. 避险过当的定罪量刑

众所周知，紧急避险行为由于是排除犯罪性的行为，不具备犯罪的特征，缺乏犯罪的构成要件，因而，法律规定，紧急避险不负刑事责任。然而，避险过当与紧急避险不同，避险过当行为在客观上超过了避险的必要限度，造成了不应有的损害。而且避险过当人主观上有罪过，亦即对过当的危害结果具有犯罪的过失或间接故意的心理态度。所以，避险过当具有社会危害性，并违犯了刑法的规定，具备了犯罪构成的主客观全部要件，因而，法

806

律规定其负刑事责任。

但是，避险过当毕竟不同于一般犯罪行为，考虑到避险过当行为具备避险性质，又是在面临紧急危险的复杂情况下仓促实施的，行为人难以自始至终准确地把握避险的限度，加上避险过当人主观上是为了追求避险目的而放任或过失地造成了不应有的损害结果的发生，主观恶性也较小，因此，我国刑法在规定避险过当应负刑事责任的同时，又规定了应减轻或者免除处罚。

由于我国刑法没有明确规定避险过当的具体罪名，司法实践中避险过当的实例亦很少出现，所以对避险过当的定罪量刑，理论与实践中都较少论及。我们认为，在我国刑法未对避险过当的罪名和处刑作出明确规定之前，如果避险过当造成了不应有的损害结果时，可以根据避险过当的行为人的不同心理态度，结合刑法第21条第2款的规定，分别以下列几种情况定罪量刑：

（1）对于避险过当造成无辜的第三人死亡的案件，如果行为人对于死亡的结果已经预见且持有放任的间接故意时，定为"故意杀人罪"。如果行为人对于死亡结果的发生是由于过失造成的，则定"过失致人死亡罪"。若行为人只能预见到造成重伤的危害结果且放任这一结果的发生，由于重伤导致他人死亡的，定"故意伤害致人死亡罪"，酌情减轻处罚。

（2）对于避险过当造成不法侵害人重伤的案件，如果避险人由于间接故意的罪过，则定为"故意伤害罪"；如果对于该伤害结果是出于过失的心理态度，则定为"过失重伤罪"，依法减轻或免除处罚。

（3）对于避险过当造成财产损失的案件，如果行为人是出于放任的心理态度直接造成公私财产的损失的，可以考虑定"故意毁坏公私财物罪"；如果国家工作人员是在执行职责中出于过失造成重大公共财产损失的，则可以考虑定玩忽职守罪，否则，只能承担民事责任。行为人出于过失造成私人财产损失的，可以不追究刑事责任，但应依法负损害赔偿的民事责任。

综上所述，对于避险过当的处理，不能要求过严。既要坚持主客观相一致的原则，也要体现我国刑法对避险过当从宽处罚的精神，依据避险过当的不同情况，根据所定罪名的相应条文的量刑幅度，在该条法定刑的最低刑期或最轻刑种以下减轻处罚或者免除处罚。

二、正当防卫与紧急避险的异同

（一）正当防卫与紧急避险的相同点

1. 正当防卫与紧急避险都是由刑法明文规定的排除犯罪性行为，对整个社会的统治秩序来说，都是有益的行为。

2. 两者同属于紧急行为排除犯罪性的类型。虽然法律规定，正当防卫是对"正在进行的不法侵害"进行反击，而紧急避险是对"正在发生的危险"进行避险，但在表达紧急状态的概念上，两者的含义相同。

3. 从维护法律秩序的角度看，正当防卫与紧急避险都不仅可以在保护自己利益的场合下实施，而且在保护他人权利和公共利益时也可以进行。

4. 两者合法性的主观方面都以具备防卫意思和避险意思为必要，即行为人主观上都必须是为了使合法权益免受"正在进行的不法侵害"或"正在发生的危险"，才能排除犯罪性。

5. 两者都对他人的权利或利益造成一定损害。

（二）正当防卫与紧急避险的区别

1. 对资产阶级关于正当防卫与紧急避险区别的评述

资产阶级刑法学者关于正当防卫与紧急避险的区别，大都是以正当防卫与紧急避险的法律性质的差异为基础来展开论述的。一般说来，他们认为正当防卫是对"不正当侵害"进行直接反击，防卫人与不法侵害人之间属于"正对不正"的关系，因此，正当防卫是一种权利行为；而紧急避险，是为了避免"现实的危难"，避险行为并不是对危险原因直接进行反击，而是损害与危险原因没有关系的第三人利益,避险人与受损害者之间是一种"正对正"的关系,因此,紧急避险是一种介于违法与合法之间的放任行为。根据两者法律性质不同,派生出以下几点主要区别:

(1)紧急避险是放任行为,故法律对于因避险而受损害的第三人的地位应有充分考虑的必要;而正当防卫行为,乃是对不法侵害的反击,所以法律对不法侵害者的地位,应考虑的成分较为薄弱,因此,紧急避险的合法条件要比正当防卫的要件更为严格,前者以补充原则和法益均衡原则为必要。例如,日本刑法第36条、第37条第1款虽然都规定了正当防卫和紧急避险须"出于不得已的行为",但日本刑法学界一般认为,从法理上说,紧急避险必须是出于不得已而没有其他可以选择的方法来避免危险,而正当防卫即使在可以采取其他方法的情况下也可进行。紧急避险必须考虑法益的轻重如何,而正当防卫只要是出于需要,原则上法益轻重均衡与否无关紧要。

(2)从法律条文规定看,两者保护的法益范围大小不同。正当防卫所保护的法益范围较紧急避险更为广泛。如日本刑法第36条规定凡"为防卫自己或他人的权利",均可实行正当防卫;而刑法第37条则对紧急避险所保护的法益采取列举的方式予以规定,仅限于"自己或他人的生命、身体、自由或财产",不包括名誉、贞操等权利。

(3)对正当防卫行为,不法侵害人不能实行正当防卫,而紧急避险行为,受损害者可为对抗行为,即可再主张正当防卫或紧急避险行为。

从资产阶级关于正当防卫与紧急避险主要区别的论述可以看出,他们主张紧急避险的合法条件要比正当防卫严格,不乏可取之处。但是,受其立法、法律意识以及世界观的影响,关于两者法律性质的区别以及由此而派生的其他区别,也暴露出一定缺陷。我们认为,紧急避险是法律所保护的两种利益不能同时保全,不得已而牺牲较小利益以保全较大的利益,对较小的利益虽然造成了损害,但由于保全了较大的利益,因此,对社会仍是有益的合法行为,既然是合法行为,当然受损害人不能对其再实行正当防卫。而且,正当防卫与紧急避险一样,也必须受"法益均衡原则"制约。正当防卫虽然只是以"必要"为条件,但侵犯利益与损害利益的轻重大小,也不能不考虑。这些问题,我们研究正当防卫与紧急避险区别时都应当予以注意。

2. 我国刑法中正当防卫与紧急避险的区别

根据我国刑法对正当防卫和紧急避险的规定,我们认为,两者的主要区别如下:

(1)危害的来源不同。在正当防卫的情况下,危害的来源只能是人的不法侵害行为;而紧急避险,危险的来源不仅有人的不法侵害行为,而且有自然界的力量(如自然灾害地震等)、动物的袭击、人的特殊心理或生理状态等,只要是对被保护的利益产生危险的力量均可成为实施紧急避险的原因。

一般说来,以紧急避险的危险来源于自然力与动物的侵袭方面,紧急避险行为容易与正当防卫加以区别,但是当紧急避险的危险来源于人的危害行为时,则容易与正当防卫混淆。例如,对于无责任能力人(包括精神病患者、未满 14 岁的未成年人等)实施的侵袭行为,是实行紧急避险还是实行正当防卫呢? 我们认为,如果确实不知道侵害者是无责任能力人,可以实行正当防卫,因为在这种情况下,防卫者把侵袭当做一种违法犯罪,以为是同犯罪作斗争,是实施的一种有利于社会的行为。如果虽然知道是无责任能力人,但不可能采取其他方法避免危害结果发生时,也应当承认正当防卫的权利,在这种场合,使受侵害者只能受侵害,显然是不合理的。但是如果明知侵袭者是无责任能力人,又能用其他方法加以避免侵害,则只能实行紧急避险,因为正当防卫必须是为了防止违法犯罪行为的侵袭,如果对明知不属于违法犯罪的无责任能力的侵袭实行正当防卫,则失去了正当防卫的本来意义。

(2)损害的对象不同。正当防卫时,遭受损害的只能是不法

810

侵害者,紧急避险时,遭受损害的常是与危险形成无关的第三人。

（3）行为实施的条件不同。在正当防卫的情况下,即使在有其他方法可以避免不法侵害时也可以实行正当防卫;而紧急避险时,实行避险行为则是排除危险的唯一方法,即只能在没有其他方法可以避免危险的情况下,不得已时,才能采取损害他人合法利益的方法来进行紧急避险。

（4）对损害程度的要求不同。在正当防卫的情况下,对不法侵害者所造成的损害以制止住不法侵害人的不法侵害行为为必要限度,因此,可以与所要避免的损害相等,甚至超过所要避免的损害;而紧急避险所造成的损害,则必须小于所要避免的损害。

（5）行为的主体范围不同。正当防卫行为,只要现实不法侵害存在,无论什么人,都可行使,甚至在某些情况下,正当防卫是行为人的法律义务。例如,1983年9月14日最高人民法院、最高人民检察院、公安部、国家安全部、司法部《关于人民警察执行职务中实行正当防卫的具体规定》第4条明确规定:"人民警察在必须实行正当防卫的时候,放弃职守,致使公共财产、国家和人民利益遭受严重损失的,依法追究刑事责任;后果轻微的,由主管部门酌情给予行政处分。"但紧急避险行为,对某些职务上、业务上负有特定责任的人,则不能适用。对此,我国刑法第21条第3款有明文规定,不适用于职务上、业务上负有特定责任的人。

（6）可能导致的民事后果不同。根据民法通则第128条规定:"因正当防卫造成损害的,不承担民事责任。"而第129条则规定:"因紧急避险造成损害的,由引起险情发生的人承担民事责任。如果危险是由自然原因引起的,紧急避险人不承担民事责任或者承担适当的民事责任。"由此可见,对紧急避险并不完全免除损害赔偿义务。

第十二章　其他排除犯罪性行为

第一节　依照法令或正当业务行为

依照法令或正当业务行为不构成犯罪,这在外国刑法中不乏立法例。如《日本刑法》第 35 条规定:"依照法令或正当业务所实施的行为,不予处罚。"《西班牙刑法典》第 8 条、《瑞士刑法典》第 32 条、《意大利刑法典》第 51 条、《保加利亚刑法典》第 10 条等也有类似规定。我国刑法对此虽无明文规定,但刑法理论上和司法实践中也公认上述行为排除社会危害性,因此,有必要进行探讨。由于法令包括法律和命令,所以依照法令或正当业务行为实际上是指:依照法律的行为、执行命令的行为和正当业务行为。

一、依照法律的行为

依照法律的行为,是指根据现行法律的规定而实施的行为。这里的法律,泛指全国人民代表大会及其常务委员会通过的宪法、法律,国务院及其所属机构制定的行政法规、规章、决定,以及省、自治区、直辖市的人民代表大会及其常务委员会制定的地方性法规。国家的法律,任何公民都有遵守、执行的义务,如果因为依照法律行为而予以定罪处罚,则明显与制定法律的宗旨相冲突,因此,依照法律的行为,即使在外观上与某些犯罪行为相似,但却是合法行为,实际没有社会危害性,不构成犯罪。

依照法律的行为排除犯罪性,必须具备以下条件:

(一)行为人主观上必须具有行使权利或履行义务的意思。即行为人在主观上须认识到他所实施的是法律规定的权利行为或义务行为,而且具有行使权利和履行义务的意思。反之,行为人主观上是为了规避法律或其他不正当目的的,则不排除其行为的犯罪性。

(二)所实施的行为必须有法律的明文规定。不论法律规定的内容,是实体性的权利义务或有关程序事项,凡对于一定行为的实施,予以明文规定应为或可为者,都应视为有法律明文规定。

(三)不得滥用权利。即行为人必须以适当的手段、方法行使权利或履行义务。行为虽然有法律的明文规定,但如果在实施过程中超越法律所允许的必要范围或程度,滥施手段,则仍可构成犯罪。如公民在扭送人犯途中,出于义愤将已停止反抗的人犯打死,仍构成犯罪。

在社会生活中,依照法律的行为范围甚广,这里仅就几种主要的类型加以研究:

(一)扭送人犯

《中华人民共和国刑事诉讼法》第 63 条规定:"对于有下列情形的人,任何公民都可以立即扭送公安机关、人民检察院或者人民法院处理:(一)正在实行犯罪或者在犯罪后即时被发觉的;(二)通缉在案的;(三)越狱逃跑的;(四)正在被追捕的。"根据这一规定,国家法律赋予了公民扭送具有法定情形的人的权利。扭送具有法定情形的人是一种对人身和财产都会造成某种损害的活动,在任何情况下,扭送起码是以短时间限制被扭送人的自由为前提的,因此,表面上同犯罪行为(如刑法第 238 条规定的非法拘禁罪)十分相似。在一般的情况下,由于扭送人犯的时间比较短,其目的有益于社会,扭送的理由又是如此明显,因此,不会出现是否合法的问题。但是,如果在扭送人犯的过程中,对被扭送人使用了较为强烈的暴力,并对其身体、财产等利益造成了严重损害,符合某个犯罪构成要件时,则就有必要分析扭送具有法定情形的人的合法条件。我们认为,扭送具有法定情形的人只有符合下列条件时,才排除犯罪性:

1. 扭送的对象仅限于法律所规定的特定的犯罪嫌疑人,即刑事诉讼法第 63 条规定的四种人。如果某人不属于上述条件的犯罪嫌疑人,则不具备扭送的前提条件。

2. 扭送的目的是将犯罪嫌疑人交给政法机关处理,包括人民法院、人民检察院和公安机关处理。如果扭送的目的不是把犯罪嫌疑人交给政法机关,而是为了报复被扭送者并对他施用私刑,那么扭送者实施的危害行为仍应追究刑事责任。

3. 扭送犯罪嫌疑人时,既可以对被扭送人的人身进行伤害,也能对其财产造成损害,如犯罪嫌疑人被追捕乘汽车逃跑时,对其乘座的汽车予以毁坏等。但是,不能对其他人(包括他的亲属、朋友)造成损害。如果损害了第三人,而又不符合紧急避险的条件,即应以有无罪过来决定其是否负刑事责任。

4. 给犯罪嫌疑人造成的损害要与他实施犯罪的严重性、反抗程度及扭送时的客观环境相适应。在多数情况下,如果犯罪嫌疑人企图逃避他应负的责任,采用逃跑或其他方法从周围人的视野中消失,则他所实施的犯罪行为的严重性是给他造成损害的主要依据。但是,在犯罪嫌疑人进行反抗时,犯罪嫌疑人的反抗便成为给扭送者造成损害的主要依据。这种反抗越强烈,对周围人的威胁就越大,犯罪嫌疑人抗拒扭送越激烈,给他造成的损害可能就越严重。当然,在这种情况下还必须考虑扭送时其他具体情况,包括实施扭送行为人的力量和可能性,扭送时的环境(夜间、周围的人群、大街小巷等)综合分析。与此相适应,损害的大小可能是各种各样的:损害犯罪嫌疑人企图逃避扭送所使用的交通工具、轻伤直至给犯罪嫌疑人的身体造成重伤。在犯罪嫌疑人进行抵抗并危及扭送者或者周围人的生命安全,或者如果他得以逍遥法外,就会对社会造成极其严重的危害时,也可以剥夺他的生命。总之,扭送具有法定情形的人只要不是明显超过必要限度,就视为合法行为,排除犯罪性。

由此可见,扭送人犯虽然与正当防卫、紧急避险等行为有相似之处,但也有区别:

第一,扭送具有法定情形的人的行为可以发生在犯罪行为已经实行终了之后,而正当防卫和紧急避险则只能发生在不法侵害正在实行之时。

第二,扭送具有法定情形的人的目的是将犯罪嫌疑人交送政法机关处理,而正当防卫和紧急避险则是为了使合法权益免受正在发生的侵害和危险。

第三,扭送具有法定情形的人时,扭送公民总是主动的,而在正当防卫和紧急避险时,不管防卫人和避险人的个人意愿如何,他总是处在不得不造成损害的被动状态中。

第四,扭送具有法定情形的人时所造成的损害,不仅要考虑他所实施犯罪的严重性,而且还要与被扭送人的反抗程度及当时具体情况相适应,因此,可能大于所避免的损害;而正当防卫与紧急避险所造成的损害,主要是与不法侵害相适应,且紧急避险所造成的损害要轻于所避免的损害。

(二)监护行为

我国民法通则第二章第二节专门规定了对未成年人以及精神病人的监护制度。刑法第 17 条规定:"因不满 16 周岁不予刑事处罚的,责令他的家长或者监护人加以管教",刑法第 18 条也指出:"精神病人在不能辨认或者不能控制自己行为的时候造成危害结果,经法定程序鉴定确认的,不负刑事责任,但是应当责令他的家属或者监护人严加看管和医疗。"由于未成年人和精神病患者不具备成年人正常的生活能力,不能独立地处理自己的事务,在他们危害社会或日常生活中,为了维护社会秩序以及便于对他们的教育,监护人在实行监护权的必要限度内,损害被监护人的身体、自由、财产等,不构成犯罪。如监护人在必要时,强行将精神病患者送入医院治疗或监禁于家中;父母为了保护未成年人的安全,上班时将孩子锁在房间里等,都不能认为是非法剥夺自由,亦不构成非法拘禁罪。当然,监护行为排除犯罪性,也必须具备一定的条件:

1. 行使监护权的主体只能是符合法律规定的特定监护人。

根据民法通则第 16 条的规定:"未成年人的父母是未成年人的监护人。未成年人的父母已经死亡或者没有监护能力的,由下列人员中有监护能力的人担任监护人:(一)祖父母、外祖父母;(二)兄、姐;(三)关系密切的其他亲属、朋友愿意承担监护责任,经未成年人的父母的所在单位或者未成年人住所地的居民委员会、村民委员会同意的。"民法通则第 17 条规定精神病人"由下列人员担任监护人:(一)配偶;(二)父母;(三)成年子女;(四)其他近亲属;(五)关系密切的其他亲属、朋友愿意承担监护责任,经精神病人的所在单位或者住所地的居民委员会、村民委员会同意的……没有第 1 款规定的监护人的,由精神病人的所在单位或者住所地的居民委员会、村民委员会或者民政部门担任监护人。"

2. 监护过程中对被监护人造成的损害不能超过一定限度,必须能为我国社会主义道德、善良风俗、法律所容许。是否为道德、善良风俗及法律所容许,应该结合监护人的文化程度、性格以及被监护人的品德等情况决定。如监护人在精神病患者发病期间,用药将其麻醉,暂时失去知觉,则并不超过必要限度,但若将其打成重伤,就可能构成犯罪。

3. 只能适用于特定的对象。根据民法通则的规定,被监护人只能是未成年人和不能辨认或不能完全辨认自己行为的精神病人。对其他人适用"监护"行为造成一定损害的,则可能构成犯罪。

(三)依法执行公务的行为

依法执行公务的行为,是指国家机关和国家工作人员直接依照法律规定,行使职权的行为。它主要包括:1. 根据宪法第 75 条规定,"全国人民代表大会代表在全国人民代表大会各种会议上的发言和表决,不受法律追究";2. 根据刑事诉讼法第六章规定,人民法院、人民检察院和公安机关根据案件情况,对被告人可以采取拘传、取保候审、监视居住、拘留、逮捕、搜查等强制措施;3. 监狱根据有关法律的规定,对服刑罪犯采取的监管措施;4. 依照法律核准的行为,如军工厂经主管部门核准依法制造枪支弹药的行为,……都是合法行为,排除犯罪性。

二、执行命令的行为

执行命令的行为,是指根据上级国家工作人员的命令而实施的行为。这里所说的执行命令的行为,是指国家工作人员被动地根据其上级首长的命令,而为一定的行为,其行为的实行,系处于受命被动的地位,因其另有负责的上级存在,因此,属于间接依照法律的行为,与上述的依法执行公务的行为略有差别,所以分开论述。

下级服从上级,这是我国国家机构民主集中制原则的要求,因此,执行上级命令是部属应尽的职责,也是国家机器和社会机构正常运转所必需的,因而是对社会有益的行为。一般说来,它与犯罪无多大联系,但是,有些行为从其外表看,似乎与刑法分则所规定的某一犯罪构成十分相似,如行刑人员按照执行死刑的命令将人犯枪决,形式上看似乎侵犯了公民的生命权利,实际上是正当行为,因此,有必要研究其合法条件。

执行命令的行为,是否以上级命令合法为条件? 也即下级国家工作人员对于所属上级国家工作人员的命令,有无审查是否违法的义务,以及范围如何? 历来学说不一:1. 绝对服从说。此说认为上级国家工作人员在其职责范围内所发布的命令,下级国家工作人员有绝对服从的义务,无论其命令的形式或实质有无违法,均应由发布命令的上级承担责任,下级国家工作人员无审查的义务。2. 形式审查说。持这种观点者主张下级国家工作人员对于所属上级国家工作人员的命令,仅需审查其形式是否完备。若形式不完备,即无执行的义务,若形式完备,即属合法,即使其命令内容违法,由于是遵命执行任务,也成为排除犯罪性的原因。3. 实质审查说。即下级国家工作人员对于所属上级国家工作人员的命令,无论在形式上还是实质上都有审查的责任,如有违法,即无服从的义务。因此,若明知其命令内容违法而遵命执行,也不排除其行为的犯罪性。我们认为,以上三说,绝对服从说将上级国家工作人员的命令权无限扩大,使下级国家工作人员形同机械,毫无自由斟酌的余地,故不可取。形式审查说仅要求下级国家工作人员审查命令的形式,而置命令的内容是否合法于不顾,因此,也不全面。相比之下,实质审查说可以促使下级国家工作人员既注意命令的形式是否完备,又注意命令的内容是否合法,较为可取。因为在我国,部属不仅要对上级负责,而且应当对整个国家和人民负责。如果明知上级的命令违法,本着对国家和人民负责的态度,理所当然地应当拒绝执行;否则,对国家和人民造成严重危害的,即应负刑事责任。泰国刑法第70条对执行命令的行为作了明文规定:"依公务员命令之行为不罚,其命令违法者,除明知其违法外,有服从之职责或善意认有服从之职责者,亦同。"这种立法例值得我们借鉴。

下级国家工作人员执行上级命令的行为排除犯罪性,必须具备以下条件:

(一)执行的命令必须是所属上级国家工作人员基于职权所发布的。它具有两方面的意义:一是发布命令的必须是所属上级国家工作人员,只有所属上级国家工作人员发布的命令,下级国家工作人员才有执行的义务。一个国家工作人员与发布命令的国家工作人员之间没有上下隶属关系时,就没有义务执行其命令。二是发布的命令必须属于上级国家工作人员的职权范围,超出发布命令者职权范围内的命令,如税务局长命令所属税务人员拘留工商经营者,学校校长命令政工教员殴打学生等,都超出了职权范围,下级不应执行。如果明知上级的命令超出了其职权范围,仍然执行,则不认为排除犯罪性。

(二)上级国家工作人员命令下级国家工作人员所为的行为,须属下级国家工作人员职务范围内的事项。受命令的下级国家工作人员对于有拘束力的命令,理应服从;但若命令的事项,不在其职务范围之内,则无遵守的必要。因此,执行超出国家工作人员职

818

权范围内的事务,即非职务上的事务,不排除犯罪性。

(二)上级命令的发布形式和程序都不违法。上级国家工作人员发布的命令,必须符合法律规定的形式和程序,下级国家工作人员才有服从的义务。如果发现上级命令不合乎法定形式和程序,仍然执行,则不能排除社会危害性。例如,主管上级国家工作人员命令对某人执行逮捕,但只是口头指示,未签发逮捕证,下级国家工作人员执行这一命令,就不能免除其违法责任。

(四)下级国家工作人员必须不明知上级发布的命令为违法。执行上级命令的职务行为,固然可为排除犯罪性的原因,但上级国家工作人员的命令违法而执行的,其是否免除刑事责任,应以行为人是否明知为标准。如果下级国家工作人员不知命令的违法性,仍不失为依法尽其服从义务,仍可免除法律责任。如果明知上级命令违法,仍然执行,就不能免除其责任。当然,由于命令是上级国家工作人员发布的,下级处于从属地位,可以作为酌定量刑情节从轻处罚。

三、正当业务行为

正当业务行为是指根据本身所从事的正当业务的要求所实施的行为。业务,不同于实行身份上的义务。父母养育子女,子女孝顺双亲,这都是由身份关系所发生的义务,履行此义务,虽然也要继续为一定行为,但不是业务。业务是指由于行为人在社会上的地位而继续经营的事务而言,二者有原则的区别。广义的业务行为包括国家工作人员执行职务的行为,但正当业务行为不是直接依据法律和命令实施的,而是根据所从事职业的要求实施的,所以有的刑事立法将二者加以区别。

正当业务行为在一般情况下不会发生与犯罪相混淆的情况,但也有一些职业在执行业务时,从外表上看,似乎构成了犯罪。如医生对为保全患有恶疾者之生命,将其腿锯去,造成重伤,好像构成重伤罪,但实际上是医生履行自己职责的行为,有益于社会,因此,排除行为的社会危害性。

正当业务行为要排除犯罪性,必须具备以下条件:

(一)所从事的业务必须是合法的。排除犯罪性的业务行为,必须是合法业务。业务的种类很多,无论农、工、商、医、体育等,只要为法律所容许,都为合法业务。但究竟如何判断业务行为的合法性,学术界有两种不同的观点,一是事实业务说,该说认为从事的特定业务,只要不违背社会公德良俗,就是合法业务,并不以经主管机关许可的业务为限。二是许可业务说,即从事的业务,须经主管机关许可执业的,才是合法业务。我们同意事实业务说,因为刑法中判断业务是否合法,不同于民法和行政法上的要求,只是为了确定是否承担刑事责任。只要行为人从事的业务,对社会有益无害,就不失为合法业务。如个体医生,虽然未办理登记执照,但其医疗行为在刑法上仍应视为合法。

(二)从事该项业务必须具有一定的持续性和固定性。"业务"虽属合法,但如果从事的人员是偶而为之,则不成为他的业务。因此,只有其从事业务,有持续性及固定性时,才可能排除行为的犯罪性。

(三)行为人的行为必须在其业务范围以内。任何一种业务都有一定的限制范围,超出此限制范围,就不能成立正当业务行为。例如,药剂师为病人诊断、开药方,就不是其业务范围内的行为,如果因而产生严重危害结果,不能排除行为的犯罪性。

(四)从事业务的方法必须适当,不能超过必要限度。正当业务行为必须遵守所从事业务的操作规程和有关的规章制度,如果违反此规定、规程,则不能认为是正当业务行为。如医生严重不负责任,违反医疗规程,对于腿部受普通伤害的病人,不是出于治疗的必要,将其腿截掉,就不能免除其刑事责任。

正当业务行为为什么排除社会危害性,不负刑事责任?资产阶级刑法理论有五种不同主张:1. 欠缺犯意说,即正当业务行为,没有危害他人的故意;2. 保护利益说,即正当业务行为是出于保护重大利益的目的;3. 避难行为说,即正当业务行为是为了避免现在的危难;4. 承诺行为说,即正当业务行为是基于相对人的承诺;5. 权利行为说,即正当业务行为是法律所认可的权利行为。以上学说虽然从不同的角度说明了正当业务行为不负刑事责任的理由,但都不全面,没有反映正当业务行为排除犯罪性的实质。我们认为,正当业务行为排除社会危害性和违法性的理由,主要是这种行为有益于社会。因为为一定法律所容许的正当业务,总是社会所需要的,对统治阶级有利的,只要从事该业务时遵守其合法条件,则必然对社会有益,因而自应排除其犯罪性。

正当业务行为在日常生活中比比皆是,这里仅就医疗行为和体育竞技中的误伤行为略加分析:

(一)医疗行为。所谓医疗行为,是指以治疗为目的,用医学上一般承认的手段和方法施行手术和其他医学措施。医疗行为排除犯罪性,除具有正当业务行为的一般合法条件外,还必须注意,除紧急情况外,重大的医疗措施(如手术等),一般应取得伤病者本人或其监护人的同意或推定承诺,方可进行。如前苏联有关法律规定,医生实施外科手术,如系对成年人,必须征得患者家属的同意,如系对 16 岁以下的未成年人或精神病患者,必须征得其父母或监护人的同意。为挽救生命或重要器官所必要的急迫手术,为了避免拖延时间和对患者的威胁,可以根据同其他医生的讨论施行,而不必经过其父母或监护人的同意。

(二)体育竞技中的误伤行为。所谓体育竞技中的误伤行为,是指在剧烈的体育竞赛中,运动员之间因过失而致人伤亡的行为。在体育竞技中,如赛车、拳击、足球、武术等一些项目,危险性很高,自古以来有不计其数的运动员在其中致伤致残,有的甚至丧失了生命。由于体育竞技属于正当业务行为,运动员只要遵守了有关竞赛规则,非故意致人伤残,就排除犯罪性,不负刑事责任。但如果不是在比赛过程中,而是在比赛场外,故意打伤、打死对方,则不是体育竞技中的正当行为,应追究刑事责任。

第二节 自 救 行 为

一、自救行为的概念及意义

自救行为,又称自助行为,是指权利被侵害的人,依靠自己的力量,来保全自己的权利或恢复原状的行为。自救行为在民法上一般被视为免除损害赔偿责任的一种情况,在刑法上则是被认为排除犯罪性行为的一种。例如,盗窃犯罪的被害人,在盗窃犯逃离现场不久追回自己财物的行为,不构成犯罪。

在国家和法律未产生的原始社会,因为无保护个人权利和维持社会秩序的社会强制手段,各人凭借自己的力量保护自己的权利,发展的结果,造成弱肉强食的现象,强者不仅仅局限于保护自己的权利,而且往往超越保全自己权利的范围,进而侵犯弱者的权利,于是,私人之间的争斗增加,造成社会秩序的混乱。在国家和法律产生之后,对于违法犯罪行为的制裁纳入国家统一权力的范围,个人的权利也统统纳入国家和法律保护之下,因此,遇到个人权利遭到侵害的情况,也应当由国家行使制裁权,借以保护个人权利。国家行使制裁权,必须有法律依据。但是国家立法,由于时间及环境的变化,未必都能达到预期保护的目的,而且国家机关对公民权利的保护,也很难随时随地都能迅速发挥其作用。在不能及时得到国家机关保护的情况下,如果不允许公民自己自力救助,不仅有失公平,而且有悖法律保护人民的宗旨,影响人民对法律的信赖。因此,刑法不仅应当规定正当防卫与紧急避险制度,也应允许自救行为的合法存在。韩国刑法第 23 条即明文规定了自助行为:"(一)在不能依法定程序保全其请求权之情形下,为避免请求权之不能实行或难于实行所为行为,而有相当理由者,不罚。(二)前项行为过当者,得依其情况,减轻或免除其刑。"这是自救行为少有的立法例,值得研究自救行为时参考。

二、自救行为的条件

自救行为与正当防卫、紧急避险一样,都属于紧急行为排除犯罪性的类型,是一种出于不得已的临时措施,因此,为了维护社会秩序的稳定和社会主义法律的严肃性,应该严格限定自救行为的条件。我们认为,自救行为排除社会危害性,必须具备以下要件:

(一)必须是为了保护自己的权利。自救行为,顾名思义,必须是为了救助自己,保护自己的权利,如果保护的不是自己的权利,而是他人的权利,则属他救,而不成立自救行为。因为各人的权利只属于各人自己,他人的权利,其主体属于他人。他人权利被侵害,是否急迫,有无请求保护的必要,该权利主体的他人自有主张,第三人往往不了解情况,因此,毋需第三人越俎代庖,妄加干涉,引起不必要的争端。因此,即使他人的权利被侵害急迫,也不容许第三人实施"自救行为"。

所谓自己的权利,是指本身的权利。配偶或其他亲属、家属、朋友的权利,虽与自己有密切关系,但毕竟不是自己的权利,不包括在内。但如果对所保全的权利享有管理权的人,如权利人的法定代理人、指定代理人、失踪人的财产管理人、遗产管理人、遗嘱执行人,在其所管理的权利范围内,视同自己的权利。至于可以实施自救行为的权利,仅以可以保全或恢复的财产权利为限。对于人身侵害,是无法挽回的,不可采用自救行为。

(二)必须在紧急情况下实行。何种情况可视为紧急,也即如何认定情况紧急性的程度,理论界有几种不同见解:其一,指该情况处在不及时受国家机关(如法院和公安机关)的援助,且非于其时为之,则权利不得实行,或实行显有困难的情形;其二,指该情况仅处在不及(或无暇等待)受国家机关的救济或援助时,即成立;其三,指该情况系处在不及受国家机关的救济或援助的情形,或处在如不立即实施行为,则权利即归于失效的情形。以上三种见解,我们认为第一种观点是正确的。因为自救行为作为国家救助的一种例外,必须严格限制其适用条件,以防止权利被滥用,从而破坏国家法制,因此,必须特别考虑自救行为的必要性,即不仅要注意当时的情况来不及受到有关机关的救助,同时也应注意其权利如果非当时自己救助,是否有不能保全或保全明显有困难的情况出现,只有同时符合上述两个条件,才能成立自救行为的前提条件。第二种见解则仅仅注意到了前一种情形,即使没有出现"不能保全其权利或保全明显有困难"的情况,也得依靠自力救助,失之过宽。第三种意见,虽然将紧急情况分为二种,但是其所说的"如不立即行为,则权利归于失效"的情况与"不及受国家机关的救济或援助"的情况,二者含义相同,因此,名则有二,实则为一,其结果与第二种见解并无区别。因此,所谓情况紧急,就是指行为人的权利遭受侵害,来不及受到国家机关救助,而且如果当时不自力救助,则其权利丧失或保全明显困难的紧急程度。

(三)必须有不法侵害的状态存在。它包括两层意义:一是必须存在不法侵害,如果是合法行为或其他正当行为,则不允许实行自救行为;二是不法侵害行为已经结束,但不法状态仍然存在。如果不法侵害行为即将开始,或正在进行,则不能成立自救行为,可以进行正当防卫或紧急避险,只有在不法侵害行为已经完成后不法状态结束之前,才有可能实行自救行为。

(四)所实施的救助手段或方法必须适当,即符合自救行为的"相当性"。什么手段或方法才是适当,应该结合实施自救行为的性质,实施自救行为的时间、地点以及不法侵害者的反抗情况等,根据公共秩序、善良风俗以及社会主义法制原则,综合判断。一般说来,由于自救行为是在不法侵害行为已经结束之后进行的,因此,其方法仅限于对不法侵害者的自由、财产施以拘禁、扣押或毁损等手段,当然,在不法侵害者有反抗的情况下,也可对其人身进行伤害,但伤害程度应与反抗强烈程度相适应。

总之,判断自救行为是否成立,是否合法,应当将尊重公民个人权利与维护社会秩序二者兼顾,如果广泛地承认自救行为排除

824

犯罪性,则可能造成社会治安的混乱,不利于法律秩序的维护。

三、自救行为排除犯罪性的依据

现代刑事立法对于自救行为一般无明文规定,但因其属于紧急情况下所为的行为,可以排除犯罪性,几乎又为各国刑法理论所公认。但自救行为排除犯罪性的根据究竟如何?理论界则认识不一:一种观点认为,自救行为与正当防卫都是在权利遭受不法侵害的紧急状态下所为的保全行为,因此,应归属于正当防卫的行为之中,无独立论述的必要,如日本学者草野豹一郎认为:"取还赃物,向来认为系可以容许为自救行为者。然若将不返还赃物视为即系不作为之消极的侵害,而可以允许为正当防卫时,则无认定自救行为之必要。"①另一种观点则将自救行为视为正当业务行为的一种,这在我国台湾地区学者中较为多见。因为自救行为是在急迫的情形下,代行国家权力的,所以是正当行为,不负刑事责任。我们认为,以上二种观点虽然都不无道理,但也都存在一定缺陷。

首先,自救行为虽然与正当防卫有相似之处,但二者也有原则区别:1. 正当防卫既可以是为了保全自己的权利,也可以是为了使国家、公共利益、他人的权益免遭侵害;而自救行为则以保全自己的权利为必要条件,不包括他人的权利和公共利益。2. 实行正当防卫的前提必须是正在进行的不法侵害,所以它是对不法侵害后果尚未发生的事前救助;而自救行为实行的前提是不法侵害状态的存在,即不法侵害行为已经实行终了之后才能实行自救行为,它是对不法侵害的事后救助。3. 防卫行为只要是制止不法侵害所必需的,即防卫行为的强度与不法侵害的强度基本相适应,就认为未超过必要限度,因此,正当防卫可以对不法侵害者的人身、财产进行直接的损害,甚至杀害;但自救行为是进行事后救助,一般

---

① 转引自洪福增:《刑法理论之基础》,刑事法杂志社,1977 年版,第401 页。

仅限于对不法侵害者的人身自由、财产进行拘禁、扣押、毁损等,只有在不法侵害者有反抗时,才能对人身加以伤害,否则,就超过了必要限度。4. 两者"急迫"的概念和范围不同。正当防卫的急迫性体现为如不进行正当防卫,则不法侵害者即将对国家、公共利益、本人或他人的合法权益造成损害;而自救行为的急迫性,则表现为行为人的权利遭到侵害,来不及受到国家机关救助,而且如果当时不自力救助,其权利就会丧失或保全明显困难。因此,那种认为正当防卫行为包括了自救行为的观点是不妥的。

其次,自救行为与正当业务行为也具有不同的内涵。如前所述,正当业务行为是指根据本身所从事的正当业务要求所实施的行为,这里的"业务"具有特定的含义,将自救行为也看成一种业务行为,显属牵强,而且也不能反映自救行为排除犯罪性的真实原因。

因此,我们认为,自救行为作为排除犯罪性行为的一种,既不同于正当防卫、紧急避险,也有别于正当业务行为等其他排除社会危害性的行为,是一种独立的具有自身特征的合法行为。其排除犯罪性的主要依据是:因其行为具有急迫性,如根据当时情况,不实行自力救助,则自己的正当权利就会丧失或显然难以保全,因此,只要其行为不违背公共秩序、社会主义道德及法制原则,则法律便承认其存在的合法性。鉴于我国现行刑法无自救行为的明文规定,因此,建议刑法修改时增设自救行为的条款,使对这种行为的处理纳入社会主义法制的轨道。

第三节　基于权利人承诺或自愿的行为

一、被害人承诺的损害

被害人承诺的损害,是指得到有权处分某种权益的人的同意而实施的损害其权益的行为。经被害人承诺的损害,能否排除犯罪性,这在各国立法例和刑法理论上不尽一致。概括起来,有以下三种观点:1. 只要经被害人同意,无论实施何种犯罪,都不负刑事责任,这种见解被罗马法"有承诺不为罪"的原则所肯定。2. 无论何种损害权益的行为,均不因被害人的承诺而排除犯罪性,如奥地利旧刑法第 4 条的规定。3. 是否排除犯罪性,应具体情况具体分析。如日本学者中山研一认为,被害者的同意并非同样的评价,根据犯罪的种类和性质可能有不同的效果。例如被害者的同意在对国家的法益或者社会的法益之罪中,原则上没有效果,即使在对个人的法益之罪中,仅仅对于自由、财产有全面的阻却效果,关于生命、身体限于部分的效果①。我们原则上同意第三种观点,即经被害人承诺的损害,是否排除犯罪性,不能一概而论。纵观我国现行刑法的规定和司法实践的经验,经被害人承诺的损害,对刑事责任的影响有下列三种情况:第一,排除犯罪性的承诺行为,如"盗窃罪"中财物所有者的承诺,"强奸罪"中被害妇女的承诺等;第二,减轻刑事责任的承诺,如承诺杀害、伤害等,不能排除犯罪性,但可作为减轻处罚的事由;第三,有无承诺存在,均不影响刑事责任的情况,如奸淫不满 14 岁幼女的行为,被害人的承诺对奸淫幼女罪的成立不发生影响,因此,有必要确定被害人承诺损害的合法条件。我们认为,被害人承诺的损害,只有具备下列条件才排除社会危害性:

(一)对承诺所处分权益必须具有处分的权利。一般说来,承诺排除犯罪性的情况,只能是被害人自己能处理的个人权益,如个人的名誉、秘密、自由、财产等,如被害人同意他人毁坏自己的某种财物。对于有关国家和社会公共权益,被害人无处分的权利,自然承诺也就不能排除社会危害性。如仓库保管员表示同意他人从国家仓库中任意取走物品的行为,不能免除其社会危害性。因为国家仓库中的物品不属于他个人所有,他无权自由处理。如果个

---

① 见〔日〕中山研一著:《刑法总论》,成文堂,1989 年版,第 305 页。

人的某种权益同时也包括国家和社会的权益,则其承诺损害也不排除社会危害性。至于个人哪些权利属于不能处分的权利,理论上也有分歧。其一认为,指生命权和身体权。如蔡墩铭说:"何谓禁止让渡之权利,其界限如何虽不无疑问,但生命权或身体完整之权利,可认为皆其适例。"①其二认为,仅指生命权。联邦德国刑法第 226 条 a 规定:"得被害者同意加以伤害者,除非该同意违背善良风俗,其行为阻却违法。"据此,德国刑法学者墨拉哈(Maurach)认为,只有生命才是处分不可能的法益。日本刑法学者木村龟二也说:"认为生命是处分不可能的法益之说是妥当的。"②我们同意后一种观点。因为个人是国家、社会的成员,个人不能随意地让与和支配这种权益,它既是个人权益,同时又属于国家和社会的公共权益,因此,同意他人将自己杀死的行为,不能免除行为人的刑事责任。

(二)承诺必须不违背权利人的意志。这里包含两层意义:一是做出承诺的人必须具有辨识事理的能力,即能正确认识自己所同意的行为的意义、内容、性质和后果,并且能够独立地为意思表示,因此,精神病人和未成年人,由于缺乏正确认识自己行为的能力,他们的承诺不是自己真实意志的表现,因而经他们承诺的损害,不排除社会危害性。例如,女精神病患者在发病期间同意与某甲发生性关系,并不影响某甲强奸罪的成立。二是承诺必须出于自愿和诚意,才不违背被害人的意志。凡出于威胁、要挟、强制、欺骗、开玩笑等情况下的承诺,都违背了权利人的意志,因而不排除行为的社会危害性。

(三)被害人承诺主观上必须是为了追求有益于社会的目的。被害人承诺的损害作为排除社会危害性行为的一种,其主观上也必须要求具有合法性,因此,凡被害人出于正当目的承诺损害,如

---

① 蔡墩铭:《刑法总论》,三民书局,1977 年版,第 148 页。
② 〔日〕木村龟二:《刑法总论》,有斐阁,1984 年增补版,第 284 页。

为了科学实验的目的,同意损害自己的财物,是排除犯罪性的行为。但如果被害人承诺损害是为了达到不可告人的非法目的,如为了获得保险金而同意对自己的财产造成损害等,则不能免除行为的社会危害性。

(四)承诺必须在外部表示出来,并且基于承诺实施损害行为的人,必须认识被害人的承诺。如果被害人承诺的意思仅仅存在思维活动中,行为人不知道被害人的承诺,而实施损害被害人权益的行为,就不排除行为的犯罪性。

(五)被害人必须是在损害前或损害时表示承诺。行为之后表示同意的,则不发生承诺的效力。例如,行为人秘密将他人的财物窃走,他人知道后同意行为人偷走其财物,并不影响行为人构成盗窃罪。此外,如果被害人在损害前表示同意,但损害时撤回承诺的,原来的承诺即失去效力,此时实施损害权利人权益的行为,仍可以构成犯罪。至于承诺的表示方法,不论是明示或暗示,均不影响其效力。

(六)根据承诺所作出的损害行为本身,即其方法和程度必须符合社会公德和国家法律的规定。例如输血,取得健康人的承诺进行抽血本身是合法的,但如果以给献血人的身体留下很大伤痕的方法抽血或使献血人达到衰弱程度的抽血则属违法,不排除犯罪性。

二、基于推定承诺的损害

基于推定承诺的损害,是指在未经被害人的现实承诺,而推定被害人可能承诺的情况下,为了维护被害人的利益所实施的某种损害行为。例如,邻居家人不在,家中起火时,为了救火破门而入的行为是。基于推定承诺的损害,是承诺损害的个别类型,也可以说是承诺损害的延伸,因此,其排除犯罪性,必须具有严格的条件:

(一)基于推定承诺损害的目的必须是为了维护被害人的利益。一般说来,该种损害都是为了达到救助的目的,即防止被害人的利益遭受更大的损害。如果行为人借助推定承诺损害的名义，而达到其他别的非法目的，则不排除犯罪性。如为盗窃破门入室，则不能免除行为的社会危害性。

（二）管理和处理的事情必须是现实的，具有急迫性。如上述的失火，必须马上处理，来不及请示被害人。如果某种事情是非现实的，不是必须立即处理的，有充裕的时间告知被害人，则不能排除行为的犯罪性。

（三）必须具有被害人承诺的现实可能性，即根据当时的客观情况来判断，行为人对被害人的某种权益损害，被害人事后应该予以追认。当然，推定承诺的损害是根据当时客观情况所作出的，因此，即使被害人事后不予承认，也不能认为依据推定承诺所作出的行为是违法的。

（四）基于推定承诺的损害行为本身，即其方法和程度上必须为社会所承认。如甲男为抢救负伤昏迷的乙女，将其衣服撕破进行包扎的行为，符合社会道德观念，因此，排除社会危害性。但是，如果甲男在抢救过程中，肆意对乙女进行抚摸、亲吻等猥亵行为，则仍可能构成犯罪。

三、自损行为

自损行为，是指自己损害自己权益的行为，主要包括自杀、自伤行为和毁坏自己财物的行为。

（一）自杀行为。所谓自杀行为，是指行为人自己故意剥夺自己生命的行为。自杀行为是否排除犯罪性，历来人们对此看法不一。在欧洲古代，有些国家奖励自杀之风盛行，自杀根本不构成犯罪。到了中世纪，耶稣教盛行，严禁自杀，自杀被认为是一种犯罪行为。在英国早期的普通法中，自杀也属于重罪，要用特殊的葬礼对死者进行羞辱，并将其财产充公。在现代社会中，自杀是否构成犯罪，各国规定仍不一致。一种观点认为，既然不能把生命视为个人的"专属法益"，自杀当不阻却违法，仍构成犯罪。如印度刑法

第 309 条规定:"无论何人,为了自杀而实施任何自杀行为的,处可达 1 年的单纯监禁或罚金,或二者并处。"但是大多数国家都不认为自杀行为本身是犯罪。我国刑法对此无专门规定。我们认为,如果自杀有罪,那么自杀成功,已无负刑事责任的主体,更无惩罚对象,因此,罪与罚都无实际意义;在自杀未成功的前提下,如果作为犯罪处理,那么,自杀者本来连生命都不珍惜,又怎能受刑罚威慑呢? 因此,自杀行为应排除犯罪性。

(二)自伤行为。所谓自伤行为,是指行为人故意损害自己健康的行为。我国刑法第 134 条规定:"故意伤害他人身体"的,构成伤害罪,因此,自伤行为不具备故意伤害罪的构成要件,不构成故意伤害罪。但是,如果自伤行为是为了损害社会公共利益或他人的利益,则可能构成其他犯罪:1. 以诬陷他人为目的的自伤的,可以构成诬告陷害罪;2. 军人战时自伤身体,逃避军事义务的,根据刑法第 434 条的规定,构成战时自伤罪。

(三)毁坏自己财物的行为。一般说来,这种行为不构成犯罪,但是毁坏自己财物的方法和结果,不得损害公共利益和他人利益。例如,行为人用放火的手段毁坏自己的房屋,如果危害了公共安全,则构成放火罪。

从以上分析可以看出,自损行为排除犯罪性,必须具备以下条件:

第一,不具有侵害他人权利的故意,即行为人实施自损行为,只是出于损害自己权益的单纯故意,而不以侵犯公共利益和他人的权利为目的。如果行为人是为了达到其他非法目的,如为了骗取保险费而伤害自己等,则损害了社会公共利益,不排除犯罪性。

第二,必须没有造成公共利益和他人权利损害的危害结果。行为人虽然无损害他人之意,但是如果自损行为已经给公共利益和他人的利益造成了重大损失的,仍可能构成犯罪。如陈某焚烧自己房屋案。陈某为了建新房结婚,决定焚烧自己原有的草房。他先将自己草房中的贵重东西搬走,然后放火,由于与邻居房屋相

831

距不是太远,加上风助火势,结果将相邻 4 户 14 间草房全部烧毁,使 4 家的 15 人无家可归,经济损失达 1 万多元,则陈某仍构成犯罪。

第三,自损行为的方法和手段不得违背社会善良风俗,不能具有公共危险性。

第四节　关于安乐死问题

安乐死能否成为排除犯罪性的行为? 这是一个长期争论,并引起愈来愈多的国家关注的问题。越来越多的人渐渐感到,用大量的人力、物力去徒劳地抢救一个已经无法避免行将死亡的人是不合适的。这种抢救,对垂危病重者本人也仅仅只是加深和延长痛苦而已,而且这种做法是违反希望安乐死者本人的意愿的,他本人的意愿是尽快从疾病折磨的痛苦中得到解脱,因而安乐死近年来已为有的国家所承认。那么,从刑法学的角度,究竟应该如何评价这种行为的法律性质呢? 这是需要研究的。

一、安乐死的概念及其类型

所谓安乐死,又称安死术,是指病人患有痛苦不堪的疾病无法治疗,且濒临死亡,为了减轻其死亡前的痛苦,基于患者本人的请求或同意,采用适当的方法,促其提早死亡的行为。根据这一定义,安乐死具有以下几个特征:

(一)安乐死实施的对象是身患绝症,且痛苦难忍、濒临死亡的危重病人。由于现代医疗水平的有限性,一些诸如癌症之类的疾病,人类尚无法征服。而这种疾病一旦发展到了晚期,病人会痛苦异常。在这种情况下,病人往往不求痛苦地生,只求安逸地死。安乐死只有对身患绝症,回生乏术的病人才能实施。倘若病人还有一线救活的希望,便不能对其实施安乐死。同时,病人虽然身患绝症,但如果尚未进入晚期,没有濒临死亡,也不能对其实施安乐死。

（二）实施安乐死的动机必须是基于人道主义,为了减轻病人的痛苦。如果病人的家属等只是为了减轻自己经济上的负担,而希望病人早死,不能认为是合法安乐死。同时,这一条件也决定了病人所患疾病必须给病人肉体上造成极大痛苦,达到无法忍受的程度。如果病人虽患不治之症,但他并不感觉到有任何痛苦,或者这种痛苦病人尚能忍受,就不能对其实施安乐死。

（三）实施安乐死必须是基于患者本人的请求或同意,采用适当的方法,促使病人提前死亡。如果没有患者本人真诚的请求或同意,则不能实施安乐死。所采用的方法应当尽量减少患者的痛苦。病人虽然濒临死亡,但尚未死亡。实施安乐死的结果是使这种病人提前死亡。正因为这一点,安乐死常常引起人们的争议。

以上三个条件是互相联系、互相制约、不可或缺的。只有同时具备了这些条件,安乐死才能成立。

安乐死分为几种类型,学者之间,意见不一①。我们认为,按其行为的方式,可分为两种类型,一是消极的安乐死,即以消极不作为的方法,加速患病者自然死亡。例如,医院医生拒绝受理病人膏肓的垂危病人,或受理后不采取延长生命的治疗,从而加速其自然死亡。或者医生初步诊断,认为有医疗的价值和可能,于是采取了最新的医疗手段,以医疗器械维持病人的生命。但是,后来经过进一步确诊,认为病人所患系不可救治的绝症,于是中止了医疗行为。另一是积极的安乐死,即采取积极的手段,促使病人提早死亡。大体有以下几种情况:(1)给病人服用足以致命但无痛苦的

---

① 有的分为三种类型:一是"主动或积极的安乐死";二是"被动或消极的安乐死";三是"被援助自杀的安乐死"(《民法与法制》,1988 年第 7 期,第 32 页)。有的分为五种类型:"1. 生存无价值生命的毁灭型'安乐死';2. 以提早死期为手段,也称杀害型'安乐死';3. 不采用延长生命,也称不作为型'安乐死';4. 治疗型'安乐死';5. 纯正的'安乐死'。"(《法学评论》,1983 年第 3 期,第 82 页)。

药物。(2)为减轻病人痛苦,大量使用麻醉剂。这种行为虽不以缩短病人的生命为目的,但客观上却具有缩短病人生命的效果。(3)基于病人本人的要求,向其提供致命药剂,让病人自己服用后安静地死去。从表面上看,这是一种帮助自杀的行为。但是,它不同于一般的帮助自杀行为,在本质上它更符合安乐死的特点,可以认为是安乐死的一种类型。

安乐死与帮助自杀行为、受嘱托杀人行为不同:(1)适用对象不同。安乐死只能对身患绝症、濒临死亡的人实施。而帮助自杀行为和受嘱托杀人行为的对象则没有这种限制。(2)行为动机不同。安乐死的动机是消除、缓和病人不堪忍受的病痛。而帮助自杀行为和受嘱托杀人行为的动机则可能是使病人摆脱精神上的痛苦,生活上难以克服的困难等。正因为存在上述区别,安乐死与帮助自杀行为、受嘱托杀人行为虽然都促使行为对象提前结束生命,非自然地死去,但性质完全不同。

二、安乐死法律性质的现状

1987 年,荷兰议会通过了一项允许医生对患有绝症病人实行安乐死的法案。这是当今世界上第一个使安乐死合法化的立法例。不过,该项法律对于实施安乐死的范围作了严格限制。例如,在该项法律通过以后不久,有四名护士在没有经病人本人提出明确要求的情况下,主动给处于严重昏迷状态的病人注射了超量的麻醉剂,致其死亡。虽然护士的行为旨在免除病人的痛苦,但由于缺乏"须得到患者的同意"这一法定条件,因此,这四名护士被判犯有谋杀罪,受到了 3 至 6 个月的监禁、缓期执行的刑事处分。

1987 年 8 月 11 日,美国纽约州州长在法律部门起草的"拒绝抢救法"条文上签字,这项法律于 1988 年春正式实行。根据这项法律规定,只要垂危病人或其代理人同意,医生可以不对其进行抢救,听任其自行死亡。这是美国率先实行的"拒绝抢救法",而现在已有 35 个州及首府华盛顿通过了"拒绝抢救法"。

就现行立法实践看,明确规定安乐死阻却违法的,尚属极少数。一些国家的刑法规定,对受被杀者的嘱托而杀人的,较之普通杀人罪从轻处罚。例如,现行日本刑法第 199 条规定,"杀人的,处死刑、无期或 3 年以上惩役。"而第 202 条规定"受被杀人的嘱托或得其承诺而杀之的,处 6 个月以上 7 年以下惩役或监禁。"联邦德国刑法第 211 条规定,"谋杀者,处终身自由刑。"这是联邦德国刑法中最严厉的刑罚。但是,该法第 216 条规定,"经被杀人明示及真挚之要求而杀之者,处 6 个月以上 5 年以下自由刑。"由此可见,"受嘱托杀人"或"被害人同意的杀人"虽然构成杀人罪,但处罚上却大大轻于普通的杀人罪。安乐死在这些国家,也常常被作为"受嘱托杀人"或"被害人同意的杀人",判处较轻的刑罚。类似规定的还有瑞士、意大利、奥地利等国家的刑法。

我国现行刑法没有规定安乐死为排除犯罪性的行为,甚至没有规定专门的较轻的法定刑,或作为法定从轻处罚的情节。根据我国现行刑法的规定,安乐死,尤其是积极的安乐死,完全符合故意杀人罪的构成要件,应以故意杀人罪论处。当然,在司法实践中,由于这种行为具有较大的特殊性,社会危害性及行为人的人身危险性远轻于一般的故意杀人行为,因而予以酌情从轻、减轻处罚。

综观各国立法实践,安乐死合法化的途径大致可以分为三个层次,或者说是三个步骤:第一个层次是美国和西欧国家普遍采用的,通过"拒绝抢救法",承认不作为的安乐死合法化。这是一种最低的层次。第二个层次是排除帮助病人自杀行为的犯罪性,允许医生向某些特定病人提供自杀药物或器具。这种帮助,医生虽不亲自对病人施行安乐死,但它明显比第一个层次进了一步。第三个层次是排除积极安乐死的犯罪性,允许医生为某些特殊的病人施行积极的安乐死。这是安乐死合法化的最高层次,是一种积极、主动的做法,它在目前争议最大。三个层次之间虽然存在程度上的差别,但各国立法既可能从第一层次发展到第二层次,最终发展到第三层次,也可能直接从第二层次开始,甚至直接从第三层次开始。从社会效果来看,安乐死问题涉及面广,情况复杂,争议较大,立法上为稳妥起见,逐层次地向前发展,不断积累经验,似乎更为可取。

三、关于安乐死法律性质的争论

(一)争论的概况

尽管安乐死合法化尚未被现行各国刑事立法所普遍接受,但早在本世纪40年代,英国上议院和法国参议院就曾讨论过有关安乐死的法案。虽然,这些法案最终被先后否决了,不过,在世界范围内,一股要求争取安乐死权利的呼声却日益高涨。

荷兰的法令全书规定,施行安乐死是犯罪行为,将被判处12年的监禁。但是,在司法实践中,施行安乐死的医生往往不会被起诉或只被判处相当轻的刑罚。据荷兰皇家医药协会主办的刊物《医学研究》统计,荷兰全国每年用无痛苦致死,即安乐死结束生命的已达5 000人,在欧洲国家中名列前茅。荷兰无痛苦致死术协会主席利奥·弗里兹教授说,经过多年的争论后,这种服用大剂量致命药而死亡的方法,已经被绝大多数人和医务工作者所接受。民意测验的结果表明,有76%的荷兰人赞成使这种有限制的"仁慈杀人"合法化。在这种情况下,1987年,荷兰议会终于通过一项法案,允许医生为患有绝症病人实施"安乐死"。

1988年英国进行的一次民意测验表明,有72%的人认为在某些特定条件下,安乐死是可行的。法国在1986年进行的一次民意测验中,也有76%的人希望修改法律,把安乐死从违法行为中排除掉。在美国,赞成医生对那些蒙受巨大的病痛折磨,又无法治愈,而亲属也同意采取安乐死的病人施行安乐死的人越来越多。据统计,1947年赞成的有37%,1973年赞成的为51%,1983年已经上升到63%。

1932年以来,以追求人道待遇为宗旨的"无痛苦致死协会"、

"志愿施行安乐死协会"等,在英国、美国、荷兰、法国、意大利、西班牙、丹麦、瑞典、比利时等国家相继成立,会员人数不断增加,仅在荷兰就有 24 万会员,其中大约有 10 万会员签署了"生前遗嘱",表示当他们患了不治之症后,医生不要采用非通常的延长生命的医疗手段。这些组织的出现,对于安乐死行为合法化运动,更起了推动作用,使得"安乐死"合法化成为一股不可逆转的发展趋势。

(二)关于安乐死法律性质的各种观点

当今世界各国要求使安乐死合法化的人越来越多,但立法实践对这一问题的反应却远不如群众那么热烈,各国立法对此多采取谨慎的态度。其原因是安乐死事关人的生命,理论上对这一问题的看法尚缺乏共同认识。

由于现代医疗科学的高度发达,对于身患绝症而濒临死亡的病人,可以药物或器械暂时维持其生命。基于病人或其家属的请求,医生对于此等病人不用最新方法医治,或者停止使用药物或器械,从而使垂危病人提早死亡,这就是所谓的消极的安乐死。对这种行为如何认识,存在着两种观点。一种观点认为,作为医生,其职业决定了他不仅负有抢救病人生命的义务,而且负有设法延长病人生命的义务,这种义务并不以病人或其家属的意志为转移。但是,多数人认为,生命权应该包括自然死亡权。既然没有患病者本人或其家属的同意,医生无权给病人做手术,那么,也就无权违反垂危病人的意志,为无效的治疗行为,徒劳地延长其痛苦不堪的生命。从医生的医疗义务来看,医生并没有为无意义医疗措施的义务。根据不作为刑事责任系以有作为义务为先决条件的原则,医生不为或中止无意义的医疗行为,并不违背医疗义务,因而不能让其承担任何刑事责任。

争论激烈的是积极的安乐死的法律性质。所谓积极的安乐死,是指为减除重病垂危或受重伤已确定无救者的痛苦,而施行积极措施,如注射大剂量麻醉药物等,促其提早死亡。关于这种行为的法律性质,学者间主张有三:

对安乐死持肯定态度的学者认为,对于濒临死亡的病人,明知其已无任何救治的希望,为免除病人剧烈的痛苦,基于其本人的恳切要求,医生本着人道主义的善良动机,以药物促使他静地死亡,以解除病人难于忍受的苦痛,实属合情合理,自应排除其犯罪性。其具体理由是:(1)选择自己死亡的方式,是人固有的权利,应尊重这种权利;(2)病人身患不治之症,濒临死亡,痛苦难当,希望早日摆脱痛苦。在这种情况下,对其施行"安乐死"是符合人道主义精神的;(3)对回生无望的病人继续治疗,浪费大量人力、物力和财力,不仅对病人无益,对社会也是无补的。

对安乐死持否定态度的人则认为,安乐死违反人的生存权,实属杀人行为,并非治疗行为,虽经病人同意,亦不能阻却杀人的违法性。其主要理由是:(1)人的生命权不同于其他权益,它既属于个人,同时也属于国家和社会,个人无权支配、让与这种权利;(2)安乐死违反自然规律,提前结束人的生命,不符合尊重生命这一人道主义的基本原则;(3)医疗行为的目的应该是尽其所能,力求使病人的病情好转。而安乐死则是提前结束病人的生命,不能认为是医疗行为;(4)法律应该平等地保护一切人,包括危重病人的生命权,非因死罪,不能任意将人处死;(5)在现在医疗条件下,对于何为绝症,尚无法作出绝对可靠的诊断。同时,医疗水平是在不断提高的。今天看来是不治之症的,明天也许会是可治之症。

持折衷意见的人则认为,法律对安乐死应作免罚规定,但同时应有严格的限制条件。这些条件包括:(1)只适用于现代医学上属于不治之症、濒临死亡边缘,且其痛苦已达不堪忍受的程度;(2)其嘱托或承诺必须是在意识清醒时为之,方为有效;(3)其目的仅为解脱病人死前的痛苦;(4)要由医生鉴定,并以痛苦最小的方法由医生执行。

(三)我国对安乐死法律性质的争论

我国学术界关注安乐死问题,始于1987年。1986年6月,陕西省汉中市某医院医生对女患者夏某施行了安乐死。女患者的两个儿子于同年7月向市检察院提出控告,要求惩办为其施行"安乐死"的医生。《民主与法制》1987年第8期以《安乐死与杀人罪》为题,报道了这一案例,由此引起了学术界对这一问题的广泛关注。1987年底,首都医学界、哲学界部分专家曾就这一问题专门进行了一次讨论。1988年初,中央人民广播电台也就这一问题组织讨论过。刑法学界也不甘落后,学者们纷纷撰文,从法律角度探讨这种行为的性质。综观全部讨论,大体意见仍不出国外关于这一问题讨论的范围,所不同的是结合了我国的具体国情。

赞成安乐死合法化的理由是:(1)当病人患有不治之症,痛苦难当时,对其施行安乐死,让他没有痛苦,不失尊严地死去,符合人道主义的精神,也解除了社会和家庭的负担。(2)人的固有权利中包括有选择死亡方式的权利,这种权利应该得到尊重。(3)把宝贵的卫生资源用在身患绝症、濒临死亡的人身上,是一种浪费。(4)医院规定拒收晚期癌症病人,放弃对垂死病人抢救治疗,卫生部一再放宽对晚期癌症病人使用麻醉药限度等,实际上是在一定程度上、一定范围内实行和认可安乐死①。

反对安乐死合法化的理由是:(1)安乐死同我国"救死扶伤,实行革命的人道主义"的医疗工作的基本方针相违背。根据上述方针,对于一切病人,只要没有死,尚有一线救活或继续生存下去的希望,就应该积极进行抢救、治疗,而不应促其提早死亡。(2)医学是在积累临床经验的基础上发展起来的。今天看来是不治之症,明天也许会是可治之症。(3)施行安乐死,会造成对人的生命分等论价,不一视同仁。对官员,特别是高级干部,尽管患了绝症,无法治好,也要继续维持其生命。对于一个农民,同样的病情,可能会采取安乐死。(4)就我国目前医疗水平不平衡的状况而言,不宜广泛宣传安乐死。这样会造成对一些可以挽救的生命放弃抢救的机会。(5)安乐死是消极、悲观的生命观。安乐死对行将死

---

① 见《民主与法制》,1988年第7期,第33页。

亡的人似乎是人道的,但如果放到人类社会这个大参照系中则是不人道的,社会效果是坏的。这种做法会使人的生命变得十分简单、脆弱,失去了它应有的神圣性,因而是人类对自己生命的蔑视、破坏和践踏①。

目前在我国进行的这场争论正方兴未艾。总的看来,接受、赞同安乐死合法化的人越来越多。1988 年 7 月 5 日,在上海医科大学举行了一次旨在研讨安乐死的社会、伦理和法律问题的学术会议。从会上交流的数十篇论文看,一个突出的印象是,安乐死迫切呼唤法律保障,多数人同意给安乐死以合法的地位。当然,也有学者认为,安乐死问题十分复杂,在我国尚处在学术探讨和舆论宣传阶段,距离立法尚有较远的路程。我们既应积极解决这类问题,又不能操之过急。

四、我国对安乐死应持的态度

我们认为,对安乐死持否定态度的观点,虽有一定的合理性,但不免失之于绝对化。我们主张:我国应当允许附有严格限制条件的安乐死合法化。

(一)安乐死合法化的理论依据

我们认为,允许附有严格限制条件的安乐死合法化,合乎我国实际,较为可取。对于确诊身患绝症、濒临死亡,且痛苦难忍的病人,基于病人真诚恳切的请求,医务人员可以对其施行安乐死。其主要理由是:

首先,从法律角度看,既然病人已患回生乏术的绝症,在这种情况下再徒劳地耗费大量的人力、物力和财力,以延长病人片刻痛苦不堪的生命,徒增病人的苦痛,对于社会和垂危病人本人都无益处可言。因此,在客观方面,安乐死行为不具有危害社会的性质。在主观方面,行为人施行安乐死,完全出于善良的动机,目的在于

---

① 见《民主与法制》,1988 年第 7 期,第 33 页。

解除病人死亡前不堪忍受的痛苦,使其安静地死去,因而也不具有社会危害性。所以,附有严格限制条件的安乐死,不具有犯罪的本质特征,不应将其作为犯罪来处理。再者,我国刑罚的目的是预防犯罪,包括特殊预防和一般预防两个方面。所谓特殊预防,是指预防犯罪者本人再次犯罪。医务工作人员施行安乐死,完全出于对病人的怜悯、同情等善良动机,并无任何人身危险性。对这种人予以刑罚制裁,不仅不能产生任何积极效果,相反可能起消极作用,对国家和社会产生怨恨抵触情绪。所谓一般预防,是指通过对犯罪分子适用刑罚,预防其他公民,尤其是不稳分子犯罪。但是,安乐死有广泛的群众基础,法院对施行安乐死的医务人员判处刑罚,只会激起广大群众的同情,引起广大医务工作者的不满,不可能发生刑罚应有的威慑作用。所以,从法律角度讲,允许有严格限制条件的安乐死合法化,有充分的法学理论依据。

其次,从社会伦理道德角度来看,衡量一种行为是否符合伦理道德,最根本的是看这种行为对于国家、社会和个人是否有益。凡是有益的行为,就符合伦理道德;反之,便是不符合伦理道德。要求施行安乐死的人,既是出于其本人真诚的意愿和请求,同时,病人也确实身患绝症、濒临死亡,且痛苦不堪。对于这种人施行安乐死,既尊重了病人选择死亡的权利,使其无痛苦地离开人间,又避免了不必要的人力、物力、财力的浪费。这种对病人、病人的家属、社会、国家都有益的行为,当然符合我国的伦理道德。

再次,安乐死符合人道主义的基本精神。人道主义最根本的内容是尊重人的权利、尊重人的生命。在我国,人的生命权利固然不仅仅属于个人,而且属于国家和社会,但是,在病人身患不治之症、濒临死亡,且痛苦难当的情况下,病人只求早死,不求苟活,如果再强调人的生命权利属于国家和社会,这恰恰是不人道的。我们是唯物主义者,有生必有死,这是一条不以人的意志为转移的客观规律。医生的职责不仅是治愈病人的疾病,使他尽快康复,而且还要减轻病人的痛苦和悲伤,在病人需要时也可能使他安逸地死去。那种把医生职责仅仅理解为治愈病人的疾病的看法,是片面的。

人道主义的本旨在于尊重个人的权益。但是,如果某种权益已经对于个人毫无益处可言,甚至带来难以忍受的痛苦,而他所迫切需要的、对他更为有益的权益却得不到尊重和保护,显然是与人道主义的本旨相违背的。因此,尊重病人对死亡方式的选择,对其施行安乐死,对于一个痛苦不堪、行将死亡的人来说,正是人道主义精神所要求的。

第四,个人没有处置自己生命的权利,并不是绝对的。在马克思主义法学看来,任何权利都不是天赋的,而是由体现一定统治阶级意志的法律所确认和保护的。在许多特殊场合,法律都承认了个人有处置自己生命的权利。例如,为了扑灭大火,保护国家财产和人民生命、财产安全,而献出自己生命;解放军战士为了保卫祖国,明知有死亡的危险,奋不顾身,勇往直前,献出了自己的生命;在赛车、探险、登山等危险性很高的体育竞赛活动中丧生的运动员更不计其数,在体育竞赛之前,实际上就已经把自己的生命权交了出来,作出了因竞赛而丧生,不追究他人责任的承诺。诸如此类,不胜枚举。既然如此,我们有什么理由以公民没有处置自己的生命权为理由,硬要绝症患者痛苦难耐地活着,并痛苦不堪地死去呢?

第五,允许附有严格限制条件的安乐死合法化,在我国有广泛的群众基础。改革、开放以来,我国人民的观念发生了很大的变化。越来越多的人认识到,用现代医学技术去维持一个垂死的病人多活数日,听任患者遭受痛苦煎熬,这是极其残忍的,同时也是一种巨大的不必要的浪费,给家庭和社会都会带来负担。因此,越来越多的人赞同安乐死。黑龙江省曾对 199 人作了调查,有 89%的人赞成以无痛苦的方式结束癌症患者的生命,被调查者中有19%是 50 岁以上的人。1988 年初,中央人民广播电台组织的关于安乐死问题的讨论,收到 350 多封听众来信,其中有 90%的人明确

842

表示赞成安乐死。因此,在我国,允许附有严格限制条件的安乐死合法化,具有广泛的社会基础,必将得到广大人民群众的赞同和支持①。

(二)安乐死合法化的条件

以上阐述了安乐死合法化的理论依据。但是,如果对安乐死不加限制,势必导致滥施安乐死,甚至被一些人用来作为达到某种个人目的的手段,从而违背法律规定的本旨。所以,一方面,安乐死应列为排除犯罪性的行为,另一方面,又必须明确规定严格的限制条件。参考外国刑法理论,结合我国具体情况,我们认为,安乐死合法化必须具备如下条件:

1. 安乐死只能适用于身患绝症、濒临死亡,且痛苦不堪的病人。这一条件包括三点内容:(1)病人身患绝症。根据当时的医疗水平,病人所患的病,毫无救治的希望。倘若仍有治愈的希望,尽管这种希望很小,就不能施行安乐死。随着医疗水平的不断提高,不治之症将有可能治愈,那时就不能再认为是不治之症。(2)濒临死亡。即根据一定的医学标准判断,病人距离死亡的时间不会很久。至于具体距离死亡多长时间才能施行安乐死,这需要进一步地慎重研究。如果病人虽然身患绝症,但短时期不会死亡,不能对其施行安乐死。(3)疾病给病人带来极度痛苦,超过了病人所能忍受的程度。这里所说的痛苦,是指肉体上的痛苦,而不是指精神上的痛苦。因此,仅有精神上的痛苦,或肉体上的痛苦尚未达到不堪忍受的程度,不能对其施行安乐死。我国有些学者认为,对"植物人"、"先天性白痴"、"脑死亡之人"也可以施行安乐死,这是值得研究的。尤其是对上述病人施行积极的安乐死,更难接受。

2. 必须基于患病人本人在具有正常辨别和控制能力下所作出的真诚而明确的实行安乐死的要求。如果病人是幼儿、精神病患者或因病而完全失去意识和意志能力,尽管其提出要求施行安

① 见《法学研究》,1988 年第 6 期,第 74~75 页。

乐死,也不能对其施行安乐死。所谓真诚,是指因病痛折磨,达到不堪忍受的程度,病人真心实意希望从痛苦中解脱,尽快结束生命。所谓明确,是指病人必须以语言或文字的形式,明白提出对其施行安乐死的要求。这种请求还必须经过一定人员核查,证明属实,方有效力。当然,病人神志清醒时预立的要求在神志不清时对其实施安乐死的嘱托,同样有效。在病人完全失去意识和意志能力的情况下,其家属是否可以代为请求对病人施行安乐死? 这是一个有争议的问题。我们认为,在现有条件下,我国将施行安乐死的条件放得很宽,是不合适的。

3. 安乐死施行的动机是为了解除病人不堪忍受的痛苦,是出于对病人的同情、怜悯,而不是为了解除家属的负担或其他人的私欲。如果病人的子女为了早日继承遗产,要求医生对病人施行安乐死,医生不应予以施行。否则,医生和要求施行安乐死的子女都应负故意杀人罪的刑事责任。

4. 对病人能否施行安乐死,需要经过一定的程序来确定。我们设想,首先应经具有高水平的医生会诊,确认病人所患实属濒临死亡的绝症,且令人痛苦难忍,然后提出相应的报告,再由医务部门组成的专门委员会对报告进行讨论,做出决定。

5. 行为人应当是具有医疗资格的医生,并且用符合人道主义要求的方法实行。不能使患者在实行安乐死手术时,遭受不应有的痛苦,也不能使第三者有残酷的感觉。

(三)对非法安乐死的处罚原则

如前所述,安乐死合法化必须具备充分的条件。对于不具备上述诸条件而实施安乐死的,行为人应当负担法律责任。但是,上述诸条件,有的是实质性的,有的则是程序性的。实施安乐死所不具备的条件的性质不同,行为人承担的法律责任自然也应有所不同。例如,病人所患疾病虽然痛苦难当,但并非不治之症,医务人员误诊为不治之症,实施了安乐死。在这种场合,如果确认医务人员对误诊有过失,应负刑事责任。又如,实施安乐死的其他合法化条件全部具备,只是安乐死的实施者不是具有法定资格的人。在这种场合,行为人可以不必负担刑事责任,或应当免予刑事处罚。因之,对非法安乐死进行处罚时,必须坚持具体情况具体分析,实行区别对待的原则,这是一条总的要求。具体说,对非法安乐死可按以下几种情况处理:

1. 安乐死只能适用于身患绝症、濒临死亡,且痛苦不堪的病人。这是安乐死合法化最本质的条件。不具备这一条件,故意对所患疾病不是绝症,或虽患绝症,但未濒临死亡,或虽身患绝症,且濒临死亡,但并非痛苦不堪的病人,实施了安乐死,应负故意杀人的刑事责任;如果上述错误是由于误诊所致,则应按医疗事故对待。

2. 是否实施安乐死,决定权属于患病者本人。对于幼儿、精神病患者等,则在任何情况下都不能实施安乐死。医务人员未得病人请求,或对不允许实施安乐死的人,自作主张,实施了安乐死,应当负担刑事责任。

3. 安乐死施行的动机必须是出于对病人的同情、怜悯。如果医务人员出于对病人的怨恨或因为收受他人的贿赂等,对不具备施行安乐死条件的人施行了安乐死,应当从严惩处;如果医务人员在患病者本人或其家属的一再请求下,确实出于同情,目的是为了免除病人的痛苦,对虽然身患绝症,且痛苦不堪,但尚未临近死期的病人施行了安乐死,可以从宽处理。

4. 对于其他条件全部具备,只是最终安乐死的施行不是由具有法定资格的医务人员施行的,而是由病人的亲戚、朋友等施行的,一般不追究刑事责任;如果明知病人不具备施行安乐死的条件,仍然一再请求对病人施行安乐死,请求者和实行者均应负刑事责任;患者的家属、亲友出于争夺遗产或摆脱负担等不良动机,一再主动要求对不具备施行安乐死条件的病人施行安乐死,量刑时应予从严惩处。